《论语》中的行政精神

（修订版）

冀名峰 ◎ 著

中国言实出版社

图书在版编目(CIP)数据

《论语》中的行政精神 / 冀名峰著. -- 修订本. --
北京 : 中国言实出版社, 2014.1
ISBN 978-7-5171-0333-2

Ⅰ. ①论… Ⅱ. ①冀… Ⅲ. ①《论语》—行政管理—
研究 Ⅳ. ①B222.25

中国版本图书馆 CIP 数据核字(2013)第 308960 号

责任编辑：安耀东

出版发行 中国言实出版社
地 址：北京市朝阳区北苑路 180 号加利大厦 5 号楼 105 室
邮 编：100101
电 话：64966714（发行部） 51147960（邮 购）
64924853（总编室） 68586963（编辑部）
网 址：www.zgyscbs.cn
E-mail：zgyscbs@263.net
经 销 新华书店
印 刷 北京凯达印务有限公司
版 次 2014 年 1 月第 1 版 2014 年 1 月第 1 次印刷
规 格 710 毫米 × 1000 毫米 1/16 39.5 印张
字 数 643 千字
定 价 78.00 元 ISBN 978-7-5171-0333-2

修订说明

本书2009年由国家行政学院出版社出版。

五年过去了，我对《论语》的理解有了一些新的进展。这次修订出版，对初版中感觉不如意的地方进行了修改，对一些文字舛误进行了订正。

感谢王昕朋先生对本书修订出版给予的帮助。

冀名峰

2013年11月21日

序

（初版）

《论语》伴随我已快20年了。最近七八年，写作的欲望不时在心中涌动，我想把《论语》给我的教益写出来。说心里话，不是为了告诉别人该怎么做，而是想对《论语》给我生活和工作的巨大帮助有所回报。在我的心目中，《论语》不仅是一本书，而且是一位睿智、宽广、厚重、几乎是无所不能的导师，他是有性格和情感的，令人充满敬意。我总觉得，他时刻站在我身旁，如果不把他对我的巨大帮助呈现出来，我就觉得对不起他。

一开始拟定了一个五年写作计划，写作的原则是不影响我的本职工作。

因为，如果为写这部书影响了自己所肩负的岗位职责的履行，这恰恰违反了《论语》的精神："为人谋而不忠乎?"写作进展出乎预料地顺利。在某种特定条件下，人的激情所带来的能量虽然会有限度，却也难以估量。五年的写作计划，竟然在不到一年半的时间里完成了，我几乎不敢相信自己。当然，一年多来，我推掉了所有工作之外的活动，把睡眠减少到最低限度，头发写白了许多，身体的活力大不如前。镜子里，我的面庞似乎总是有些浮肿，40岁的我突然间看到了自己行将暮年的身影，心中为此不免泛起阵阵伤感。扪心自问，我付出如此辛苦，究竟是为了什么？仔细想来，的确没有别的目的，就是为了心安。

近20年来，我读过各种各样的《论语》注解和心得，从中获得了宝贵教益。我深切地体会到，所有的《论语》译注者，不论是我赞成的或者我反对的，都是我的师长，他们总是从这个角度或那个角度给我以启示。但是实事求是地说，迄今为止，我们对《论语》思想的挖掘和运用还很不够。我们时常想到的问题是："这句话的真实意思是什么?"而更有价值的问题是："这句话的精神实质运用到实践中会产生什么效果?"这两个问题看起来是独立的，但却是密切相关的。当我们认为已经理解到《论语》中某句话的真实"意思"的时候，那么就要问一问，这句话对于孔子时代的社会实践或行政实践有什么意义，对于当前的社会实践和行政实践有什么意义。实践是检验真理的唯一标准。对于《论语》的解读，应当在以文字解释文字、以文献解释文献、以思想解释思想的基础上，转入到更加重视以社会实践去解读的新阶段。本书就是这一指导思想所产生的一个结果。本书的特点有两个：一是力求在综合各种注解的基础上，从当时社会背景、文字含义和具体语境三个角度贴近《论语》原意，把握其精神实质；二是利用行政实践对其精神实质进行再检验和再发挥，努力发现其现代价值及其对现代行政实践的涵义。现以《学而》篇第9章为例来说明这些特点。

在《学而》篇第9章，曾子说："慎终，追远，民德归厚矣!"通行的《论语》注解、译注或解读一般都从尽孝的角度去理解，如杨伯峻的译解是："谨慎地对待父母的死亡，追念远代祖先，自然会导致老百姓归于忠厚老实了。"（《论语译注》）这并没有错。但从行政实践角度看，这样的解读是十分不够的。"慎终"是结束过去、开创未来。我们正确地评价毛泽东同志的历史功过，就是"慎终"，苏联没有正确评价斯大林的历史功过，这就是不"慎终"。可以说，没有对毛泽东同志评价的"慎终"，就没有十一届三中全会以后党的路线、方针和政策的最终确立和完整确立。“追远”，不断缅怀先辈业绩和恩德，让人们懂得今天成就之来之不易，坚定继承先辈事业的决心，实际是一个反复树立和强化价值观的过程。为什么“慎终追远”就可以使民德归厚呢？“厚”是重情重义，“厚”是具有历史感，“厚”是重视集体和他人利益。慎终追远使人民重情重义，使人民知道正确的价值观取向，使人民具有历史感，所以，“慎终，追远，民德归厚矣！”

以上例子表明，《论语》与现代行政实践的关系是多么密切。为什么会有这种密切关系呢？这是因为，尽管两千五百多年过去了，但是人的本性和人的欲望的性质没有改变；人类社会的群居特性没有改变；人们之间关系的本质规定性没有改变，例如，物资少、人欲多的情况没有改变。基于以上两点，虽然社会管理的表现形式已大不相同，但社会管理的一些基本规律没有改变，由此而形成的政治或行政逻辑也没有改变。所以，从“为政”实践角度来看，《论语》具有重大的现实意义。

继承和弘扬优秀传统文化的重要途径，就是发现它的现实意义。

《论语》的精神是实践的。《论语》中每一句话，当他被记录在案的时候，就是为了改造人或改造社会。回归《论语》的真实，让《论语》从书斋走向现实，从专家学者走向社会大众，就是用《论语》指导实践，用实践去验证《论语》，这样才能准确把握《论语》的精神实质和它的局限性。

《论语》的精神是大众的。语言形态的东西如果要形成力量，就必须和大众结合。《论语》的精神只有走进人民大众，体现在社会成员的日常言行之中，成为民族价值观的组成部分，《论语》的精神才会成为民族的文化特质。当这种民族文化特质为其他国家人民所认可和景仰的时候，它就进一步转化为民族和国家的软实力。

《论语》的精神是普世的。《论语》提倡的“仁”、“义”、“礼”、“智”、“信”、“忠”、“勇”等价值观，都是世界各民族所尊崇的价值观，没有哪个民族喜欢不仁之人、不义之人、无礼之人、不信之人、不忠之人、不智之人，更没有哪个民族颂扬懦夫。所以，《论语》中的核心精神适用于世界各民族，《论语》具有成为世界各国人民共同语言的先天条件。

让《论语》精神中的有益成分成为我们民族精神的组成部分！

是为序。

冀名峰

2009 年 1 月 19 日

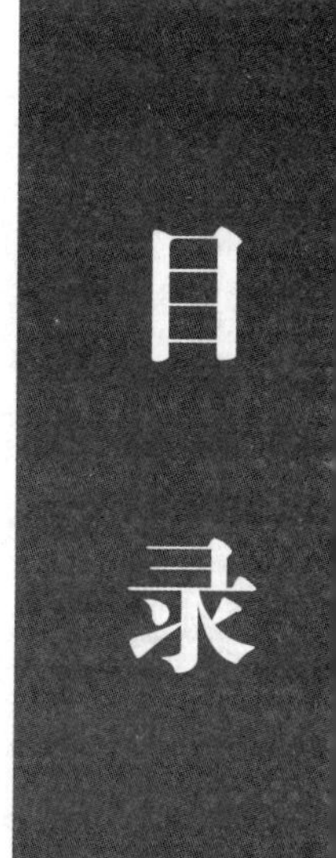

目录

目
录

第1篇

《学而》中的行政精神

[1.1]子曰：“学而时习之，不亦说乎？有朋自远方来，不亦乐乎？人不知而不愠，不亦君子乎？”

译解

学：这里的“学”字，应还有“悟”的义涵，指的是对儒家精神和儒道的深刻解悟和身体力行，不单指一般意义的“学习”二字。《说文解字》：“学，觉悟也。”

习：本意是小鸟学习飞翔。《说文解字》：“习，鸟数飞也。”引申为不断练习。

说：通“悦”，高兴。

朋：志同道合者，知音。也不是一般意义的亲朋好友之意。

远：远方。“远”字也有深意，表示知音难觅。如果周围都是知音和朋友，从远方再来一“朋”，就不存在“不亦乐乎”的问题。

愠：恼怒，怨恨。

孔子说：“勤奋学习，反复感悟（不断理解“道”中真谛），这不是很快乐吗？志同道合者从远方而来，这不是很快乐吗？别人不理解也不怨恨，这不就是君子吗？”

行政解读

这一章的解读写给初进行政领域的年轻朋友。

行政是一种专业。不论在学校学的是什么专业，学习成绩如何，毕业后从

事行政工作，都是从零开始学习。学习什么？学习行政之道，掌握行政规律。有一些在大学里做得很不错的学生干部，在步入行政生涯之后，却没有做出什么像样的成绩；而有一些在学校里不声不响、默默无闻的同学却取得了辉煌的行政成就。人们有时不理解这一现象。其实，在学校能够取得好的成绩，并不意味在现实的行政工作中一定可以取得成就，二者遵循着不同的逻辑，也不存在逻辑上的必然联系。在学校里的好学生和差一点的学生都有可能做出辉煌的行政成就，也都可能做不出什么成绩。因为学校是学校，行政是行政。所以，年轻朋友进入行政领域，必须俯下身子，从头开始学习，这是一条根本原则。

那么，以什么样的精神从头开始？就是要立于“学”，立于“悟”。冷静观察，谦逊处事，谦和为人。不知情势，不应想着去标新立异，不能以过去在学校的经验和处事方式去应对全新的行政环境和行政事务。所做一切就是一个“学”字，向周围的同事学习，来一个“子入太庙，每事问”[3.15]，模仿周围同事处理问题的方式方法，多问多思多想，探究其中道理，悟出其中精神，将最为本质的东西上升到自己的行政哲学原则，逐步形成自己的行政价值观体系。达成这一目标，必须要靠“学而时习之”。因为“反复”是“悟”的基础，只有“学而时习之”，才能悟出其中的精神实质，才能建立起行政指导原则，才能得心应手地处理各种复杂的行政事务，并不断从成功处理行政事务过程中获得成就感，这难道不是“不亦说乎”吗？

行政上，没有哪一件事是一个人完成的。行政是公众事务处理，公众事务就必须获得公众认可和社会上有影响的人士与机构的支持。换句话说，“朋”对于行政工作来说是极其重要的。在关键方面和关键时刻，没有“朋”，没有认同自己行政理想和工作思路的志同道合者，必然一事无成。孔子强调“有朋自远方来，不亦乐乎”，对于行政工作非常重要。“朋”的支持非常宝贵。有了“朋”，多么快乐！所以在行政工作中，要最大限度地结交志同道合者，多交朋友，会交朋友，交好朋友，通过与“朋”的交流，实现共同的理想。

还有一句“人不知而不愠，不亦君子乎”。志同道合者为“朋”。“朋”很可贵，是因为“朋”很难得，“朋”并不多。从另一面看，就是说有很多人并不理解我们，并不是“朋”。不是“朋”就是“敌”吗？也不是。人家不认同

我们的行政理想和工作思路，就应该怨恨别人吗？这样不行。正确的态度是孔子教给我们的态度，叫作“不愠”。行政上，争论是常态，工作意见不一致是常态，存在矛盾是常态。行政上有一个最常用的词叫“协调”，协调什么，就是协调不一致的意见，协调存在的矛盾。行政上还有一个很常用的词叫“配合”，为什么要求配合？就是我们跟人家意见不一样，要求我们服从人家的意见，以别人的意见为主，配合他的工作。所以，从事行政工作，面对不同意见，面对同事之间的不协调，必须做到“不愠”，不自己生气，也不使别人生气，只有这样，才算得上君子。但是“不愠”，并不就是放弃自己的坚持，如果认为自己是对的，那么应该在“不愠”中坚持，在尊重别人人格的基础上，在尊重别人行政权限和行政尊严的基础上，以合适的方式实现自己的主张。

[1.2]有子曰：“其为人也孝悌，而好犯上者，鲜矣！不好犯上，而好作乱者，未之有也。君子务本，本立而道生。孝悌也者，其为仁之本与！”

译解

有子：孔子弟子，姓有，名若。《史记·仲尼弟子列传》说他小孔子43岁。

孝悌：善事父母叫作孝，善事兄长叫作悌。悌，音替。

鲜：很少的意思。

君子务本，本立而道生：君子凡事应抓住根本，根本既立，其道自生。“道”可以理解为儒家的社会治理主张和理想社会模式。

仁：这个字的含义比较广泛，其基本层面的含义应是一个“爱”字，这个爱是对社会和众生的爱。例如在《颜渊》篇，樊迟问仁，孔子说：“爱人。”[12.22]

有子说：“一个孝顺父母、尊重兄长的人，很少会犯上。一个不好犯上的人去忤逆为乱，这种事不会发生。君子治政应抓住根本，根本既立，其所倡导的价值体系和社会秩序就会自然建立。孝和悌，就是仁的根本。”

行政解读

在有子看来，治理社会、推行仁政，首先要抓“孝”和“悌”两件事，这是“根本”。这个看法非常深刻。孝是和谐社会的基石，是社会发展的推动力。过去许多朝代都标榜自己是“圣朝以孝治天下”。朝廷重臣的父母亡殁，可以请假三年回家守孝。在《子张》篇，曾子说：“吾闻诸夫子，人未有自致者也，必也亲丧乎。”[19.17]意思是说人生如有尽情致极之时，一定是遇到父母之丧，这是对这一人类社会最基础的情感关系的充分肯定。确实，父母子女之间的亲情关系，是人类社会最基本、最无私、最圣洁的社会关系，充分运用这种社会关系去治理社会，是达成社会治理良好成效的重要途径。

孝是社会秩序稳定器，“其为人也孝悌，而好犯上者，鲜矣；不好犯上，而好作乱者，未之有也。”为人父母，总是希望子女平安、健康、快乐，希望子女事业有成，超过父辈。如果子女是孝顺的，那么就会珍惜自己的自由、平安和生命，不使父母为其担忧。犯上和作乱，挑战既有的社会秩序，必然需要付出代价，使自己的事业发展和工作生活面临巨大的风险，甚或失去自由和生命。如果子女是孝顺父母的，就必须慎重思考这一代价给父母带来的痛苦。对于父母而言，只要过得去，也绝不会同意子女轻冒风险，犯上作乱。所以在和平年代发生的挑战社会秩序事件，有时做不通当事人的工作，则可以通过做其父母的工作，使之回归社会秩序，往往能够取得好的效果。由于孝的存在，破坏社会秩序这种事发生的几率就会降低。从经济学的角度看，由于孝的存在，实质上提高了破坏社会秩序的启动成本。如果不断强调“孝”，使之成为深入人心的价值观念，相当于不断加大破坏社会秩序的启动成本，这就可以最大限度地避免一般意义上的破坏社会秩序事件，以达成社会稳定的目标。

孝，是推进社会发展的精神动力之一。在传统社会里，能够光宗耀祖是人生是否光彩的标杆。为了能够光宗耀祖，人们就会勤奋地学习，勤勉地工作，谨慎地做事，争取最大的社会成就，以慰父母之心，以显父母之德。这样，为了孝，实际上建立了人们最大限度地发挥自己潜能的机制。这种力量汇集起来，就会形成强大的发展动力。对于重孝的华人社会，只要坚持对外开放，就可以做到最好。为什么这样说呢？因为只要坚持对外开放，就能使我们知道世界上最好的

标准是什么，最正确的道路是什么，明确了这一条，我们就能有不竭的动力向着最好的方向迈进。当然，也不是说孝是社会发展的唯一动力。人类总是想过得更好，这是社会发展的根本动力。但孝肯定是一种力量，这是毋庸置疑的。

那么，什么是真正的孝？如何尽孝？《论语》之中关于孝的问题多有论述，现在将其集合在一起，以了解春秋时代儒家（而不是其后时代的儒家）在孝的问题上的系列观点，并结合现代情况进行阐释。

（一）尽孝要致其力，特别是要尽其心，尽心是关键

作为一个孝子，应时刻牵挂着父母，惦念着父母，“弟子入则孝，出则悌”[1.6]，孝和悌都是日常行为，体现在“时刻”两个字上，不是今天对父母好，明天又不好了。“父母之年，不可不知也，一则以喜，一则以惧”[4.21]，记住父母的生日为什么又高兴又担心呢？高兴的是因为他们增寿，担心的是因为他们体衰。“父母，唯其疾之忧”[2.6]，要特别关心父母的健康。孝顺父母要尽力，“事父母能竭其力”[1.7]。什么是尽力？并不是把钱都给父母就好。一个人在社会上，承担着多重责任。比如，对孩子的责任，对妻子或丈夫的责任，对工作的责任，对朋友的责任，扮演其他社会角色的责任等等，这些责任都是必须承担的，也都是必须承担好的。履行每一种责任，都需要耗费一定的物质能力，在个人总物质能力既定的情况下，重要的是在各种责任中合理分配自己拥有的资源，以达到最佳的综合责任履行状态。对父母好，也不能把挣的钱都给父母，影响对妻子（或丈夫）及孩子责任的履行。在工作之外的时间分配上，要分配给朋友一定的时间，与朋友待在一起；也要分配给家庭一定的时间，与妻子（或丈夫）及孩子待在一起；还要分配给父母一定的时间，与父母待在一起。尽孝和自己的物质能力有关，但也没有绝对关系，关键还是尽心。尽不尽孝，贵在一个“心”字。所以，不用担心没有钱就尽不了孝，反过来，有钱也不一定能尽得好孝。心不到，孝就不到。自己饭不够吃，但时刻想着分一点让父母吃饱，这就是孝了。

（二）尽孝包括物质奉养和精神奉养，精神方面很重要

孔子很重视精神上的孝。比如子游问孝道，孔子说：“今之孝者，是谓

能养。至于犬马，皆能有养。不敬，何以别乎？”[2.7]说现在所谓孝顺，总是说能够奉养父母。其实，狗和马这些畜生，不也一样养着吗？如果没有一个“敬”字，这二者又有什么区别呢？比如子夏问孝道，孔子说：“色难。有事，弟子服其劳；有酒食，先生馔，曾是以为孝乎？”[2.8]孝顺父母，态度很重要，并不是替他们干活，有好吃的让他们先吃就算是孝了。有钱人给父母提供了极大的物质上的满足，但“不敬，何以别乎？”所以让父母感到关心、惦念，使父母精神快乐、满足，非常重要。

孝既然有精神方面的因素，就可以对父母期望进行管理和调控。快乐是怎么产生的？快乐产生的过程是，当实际所得大于他的期望，他就快乐；反之，他就不快乐。这条规律，不独父母，人皆亦然。实际所得受物质能力限制，并不是想增加就增加的，所以重要的是管理父母的期望。现在很多年轻朋友远离家乡，在外学习和谋生。许多人，为了减少父母的牵挂，总是报喜不报忧，单讲“过五关斩六将”的事，不讲“走麦城”的事，给父母造成一种错觉，觉得他做得非常好，挣得非常多，能量非常大。如此一来，父母可能很自豪，但父母也会因此产生较高的尽孝期望，结果又实现不了，反而觉得子女不用心、不致力。如果实事求是地告诉父母真实情况，在这种情况下，最大限度分配财力和精力，孝顺父母，父母看到他身处困境，仍不忘父母之恩，父母会更自豪，更快乐。实际上，父母是过来人，在他们眼里，沧桑和挫折其实是人生常态，报喜不报忧是不必要的。

（三）最大限度开发自身潜力，实现人生价值，是很大的孝道

身体、脑力受之父母。最大限度地开发利用自身身体资源和脑力资源，取得较大的社会成就，实现较大的人生价值，过得比别人好，即使不能说这是最大的孝道，也一定是很大的孝道。怎样才能比别人过得更好呢？从实践看，想比别人过得好就是五个字：能人所不能。倘若与别人一样，别人不会的我们也不会；别人不能的我们也不能；别人吃不下的苦我们也吃不下；别人受不了的辱我们也受不了……凭什么就要比别人过得好呢？所以说，人得有相对生存优势。勤奋就是一种生存优势。国外有句名言：“上帝总会挽救奋斗不息者。”我们古代也有句话：“天道酬勤。”其实这两句话说的是一个意思，“天”会

眷顾那些付出艰苦努力的人。行政领域同样适用这一规则。许多人把行政领域理解成溜须拍马、曲意逢迎，这是错误的。实践表明，踏实干事的人获得成功的机会还是更多。领导喜欢听好听的，也是常情，领导之所以为领导，多数有其过人之处，也不是那么好糊弄的。总的来说，在行政领域，最大限度发挥自身的潜力，主要靠的还是勤奋。勤于业，精于业，就是尽孝。

（四）正确处理与父母之不同意见，是善孝的表现

父母都对吗？不是这样。父母是上一辈社会群体。在这个群体中，有优秀的，也有不优秀的；有有能力的，也有没有能力的。所以父母之见，不会全是真理，但他们对子女是真心，这是真的。反对父母，引起父母的不快，这不是不孝了吗？孔子说：“事父母几谏，见志不从，又敬不违，劳而不怨。”[4.18]要给父母提意见，如果父母不从，还是要继续孝顺父母、关心父母，不因意见不同而不孝顺父母。当然，绝不能盲从父母。在《先进》篇，孔子称赞弟子闵子骞善孝：“孝哉，闵子骞！人不间于其父母昆弟之言。”[11.5]闵子骞把家庭关系搞得比较好，听不到人家议论他父母兄弟之间不睦的话（事见[11.5]章）。在《为政》篇，孟懿子问孝道，孔子说：“无违。”并对“无违”进行了具体解释：“生，事之以礼；死，葬之以礼，祭之以礼。”[2.5]所以孝顺父母是有原则的，这个原则就是“礼”。在《孝经·谏诤》上，曾参问孔子：“做儿子的一味遵从父亲的指令，就可称得上是孝顺了吗？”孔子说：“为父亲的有敢于直言谏诤的儿子，父亲就不会陷于不义。因此，父亲如行不义之事，儿子一定要劝谏阻止；君王如行不义之事，臣属一定要劝谏阻止。对所有的不义之事，都要劝谏阻止，如果只是遵从父亲的要求和指令，又怎么称得上是孝顺呢？”可见，孝服从于义。尽孝也是应坚持原则的。经过努力，如果与父母意见还是不同，这时要服从义的原则。但即使意见不同，也要奉养好父母，关心好父母。

（五）孝的方式是与时俱进的

孔子说：“父母在，不远游，游必有方。”[4.19]意思是父母在世，不要离家远行，如要远行，一定要有确定的去处，以免父母牵挂。那么，是不是只有

待在父母身边就是孝道呢？显然不是。“父母在，不远游”只是在古代落后农耕经济条件下适用，因交通和通信极不发达，“远游”则不能尽孝的责任，故尽量“不远游”。现今，人类已进入信息化时代和全球化时代，生存和发展的竞争是在一国甚至世界范围内展开的，不远游，学不到本领；不远游，得不到好的就业机会；不远游，创造不出好的事业。通讯如此发达，远在异国他乡，也可以和父母进行充分交流；交通如此发达，想回到父母身边非常容易。所以“远游”不会妨碍尽孝。再如，古时守孝三年的事（实际是25个月，两周年加第三周年的头一个月），现在也不必要。抛开工作，无所事事待那么长时间，没必要。放弃工作那么长时间，不为社会做贡献，是对天下不孝，对社会不孝。但孔子讲的“子生三年然后免于父母之怀”的恩情（参考[17.21]章），是不能忘记的。所以，我们不能用孔子讲的一些具体的尽孝方式，作为判断现今时代孝与不孝的标准。是否尽了孝道？因他的存在，使他父母生活无忧；因他的存在，使他父母的精神愉悦；因他的存在，使他父母避免了人生的错误；因他的存在，使他父母的人生更加完美。这就是孝了。

孝的精神在行政上是十分重要的。孝与不孝，这是观察干部、认识干部、培养干部品质的重要角度。对父母不孝的人，对父母恩情不思回报的人，很难相信他能够珍惜组织对他的培养之情，也很难相信他能够保持对事业的忠诚。为政者应当在孝的方面做出典范，这对于改进民风、树立民德有重要作用。为政者尽孝，切忌不可以公器力尽孝，不可以自身对社会的影响力尽孝，而仅以私人之力尽孝，这是界线。

有报道某位行政者为父母祝寿，大摆筵席，所谓的亲朋好友和同僚上千人去祝贺。这是动用了社会公器和社会影响力去给父母尽孝，是没有温情的孝，并不是真孝。人民不会感到亲切，会感到厌恶。这种盛况与权力相伴而来，也会相伴而去，到头来是巨大的失落。所谓世态炎凉，是因为把自己的生活方式建立在了并不属于自己而暂时为自己所使用的资源的基础上。反之，如果当我们拥有权力时，能够严格公器力和私人资源的界限，绝不把自己的生活建立在权力的基础上，那又何来炎凉呢？所以孝是靠自己的力量，而不靠公器力。是为智。

[1.3]子曰：“巧言令色，鲜矣仁。”

译解

巧言：善于言，说话中充满机巧，让人感到信服和舒服。

令色：态度和善，这里指装出来的可亲态度。令，美好。

鲜：少。

孔子说：“花言巧语，假装和善的人，多是不仁之人。”

行政解读

这句话对行政工作的启示：一是从自身修养来说，不要做花言巧语、面色伪善之人。二是从识人的角度，不相信、不重用花言巧语、面色伪善之人。什么是花言巧语？就是言过其实，说的比做的多得多，有很大迷惑性。什么是面色伪善？态度上展示的爱心比内心想付出的爱心多得多。花言巧语、面色伪善两者共同之处都是表里不一，夸大表象以求迷惑对方。这种人展示的不是真心，而是假心假意，怎么会是仁人呢？

但在行政实践中，有时候想说的和能说的，想做的和能做的不一样，怎么办？能说的不是想说的，但却说得跟真想说的一样；能做的不是想做的，但却做得如同真想做的；向心中讨厌的人展示尊重，向心中喜欢的人显示冷漠，这也很常见。这不是表里不一吗？岂不也有花言巧语、面色伪善之嫌？不能这么看。行政上的所作所为，既可能是个人想说想做的，也可能是所在岗位该说该做的。从行政工作角度看，一个人所说的话是他所在岗位该说的话，他就必须说，即使他内心深处并不想说。一个人所做的事是他所在岗位该做的事，他就必须做，即使他内心深处并不想做。有些人、有些事自己内心深处也许并不想批评，但自己所在岗位应当对此做出反应，就必须做出反应。行政构架是一部机器，每一个岗位都是这部机器的一个环节，为政者必须扮演好这个环节的角色，发挥好这个环节上的功能。说岗位该说的话，做岗位该做的事，这叫行政上比较专业，或说是懂行政。反过来，凡事以个人偏好为准，以个人意见为度，喜欢一个人就配合他的工作，不喜欢一个人就不配合他的工作，按照个人

兴趣说话办事，把行政岗位当作私人物品运用，这虽然不是贪赃枉法，但也是一种类型的公器私用。处长瞧不起司长，觉得人家没水平，不尊重人家，其实，这不是处长这个人尊重不尊重司长这个人的问题，单就个人而言，尊重不尊重都没有关系，也不重要，重要的是处长岗位要尊重司长岗位。如果没有把处长这个岗位对司长岗位的尊重发挥出来、表现出来，处长这个人就没有履行好处长这个岗位的职责。副职与正职工作不协调，一般情况下，副职要承担大部分责任。为什么？因为副职这个岗位，就是为协助正职这个岗位而设的，而不是相反。因此，作为行政者，人可以不和，但岗位必须和。如果因为人不和，以致岗位也不和，这就是行政不专业，这就要求在行政领域必须把个人好恶与岗位职责履行严格区分开来。所以这件事，不是表里不一问题，而是行政专业不专业问题，不属于孔子这句话调节的范围。

[1.4]曾子曰：“吾日三省吾身：为人谋而不忠乎？与朋友交而不信乎？传不习乎？”

译解

曾子：孔子学生曾参，比孔子小46岁。

三省：多次自我反思。三，多次。省，音醒，反思、反省。

忠：尽己之谓忠。尽了自己最大力量和心智就是忠了。这与现代“忠”字给人的印象有些不同。

信：以实之谓信。真心实意，就是信。

传：受之于师之谓传。就是先生教的东西。

曾子说：“我每天多次反省自己：为别人做事是否竭尽了心力？与朋友交往是否做到诚信？先生所教是否反复用心领悟？”

行政解读

这三句话也可以作为行政者每天检讨自己言行的标准。

“为人谋而不忠乎”，每天所说所做，是否尽到了责任，是否对得起上级和

同事的信任，是否对得起自己所从事的事业，是否对得起自己所领取的薪水，是否对得起自己工作所带来的社会荣誉。若一个人谋事不忠，不尽心，敷衍塞责，意气用事，上级和同事就不会放心把一摊事业托付给他。取得上级和同事的信任，做事负责、尽心是重要条件。有的人抱怨“领导不信任”，就应该问一问自己为什么得不到信任。得不到上级和同事的信任有多方面的原因，“为人谋而不忠乎”做得不好便是其中之一。为人谋要忠，不应只体现在一时一事，而应长期坚持，使之成为人格的品牌，这样就会获得更多的机会。当然，“尽忠”、尽自己最大的力量，并不容易，需要付出很大的代价。一件事，不尽心可能只需要一小时工作量，尽心可能需要付出几天的工作量。从长期来看，“为人谋而不忠乎”做得好，自己最终必将成为最大受益者。自己能成为最大受益者恰恰是因为自己这样做能够使事业受益、上级受益、同事受益。

“与朋友交而不信乎”，强调与朋友交往要讲诚信、真心实意。这句话重要不重要？也要问一问我们自己，我们喜欢与不讲诚信、不真心实意的人交往吗？显然不喜欢。所以必须坚持诚信，这是人格的品牌。获得一个人的信任太难了，需要很多年，经过很多事。但是摧毁对一个人的信任，太容易了，一件事，一句话，撒了谎，信任一下子就垮了，也就几秒的事。世事很复杂，世人也很复杂。一辈子不说一句谎，不失信于一个人，这是不可能的事。但是，当我们准备失信于人的时候，就要认真想想“值不值、该不该”。选择失信还是不失信，“义之与比”[4.10]，用“义”字去衡量。当不失信一个人的时候，就得失信一群人，而这群人就是核心价值所在；当不失信一个人的时候，就得失信于所忠于的事业，而这个事业也是核心价值所在。这时候就应讲“大义”，而置“小信”于不顾，所谓“君子贞而不谅”[15.37]，所谓“大德不逾闲，小德出入可也”[19.11]。因为信任之来之不易，因为信任之可贵，在核心利益关系范围内，决不失信于人，是应终身奉行的原则，甚至不惜为之付出生命。什么叫核心利益关系范围？就是事业上志同道合者中，对推进事业发展关系极为重要的核心人士（包括领导和同事）；对事业上志同道合者，对同生共死、诚心帮助自己的人，讲真话，做实事，这是正确的选择。讲真话，并不是什么都讲，组织上规定不该讲的，就不能讲，可以明确告之纪律不容许讲。因为讲了，虽然不失信于朋友，但却失信于领导和组织。做实事，也不是什么都做。

不可办的，可以告诉朋友不可办。真心实意，就包括真心实意地告诉朋友自己做不到，自己原先承诺的事情实现不了。

“传不习乎”很重要，这是加强自身行政修养的重要途径。行政能力如何？行政专业不专业？靠上级带，靠同事帮，靠自己悟。上级教的一些重要行政原则，要烂熟于胸，变成自己处理行政事务的条件反射，事情一来，不用想，脑子就能自动适应某一条行政原则。我即将走出校门之时，导师教我两句话：“工作中一不顶牛，二要勤奋。”我就天天念叨这两句话，在工作中与人谈话，接受任务，分配任务，我总是在想：我这样说这样做，是不是违反了“不顶牛”的原则？是不是不够勤奋？现在回想起来，在我工作的最初几年，就是因为这两句话我才没有摔什么跟头。在我工作两三年后，又有一位领导教我三句话，说应该“做好研究，搞好协调，交好朋友”。当时我的单位是政策研究性质的，所以研究很重要。我的岗位有大量的协调工作要做，所以协调很重要。为了使这三句话成为我日常工作的指导方针，有一段时间，我每天晚上都用毛笔反复写这三句话，以深化体会。有人请我吃饭，按照我原来的认识，这属于浪费时间，我是不会去的。但是有了“交好朋友”这个指导方针，人家有邀约，我就想，这件事属于交好朋友范畴，我得为此拨出时间；同时，既然是为了交朋友而去，我就应表现得让对方高兴。有个人到我办公室，反复说一些小事，按照我原来的认识，这点事反复说，浪费时间。但是有了“搞好协调”这个方针，我就想，这些小事虽然不值得听，但我通过听可以协调这个人，所以我就耐心听，耐心解释。我的老师、我的领导对我说的这些话最后都变成了我工作的指导原则，对我的成长发挥了重要作用。所以“传不习乎”很重要。什么是“传”？在行政工作中，“传”是需要我们平时细心留意的。进入工作之后，想让别人摆出架势教，恐怕人家也不愿意。凡是愿意教的人，不论对与错，我们都应抱着感恩的心，感谢人家，认真对待人家的意见，做个有心人。

[1.5]子曰：“道千乘之国，敬事而信，节用而爱人，使民以时。”

译解

道千乘之国：治理拥有一千辆兵车那样的国家。道，治理。乘，四匹马拉

的一辆兵车。

敬事：做事谨慎、认真、尽心。

使民以时：征集百姓从事劳役，不夺农时。服劳役是古时为政的重要内容。

孔子说："治理千乘之国，要严肃认真地处理政事，讲求信用；要节约用度，爱护百姓；征集百姓从事劳役，要不夺农时。"

行政解读

行政上要"敬事"。如何叫敬事？在行政决策阶段，要深谋远虑，反复思考，广泛听取民众的意见，深入分析事情的眼前利害、长远利害，分析事情对社会各阶层利益的影响，分析推进事情的阻力和助力，设计出良好的推进模式。何为良好的行政推进模式？就是最大限度地利用推进行政之积极因素，最大限度地限制推进行政之消极因素，以使政策主张顺利推行。反之，草率决策，粗糙实施，就是不"敬事"。不敬事，必将失信于民，甚或招致民怨。

如何保证行政上"敬事"？靠人，更靠制度。从行政者个人素质层面讲，每一位行政者都应"想敬事"、"会敬事"。"想敬事"就是应具备敬事的品格，"会敬事"就是知道敬事的办法和程序。从一个单位层面讲，实现敬事目标，可以从完善工作程序入手。通过完善工作程序，实现决策科学、责任明确、工作流程规范，达到做事有板有眼。从国家和社会层面讲，应完善行政制度、行政程序、政治制度及政治程序，以确保敬事。现在全国人大立法，如果广泛涉及民众利益，就向社会公布草案，听取社会各界的意见，这就是敬事。前几年，报纸上就我国汽车工业发展问题展开了长时间、大范围讨论，使人民对汽车业发展模式形成了一些共识，以利于主管部门决策，这样做也属于敬事。美国等国家设立参众两院，就国务事项展开长时间全方位辩论，这其实也是一种敬事机制。我们都同意建立更加科学、更加民主的决策机制和更加有效的贯彻落实机制，为什么？若从孔子的行政理论角度讲，这样做，有一个显而易见的好处，就是可以确保敬事。

"节用而爱人。"节用就是少花钱，多办事，办大事。说起来容易，做起来难。在治国和行政上做到节用就更难。难就难在不知道怎么做就算节用了。单就国

家财政来说，几百个行业，成千上万件大事，各行各业都说财政支持力度不够，怎么就是个够呢？从经济学的角度讲，合理配置公共财政支出，以实现国家和民族眼前利益与长远利益最大化，这就是节用了，所以节用是一种投入与产出的关系。什么事也不干，什么钱也不花，这样做是节用了，但这种节用没有什么意义。因此要做到节用，必须能够明确识别国家的核心利益和重大利益。什么是当前国家的重大利益？在民生方面，确保低收入群体基本生存福利，保障其子女平等就学就业权利，使贫困家庭子女能够共享公共教育资源，这就是民生方面的重大国家利益。财政把钱投入这个方向，这是节用了。反过来，把钱投入贵族学校，把钱投向富人的福利，就是浪费公帑了。对于一个单位来说，节用，首先也要识别单位和员工的重大利益，在重大利益问题上多花钱，在非重大利益问题上少花钱、不花钱，该花的大大方方花，不该花的一个铜板都不能花，这才是科学的节用。节用本身就是尊重人民和爱护人民，因为行政之资源包括财政资金来源于人民，花出效益才是不负人民之托。

爱护百姓，使民以时。实际上是正确处理“取与予”的关系。体恤百姓，应当给民众创立公平的就业、创业环境和机会，使之参与社会管理，实现人生价值的责任和需要；使之“老有所终，壮有所用，幼有所长，鳏寡孤独废疾者，皆有所养”（《礼记·礼运》），这是“予”的一面。“取”的一面，孔子强调“使民以时”。古时农耕为主，农耕讲时节，所以“使民以时”很重要。现代社会，也要使民以时，取民有度。调动民力，不要影响民众事业的发展。“生之者寡，食之者众”，必然导致取民无度，国家就危险了。

[1.6]子曰：“弟子入则孝，出则悌，谨而信，泛爱众，而亲仁。行有余力，则以学文。”

译解

出则悌：出门则敬重兄长，这里的兄长泛指同辈年纪比自己大的人。

亲仁：以仁力亲。以仁的道德规范为亲，或以仁德之人为亲，亲近仁德之人。此两义皆有。

行有余力，则以学文：关于此句有多种解读，一说，“如此修行有余力，

再向书本文字上用心”（钱穆《论语新解》）；二说“这样躬行实践之后，有剩余力量，就再去学习文献”（杨伯峻《论语译注》）。南怀瑾对“行有余力，则以学文”的解释是：“做到以上几件事以后，还有剩余的精力，然后再‘学文’，爱做文学家也可以，爱做科学家也可以，爱做艺术家也可以……”（《论语别裁》）事实上，所谓“弟子入则孝，出则悌，谨而信，泛爱众，而亲仁”这些德行的要求和修养，并不是独立存在的，而是日常行为、日常待人接物和日常事务处理的指导原则。“亲仁”不是每天无所事事地去接近有仁德的人；“出则悌”也不是每天出门都无所事事地向年长于自己的人作揖打躬，而是在做事中遇到与这些人发生联系时，要有一个正确的态度和方式。所以把“行有余力”理解为修仁德之后再去学文，把修仁德和学文理解为本和末的关系，理解为文和质（内容和形式）的关系，都是一种错误解读。朱熹对此实际上已提出了怀疑，就是不学文，只修德行，“所行或出于私意”，而不是圣贤之意，即是说不学习也许不能深刻践行圣贤之法①。笔者以为，“行有余力”应解为“每天干完必须干的事之后”，包括履行好为人子的责任（如父母病了，照顾父母，尽孝）、为人弟的责任、对社会大众的责任（比如有职业，有职务）、对社会贤达的责任等这些必须承担的责任之后，要努力学习。学习什么呢？学文，学习关于礼乐制度的学问知识，学习前人留下的文献典籍和文明成果。余力，闲暇之时。文，诗书六艺等。

孔子说：“弟子在家要尽孝，出门要敬重兄长，行事谨慎，言而有信，关爱大众，以仁为亲。每天应做之事做完之后，要努力学习。”

行政解读

“入则孝，出则悌，谨而信，泛爱众，而亲仁，行有余力，则以学文。”这些行为准则也是行政者应当认真践行的。关于孝，已讨论过。

“谨而信”，做事认真自然就会谨慎。做事认真，对事物分析得透彻，对困难估计得充足，对事物复杂性认识得清楚，风险控制预案制定得周密，知事之

①见《论语集注》。

复杂，知事之艰难，知事之险峻，就不敢不谨慎。

“泛爱众”，这是仁的内涵之一。对社会应当有强烈的责任感，对社会大众有广泛同情心、爱心，这是行政者应有的重要品质。前些年，公务员面试有一道题，是关于如何解决看病难的问题，给出了十项措施，让考生排序。有一个考生解答时说：现在，看病难最难的是农民和城市下岗职工，所以解决看病难的重点应放在这两个群体上。有个考官听到这话就给他打了一个高分，下面说得对不对，十项措施的顺序排得对不对，都不重要了。事实上，我们不能指望考生没有经过调查研究就能提出合理的解决方案，重要的是他的执政理念是正确的，有社会同情心，“泛爱众”。

“亲仁”，把“仁”作为言行之“亲”和道德规范。这在行政上可以引出两条原则。一是“亲仁”，“见贤思齐”。通过与有仁德之人亲近和交往，提高自身的修养，这完全是应该做的。二是作为一种行政手段加以使用。在任何组织和任何地方，都存在一种主导局面的核心力量，当加入这个局面的时候，如何才能站得住脚，稳得住局面？其中最重要的，是识别出主导全局的那股力量。这股力量，可能是一批人，也可能是几批人、几个人，甚至是一个人。并在最短的时间内，了解到这股力量的性质：善与不善，以确定应对策略。不能在情况不明的情况下，盲目伤及这股力量，使之成为反对力量，而导致局面失控。一些领导到地方任职，总是要去看望地方上德高望重的老干部，从《论语》角度讲，这是“亲仁”手段的运用。“亲仁”的反面就是“亲小人”，到了一个新单位，倘若先和社会所不齿的人搞到一起，和非正义群体搞到一起，走向失败是迟早的事。当然，不和“小人”搞到一起，并不是就要与“小人”拼个你死我活，是否走到这一步，要看手里的本钱，看具体的形势。

“行有余力，则以学文。”闲暇之时，努力学习。那么对于行政人员而言，学什么呢？

第一，深入理解执政理念、治国治政方略、政策方针，等等。这是必须学的，一定得弄懂弄通，因为行政就是在贯彻这些理念、方针、政策、措施。这不是在说教。我们国家30年保持了世界第一的增长速度，30年翻天覆地的变化，靠的就是这个。第二，博古通今。博古，就是要下最大力气学习中华民族

五千多年来智慧和经验的积淀，其中就包括传统文化精神。通今，就是努力学习外语，最迅速地了解世界发展趋势，了解其他先进国家的经验和做法。我们现在所从事的事业，是现代化事业，基本上还是一个向已经实现现代化的国家学习的过程，虚心学习还是第一位的，所以要坚持对外开放，关注人家的发展，学习人家的经验。行政者应当有国际视野和战略思维，这是时代的要求。当然，并不是说掌握了外语，就自然具有了国际视野和战略思维。国际视野和战略思维是一种对国内国际事务和世界发展潮流的洞察力和战略思考能力，外语只是一种工具，掌握了这种工具，对工作有帮助。第三，学习业务。管理一个城市，就应学习城市管理的理论和经验；做“三农”工作的，就应当好好研究“三农”问题。

[1.7]子夏曰：“贤贤易色，事父母，能竭其力，事君，能致其身，与朋友交，言而有信；虽曰未学，吾必谓之学矣。”

译解

子夏：孔子弟子，姓卜，名商，小孔子 44 岁。

贤贤易色：一说，尊重贤德，看轻女色，或者尊贤之心胜过好色之心。二说，看重实际的德行，轻视表面的姿态。三说，尊重贤德之人，态度应恭敬。第一说，把“色”字，当“女色”解，无依据。再说“食色，性也”，对待贤人的态度是以思想和价值观为基础的，对待女色的态度主要是以生理为基础的，性质完全不同，把对待贤人之态度与对待女色的态度扯在一起比较，很牵强。这里的“色”字当与“巧言令色，鲜矣仁。”[1.3]中“色”字同义。子夏这句是说对待贤人、父母、君、朋友等几种人的态度和方式，所以第二说也不当。从第三说。

事：侍奉、服侍。

致其身：指献出生命。

子夏说：“对待贤人，态度要恭敬；侍奉父母，能竭尽全力；侍奉国君，能以身尽职；与朋友交往，真心实意，言而有信；这样的人即使没有正式就

学，我也认为他学得很好。”

行政解读

“贤贤易色”，尊重贤德之人，与[1.6]章“亲仁”之思想有相似之妙。

“事父母能竭其力，事君能致其身。”侍奉父母不过是尽其力，但事君要致其身，有献身精神。所以子夏认为，国事重于家事。人生的价值主要在于社会价值，所以行政者以国事、公事为重，应是一个基本的工作态度。但以公事为重，并不是任何公事都重于家事。关于事君之道，可参阅[4.26]章解读。作为上级，对于下属的家事，必要时也应予以关心。而作为下级，不时为一些家事请假，影响公务，确实难以委以重任。

“与朋友交，言而有信”，与[1.4]章“与朋友交而不信乎”同义。

“虽曰未学，吾必谓之学矣。”这句话在行政上也有深意。行政领域有一批领导，学历不高，但政治上强，行政水平很高。“虽曰未学，我必谓之学矣”，这又回到了“学而时习之，不亦说乎”。[1.1]解读中提到过的，课堂上学的，对于从事行政工作有没有意义？有意义。重要不重要？重要。但从根本上说，行政是一种以实践为主的专业。进入行政领域，应当从头学起，从零干起，不可以以书本逻辑来处理行政事务，因为行政事务处理是一个实践的过程。也就是说如果行政上悟性好，感觉好，即使没有学历或学历不高，在行政实践过程中也可以成为优秀行政者，甚至成为政治家。所以不要轻视没有学历的领导。当然，名校毕业的好学生，搞行政也可能会很有成就。因为他们之所以学习好，悟性好是重要一条，悟性好适用于行政领域。

行政领域也有一些领导，先在研究所和大学里工作，学术搞得呱呱叫，但被选拔进入行政领域担任领导工作之后，不但没有什么成就，反而很不适应，行政工作一团糟。这是“虽曰有学，吾必谓之未学矣”，学术研究的逻辑与行政事务处理的逻辑是不同的，这些学者没有掌握行政工作的精要，工作不得要领。当然，也有一些学者，由学术领域进入行政领域，很快就成为优秀的行政工作领导者，甚至担任很高级的行政领导，这都因人而异，不可一概而论。

现在考察干部，政策理论水平高不高是一个重要方面。一提政策理论水

平，大家就想到笔杆子，有的同志经常写些有水平的政策理论性文章，这确实属于政策理论水平高。但是，写不了政策理论文章的人，也可以适用“政策理论水平高”这句评价。为什么？“政策理论水平高”有两个角度，一是施政行为的理论论述能力，或说政纲的辩护能力，能不能写政策性文章，是其重要表现形式。美国等国家的国会议员，一项重要工作就是为政党施政行为和政策进行辩护。二是在处理行政事务中体现政策理论精神的能力。这种能力不需要写文章，所以有的领导不是笔杆子，但他“政策理论水平很高”，因为他在复杂的行政事务处理中，总是能够十分精准地体现政策方向和政策精神。土地改革时期，我们党提出的土地改革总路线和总政策是：“依靠贫雇农，团结中农，中立富农，有步骤有分别地消灭封建剥削制度，发展农业生产。”这句话说起来简单，但具体落实起来，难度很大。中农、富农的具体界限是什么，不同的地区各有不同的情况，得掌握一个具体标准。有的土改干部甚至不识字，但划分中农、富农、地主、贫农让人心服口服，局面处理得顺当平稳。这样的干部，虽然不识字，但也可以说“政策理论水平很高”，如果说“理论”二字不合适，但“政策水平高”总是可以说的。对于这样的干部，我们说“虽曰未学，吾必谓之学矣”。所以舞文弄墨是政策理论水平，贯彻落实也是政策理论水平。

[1.8]子曰：“君子不重则不威；学则不固。主忠信，无友不如己者，过则勿惮改。”

译解

不重则不威，学则不固：有两说，一说，君子不庄重，就没有威严，所学也不会巩固；二说，君子不庄重，就没有威严，不学习就会闭塞不通。从第二说。重，庄重。固，固陋，闭塞不通。

主忠信：有两说，一说，以忠信为主；二说，亲近忠信之人。此二说均不采。“主”应解为“总纲、总要”或“根本”之意。如庄子《养生主》这一篇名的意思就是“养生的总纲要领”。“主忠信”，应解为“以忠信为言行之总纲和要领”，或简之为“以忠信为本”。

无友不如己者：有两说，一说，不与不如己者交朋友；二说，朋友都有超

过自己的长处。若依一说，孔子就不应有朋友，因其为最高道德者。且同孔子“泛爱众”思想、“兄友弟恭”思想、“三人行必有我师”思想不相符。从第二说。

孔子说：“君子言行厚重才有威严，坚持学习才不会闭塞浅陋，言行应以忠信为本，朋友都有优于自己的地方，发现过错不要害怕改正。”

行政解读

“君子不重则不威”，“威”是什么？是一种领导力。“威”是怎么树立出来的呢？一种是装出来的，板起面孔，不说话或少说话。因为手里有权力，所以大家不知底细，就会觉得有“威”，可能会服从其领导。有一个故事叫作“黔驴技穷”，黔之驴，在老虎眼里一开始是比较有“威”的，但经过长时期试探和反复实践，老虎明白黔驴“技止此耳”，把它吃掉了，这种“威”叫假威，真假的“假”。还有一种威是跟出来的，跟在有权威的领导后面，获得领导信任，自己也跟着有了“威”。有一个故事叫作“狐假虎威”，狐狸在老虎前面走，其他动物也怕它，其实不是怕它，是怕它后面的老虎。这种威不长久，老虎不在了，狐狸也就没有了威。这种“威”也叫假威，假借的“假”字。还有一种威是靠自己本事干出来的。处理复杂行政事务，手段高明；处理危机事件，有胆量有魄力；分析复杂形势，看得准，理得清，决策英明，处置果断。不但让人觉得有本事，而且实际上就是有真本事。这是不是就有了威？这还不够。威里边必须有爱，有人情味。让人敬畏，先得真心对人家好，替人家着想。一个自私的人，本事再大都不会有威，即使有威，也是让人心里恨得咬牙切齿的那种威。周厉王是个昏君，国人批评他，他派特务去调查，谁说坏话就抓起来杀掉。百姓不敢说话，“道路以目”，结果暂时有了威，但三年之后他就被流放了。古语说：“廉生威。”廉是什么？不贪。不贪是什么，是对老百姓有爱，以百姓心为心，所以百姓觉得有威。要之，威是这样形成的：有仁德、有本事、有爱心、不自私。部下和百姓跟着他走，心里踏实；按照他的要求干，心甘情愿，则其威自生。

为什么“不重则不威”？什么是“重”？就是不轻言，不率行。不经过深思

熟虑，反复权衡，就不轻易说话和表态，既言，就要“夫人不言，言必有中”[11.14]，这就是“重”了。不草率行事，不鲁莽行事。既行，就要排除困难，不怕牺牲，务求实现目标，有很强的贯彻力和推进能力，这就是“重”了。所以，“重”字在行政上，就是要决策慎重、贯彻坚决，会干，敢干，能干出成效。说话随便，出尔反尔，行事草率，虎头蛇尾，就是不重，不重则“威”自不会生。这是事实。大家还应注意到孔子的表述方式——“不重则不威”。从逻辑学角度分析，“重”是“威”的必要条件，非充分条件，若有“威”，必有“重”；若有“重”，则不一定有“威”。正如前述，建“威”还需要仁德和爱心。

“主忠信”，行政上强调尽心和诚信。

“无友不如己者，过则勿惮改。”要看到别人的优点，虚心向所有人学习。行政上有一些朋友，喜欢坚持己见，这没有错，如果是正确的意见，就是要坚持。但是在大多数情况下，是因为自己有了意见，就不愿意再去按别人的思考方式思考了，不愿意换个角度，只是一味地片面坚持。坚持的背后可能是为了面子，坚持说自己对，就好像是维护了自己的面子。其实，面子是人家给的，要让人心服而不是嘴服。如果发现自己错了，能够立即改正，那别人看到的是这个干部的度量和理性，看到的是他的合作能力和大局意识。所以“过则勿惮改”，在行政上很重要。改了得到的尊重比不改要大得多，善于改错是一个干部成熟的标志之一。

关于学习和改过的态度还可参考[19.21]章及[8.5]章的相关解读。

[1.9]曾子曰：“慎终，追远，民德归厚矣！”

译解

曾子说：“慎重地对待死去的先辈，追思先辈的业绩和恩德，民风民德就会归于淳厚。”

行政解读

长期以来，这句话都是从尽孝的角度来解释的。例如朱熹说：“慎终者，丧尽其礼；追远者，祭尽其诚。”所以主流的解释，都是办好父母的丧事，办

好祭礼，民德就会归厚。例如，杨伯峻在《论语译注》中的译解是：“谨慎地对待父母的死亡，追念远代祖先，自然会导致老百姓归于忠厚老实了。”又如钱穆在《论语新解》中的解释是：“对死亡者的送终之礼能谨慎，对死亡已久者能不断追思，就能使社会风俗道德日趋笃厚。”实际上，此句既指的是孝道的问题（对待父母的问题），同时也说的是如何看待先辈的恩德和业绩的问题，通过不同形式追思先辈的事业、恩德和教诲，饮水思源，这确实就是使民风民德归厚的方法和途径。

毛泽东同志逝世了，如何评价毛泽东同志的功与过，这就是“慎终”。现在大家认识到，正确地评价毛泽东同志的历史地位，是邓小平同志最重要的历史贡献之一。邓小平同志亲自主持起草了中共中央《关于建国以来党的若干历史问题的决议》，对毛泽东同志做出正确评价。这是因为他懂得“慎终”的重要性。慎终，是要总结历史。如何总结？就是要对历史人物功过做出评价。功，是要继承和缅怀的；过，是要改正的。所以功过的评价，实际是在决定未来的路怎么走。对毛泽东同志功过评价采取客观的态度：全面否定“文革”，才有以经济建设为中心，坚持改革开放的正确性；充分肯定毛泽东同志在社会主义革命和社会主义建设时期的丰功伟绩，才有坚持四项基本原则的正确性；总结了历史正反两方面的经验，才有了“坚持党的基本路线一百年不动摇”的坚定性，因而才有了我国30多年来的经济快速发展。这就是“慎终”。相反，斯大林逝世后，苏联当局没有对斯大林做出客观评价，意气用事，全面否定，造成社会主义阵营的分裂；同时因为全面否定斯大林，也随之否定了苏联人民建设国家、保卫国家的一段历史，造成了恶劣的后果。这就是不“慎终”了。

再如，这些年来，每当革命先辈逝世100周年或重要纪念日，我们就要举办一些活动，来一个纪念。这就是“追远”。党的代表大会，总是设计一个程序，追思先烈，这都是“追远”。追远有什么用？通过追远，可以让人民懂得现世成就之来之不易，坚定继承先辈事业的决心。“追远”也是推进行政理念的做法，比如实施走出去战略，我们纪念郑和下西洋600周年，显然有利于调动人们实施“走出去”战略的积极性。现在纪念黄帝，就是在“追远”，大家都是炎黄的子孙，通过纪念活动就会增强民族团结力。重视历史教育也是在“追远”。每一个人都应知道、理解我们的历史，历史是民族之所以为民族

的基础。

“慎终追远”的重要意义还在于，不论是国家、地方、机构或是普通百姓，都可以慎终追远。慎终追远的群众基础在哪里？就是丧礼和祭礼。通过制定父母和祖宗之丧礼和祭礼及国家之丧礼、祭礼，使人民广泛参与到慎终追远活动之中，培养人民慎终追远的情感和思考方式，以增强整个社会的凝聚力和向善能力。毛岸青逝世了，国家为其举行了国葬礼，国家最高领导人都参加了。毛岸青是毛泽东同志次子，伟人之子，但也是一介平民，在平凡的岗位上奉献一生、低调一生，不慕名，不图利。这种品格和精神对社会价值观具有重大的教育和指导作用，需要“慎终”以纪念其品格，弘扬其精神。同时通过国葬毛岸青，也对毛泽东同志的丰功伟绩进行深切缅怀，这是追远了。所以人民很感动。孔子改造社会的惯用手法，就是通过微观层面的具体操作，实现宏观层面的社会治理目标，慎终追远的运用，就是如此。

那么，为什么“慎终追远”，就会“民德归厚”？“厚”是什么意思？“厚”是重情重义，是具有历史感，是重视集体和他人利益。如果一个人无情无义，他不可能厚道；如果一个人为了私利，不择手段，他同样不可能厚道。一个人私心太重，就不可能坦诚待人。我们说一个人朴实，为什么？朴实是因为坦荡，坦荡是因为不为己利。我们说一个地方民风淳厚，就是说，这个地方的老百姓是重情重义的，这个地方老百姓是向善的、坦诚的、朴实的、和睦的。慎终追远使人民重情重义，慎终追远使人民知道正确的价值观取向，慎终追远使人民具有历史感。具有历史感的人容易看到个体人生的渺小，容易看清楚私利的本质是归于虚无。所以，慎终追远，民德归厚矣！

[1.10]子禽问于子贡曰：“夫子至于是邦也，必闻其政。求之与？抑与之与？”子贡曰：“夫子温、良、恭、俭、让以得之。夫子之求之也，其诸异乎人之求之与！”

子禽：旧注多认为此人亦为孔子学生，叫陈亢，字子禽。《孔子家语》载其为孔子学生，但《史记·仲尼弟子列传》不载其人。在《论语》中此人有三

问，在《季氏》篇中，他问孔鲤（孔子的儿子）孔子是否给他以特别的教诲(参见[16.13]章)。在《子张》篇中，他对子贡说："子为恭也，仲尼岂贤于子乎?"（参见[19.25]章）此人三问都是侧面打听孔子情况，不载其直接求教孔子之语，且对孔子的贤能表示怀疑，恐非孔子弟子。

子贡：姓端木，名赐。小孔子31岁。

抑：或者。

闻：听到，了解到。

温、良、恭、俭、让：温和、善良、恭敬、俭朴、谦让。

子禽问子贡："先生每到一国，一定能了解到该国的政事，是求来的呢？还是人家主动告诉他的呢?"子贡说："先生温和、善良、恭敬、俭朴、谦让，先生是凭着这些良好的道德声望得到的。先生求取的办法，大概不同于别人求取的办法吧!"

行政解读

孔子周游列国过程中，并不是每到一国都能参与政事处理，但是每到一国都会有人与他讨论政事。为什么？因为他是一个有名气的政治家，有着"温、良、恭、俭、让"这些良好的道德声望。陈子禽问得很尖锐，是孔子自己要参与、了解呢，还是别人主动邀请他参与、了解呢？子贡答得也很有水平。即使是孔子主动要求了解该国政事，他也和别人的主动了解不同，因为他"温、良、恭、俭、让"。立场决定手段的性质。手段相同，服务的对象不同，服务的事业不同，性质就不同。

子贡说辞固然很漂亮，"温、良、恭、俭、让"，但孔子在各国无法推行自己的主张，无法实现自己的政治抱负，最重要原因之一就是对既得利益集团构成了威胁。比如鲁昭公二十五年（公元前517年），孔子在三十五虚岁时到齐国与齐景公议政，很得赏识，景公就想给孔子封一块地方，为齐国名相晏婴所阻止（事见[18.3]章解读）。鲁哀公六年（公元前489年），孔子在六十三虚岁时来到楚国，楚王也很赞赏孔子的执政理念，也想给孔子封地七百里，为楚国令尹子西（令尹相当于宰相）所阻止（事见[18.5]章

解读）。事实就是这样，孔子做了官，人家就做不成；孔子的政治势力增长了，人家的政治势力就减弱了。政治有排他性质，如何体现一个“让”字，很有学问。

[1.11]子曰：“父在，观其志；父没，观其行；三年无改于父之道，可谓孝矣。”

译解

父在，观其志：父亲在世的时候，观察他的志向。

父没，观其行：父亲去世后，观察他的行为。

三年无改于父之道：经过多年都不改变父亲教导的处世为人原则。

孔子说：“父亲在世的时候，观察他的志向；父亲去世之后，观察他的行为；经过多年都能够坚持父亲教导的处世为人原则，这就是孝了。”

行政解读

春秋时代，家族制度严格。诸侯有国，大夫有家。大夫之家完全就是一个行政体系，家中有各类官员，有地盘，有臣民，一家之长说了算。儿子按照父亲指导行事是很自然的，因为他的所作所为不过是受父亲指示，自不必为行为负责。对于普通百姓家庭来说，几代同堂，儿子自然也无太大发言权。所以“父在，观其志”，看这个人怎么样，不看他的“行”，要看他的“志”，考察他的思想状态，看他是不是一个仁德之人。行政上也是这样，副职按照正职的意见办事，下属按照上级的意见办事，我们看见事情是这个人办的，这只是现象。但办这件事不一定就是这个人内心的真实想法，有时不过是履行组织决定而已。父亲去世了，可以完全自主决策了，做什么、说什么由自己决定，这时候就要看他的行动，说什么不重要，关键看他做什么，所以说“父没，观其行”。

“三年无改于父之道”，这句话颇有争议。现代人喜欢与孔子抬杠。按照这句话的意思，如果他父亲是个强盗，好像儿子也必须在他父亲死后再做三年强

盗，才算是“可谓孝矣”；如果父亲是一个浪荡子，儿子也必须在他父亲死后三年才能把自己从“人渣”变成“人”，否则就是不孝。孔子是个圣人，不会智商低到这个程度。“三年无改于父之道”是巩固和扩展家庭的教育成效的重要途径，把这个事提高到“孝”这个层面，有利于好的传统的保持。春秋时代，是“礼崩乐坏”的年代，也是诸侯夺天子的权、大夫夺诸侯的权、家臣夺大夫的权层出不穷的年代，在贯彻礼乐制度方面基本上是一代不如一代，犯上作乱倒是一代比一代有本事。所以孔子提出“三年无改于父之道”，这对于维护礼乐道统，保持社会稳定和秩序有重要意义。作为诸侯的父亲如果是尊重天子的，儿子继位之后若能坚持“无改父之道”，那也就确保了天子的权威。其实儒家并不反对儿子改“恶父”之道。对于父亲的错误和恶行，儒家特别强调儿子有劝谏的责任和义务，这也是“孝”的重要内容(参见[1.2]章解读)。

执政理念的继承性问题也是重要问题。政府换届了，随之就要来一个全新的发展思路，改一改上届政府的执政之道，这样做到底好不好呢？如果改革上届政府的做法是实践需要，同时也已逐步形成社会共识，那么改革就是进步；如果社会还没有做好准备，实践的发展还没有展现出其急迫性，那么等一等就比较好，这样有利于稳定和发展。关于这一点还可参考[19.18]章解读。

[1.12]有子曰：“礼之用，和为贵。先王之道斯为美，小大由之。有所不行，知和而和，不以礼节之，亦不可行也。”

译解

礼之用，和为贵：礼的功用，实现“和”是其最高境界。

先王之道：文王、武王之道。

小大由之：指不论大事小事，都遵循“礼之用，和为贵”的原则，即依“礼”行事，以“和”为依归。

有所不行：指依礼行事，无法实现“和”的情况。

知和而和，不以礼节之：为了“和”而“和”，放弃“礼”的原则。

有子说："礼的功用，实现'和'是其最高境界，先王治国，最高明之处即在于此，处理大事小事都遵循这个原则。如果依'礼'行事无法实现'和'，也不能放弃'礼'的原则，为了'和'而'和'，放弃'礼'的原则，这样做是不可行的。"

行政解读

先说一说"礼"与"和"。"礼"是调节社会秩序和社会行为的一种规范。朱熹说："礼者，天理之节文，人事之仪则也。""和"指的是社会各利益主体、社会个人各安其位、各就其业、和谐相处的一种状态或过程。"和"不是没有冲突，"和"也不仅是一种利益均衡状态，同时也可以是一个利益均衡的过程。

"喜怒哀乐之未发谓之中，发而皆中节谓之和。中也者，天下之大本也；和也者，天下之达道也。致中和，天地位焉，万物育焉。"（《中庸》）喜怒哀乐没有表现出来的时候，叫作"中"；表现出来以后符合规范，叫作"和"。"中"，是天下万物之本性状态（或自主状态）；"和"，是天下万物实现共处之通达方式。达到"中和"的境界，天地便各在其位了，万物便生长繁育了。所以，有了冲突，只要以符合社会规范的方式表达和解决，就是"和"。比如，两车按自己的意愿，自由地在道路上行驶，这时两车主"喜怒哀乐之未发"，所以是"中"的状态。两车相撞，两车主都很生气，这时候两车主"喜怒哀乐"开始"发"。如果"发"的方式是车主互殴对方，就不是"和"；如果通过警察按交通法规进行处理，化解冲突，然后各自继续行驶，就又回到"中"的状态。这种"发"的方式就是"和"。"和"不是没有情绪，但如果情绪表达不符合规范，就不是"和"。所以"和"里有法制精神。

有若这句话是中国传统文化中的核心精神的重要组成部分。"礼之用，和为贵"，为应用"礼"处理社会问题和社会事务提出了一个是非与价值判断的标准。就如同我们说"科学发展观"落实得好不好，要看事业是不是发展了，社会是不是和谐了，环境是不是改善了，资源是不是节约了一样。"礼"应用得好不好，就看是否达到了"和"的境界。当然，"有所不行，知和而和，不以礼节之，亦不可行也"。如果出现按"礼"的要求处理政治事务和社会事务，实现不了“和”的目标时，也不能因为“和”的重要而放弃“礼”的原则，去追求无原则的“和”。以现代语言来说，法律秩序的目标是为了社会和谐。社会和谐非常重要。虽然社会和谐非常重要，但在实现和谐过程中，如果法律裁决一时实现不了和谐，也不能以牺牲法律为代价。如果法律不能解决冲突，就废弃法律不用，另找解决办法，这是不可行的。

现在提出建设和谐社会，按有子的意见，这非常重要，“先王之道斯为美”。什么是和谐社会？各安其位，有了利益冲突和矛盾，能够有完善的表达机制和解决机制，使冲突双方或多方能够获得都可接受的处理结果。和谐的社会，不是平均主义社会，而是安于其位却没有意见的社会。人民受了委屈，告状无门，申述无路，不断越级上访，不得其解，这就是没有完善的冲突表达机制。告到了法院，做出的判决执行不了，就是没有完善的解决机制。法院的判决伤害了社会公平和正义，就一定不是社会可接受的处理结果。为什么会这样？按有子的意见，是“礼”的体系（调节社会行为的规范）和执行机制不完善造成的。现代类似于“礼”的东西包括什么，在硬约束方面，至少应包括法律、法规、政策等；在软约束方面，至少应包括意识形态、道德观和价值观取向等。“礼”的执行机构至少应包括政府、法院、机构、自治组织、能够服众的社会贤达，等等。不论是“礼”的硬约束方面、软约束方面或是“礼”的执行机构都应体现人类社会的核心价值观，这就是社会的公平与正义，这是“礼”的精神。所以和谐社会一定是民主的社会、法制的社会、公平的社会、正义的社会。

什么是公平和正义？居民收入差距越拉越大，这就是不公平。学经济学的人说，工资率等于其边际生产率，农民挣多少钱，取决于其为社会贡献多少。挣多少是市场说了算，差距大了那是客观规律。这有没有道理？有。是不是全对？也不是全对。我们学经济学的人一定不能教条式地搬用教科书上的那些规律。需知，那个规律是有很多假定前提条件的，比如转换工作无成本、市场是完全信息、竞争是完全竞争，等等。这都与现实的市场差距很远。从价值观角度看或从公平角度看，既然是我们社会中的一员，就不应使其过得太差。动物群体还要照顾老弱病残者呢，何况人类社会。所以国家应调节国民收入初次分配结构，比如最低工资制；调节国民收入再分配结

构，比如建立照顾穷人公共卫生教育制度，等等。再举一例，“杀富济贫”是不是公平正义？提高富人收入和个人资产的税收，用于扶助贫弱阶层，这种“杀富济贫”就属于公平正义。当然税率太重，挫伤了富人创造财富的积极性，这就又不公平了。那么，一个人看到谁家有钱就抢来，然后分给穷人，这种杀富济贫是正义的吗？这就不是正义的了。这种“杀富济贫”的方式，是“不以礼节之”的方式，即不符合法律规范的正常解决渠道，“亦不可行也”。

追求和谐社会，解决社会中出现的一些矛盾，应坚持“礼”的精神，本着公平、正义的精神去处理。坚持公平正义，即使一时实现不了和谐，也不要放弃公平正义这种原则。“知和而和，不以礼节之，亦不可行也”。以“和”为贵，是以建立在公平正义基础上的“和”为贵，不是以那种没有原则的“和”为贵。我们党的组织生活原则“团结—批评—团结”体现了这句话的精神。从团结的目的出发，通过批评达到团结。团结是一种“和”，为什么要通过批评达到团结这种“和”呢？批评的过程，就是建立秩序的过程，就是用党的思想统一个人思想的过程，就不是“知和而和，不以礼节之”那种没有原则的和，就不是“你好我好大家好”那种没有意义的“和”。所以，“和”，一定是有精神的“和”。

[1.13]有子曰：**“信近于义，言可复也。恭近于礼，远耻辱也。因不失其亲，亦可宗也。”**

译解

信近于义，言可复也：信，符合道义，才可以践行。近，“附着”的意思。“言可复”，指承诺或说出的话可以兑现。复，“践言”的意思。

恭近于礼，远耻辱也：恭敬只有合礼，才不会招致侮辱。

因不失其亲，亦可宗也：这句的解释争议很大。现列举几种流行解法供参阅：其一，“遇有所因依时，必先择其可亲者，亦可依若宗主了”（钱穆《论语新解》）；其二，“依靠关系深的人，也就可靠了”（杨伯峻《论语译注》）；其三，“施恩于人，而不失去原有的爱心，也就值得尊敬了”（傅佩荣《傅佩荣解读论语》，他认为古代“因”与“恩”可以通用，所以解“因”为“恩”）；其四，“‘因不失其亲，亦可宗也’，因就是动机，中国文化：亲亲、仁民、爱物。‘因不失其亲’，意思是人绝对无私是做不到的”（南怀瑾《论语别裁》）；等等。本书认为，此句中“信”、“义”、“恭”、“礼”、“因”、“亲”都是同等层次的道德和行为规范。有子讲话，不应由信、义、恭、礼等道德层次一下子堕落到“依靠要亲近的人和关系深厚的人”这个层次，还“可靠了”。傅佩荣解为“施恩时不失爱心”，似也不妥，施恩就是因为有爱。南怀瑾解“因”为“动机”，“动机”为“因”之后起之义，恐亦不妥。“宗，尊也，祖庙也”（《说文解字》）。何为“因”？《说文解字》解为“依靠”。弄清“宗”与“其亲”的真实含义是理解这句话的关键。回想一下本篇第6章，子曰：“弟子入则孝，出则悌，谨而信，泛爱众，而亲仁。行有余力，则以学文。”所以儒家讲的是“以仁为亲”，“其亲”，就是“仁”。那么，这句里“因”是什么意思？就是“言行之所据”。“宗”是什么意思？就是应奉为神主牌地位，也就是应将“其亲”——“仁”奉为“言行之所本”、言行的最高道德准则。

有子说：“信，符合道义，才可以践行；恭敬，符合礼的规范，才不会招致侮辱；言行之所依，要符合仁的要求，这可以作为言行的最高准则了。”

行政解读

讲诚信，对敌人也讲诚信，出卖同志，就成了叛徒了。对朋友讲诚信，去干违法违纪的事，就损害国家利益了。所以，“义”是调节和指导“信”的根本准则。前面已讨论过，为大义，可以失小信，就是这个道理（参见[1.4]章解读）。《阳货》篇提出“恭则不侮[17.6]，恭到什么程度就不辱了呢？本处给出答案：“恭近于礼，远耻辱也。”恭是什么？就是降低自己的姿态，敬重别人。这也不是无原则的。“恭”到什么程度？“礼”所要求的程度。否则，越是谦卑，就越得不到尊重，就会带来耻辱。所以敬人有度，过敬则滥。“恭而无礼则劳”[8.2]，自己很累，别人也很累。敬人也要保持自尊。对上级对同事要恭敬，但也不是恭敬到不讲原则。言行的最高准则就是“仁”。大的方面

说，为国家为民族为社会，就是“仁”；小的方面说，有爱心，泛爱众，也是“仁”。仁有一种忘我的精神，不自私。当然也不是没有任何私利，儒学强调对家庭的责任，对朋友的责任，对爱人的责任，这都需要占有一定的私利才能予以保证。

[1.14]子曰：“君子食无求饱，居无求安，敏于事而慎于言，就有道而正焉，可谓好学也已。”

译解

居无求安：居所不求安逸。安，安逸。

就有道而正焉：向有道之人看齐，改正自己。有道，有道之人。正，匡正。就，成就，使达到。

孔子说：“君子食不求饱，居所不求安逸，勤敏做事，谨慎说话，向有道之人看齐，改正自己的过错，这就是好学了。”

行政解读

物质上的满足和享受很重要，精神上的升华也很重要，实现人生社会价值更重要。做事勤奋尽力、不拖沓，说话谨慎有分寸；再加上好学，见贤思齐，不断改正自己的缺点，提高自己的水平；又不过分看重个人利益，“食无求饱，居无求安”，这种人在哪里都是受欢迎的人，是大家愿意合作共事的人。

[1.15]子贡曰：“贫而无谄，富而无骄，何如?”子曰：“可也。未若贫而乐，富而好礼者也。”子贡曰：“诗云：‘如切如磋，如琢如磨’，其斯之谓与?”子曰：“赐也，始可与言诗已矣！告诸往而知来者。”

译解

贫而无谄：不因贫穷而卑屈谄媚。谄，谄媚。

富而无骄：不因富有而骄纵放肆。

如切如磋，如琢如磨：语出《诗经·卫风·淇奥》。切、磋、琢、磨本是加工器物的方式，“骨谓之切，象谓之磋，玉谓之琢，石谓之磨”（《尔雅·释器》）。

子贡说：“不因贫穷而卑屈谄媚，不因富有而骄纵放肆，能够做到这一步怎么样？”孔子说：“不错，但如果贫穷却能保持快乐，富有却能谦逊好礼，这样就更好了。”子贡说：“《诗》上说‘如切如磋，如琢如磨’，说的就是这种修德精神吧？”孔子说：“赐呀，现在可以与你讨论《诗》了，你能够知道过去，就可以推知未来。”

行政解读

“贫而无谄”、“富而无骄”，甚至于“贫而乐”、“富而好礼”，这些高贵品格不是与生俱来的，而是通过“如切如磋，如琢如磨”这样精雕细琢修炼来的。

孟子讲“富贵不能淫，贫贱不能移，威武不能屈”。但是富贵、贫贱和威武恰恰最容易使人失去原则，做出损害公平正义的事情。自古以来，恶行之动机，无非是贪图富贵、厌恶贫贱、迫于威势，所以人应当有一点骨气。所谓有骨气，就是在富贵诱惑下、在贫贱折磨下、在威势压迫下不失原则、不失尊严。

为政者应当正确对待清贫生活。因贫而谄，巴结企业和大款，用公权力为企业谋求不正当利益，违纪违法，是为不智。贫而乐？可不可以？能做到这一点太好了。和谐社会就是让大家都高兴，特别是让穷人都高兴。实现贫而乐，社会和个人都应努力。从社会角度来看，每一个公民，只要工作是尽力的，就应保证其履行好基本的家庭和社会责任。他穷得养不起家庭，孩子上不起学，活都不想活了，还能“无谄”，还能“乐”吗？社会应解决这个问题。

对于富人而言，有钱了，可以办很多事，神通很大了，就容易骄傲放纵，容易做出一些冲击社会秩序的事，如果走到这一步，仍不知收敛，离失

败也不远了。富了不但不骄，还要好礼。孔子给富人运用财富指出了一条道路。礼，是社会秩序和规范。好礼，就是要为维护良好社会秩序，为提升社会文明做些贡献。钱多了，用来做一些慈善事业，帮助穷人解决问题，这就提升了社会稳定性和安全性，为和谐做出了贡献。钱多了，不凌驾于社会之上，不增加社会负担，而是谦卑行事，给社会带来方便，别人就希望他更富。所以，富而无骄，只是富了以后不麻烦社会；富而好礼，是富了之后，有益于社会。富而无骄和富而好礼，对富人而言，也是富而安全的好办法。俄罗斯改革实行“休克疗法”，国有资产在极短时间内实现了私有化，有些人一夜之间成为巨富和暴富。得到财富后，就不可一世了，有的甚至企图控制国家经济命脉，影响国家政治，主导国家发展方向，结果很快走向灭亡，这就是“富而骄”的结果。在《宪问》篇，孔子还将达到“贫而无怨”、“富而无骄”两种状态的难度进行了比较，“贫而无怨难，富而无骄易”[14.10]。但大量的社会现实是，容易做到的“富而无骄”做得也不好，不容易做到的“贫而无怨”做得更不好。这些都告诉我们，我们社会的整体道德水平建设的任务是相当艰巨的。

[1.16]子曰：“不患人之不己知，患不知人也。”

译解

孔子说：“不要担心别人不了解自己，应当担心的是自己不了解别人。”

行政解读

《论语》中类似的话还有几句。比如在《里仁》篇中，孔子说：“不患无位，患所以立；不患莫己知，求为可知也。”[4.14]意思是，不担心没有职位，担心的是没有立于此位的能力；不担心别人不了解自己，担心的是自己有什么值得人家了解的。在《宪问》篇，孔子说：“不患人之不己知，患其不能也。”[14.30]前半句与本章相同，后半句强调了自己能力的重要性。在《卫灵公》篇，孔子又说：“君子病无能焉，不病人之不己知也。”[15.19]均与本章意思相近。

在行政上，自知、知人和让人知己是三件大事。不知己、不知人、不知如何让人知己、不知让人知己到什么程度，有时候就很危险。说到底，行政工作是关于事的工作，更是关于人的工作。人只有两种：自己和别人。所以孔子从“己”和“人”论述“知”的重要性，是非常高明的。

关于自知，这是一个基础。有句话说，人贵有自知之明。准确判断自己的能力水平以及自己在所处行政环境中的地位作用，是非常难的。人有时没有信心，干完一件难事，才说“噢，这样的难事我都干得下来呀”，看到了自己潜力，自知又进了一步。有时候心气很高，经过一些实践，才发现原来自己干不了这些工作，自知也进了一步。所以，对于一般人来说，自知是通过实践获得的。但是想得到实践的机会也很难。总不能弄个处长的位置试着干一干，看行不行；弄个司长的位置干一干，看行不行。行政岗位是不能用来试验的。所以自知基本上实现不了。有的人声称自己有自知之明，顶多也是自知一部分，而不是全部。人，不能把自己的潜力看低了，也不能把自己的潜力看高了，这样都不好，那么在自知不可及的情况下怎么办？

在自知不可及的情况下，次优的选择是“忘我”，也就是“忘己”。“忘己”的第一个要点是“尽己”。勤奋地学习，勤奋地工作，认真对待每一个工作机会和每一件工作事项，把每一件工作事项当艺术品来做，把每一次工作机会都发挥到极致。这样，自己的潜力在现有机会下就可以得到最大限度的开发，水平在现有机会下就可以得到最大限度的提高。因为“知己”是为了知道自己能力与工作的关系，自己就像一个木桶，工作就像是水，在不知道自己这个木桶能装多少水的时候，合理的选择就是拼命地把木桶做大，做得越大越好，当木桶大到极致时，就不用“自知”了，因为多少水都可以装得下了。第二个要点是“待机”。“知己”是一个实践过程，所以要争取更多的实践机会，但争取更多的实践机会的办法却恰恰是“不争”，争了没用。整天嚷着要官当的人，实际上恰恰是当不了官的人。但是，光有“不争”还不够，还应“不拒”。要让组织和上级知道，自己是一个不怕困难和责任的人，只要委以责任，就能尽己。以上两个要点的核心是：自强不息，不争不拒，完全不把自己的能力和工作进行无意义的比较，做到“忘我”。

关于知人。知人才能善任，知人才能知道如何推进工作。孔子说：“患不

知人也。”把知人放在更加突出的位置。不知人，不能辨邪正，是为患。知人，这是有人类社会以来就存在的一个大难题，未来还是一个大难题。不知人，用人不当，导致事败家毁国灭，整个世界史和中国史都是这些故事。所以这里讲一个知人方法，就是读史。知人需要经验，个人经验是有限的，所以要吸取历史经验。关于知人还可参考[2.10]章解读。

关于让人知。美国这些国家选领导人，让人知的办法，是到处演讲，利用媒体及社交等公共场合让人知。民主制度良好运行有一个前提，就是社会已经形成了一套能够体现人类公理和正义的价值观体系，同时这种价值观体系已成为社会的主流价值观体系，为一般民众所认可。民主是在这些价值观体系保持有效的前提下，能够充分发挥人类管理社会的智慧和能力的机制。如果没有良好的价值观体系这个大原则和大前提，民主可能成为恶行的工具。希特勒也是民主选举出来的，给世界带来的却是灾难。有的农村，宗族势力很强，搞村民自治，怎么选都是大姓当权，大姓欺负小姓。这是因为没有人人平等之权高于宗族利益之权的价值观所致。所以，凡事要具体分析、深入分析，不可只依据若干概念去凭空想象，主观推断。特别是行政工作，更是实践的科学，需要高度重视其现实可行性。

君子让人知，靠什么？靠言行。《易经·系辞上》有一段话，也是孔子说的：“君子居其室，出其言善，则千里之外应之，况其迩者乎？居其室，出其言不善，则千里之外违之，况其迩者乎？言出乎身，加乎民；行发乎迩，见乎远。言行，君子之枢机。枢机之发，荣辱之主也。言行，君子之所以动天地也，可不慎乎！”说的是言行乃君子之表，君子之枢机，君子感天动地之利器，所以谨言慎行很重要。但不能不说，也不能不干。说要说得好，干要干得好。过去姜子牙为了让周文王知，直钩钓鱼，愿者上钩，以异于常人的行为引起别人的注意，获得了让人知的机会。但真正让人知道他是人才而不是疯子，还是因为他给文王所做的政治形势分析。所以让人知，就又引出了个如何取得让人知的机会。

如何取得让人知的机会，总的来说，就是做好每一件事，在做每一件事的时候都要体现出良好的人格，不投机，就是不失机遇，这是抓住机遇的笨办法，但却是一个好办法。让人知，还有让人知什么的问题，就是表现自己哪一

方面特性。为此就要善处位，就是要占据有利位置，占据可以发挥长处的位置。有些大家都说好的位子，不一定对自己来说是最好的位置。有的年轻朋友喜欢当秘书，但在当秘书前，需要认真考虑，自己有没有能力牺牲家庭时间，太太同意不同意？当秘书，是要随时进入工作状态的，没有上下班之说，领导需要就是工作。如果做不到这一点，结果很可能是家庭损失很大，工作损失更大。

第②篇

《为政》中的行政精神

[2.1]子曰：“为政以德，譬如北辰，居其所而众星共之。”

译解

北辰：一般认为指的是北极星。

居其所而众星共之：安居其所，众星环绕。共，即拱，拱卫，环绕。

孔子说：“以德治国，就像北极星一样，安居其所，众星自动环绕周围。”

行政解读

朱熹说：“为政以德，则无为而天下归之”，“为政以德，则不动而化、不言而信、无为而成。所守者至简而能御烦，所处者至静而能制动，所务者至寡而能服众”（《论语集注》）。在古人看来，以德治国，就是无为而治，这是一种成本比较低的治国方式。

但是，单纯以德治国，又是一种很难实现的治国方式。以德治国，主要依靠价值观体系规范人们行为，靠价值观力量凝聚人心、人气和人力。价值观对行为的约束主要是软约束。在这种情况下，如果社会成员中少部分不按价值观原则行事，那么，这部分人很可能就会在损失不大的情况下，获得很大的个体利益。而坚守道德原则的人会成为利益损失者，时间长了，这种利益的逆向分配会造成越来越多的人突破道德约束，最后导致价值观体系约束力的崩塌，这就是道德建设领域的“劣币驱逐良币”现象。所以，以德治国，所治之国应是君子国，在君子国中君子们具有共同价值观；同时，君子们都按价值观要求进行自治，这样治国成本就必然下降，无为而治就可以实

现了。

孔子的治国主张是先从修身开始的，所谓的“修身、齐家、治国、平天下”，实际是从个体改造开始，通过提高社会成员的道德水准，以充分发挥道德力量在社会治理中的作用，这是非常正确的。应该说，道德水准提高就会导致社会治理成本下降，这是一条规律。但是正如前述，如果单纯依靠道德约束力进行社会治理，有可能会形成社会利益逆向分配机制，守德之人损失，而不守德之人获利，造成社会公平与正义损失，导致治国失败。所以以德治国，必须与以法治国共同推进，才是现实的途径。

因为孔子描绘出了“为政以德，譬如北辰，居其所而众星共之”这幅美好画卷，于是许多人认为孔子治国理念中重视“以德治国”，不重视“以法治国”，这是一种误解。孔子强烈维护“礼乐制度”本身就是一种法治精神。在孔子的行政实践中，他为了维护“德”，用的是“刑”。比如诛杀少正卯（《荀子·宥坐》）。少正卯这个人乱德乱政，心机很深并且心术不正，能言善辩，很有迷惑性，对群众有一定的号召力，恐怕已经达到了孔子“三恶”的标准（恶紫之夺朱也，恶郑声之乱雅乐也，恶利口之覆邦家者[17.18]），用“杀”维护“德”的水准和“政”的清明，这是法治精神。当然孔子到底杀没杀少正卯，也有争论，这里不去管它。在《孔子家语》中，有一段孔子与到费邑当行政长官的弟子闵子骞的对话，集中体现了孔子法治和德治并重的政治思想。闵子骞问如何为政，孔子说：“以德以法。夫德法者，御民之具，犹御马之有衔勒也。君者，人也，吏者，辔也，刑者，策也，夫人君之政，执其辔策而已。”（《孔子家语·执辔》）明确告诉闵子骞，治国靠两手，一手是德治，一手是法治，同时也强调“刑”的重要性，“刑者，策也。”孔子接着说：“善御民，一其德法，正其百官，以均齐民力，和安民心，故令不再而民顺从，刑不用而天下治。”（出处同上）强调德的精神和法的精神内在统一的重要性，指出以德以法的最终目标是不用刑而天下治。可见，说孔子不重视法治是不对的，只不过，孔子更强调人的自身的改造，因为这个事情相对更难一些。

[2.2]子曰：“《诗》三百，一言以蔽之，曰‘思无邪’。”

译解

诗三百：《诗经》共 305 篇。

一言以蔽之：用一句话概括。

思无邪：语出《诗经·鲁颂·駉》。

孔子说：“《诗》三百，用一句话加以概括，就是‘思无邪’。”

行政解读

“思无邪”是什么意思？有很多解释。有的说是“思想纯正无邪”，有的说是“出于真情”，等等。“思无邪”在《駉》中用于描写马向前直行的勇健的样子，直行无曲，引申为胸意直抒。虽然将“思无邪”作为《诗经》精神的总括，也不能说每一首诗的作用是使人思想纯正。比如，《株林》这首诗，据说是描写陈灵公偷情的事，喜欢偷情的人看到的是偷情之乐，反对偷情的人看到的是戒惧和厌恶。诗的教育功能本身取决于读诗者的道德倾向和爱好。“出于真情”确实是《诗经》中诗篇的共同特点，出于谁的真情呢？实际上是社会实情的写照。《诗经》是浪漫主义的，更是现实主义的，同时也是一种交流的工具。所以孔子在《阳货》篇提出了学诗的重要意义，“小子何莫学夫诗？诗，可以兴，可以观，可以群，可以怨。迩之事父，远之事君。多识于鸟兽草木之名”（[17.9]）。说诗可以抒发思想感情，可以观察风俗民情和政治得失，可以交朋聚友，可以谏讽时事，可以表达情绪（特别是怨气）。学诗，关系到侍奉父母，关系到侍奉国君。学诗，又能了解关于鸟兽草木等自然知识以及社会历史知识。孔子还把“诗”的作用与“礼”、“乐”的作用相提并论，他说：“兴于诗，立于礼，成于乐。”（[8.8]）诗是人情和社会实情，而礼和乐是规范和管理人情和社会的制度，这就是诗在孔子思想体系中的作用和内在逻辑关系。具体说，诗有以下几方面的功用。

第一，诗是执政能力的重要方面。在《子路》篇，孔子说：“诵《诗》三百，授之以政，不达；使于四方，不能专对；虽多，亦奚以为？”（[13.5]）指

出了学诗在政治上的作用，并表达了学诗以致用的观点。如果尽管诗读得很通，办政事却办不通，搞外交完不成使命，学得再多又有何用？春秋时代，外交场合宾主都要作诗以表达观点和立场，这是诗在“使于四方”、“专对”方面的作用。诗反映了社情民意，所以也成为执政者了解社会实情的窗口，所以有“授之以政，不达”、“虽多，亦奚以为”之说。

第二，诗是理解人性和社会治理规律的起点。比如，在《阳货》篇，孔子对他儿子孔鲤说：“女为《周南》、《召南》矣乎？人而不为《周南》、《召南》，其犹正墙面而立也与！”[17.10]为什么说不学《周南》和《召南》就会不明事理，如同眼前一团漆黑呢？《周南》和《召南》中的诗多描写男女之情，这是社会最基本的东西，理解和正视这一点，是理解人类价值观体系、理解社会治理规律的重要前提（参考[17.10]章解读）。又如在《学而》篇，子贡说：“贫而无谄，富而无骄，何如？”孔子说：“可也。未若贫而乐，富而好礼者也。”子贡接着说：“《诗》云：‘如切如磋，如琢如磨’，其斯之谓与？”孔子高度赞赏：“赐也，始可与言《诗》已矣。告诸往而知来者。”[1.15]子贡在学诗中悟出了修身、修道的方法，孔子很高兴。

第三，诗是表达的工具。在《季氏》篇，孔子又告诉儿子孔鲤：“不学诗，无以言。”[16.13]不学诗就不会说话，不会表达。在《泰伯》篇，曾子生了重病，用《诗经·小雅·小旻》中的诗句“战战兢兢，如临深渊，如履薄冰”来表达自己小心谨慎的心境（见[8.3]章）。就如同现代人讲话，引用一些名句和诗篇一样。

在孔子时代，诗是文化的重要形态，大家都可以作诗，也可以传诗。现在，文化已变得很复杂了，存在各种传播工具，形成了各种文化形式。新闻的传播方式多样化、迅捷化，信息流量大得不得了。但是孔子对待“诗”的态度对于今天的文化建设仍有重要启示。

第一，应推动形成健康的主流文化。《诗》是经过孔子删节定稿的。孔子根据建设社会的需要，精心选择了供人们学习的诗，并没有有闻必录，有诗必录。孔子通过删诗发挥了对当时文化建设的领导作用。现在如何领导健康主流文化的建设？我们的方法是什么？政府的责任是什么？值得思考。第二，应当高度重视了解社情民意。在孔子时代，孔子把学诗作为理解社会和理解群众的

方法，作为增长政治才干的手段。政治上强不强，很重要的就是对群众了解不了解。了解不了解群众的工作和生活状态，了解不了解群众的情感，了解不了解群众的愿望。如果不了解，为政就把握不住方向，找不到动力，最终会归于失败。第三，为政者应有良好的社会沟通能力。作为一个行政者，应当有“说”的本领——有较强的语言表达能力。毛泽东同志说，见了群众不宣传、不鼓动，就不是合格的共产党员。没有表达能力，如何宣传鼓动？第四，行政人员应当博学多闻，有良好的文化素养。文学的素养、史学的素养、音乐书画的素养、文字能力等，都要具备。

[2.3]子曰：“道之以政，齐之以刑，民免而无耻；道之以德，齐之以礼，有耻且格。”

译解

道：治理、引导。

齐：约束、统一。

免：免于刑罚。

格：有多种含义，如“至”、“来”、“改正”，等等。《礼记·缁衣》说：“夫民，教之以德，齐之以礼，则民有格心；教之以政，齐之以刑，则民有遁心。”所以此“格”为“改正”之意。

孔子说：“用法令来引导百姓，用刑罚来统一百姓言行，百姓或可为免于刑罚而服从管治，但并不会以违法为耻，也不会以守法为荣。用道德教化百姓，用礼的规范来统一百姓言行，百姓就会懂得守法之荣与违法之耻，因而会自觉改正。”

行政解读

孔子这句话提出了一个重要的政治哲学原则。这里面出现了四个字：政、刑、德、礼。首先应搞清楚四个字的含义和相互联系。政，从今天的角度看，可以理解为法律和行政法令，是条文或文字形态的制度，颁布者为行政司法部

门等社会管理机构。政，解决的问题是明确人们不得干什么或必须干什么，这是建立社会秩序的一种手段。罚，是由行政司法部门实施的，对违反“政”的行为的一种惩罚。例如杀人者偿命，其中所含有的不得杀人之意，即为“政”，而偿命即是罚。德，是社会的共同价值观或一个社会所倡导的标准价值观体系。德，可以是行政司法部门等社会管理机构倡导的，也可以不是这些部门倡导的。关于“礼”，是儒学所建立的调节社会秩序和社会行为的一种行为规范。从一般意义上说，“德”和“礼”是软约束，“政”和“罚”则是硬约束。但也不尽然，“德”和“礼”的观念可以转化为“政”和“罚”。举个例子，人都有一颗孝心，这属于“德”的范畴，尽孝以礼，按照“礼”的规范去尽孝，是“德”通过“礼”的规范实现了孝的目的。但政府部门也可以规定，不尽孝则不得做官或者鞭笞五十，这就属于“政”和“罚”的范畴了。可以看出，“德”和“礼”重在治心，通过治“心”达到治“行”（行为）的目的，以保持社会秩序。“德”和“礼”的落实，主要靠社会的力量。“政”和“罚”，主要以强力或暴力方式直接规范人的行为。“政”和“罚”的落实，主要依靠社会管理机构，如行政司法部门。

孔子这句话，与[2.1]章一样，常被用作孔子重视德治而不重视法治的佐证。这也不完全正确。孔子这里只是比较了两种管理社会方式的效果。他提醒当政者要重视德治。“攻心为上”、“不战而屈人之兵”，这是战争的最高境界。管理社会亦是如此。德治重视人们心灵的改造，以保持社会和谐，这在今天也是十分重要的。但是，如何实现德治呢？孔子讲“齐之以礼”，即通过“礼”的规范实现德治，“德”只是指出一个方向和标准，向这个方向前进，要靠“礼”。比如说“男女授受不亲”，这是一种“礼”的规范，通过实施这一规范以达到纯净男女关系的“德”的要求。那么谁来落实和监督“男女授受不亲”这一礼的规范呢？社会大众。每个人都是落实者，每个人都是监督者，包括授受者本人。如果把这条原则变成“政”和“罚”，男女亲密接触者双方都不是对方的监督者，只有政府才是监督者，那么落实起来就很困难。“德”和“礼”是在每个人心中设立一个管理者，而“政”和“罚”不过是整个社会共同设立一个管理者，效果如何，不言自明。

但是，是不是“德”和“礼”就是一个优于“政”和“罚”的社会管理手段呢？不见得。这要具体问题具体分析。比如，杀人偿命，恐怕通过“政”和“罚”的手段去规范会更有效。所以，以德治国和以法治国必须相辅相成，相互补充。两个手段都不可偏废，都要重视。关于以德治国的途径，孔子对我们的启发是“齐之以礼”。可以说，现在“礼”已消灭得差不多了。所以实现德治，必须建立适应当前社会的“礼”的体系。“礼”这个字，在一些人眼中是老古董，不大容易接受，也可以不叫“礼”，叫个别的什么。当然也不能走向另一个极端，全面恢复过去“礼”的体系，搞一个复辟，这也不可能。必须指出，“礼”规范了人民心灵的同时，也可能会限制人民心灵的自由。社会发展到今天，心灵的自由是多么重要。没有心灵的自由，人的创造精神就会受到遏制。男女碰一下手，就不得了，这肯定不行。所以需要研究的是，如何重建“礼”的体系，建立什么样的“礼”的体系，如何加入时代精神，等等。

[2.4]子曰：“吾十有五而志于学，三十而立，四十而不惑，五十而知天命，六十而耳顺，七十而从心所欲，不逾矩。”

译解

三十而立：指“立于礼”，在《泰伯》篇，“兴于诗，立于礼，成于乐”[8.8]；在《阳货》篇，孔子对他儿子孔鲤说“不学礼，无以立”[16.13]。这里指孔子形成了自己的价值观体系、学说体系、治国之道，等等。

四十而不惑：指对自己的价值观体系、学说体系、治国之道的精神实质有了深切的理解，能够贯通了，没有什么疑惑了。

五十而知天命：进一步认识到对自然和人类社会发展的内在规律。天命是道，是自然和人类社会固有的发展规律，这些规律是孔子价值观体系、学说体系和治国之道合理性的基础。

六十而耳顺：对于反对和质疑的一切言行，都能够泰然处之，对自己的价值观体系、学说体系、治国之道信心坚定，没有什么动摇的，听了任何意见都不觉得逆耳。

七十而从心所欲，不逾矩：心中所想都不会超越规定的界线了。应用自己的价值观体系、学说体系、治国之道观察和处理问题得心应手。

孔子说：“我十五岁时立志于学习，三十岁时形成了自己的价值观体系和学说体系，四十岁时对自己的价值观体系和学说体系的理解就贯通了，五十岁时懂得了天道运行的规律和趋势，六十岁时听到质疑和反对言行能够泰然处之，七十岁时心中所想就不会超越界线了。”

行政解读

这句描述了孔子价值观体系、学说体系和治国理念的形成过程及孔子自己对这一思想体系的认知逐步深化的过程。

对于党的执政理念的深入理解、贯彻执行实际上也可以从这几个阶段去观察和评价。是处于“学”的阶段，还是处于“立”的阶段，还是处于“不惑”、“知天命”、“耳顺”或“从心所欲不逾矩”的阶段？现在评价党的干部，常有一个评价维度，就是是否与党中央保持一致。“能够与党中央保持一致”是什么意思？就是能够按照党的路线、方针、政策的要求说话办事，既不过，也无不及。这句评语实际上是“立”的阶段，也就是说，“立”是党托付工作责任的基本条件。对于党的高级干部，在政治上的要求不仅要“与党中央保持高度一致”，还要在“重大问题和关键时候”能够“立场坚定、旗帜鲜明”。为什么？因为面临重大问题、在关键时刻，必然意见纷呈、各种力量激烈较量，事业发展到了拐点，出现了方向性抉择的难题，在这种情况下，方向把握得对不对，立场坚定不坚定，是不是能够排除干扰、克服困难，把国家和民族的事业带向正确的道路，就非常关键了。做到这一点，至少要兼具“立”、“不惑”、“知天命”、“耳顺”的能力和水平。“不惑”、“知天命”，看到了事物发展的本质，从复杂的现象中看到了事物发展的方向和规律，这是立场坚定的前提，因为确信真理掌握在自己手里；“耳顺”，在各种压力面前、在各种不同议论面前不动摇、不屈服，这是旗帜鲜明的前提，有抗压能力才敢举出旗帜；“从心所欲不逾矩”，我们研究什么是社会主义几十年，怎么干才算社会主义？改革开放以后我们走中国特色的社会主义道路，因为有了邓小平同志等一批党的高级领导者，能够准确地把握社会主义的本质，能够在建设中国特色社会主义中“从心所欲不逾矩”，才有了我国 30 多年的发展和繁荣。“从心所欲不逾矩”，是把握执政理念的最高境界。

[2.5]孟懿子问孝。子曰：“无违。”樊迟御，子告之曰：“孟孙问孝于我，我对曰，‘无违’。”樊迟曰：“何谓也？”子曰：“生，事之以礼；死，葬之以礼，祭之以礼。”

译解

孟懿子：鲁国大夫，孟孙氏，其家族史见[3.1]章解读，其父孟僖子临终时让他向孔子学礼，事见《左传·昭公七年》。

樊迟御：樊迟为他驾车。樊迟，孔子弟子，名须，字子迟，《史记·仲尼弟子列传》称他小孔子 36 岁。御，驾车。

孟懿子问孝道，孔子说：“不要违背。”樊迟为孔子驾车，孔子告诉樊迟说：“孟孙（孟懿子）问我孝道，我回答：‘说不要违背。’”樊迟问：“您是什么意思呢？”孔子说：“父母在世之时，按礼侍奉他们；去世之后，按礼办好丧事，按礼祭祀他们。”

行政解读

参见[1.2]章。

[2.6]孟武伯问孝。子曰：“父母，唯其疾之忧。”

译解

孟武伯：孟懿子的儿子，“武”是他的谥号。

父母，唯其疾之忧：一说，父母爱子之切，唯恐其子有疾患，做儿子的要用这种心情去侍奉父母；二说，为人子，不应让父母担心他陷于不义，而独以其疾为忧；三说，对待父母，唯以其疾病为忧，其他不宜过度操心；四说，做父母的只为其子女的疾病发愁。均显曲折，本书给出另一个解释，供参阅。

孟武伯问孝道。孔子说：“孝顺父母要特别关心他们的健康。”

行政解读

参见[1.2]章。

[2.7]子游问孝。子曰：“今之孝者，是谓能养。至于犬马皆能有养；不敬，何以别乎?”

译解

子游：孔子弟子，姓言，名偃，字子游，小孔子45岁。

至于犬马皆能有养：犬马也一样供养着。养，供养。

子游问孝道。孔子说：“现在所谓孝顺，总是说能够奉养父母。其实狗和马不也一样供养着吗？如果没有一个敬字，这二者又有什么区别呢?”

行政解读

参见[1.2]章。

[2.8]子夏问孝。子曰：“色难。有事，弟子服其劳；有酒食，先生馔。曾是以为孝乎?”

译解

色难：一说，难在承顺父母的脸色；二说，难在侍奉父母时要颜色和悦。从二说。

弟子、先生：弟子、先生关系如同子女、父母关系，也属于孝的范畴，比如，孔子去世，弟子们为他守孝三年，行的是父母之丧礼。

馔：音赚，食用。

子夏问孝道。孔子说：“侍奉父母重要的是态度。（比之弟子侍奉先生）有事，弟子操劳，有酒食，让先生吃，仅仅这样就算是孝了吗?”

行政解读

参见[1.2]章。

[2.9]子曰："吾与回言，终日不违，如愚。退而省其私，亦足以发。回也不愚。"

译解

回：颜回，孔子著名弟子，《史记·仲尼弟子列传》说他少孔子 30 岁。

不违如愚：不提出不同意见，看起来比较愚钝。

退而省其私，亦足以发：回去后观察他私下里的言行，他不但能够理解，还能有所发挥。

孔子说："我与颜回讲学，他整天不提出不同意见，看起来比较愚钝。但是回去以后观察他私下里的言行，他不但能够理解，还能有所发挥。颜回是很聪慧的呀！"

行政解读

在《先进》篇中，孔子又说："回也非助我者也，于吾言无所不说。"[11.4]颜回对待孔子的话不仅"不违如愚"，而且"无所不说"，听了就赞成，就高兴。

那么，应当如何对待上级的工作要求和指示精神？颜回对待孔子的态度值得借鉴。上级提出工作指导方针和工作要求时，如果觉得很正确、很合适，那么应当坚决贯彻执行。贯彻执行的时候，要"足以发"，不是简单地按照上级的意思办，而是要创造性地落实上级的意图，在准确理解上级指示的核心目标的前提下创造性开展工作。如果觉得上级的指示不合适或不很正确，除了情势紧迫不得已或再无机会提出自己的意见之外，一般情况下建议采取颜回的态度：不违如愚。不违如愚，不是不提出自己的不同意见，而是要好好地思考一下，自己的意见为什么与上级的意见不同？应当指出：第一，一个意见，在局部看来是错误的，很可能在全局看来却是正确的，而上级掌握的正是全局，或

者即使不是全局，他所掌握的局面也比自己大，所以自己有不同意见有可能是自己的错。比如，解放战争时期，第二野战军千里跃进大别山，从二野的角度看，丢了很多装备，部队的战斗力也受到了很大的削弱，但从战争全局角度讲，却是一个非常正确的战略步骤。第二，上级掌握的信息量有时比较大，所以自己的判断很可能是建立在有限信息的基础上，从这个角度看，上级对的可能性也比较大。第三，一般情况下，应当有这个信念，上级判断事情的经验和能力可能比自己强，所以对上级的指示自己不应在没有深入思考的情况下提出反对意见。但是在接受上级的指示之后，经过反复思考和冷静思考，如果还是认为自己的意见更正确的话，就要向上级报告自己的不同意见。

[2.10]子曰：“视其所以，观其所由，察其所安，人焉廋哉？人焉廋哉？”

译解

视其所以：观察他的所作所为。以，行为。

观其所由：考察他的经历。由，经历。

察其所安：审视他做人的本质，安于为善，还是安于为恶。

廋：音搜，隐藏之意。

孔子说：“观察他的所作所为，考察他过去的经历，审视他做人的本质，这个人怎么能隐藏得住呢？这个人怎么能隐藏得住呢？”

行政解读

孔子在这里提出了考察一个人的三个维度：历史、现在、动机。即考察一个人。要考察他的历史，过去说了些什么、干了些什么；考察他现在的所作所为；还要考察他做事的动机，以了解其为人的本质。

孔子特别强调不能仅通过一个人的言语来认定一个人的本质。在《公冶长》篇，孔子说：“始吾于人也，听其言而信其行；今吾于人也，听其言而观其行。于予与改是。”[5.10]孔子说自己原来别人说什么就信什么，现在听了别人的话，不一定就相信，还要观察他的行为是不是如同他所说的话，是从宰予

让他有了这个改变。宰予善言辞，是孔门十杰中言语科第一名，排在子贡前边（参见[11.3 章]）。宰予可能说了一些言行不一的话，促使孔子提出了察人要“听其言而观其行”的著名论断，这恐怕也是宰予的贡献吧。在《先进》篇，孔子又说：“论笃是与，君子者乎？色庄者乎？”[11.21]听到一个人说话恳切，诚实可信，就称赞他、认为他是君子？也许他只不过是个看起来庄重的伪君子呢。这同样提醒人们不可以言取人。在《宪问》篇，孔子对言与德的关系做出了进一步论证，他说：“有德者必有言，有言者不必有德；仁者必有勇，勇者不必有仁。”[14.4]言是德之表，品德高尚的人说出的话一定比较可取，一定是有德之言；但是反过来，话说得很中肯，很好听，听起来很高尚，并不能说明这个人一定有德。鉴于此，孔子得出了一个总结性结论：“君子不以言举人，不以人废言。”[15.23]不因为他说得好听就举荐他，也不因为他人品不好，就连他比较中肯的言论也一同否定。过去有一些领导到地方视察，听一些干部汇报，一听汇报得好，就立即指示提拔，这就是“以言举人”。当然有些领导阅人很广，经验丰富，洞察力强，一看一听就能知道这个人的本质，这样做也未必不可，但确实应谨慎从事。

孔子还特别强调要从关键时刻和重大问题处置中去观察和考验干部，而不应纠缠细枝末节。他说：“君子不可小知而可大受也。”[15.34]君子不可以从一些细枝末节中去理解他的品格和能力，但却可以担当重任。然而，人生遇到关键时刻毕竟很少，如果没有机会展示自己的品格和能力，也就很难有处置重大问题的机会了，这怎么办？孔子接着又说：“小人不可大受而可小知也。”[15.34]所幸，小人是可以从一些小事和细枝末节中看出来的，这样就可以使用排除之法，通过一些小事和日常事务观察到“小人”，然后在重大岗位安置中把“小人”排除在外。当然，如此也可能将那些“不拘小节”的君子排除在外了，但为了事业安全，这也是没有办法的事情。作为君子，在机会少之又少的和平年代，本来就不应该“不拘小节”。“不拘小节”的结果就是失去展示自己“大节”的机会。关于“君子不可小知而可大受也，小人不可大受而可小知也”，在[15.34]章有进一步解读，可参阅。

[2.11]子曰：“温故而知新，可以为师矣。”

译解

孔子说：“温习过去的知识，能够有新的认识和收获，应当以这样的人为师。”

行政解读

“温故而知新”强调的是学以致用，强调的是对学到的东西的运用，重点在于能不能用于实践，并有所创新。书呆子读死书，每天也可以有新体会，每天也可以学习新知识，但这样的人不可以为师。对于行政工作来说，“温故”和“知新”具有某种必然性，“知新”的办法之一就是“温故”，温故、学通历史是提高治政能力的重要途径。有句话说，历史往往惊人地相似。历史为什么惊人地相似呢？千百年来，尽管社会形态发生了变化，生产技术水平发生了变化，但是，第一，人类社会的利益动机并没有变化，人们总是在追求更好的生存状态；第二，人类社会的矛盾形态可能有些变化，但矛盾的本质没有变化，资源和财富总是相对稀缺的，围绕稀缺产生的各种矛盾千百年来都是相同或非常相似；第三，古人同今人一样聪明，管理古人的难度并不比管理今人难度更小。觉得今人比古人聪明只是一种错觉，准确地说，今人只是比古人更有知识，因为知识是可以累积的，但聪明是不可以累积的。以上三点决定了古代社会管理经验和政治哲学原则对于今天依然具有重要意义。所以应当重视古人治理社会的政治经验和政治哲学原则，重视古人管理社会的方法、解决矛盾的谋略和技巧。基于这个认识，社会管理者特别是行政者应当读史，并且要反复读，读通了，自然就明白了处理当今事务的精要。

[2.12]子曰：“君子不器。”

译解

器：器物。器物的用途是有限的。君子应当博学多闻，可以干大事，也可以干小事；可以干这样的工作，也可以干那样的工作。

孔子说："君子不应像器物一样（只有比较单一的功用）。"

行政解读

现在我们还在用"器"的概念，我们批评小孩子时说"真是不成器"；我们表扬小孩子时说"将来要成大器"。

从行政角度看，这句话要求行政者具有广泛的工作适应性，成为通才。所谓通才，并不是什么都懂、无所不知，不是在每一个领域都达到专家水平，这很难，也不现实。通才，首先指的是能够掌握不同领域的共同规律和普遍规律，因而可以胜任不同领域的领导工作。其次应是善于边干边学，边学边干，即进入新的工作岗位后，能够在不太长的时间里，粗通甚至能够精通新领域的主要业务。有时即使不能精通业务，也应该能够掌握本领域业务发展的一般规律。比如，领导一个科研院所，很可能再下功夫也不一定能够成为本领域的科学家，但这没关系，只要掌握了科学研究工作的一般规律，按规律办事，一样可以领导好一个科学研究机构。

君子虽然应当"不器"，但君子首先应"成器"，"成器"是"不器"的基础，"不器"是"成器"的高级阶段。我们进入社会之初，应当有自己安身立命的专业能力或一技之长，这是"成器"。因为"不器"是建立在对事物发展共同规律把握的基础上，一般规律寓于个别之中，"不器"寓于"成器"之中，所以"不器"离不开"成器"。

[2.13]子贡问君子。子曰："先行其言，而后从之。"

译解

子贡问怎样做才算君子。孔子说："先实践所要说的话，然后再把话说出来。"

行政解读

在孔子弟子中，子贡以能言见长。因为子贡善于辞令，容易夸夸其谈，所以孔子因材施教，告诉他作为君子，要先做后说。

不论先说后做，还是先做后说，都是强调言行一致，言而有信，其核心还是一个“信”字。在本篇第 22 章，孔子用一个形象的比喻来强调“信”的重要性，他说：“人而无信，不知其可也。大车无輗，小车无軏，其何以行之哉？”意思是说，人不讲信用怎么能行呢？就好比大车上没有輗，小车上没有軏，车怎么能行走呢？大车指牛车，小车指马车。輗、軏，均指车辕与横木相接处的活销，是车之所以能行的关键部件，“信”就是做人的关键部件。

在《里仁》篇，孔子说：“古者言之不出，耻躬之不逮也。”[4.22]说古人不轻易说话，是因为说了办不到会感到羞耻。在《宪问》篇，孔子说：“君子耻其言而过其行。”[14.27]也是强调言行一致、言而有信的重要性。以信立身，以信取得上级和同事的信任，以信取民心，是做人做事的一条基本原则。无信，不单是品德层次上的问题，也是智慧层次上的问题。以无信取得的一些实际利益，最终会招致更大的损失。社会正在进步，社会的信息流动越来越透明和通畅，相信社会上有信之人越来越多。社会将会把“信”作为最重要的价值观之一，这是社会道德水平提升的结果，也是社会利益机制选择的结果。

行政工作在许多情况下，都是“先言后行”，而不是这里说的“先行后言”，当然也有很多“先行后言”的情况。为了推进一项事业，往往先需要进行必要的动员，让群众明白这件事的重要性和意义，对群众的行动提出要求，然后带领群众付诸实践。如果所描绘的工作蓝图，不断被此后的实践成果所证实，大家就愿意跟着走，就有号召力。另一方面，有些人很善于言辞，讲话很有鼓动性，这类人容易犯说得多做得少的错误，“行”跟不上“言”。时间长了就会失去信用。所以能说会道的人要特别记住孔子这句话：先行其言而后从之。说话之前要考虑一下是不是都能够兑现，必要的时候可以先做后言，先干出一个初步的成果，再去说，可能会比较好。

[2.14]子曰：“君子周而不比，小人比而不周。”

译解

周：普遍，忠信，合群。

比：偏私，结党，勾结。

孔子说："君子团结而不勾结，小人勾结而不团结。"

行政解读

在行政领域，结党营私就是"比"，团结为公就是"周"。从历史上看，结党营私之徒，可能会取得一时的辉煌，但最终败得也很惨。为什么？因为私利的受益者毕竟只有少数几个人，公利的受益者是大多数人，私利的过度追求必然以损害公利为代价，所以结党营私违背公理和正义，以非正义的方式触犯最大多数人的利益，一旦暴露，失败是必然的。在现实生活中，团结和勾结如何区分？关键看"结"起来的目的是为"公"还是为"私"。如果为了推进工作，团结一批人，那是有本事，这叫"周"。共产党强调建立和扩大统一战线，为什么要建立统一战线，为了国家和民族的利益，为了最大限度地孤立敌人，所以统一战线工作叫"周"。另一方面，也不能把一般意义上的同志之间的友谊叫作"比"。同事之间应当相互关心。人事组织工作中有三句话："靠事业留人，靠感情留人，靠适当的待遇留人。"所以上级应关心部下，给部下发展事业的舞台，和部下建立友谊。因为他这样做的目的是为了公，为了共同事业的发展，所以这叫"周"，不叫"比"。"周"是能见阳光的，因为它为的是事业和公利。"比"是见不得阳光的，因为它为的是私利和小集团的利益。

[2.15]子曰："学而不思则罔，思而不学则殆。"

译解

罔：疑惑，指学不明白。

殆：危险。

孔子说："只学习不思考就学不明白，只思考不学习则比较危险。"

行政解读

为什么"学而不思"则"罔"？这种人读死书，只教条式地学习前人的经验，不结合实际思考，所以遇到现实问题就糊涂，等于没学，这种人容易犯的是教条主义错误。为什么“思而不学”则“殆”？这种人不重视前人的经验，不重视别人的意见，好钻牛角尖，自以为是，容易犯主观主义错误。自以为是的人最危险，本来不懂却自以为懂，这种人办事就容易出乱子，所以说“殆”，很危险。

孔子“学而思”、“思而学”的学习方式符合人类认识发展的客观规律。现代提倡“研究式学习”、“联系实际学习”等都属于“学而思”、“思而学”的范畴，这个方法孔子在两千五百年前就已经提出来了。

学而不思、思而不学都是不好的，但哪种情况更糟糕呢？按照孔子的意思，思而不学更糟糕。在《卫灵公》篇上，孔子说：“吾尝终日不食，终夜不寝，以思，无益，不如学也。”[15.31]意思是说他曾经整天不吃、整天不睡地思考，结果没有什么益处，不如好好地学习。可见，孔子认为学比思更重要。学是基础，人首先要通过学习，才能成为有用之人，不学就不可能有合乎理性、合乎实际的思考和创新。

[2.16]子曰：“攻乎异端，斯害也已！”

译解

攻乎异端：专执于事物一端。攻，与“攻书”一词中的“攻”字同意。

异端：偏执于事理。凡事必有两头，一线必有两端，从这端看，那端是异端；从那端看，这端是异端。由此告诫人们不要只执一端，而要全面分析，走中庸之道。很多注家将“异端”解释为“邪说”或“不正确的议论”，这实际上是一种文化上的威权主义和专治主义。孔子谦卑为人，包容天下，三人行必有我师，对于不同于己学的其他学说，总是采取实事求是的态度，并非扣个帽子，采取关门主义的方式，贴上“邪说”标签，一批了之。

孔子说：“偏执于事物的一端，这是非常有害的！”

行政解读

“攻乎异端，斯害也已！”如果不走中庸之道，而偏执于一端，是非常有害

的，这从反面强调中庸之道的重要性。在《雍也》篇，孔子还从正面强调了中庸之道：“中庸之为德也，其至矣乎！民鲜久矣。”[6.29]

中庸之道，是治政的重要哲学原则。“中”代指“中和”，“喜怒哀乐之未发谓之中，发而皆中节谓之和”（《中庸》）。喜怒哀乐没有表现出来的时候，叫作“中”；表现出来以后符合社会秩序和规范，叫作“和”。社会和人群有了冲突，以符合社会秩序和规范的方式表达和解决，就是“和”，这一点在[1.12]章解读中已经说明。“庸”是什么意思？“庸”是“用”或“常”的意思。中庸就是用中和之道或以中和为常道。

中庸在意识形态领域的含义就是用主体价值观治理社会和国家。所谓主体价值观就是绝大部分人所赞同和接受的价值观，而以大部分人认同的价值观为基础建立起来的社会秩序和规范来解决社会矛盾和冲突，达到“和”的境界，就是中庸。主体价值观是与时俱进的，是发展的，不是绝对的，而是相对的。所以以中庸之道治政，并不意味着固守过去的意识形态不做任何变化。意识形态是为人民服务的，是用于解决社会问题的。马克思列宁主义与中国革命相结合产生了毛泽东思想，在革命实践过程中，毛泽东思想逐步为大多数人所接受，成为共同价值观，在中国共产党第七次代表大会上写进了党章，所以为政者坚持毛泽东思想，就是坚持了中庸治政。再比如阶级斗争观念，在当前社会各阶层团结一致建设国家的大背景下，再以阶级斗争观念来解决社会矛盾和问题，就不是中庸治政了，而是执其一端治政了，用孔子的话说就是“斯害也已”。所以中庸之道总是服务于大多数人的利益，或当前虽然表现为少数人的利益，但从长远看是大多人的长远利益。

中庸在社会群体治理方面的含义就是要团结最大多数的人。站在群众一边就是站在大多数人的一边。我们党强调建立统一战线的方法，属于中庸之道的治政原则。在革命战争年代，我们党有三大法宝，就是武装斗争、统一战线、党的建设。统一战线是用来扩大支持人群的，最大限度地团结一切可以团结的力量。为了团结一切可以团结的力量，我们党在新中国成立之初提出了《共同纲领》，《共同纲领》保护了民族资本家的利益。这是什么？就是以《共同纲领》实现“和”的目标。“文革”中“打倒一切”、“全面内战”就不是中庸之道，而是执其一端之道，“斯害也已”。在采取直接选举制度的社会里，中

庸之道也很重要。能否争取到“中间选民”往往成为一个政治家能否取得选举成功的重要标杆。政治家的政治纲领必须能够容纳大多数人的利益，体现大多数人的期待，才会取得成功。

中庸之道，并不只考虑大多数人的利益。站在大多数人一边，还要强调“执两”。“执两用中”，考虑两端的利益，走中庸之道。我们坚信，这个社会“一个都不能少”，少数人的利益虽然只是“两端”，但是也应当受到应有的尊重。在我国土地革命战争时期，中央苏区曾经提出一个所谓“非常革命”的主张，就是“富农分坏田，地主不分田”。后来毛泽东同志进行了纠正。他说不能让地主去喝西北风吧。从中庸之道来看，这种政策是用了“中”，但是没有“执两”，也不是真正的中庸之道。我国在革命和建设年代，曾经不断地反对“左”倾和右倾路线，“左”倾和右倾都是两端，就不是中庸之道。中庸之道是恰如其分，既不过也无不及，过了或不及都是两端，都是错误的。

中庸之道也不是“和稀泥”。中庸之道最重要的是判断“中”和“两端”。“和稀泥”不是解决矛盾的方法，而是没有原则地调和一切矛盾，向一切矛盾双方妥协，也不去区分大多数人利益还是少数人利益、当前利益还是长远利益。“和稀泥”对各种意见不置可否，没有找到“既不过”、“也无不及”的关键点。另外，“和稀泥”这种方式也有很大的欺骗性，因为它看起来非彼亦非此，既是甲又不是甲，既是乙又不是乙，好像考虑得很全面，“既不过”、“也无不及”，“貌”似中庸，实非中庸。我们原则上反对“和稀泥”，但是，在处理具体事务时，也不是不可以“和稀泥”，如果对大局有比较大的影响的局部矛盾，一时解决不了或不能彻底解决，和一下稀泥，以缓和局部矛盾，确保大局稳定，也是一种行政或政治的策略。作为一个领导者，关键是要做出正确的判断，在哪些问题上可以和稀泥，在哪些问题不可以“和稀泥”。

大道至简。中庸之道其实很简单。就是说话办事，不走偏锋，不走极端，总是与大多数人的想法和利益站在一起，同时尊重少数人的想法和利益，不舍弃两端，用大多数人同意的社会秩序和规范解决矛盾，实现全社会和人群全体的和谐。当掌握正确主张的只是少数人的时候，依中庸之道，也不急于实施这种主张，而是发动群众，通过群众可以接受的方式，教育群众，使之成为大家的共识，从“两端”变成“中”，然后实行之。

还可参阅[6.29]章、[20.1]章解读。

[2.17]子曰：“由！诲女知之乎！知之为知之，不知为不知，是知也。”

译解

由：仲由，字子路，孔子学生，小孔子9岁。

女：同“汝”，你。

孔子说：“仲由，我教你‘知之’的道理吧！知道就是知道，不知道就是不知道，这才是明智的。”

行政解读

由于行政工作本身的需要，行政者由一个单位调动到另一个单位，从一个行业调到另一个行业，这是一种常态。不论是哪一级的领导，无论水平有多高，认识都是有一定的局限性的，所以不了解、不知道也是一种常态。对于自己不知道的事情，以实事求是的态度对待，说一声不知道，俯下身子请教，这无损于干部的形象。有些行政者，一到岗就急于提出工作思路，这并不是实事求是的态度。对于群众来说，不要因为一个干部说他不知道而看轻他，也不要因为一个干部说什么都知道而看重他，因为无所不知的干部是不存在的。如果他表现得无所不知，那么一定有些方面是不可信的，大家反而要警惕，因为他极有可能将大家引向错误的方向。对于组织部门来说，考察一个干部，不应不论任职长短，都要看他工作思路上有没有创新，是否提出一个新的工作口号。因为如果前任的工作思路非常好的话，后任者就不需要什么创新，只需“萧规曹随”就可以了。

[2.18]子张学干禄。子曰：“多闻阙疑，慎言其余，则寡尤；多见阙殆，慎行其余，则寡悔。言寡尤，行寡悔，禄在其中矣。”

译解

子张：孔子弟子，姓颛孙，名师，小孔子48岁。

学干禄：学习求官从政之事。干（gān），“求”的意思。禄，俸禄，指做官。

多闻阙疑：多听，把有疑问的先放在一边。阙，“缺”的意思，放置一边。

寡尤：过失就比较少。尤，过失。

多见阙殆：多看，把感到不安的事先放在一边。殆，危险，心有不安，不踏实。

寡悔：很少有后悔的。悔，后悔。

子张问如何做官。孔子说：“多听，把有疑问的先放在一边，其余有把握的，也要谨慎地发表意见，这样就能减少过失了；多看，把感到不踏实的先放在一边，其余有把握的，也要谨慎地付诸行动，这样就可以减少后悔了。说话过失少，做事后悔少，官就当得好了。”

行政解读

说话、办事少出错误，这是行政者可以为政的必要条件。为政要慎言慎行，这是必须把握的重要原则。慎言慎行，说起来容易做起来难。孔子在这里教了我们一个很好的办法，就是先多听各种不同意见，多观察周边事物，用现在流行的话说，就是要多搞调查研究。多听，对于那些还搞不明白的先不要表态，只对搞得明白的那个部分表态。多看，对于那些感到不十分踏实的先不要干，只干那些感到很踏实的事，这样就可以少出现重大失误了。

在施政中出现失误，一个很大的原因是调查研究不充分，听取意见不全面。一条政策措施可不可行，要认真分析一下这条措施实施后可能受到影响的各种利益群体，即利益关系方有多少，每一利益群体可能受损和受益的情况，包括当前受益受损情况和长远受益受损情况；同时应研究掌握各利益群体的态度、可能采取的反对或赞成的意见或措施；应研究应对不同利益群体各种可能反应的应对措施和补偿措施；应综合权衡这条政策主张的总成本和总收益，最后形成推进这条政策主张的一揽子方案，包括方法、步骤，然后推行之。在推进过程中，要密切关注出现的新情况和新问题，随时解决或调整之。当然，减少为政失误，固然要靠为政者个人素质和能力，更重要的是要形成制度和机制，例如议事制度化，议事和决策程序规范化、科学化、民主化，等等。靠制

度减少失误，这才是解决问题的根本途径。

[2.19]哀公问曰："何为则民服?"孔子对曰："举直错诸枉，则民服；举枉错诸直，则民不服。"

译解

哀公：鲁国国君，公元前 494 年至公元前 468 年在位。

举直错诸枉：把正直的人放在不正直的人的上面，以正压邪。举，举荐，选用。错，通"措"，放置。直，正直。枉，枉曲，不正直。

鲁哀公问："怎样做可使民心服?"孔子说："举用正直的人，安排在不正直的人之上，则民心服；举用不正直的人，安排在正直的人之上，则民心不服。"

行政解读

在《颜渊》篇，樊迟问什么是仁，孔子说："爱人"；又问什么是智，孔子说："知人。"樊迟不明白。孔子进一步解释："举直错诸枉，能使枉者直。"樊迟走了以后见到子夏，他对子夏说，我问先生什么是智，他说"举直错诸枉，能使枉者直"，这是什么意思？子夏说："富哉言乎！舜有天下，选于众，举皋陶，不仁者远矣。汤有天下，选于众，举伊尹，不仁者远矣。"[12.22]子夏说这句话内涵丰富呀，接着讲了两个历史故事来补充解释。他说，舜得了天下，在众人中选拔人才，选拔了皋陶，不仁的人就离去了。汤得了天下，在众人中选拔人才，选拔了伊尹，不仁的人就离去了，这就是"举直错诸枉"。所以这两章从不同角度说明了一个意思。

建立合理的社会秩序，在全社会树立公平正义，最大的问题就是如何将各种不同的人安排到合理的位置，使其各得其所。"文革"中，将一些打、砸、抢分子安排到社会管理高层位置，不是"举直错诸枉"，而是"举枉错诸直"，结果普通人远善向恶，天下就大乱了。一个社会，仁人志士是少数，大部分人既不是仁人，也不是小人，而是普通人。这部分人，社会制度好了，社会秩序安了，就会远恶向善；社会制度不好，社会秩序不安，奸佞之人当权，就会远

善向恶，社会就会乱起来。

如何让社会成员各得其所？一个重要的方法就是要机会均等、公平竞争。首先是机会均等，为每个社会成员创造相对均等的机会。社会成员因为才能和勤奋精神、机遇的不同，可以有穷富之差别，但穷人的孩子不应该因为他父母穷而上不起学，社会应当让穷人与富人的孩子站在大体相近的起跑线上。机会均等在当前情况下面临的最大问题就是妥善解决教育机会均等问题。市场经济是好的，是因为市场经济通过公平竞争可以“举直错诸枉”，通过竞争，使具有商业才能的人获得较大的商业成就，成为经济活动的领导力量；而计划经济则没有良好的发现“直”的机制，往往无法发现并将具有较高商业才能的人放置在经济活动的领导位置。或者说，市场经济可以自动根据商业才能将人们安排在整个经济活动中的合理位置，自动实现在经济活动方面的“举直错诸枉”。

在行政领域如何发现“直”呢？这是一个很大的难题。大体上有个规律：如果一个单位的风气比较好，那么大家推选上来的人可能就比较好；如果一个单位的风气不好，则大家推选上来的人就可能不够好。现在用单位小民主的方法推选人也有一个问题，大家都是直接或间接利益竞争者，这样投票选出来的人可能并不是真正贤德之人。有时候，大家都觉得这个人行，那个人不行，可是一投票，往往是大家认为不行的那个人得票反而多。领导一个单位，在一个单位建立良好的风气，“举直错诸枉”也非常重要，用什么人不用什么人，把什么样的人放在什么样的位置，应当着眼于事业发展的大局。可以想见，有德之人在一个单位受气，提拔不上来，单位的风气一定会变坏，时间长了，事业一定会遭受失败。贤德之人受重用，就是树立了一个贤德的标杆，不贤之人就会见贤思齐，就会远恶趋善，大家整体水平就会提高了。

[2.20]季康子问：“使民敬、忠以劝，如之何？”子曰：“临之以庄则敬，孝慈则忠，举善而教不能则劝。”

译解

季康子：在位时间见[3.1]章解读。

使民敬、忠以劝：让百姓敬顺、忠厚、勤勉。劝，勤勉，勉力。

庄：严肃认真。

孝慈：孩子对父母的爱是孝，父母对孩子的爱是慈。

季康子问："如让百姓敬顺、忠厚、勤勉，怎么办?"孔子说："严肃认真对待民众，百姓就会敬顺；倡导孝慈，百姓就会忠厚；举荐贤良，教育那些能所不及者，百姓就会勤勉。"

行政解读

孝是对上的爱，慈是对下的爱，悌是对兄弟的爱（也可引申为对同辈朋友的爱），《论语》总是在不同场合不断地强调这些概念，所以孔子是在构建一个爱的世界。1789 年法国资产阶级大革命时提出了"自由、平等、博爱"的口号，其实两千五百年前的孔子就已经提出了充满爱的社会的构想。从为政的角度看，孔子揭示了善政的本质，就是要有"爱"的前提。我们强调要为人民服务，为人民服务首先要爱人民，不爱人民，就服务不好。对人民的困苦麻木不仁，没有同情心和包容心，行政工作就很难做得好。即使负责一个小的单位，首先也要爱这个单位，爱这个单位的同事，否则，就很难管理好这个单位。

那么爱是怎么产生的呢？首先要研究一下恨是怎么产生的。恨的产生大体有两种情况：一是实际利益的冲突导致恨的产生，二是思想观点冲突导致恨的产生。或许思想观点冲突最后可以归结为实际利益的冲突，但也不尽然，比如，有时候感觉与一个人没有冲突，就是比较讨厌。对于利益冲突，解决的办法应是承认并尊重相关方面获得正当利益的权利，即反对一些人对利益过度索取的同时，必须坚决维护其获得正当权益的权利，并且反对的是他们具体的过度索取的行为，而不是反对他们作为人本身。关于思想观点冲突，在反对他们思想观点的同时，同样不应将这种反对情绪和行为延伸到他们作为人的全部。所以爱的基础是一种包容理性和对所有人合理权利的尊重，由此可见，行政上的爱心并不只是一种情感，更主要的是一种理性。

"举善"和"举直错诸枉"[2.19]具有相同的意义。"举直错诸枉"是使民心服的办法，这一句加了一个"教不能"则成为使人勤勉的办法。所以孔子的思想是，根据德行合理安排社会成员的社会位置，并通过教育的办法，提高社会成员的整体道德和能力。举善教不能，社会风气正了，人民更团结了，全体民众的素质提高了，气顺了，工作起来就会比较用心用力。因此，管理社会和管理一个单位，不但要管，还要教，抓两头，把人品好、有能力的人用起来，对于能力不足的人认真帮助，使他们得到关心和照顾。

[2.21]或谓孔子曰："子奚不为政?"子曰："《书》云：'孝乎惟孝，友于兄弟，施于有政。'是亦为政，奚其为为政?"

译解

或谓孔子：有人对孔子说。或，有人。

子奚不为政：您为什么不从政。奚，为何。

孝乎惟孝，友于兄弟：语出《尚书·君陈》，"惟孝友于兄弟，克施有政。"

施于有政：推行孝友这些价值观念就是为政。施，推行。有，语词，无意义。

有人问孔子："您为什么不从政呢?"孔子说："《尚书》上说：'孝啊，就是孝顺父母，友爱兄弟'，推行孝友，就是为政，怎么做才算是为政呢?"

行政解读

这大概是孔子没当官时，别人对他劝进的一次尝试。搞理论研究，从事教学，也是从政。孔子通过教学，推广儒学价值观念和治国之道，这本身就是为政。再退一步说，普通百姓在家里贯彻"孝悌"之道，这也是为政，因为"孝弟也者，其为仁之本与"[1.2]。"为政"是什么意思，就是管理社会。家庭是社会的基本单元，管理社会从管理家庭做起，所以以"孝悌"之道管理家庭，就是为政了，这是孔子的看法。从行政工作角度看，这句话至少有以下两方面的含义。

第一，形成良好社会风气，是为政的重要目标。长期以来，我们只是在一般意义上提倡孝顺父母、和睦邻里、友爱兄弟，甚至中小学的教育中都没有给

以高度重视。对于那些不孝顺父母、不和睦邻里、不友爱兄弟的人，只是靠社会道德舆论进行管理，社会上并没有什么制裁措施。人们觉得不孝顺父母、不和睦邻里、不友爱兄弟好像是个人的私事，不应干涉。对于普通人也许可以这样看待，但是，对于自然承担社会道德建设义务和责任的公众人物，就不应把不孝、不悌当作私事。这些人如果没有好的品德，就会给社会树立了一个坏的榜样，其对社会价值观体系的破坏作用是很大的。所以应当把公众人物的道德责任更加明确地提出来，形成机制，有名气的就应该有德，无德的就不应该再在社会上宣传扬名了。另外，推进社会观念形成也要靠制度。比如新加坡的经济适用房购置，要求必须距离父母居住地一定的范围内，才会按经济适用房的价格卖给申请者，这是用现实制度弘扬孝道精神，值得借鉴。

第二，民众也可为政。孔子在这里提出了全民为政的思想。并不是只有进入具体的行政构架中担当具体职责才算为政，每一个社会成员都可以为政，治理好家庭、和睦邻里都是为政。在社会上做善事、见义勇为等，通过自身言行为建立美好社会贡献了力量，都是为政。所以每个人都应有为政意识，只不过是每个人社会角色不同，为政的具体内容有所不同罢了。

[2.22]子曰："人而无信，不知其可也。大车无輗，小车无軏，其何以行之哉?"

译解

大车：指牛车。

小车：指马车。

輗、軏：音倪、月，均指车辕与横木相接处的活销。

孔子说："人若是不讲信用，不知他能干什么。就像牛车上没有輗，马车上没有軏，车怎么能行走呢?"

行政解读

参见[2.13]章。

[2.23]子张问："十世可知也？"子曰："殷因于夏礼，所损益，可知也；周因于殷礼，所损益，可知也；其或继周者，虽百世可知也。"

译解

世：古时三十年为一世，这里指朝代。

因：继承。

损益：减少或增加。

子张问："十代之后的礼制可以知道吗？"孔子说："殷继承了夏礼，所减少和增加的可以知道；周继承了殷的礼制，所减少和增加的可以知道；今后或有继承周的朝代，即使是百代也是可以知道的。"

行政解读

当时周朝还没有灭亡，但孔子已经指出周朝或要灭亡，并进一步指出政权的更迭将一直进行下去。由此来看，认为孔子提倡礼制，反对破坏礼乐制度，就属于保守势力，其目的就在于维护统治者阶层，这个说法是很武断的。在孔子眼里，"礼"是个好东西，跟谁执政没有关系。这句话给我们的启示是：

第一，"礼"具有与时俱进的品格。孔子总体上更赞成周的礼制，例如在《八佾》篇中，孔子讲："周监于二代，郁郁乎文哉！吾从周。"[3.14]周代的文明是在夏商两代文明基础上形成的，代表了当时社会文明的最高成就。孔子认为，在当时的历史条件下，相比于夏商两代，周的制度是最为完善的，所以他赞成按照周朝的办法来。但孔子也看到了历史上礼制的发展过程，知道根据实际情况应当有所增、有所减，并且认为"继周者"也可以根据时代发展的需要有所增有所减。所以，对待传统的态度也不应一成不变，一味简单坚持，应当在坚持中发展，在发展中坚持，不失传统本色，又顺应世界潮流。

第二，文化传统的变革应采取渐进的方式。孔子说"吾从周"，但他承认周制传承自夏商，虽然商是以革命和暴力的方式从夏手里取得政权，周也一样，但是文化和制度采取了继承和改造的态度，并不是一味地否定。在意识形态领域，如有变革的必要，更应采取渐进的方式，因为人的思想问题是最难解

决的，否则就会造成社会的不适应，形成社会震荡，加大经济社会发展的成本。苏联解体后，在改革上采取休克疗法，意识形态急转弯，扰乱了人们的思想，分裂了社会，这也是苏联解体后独立出来的各共和国在很长一段时期内缓不过劲的重要原因。意识形态是用来往正确方向凝聚人心的，思想问题慢慢来比较好，给人一个转弯的时间，同时应重视传承关系，不应简单地割断历史，否定过去。

还可参考[3.4]章解读。

[2.24]子曰："非其鬼而祭之，谄也。见义不为，无勇也。"

译解

非其鬼：指不是自己的祖先，或泛指鬼神。鬼，古人认为人死为鬼。

义："义者所宜为也"（孔安国注），人所应该做的就是义。

孔子说："不应该祭祀的鬼神却去祭祀，这是谄媚。见到应当做的事却不敢做，这是没有勇气。"

行政解读

从行政角度看，很多人因为犯了"非其鬼而祭之"错误，导致行政上出现曲折。用一个不太准确的比喻，在行政实践中，直接的上级为"其鬼"，尊敬他，关心他，服务他，"祭之"，符合行政上"礼"的要求，这不是"谄"。但是对自己的直接上级不去尊重、关心、服务，而是把这种尊重、关心、服务转移到级别更高或权力更重的上级，就是"非其鬼而祭之"，就是"谄"了。当然，并不是说主动服务级别更高、权力更重的上级就不好，关键是不能因此削弱对直接上级的尊重和责任。向最直接的上级负责，这是工作的本分，而作为直接上级，为自己的下属负责，也是一种义务。这种上下级责任义务关系不应该随便遭到破坏，否则就会出现麻烦。

一位年轻朋友跟着自己的领导一块陪同更上级的领导出差，到了机场，即冲上前去使劲为更上级领导服务，又是提包，又是拿衣服，把自己的领导晾在了一边，这样做就很不好。能不能为自己领导的领导提供服务，提供什么样的服务，应当由自己的领导做出决定。这种“非其鬼而祭之”的做法，两位上级都会不舒服。对于直接上级来说，看到了他的势利；对于更上级的领导来说，看到了抛弃自己多年相处的直接领导的功利行为，这是相当不成熟的。当然，并不是说，一到机场，就冲上前去，给自己的领导服务，而把更上级的领导放在一边，这样做更不好。更上级的领导是自己领导的上级，自己的领导有责任为他的上级提供服务，换句话说，他有“祭之”的权利。“祭之”做什么？表达敬意而已。如此一来，让更上级的领导觉得自己没有得到应有的尊重，而自己的直接上级也会因此觉得比较尴尬。那么，是不是就不给两位领导提供服务了呢?也不是。应当在直接上级的指挥和认同下提供恰如其分的服务，如果直接上级明确交代照顾好更上级的领导，而不要管理他自己的事务，那就按照这一指示行事好了。一句话，“非其鬼而祭之，谄也”在行政上的意义，就是处理好自己与直接上级、非直接上级的关系。

“见义不为，无勇也。”为政者，确信应当干的事，却畏前畏后，患得患失，不敢为，就是没有勇气。比较高级的领导需要两种勇气，一种是理论勇气，一种是实践勇气。一般的领导主要是要有实践的勇气，看准了就要干，不能怕。

第3篇

《八佾》中的行政精神

[3.1]孔子谓季氏："八佾舞于庭，是可忍也，孰不可忍也?"

译解

季氏：鲁国大夫，鲁桓公之后，"三桓"之一。

八佾之舞：八人一列为一佾，八佾即八列。佾，音易，列。按礼制，八佾之舞为天子之舞，诸侯是六佾之舞，大夫是四佾之舞，士是二佾之舞。

是可忍也，孰不可忍也：一说，这件事都忍心去做，还有什么事不忍心去做？忍是"忍心"的意思。二说，这件事都能容忍，还有什么不可以容忍呢？忍是"容忍"的意思。从第二说。

孔子评论季氏："在家庙庭中使用天子之舞，这种事都可以容忍，还有什么事不可以容忍呢?"

行政解读

《论语》中大量事情涉及鲁国"三桓"，特别涉及"三桓"中权力最大的季氏，这里对"三桓"和季氏的情况做一介绍。

鲁桓公在位时间大约为公元前 711 年至公元前 694 年。关于桓公的死因一直流传着这样一个故事：桓公的老婆文姜与她哥哥齐襄公有私情，这一年桓公带着文姜到齐国，因文姜与齐襄公通奸行为而责备文姜，于是襄公派人将桓公杀死。桓公有四个儿子，按长幼顺序分别叫作同、庆父、叔牙、季友。桓公死后，同继位，是为鲁庄公。庄公生前想立他和孟女生的儿子般（《史记》写作"斑"），征求叔牙的意见，叔牙则主张立庆父；征求季友的意见，季友则说：

"臣以死奉般。"于是庄公以毒酒毒死叔牙，立他的后代为叔孙氏，这就是"三桓"之一叔孙氏的来源。般刚继位，又被庆父派人杀死。庆父与他后妈哀姜长期私通，二人共同立敬姜（亦是庄公夫人）儿子开为鲁君，这就是鲁闵公。鲁闵公在位两年，又为庆父与哀姜杀死，季友则带着闵公的弟弟申跑到了邾国。鲁国人深恨庆父的恶行，说"庆父不死，鲁难未已"，庆父不得已，跑到了莒国，季友于是带着申回国继位，这就是鲁僖公，季友被任用为相。庆父最后上吊自杀，他的后代就是"三桓"之一的孟孙氏[①]。季友的后代即为"三桓"中最强大的季孙氏，即季氏。

季氏实掌鲁国之政有一个历史过程。据《史记·鲁周公世家》记载，鲁文公十八年（公元前609年）二月，文公去世。襄仲（东门氏，鲁国贵族）杀掉长妃之子恶和视，立次妃之子倭继位，是为宣公。"鲁由此公室卑，三桓强"。这时季氏为季文子时代。后经季武子、季悼子、季平子、季桓子、季康子，季氏权力一天比一天大。季平子曾将鲁昭公逐出国。到了季康子去世这一年（公元前468年），鲁国"三桓"又将鲁哀公逐出国，立鲁悼公继位。"悼公之时，三桓胜，鲁如小侯，卑于三桓之家"。从公元前609年到公元前468年近150年的时间里，"三桓"势力日强，孔子则正处于鲁国"三桓"专政的时代。

鲁国国君可以享用天子礼乐，这是周成王为了感谢周公大德，给予鲁国的特殊待遇，所以鲁国曾经使用过八佾之舞应是可以确定的。鲁隐公五年（公元前718年），隐公曾就舞者人数向人请教，得到的答案是："天子用八，诸侯用六，大夫四，士二。"（《左传·隐公五年》）于是隐公采用六佾之舞。鲁昭公七年（公元前535年），"三桓"之一孟僖子就因苦于自己不通"礼"，死时留下遗言，让他儿子孟懿子向孔子学习"礼"[②]。从这些情况来看，春秋时代"礼"已成为一种专门学问，不知"礼"或略知一二、不知其详的情况很普遍，国君和大夫都是如此。在这种情况下，季氏用八佾之舞是不知此事的严重性，还是知其严重性而故意为之，已不可知。关于季氏的僭

①以上诸事见《左传》及《史记·鲁周公世家》。
②《左传·昭公七年》

礼行为，本篇第 6 章提到了一个更为严重的事件：季氏旅于泰山。子谓冉有曰："女弗能救与？"对曰："不能。"子曰："呜呼！曾谓泰山不如林放乎？"[3.6]此时的季氏当为季康子。按照礼制，天下的名山大川由天子祭祀，诸侯则祭祀在其区域内的名山大川。泰山是五岳之首，在鲁国境内，所以应由周天子或鲁君去祭礼，季氏却要去祭礼，孔子让时为季氏家臣的弟子冉有去阻止，冉有说阻止不了。孔子就说，难道泰山还不如林放懂礼吗？林放其人不得其详，但是肯定是鲁国懂礼之人，他在本篇第 4 章就"礼之本"有一问。言外之意，你季氏即使去祭泰山，泰山都不会赐福给你。本篇第 2 章又提到，"三桓"祭祖时唱着《雍》这篇诗来撤除祭品。孔子批评说："'相维辟公，天子穆穆'，奚取于三家之堂？"[3.2]可见僭礼不光季氏一家，"三桓"都是如此。如果鲁国上下"知"礼的人不多，那么季氏用八佾之舞，"三家者以《雍》彻"，就不一定能激起民愤。所以"是可忍也，孰不可忍也"，是季氏"是可忍也，孰不可忍也"，还是鲁国君臣对季氏"是可忍也，孰不可忍也"，抑或孔子对季氏"是可忍也，孰不可忍也"，就无法知道了。当然，因为孔子"知礼"，所以他把这个问题看得很严重，这也可以理解。

[3.2]三家者以《雍》彻。子曰："'相维辟公，天子穆穆'，奚取于三家之堂？"

译解

三家：指鲁国"三桓"孟孙氏、叔孙氏、季孙氏三家。

以《雍》彻：唱着《雍》撤去祭品。《雍》，《诗经·周颂》中的一首。彻，通"撤"，祭祀完毕撤去祭品。《雍》是天子宗庙祭祀完毕后才能唱的诗歌。所以"三桓"此为在孔子眼里属于僭礼行为。

相维辟公，天子穆穆：《雍》中的两句诗，形容祭祀时的盛大庄重场面，天子庄严肃穆，四方诸侯在周围助祭。辟，指诸侯。公，指夏、商二王之后，夏之后是杞国，商之后是宋国。

奚取于三家之堂：这首歌词怎么能在三家堂上唱呢？按礼制，歌在堂上，

舞在庭上，所以[3.1]章说“八佾舞于庭”。

孟孙、叔孙、季孙三家祭祖完毕后唱着《雍》撤除祭品。孔子说：“诗歌中‘诸侯助祭，天子穆穆’，怎么能在三家的庙堂里唱呢?”

行政解读

参见[3.1]章。

[3.3]子曰：“人而不仁，如礼何？人而不仁。如乐何?”

译解

孔子说：“一个人如果不仁，礼有何用？一个人如果不仁，乐有何用?”

行政解读

礼乐制度表现为一些具体规定，但是“仁”是礼乐制度规定所要体现的精神实质。我们过去批判封建礼教，实际上批判的是一些已经偏离“仁”的精神实质的规定。比如，女儿家嫁人要听“父母之命，媒妁之言”，不能有自己的意见。本来，“父母之命，媒妁之言”是为了防止女儿涉世不深，考虑不周，在嫁人这个重大问题上走错了路，但“父母之命，媒妁之言”发展到偏离它的精神实质，完全不顾当事人主观意愿，甚至故意违反当事人意志，这是不仁，这是行“不仁”之礼，这种不仁之人，“如礼何”？“礼”反而成为他行“不仁”的手段。再如议事中的民主集中制，它的精神实质是要在广开言路的同时集中意志，如果落实民主集中制就是你随便说，我该怎么集中就怎么集中，把“民主”和“集中”割裂开来，这样做从程序上看是民主集中了，但却偏离了民主集中制的精神实质，这也是“人而不仁，如礼何”，民主集中制再好，放在这些人手中也没有用。

[3.4]林放问礼之本。子曰：‘大哉问！礼，与其奢也，宁俭；丧，与其易也，宁戚。”

译解

林放：鲁国人，其人不详。

礼，与其奢也，宁俭：行礼，与其奢华，不如节俭。

丧，与其易也，宁戚：治丧，与其仪式周详，不如心中悲伤。易，“治”的意思，指丧礼治办周到，礼数齐全。例如，《孟子·尽心上》：“易其田畴。”

林放问礼的本质。孔子说：“这个问题重大！行礼，与其奢华，不如节俭；治丧，与其仪式周详，不如心中悲伤。”

行政解读

礼的本质是什么，是仁。行礼的重要意义在于行仁，而不在于礼本身。孔子在不同场合多次强调准确理解行礼的实质意义。比如在本篇第 8 章，子夏向他请教“巧笑倩兮，美目盼兮，素以为绚兮”是什么意思，孔子说：“绘事后素。”有洁白的粉底之后才能绘画，暗指“礼”看起来盛大壮丽，但是没有“仁”这个洁白的粉底，“礼”就不会成为美丽的画卷。子夏很聪明，立即就说：“礼后乎？”礼在仁之后吗？孔子很高兴，大大地表扬了子夏，他说：“起予者商也！始可与言诗已矣。”[3.8]子夏你对我有很大的启发呀！我可以与你谈诗了。又比如本篇第 12 章，“祭如在，祭神如神在”、“吾不与祭，如不祭”[3.12]。强调祭祖就要如同先祖在眼前，祭神就要如同神在眼前。孔子还谈到了他的体会：“我如果没有亲自参加祭祀，即使由别人代祭了，那也感觉好像没有祭过一样。”表达了“行礼”重在诚心敬意这个原则。在《阳货》篇，孔子说：“礼云礼云，玉帛云乎哉？乐云乐云，钟鼓云乎哉？”[17.11]礼啊礼啊，难道说的就是玉帛这些礼物吗？乐啊乐啊，难道说的就是钟鼓这些乐器吗？提醒大家行礼不要只关注这些具体器物和形式，而要看实质。

同时，孔子也非常明确地表达了反对行礼的形式主义倾向和坚持行礼尚

俭原则。“礼，与其奢也，宁俭”，如果行礼在“奢”和“俭”中间选择，选择“俭”。治丧，如果在办得很隆重和气氛很悲伤中间来选择，宁可选择办得不周到但气氛很悲伤。因为对亲人之逝表达悲伤，这是一种爱，是仁的内涵之一。在《述而》篇，孔子对此做出了进一步的解释，为什么要“俭”不要“奢”呢？“奢则不孙，俭则固。与其不孙也，宁固。”[7.36]奢华会有失谦恭，俭朴虽然会显得粗陋一些，但宁可粗陋一些，也不要失去谦恭，因为“敬”是“仁”中应有之题，行“礼”不能伤到“仁”。在《子罕》篇，孔子继续表达这一思想，他说：“麻冕，礼也；今也纯，俭。吾从众。”[9.3]意思是说，按照礼的规定，应当戴麻制的冠，现在改戴丝制的冠，相对俭省一些，所以他同意大家的做法。

孔子在处理涉及礼的具体问题中，也是坚持实事求是的态度。孔子与学生颜渊感情很深，颜渊死了，孔子十分悲伤，他说：“噫！天丧予！天丧予！”[11.9]这是老天不想让他活了。颜渊死了，孔子哭得很伤心。随从的人说：“子恸矣！”孔子回答说：“有恸乎？非夫人之为恸而谁为！”[11.10]我不为颜渊之死悲伤，还为谁悲伤呀！但是在为颜渊举办丧礼这件事上，孔子却又根据实际经济情况，坚持从俭安葬颜渊，不让死人影响活人。《先进》篇记述了此事：颜渊死，门人欲厚葬之。子曰：“不可。”门人厚葬之。子曰：“回也视予犹父也，予不得视犹子也。非我也，夫二三子也！”[11.11]孔子对弟子们厚葬颜渊表示反对，并且也为反对没有奏效而感到自责，觉得没有尽到为“父”的责任。颜渊死后，他父亲颜路希望孔子卖掉车子给颜渊买一个椁，就是外棺，孔子不同意，他说：“才不才，亦各言其子也。鲤也死，有棺而无椁。吾不徒行以为之椁。以吾从大夫之后，不可徒行也。”[11.8]意思是说，我儿子孔鲤死的时候也没有椁，我也没有卖掉车子给他买椁，因为我去议政还需要车子呀。再次表达了为死人办丧事不能影响活人责任履行的态度。这是一个实事求是的态度。《礼记·檀弓》中记载，子游问办丧事的器具置办，孔子说：“称家之有亡。”提倡根据家庭经济情况来治办丧事，只要表达出哀痛之情就可以了，“丧致乎哀而止”[19.14]。

孔子还认为“礼”是与时俱进的。在《为政》篇，子张问十代以后的礼制可以预期吗？孔子说：“殷因于夏礼，所损益，可知也；周因于殷礼，所损

益，可知也；其或继周者，虽百世可知也。”[2.23]不但指出了朝代更迭的必然性，还指出“礼”随着时代发展会有不断的演进和改变。但他同时也指出，礼的基本精神是不会变的，因为人的本性是不会变的，由人组成的社会群体的根本属性是不会变的，所以“虽百世可知也”。

墨家批判儒家“繁饰礼乐以淫人，久丧伪哀以谩亲”，说他们繁杂的礼乐让人迷乱，假装哀伤来欺骗死去的双亲，并直接引晏婴的话批评孔子“盛容修饰以蛊世，弦歌鼓舞以聚徒，繁登降之礼以示仪，务趋翔之节以观众”，“累寿不能尽其学，当年不能行其礼，积财不能赡其乐”①。说孔子盛容修饰惑乱世人，弦歌鼓舞聚徒招众，搞一些繁杂的礼仪让人家观看，孔某人那一套几辈子都学不完，谁都行不了那么繁多的礼节，把所有的财富堆起来也不够歌舞乐队的花费。对人们把精神和财力花费到这些繁文缛节的形式上，提出了严厉的批判。这个批判所阐述的思想是对的。但是他们所批判的，也是孔子所批判的。正如前述，孔子反对搞“礼仪”形式主义，反对奢华，主张从俭，或许二者的差别在于反对的激烈程度上有所不同吧。

当然，孔子对有些礼仪的形式是相当坚持的。例如在本篇第 10 章，孔子就说：“禘自既灌而往者，吾不欲观之矣。”对禘礼举办过程中的违礼行为表示不满。本篇第 17 章，子贡想免去告朔礼供奉的活羊。孔子说：“赐也，尔爱其羊，我爱其礼。”表示反对去掉活羊。又如在《阳货》篇，宰我提出“三年之丧”太久了，“君子三年不为礼，礼必坏；三年不为乐，乐必崩。旧谷既没，新谷既升，钻燧改火，期可已矣。”[17.21]意思是，君子若三年不行礼，礼就会败坏；三年不作乐，乐就会生疏。旧谷子吃完，新谷子已收，取火之木都轮了一遍了，守孝一年就可以了。孔子问他：“食夫稻，衣夫锦，于女安乎？”[17.21]你父母去世一年后，你就吃大米，穿锦衣，你心安吗？宰我说我心安，于是孔子提出严厉批评：“女安则为之！夫君子之居丧，食旨不甘，闻乐不乐，居处不安，故不为也。今女安，则为之！”“予之不仁也！子生三年，然后免于父母之怀。夫三年之丧，天下之通丧也。予也有三年之爱于其父母

---

①引自《墨子·非儒》。

乎？”[17.21]你心安就那么做吧！君子居丧守孝，吃了美味不觉得香甜，听了音乐不觉得快乐，待在家里不觉得舒适，所以不那样做。如今你安心，你就那样做吧！小孩子生下三年，才离开父母怀抱。为父母守孝三年，是天下通行丧期，你宰予是不是有三年的爱心回报死去的父母呢？可见，孔子认为三年守丧这一礼的形式的本质，在于坚持知恩思报这一价值观念。实事求是地说，礼本身是一些形式上的东西，但是没有形式，其内在东西就失去了载体，没有守丧之形式，也就没有哀思亲人和知恩图报观念的模式化体现，社会就有可能失掉这一价值观准则。那么到底哪些程式该省去，这就要看程式的减省是否伤到礼本身所表达的精神。那个年代，对于儒家为什么要坚持礼？荀子有一个更明确的说明：“礼起于何也？曰：人生而有欲，欲而不得，则不能无求。求而无度量分界，则不能不争；争则乱，乱则穷。先王恶其乱也，故制礼义以分之，以养人之欲，给人之求。使欲必不穷于物，物必不屈于欲。两者相持而长，是礼之所起也。”（《荀子·礼论》）可见，礼是用来解决纷争和调节人欲的，目的使人欲与物质有限供给相均衡，使人们欲望在相互控制中达到均衡，这个均衡就是“和”。“礼之用，和为贵”[1.12]的道理就在这里，这也是孔子重视“礼”的重要原因。

从上述关于礼的形式、实质及其重要意义的讨论中可以看出，正确对待儒家思想，最重要的是继承其有益的精神，而不是试图恢复一些过去的形式。并不是只有穿起长袍马褂才是儒家，穿西装一样可以是儒家，当然喜欢穿长袍马褂也无可厚非。现代物质文明并不排斥儒家精神中的文明成分。复兴传统文化，并不需要回到跪拜磕头的年代。任何事情，都是以一定形式存在，这并不是形式主义。

[3.5]子曰：“夷狄之有君，不如诸夏之亡也。”

译解

诸夏：指中原各国，或者说周礼覆盖区域。

夷狄：中原各国以东的民族为夷，中原各国以西的民族为戎，中原各国以南的民族为蛮，中原各国以北的民族为狄。诸夏与夷狄之差别在于文化认同之

差别，为非周礼覆盖区域。

此句的意思有不同理解：一说，此句指“夷狄的君主有君主之实，不像中原各国君主已经名存实亡、徒有其表了”，感叹的是君权失落，礼制的破坏；二说，此句的意思是“夷狄有君无礼，不如诸夏无君有礼”，强调的是有礼的重要性。但是，有礼必有君，从礼的角度看，“君位”是礼制的组成部分，无君就是无礼，所以“无君有礼”之说不成立。从第一说。

孔子说：“夷狄各国的君主有君主之实，不像诸夏各国的君主只是徒有其表。”

行政解读

夷狄各国奉行的是实力主义，有实力、有武力的就为君，所以夷狄之君之为君，一定有其实。诸夏各国的君制是继承制，为天子、为诸侯的虽然有这个名分，但却没有天子和诸侯的实权。例如，鲁昭公二十五年（公元前 517 年），孔子时年三十五虚岁，昭公被以季平子为首的“三桓”赶出鲁国。鲁哀公二十七年（公元前 468 年），孔子死后 11 年，鲁哀公又被“三桓”赶出了鲁国。公元前 679 年齐桓公会盟诸侯开始称霸，公元前 632 年晋楚城濮之战后晋文公称霸，虽然都尊重周天子，但周天子并无统治天下的实际权力，都只是一个名分。所以孔子说“夷狄之有君，不如诸夏之亡也”。诸夏虽亦有君，但其实是没有君了，完全被不断出现的实力派所架空。在孔子眼里，这是礼制的一种破坏。在这一方面，“礼”只有其形，而无其实。

[3.6]季氏旅于泰山。子谓冉有曰：“女弗能救与？”对曰：“不能。”子曰：“呜呼！曾谓泰山不如林放乎？”

译解

季氏旅于泰山：季氏要去祭礼泰山。旅，天子祭山叫作旅。按礼制，天子祭名山大川，诸侯祭在其属地的名山大川。季氏去祭，是僭礼行为。此时季氏，应为季康子。

冉有：孔子弟子，名求，其时为季氏家总管。

女弗能救与：你能阻止他吗。季氏祭泰山是僭礼行为，所以叫“救”。女，汝。

曾谓泰山不如林放乎：难道说泰山还不如林放懂礼吗？林放在本篇第4章就“礼之本”有一问，为鲁国知礼之人。孔子之意，泰山不会接受季氏的祭祀赐福给他。

季氏要去祭祀泰山。孔子对冉有说：“你能不能阻止他？”冉有回答说：“不能。”孔子说：“唉！难道说泰山神还不如林放（懂礼）吗？”

行政解读

参见[3.1]章。

[3.7]子曰：“君子无所争，必也射乎！揖让而升下。而饮，其争也君子。”

译解

射：为礼、乐、射、御、书、数六艺之一。根据《礼记》，射礼有四种：一是大射礼，天子诸侯卿大夫选拔善射勇士之礼；二是宾射礼，上层人士朝见聘会时行此礼；三是燕射礼，上层人士娱乐时行此礼；四是乡射礼，普通百姓行乡射礼。此处为大射礼。

揖让而升下，而饮：按大射礼规定，比赛双方先作揖登堂，比完后再作揖退下，然后登堂饮酒。“升”、“下”指的是升堂和退下。

孔子说：“君子没有什么可竞争的，如果一定说有竞争，射箭比赛就算是竞争吧！比赛双方作揖登堂比试，比试完作揖退下，然后一起饮酒。如果说这是竞争，那也是君子之争。”

行政解读

传统解读认为，射箭比赛，很好地体现了“仁”的精神，射不准只能怪自

己，不能怨别人，这就是“君子求诸己”[15.21]。在行政领域，升迁的竞争是比较常见的竞争，大家都同意采取“君子之争”的方式对待升迁竞争，那么怎样才算是“君子之争”呢？下面谈几点意见供参考。

第一，正确面对竞争。现在搞“竞争上岗”，干部升迁竞争是行政领域的平常事，所以不应回避竞争，但要争得光明正大，争得合乎情理。如果够条件，没有特别的原因，应当参与竞争，“争”本身就是一种积极向上的姿态。当然，在某种情况下，主动放弃竞争，对全局有利，也要学会放弃。同时应以开放的心态对待竞争。在尊重自己竞争权利的同时，也应充分尊重别人的竞争权利，争而无怨，不应由此就怨恨对手，如果把别人参与竞争当作对自己的蔑视，就应当知道自己参与竞争也是对别人的蔑视。

第二，靠本事竞争。从行政实践看，不好好做事，整天琢磨人，或许也有一些成功的例子，但是从总体上看，从长远看，靠干事起家来得更长久，得到的东西更可靠。整天琢磨人，人家也会琢磨他，总有一天也会被琢磨下去。一听说要提拔某人了，告状信就来了。早不告，晚不告，一到研究干部时就来告，不过是想干扰组织决策罢了。有的人是靠趋炎附势、损人利己升上去的，这种情况几千年来一直都有，但总是清白做人更好，坦坦荡荡更踏实。

第三，关心和帮助竞争者。与竞争者竞争，实际上竞争的只是一件事情，并不是整个人生的竞争，即使是整个人生的竞争，也不是全部人生内容的竞争。“君子无所争，必也射乎”的深刻含义还在于，君子之间还有大量的空间并非竞争性空间，在这个空间，要相互关心、相互帮助，要成为竞争者幸福生活和事业发展的赞助者而不是破坏者。比如说竞争副司长岗位，假定甲取得了成功，那么当下一次再出现机会时，甲应当帮助他从前的竞争者，而不能因为这些人当年向他挑战过，就怨恨终生。同时，在竞争的过程中，大家都是千方百计争取这个机会，在这一点上可能暂时表现为针尖和麦芒的关系，但在其他方面应当展现出对竞争对手的巨大支持。有这样一个案例，两个人同时竞争一个工作岗位，都采取了坚决的措施，但竞争归竞争，在竞争过程中，其中一个人的孩子上学出现了困难，另一个人则是鼎力相助，两个人虽然只能提拔一个人，但最后两个人还是成为

非常要好的朋友。

总而言之，君子之争，是在“和”的基础上的竞争。竞争结束后，必须再度形成“和”的局面，这是行政道路是否走得扎实、安全的重要基础。

[3.8]子夏问曰：“‘巧笑倩兮，美目盼兮，素以为绚兮。’何谓也？”子曰：“绘事后素。”曰：“礼后乎？”子曰：“起予者商也！始可与言诗已矣！”

译解

巧笑倩兮，美目盼兮：巧笑俏丽，美目顾盼。此为《诗经·卫风》中《硕人》的一句诗，形容美人的笑容和眸子之美。

素以为绚：因为她天生丽质，所以美得光彩照人。素，指面庞和眼睛。绚，指面庞因笑而动起来，眼睛因盼而动起来，所带来的亮丽美感。素，代指内在本质；绚，代指外在表现。素是绚的基础，内在本质是外在表现的基础。

绘事后素：绘事后于素，先打好洁白的粉底，然后才能绘画。

礼后乎：礼在仁之后吗？在这一段对话中，漂亮面庞眼睛是质，笑起来、动起来迷人是文；绘画中素色是质，绚丽五彩是文；社会政治伦理中，仁是质，礼是文。这三对概念间的关系本质上是相同的。孔子通过类比的方式阐述了礼与仁之间的关系。

起予者商也：对我有启发的是卜商呀。起，启发。商，子夏姓卜，名商。

子夏问：“‘巧笑俏丽，美目顾盼，天生丽质让她光彩照人。’这是什么意思？”孔子说：“先打好粉底，然后才能绘画。”子夏又问：“那么这与礼在仁之后是一个道理吧？”孔子说：“卜商呀，你对我有启发。可以与你讨论《诗》了。”

行政解读

参见[3.3]章。

[3.9]子曰：“夏礼，吾能言之，杞不足征也；殷礼吾能言之，宋不足征也。文献不足故也，足，则吾能征之矣。”

译解

杞、宋： 杞是夏的后裔，宋是商的后裔。周武王得天下之后，封夏禹之后东楼公于杞，以奉夏的祭祀。封微子启于宋，以奉商的祭祀。

征： 即证。

文献： 文是典籍，献是贤人。

孔子说：“夏礼，我能说明白，但不能引证杞国的情况；商礼，我也能说明白，但不能引证宋国的情况。不能引证是因为文献不足，如果有足够的文献，我就可以引证了。”

行政解读

杞国是夏朝的继承者，宋国是殷商的继承者，但都没有很好地保存夏礼和商礼，所以孔子说两国都不可以引以为证。文化保护是一个重要问题，也是一个难题，理想的文化保护方式是保护原有住民的传统生活状态，但是这些住民也有分享和追求现代文明的权利。如果尊重这些权利，就会或多或少地破坏文化保护的完整性；如不尊重这些权利，则是对居民权利的一种侵犯，这也是不公平的，所以只能尽力而为。但最低限度也要把古迹保护好，这是起码的责任。对历史的清晰回忆，会增强一个民族的凝聚力和归属感，显然古迹会起到这一作用，因此我们不要忽略文化保护的重要意义。

[3.10]子曰：“禘，自既灌而往者，吾不欲观之矣。”

译解

禘： 音帝，天子祭祀宗庙的大祭。因鲁国始祖周公旦有大功于天下，周成王特赐天子礼乐祭周公。

既灌而往： 自稀礼第一次献酒之后。按禘礼，第一次献酒祭始祖，然后依

尊卑亲疏的次序祭祀历代祖先。

孔子说："鲁国举行禘礼，第一次献酒后，我就不想再看下去了。"

行政解读

参见[3.4]章。

[3.11]或问禘之说。子曰："不知也。知其说者之于天下也，其如示诸斯乎！"指其掌。

译解

禘之说：指举办禘礼的道理和意义。

其如示诸斯：就如同把天下展示在手掌里。指天下之事了如指掌，理解透彻。

有人问禘礼的道理和意义。孔子说："不知道。懂得禘礼道理和意义的人治理天下，就如同把天下放在这里展示一样！"孔子指着自己的手掌。

行政解读

禘礼是天子祭祖大典，孔子认为懂得禘礼的重要意义的人就懂得治国之道，这些人治理天下就如同运之于掌那么容易。为什么会如此？禘礼是国家最为重要的"慎终追远"活动，在《学而》篇，曾子说："慎终追远，民德归厚矣。"[1.9]我们在[1.9]章中曾分析过其中的政治含义，可参考其解读。

[3.12]祭如在，祭神如神在。子曰："吾不与祭，如不祭。"

译解

祭如在：祭祖就如同祖先在眼前一样。祭，指祭祖。

与祭：参与祭礼。

祭祖就如同祖先在眼前，祭神如同诸神在眼前。孔子说：“我没有参加的祭祀，（即使由别人代祭了），那也和我没有参加祭祀一样。”

行政解读

参见[3.3]章。

[3.13]王孙贾问曰：“与其媚于奥，宁媚于灶，何谓也？”子曰：“不然，获罪于天，无所祷也。”

译解

王孙贾：卫国大夫，其事不详。

与其媚于奥，宁媚于灶：与其祈求室内西南角神灵保佑，不如祈求灶神的保佑。“奥”是室中西南角，古时房子坐北朝南，门开在靠东边，所以西南角显得比较私密和尊贵，在这里祭祀比较尊贵的神。灶神，是管饮食的神，虽不尊贵，但却管事。媚，献媚，指祭祀以求福。

王孙贾问：“与其祈求室内西南角神灵保佑，不如祈求灶神的保佑，这是什么意思？”孔子说：“不是这样，如果得罪了上天，祈求谁保佑都没有用！”

行政解读

“奥”和“灶”的关系，就如同“县官”和“现管”的关系。王孙贾的意思是，你孔丘想要在卫国站住脚（时孔子周游到了卫国），还得靠我们这些“灶”神般的人，靠管事的，卫君虽然尊贵如“奥”神，但是“媚于奥”不如“媚于灶”。孔子回答得很坚定：“获罪于天，无所祷也。”得罪了上天，向谁献“媚”也保佑不了我。如何就算“获罪于天”？伤天害礼（对今天来说是伤天害理），不坚持原则，就是获罪于天。不尊卫君，不尊贤大夫，与一些佞臣搞到一起，就是获罪于天。做了伤天害礼的事，就没救了，“无所祷也”，所以行得正，坦坦荡荡比较好。

从行政角度看，这句话的含义是加强与“现管”的关系，还是加强与“县官”的关系。例如作为处长，应当加强与司长的关系还是应该加强与部长的关系。从行政层级关系看，下级首先应当向直接上级负责，处长主要向司长负责，而不是向部长负责。当然与“现管”及“县官”关系都得到加强最好。但在加强与“县官”的关系的同时不能以损害“现管”关系为代价，反之亦然。不论加强与谁的关系，都不能“获罪于天”，这是处理这些关系的最高指导原则。现在的“天”是什么，是一个行政者的社会责任，是法律和纪律，是国家利益、民族利益和人民利益。如果在行政过程中违法乱纪，损害国家利益和人民利益，忘掉了一个行政者的社会责任，这就是“获罪于天”，与谁关系好都没有用，“无所祷也”。现在确实有恶势力“保护伞”现象存在，但不是也有那么多“保护伞”被捅破吗？光明正大才最安全，光明正大是最大的“保护伞”。但是在具体行政实践中，也会碰到一些很难处理的问题。有一个市的行政主官违法乱纪被查处，事情败露后，牵扯到很多下级官员。有一位干部就说：“在当时情况下，不跟着他干，立即就死；跟着他干，将来也得死。很多人不知该怎么办？”这的确是个难题，不加入这个主官的小圈子，不媚于“奥”或“灶”，很可能立即就失去了行政发展的前景；但是如果加入他的小圈子，跟着他干坏事，就是“获罪于天”，将来也得受法律和纪律制裁。怎么办？这种情况实际上意味着已经失去了正常的行政环境，孔子讲“舍之则藏，用之则行”[7.11]，没有正常的行政环境就是“舍之”之时。现代社会如何“舍之”？称病在家是“舍之”，调动离开是“舍之”，辞职下海也是“舍之”，等等。总之，不论如何，也应保全自己的名节，不能同流合污，获罪于天。

[3.14]子曰：“周监于二代。郁郁乎文哉！吾从周。”

译解

周监于二代：周礼借鉴于夏礼与商礼。监，通“鉴”，镜子的意思，这里做动词。二代，指夏和商两代。

郁郁乎文哉：指周礼盛大的样子。《雍也》篇，“质胜文则野，文胜质则史。”[6.18]“文”指的是周礼的具体形式。

孔子说：“周礼借鉴于夏礼与商礼，多么盛大啊！我推崇周礼。”

行政解读

在《为政》篇，孔子说：“殷因于夏礼，所损益，可知也；周因于殷礼，所损益，可知也。”[2.23]这里则说“周监于二代”，其所表达的意思是相同的。孔子说“吾从周”，是因为周的制度是当时社会发展的最新文明成果。周礼的表现形式“郁郁乎”，那是与夏礼与商礼相比较产生的结论。春秋时代，孔子看到周礼被破坏，但是社会尚没有形成一套可以解决当时社会问题的制度，所以他认为周礼是最好的制度，也是可以理解的。文明总是在发展，周的文明在当时为最盛，也是因为“监于二代”，吸收了当时和此前的文明成果，并加以创新，才形成了“郁郁”之形态。我们应以发展的观点看待孔子的观点，用发展的观点看待我们的社会，处理好继承和发展的关系，把好的东西继承下来，再发展出更好的东西，吸收人类一切文明成果，把我们的社会建成人类最高文明形态的社会。还可参考[2.23]章和[7.5]章之解读。

[3.15]子入太庙，每事问。或曰：“孰谓鄹人之子知礼乎？入太庙，每事问。”子闻之曰：“是礼也。”

译解

太庙：指鲁国周公庙。

鄹人之子：孔子父亲叔梁纥居于鄹邑，所以称孔子为鄹人之子。鄹，音邹。

孔子进入太庙，每件事都要问一遍。有人说：“都说鄹人叔梁纥的儿子懂礼，他在太庙每件事都要问一遍。”孔子听到后说：“这样做，就是礼啊！”

行政解读

孔子到周公庙去观看或参与一些祭祀活动，各种程式、各种事情都要问一遍，人家就说，谁说他懂“礼”呀，他什么事都要问。孔子的回答很智慧：“是礼也。”“问”本身就是礼。我们到一地一单位去考察工作，不见得不懂才要问，懂的也可以问一问，这本身就是尊重和重视。下属汇报工作，即使情况已知道，听一听也好，知道了还听，这本身就是尊重和重视。当然“每事问”不能运用到极端，变成“谦虚”的形式主义，明知故问，耽误大家时间，这就不好。

[3.16]子曰：“射不主皮，为力不同科，古之道也。”

译解

射不主皮：在射礼中主要不看是否贯穿靶心，而看是否射得中。皮，指靶子中间皮制的靶心。

力不同科：力量各不相同。科，等级。

孔子说：“在射礼中主要不看是否贯穿靶心，而看是否射得中，因为力量大小不同，自古以来就是这个道理。”

行政解读

举办射礼主要为了展现相互尊重，不是比掉对方，所以力道大小并不重要，但是实战中如果还这样，就只能失败了。在行政实践中，干部的作用就是解决问题，解决不了问题的干部就是没用的干部。当然，看待一个干部还应有一个时间维度，历史地看他，同时也看他未来的潜力。比如年轻干部，因为没有经验，做事不一定做得那么漂亮，用不用这个干部，如何用，不但看他现在的能力，还要看他的潜力。通常，年轻干部做事往往比较粗糙，年纪大一些的会好一点，应理解到年纪和经历差距所造成的这个结果，这是客观的，为“力不同科”之故，但不应因此看轻年轻干部。现在招人，有的单位要求必须有两

年以上的工作经历，这有时是必要的，但不是绝对必要。工作经历很重要，但工作的悟性更重要。比如种庄稼，有的农民种了几十年庄稼，不能说很有经验；有的人种了两年庄稼就很有经验，因为他有良好的悟性，善于总结。所以看干部能看到潜力，这才是好领导。

[3.17]子贡欲去告朔之饩羊。子曰："赐也，尔爱其羊，我爱其礼。"

译解

告朔礼：古时天子在季冬时节，将来年每月政事制定成政令书，颁告诸侯。诸侯接受后藏于太庙。自新年一月起，每月初一即朔日，诸侯供一只饩羊，就是活羊，祭告太庙，使大夫南面奉天子命，诸侯北面而受，然后上朝奉行。当时，告朔礼处于半废状态，鲁君已不去太庙，但每月让人送一饩羊，供奉祖庙。子贡想把羊也去掉，孔子表示反对。饩，音系。

子贡想免去告朔礼供奉的活羊。孔子说："赐呀！你爱惜羊，可我爱惜礼。"

行政解读

参见[3.4]章。

[3.18]子曰："事君尽礼，人以为谄也。"

译解

孔子说："按礼来侍奉国君，有人却认为这是谄媚。"

行政解读

参见[4.26]章。

[3.19]定公问："君使臣，臣事君，如之何？"孔子对曰："君使臣以礼，臣事君以忠。"

译解

鲁定公问："君使臣、臣事君应当怎么做？"孔子回答说："君使臣应当合礼，臣事君应当尽忠。"

行政解读

参见[4.26]章。

[3.20]子曰："《关雎》，乐而不淫，哀而不伤。"

译解

《关雎》：《诗经·周南》中的第一篇。

乐而不淫：快乐而不过分。淫，过分，滥情。

哀而不伤：哀思而不伤情。伤，伤害人的情感。

孔子说："《关雎》这首诗，快乐而不过分，哀思而不伤情。"

行政解读

孔子肯定了《关雎》中男女之情处理得比较得当，不过分。行政者要正确处理男女关系，把握和坚守其中的界限，不要滥情失控，对人、对社会、对自己造成伤害。可参考[17.10]章解读。

[3.21]哀公问社于宰我。宰我对曰："夏后氏以松，殷人以柏，周人以栗，曰使民战栗。"子闻之曰："成事不说，遂事不谏，既往不咎。"

译解

哀公问社于宰我：鲁哀公问制作土地神社主用哪种木料。社，土地神，指

制作土地社供奉牌位。

夏后氏以松，殷人以柏，周人以栗： 夏代用松木，殷代用柏木，周代用栗木。

成事： 已经完成的事。

遂事： 事情还未完成，但已势不可挡。“事虽未成但势不能已”（朱熹《论语集注》）。

鲁哀公问宰我制作土地神社主用哪种木料。宰我说：“夏代用松木，殷代用柏木，周代用栗木，意思是使百姓战栗。”孔子听到后说：“已做完的事不必再说，已成定局的事不必再劝，已过去的事不必追究。”

行政解读

“成事不说，遂事不谏，既往不咎”三句话在行政上很重要。成事不说，遂事不谏，既往不咎，前提条件是对事业再说、再谏、再咎已无益处或有害处。政治的作用是带领人民沿着正确的方向前进。这里有两个关键，一是方向正确，二是对人民有号召力。有时候成事不说不足以辨明方向，不能团结起来共同行动，所以还是要说的。比如中国共产党七大之前对历史上历次“左”倾路线进行清算，十一届三中全会对建国以后的历史进行总结，对当时有关犯错误人士进行适当处理，这种说成事、咎既往，目的就是要弄清是非，统一思想，继续前进。说成事、谏遂事、咎既往，不能用于打击报复，心怀报复之心是行政上不够成熟的表现。政治家对于历史的处理总是着眼于国家和民族的未来，而不是出于私仇报复。邓小平同志经常说的一句话是“结束过去，开创未来”，体现了一代伟人的胸怀。

成事不说、遂事不谏、既往不咎，对于日常行政工作来说，也提示我们对待同事、上级、下级不要抓住过去的事情不放，反复说，让人生厌。对于领导已经决定的事，不必反复建议，干扰上级的思考，影响团队行动的决心，关于这一点可参考[16.6]章解读。

[3.22]子曰：“管仲之器小哉！”或曰：“管仲俭乎?”曰：“管氏有三归，官事不摄，焉得俭?”“然则管仲知礼乎?”曰：“邦君树塞门。管氏亦树塞门；邦君为两君之好，有反坫，管氏亦有反坫。管氏而知礼，孰不知礼?”

译解

管仲之器小哉：管仲的器量小啊。管仲（约公元前723年至公元前645年），协助齐桓公完成霸业的齐国名相。

三归：有多种说法：一说，娶了三姓女，妇人谓嫁曰归；二说，管仲的采邑；三说，缴公的市租；四说，有三处家室。现从第四说。

官事不摄：指管仲家臣各不兼职，如此用的人就比较多，所以说不节俭。摄，兼职。

邦君树塞门：国君在大门建造屏墙。树，建造。塞门，门障、屏墙。按礼制，天子外屏，诸侯内屏，大夫帘，士以帷。

反坫：土制的酒台，建于堂上以放置酒器。诸侯饮完酒，将酒器放回酒台。故称反坫。坫，音垫。

孔子说：“管仲的器量很小呀！”有人问：“管仲节俭吗?”孔子说：“管仲有三座府第，家臣各不兼职，怎么算节俭?”“那么管仲知礼吗?”孔子说：“国君的宫门建有屏墙，管仲的家门也建有屏墙；国君为了宴请诸侯建有专用酒台，管仲家也有这种酒台，管仲知礼，还有谁不知礼呢?”

行政解读

孔子对管仲的总体评价是很高的，见[14.16]章、[14.17]章、[19.11]章。但孔子在肯定管仲的同时，也不客气地指出他的缺点。一是说他器量小，没有具体举例。二是说他奢侈浪费，主要例证是有多处豪宅，家中雇用的助手和管理人员各行其职，不搞兼职，有些人浮于事。三是说他不懂礼，有僭礼行为。罪证有两条，一条是“树塞门”，在门口建有屏墙，这本是天子和诸侯的特权和特有物；另一条，有反坫这个酒台子。《礼记·郊特牲》上说：“台门而旅树，反坫，绣黼丹朱中衣，大夫之僭礼也。”可见当时大夫“树塞门”、“有反坫”

是比较普遍的，所以，管仲有此物，在强势人物齐桓公眼里也并没有形成问题。否则齐桓公作为春秋第一霸，自然不是好惹的主，管仲也不至于糊涂到为了这两件东西影响与齐桓公的关系。

在孔子批评管仲不知礼的情况下，《左传·僖公十二年》则高度称赞管仲知礼。这一年（公元前 648 年）冬天，齐桓公派管仲去朝见周天子，解决周天子和戎人的矛盾。当时齐国势力很大，霸业正隆。周天子高度重视管仲来朝，以上卿之礼接待管仲。管仲坚辞不受，他说："齐国的国氏和高氏是天子任命的官员，我是下等官员，如果以上卿之礼接待我，他们春秋两季来接受天子之令，又该以什么礼节接待呢?"最终只接受了下卿的接待规格。

[3.23]子语鲁大师乐。曰："乐其可知也：始作，翕如也；从之，纯如也，皦如也，绎如也，以成。"

译解

大师：大，音泰，大师是乐官之长。

翕：合的意思，整齐。

从：即纵，乐曲的展开。

纯：和的意思，指音律相和。

皦：音脚，明的意思，指节拍分明。

绎：连绵不绝的意思。

孔子与鲁国大师讨论音乐时说："乐理是可以理解的：开始演奏时，合奏要整齐协调；展开以后，音律相和，节拍分明，连绵不绝，最后完成。"

[3.24]仪封人请见。曰："君子之至于斯也，吾未尝不得见也。"从者见之。出，曰："二三子，何患于丧乎？天下之无道也久矣。天将以夫子为木铎。"

译解

仪：卫国城邑。

封人：一些注家认为封人是守边界之官吏，如《皇疏》："封人，守卫邑之界吏。周人谓守封疆之人为封人。"但是，按《周礼·地官司徒·封人》，封人是负责设置天子祭祀社稷的神坛及其周边垣墙，在王畿边界、诸侯国界设置边界标志的官员。

二三子：指跟随孔子的弟子们。

何患于丧乎：不必担心道之不行。一说，此句意思是让孔子不必为没有官职发愁，与孔子思想不符，不从。

木铎：内含木质铃舌金属制的大铃，古时宣令官摇木铎召集百姓实施政教。"天将以夫子为木铎"，意指由孔子来施教于天下。

仪地封人求见孔子。他说："凡到此地的君子，我没有见不到的。"孔子随行学生将他引见给孔子。他出来后说："你们何必担心先生之道无处可行呢？天下无道时间很长了，上天将让先生作为手持木铎的宣教官来教化天下。"

行政解读

几千年来，我们这个民族实际上不知经过了多少次民族融合，经历了多少次的文化冲击才达到目前这个状态。现在是 13 多亿人，到 2030 年可能会达到 15 亿人。这么庞大人口形成的一个复杂社会，没有相对统一的指导思想和主流价值观体系，这个社会就是一盘散沙。孔子虽然没有官职，但因为"天下无道久矣"，很混乱，各是各的主张，社会团结不起来，所以仪封人与孔子交谈后，就断言"天将以夫子为木铎"，就是说社会将以孔子之道作为主体思想，将在孔子之道的旗帜下团结和统一起来。

思想统一问题在历史上一直是一个大问题。思想不统一不行，思想统一方法不当，问题也很严重。秦武力统一中国后，社会上百家争鸣，各种思想纷呈，原来六国民众思想不统一，人心凝聚不起来，对秦的统治构成威胁。公元前 213 年秦相李斯进言，说诸子百家"入则心非，出则巷议，夸主以为名，异取以为高，率群下以造谤。"于是，秦始皇当年开始销毁除法家以外的所有诸子百家的著作，史称"焚书"。[①]公元前 212 年，秦为了排除不同的思想和见

① 《史记·秦始皇本纪》。

解，在咸阳将 460 余名儒士和方士坑杀，史称“坑儒”。到了汉朝，情况又发生了变化。汉一开始以黄老思想为主体思想，主张无为而治，实行轻徭薄赋。汉武帝即位时，汉的政治和经济实力有了很大的增强，但道家无为清静的主张与武帝的宏图大略不相一致，而且清静无为思想对汉渐渐积聚起来的强大实力的发挥也构成了限制。于是公元前 134 年，董仲舒提出“罢黜百家，独尊儒术”，其他思想的发展则受很大的限制。思想统一的负面作用就是，思想统一了，民族的思想活力也受到了制约。

一个国家、一个民族，没有相对统一的思想，就不可能有凝聚力，也不可能有强大意志力，因而不可能成为强国。但是统一思想的过程，不应成为窒息人民思想和创造力的过程。从历史上看，通过政治或国家强制力将某种思想体系推到绝对统治地位，通过政治或国家强制力限制其他思想体系的自由发展，总是不利于一个民族的长远进步，这样做最大的危害不是其他思想体系不能发展本身，而是会窒息一个民族在思想上的创造力。社会如此复杂，人口如此众多，大家对国家民族的前进方向有不同看法，这是正常的。总的来说，应当让各种思想自由发展，让人民积极思考起来，让人民在实践中对比，在对比中选择。秦与汉都要选择一种社会发展的主体指导思想，这本身并没有错，错误在于选择的方式上均采取了强制的方式，这是值得思考的。当然，我们也不应以现代社会环境和现代社会实践经验，妄加评判两千多年前的政治作为，或许我们处于那个时代，也提不出一个更高明的办法来。

[3.25]子谓《韶》：“尽美矣，又尽善也。”谓《武》：“尽美矣，未尽善也。”

译解

《韶》、《武》：《韶》，舜帝之乐；《武》，武王之乐。

孔子评论《韶》时说：“美和善都达到了极致。”评论《武》时说：“美极了，善还差一点。”

行政解读

“尽善尽美”现在已是一个成语了。

《礼记·乐记》说：“王者功成以作乐。”乐是用来崇德的。朱熹认为，舜受禅于尧，以和平方式得天下，所以其音乐尽善尽美。武王伐纣救民，以武力得天下，所以尽美未尽善。意即孔子通过评论《韶》、《武》之乐实际评说了舜与武王的德行层次。但是，孔子在《周易·革卦》的彖传中说：“汤武革命，顺乎天而应乎人。”《孟子·梁惠王》中齐宣王以武王伐纣事问孟子：“臣弑其君可乎？”孟子说：“残贼之人，谓之一夫。闻诛一夫纣矣，未闻弑君也。”所以认为“未尽善”就是指武王以武力取得政权就没有“尽善”，这是不对的。

孔子在不同场合多次称赞《韶》乐。《述而》篇描述了孔子听《韶》乐的状态：子在齐闻《韶》，三月不知肉味。曰：“不图为乐之至于斯也！”[7.14]在《卫灵公》篇，颜渊问治国之道，孔子说：“行夏之时，乘殷之辂，服周之冕，乐则《韶》《舞》。放郑声，远佞人，郑声淫，佞人殆。”[15.11]都表达到对《韶》、《舞》(即《武》)的高度赞赏。

音乐对于激发人们的情感，凝聚人心的作用是很大的，所以应当高度重视音乐等方面的文化建设。我们的国歌有一句“中华民族到了最危险的时候”，这是抗日战争时期写就的歌词，反映了当时我们民族所面临的形势，在那个年代，这首歌曲激励着无数热血青年走上抗日战场。现在中国站起来了，也逐步富裕起来了，但“中华民族到了最危险的时候”这句话是不是就过时了呢？我觉得，中华民族仍然处于最危险的时候。如果我国自主创新达不到国际领先水平，那么赚再多钱也是富而不强。如果我们改革开放只是让部分人过上了富裕的生活，不能最终让全体中国人过上体面的日子，我们民族仍然是处于最危险的时候。所以说，国歌是“尽善”的，因为它反映了时代的主旋律；国歌是“尽美”的，因为它能够给人以力量，具有强烈的召唤力和感染力。

[3.26]子曰：“居上不宽，为礼不敬，临丧不哀，吾何以观之哉？”

译解

孔子说：“在上位的人不能宽以待下，举行礼仪时不庄重，参加丧礼没有哀情，我如何看得下去呀？”

行政解读

关于“宽”，《阳货》篇和《尧曰》篇均再次强调“宽”在政治上的必要性和效果：宽则得众[17.6]、[20.1]。对于行政者来说，“宽”是工作能否取得成效的重要品格条件。干部的职责是团结群众，凝聚力量，去实现一定的政治或行政目标。但任何社会群体中每一个个体的道德水准和能力水平都会各不相同，有工作能力强的，有工作能力弱的，有德行好的，也有德行差的，但所有这些人都需要团结在一起，才能实现目标。如果没有“宽”字这一条，有毛病有缺点的人都不合格，都不能相处，而大家又都是各有各的缺点，各有各的毛病，结果就变成孤家寡人了，领导从来都是相对于群众而言的，没有群众就没有领导了。

现在强调要能够团结与自己有不同意见的人一道工作，不因为他与自己意见不合就不能进行共同的事业，这需要有“宽”的品格。应当宽容对待反对过自己甚至伤害过自己的人，只要工作需要，就能够密切合作、共同工作。强调团结一切可以团结的力量，强调最大限度地扩大统一战线，实际上是一个“宽”字在政治上的运用。革命战争年代，王明这些“左”倾路线制定者和执行者，认为当时的中国共产党只有二十八个半纯粹的布尔什维克，剩下的都不是真正的共产党员，这都是胸怀不“宽”、政治策略上不“宽”的表现。反过来，在党的“七大”上把李立三、王明这些犯过严重错误的人选进中央委员，这是“宽”字的运用，如此不但团结了犯过大错误的人，也团结了犯过小错误的人。居于上位的人，局面很大，影响的人多，不“宽”带来的损害也大，所以宽的要求也高。特别是一个地区或一个单位的一把手，“宽”不“宽”有时会成为事业能否推进、局面能否保持稳定的关键。

怎么样做到“宽”呢？宽，既是一种感性，是一种品格，同时也是一种理

性，是一种工作方法或策略。有的人天生就比较宽容，有的人天生就不够宽容，这是事实，但天生性格不够宽厚的人，也可以是一个宽容的领导。只要处理事情，与同志交往，用自己的理性去管理自己的不宽容的感性，就可以成为一个具有“宽”字品格的领导。

举一个具体的例子。甲（领导）非常讨厌乙，因为乙曾经多次在不同场合不留情面地批评过甲或者反对过甲，深深地伤害了甲，这时候出现了一个提拔使用乙的机会，用不用呢？如果这时甲能够从事业发展角度而不是从个人情感角度启用乙，那么甲就是一个宽容的领导，因为甲用理性的宽容战胜了感性的不宽容，把小我的好恶放在了国家和事业利益的后面。上面谈到与生俱来的宽容和理性管理下的宽容。还有一种宽容是二者的统一，就是“泛爱众”这个品格。如果做到了泛爱众，就一定是宽厚包容的，这时的“宽”是一种大爱。

“宽”也不是没有原则的包容一切，当好好先生。孔子说：“乡原，德之贼也。”[17.13]“乡原”就是好好先生，这种人最麻烦。“宽”不是不与错误言行较量，这样的“宽”是没有价值的“宽”。“宽”的界线是，是否有利于事业的发展，有利于局面的稳定。凡是有利于事业发展和局势稳定的，不论他过去和现在说过什么错话，干过什么错事，都要宽容以待，团结一道工作。凡是不利于事业发展的，不利于局面稳定的，如果宽容了，就是宽容了消极的力量，这就是没有原则。

为礼要敬。礼是仁德的外在形式，仁德的重要特性就是敬。不体现敬的精神的礼，就是徒有其表，不会起到正面作用。比如看望老干部，这是一种礼，但是在看望老干部过程中，不注意倾听老干部的意见，不关心老干部的生活，不表现出恭敬的态度，而是夸夸其谈，自以为是，使老干部感觉不到应有的尊重，这种敬老的礼就不会起到什么好的作用，“吾何以观之哉”，不如不要。

“临丧不哀”，也是“为礼不敬”的一种表现，因为对逝者致哀就是致敬。同时，临丧而哀也是一种仁和爱，一种同情心和恻隐心。孔子富有同情心和恻隐心：“子食于有丧者之侧，未尝饱也。”[7.9]在有丧者身边吃饭，他从来没有吃饱过；“子见齐衰者、冕衣裳者与瞽者，见之，虽少必作；过之，必趋。”

[9.10]见到穿丧服的人，即使他们很年轻，也必定起身，从他们身边过，一定快步通过，以示同情；“见齐衰者，虽狎必变。”[10.25]见穿丧服的人，即使是很亲近随便的人，也一定改变容色以示同情。2008 年四川发生了大地震，死伤了很多人，这时候领导到灾区察看灾情，面对巨大的灾难，如果面无哀色，就是临丧不哀，真是“吾何以观之哉”！

所以，为政者参加各种礼仪活动，一定要充分展示一个敬字。去看望群众，对群众的疾苦，要痛于心，并动容于形。参加升旗仪式，要严肃肃穆。国家有喜事了，例如申办奥运会成功了，举行庆典，要有适当喜色显于形，这就叫与民同乐。

第4篇

《里仁》中的行政精神

[4.1]子曰："里仁为美，择不处仁，焉得知？"

译解

这句话有两说：一说，选择有文明仁德的地方作为居住地，是为美，如果不选择这种地方去居住，如何算得有智慧呢？对于一般人来说，"近朱者赤，近墨者黑"，所以要选择比较文明仁德的地方。里，古制 25 家为里（可参考[6.5]章）。二说，里为动词，"里仁"就是以仁为里，是为美，如果不以仁德为家，怎么算得上有智慧呢？关于这一句，孟子有一个解读："……孔子曰：'里仁为美。择不处仁，焉得智？'夫仁，天之尊爵也，人之安宅也……"（《孟子·公孙丑上》）孟子的意思是以仁为安宅，与这里所说以仁为里，有异曲同工之妙。故从第二说。"宅"和"里"都是人的归属，人最终都要回家，这是人生活的一个基本点，所以"里仁"就是以修仁德为归属或以仁德为本。

孔子说："以仁为本，这是最美的了。若不选择以仁为本，怎么算得上有智慧呢？"

行政解读

关于这一句话，虽然本书倾向于选择第二种解读方式，没有把"里仁为美"解为"居于仁德之地为美"，但实际上两种解读有着内在联系。为什么要居于仁德之地呢？因为心向往"仁"，要归"仁"。而解为"以仁为归属"、"以仁为本"，则直接强调内心的选择，而没有强调外在和形式上的选择。这两种解读对行政工作都有重要启示。

第一，“里仁为美”，如果能与有本事的人一道工作，这是幸运。现在年轻人走上社会，如何选择单位和岗位呢？钱很重要，也不重要；权很重要，也不重要。选择的时候，有没有钱、有没有权，这些都是看得到的东西，容易选择。最看不清楚的、最难的，也是最重要的是所选择的工作是否潜藏着巨大的发展机会，这个工作是不是代表了事业的发展方向。机会是由人形成的，也是由事形成的。如果同事和上级都是有品德、有本事的人，那么，我们只要跟着他一起工作，这本身就是一种机会，甚至认识他就是一个机会。假设他们的才具可以当个市长，作为市长，他们也会需要一批靠得住的部属与他一道工作，在这种情况下，只要我们基本条件不错，就有可能进入他们的视线。许多年轻人不是把重点放在“里仁为美”上，不去珍惜与有仁德、有才能的人一道工作的宝贵机会，而是放在钱多不多、权大不大这些事情上，这是错误的。如此，个人和事业发展之路就会越走越窄。所以行政上“里仁为美”很重要。

第二，聪明的人就应该把自己塑造成一个品德高尚的人。我们常常评论别人，说这人人品不行，不可重用。为什么不把人做好呢？用孔子的话说，就是“择不处仁，焉得知？”用更直白的话说，如果一个人人品不好，那是因为他智商不高，如果他确实是一个有智慧的人，他就会“择仁而处”，就会做一个品德高尚的人。反过来，如果人品不行，一个重要原因可能就是水平不行。水平不行如何重用呢？在现实生活中，许多人看惯了品德不好的人占便宜，便失去“择仁而处”的动力。从实践看，“择仁而处”者在行政上能够站得更稳，走得更远，行得更安全。人的特性是他的社会性和群体性，大家都认为他品德不好，他还有什么机会？

[4.2]子曰：“不仁者不可以久处约，不可以长处乐。仁者安仁，知者利仁。”

译解

久处约：长久地处于穷困之中。约，穷困。

知者利仁：智者懂得仁的重要和好处，所以会行仁。朱熹说：“不仁之人，失其本心，久约必滥，久乐必淫。”（《论语集注》）

孔子说："不仁者不可以长期处于穷困之中，不可以长期处于安乐之中。仁者能安于行仁，智者懂得行仁对己有利。"

行政解读

行政领域的不同部门、不同岗位也有权大权小、有权无权之分，无权、权小的状态就是"约"的状态，有权、权重的状态就是"乐"的状态。对于有些人来说，无权也尽职，无权也敬业，能够勤奋工作，安于无权。等到手中有权了，权重了，也能客观看待手中的权力，谨慎行使，能够"长处约"，也能够"长处乐"，在长期的"约"和"乐"的状态中不失其本心和自我，这就是行政领域里的"仁人"。

相反，有些人忍受不了长期无权、权小的状态，整天唉声叹气，觉得不公平，不好好做事，为了争权夺利，无所不用其极，这就是不可"久处约"的状态。等到手中有权了，认识的人多了，能干的事多了，又觉得自己了不起，为所欲为，不以行不义之事为耻，反以为能，这就是不可"久处乐"的状态，这些人久处约则"滥"，久处乐则"淫"（骄奢淫逸）。对于这种人，不给他权力是为了他好，给他权力则是害了他。这就是行政领域里的不仁之人。

还有一类是所谓的智者。这类人内心深处不一定安于仁道，但他明白，行仁道，树立一个良好的品德形象，对自己人生和事业发展是有利的，所以也懂得"处约"和"处乐"之道，不至于"久约则滥，久乐则淫"。但是，这种人在关键时刻和面临重大问题时也可能把握不住自己，因为他的"处约"和"处乐"之道是建立在"利"的基础上，一旦"利"的形势发生了改变，其"处约"和"处乐"之道就可能改变，甚至背离自己的事业和自己的同志。这类人是行政领域的智而不仁之人。

《卫灵公》篇记载了孔子周游列国时在陈国绝粮时与子路的一段对话，说的也是关于君子和小人的"处约"问题。当时随行的一些人都饿得起不来了，子路很不高兴，他说老师你整天教导我们做君子，"君子谋道不谋食。耕也，馁在其中矣；学也，禄在其中矣。"[15.32]那么"君子亦有穷乎？"[15.2]君子也有穷困的时候？也有没饭吃的时候？对孔子周游列国，推行其主张不见成果，反而搞得大家连饭都吃不上，很不满意。对此，孔子回答说："君子固穷，小人穷斯滥矣。"[15.2]君子在穷困之中、压力之下和巨大困难面前，能够冷静面对，方寸不乱，志向不改，不失掉基本原则，该干什么干什么。小人在压力和困难面前，在穷困之中，就会方寸大乱，放弃原则，无所不为，甚至干出有悖于天理良心的事。这也是对"不仁者不可久处约"的另一种写照，"不可久处约"就要"穷斯滥矣"。

是不是君子，与有权无权，与处顺处逆无关。如果一个人在困难时候放弃自己做人的原则和道德理想的坚持，就可以用"君子固穷，小人穷斯滥矣"批评他；如果一个人为了升迁无所不用其极，也是"小人穷斯滥矣"!

[4.3]子曰："唯仁者能好人，能恶人。"

译解

解释此句有多个角度。一说，只有仁者懂得如何喜好人，如何厌恶人；二说，只有仁者，能真心地喜好人，也能真心地厌恶人。两说皆可通，但似没有完全表达其中深意。第一种解法，其实说的是仁者的智慧的一面，与仁的品德没有直接联系起来。依第二种解法，是说不仁之人的"好人"与"恶人"有很大的权谋，不是出于真心，而仁者则肯定是真心。但是仁者就真的不用权谋？恐怕未必。出于公心，为民谋利，运用权谋又有何不可呢？

孔子说："只有仁者喜好的人，才是真正值得喜好的人；只有仁者厌恶的人，才是真正值得厌恶的人。"

行政解读

这句话在行政上的运用，就是了解一个人，听别人议论一个人，不要一听则信，要重视德高者的看法。因为"唯仁者能好人，能恶人"。关于这一点在[13.24]章解读中有详述，可参阅。

[4.4]子曰："苟志于仁矣，无恶也。"

译解

这句也有两种解释。一说，"恶"是"好恶"的"恶"，如果志于仁，就不会绝对厌恶哪一个人。因为仁者宽厚，遇到好人，能够以善心待之；遇到坏人，也能以善心劝他向善。二说，"恶"是"恶行"之"恶"，是说一个人如果诚心实意地行仁，就不会有恶行了。现从第二说，因前句已说仁者"能恶人"。

孔子说："只要有志于仁道的实行，就不会有恶行了。"

行政解读

树立正确的政绩观很重要，如果政绩观正确，就不会有恶政了。保持正确的政绩观，即使在工作过程中有失误和过错，也不会形成恶政。恶政必是有意为之，心不正所致。

[4.5]子曰："富与贵，是人之所欲也；不以其道得之。不处也。贫与贱，是人之所恶也；不以其道得之，不去也。君子去仁，恶乎成名？君子无终食之间违仁，造次必于是，颠沛必于是。"

译解

不以其道得之，不处也： 如果富贵不是以正当合理的方法获得的，君子不会占有它。

不以其道得之，不去也： 如果贫和贱不以正当合理的方法消除，君子不会舍掉它。这里有争议的是"得之"一词，"贫贱"怎么会"不以其道得之"呢？谁想得到贫和贱呢？当为"去之"。

恶乎： 怎么样。

造次： 仓促匆忙之间。

颠沛： 颠沛流离之际。

孔子说："富贵是人们所期望的，但不以正当合理的方法得到它，君子不会占有它；贫贱是人们所厌恶的，但不以正当合理的方法消除它，君子不会舍掉它。君子离开了仁，怎么能够以仁德成名呢？君子在一餐之间不会离开仁，在仓促之间不会离开仁，在颠沛之际也不会离开仁。"

行政解读

关于取富贵之道，孔子在《述而》篇又进行了论述："富而可求也，虽执鞭之士，吾亦为之。如不可求，从吾所好。"[7.12]如果富可求得，即使是替人执鞭趋道，我也愿意；如果不可求得，我就按照我的心意来干事了。又说："饭疏食，饮水，曲肱而枕之，乐亦在其中矣。不义而富且贵，于我如浮云。"[7.16]吃粗饭，喝凉水，弯着胳膊当枕头，这也是一种快乐。以不义的方式获得的富贵，对我来说就像天上的浮云。这两句与孔子此处所说的话表达了一个共同的思想，那就是富贵可求不可求的界线是"道"，是不是求之有道，合乎仁义标准，如果不是这样，宁可不要富贵。孔子这几句话直接论述的是人的两大欲望实现方式，一个是钱欲的实现方式，一个是权欲的实现方式。

如何由贫致富，以其道得之。不以其道得之，带来的是灾难。现在反腐败查出的一些案件，许多获罪行政人员贪污受贿的钱基本没有花掉，都是放在银行里。钱没有花掉其实就是一个数字，没有什么意义，但是这些人还是拼了命，赌上政治前途和人身自由，去追求这个没有实际意义的数字的增长。而这个数字每次无意义的增长，都成为他实际罪责的累加，是非常可悲的。有时候也觉得很可怜，在行政领域辛苦几十年，快退休了，却没有守住这条不该逾越的红线，葬送了政治前途、人身自由及个人和家庭的荣誉、尊严，这些又值多少钱呢？笔者曾经见到过一些正在服刑的获罪高级行政人员，这些人未发案之前，可谓是官居高位，手中拥有巨大的权力。这些人也确实在行政上做出过重要的贡献，有很强的能力，在社会上享受着很高的荣誉，他们出现在报纸上、电视上，是一幅充满自信的形象。但是在监狱里，见到他们时，已完全与此前判若两人，一个个都是低着头，眼睛没有勇气看人，眼神都是游离的，问一句说一句，没有更多的话，精神基本已经垮掉

了。很难想象他们当年叱咤风云的模样，他们都是因贪入狱，这时候钱又有什么意义呢？

现在是市场经济了，如果实在管不住自己的物欲，就不要在行政领域干，干脆下海经商，堂堂正正去实现钱欲，这是以其道得之。有物欲，不是坏事。只有老百姓都发财，国家也发财，我们民族才有希望。下海经商也是一个巨大的事业，一个国家行不行归根结底要看经济行不行，看技术创新能力行不行。

我们国家目前处于加速发展的过程中，许多地区的发展靠政府组织实施，因此一些行政者手里有很大的权力，而权力的运作透明度有时又不够，这就给腐败埋下了隐患。因为手中权力太大，而权力运作随意性较大，事实形成了“说了算”或“能够说了算”的局面，这时候一些不法企业就会打主意。现在流行的一句话是“不怕办不到，就怕没爱好”，总会有点爱好吧，这就给这些不法人员接近、拉下水提供了可能性。要不然，威胁迫害，逼迫就范，这都是有可能的。有些行政人员的堕落是被逼迫的，这并不是编故事。所以有智慧的行政者总是把权力决策模式设计成线状的，而不是块状的。什么是线状？什么是块状？比如，一个项目 200 万，分配给谁一个人说了算，这就是块状的权力决策模式。如果把一个 200 万项目的决策过程分成七八个串联的决策环节，每一个人只是其中一个环节而已，这就是线状的决策模式。这种模式虽然效率上较低一些，但是决策更民主，相互监督和制约更有效，不法人员采取非法活动的难度就更大一些，原来拉一个人下水就可以了，现在他得拉七八个人下水。

有些行政者为了防止自己行政不公，杜绝出现腐败倾向，拒绝和经济实体接触，这也是不对的。政府就是为百姓服务的，其中包括为企业这些经济实体服务，不接触怎么行？关键是在接触过程中要与企业建立健康的关系。什么是健康的关系？应该解决的问题，一定给人家解决，不要让人家付出成本。不该解决的问题，应当认真解释清楚，要尊重人家。不健康的关系就是给企业解决问题，让人家付出代价，对他好的企业就给办事，不好的就不办事，这样做总有一天要栽跟头。

关于权欲的实现。孔子说得也很对，应以其道得之。不以其道得之，干着也没有意意思。现在各地政府搞差额选举，但不准拉票。制度设计上有些不

足。我们搞选举，基本上不准宣传自己。不宣传自己，代表如何知道候选人的政绩和能力呢？而搞宣传就有拉票之嫌，就违纪。但是，放开了让候选人搞自我宣传，每位候选人掌握的资源不同，工作岗位不同，宣传能力不同，如何做到公平宣传？这都是问题。这件事说明，这个问题是一个系统性的复杂问题，必须一揽子解决才好。在当前情况下，以其道得之，就是遵守当前的权力调整和分配制度及机制，尽管这些制度和机制还不够完善。这样做，得之心安。

[4.6]子曰："我未见好仁者、恶不仁者。好仁者，无以尚之；恶不仁者，其为仁矣，不使不仁者加乎其身。有能一日用其力于仁矣乎？我未见力不足者。盖有之矣，我未之见也。"

译解

恶不仁者：厌恶不仁的人。

无以尚之：即无以上之，无以复加其上，意思是其行为合乎仁道，行仁为最高境界，所以无以上之。

不使不仁者加乎其身：不让不仁的事牵扯到自己。

孔子说："我没有见过好仁的人和厌恶不仁的人。好仁的人，（以仁为本），这是最高境界了；厌恶不仁的人，也是仁人，因为他不会身涉不仁的事。有人能用一天的功夫去行仁吗？我没有见过想行仁而力有不足的。也许有吧，我没有见过。"

行政解读

关于行仁未见力不足者，《述而》篇中孔子还有一句话可为本句注解："仁远乎哉？我欲仁，斯仁至矣。"[7.30]仁离得很远吗？不！我欲得仁，仁就会到来。欲仁在心不在力，所以心向往仁，仁就会来到。在《颜渊》篇中，孔子又说："为仁由己，而由人乎哉？"[12.1]个人心意是行仁的关键。在《雍也》篇，孔子以批评冉求的方式，再次阐述了为仁由己，没有力足与不足的道

理。冉求曰："非不说子之道，力不足也。"子曰："力不足者，中道而废。今女画。"[6.12]

孔子说没有见过好仁之人和厌恶不仁之人，这是一句感叹式的语句，不一定真的没有见过，或许孔子说的是当时在世的仁人已经没有了，所以他没见过，这也未可知。历史上孔子承认的仁人在《论语》中就有好几位。包括他批评过的不知礼的争议人物管仲（见[3.22]章、[14.16]章、[14.17]章）、微子、箕子、比干（见[18.1]章）。不过，这四位仁人都是前辈，孔子确实没见过。

从行政角度看，如果一种道德标准很难落实到具体实践中，或者说人们虽然有意达到这一标准，但需要经过很大的努力，这种道德标准就会失去现实感召力。社会道德水准的建设，是行政工作的重要目标，孔子这句话从另一个角度提醒我们，应当把道德要求落实到具体实践和具体行为中，这样才有意义。例如，我们教育小学生，要热爱祖国，热爱人民，热爱社会主义。那么，什么是热爱祖国呢？不做对不起国家的事，只做维护国家利益的事，这还不够，还要具体化。对于小学生，热爱祖国的具体体现是什么？什么是热爱社会主义呢？这些都需要具体化为日常言行，这才有指导意义。道德要求不具体就没有比较强的指导意义，但过度具体化，就有可能变成硬约束，这样有时候会影响到社会和公民的自由的实现。所以道德建设是一个很复杂的问题。关于这一话题，还可参阅[19.12]章解读。

孔子这句话还提示我们，树立和落实正确的政绩观，关键在心在欲，不在力，未有力不足者，"我欲仁，斯仁至矣"。如果本着为民不为己的思想，正确的政绩观落实起来就不难。现在一些地方搞面子工程，主要是为了自己脸上好看，升迁时好办，如果是为民着想就不会这么办。但是，这么多的干部在搞政绩工程，说明问题不一定在干部本身，很可能有环境和制度的因素。为此必须适度改变干部考核办法。在过去一些地方为加快发展，不惜以环境污染为代价，现在以绿色 GDP 考核干部业绩，这个问题或许就会得到一定程度的解决。其实孔子在强调为仁由己的同时，也很强调"为仁"过程中环境和制度的作用，参考[15.10]章解读。

[4.7]子曰："人之过也，各于其党。观过，斯知仁矣。"

译解

党：两解，一作党类讲，二作朋党讲。这句的译解也有很大争议。

其一，杨伯峻引《后汉书·吴佑传》（该传引了孔子这句话），指出"仁"应作"人"。所以译为："'人是各种各样的，人的错误也是各种各样的。'什么样的错误就是由什么样的人犯的。仔细考察某人所犯的错误，就可以知道他是什么样的人了。"即解释的本质是"以过知人"。

其二，将"党"解为党类，观过斯知仁，指的是可以知"过者之仁"。如钱穆解为："人的过失，各分党类，只观其人之过失，便知其人心中仁的分数了。"解释的本质是"以过知仁"。

其三，将"党"解为党类，观过斯知仁，指的是可以知"观过者之仁"。如《皇疏》之解便有此意：人的过失，各有其类，……观人之过，能随类而责，不求备于一人，则知此观过之人是有仁心之人。若不依类而责，例如责农夫不能文书，是知此过观者是不仁之人。故云观过斯知仁矣。解释的本质是以"以观过知观过者之仁"。

其四，将"党"解为朋党。人之过失，是由于偏护其朋党亲友，属于以私害公，故云"人之过也，各于其党"。南怀谨的解释类于此，他说："孔子说人的毛病，各于其党。……古代宗法社会的乡党，就是现代社会的人际关系。交朋友等社会人际的关系对一个人影响很大。孔子说一个人会有过错，往往都是社会关系的因果。我们在社会关系中看到一个人的过错，譬如某人做人的态度非常坏，而我们看得清楚，那么自己就要反省，自己是不是有同样的过错，假如有，就改过来，假如没有，就更加勉励。所以看看人家的过错，可以引发仁的修养"。这里南怀谨将"党"解释为社会关系，将"知仁"解释为知道如何行仁之道。解释的本质是"以过为师"。

以上诸解，从逻辑上看都有一定的合理性，都给人以启发，读者可自择其解。本书的理解是，人们所犯错误，都具有比较强的雷同性，是一类的，别人犯的错误，自己也可能犯同样的错误，所以要认真考察别人的过失，以从中寻找自己的为仁之道。

孔子说："人们的过失，各有其类，（发生在别人身上的过失，也可能发生在自己的身上），因此可从观察别人过失中悟出自己的修仁之道。"

行政解读

在译解过程中，这里提出了本书的看法，但是应当指出的是，从实际工作来看，以上诸解都有现实的指导意义。

第一，"以过知人"。确实，一般而言，什么类型的人犯什么错误。通过他所犯过失，可以知道他是什么类型的人。

第二，"以过知仁"。通过其所犯过失，可以了解其道德和能力水平。

第三，"以观过知观过者之人或仁"。一个人犯了错误了，另一个怎么看待他的错误，怎么处理他的错误，也体现了这个人为人之道，体现了这个人的道德和能力水平。

第四，"以过为师"。看到别人的过失，就想到自己如何不犯同样的过失，说明这个人具有好学的品格，说明这个人是个有心之人，值得培养和重视。

[4.8]子曰："朝闻道，夕死可矣。"

译解

道："事物当然之理。"（《论语集注》）

孔子说："早上闻道，晚上死了都值得。"

行政解读

对于仁者来说，掌握真理比生命还重要。为仁赴死，为理想献身的精神，应该成为我们民族精神的组成部分。优秀的行政者应当有追求真理、尊重真理的精神。在日常行政工作中，每天都会发生大量需要判断对错的事务。只要是正确的思路，不管是谁提出的，都应虚心接受。有些人对上级提出的正确思路能够接受，对下级和同级提出的正确思路就不能接受，接受不接受取决于自尊

心。其实，领导不是什么都会才是领导，领导是善于从不同的意见中发现和总结出正确的意见。领导不必是一切正确思想和正确思路的原创，他只要发现正确，使用正确，尊重正确，他就是优秀的领导。所以对于行政者来说，应有一点“朝闻道，夕可死矣”的精神，只有这样才能开启言路，才能使自己的行政工作不至于犯大的错误。

[4.9]子曰：“士志于道，而耻恶衣恶食者，未足与议也。”

译解

孔子说：“士立志于学道行道，却又因衣食差而感到羞耻，这种人是不足与其讨论道了。”

行政解读

在《卫灵公》篇，孔子也说了同样的意思：“君子忧道不忧贫。”[15.32]“士志于道，而耻恶衣恶食者，未足与议也”，这句话反过来说，就是“耻恶衣恶食者，即非志于道者”。这里提出两个问题：第一，为什么“志于道”者，必定不耻于“恶衣恶食”？第二，耻于“恶衣恶食”者，为什么即“非志于道”者？

衣食为个人眼前利益，“道”是人的理想和远大目标，而且“道”往往是公众利益，当然公众利益也是由一个个私人利益组成，但这个私人利益不特指于张三李四，而是群体或阶层。一个人如果有志服务于公众利益，而整天念叨的却是个人的眼前利益，那他服务于公众利益一定是假的，或者说他所谓服务于公众利益不过是为了攫取个人的眼前利益，这种人确实是“未足与议也”。

我们在很多电影里看到的叛徒角色，平时总是贪图享受，喜欢吃点好的，穿点好的，占点便宜，一旦被敌人抓住，稍施威逼利诱，就成了叛徒。为什么？就是孔子说的，“耻恶衣恶食”者，非“志于道”之士，这是必然的。所以孔子这句话是对人性本质的深刻揭示，可以作为我们观察人的一个方法。在生活和工作中，对于斤斤计较于个人利益得失者，就不能委以重任、托以大

事，由此可知了。

在《雍也》篇，孔子进一步以颜回的事例诠释了本章，孔子说："贤哉，回也！一箪食，一瓢饮，在陋巷。人不堪其忧，回也不改其乐。贤哉，回也！"[6.11]颜回真有贤德呀！一箪饭，一瓢水，住在简陋的房子里。别人很难忍受这种穷困之忧，而颜回还是不改其乐。颜回真有贤德呀！

[4.10]子曰："君子之于天下也，无适也，无莫也，义之与比。"

译解

适、莫：有不同解释，一说是厚薄亲疏，无适无莫就是不分厚薄亲疏；二说赞成与反对。朱熹则将无适无莫解为无可无不可（《论语集注》）。这些说法本质相近，权从朱熹之说。适，音笛。

比：服从的意思。

义："天理之所宜。"（《论语集注》）

孔子说："君子对于天下之事，没有可做与不可做的问题，可做与不可做要看是否合乎义的要求。（合乎义就可做，不合乎义就不可做。）"

行政解读

此句可作为政之警语。

反对一件事或赞成一件事，不从私利、成见出发，而是以实事求是的态度，正确的就赞成，错误的就反对，用"义之与比"的标准规范自己的思想和言行，说起来容易做起来很难。大量的情况是，自己讨厌的人，反对过自己的人提出的思路和建议，潜意识里就排斥。帮助过自己的人，对自己的发展起过重要作用的人，说得也许不一定对，但也要找出其中的合理性，给以支持。这也是人之常情。但是行政是处理公共事务的，所以需要更多的是理性。

君子选择政治立场，"无适也，无莫也，义之与比"。当年陈赓救过蒋介石的命，蒋也非常欣赏陈赓的才干，但陈赓还是跟着共产党走。为什么？义之与比。在陈赓的眼里，共产党的事业是义，而国民党的事业是不义。西安事

变，张学良和杨虎城对蒋介石实行兵谏，把蒋抓了起来，逼蒋停止内战，一致抗日。当时国共打了十年内战，彼此杀了对方很多人，蒋被抓，许多人主张杀掉蒋，但共产党最后还是决定放蒋回南京。这件事，最集中地体现了孔子这句话的精神。从共产党的情感层面看，杀掉蒋理所当然；但从中华民族抗日大业来看，杀掉蒋则不利于团结抗战。那可不可以放蒋？君子无可无不可，“义之与比”，对抗日大业有利，这就是“义”之所在，所以放蒋回南京，接着就迎来了全民族抗日统一战线的形成。

在日常行政工作中，能够管理好自己的感情，把过去恩怨放在一边，从“义”的角度，即从促进事业发展的角度，选择并坚持自己的立场和观点，规范自己的言行，是一个优秀为政者应具有的品质。当然，在实际工作中，什么是“义”，有时候也很难判断。人们往往在“义”的旗帜下做错事情，以为自己站在正确的一边，岂不知自己可能已成为助纣为虐的帮凶。所以，孔子这句话落实起来实在是很难。它要求我们有很宽的眼界和很强的政治敏锐性，能够看准“义”之所在，同时它要求我们有很强的自控能力，能够为了义，去做自己心情不爽的事。与敌为友，与友为敌，这都是令人难过的事，义之与比，恐怕有时也不得不为。

[4.11]子曰：“君子怀德，小人怀土；君子怀刑，小人怀惠。”

译解

怀：《说文解字》解为“念思”，即不忘之思。

土：一说，为故土、家乡之意；二说，为田土，进一步引申为财富。朱熹说：“怀土，谓溺其所处之安。”（《论语集注》）拟从第一说。心怀家乡，乃人之常情，君子亦然。但是君子因有社会和国家责任，能够克服个人情感，放弃一己之私。所以这里的“怀土”的真意是贪图安逸，暂将其译为“安居”。

刑：经典法则，法度。

孔子说：“君子心中想的是仁德，小人心中想的是安居；君子心中想的是法度，小人心中想的是利益。”

行政解读

朱熹说："君子小人趋向不同，公私之间而已。"（《论语集注》）相当精辟。君子和小人之差别，主要在于考虑"公"多一些，还是考虑"私"多一些。当然，考虑"私"多一些，不一定就不道德，关键是要合理合义。"私"萌动于人情之自然，"公"来源于社会责任和道义。对于美好社会而言，考虑"公"的人多一些是好事，"君子怀德、怀刑"是心怀社会的建设和国家的责任，"小人怀土、怀惠"是心怀个人的安逸和利益。其实，君子就不"怀土"吗？君子也怀土，故土难离，但因为心中有国家责任，只不过是这种责任感战胜个人的情感和一己之私。在《宪问》篇中，孔子说的"士而怀居，不足以为士矣！"[14.2]也表达了类似的意思。

"小人怀土、怀惠"，对不对？普通百姓怀念故土，想着自己的小日子，也无可厚非。作为行政者，应该为普通百姓创造安居乐业的机会，促进百姓个人利益和福利的不断增进。公众利益不是虚幻的，它是由众多一致性私人利益组成，具体体现为每一个人的切身利益。"群众利益无小事"，"给群众看得见的实际利益"，这些经常提到的为政要求，实际上也是孔子为政思想逻辑的必然。

[4.12]子曰："放于利而行，多怨。"

译解

放：两种解释，一说，依的意思；二说，放纵的意思。纵心于利，纵心图取私利，损人故招怨。拟从二说。因为并不是一切依"利"而行就会招怨，只要取"利"合乎"义"，就不会招怨。

孔子说："以纵心逐利的方式行事，就会招致很多怨恨。"

行政解读

凡事依"利"而行，即为取怨之道，也不一定。当然从孔子学说的角度看，每事依"仁"而行或依"义"而行，是最佳的行为方式。但有时候，依

“利”就是依“仁”和依“义”。例如我们说，办事都要从群众利益出发，以群众利益为依归，这种依群众之利而行的方式是合乎“仁”和“义”的方式，也不会招怨。关于私利，如果是合理的，那就是符合“义”的。但是，“纵心逐利”，不管不顾，一切以“利”为准则，就不行了，一定会招致怨恨，这是真的。

同时也应指出，不可不重利。“天下熙熙，皆为利来，天下攘攘，皆为利往”。不重利，无法调动各方面积极性。没有积极性如何创造更大的利益？在改革开放之前，农业生产采用人民公社和生产队的模式，虽然以工分形式分配所得，但总的来说，不重个人利益，结果就没有生产积极性。但也不可“纵于利”，因为人类社会生活是群体生活，每个人要生活得好，需要大家相互关心，这就产生了人对社会的责任问题，产生了社会公平和正义问题。“利”是社会的一个维度，非“利”因素如公平、正义和责任，也是一个维度，这两个维度是高度相关的，有时是不可相互替代的，孔子的话提醒我们，“纵于利”的社会一定不是一个美好的社会。有这样一件事，一个七十多岁的老农落水了，一个风华正茂的大学生入水去救，结果老农得救了，大学生却淹死了。事情发生后，很多人认为用大学生的命去换老农的命不值得，是社会的损失，所以不该救，当然也有许多人赞成救。实际上，这个问题不能用“利”的方式去思考。见危救命是一个健康社会的价值观，维护这种价值观需要付出代价，这名大学生是在实践这种价值观，不能用合算不合算这种计算“利”的方式来评判其正当性。否则，每一个救人的人在救人之前都与被救者进行价值对比，就不会有救人行为发生了。因为一个人的命再值钱那是他自己的钱，对救人的人来说，自己的命值的钱才是自己的钱，救人总是救人者的净损失。大家想一想，生活在这样一个没有正义感、没有责任感、没有相互关怀的社会，多么可怕。所以纵于利而行，不光是多怨，而且也可能是社会的灾难。

[4.13]子曰：“能以礼让为国乎，何有！不能以礼让为国。如礼何！”

译解

何有：一说，“何有”是春秋时代的常用词，论语注家多解为“何难之

有”；二说，何有是“哪里有”的意思。金纲在《论语鼓吹》中将“何有”通俗地解为“有什么问题”，似乎比较贴近上下文。

孔子说：“能以礼让来治国吗？没有问题。不能以礼让治国，要礼有什么用呢？”

行政解读

礼的本质是一个“让”字。在华人的社会里，礼让是一种美德。在行政工作中，善用礼让，也是解决困难的一个好方法。礼让的获益者，看似是被让者，但当礼让成为一种美德的时候，礼让者也是事实上的获益者。有一个案例，某一机构，有两名副职，组织部门拟提拔排名靠后的那名副职，但在与其谈话时，这名副职却出人意料地提出建议，要求先提拔排在自己前边的那名副职。他的理由是“与自己相比，他年龄大一些，资历老一些，所以建议先解决他的问题”。实际结果还是按组织上的要求进行了职务调整，但此后历次提拔中，这件事不断被很多人提出来，作为这名干部具有良好品德的证据。真是具有美德的人是美德的受益者，不是这样吗？

[4.14]子曰：“不患无位，患所以立；不患莫己知，求为可知也。”

译解

位：爵位、职位、权位等。

立：立身之本，立事之本等。

求为可知也：有没有让别人了解的实际意义和价值。

孔子说：“不担心没有职位，担心的是没有立于此位的本领；不担心别人不了解自己，担心的是自己有什么值得人家了解的。”

行政解读

参见[1.16]章。

[4.15]子曰：“参乎！吾道一以贯之。”曾子曰：“唯。”子出。门人问曰：“何谓也？”曾子曰：“夫子之道，忠恕而已矣。”

译解

一以贯之：用一句话或一个字贯穿起来，即统领全部思想内容的“纲”。

孔子说：“曾参呀！我的学问和思想贯穿着一条主线。”曾子说：“是的。”孔子出去后，弟子们问：“什么意思呀？”曾子说：“先生的学问和思想，忠恕两个字罢了。”

行政解读

在《卫灵公》篇，孔子与子贡有一段对话说的也是关于“一以贯之”的问题。子曰：“赐也，女以予为多学而识之者与？”对曰：“然，非与？”曰：“非也，予一以贯之。”[15.3]孔子问子贡，你以为我学得很多而又记得很多吗？子贡说是呀，难道不是吗？孔子说不是，我只不过是用一条主线把他们贯穿起来，也就是说用一个事物所共同遵循的原理去解释事物。比如有人问三条腿的椅子能立起来吗，孔子说能；再问两条腿的椅子能立起来吗，孔子说不能；又问四条腿的椅子能立起来吗，八条腿的椅子能立起来吗，孔子说能。不明白道理的人就会说孔子知道的真多呀，记住这么多东西。其实不用记这么多东西，只要明白一个几何原理就可以了：“三点决定一个平面”。这个原理就是“一”，它统率了众多的事实、知识和现象，所以叫作“一以贯之”。

孔子显然是一个博学强记的人。在《子罕》篇，达巷党人说：“大哉孔子！博学而无所成名。”[9.2]太宰问子贡：“夫子圣者与？何其多能也？”子贡说：“固天纵之将圣，又多能也。”[9.6]孔子自己也承认多能：“吾少也贱，故多能鄙事。”[9.6]孔子知识丰富，才能很多，给人难以跟着他学习的印象，让人产生畏难情绪，所以孔子说“吾道一以贯之”，掌握了思想体系的核心和主线，一切都会迎刃而解。掌握了这个思想体系的核心和主线，理解一切社会问题，解决一切社会问题，处理一切政务就会不脱于“道”。这个核心和主线是什么？孔子没有告诉子贡，也没有告诉曾参，但曾参悟了出来，他说“夫子

之道，忠恕而已矣”，孔子学问思想以及观察和处理一切问题的原则是两个字：忠恕；孔子建立理想社会所体现的基本精神也是两个字：忠恕。尽己之谓忠，推己之谓恕。《雍也》篇中“己欲立而立人，己欲达而达人”[6.30]，《宪问篇》、《卫灵公》篇中“己所不欲，勿施于人”[12.2][15.24]等，都集中表达了“恕”的思想。

具体到个人，人生应以“忠恕”两字为主线。忠是尽己，应在正义的事业上尽己，不应在非正义的事业上尽己。把“忠”理解为没有原则的追随，把“恕”理解为没有原则的纵容，这都是错误的。“恕”不应是纵容对公众利益和国家利益的侵犯行为，也不应是宽容对正义事业的破坏，如果在这些问题上讲“恕”，那就是不“忠”了。

[4.16]子曰：“君子喻于义，小人喻于利。”

译解

喻：知晓，通晓，引申为“将智慧用于……方面”。

孔子说：“君子将智慧用于行义之中，小人将智慧用于追逐私利之中。”

行政解读

注家多将此句解为“君子知晓义，小人知晓利”。君子知义，是因为君子看重义；小人知利，是因为小人看重利，二者所欲不同，故所知不同。说得也没有错。但是君子显然也懂得私利的好处，不过不追求罢了；小人未必不知道应该依“义”行动，只不过是因为太看重私利，所以放弃了“义”的原则。所以，译为“君子知晓义，小人知晓利”，恐不妥。孔子的意思是君子将聪明和智慧用于弘扬“义”的方面，小人将智慧和聪明用于追求私利之中。供参考。

孔子这句话是对社会的客观描述。社会永远是由不同道德层次和智慧层次的人组成的，行政工作必须面对和针对不同道德和智慧层次的人们。行政的本质是凝聚民心，带领大家做正确的事，沿着正确的方向前进。凝聚民心，就包括凝聚“君子”之心和“小人”之心，那么如何凝聚民心呢？“义”和“利”

是两个手段。

首先是“义”的手段。有的人看重义，拥护不拥护就看公平不公平，公正不公正，是不是有利于公众利益和民族社会的长远发展，这部分人是社会的脊梁，凝聚不了这部分人，执政就会失败。不必瞧不起“小人喻于利”，“小人”也是人，希望“义以为质”[15.18]的人越多越好。普通百姓要的是生活得更好，特别是自己生活更好，所以必须给群众以看得见的物质利益，必须给最大多数人以看得见的物质利益，这样才能更有效地团结和带领群众。解放战争时期，共产党能够解决土地问题，做到“耕者有其田”，这很重要。农民分到了地，就知道是为保卫自己的土地而战，就有参加革命队伍的积极性，这是战争的动力所在。相反，国民党解决不了土地问题，得不到农民的拥护，也就失去了战斗力。国共之争，表面上看起来是个战争问题，实际是政治问题，国民党之失，失在农民。当然，让农民得到土地，实行耕者有其田，既是义的要求，是公正和公平的要求，也是利的要求，满足了农民愿望。所以“义”和“利”有时并不相互排斥，“义”就体现在利益分配之中，就体现在能不能为群众“追求私利”提供公平和合理的机会。领导一个单位，既要重视“义”的问题，也要重视“利”的问题，并不是言“利”就是不义，有时候，“义”之所在就是“利”。该给人家的利益不给人家，看起来是“利”的问题，但其实也是“义”的问题。总之，要懂得通过“义”和“利”的手段团结人调动人，重“利”者以“利”调动之，重“义”者以“义”调动之，以保持和谐，促进发展。

[4.17]子曰：“见贤思齐焉，见不贤而内自省也。”

译解

孔子说：“见到贤者，就要向他学习看齐；见到不贤者，就要反省自己是不是也有类似的问题。”

行政解读

这句话的意思是，看到别人，不论贤与不贤，仁与不仁，都要回头看看自己。看自己与贤明和德善者相比，不足在哪里；与不肖者相比，他的问题自己

有没有，这应成为一个人的思考习惯。为政者尤应如此。可参阅[8.5]章的解读。

[4.18]子曰：“事父母几谏。见志不从，又敬不违，劳而不怨。”

译解

几谏：微言以劝，温和、客客气气地劝说。一说，见父母之过在微起之时即劝，以防父母大过。但如父母之过微起之时没有发现怎么办？所以此句当指劝谏父母的态度要适当，在劝说过程中不失敬。

又敬不违：不违有两解，一说不违父母之志；二说不违已之志，即要继续劝谏。本书认为，“不违”应是对“敬”的延伸解释，指的是并不因此违逆父母。

孔子说：“侍奉父母，如有不同意见，要委婉劝说。如果父母不同意，也要恭敬如初，不违如初，操劳尽心，心无怨恨。”

行政解读

参见[1.2]章。

[4.19]子曰：“父母在，不远游。游必有方。”

译解

方：确定的去处。一说，是“方向”的意思，但凡远行，必有一个方向。这样“游必有方”就是“远行必定有个方向”，成了句没有实际意义的话。二说，“方”指安顿父母的方法。父母老了没人照应，子女远游时必须有个安顿的方法，此说与事理相合，但也缩小了此句的解释范围，如此，若父母在壮年或家中兄弟较多，父母有人照应，就可云游四海，而不知去向了吗？

《礼记·曲礼》：“夫为人子者，出必告，反必面，所游必有常。”作为子女，出门一定要禀告父母，回来必须当面报告，凡外出一定要有确定的地方。“所游必有常”指的远游一定要有确定的地方。这里“游必有方”当与“游必有常”同意。古之时，交通与通信均不便，“远游”很可能意味着不能尽孝的责任。所以孔子强调尽量不“远游”。如必须“远游”，也要让父母知道去处，以减少父母牵挂，这也是一种孝的形式。

孔子说：“父母在世，不要离家远行。如要远行，一定要有确定的去处。”

行政解读

参见[1.2]章。

[4.20]子曰：“三年无改于父之道，可谓孝矣。”

见[1.11]章。

[4.21]子曰：“父母之年，不可不知也。一则以喜，一则以惧。”

译解

孔子说：“父母的年事，应铭记在心。一方面为他们增寿而高兴，一方面又因他们年高体衰而担心。”

行政解读

参见[1.2]章。

[4.22]子曰：“古者言之不出，耻躬之不逮也。”

译解

耻躬之不逮：因行不能及言而感到羞耻。躬，身。逮，及。

孔子说：“古人不轻易说话，是因为耻于行不及言。”

行政解读

参见[2.13]章。

[4.23]子曰：“以约失之者，鲜矣！”

译解

约：约束，引申为“谨慎节制”之意。朱熹说：“不侈然以自放之谓约。”（《论语集注》）

孔子说：“因谨慎节制而有过失，这种情况很少发生。”

行政解读

这是孔子一贯主张的思想，自我约束，谨言慎行，这样做即使没有成功，也很少有过失，这也是一条行政原则。当然，自我约束，谨言慎行，并不是说遇事当断不断，当干不干。谨言慎行，自我约束，是要管理好自己的欲望，不盲干，不乱干。如果只是谨言慎行地不干事，不断事，结果可能没有失误，但也不会有成绩了。

[4.24]子曰：“君子欲讷于言，而敏于行。”

译解

孔子说：“君子说话要谨慎，做事要勤敏。”

行政解读

这句也是说言行一致的。因为放言容易，落实难，若“行”不及“言”，就会失信于人，失信于民，这是一种羞耻。现在一些国家和地区的领导人在选举的时候，为了骗选票，放言高论，把选票骗到手了，又没有条件兑现竞选承诺，结果落下民怨。一个社会靠放言高论可以将选举职位

骗到手，说明这个社会还不够成熟。成熟的社会，人民不但要看他喊的是什么，还要分析他喊出来的是不是有兑现的条件，还要看他是不是建立了兑现承诺的机制。

在实际工作中，经过一段时间，“讷于言而敏于行”的人在单位一般会比较受欢迎，其所建立的人际关系也比较扎实。而整天放言高论者一开始会比较受关注，经过一段时间，大家发现他行不及言，言而无信，会逐步失去信任，没有信任，哪来合作共事的基础？

[4.25]子曰：**“德不孤，必有邻。”**

译解

孔子说：“有德之人不会孤单，必有亲近者与其为伴。”

行政解读

这句话在行政上至少给我们两点启示。

第一，坚持做一个正直善良的有德之人。有时候行政环境比较差，不善之人当权，这时候，是随波逐流、与时俯仰呢？还是坚持自己的处事为人之道呢？应当力争做一个坚持自己道德理想的人，相信“德不孤，必有邻”，最终一定是有德之人经得起历史的检验。当然，坚持自己的道德标准，也要注意两点：一是不应以自己的道德标准要求别人，因为自己直率，就要求别人也直率；因为自己是一个热心肠，就要求别人也是热心肠，这种强加于人的想法是不对的。每个人都有权选择他的立世之道，社会当然也有权对其道德行为做出应有反应，社会的反应是正面的还是负面的，是构成他事业发展的成本还是他事业发展的助剂，这一切都要他自己承担。二是要以艺术的方式坚持自己的道德理想。屈原是一个道德完人，以悲剧的方式结束了自己的一生，几千年来大家纪念他、怀念他，“德不孤，必有邻”主要体现在他生命结束之后。但是他可不可以以更加高超的政治策略，先排除当权之奸臣，然后再去实现自己的理想和抱负呢？果如此，他个人不会以悲剧方式结束生命，楚国的命运和前途或许也会因此而有所不同。政治是现实主义的，为了个人的道德和理想的圆满和个人的清白，主动放弃或被动放弃对国家和民族的责任，或许这也是有德之人，但这是小德，不是大德。因此，“德不孤，必有邻”在给我们坚持真善美力量的同时，不应成为我们放弃对社会、国家和民族责任的理由。这里想说的是，我们在社会中，不应以自己道德水准高，就羞于与他人为伍，就放弃对社会的领导和对社会的责任，坐在那里等待“必有邻”的出现。“有德”之人就应当通过各种方式带领“无德”之人一道前进，这本身就是有德的一种体现。

第二，坚持正确的施政主张。如果自己对事物、对社会的认识是正确的，如果确信自己掌握了真理，就应当坚持。要相信“德不孤，必有邻”。这个“邻”出现，或许在现在，或许在将来。土地革命战争时期，王明等“左”倾路线领导人排挤毛泽东的正确领导，造成了第五次反“围剿”的失败。当时毛泽东也是很孤单的，但是“德不孤，必有邻”，在事实面前，人们逐步认识到他的正确主张，张闻天、王稼祥等原来反对毛泽东的人，逐步转变成为毛泽东主张的拥护者。在行政工作中，每天都有不同意见发生，在非原则问题上应以让步为主，在原则问题上应当有“德不孤，必有邻”的气概，坚持自己的正确主张，相信赞成的人会越来越多。当然，也不应自以为是，本来是不对的，但却固执坚持。怎样确信自己掌握了真理呢？最重要的是要调查研究，反复对比，多听多看多思，用实践来说话。

[4.26]子游曰：“事君数，斯辱矣；朋友数，斯疏矣。”

译解

事君数：屡次进谏国君。数，多次。

斯辱矣：这样就要招致侮辱了。

朋友数：屡次劝谏朋友。

斯疏矣：这样就要导致疏远了。

有的注家将“数”解为“烦琐”，说这句的意思是：“侍奉君主太烦琐，就会受辱了；对待朋友太烦琐，就会被疏远了。”（如钱逊《论语浅解》、杨伯峻《论语译注》）有些过度引申，恐失真意。朱熹对此的解释是：“事君谏不行，则当去；导友善不纳，则当止。至于烦渎，则言者轻，听者厌矣，是以求荣而反辱，求亲而反疏也。”讲得很有道理。

子游说：“事君，反复进谏，就会招致侮辱；事友，反复劝谏，就会导致疏远。”

行政解读

关于事君问题，《论语》有多处对此进行论述，综合其主要观点，大约有以下几个方面，这些原则从某些方面看，也是下级对待上级应该秉持的精神。

第一，强调尽职尽责。例如，《学而》篇中，子夏说：“事君，能致其身。”[1.7]强调为君谋事，不惜以生命为代价。在《八佾》篇，鲁定公问“臣事君”之道，孔子说：“臣事君以忠。”[3.19]强调为臣者、为下级者要尽职尽责，以忠为本。忠是做事尽己之力的意思。凡是上级交代的事，说过的话，要认真对待，竭尽全力去做，这是作为下级的责任和义务。“忠”还包括不说不利于上级的话，不扩散不利于事业发展和局势稳定的信息，无论是人前还是背后都是如此，这是一个品格问题。

第二，强调“以礼事君”。“礼”的核心价值是“敬”，所以应对上级表现出足够的尊重、关心，要有服务精神。有的人觉得这是拍马而不愿为之。这个心理孔子早就预见到了，他说：“事君尽礼，人以为谄也。”[3.18]尊重上级只要是在“礼”的范围内，就不要怕别人觉得这是“谄”，给予上级的尊重要多于给予同级和下级的尊重，这是合理的，也是合“礼”的。当然尊重上级和尊重下级的具体形式是不同的，并不是说不要尊重同级和下属。在日常的行政工作中，有的人看见领导来了，赶紧站起来让个座，另一些人也认为这是拍马行为。那么，领导来了，视同不见，这样就好吗？这是不懂礼。

第三，强调坚持原则。以礼事君，并不是不坚持原则。不是领导说什么就是什么，不看对错；不是领导让干什么就干什么，不看国法与党纪。在这一方面孔子也说得很明白。在《先进》篇，有个人叫季子然的问仲由、冉求这些人算不算大臣，孔子说：“所谓大臣者，以道事君，不可则止。”[11.24]“道”就是原则，在今天，法律和党的理论、方针和政策就是“道”的重要方面，听

上级话、按上级的指示办，只能且必须在“道”的范围之内行动。季子然听了孔子的话，接着说：“然则从之者与？”[11.24]那么，仲由和冉求会绝对服从他的上级季氏吗？孔子说：“弑父与君，亦不从也。”[11.24]仲由和冉求听季氏的话，也不会突破“道”，去“弑父与君”。

第四，强调方式得当。比如本章所说的“事君数，斯辱矣。”[4.26]给上级进谏，不要不看场合，不看效果，反复说，强迫领导就范。到底你是领导还是他是领导？听你的还是听他的？如此会让人家生厌。在《宪问》篇，子路又问孔子事君之道，孔子说：“勿欺也，而犯之。”[14.22]不要哄骗领导，忽悠领导，有什么说什么，真诚实意，实事求是，有时候即使知道他听了不高兴，只要是真话、实话，那也应该讲出来。当然如何讲，讲几分，这里边也有些方式方法，可参考[16.6]章解读。

第五，强调将得失放在后边。好好做人，好好做事，剩下的事情让上级、让组织、让机遇去管吧。在《卫灵公》篇，孔子说：“事君，敬其事而后其食。”[15.38]要求首先把事情做好，把俸禄和利益的事放在后边。现在机关进来的个别年轻人，事事算计，做事先考虑对自己有什么好处，没有好处就不愿意，不尽力。自以为这样做很精明，其实这样做很愚蠢。事事算计，把自己的人品和别人的信任都算计掉了。看到了所得，其实失去的更多。现在还有一些年轻人总是强调个人权利，到机关工作，就要求 8 小时制，下班就走，不管工作完成得如何。这样做显然是不对的。当你看到你的处长忙得回不了家，而你却一走了之，你这个人的品格就是有问题了。当然，8 小时是个制度问题，作为组织，应当尽量落实这个制度。可是作为个人，不论什么事，总是首先想到自己，这就要吃大亏。在《阳货》篇，孔子还说：“鄙夫可与事君也与哉？其未得之也，患得之；既得之，患失之；苟患失之，无所不至矣。”[17.15]这种患得患失的鄙夫，纯为贪图名利之人，在没有得到时，想尽办法，一定要得到；在得到之后，又想尽一切办法保持不失去。这种人很难托付重任，因为患得患失容易失去原则性。实践证明，凡是患得患失，把自己利益和荣誉看得比什么都重的人，恰恰拿不到什么利益和荣誉，这些人必然丧失本来应有的前程和事业。

当然，并不是一切责任和义务都是下级的，上级也有责任和义务。在《八

佾》篇，鲁定公问“君使臣”之道，孔子说：“君使臣以礼”[3.19]。所以并不能因为是上级，就可以为所欲为，应依礼行事。上级对待下级，应表现出足够的尊重，重视下级的主张，重视下级的切身利益，努力为下级拓展足够的事业空间。下级汇报工作，反映情况，作为上级一定耐心倾听，努力理解下级的意图，体谅下级的处境，不应一听不合口味就粗暴对待。批评下级要讲求方式方法和具体场合。不同的人能够接受的批评方式是不同的，有的干部可以当着众人面去批评，有的干部就没有这种雅量，作为上级也要充分考虑到这一点。上级对待下级要尽礼，其中很重要的一条就是要敢于向下级承认错误。凡做错了的事，说错了的话，都应在适当的时候向下级诚恳地承认错误，并加以改正，这也是“君使臣以礼”的重要内容。

关于事友之道，本章提出“朋友数，斯疏矣”。在《颜渊》篇，子贡问事友之道，孔子说：“忠告而善道之，不可则止，毋自辱焉。”[12.23]两句话是相互联系的。对待朋友，从好心出发，好好地劝导，以诚相待。如果好好劝导也没能达到效果，实在没办法的时候，“不可则止”，就不要再勉强了。因为“朋友数，斯疏矣”，“毋自辱焉”。当然并不是从此就置之不理了，如果形势发展又出现了劝谏的机会，还是应以负责的态度，以适当的方式进行劝说，不要让人生厌就好。

第5篇

《公冶长》中的行政精神

[5.1]子谓公冶长：“可妻也。虽在缧绁之中，非其罪也。”以其子妻之。

译解

公冶长：孔子弟子，姓公冶，名长。

缧绁：音雷泄。缧，黑色绳索；绁，捆或系。古时用黑色绳索捆缚罪人，这里引申为被囚于牢狱之中。

其子：孔子的女儿。古时儿子女儿都可以称作“子”。

孔子评论公冶长时说：“可以把女儿嫁给他。虽然身在牢狱之中，但不是他的罪过。”然后把女儿嫁给了他。

行政解读

公冶长虽然被关在狱中，但是孔子并不认同当局的司法标准，他认为公冶长并没有罪，是个好人。是不是因此就可以将女儿嫁给他呢？似乎不应是这个逻辑。《孔子家语》说公冶长“为人能忍耻”，这恐怕是孔子嫁女的重要原因之一。凡能忍耻，有两种情况，一是已失去为人尊严，对耻辱感觉麻木；一是有大德、大智、大志。公冶长必不是对所有耻辱感觉麻木，已尽失为人尊严，所以公冶长必是有大德、大智或大志之人。有大德者，心胸宽广，能容天下各种不平之事，所以能忍辱；有大智者，能洞察人世间纷纭万象，能够明白给他带来耻辱的事并不真的就是他的耻辱，所以能忍辱；有大志者，因为专注于远大理想的实现，所以能忍辱。比如司马迁、孙膑这些人，都是遭到不公正对待，蒙受巨大屈辱，但隐忍活命，不过是因为理想抱负还没有实现罢了。孔子这句话给我们的启示至少有两点：一是士不可以不忍辱，要有忍辱能力；二是不要用社会流行的观点去看待人和事，不要人云亦云。像公冶长，被关在狱中，普通人或许认为公冶长是一个坏人，但孔子不这么看。

[5.2]子谓南容："邦有道，不废；邦无道，免于刑戮。"以其兄之子妻之。

译解

南容：孔子弟子，姓南宫，名适（音括），字子容。

废：不被任用。

其兄：孔子的异母兄长，名叫孟皮，是个瘸子。

孔子评论南容时说："国家清明有道，他不会废弃不用；国家昏乱无道，他可免于刑戮之祸。"于是就把他兄长的女儿嫁给了南容。

行政解读

《孔子家语》记载南容"独居思仁，公言思义"，是一个德行很高的人。

关于南容娶妻、孔子嫁侄这件事，《先进》篇说："南容三复白圭，孔子以其兄之子妻之。"[11.6]这里则说，南容"邦有道，不废；邦无道，免于刑戮"，所以"三复白圭"与"邦有道，不废；邦无道，免于刑戮"之间关系密切。白圭是《诗经·大雅》中《抑》的诗句："白圭之玷，尚可磨也；斯言之玷，不可为也。"意思是说白色的瑞玉上如果有个疵点，可以把它磨掉，但是言语如有缺失，就无法挽救了。南容反复诵读这一诗句，以警示自己出言慎重。可见，言行谨慎是"邦有道，不废；邦无道，免于刑戮"的方法，这是孔子政治经验的一个总结。他觉得南容这个人很安全，有条件可以成就一番事业；没有条件，也能保全其身。将侄女托付给这样的人，侄女的一生是安全的，或者会得到富贵，或许得不到，但绝不至于家破人亡。

这件事也给年轻人选择对象提供了一个范例。姑娘找什么样的人做对象呢？找退而可安、进而可成的人。时运不济，能过安稳的日子；通达之时，则可成就事业。而退而可安、进而可成的人，首先就是一个谨言慎行人。现在年

轻人常把谨言慎行看作懦弱，看作没有决策魄力，而把莽撞和草率看作勇敢和决断能力强。懦弱与否不应看敢言不敢言，而主要看他面对艰难时的态度；有没有魄力也要看他面对困难时敢不敢坚定不移地朝着自己的目标走下去，而不看他言辞铿锵不铿锵。

这里还有一个问题，孔子为什么不鼓励在“邦无道”时，挺身而出、力挽危局、舍生取义、赴死行仁，而是提出“保身”的思想呢？我认为这反映了孔子思想上的两个维度。

其一，孔子的权变思想。孔子善于根据形势发展选择自己的策略，十分强调在坚持基本原则不变的情况下适时权变的重要性。在《子罕》篇中，孔子说：“可与共学，未可与适道；可与适道，未可与立；可与立，未可与权。”[9.30]这是说可以在一起共同研究学习的，不一定有共同的志向；有共同志向的，不一定能共同坚守这一志向；能共同坚守这一志向的，不一定能懂得因时权变以实现这一志向（可参[9.30]章解读）。实现政治理想，不懂因时权变，只能是一个书呆子。孔子很赞成在无法改变政治现实时设法保存力量的做法。比如，在《泰伯》篇中，孔子说：“危邦不入，乱邦不居。天下有道则见，无道则隐。”[8.13]这显然都是保身策略。再比如，孔子对蘧伯玉的称赞也体现了这一思想：“君子哉蘧伯玉！邦有道，则仕；邦无道，则可卷而怀之。”[15.7]时道不济，蘧伯玉不见用，他就把自己的才能收藏起来，能够按捺住实现理想抱负的冲动，这同样是一种能力。

但是，孔子强调在乱世之中保全身形有一个道德的底线，就是不做对不起良心的事，不助纣为虐。比如，在《宪问》篇中，孔子说：“邦有道，危言危行；邦无道，危行言孙。”[14.3]孔子告诫弟子在政治昏乱时说话要小心的同时，不做对不起良心的事，要“危行”，要行得正，不随波逐流，不同流合污。又如，在《宪问》篇中，弟子原宪问什么是可耻，孔子说：“邦有道，谷；邦无道，谷，耻也。”[14.1]政治昏乱，还参与政事，当官取禄，这是可耻的事。“邦有道，贫且贱焉，耻也；邦无道，富且贵焉，耻也”[8.13]，也是表达了同样的意思。在《宪问》篇，孔子说：“贤者辟世，其次辟地，其次辟色，其次辟言。”[14.37]对乱世乱国、恶人恶语一味采取回避态度，这未必就是孔子真意，但是“避”总是一种保身的办法吧。

其二，反映了孔子对文化、意识形态和政权之间关系的看法。孔子的为政思想，用今天的语言来说，可看作是一种意识形态。意识形态的威力在于取民心，得天下者在于得民，得民者在于得民心。如欲得民心，用什么样的思想和意识形态武装人民，就显得非常重要了。孔子志在得民，而不是志在得国；孔子志在千秋万代，而不是志在一朝一代，所以建立一个思想传播体系至关重要。思想的传播靠人，以牺牲重要文化精神传播者的生命为代价，去对抗一个乌七八糟的政权，就很不值得。孔子虽然希望有一个能够实施他政治理想的国度，但是他更看重的是他的思想能不能深入人心，成为人民的共同价值观念和思维方式。在孔子看来，这些儒家思想的信奉者和传播者存在本身就是一种胜利，所以要求弟子们善于保身，就是非常自然的了。

现在世界的政治竞争有两手，一手是武的，一手是文的。美国人到处搞颜色革命，主要靠的是文的一手，靠的是推广它的普世价值。普世价值就是大家都要听我的，我的价值就是上帝的价值，也是你的价值。民主、自由、人权，是好东西，但是被阴谋家用作侵略别国、攫取自身利益的幌子，就需要高度警惕了。文的这一手，就是意识形态这一手很厉害，它有欺骗性，让人民觉得好像是为你好。现在西方一些人，看起来比圣人还圣人，关心别国的人民比关心自己国家的人民还用心，这种悖于常理的行为，是需要警惕的。2008 年北京奥运会前在欧洲传递圣火，一些西方人比达赖还“藏独”，好像西藏是他们的，怎么八国联军侵略中国时就不想一想中国人的人权，现在倒是想起中国人的人权问题了。德国之声把客观报道中国的记者撤职，说记者的价值观念出了问题，难道只有按照它的反华价值观念报道才是新闻自由，不按它的价值观念报道就是违反普世价值？这种逻辑需要警惕。

法家和儒家比较起来，法家强调外在制度管理的重要性，不重视人的内心世界的塑造，重在治人而不重在治心，所以法家可以在很短时间内打造出一个强国，但却不能给这个强国以持久的生命。商鞅使秦国由弱致强，韩非虽然不见用于秦王，但是秦国用他的思想统一了六国，可是只过了十几年，统一后的秦王朝就崩溃了，这就是不治民心的后果。所以，要重视法治等社会管理规范的建设，同时也要重视民心之治，用我们民族文化精神去塑造和统一民心，这对于国家的长治久安和长盛不衰非常重要。

[5.3]子谓子贱：“君子哉若人！鲁无君子者，斯焉取斯？”

译解

子贱：孔子弟子，姓宓，名不齐，字子贱。宓，音伏（李炳南《记语讲要》）；一说音密。

若人：此人。

斯焉取斯：第一个“斯”指子贱，后一个“斯”指子贱的德行。

孔子评论子贱时说：“子贱真是个君子啊！如果鲁国没有君子，子贱是从哪里学到这些君子品行的呢？”

行政解读

宓子贱在行政上很有成就，他治理单父（即今山东单县）在历史上很有名气，现列举几则子贱执政故事，以了解其行政思想。

执政事例之一：鸣琴而治

子贱和孔子另一弟子巫马期（即巫马施，字子期）先后担任单父行政长官，二人政绩都非常出色，但是宓子贱为政单父显得非常轻松，整天在官邸弹琴，身不下堂，足不出户，就把单父治理得井井有条。巫马期则是披星戴月，事必躬亲，同样也把单父治理得井井有条。巫马期问子贱这是怎么回事。子贱说，我注重用人，你注重自己用力，事必躬亲当然辛苦，注重用人当然就轻松①。

评论：为政者，善于任用人，善于调动部下的积极性，让部下忙起来，是一种比较高的执政境界。当然，有时候受体制和权力所限，并不是想用的人就能用得起来。有时候想调动部下的积极性，不一定就有可以调动的手段，正所谓“手中没把米，叫鸡鸡不应”。在这种情况下，像巫马期那样亲力亲为，也是对事业的负责态度。

执政事例之二：取信为上

子贱到单父任职时，担心鲁君听信谗言，难以放开手脚工作，就要求鲁君

①见《说苑·理政》。

派两名身边人一同前往。子贱部下来见，子贱让这两个人写文书，但二人一动笔，子贱就去扯他们胳膊（所谓掣肘），字写得不好，则又严词斥责，二人实在受不了这个气，辞职回到鲁君那里，把事情告诉了鲁君。鲁君问孔子这是怎么回事，孔子说，子贱有佐霸王之才，他这是告诉你要放手让他干，不要掣肘。鲁君大悟，派人对子贱说，从今往后，单父就交给你了，你一切可以自决，五年报告一下情况就可以了。于是子贱遂行其政，单父大治[①]。

评论：取得上级的信任太重要了，倘有子贱之才，鲁君不授信也难以行其政，何况普通为政者？从另一个角度讲，如果真心将一个地方交给人家治理，就要给以足够的信任和施政空间。现在情况复杂一点的地区，任职的人没到多久，告状的和反映问题的就来了，上级就找谈话，要求注意一下，谨慎一点，要稳定局面，等等。如此则只能"和稀泥"了，八面玲珑对自己倒没有什么不好，损失的却是一方公众利益。

执政事例之三：治心为上

子贱担任单父行政长官期间，适遭齐国经过单父进攻鲁国（查春秋时代地图，单父处鲁之西南，齐国位于鲁国东北，为什么进攻鲁国要经过单父？不得而知）。城中百姓对子贱说，麦子已快成熟，齐国军队要来了，恐怕来不及做到各收各的麦子，赶紧放大家去收割，这样虽然不一定各得其麦，但粮食还是鲁国的，不至于让齐人得到粮食。子贱始终不表态，结果让齐军获得了粮食。有人报告季氏，季氏很生气，派人责问子贱。子贱说，今年的麦子虽然没有了，但是来年还可以种。如果让百姓一哄而抢去收麦子，其中必有不劳而获者，这样下去，百姓会产生出惰性，有的甚至希望敌寇来犯。单父的麦子，对于鲁国而言，无足轻重，失去了，也没有减少多少；得到了，也没有增加多少，但是人心却可能变坏了，这个影响将是长远的。季氏听了很惭愧，说："地若可入，吾岂忍见宓子哉。"要是能入地就好了，没脸见子贱了[②]。

评论：《史记·滑稽列传》中说："子产治郑，民不能欺；子贱治单父，民不忍欺；西门豹治邺，民不敢欺。三子之才能谁最贤哉？辨治者当能别之。"子产

---

①见《孔子家语·屈节解》。

②见《孔子家语·屈节解》。

之治，民即使有欺诈之心，但没有行诈之条件和必要。西门豹之治，民即使有欺诈之心，但不敢欺诈，因欺诈败露后，成本太高，刑罚太重。子贱重治民心，导民向善，使民不忍行诈。当然，能达到治心最好了，但治心的成本比较高，一代又一代的新人，必须从零开始教育，从头塑造心灵，且高度依赖治理者的智慧和品行。但是治心如果长期坚持，成为一种民族精神和民族特性，那么必会大有裨益。

最后，据《说苑·理政》记载，子贱到单父任职时，孔子赠了几句话，很有意义，录于此，供参考：夫子曰："毋迎而距也，毋望而许也；许之则失守，距之则闭塞。譬如高山深渊，仰之不可极，度之不可测也。"子贱曰："善，敢不承命乎！"确实，为政者新到一地、一单位，一切不要急于表态，广开言路，却不拒不许，这应是正确的态度。

[5.4]子贡问曰："赐也何如？"子曰："女，器也。"曰："何器也？"曰："瑚琏也。"

译解

器：器物、器具，言子贡为有用之才。

瑚琏：音胡连。为宗庙盛粮食之祭器，以玉饰，夏朝时叫作瑚，商朝时叫作琏，周朝时叫作簠簋（音附轨）。

子贡问："我怎么样？"孔子说："你是有用器具。"子贡又问："是什么器具？"孔子说："是瑚琏。"

行政解读

子贡在学问、经商、行政方面均取得了巨大成就，这在孔子弟子中很少见。《史记·仲尼弟子列传》中记述子贡事迹的文字为诸弟子中最多。其时，齐国权臣田常欲为乱齐国，为了减弱国内反己势力，先欲移兵伐鲁。孔子派子贡解决此事。结果子贡一出，单凭一张嘴，游说齐、吴、越、晋诸国，达到了"存鲁、乱齐、破吴、强晋、霸越"的多重目标。子贡曾经为相鲁国和卫国，行政上很有成就。同时，子贡也是一代富豪，“家累千金”[①]。子贡如此才具，孔子只说他是个瑚琏，却没有像评论宓子贱那样说他是个君子。孔子还说他远不如颜回，如本篇第九章，孔子对子贡说：“女与回也孰愈?”子贡回答说：“赐也何敢望回。回也闻一以知十，赐也闻一以知二。”孔子说：“弗如也！吾与女弗如也。”[5.9]但是我们看到的历史记载，却有许多子贡智慧和品德编就的一个个精彩故事和精彩言论。由于子贡的成就，当时社会上有些人认为子贡甚至强过孔子，当然子贡不这么看，后来孔子声望的最有力维护者就是子贡，参见[19.22]、[19.23]、[19.24]、[19.25]等章。

《为政》篇上讲，“君子不器”[2.12]，君子不拘限于固定用途，君子应是个全才和通达之才。不知为什么，子贡如此全面才具，孔子也不给他一个“不器”的称号，而只是说他是个尊贵之器——瑚琏，顶多是一个大器。从子贡一生所为来看，子贡不是一个读死书的人，而是一个富有智慧的现实主义者、外交家、政治家、巨贾，或许恰恰因此而在践行孔子思想中核心价值观方面没有达到孔子希望的目标，所以孔子惜于授其“君子”称号吧。

[5.5]或曰：“雍也仁而不佞。”子曰：“焉用佞？御人以口给，屡憎于人。不知其仁，焉用佞?”

译解

雍：孔子弟子冉雍，字仲弓。

佞：音泞。口才好，善辩。

御人以口给：以口齿敏捷对付人。御，应答，对付。口给，口中随时有供给。

憎于人：令人讨厌。

不知其仁：不知冉雍是否有仁德。

有人说：“冉雍有仁德但口才不好。”孔子说：“为什么需要口才呢？以口齿敏捷来对付人，令人生厌。我不知冉雍是否称得上有仁德，但有仁德不需

①以上诸事均见《史记·仲尼弟子列传》。

要口才好。”

行政解读

冉雍以德行著称。在孔子看来，仁与不仁，贵在行而不在言。善言，如果只是伶牙俐齿，把不仁说成是仁，把不善说成是善，把无理说成是有理，这就是巧言乱德，孔子比较担心，所以他一再提醒警惕“佞者”，即口才好的人。比如《学而》篇，孔子说：“巧言令色，鲜矣仁。”[1.3]又如在《先进》篇，孔子说：“是故恶夫佞者。”[11.25]再如《阳货》篇，孔子说：“恶紫之夺朱也，恶郑声之乱雅乐也，恶利口之覆邦家者。”[17.18]

但是，如果口才好，用来传播仁、辩护善，用来维护正义力量，口才好又有什么罪呢？所以口才好本身是一种才具，关键看怎样使用，用于向善则善，用于掩恶则恶。孔子的提醒也不是没有道理，口才好的人给人感觉总是站在正义的一边，掌握着真理，但如果此人心术不正，大家就容易被欺骗。“佞”这个词，现在完全是贬义，但春秋时代，“佞”只不过是能言善辩、有口才之美的意思，并没有太多的贬义。

关于冉雍，《雍也》篇上孔子说他“雍也可使南面”[6.1]，可以主持一方政事。再联系冉雍无口才之美的事实，也可得出这样的结论：即以孔子的行政经验来看，为政者不一定要口才好。确实，为政成败，主要看其行政思想、行政理念和行政措施。但是，社会的发展似乎对行政者口才提出了更高的要求。在西方选举社会，获得选民支持全靠一张嘴。打选战，会说不会干的太多了，选上以后，等你发现他不会干只会说时，四年的任期已经结束了，大家已经被骗四年了。西方的选举社会看起来是选总统一个人，而实际上治理国家的是一个政治家团队，这个团队包括众议员、参议员、各州政治领袖等。这个团队是相对稳定的，这样才能保证选举出来的人不会太差，这是一个前提。没有一个相对稳定的政治家团队，选举出来的人很可能会是很糟糕，群众很容易为一些“佞”者煽动起来，而不知其内心的真实企图。

[5.6]子使漆雕开仕。对曰："吾斯之未能信。"子说。

译解

漆雕开：孔子弟子，姓漆雕，名启，字子开，少孔子11岁。

斯之未能信：对于出来做官，还没有信心。

说：通悦。

孔子让漆雕开去做官，漆雕开说："我对此还没有信心。"孔子听了很高兴。

行政解读

漆雕开治学很有成就，据《韩非子·显学篇》记载，孔子去世后，儒学分为八派，其中漆雕开独立成派。按《孔子家语》记载，孔子让漆雕开出来做官，说年龄大了就没有机会了，漆雕开就回了这么一句："吾斯之未能信。"对当官没有信心，孔子为什么听了很高兴呢？因为社会建设需要多种人才，既需要理论的实践者，比如出来做官的，也需要专门搞理论研究的。孔子看到漆雕开无意于出仕，而有志于治学，也很高兴，毕竟这也是个必不可少的领域。

不论行政能力如何，"吾斯之未能信"这句话都可以作为行政者的警言。不应太自信了，总觉得自己站在正确的一边。

[5.7]子曰："道不行，乘桴浮于海，从我者其由与！"子路闻之喜。子曰："由也好勇过我，无所取材。"

译解

桴：音浮，用竹木编成，大的叫作筏，小的叫作桴。

无所取材：关于材，有三说：一说，材指的是编桴的材料，没有地方取得编桴的材料。这绝不是实情，孔子真想造个木筏，到海上去走走，是能够办得到的，可排除第一说。二说，材，同裁，指子路不能裁度事理。三说，材，同哉，是一感叹词，指子路之勇没有什么可取的。《论语》大量使用"哉"字，为什么单此处用"材"来通"哉"？所以第三说可信度也不高。第二说可从。

孔子说：“我的主张如无法施行，乘木筏到海上去，到时候跟从我的恐怕是仲由吧！”子路听了很高兴。孔子说：“仲由的勇敢超过我，但却不善裁度事理。”

行政解读

《子罕》篇上说，“子欲居九夷”[9.14]，这里孔子又说要“乘桴浮于海”，总之是想脱离现实世界。孔子在鲁国推行他的政治主张，没有结果，周游列国也没取得成功，老人家偶尔发出一些避世的感叹也属自然。负重太久，想得到解脱，这也是人之常情。他发出这个感叹时，想到了子路的忠勇，表示了对子路的赞赏，子路听了很高兴。但孔子马上又回到了现实世界，借机对子路进行了一番教育和评论：“好勇过我，无所取材。”

卫国发生祸乱时（事见[7.15]章），子路为孔悝的邑宰。孔悝被绑架，同门弟子高柴（即子羔）劝子路不要进城，因已无济于事。但是子路却说“利其禄，必救其患”，冒死入城，结果被打死。孔子听说卫国祸乱，只说了一句话：“柴也其来，由也死矣。”高柴可以活着回来，子路死定了，事情果如其言。这一年是鲁哀公十五年，即公元前 480 年，其事记于《左传·哀公十五年》。第二年孔子也去世了，子路之死给老人家晚年又添一份悲伤。从这件事也可以看出，子路忠勇有余而“取裁”不足，刚有余而柔不足，并不善于权变。

[5.8]孟武伯问：“子路仁乎？”子曰：“不知也。”又问。子曰：“由也，千乘之国，可使治其赋也。不知其仁也。”“求也何如？”子曰：“求也，千室之邑，百乘之家，可使为之宰也。不知其仁也。”“赤也何如？”子曰：“赤也，束带立于朝，可使与宾客言也。不知其仁也。”

译解

孟武伯：孟懿子的儿子，“武”是他的谥号。

赋：古时以田赋出兵，所以称兵为赋。

千室之邑：有千户人家的城邑。

百乘之家：有车百辆的卿大夫。卿大夫受封的土地，称为采邑或采地；家，指有采地的卿大夫。

宰：总管。卿大夫可以派人去管理自己的采邑，叫作宰，属于他的家臣。

赤：公西赤，孔子弟子，字子华，小孔子42岁。

束带立于朝：衣冠整肃，立于朝中。束带，古人无事则缓带，有事则束带。

孟武伯问："子路有仁德吗？"孔子说："不知道。"又问。孔子说："仲由，可以让他掌管千乘之国的军事，不知他是否有仁德。""冉求怎么样？"孔子说："冉求，千户人家的城邑或有车百辆的卿大夫之家，可以让他做总管，不知他是否有仁德。""公西赤怎么样？"孔子说："公西赤，可以让他整肃衣冠，接待宾客，（负责外交），不知他是否有仁德。"

行政解读

这里孔子借与孟武伯的问答对三位弟子进行了评论。子路是一位军事人才，但是否达到了仁的标准，很难做结论。冉求是一位行政人才，是否达到了仁的标准，很难做结论。公西赤是一位外交人才，是否达到了仁的标准，很难做结论。仁人一定是人才，人才不一定就是仁人。德和才是两个评价维度，但无才就不可能有德，过去讲"女子无才便是德"，只不过是男性霸权主义的狡辩。什么也不懂，什么也不会，没有才具怎么会有德。讲"君子不器"，首先要"成器"，然后才能"不器"。

[5.9]子谓子贡曰："女与回也孰愈？"对曰："赐也何敢望回？回也闻一以知十，赐也闻一以知二。"子曰："弗如也！吾与女弗如也。"

译解

愈：胜过。

吾与女弗如也：一说，孔子赞同子贡说自己不如颜回这句话，"与"为赞成之意；二说，孔子说自己与子贡都不如颜回，"与"为连词。关于第一说，"弗如也"本身就表达了赞成子贡之意，不必再赘一句拗口的"吾与女弗如也"。从第二说。

孔子对子贡说："你和颜回谁更强一些?"子贡说："我怎么敢和颜回比？颜回闻一能知十，我也不过是闻一能知二。"孔子说："是不如呀！我和你都不如他。"

行政解读

此章赞颜回之聪敏，但却以子贡为比照。或许，颜回是孔子价值观体系的具体体现和表达者，属于理想主义范畴，是孔子心中人之为人的标准。而子贡善于在现实世界中取得富贵，属于现实主义范畴，现实与理想比总是有差距吧。

关于子贡之事，可参考[5.4]章解读。

[5.10]宰予昼寝。子曰："朽木不可雕也，粪土之墙不可杇也。于予与何诛?"子曰："始吾于人也，听其言而信其行；今吾于人也，听其言而观其行。于予与改是。"

译解

粪土：腐土，污秽之土。

杇：音乌，本指涂抹粉刷墙壁的工具，此句是粉刷的意思。

诛：责备。

宰予白天睡觉。孔子说："腐朽之木不能再雕刻了，已成污秽之土的墙壁无法再粉刷了。对于宰予，责备他又有什么必要呢?"孔子又说："原来我对于人，听其言就信其行。现在我对于人，听其言还要观其行，是宰予让我改变了态度。"

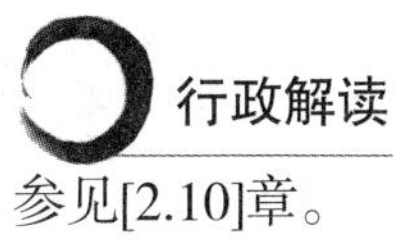

行政解读

参见[2.10]章。

[5.11]子曰："吾未见刚者。"或对曰："申枨。"子曰："枨也欲，焉得刚？"

译解

申枨：枨，音成，其人不详。

孔子说："我没有见过刚强不屈的人。"有人说："申枨。"孔子说："申枨多欲，怎么能刚强不屈呢？"

行政解读

无欲则刚，但刚也不是绝对需要无欲，欲仁也刚。如果光明正大，有理想而没有私欲，也能够坚强不屈。再进一步说，有私欲，如果坚持满足私欲合礼合法，不求非分之想，也能做到威武不屈、富贵不淫、贫贱不移。所谓合礼，就是挣该挣的钱，办该办的事，谋该谋的权，享该享的待遇。有喜欢的女子，使之为妻，合礼；包二奶，搞婚外情，就不合礼。为政者，敢于与社会恶势力斗争，敢于排除万难，戮力行政，首先要历史清白，自己的一切都可以见得了阳光。而历史清白，一切都可以见得了阳光，就要坚持管理好自己的欲望，导之有方，所言所行经得起推敲，经得起考验，这样才能无所畏惧，才能吃得下，睡得香，才能"刚"。

[5.12]子贡曰："我不欲人之加诸我也，吾亦欲无加诸人。"子曰："赐也，非尔所及也。"

译解

子贡说："我不想别人强加于我，我也不想强加于别人。"孔子说："端木赐呀，这一点你做不到。"

行政解读

子贡说他不想强加于人，也不想别人强加于他，希望一切都建立在自愿的基础上，孔子说他做不到，这是事实。如果社会上所有的人都遵纪守法，其欲望不越“礼”的分界，能够严格自律，就不需要强加于他什么。但是如果是一个私欲横流的社会，既不想别人管着自己，也不想管着别人，成为一个完全自由自在的人，则不可能，因为物少欲多，纷争必起。什么是纷争？纷争就是意图强加于人。

还有一种解读说子贡想表达的是“恕道”思想，不想别人强加于我的事，我也不想强加于别人，正是“己所不欲，勿施于人”思想的体现，但是孔子认为子贡也到不了这种程度。颜回恐怕达到了这个程度，因为他无欲于社会和他人，所以他不会强加什么给社会或他人，对于社会给予他的“贫贱”，他的态度是“不改其乐”。从这个角度看，道家的避世者因为“无欲”，反而成为执行“己所不欲，勿施于人”的典范。

[5.13]子贡曰：“夫子之文章，可得而闻也；夫子之言性与天道，不可得而闻也。”

译解

文章：学问的具体形式和德能的外在表现，如文化典籍、六艺、孔子的言谈举止行为等。“文章，德之见乎外者，威仪文辞皆是也。”（《论语集注》）

性：人的本质规定性。“性者，人所受之天理”（《论语集注》），人作为自然的一部分所特有的一种规定性，这种规定性是天道运行的一种反映，比如食和色，是人之性，这就是自然运行的一种规定性。

天道：自然社会运行之本质特性，“天道者，天理自然之本体。”（《论语集注》）

子贡说：“先生的学问、举止和威仪，我们听得到；先生关于人性的本质和天道运行之本质的言论，我们听不到。”

行政解读

子贡之言点出了孔子学说的精神和特点。孔子并不是大讲特讲人的本质是什么，天的本质是什么，他强调的问题都很具体。比如他强调坚持礼制，比如他强调忠恕，比如他坚持尚德不尚力，等等，这些都属于“文章”的范畴。但是为什么强调这些呢？其背后就是对人性和天道本质的理解和掌握。我们在[3.4]章解读中引用过荀子关于礼制起源的一段话："礼起于何也？曰：人生而有欲，欲而不得，则不能无求。求而无度量分界，则不能不争；争则乱，乱则穷。先王恶其乱也，故制礼义以分之，以养人之欲，给人之求。使欲必不穷于物，物必不屈于欲。两者相持而长，是礼之所起也。"（《荀子·礼论》）"人生而有欲"这是人性本质的规定性；"欲不穷于物"，物相对于欲总是稀缺的，这是自然的特性。天道就是这样规定的，所以孔子强调礼的重要性，是因为孔子看到了人与自然的这种特性和关系。这就是孔子学说建立的基础，也是孔子学说的科学性所在。

[5.14]子路有闻，未之能行，唯恐有闻。

译解

注家多认为此句的意思是子路听到一个道理，还没有来得及践行，生怕再听到另一种新的道理。如此，似乎子路只愿意学一项实践一项，然后再学新的一项，否则就不愿听到新的道理，这与常理不合。"唯恐有闻"中的"有"当解作"又"，意思是子路害怕再一次听到上次听到的那个道理，而不应是听到新的道理。再一次听到还没有践行的道理，以子路之勇之直，当会感到羞愧，所以害怕再次听到。此章描述了子路在治学修为过程中对自己的严格要求，也反映了子路的个性。

子路听到一个道理，还没有实行，就很害怕再次听到那个道理。

[5.15]子贡问曰："孔文子何以谓之'文'也？"子曰："敏而好学，不耻下问，是以谓之'文'也。"

译解

孔文子：即孔圉（音语），卫国大夫，"文"是孔圉的谥号。根据谥法，勤学好问叫作文。此人治家治得不好。孔圉娶卫太子蒯聩（音溃）的姐姐伯姬

为妻，生子孔悝（音奎），孔圉死后，伯姬与其奴仆浑良夫私通，这几人还都是此后卫国祸乱的要角，事见[7.15]章和[6.16]章解读。孔圉也曾让卫国太叔疾休掉妻子，迎娶自己的女儿孔姞（音吉），但太叔疾随即又和前妻的妹妹私通。于是孔圉攻打太叔疾，夺回孔姞，却又让太叔疾的弟弟娶了孔姞。其事均记于《左传》。或许，孔文子这方面的糟糕表现，使子贡产生了这个问题。

子贡问："孔文子为什么会有'文'这个谥号？"孔子说："他勤敏好学，不耻下问，所以授予'文'的谥号。"

行政解读

关于"敏而好学、不耻下问"可参阅[8.5]章解读。

[5.16]子谓子产："有君子之道四焉：其行己也恭，其事上也敬，其养民也惠，其使民也义。"

译解

子产：名侨，郑国名相，郑穆公之孙，故称公孙侨。

其使民也义：役使百姓能得其宜，使用民力合时、合度、合理。

孔子评论子产时说："子产有四种君子品行：他为人做事谦恭，侍奉国君认真负责，教养百姓能给以惠泽，役使百姓能够合乎义理。"

行政解读

子产个人修为主要是谦恭，谦恭可以无祸，谦恭可以容众。对待上级是一个字，叫作敬，在言语态度方面，尊重上级；在办事行政方面，竭尽全力，认真负责。在对待人民方面，首先是"予"，让人民得到实惠，生产生活能有改善；其次是"取"，取用民力合理、合时、合度，让人民各得其宜。不生产粮食的却要求交公粮，这是不合理的。生产的粮食大部分交了公粮，百姓吃不饱肚子，这是不合度。在农忙时节使用民力，这是不合时宜。

子产是春秋时郑国著名政治家，大约生于公元前580年前后。按《左传》，子产卒于鲁昭公二十年，即公元前522年，其时孔子大约三十岁（虚岁）。《史记·循吏列传》记载，子产死时，“丁壮号哭，老人儿啼，曰：‘子产去我死乎，民将安归？”’孔子听到子产的死讯，流下了眼泪，说：“古之遗爱也。”（《左传·昭公二十年》）孔子对子产多有誉词，《宪问》篇：或问子产，子曰：“惠人也。”[14.9]说他有惠于人民，这里则说他有君子之道。关于子产的执政故事，《左传》有详述，现择其三者列于后：

执政事例之一：任贤使能，各用其长

子产执掌政事时，有几个大臣各有才干，冯简子善断大事；子太叔（即[14.8]章中的世叔，叫游吉）风度翩翩、通晓典籍；公孙挥（即子羽）对各国情况特别了解、又有口才；裨谌善于出谋划策，但他还有个怪毛病，在城里谋划就谋不准，在郊外谋划就能谋得准。子产办外交时，先向公孙挥了解相关国家的情况，并让他准备辞令；然后陪着裨谌到野外去谋划，把裨谌之谋告诉冯简子，让冯简子来决断；最后，把整个事情的计划交给子太叔去实施。所以子产的外交办得很漂亮，给郑国这个小国赢得了尊严与和平环境①。

评论：任贤使能，各用其长，这个道理谁都懂，但实践中很难做到这一点，是谓能言而不能行。

执政事例之二：建立民意表达渠道

子产不毁乡校在历史上很有名气。乡校指立于乡、州、党的地方学校（其制见[6.5]章），也是乡人聚众议事的场所。当时郑国人聚在乡校议论施政得失，有个大夫叫然明的建议子产毁掉乡校，子产不同意。他说，他们议论是好事，他们认为对的，我就推行；他们认为错的，我就改正，这是我的老师呀，怎么可以毁掉呢。再说了，减少怨恨靠的是仁道善行，不能靠威势压人。堵百姓嘴巴就像防堵河堤，堤决了，伤的人更多，还不如开个口，让其自然疏导。孔子听了这话后说，有人说子产不仁，我不相信②。

评论：行政是公众事务，百姓不议论是不可能的。重要的是要建立比较通畅的民意表达渠道。现在互联网发展迅猛，已逐步成为民意表达的渠道和场

①② 《左传·襄公三十一年》。

所，这或许会成为中国特色的民主方式之一。并且，这种民意表达方式的社会成本也较低。反之，大家到街头去抗议，影响别人正常生产生活秩序，社会成本比较高，所以建立与时代发展相适应的民意表达渠道至为重要。两千五百年前的子产树立了一个榜样，更早时期的周厉王通过秘密警察（巫人）方式以威势阻止百姓说他坏话，结果三年后被国人流放到彘（音志）这个地方，则树立了一个坏的典型。从孔子的评论来看，孔子是一个强烈的民本主义者，在他看来，重视人民的声音、人民的利益以及人民的权利，是仁的表现，否则就是不仁，这是孔子的态度。

执政事例之三：为政中的宽猛相济

子产临死的时候，给子太叔留下政治遗嘱，说我死后一定是你主持政事。只有有德行的人才能以宽服民，如果做不到这一点，不如严厉一点更好。用烈火和水做个比喻。烈火，百姓望而生畏，所以很少被烧死。水，看起来懦弱，百姓常去戏耍，死得却很多。所以，以宽治民比较难。子太叔继政后，不忍用猛，结果郑人聚众为盗，最后不得不动用武力，杀了很多人才平息。子太叔很后悔没有听子产的话[①]。

评论：子产所言极是。《易经》上说，“小惩大戒”，犯点小错误就严格要求，可以避免犯致命大错。《左传》上名篇《郑伯克段于鄢》，写的就是郑庄公有意不断纵容其弟共叔段，最后使之走向灭亡的故事。孔子对子产这段话的评论是：“善哉！”孔子认为，“政宽则民慢，然后施之以猛，猛则民残，继则施之以宽。宽以济猛，猛以继宽。宽猛相济，政是以和”（《左传·昭公二十年》）。孔子爱民，也对民性非常了解，所以为政需要有宽和猛两手，两手都硬，社会就可获得良好治理。

[5.17]子曰：“晏平仲善与人交，久而敬之。”

译解

晏平仲：齐大夫，姓晏名婴，字仲，“平”为其谥号。

---

① 《左传·昭公二十年》。

久而敬之：一说，人敬晏子，时间很久了依然能够赢得友人的尊重；二说，晏子敬人，时间很久了，晏子还能够始终敬友如初。依第一说，晏子善交友的结果是朋友始终尊敬他，但晏子在齐国为相，历事齐灵公、齐庄公、齐景公三朝，执政时间长达五十余年，权重势大，以此获得朋友的终身的敬重并不难。“久而敬之”到底来源于权势，还是来源于遵循交友之道，不得而知。以孔子之智，不至于不明此理，故不依此说。依第二说，晏子对于故旧老友，一概敬重如初，“久而敬之”是对“善与人交”的进一步诠释，此说较为可信。

孔子说：“晏仲平善于与人交往，相交很久了，仍能敬人如初。”

行政解读

晏子生年不详，卒于公元前500年，其卒之年，孔子亦五十多岁了。晏子是齐国的大政治家，其言行多记于《晏子春秋》。其书有指为伪书，但据认为亦为汉以前成书，或许其中有些是晏子言行，有些是他人假托其中，也未可知。研究晏子的执政思想，可参阅《晏子春秋》。

与朋友相交，时间久了就会懈怠，不能敬重如初，这是人之常情。有些很伟大的人物，与其近身共事，时间长了，也会发现他的一些常人心态和做派，因此对他不敬则是错误的。人们常常犯这样的错误，不在领导身边时，看到的是领导超乎常人一面，所以很敬重他。等调到领导身边工作了，发现他有些方面也如同常人一般，有些方面甚至不如常人，因此对他不能“久而敬之”，出现了敬重方面的懈怠，这是很糟糕的事。在行政上，“久而敬之”很重要，不因岗位的改变，不因权力变化，不因远近的变化，始终对自己的上级和同事保持“敬”的态度，这是一种个人品格的体现，也是行政取得成就的重要条件。

现在查不到晏子善于交友的具体事例，但晏子这个人，既坚持原则又善权变，生活工作厉行节俭，是很有名的。《史记·管晏列传》说晏子“事齐灵公、庄公、景公，以节俭力行重于齐。既相齐，食不重肉，妾不衣帛。其在朝，君语及之，即危言；语不及之，即危行。国有道，即顺命；无道，即衡命。以此三世显名于诸侯”。与朋友交要有“敬”的态度，而且要长“敬”不衰，重要的

是要有距离感。距离太近了，你的就是我的，我的就是你的，不长久；距离太远了，就不是朋友了，成了陌路人了。多大的距离好呢？合乎礼的距离最好。

[5.18]子曰：“臧文仲居蔡，山节藻棁。何如其知也？”

译解

臧文仲：臧孙氏，名辰，“文”是谥号，为鲁国大夫。

居蔡：指藏龟的屋子。蔡，大龟，蔡地出灵龟，因名大龟为蔡。居，藏。

山节藻棁：节，柱头斗拱。山节，将柱头斗拱刻成山形。藻，水草名。棁，音桌，梁上短柱。藻棁，在棁上以藻纹做饰。山节藻棁，都是天子之庙饰，臧文仲用于藏龟之屋，是僭礼行为，所以受到孔子批评。

孔子说：“臧文仲将藏龟之屋的斗拱雕成山形，给梁上短柱绘上藻纹，这人怎么能说是明智呢？”

行政解读

臧氏家族在鲁国历史上是一个有影响的大族。臧氏的始祖为臧僖伯；他是鲁孝公的儿子，名驱，字子臧，谥号为僖。根据周礼，诸侯之子称公子，公子之子称公孙，公孙之子不得以诸侯之姓为姓，只能以其祖父的字为姓，所以从臧僖伯之孙始得臧姓。臧僖伯的儿子叫臧哀伯。《古文观止》上的名篇《藏僖伯谏观鱼》和《臧哀伯谏纳郜鼎》分别记述了他们的事迹。

臧文仲是臧哀伯的孙子，先后辅佐庄公、闵公、僖公、文公四代鲁国国君。鲁庄公十一年（公元前 683 年）秋天，宋国遭受洪灾。鲁庄公派使者去慰问，宋闵公把这次洪灾归过于己。他说，是我对上天不敬，所以上天才降灾，还让鲁国替我担心，承蒙关心，实不敢当。臧文仲听了这话后说：“宋其兴乎。禹汤罪己，其兴也勃焉；桀纣罪人，其亡也忽焉……”（《左传·庄公十一年》）宋国恐怕要兴旺了吧！禹汤责怪自己，所以很快兴起；桀纣责怪别人，所以很快就灭亡了。“其兴也勃焉，其亡也忽焉”这个著名的成语就来自这里。从这个事例可以看出，臧文仲对历史上的执政规律是有深刻认识的。

鲁庄公二十八年（公元前666年）时，鲁国出现了饥荒，臧文仲主动请求去齐国求粮救灾。他的随从说："国君并没有派您去，您却自告奋勇，这不是自己找事干吗？"臧文仲说："有德之人要急人之难，为官者要勇于承担责任。我为鲁卿，在国家有危难之时不挺身而出，没有这个道理。"（大意）他到了齐国，施展其出众的外交才能，最终说服了齐国国君，很好地完成了任务，赢得了鲁国上下的信赖①。这一事例反映了臧文仲对社会对国家所具有的高度责任感。

《左传》上还有一些关于臧文仲处理政务的精彩事例，从这些事例中可以得出结论：臧文仲确实是一个能干的政治家。鲁襄公时期的大夫叔孙豹曾把臧文仲看作是因"立言"而"不朽"的典范②。但是不知为什么，孔子对臧文仲批评得很厉害，说他有三不仁、三不智。"下展禽，废六关，妾织蒲，三不仁也。""作虚器，纵逆祀，祀爰居，三不知也。"③"下展禽"，就是罢免展禽即柳下惠的职务，孔子认为这件事很严重，在《卫灵公》篇又提到此事，子曰："臧文仲其窃位者与？知柳下惠之贤，而不与立也。"[15.14]所谓"废六关"，即是撤除了鲁国的六个征收商税的关卡，这是为了通商贸易，不是什么不仁的事。"妾织蒲"，让小老婆织席子，从事劳动，有什么不好的呢？"作虚器"、"纵逆祀"不得其详。关于"祀爰居"，臧文仲最后也承认了自己的错误，事见[15.14]章解读。从这些事情可以看出，孔子这位圣人对臧文仲的评价有失公允。圣人尚且如此，可见客观公正的评价历史人物真是难哪！

另外，孔子对臧文仲的孙子臧武仲的评价也比较负面，参见[14.12]章和[14.14]章。

[5.19]子张问曰："令尹子文三仕为令尹，无喜色；三已之，无愠色。旧令尹之政，必以告新令尹。何如？"子曰："忠矣。"曰："仁矣乎？"曰："未知，焉得仁？""崔子弑齐君，陈文子有马十乘，弃而违之。至于他邦，则曰：'犹吾大夫崔子也。'违之。之一邦，则又曰：'犹吾大夫崔子也。'违

① 《国语·鲁语》、《左传·庄公二十八年》。
② 《左传·襄公二十四年》。
③ 《左传·文公二年》。

之。何如？”子曰：“清矣。”曰：“仁矣乎？”曰：“未知，焉得仁？”

译解

令尹子文：楚国的宰相叫令尹；子文，姓斗，名谷，字于菟（音乌徒）。

三仕三已：三次任职，三次免职。

崔子：齐国大夫崔杼。齐庄公与其妻私通，崔杼设计将齐庄公杀死在他家中。（事见《左传·襄公二十五年》、《史记·齐太公世家》、《史记·管晏列传》）

陈文子：齐国大夫，名须无，其时与崔杼一同为齐国大夫。

有马十乘：一乘四匹马。

弃而违之：放弃了十乘车的财产，离开齐国。

未知，焉得仁：一说，“未知”言令尹子文与陈文子不智，不智怎么能仁呢？没有证据证明令尹子文与陈文子不智，不从此说。二说，“未知”指令尹子文与陈文子不知道仁，亦无证据，不从此说。三说，“未知”意思是不知其心，怎么知道他仁与不仁。如此则永远不可知“仁”了，因为我们很难知道一个人的心。亦不从此说。“未知”就是“不知道”的意思，孔子先说“不知道”，接着马上补充“这怎么算得上仁呢？”语气上很自然。

子张问：“楚国的令尹子文三次担任令尹，没有喜色，三次被免，也没有怒色。被免职时，他担任令尹时的施政情况一定会告诉新任令尹。怎么样？”孔子说：“这是忠。”子张问：“这算仁吗？”孔子说：“不知道。这怎么算得上仁呢？”

子张问：“齐国的崔子杀掉国君，同朝大夫陈文子放弃了四十匹马的财产离开齐国，到了一国，则说：‘与我国大夫崔子一样。’然后又离开，又到一国，则又说：‘与我国大夫崔子一样。’然后又离开。怎么样？”孔子说：“这是清。”子张问：“这是仁吗？”孔子说：“不知道，这怎么算得上仁呢？”

行政解读

这段话阐述了行政中“忠”、“清”的概念及“忠”、“清”与“仁”的关系。

令尹子文三次任职三次被免，面无喜怒之色，一种可能是内心确无喜怒之情，比较超然；一种可能则是城府很深，喜怒不形于色。但是“旧令尹之政必

以告新令尹”值得肯定，孔子说这是忠。什么叫忠？尽己曰忠，尽职尽责就是忠。现在有些单位和地方的行政者，上台的与下台的连交接工作都难以完成，或者虽然履行了一个交接工作的程序，但不是真心实意地告诉真实情况，这就是不“忠”，不尽己责。仁者必忠，但忠者不一定就是仁者，因为仁者还有一种无私大爱。

齐庄公很坏，私通大夫崔杼的老婆，但是崔杼因此将齐君杀死，这在当时看来是以下犯上的越礼行为，问题很严重。陈文子抛弃自己的财产离开齐国，也有两种可能，一种可能是因为他不赞成崔杼而担心崔杼报复他，为避祸离开齐国；一种可能是他为人清正，不能与崔杼这种人同朝共事，而离开齐国。后来崔杼也遭灭族之灾，庄公死后，崔杼立庄公异母弟杵臼为齐君，是为齐景公。齐景公以崔杼为右相，以另一大臣庆封为左相，不到一年，崔氏即为庆封所灭（《史记·齐太公世家》）。孔子从“清”的角度肯定陈文子，赞他不同流合污。但“清”只是洁其身，这与仁不仁确实没有关系。为政者当“清”，在任何行政环境下，都应保持自己的清白、清正。但是只保持了自己的清白，这只是一个行政者的道德底线。行政者的责任在于改变世界，让浊的环境也变成清的环境，所以应有在自身“清”的基础上让别人也“清”的智慧。这要靠制度建设，用制度管人、用制度管权、用制度管事，完善办事程序，形成相互监督机制，让干部没有机会出问题。

[5.20]季文子三思而后行。子闻之，曰：“再，斯可矣。”

译解

季文子三思而后行。孔子听到后说：“思考两次就够了。”

行政解读

季文子其人，见[3.1]章解读。季文子死于襄公五年，即公元前 568 年，孔子生于襄公二十二年，即公元前 551 年，所以孔子说此话时季文子已逝多年。

“三思而后行”与善与不善没有关系，只是个谋事的方法。按说，孔子强调“慎”，三思而后行就是“慎”的具体方法，不知为何又说“思考两次就够

了”，其实有些事，思考一次就够了。而重要关头不但应 三思，而且还应多思，但凡事都三思而行，或显过度谨小慎微，不够痛快了。凡事，总是有个分寸，用过了头，好的方法也会产生不好的结果。

[5.21]子曰：“宁武子，邦有道则知，邦无道则愚。其知可及也，其愚不可及也。”

译解

宁武子：宁俞，卫国大夫，武为谥号。

孔子说：“宁武子在国家安定时看起来是个智者，在国家危乱时看起来是个愚者。宁武子之智能够做到，但宁武子之愚则很难做得到。”

行政解读

注家多认为，宁武子在国家安定时就显得很聪明，而在国家危乱时就显得比较愚笨，这是宁武子的自保之道。在乱世中装糊涂，以求自保，这很难，但宁武子做到了。

查《左传》关于宁武子的记载，看不出宁武子“愚”的一面，倒是看到了他“忠”和“智”的一面。公元前 637 年，晋国公子重耳因难流落到卫国，受到卫国的非礼对待，当时的卫君是卫文公。晋文公即位后第五年即公元前 632 年春天，晋军进攻卫国。卫成公想与晋结盟，晋不同意，想结好楚国，卫国老百姓不愿意，卫成公因此被国人赶走。这期间，宁武子一直跟随卫成公流亡。卫成公回国之时面临着比较复杂的政治局面，没有随同卫成公流亡的，担心卫成公报复；随同卫成公流亡的则又觉得有功，很不和谐。宁武子于是与众官吏盟誓：“没有留下来的人，谁来保卫卫国？没有随护国君的，谁去保卫卫君？从今往后，当时留下来的人不要害怕，跟随国君的也不要恃功，否则严惩。”这样才把局面稳定下来，保证了卫成公的顺利回国。

卫成公回国当年冬天，晋人又把卫成公抓起来关在狱中，晋文公杀掉了卫成公身边的两个大臣，却因为宁武子忠诚而赦免了他，让宁武子给卫成公送饭。这一次，宁武子以“忠”而保身。公元前 630 年，晋文公派了一位医生，

想去毒死卫成公，宁武子提前知道了消息，行贿这个医生，减轻毒药成分，保了卫君一命。后经鲁僖公的说合，卫成公再次回国复位。这一次宁武子表现出了“智”。

这就是宁武子的主要事迹。从这些事迹可以看出，宁武子的特点是两个字：“忠”和“智”，未见其“愚”。卫成公即位三年即被赶下台，其败是由于卫国国内对外交政策存在不同意见，而无法证明卫成公是失德之君，这或许是宁武子忠于卫成公的主要原因吧。

[5.22]子在陈，曰：“归与！归与！吾党之小子狂简，斐然成章，不知所以裁之！”

译解

陈：陈国，武王灭纣后将舜的后人封于陈。

党：代指家乡鲁国。周制，五百家为党。

小子：年轻人，指孔子的弟子。

狂简：狂，志大进取的样子；简，怠慢、自负的意思。如《吕氏春秋·骄恣》：“自骄则简士，自智则专独。”这里表达的是年轻弟子们志大而自负的样子。

斐然成章：章，“乐竟为一章”，《说文解字》释为：一曲完了即为章。“成章”指事物发展达到一定阶段或规模，如“成事成文曰章”（《诗疏》），又如《孟子·尽心上》：“君子之志于道也，不成章不达”，这是说君子立志行道，不到一定程度则不能通达。斐然，巍巍可观的样子。综之，“斐然成章”是形容“吾党之小子”已取得了可观的成就，学问已做到一定程度。

不知所以裁之：弟子们已很有成就，一个个都是人才，不知如何引导、教育这些弟子，表达了孔子自觉教育弟子责任重大。裁，剪裁，以裁衣形容教育弟子，使之成才。

孔子在陈国说：“回去吧！回去吧！家乡的弟子们志大而又自负，取得的成就已到一定程度，很可观了，真不知如何指导他们。”

孔子周游列国，无法推行他的政治主张，眼看岁月不居，不觉已入暮年，于是给自己明确了一项新的历史任务：整理文献，修订诗书，教育弟子。他说，我家乡的那些年轻人，那么有才华，那么有志向，思想那么活跃，那么有文采，已取得斐然成就，我应该去好好教育他们，让他们继续未竟事业。孔子觉得自己责任很大，觉得不知如何指导他们。

孔子一生从没有气馁过，也从没有懈怠过，自己无法直接行政了，就从事文教事业。行政者从行政领域退出来，该干点什么呢？能干点什么呢？现在走入行政领域，退出来比较难，其中原因就是不知能干点什么，不知会干些什么，很难发现自己的新价值，这恐怕既有体制原因，也有个人原因。

[5.23]子曰：“伯夷、叔齐不念旧恶，怨是用希。”

伯夷、叔齐：孤竹国君的两个儿子，孤竹君死后，两人互相推让不肯继承君位。后因反对武王伐纣，义不食周粟，饿死在首阳山下。详见[7.15]章。

恶：怨恨。

怨是用希：怨恨因此就少。是用，即“是以”，因此的意思。希，少。关于“怨”，有两说，一说是别人对伯夷、叔齐的怨恨；二说是伯夷、叔齐对别人的怨恨。如果理解为伯夷、叔齐对别人的怨恨，那么与“不念旧恶”就是同义反复，“不念旧恶”本身就已无怨，所以当从第一说。

孔子说：“伯夷、叔齐不记过去的恶行，因此怨恨他们的也就比较少。”

这句话的逻辑似乎是，如果能够宽容对待别人过去的错误，别人也就不会怨恨你了。如果我们的目标是减少别人的怨恨，对恶人的错误也既往不咎，那些恶人自然不会怨恨我们。但是，这样一来，世间的公平和正义价值观如何建

立？让谁去惩罚恶人和恶行呢？有人说让“天”来惩罚他，但是上天的惩罚总是假人间之手才能实现。如果大家都去原谅恶人和恶行，恶人恶行必大行其道，如此报恶，何以报善？

应当指出，孔子只是客观阐述了对伯夷、叔齐怨恨较少的原因，他并没有肯定或否定“不念旧恶”该与不该。关于如何报德、如何报怨，孔子在《宪问》篇中阐述了他的态度，参见[14.34]章。

[5.24]子曰：“孰谓微生高直？或乞醯焉，乞诸其邻而与之。”

译解

微生高：姓微生，名高。

醯：音希，即醋。

孔子说：“谁说微生高直？有人向他要点醋，（他自己没有却不说没有），而是向他邻居要来再转给人家。”

行政解读

什么叫直？以坦率的方式说出真相和真实意图叫直；或以委婉的方式说出真相和真实意图也叫直。是在所有事情上都直接说出真相和真实意图才叫直，还是在主要的事情上直接说出真相和真实意图就可以叫直？这是一个复杂的问题。

直，作为一种人格特性，本身并无善与不善的价值判断。《论语》中使用“直”字，有时本身还包含“正”的意思，比如“举直错诸枉，则民服；举枉错诸直，则民不服”[2.19]，比如“质直而好义”[12.20]。有时又不包含“正”的意思，如本句。孔子使用“直”字在许多情况下与“直”背后的价值判断联系在一起，比如他夸卫国大夫史鱼“直哉史鱼！邦有道，如矢；邦无道，如矢”[15.7]，史鱼以尸谏卫君，让其起用贤臣蘧伯玉，远离弄臣弥子瑕，是因为其忠于国、忠于君，且所言正确，故受孔子称赞。孔子又说：“直而无礼则绞”[8.2]，“直”还要遵循礼的原则，否则会让人很难受，这是孔子所反对的。

我们不知道向微生高讨醋这件事发生在怎样的背景下，如果是一个重要的朋友来要一点醋，而自己一时又说不清楚没有醋的原因，为防止发生误会，向邻居要一点醋给他，也是一种合理的办法。孺悲这个人要见孔子，孔子不想见他，就假装生病（事见[17.20]），这是不是也不够“直”呢？还有，《子路》篇上讲的故事：叶公语孔子曰：“吾党有直躬者，其父攘羊，而子证之。”孔子曰：“吾党之直者异于是，父为子隐，子为父隐。直在其中矣。”[13.18]孔子认为，父亲或儿子偷了羊，相互隐瞒才是“直”。可见，孔子也并不认为一切情况下都“直”就好，他在生活中也不是事事都“直”。

对于整个社会来说，倡导“直”可以降低社会运行成本，淳朴民风。对于个人来说，直一点，少让人猜，交往起来比较痛快。但是绝不是不顾一切的“直”就是好的，有时候善意的“曲”和“谎”都是必要的。

[5.25]子曰：“巧言、令色、足恭。左丘明耻之，丘亦耻之。匿怨而友其人，左丘明耻之，丘亦耻之。”

译解

足恭：一说过度恭敬；二说足欲前而又不进，表示敬畏。从巧言、令色的组词结构看，当从第二说。巧言出于口，令色显于容，足恭见于足。

左丘明：鲁国贤德之人，有说即为《左传》之作者。

匿怨而友其人：内心怨恨，外表却十分亲近，即藏怨于内，诈亲于外。

孔子说：“花言巧语，假装和善，双脚欲前却后，表现出一副恭敬的样子，左丘明认为可耻，我也认为可耻。将怨恨藏在心中，却表现出一副友好的模样，左丘明认为可耻，我也认为可耻。”

行政解读

这里主要是反对表里不一。《学而》篇已解过“巧言令色，鲜矣仁”，可参阅[1.3]章解读。

关于“匿怨而友其人”，这里再多说几句。

“匿怨而友其人”有时是必要的。因某事对某人产生了怨恨，怨恨人家对不对？有时候过了一段时间，发现自己不该怨，怨错人了，事情不是那么回事。那么，若是当时采取了“匿怨而友其人”的办法，就不必再去为挽救宝贵的关系而努力了。倘若确实讨厌某人，心中对他有怨气，但是工作需要“友其人”，作为行政者，就要把个人的情绪放在一边，把国家和公众利益放在前面，要“匿怨而友其人”。再说了，怨恨一个人，如果没有办法化解，也不想去化解，为什么必须让人家知道呢？让人家知道了人家也不高兴，这是社会总快乐程度的损失。一不高兴，马上就去说，我不与你友好了，这不是小孩子常用的办法吗？

[5.26]颜渊、季路侍。子曰：“盍各言尔志？”子路曰：“愿车马衣裘，与朋友共敝之而无憾。”颜渊曰：“愿无伐善，无施劳。”子路曰：“愿闻子之志。”子曰：“老者安之，朋友信之，少者怀之。”

译解

季路：即子路。

盍：音何，何不。

愿车马衣裘：有的文本上写作“愿车马衣轻裘”，“轻”字疑为后世加入，应为“愿车马衣裘”。轻裘，轻的皮袍，代指衣服。

与朋友共敝之而无憾：与朋友共同使用，坏了也没有遗憾。敝，衣败曰敝。

无伐善，无施劳：善而毋伐，劳而毋施。即，愿默默行善却不炫耀，愿辛苦劳作而不烦劳别人或社会。伐，自夸；施，加之于别人。

老者安之：老者使之安，让老人都得到安养。

朋友信之：朋友使之信，让朋友间充满信任。

少者怀之：少者使之怀，让少年都得到关怀。怀，抚慰。如《左传·僖公二十四年》：“其怀柔天下也，犹惧有外侮。”

颜渊、子路在孔子旁边陪侍。孔子说：“何不都谈一谈各自的志向呢？”子路说：“车马、衣服这些东西，愿与朋友共同拥有，用坏了也不遗憾。”颜

渊说："愿意默默行善却不炫耀，辛苦劳作而不烦劳别人。"子路说："想听一听先生您的志向。"孔子说："希望让老年人得到安养，让朋友间充满信任，使年少者得到关怀。"

行政解读

这段对话反映了孔子、颜渊、子路三人的性格特点和各自志向。

子路豪爽仗义，强调朋友的重要性，愿意与朋友有福同享，有难同当，轻财重义，不分彼此。

颜渊的理想着重修己，自己做善事，不希望别人知道，自己辛苦一点，也不希望给别人添什么麻烦。颜渊个人人品好到了极致，可谓道德楷模。但似乎关心自己的品德修为多了一点，而改造社会的欲望弱了一点。用现代的话说，就是社会责任感不够强，这或许是他难以成为政治领袖的重要原因吧。

听了孔子的志向，立即就可以感觉到孔子的思想境界远非颜渊、子路可比。颜渊、子路的志向离不开一个"我"字，子路想的是建立一个理想的朋友关系，颜渊想的是自我完善，孔子想的则是理想社会的建立，"老者安之，朋友信之，少者怀之"。不论采取什么社会制度、不论采用何种主义、不论举什么样的旗帜，我们的目标不就是让人民都过得好一点、让人民更自由一点、让社会更和谐一点吗？这正是孔子关心的核心目标：建立一个各得其所、各安其位、充满信任的和谐社会。

孔子在此说出的志向与其关于大同社会及小康社会的理想模式密切相关。还可参考[8.1]章孔子关于大同社会和小康社会的描述。

[5.27]子曰："已矣乎！吾未见能见其过而内自讼者也。"

译解

孔子说："罢了！我没有见过看见自己错误而能内心自责的人。"

行政解读

参见[19.21]章。

[5.28]子曰：“十室之邑，必有忠信如丘者焉，不如丘之好学也。”

译解

孔子说：“十户人家的小城邑，也一定有像我一样忠信的人，只是不如我好学罢了。”

行政解读

勤勉好学是做好一切工作的基础，行政亦如此。

第6篇

《雍也》中的行政精神

[6.1]子曰：“雍也可使南面。”

译解

南面：一说，南面指的是仲弓可以做天子，《论语集注》：“南面者，人君听治之位，言仲弓宽洪简重，有人君之度也”。二说，南面指的仲弓可以做诸侯，诸侯也是南面而坐，治理朝政。三说，南面指的仲弓可以做卿大夫，卿大夫治事临民其位都是面南。到底这句话是说仲弓可以当天子，还是当诸侯，或是当多大的官，争论较多，但仲弓可为政是可以肯定的。雍：冉雍，字仲弓。

颜回是孔门德行最高的弟子，孔子也没有说“回也可使南面”。谈到颜回，只是说“用之则行，舍之则藏，惟我与尔有是夫！”[7.11]如被起用就能干出成效，不被起用就能退而归隐，只有我和你颜回可以做到这一点吧！其决定前提还是人家能不能任用或起用。仲弓德行没有颜回高，可推断孔子说仲弓“可使南面”并不是说仲弓可以当天子或诸侯，天子和诸侯不是通过“任用”或“起用”得到的职位。因此，孔子说仲弓“可使南面”是说仲弓可以做官了，做什么官呢？做主持一方政事的官。比如一个城邑、一个地区的行政长官，总的来说是一个部门或一个地方的一把手，不是二把手，也不是幕僚。如果是副手，则不能面南而治。

孔子说：“仲弓可使其主持一方政事。”

[6.2]仲弓问子桑伯子，子曰："可也，简。"仲弓曰："居敬而行简，以临其民，不亦可乎？居简而行简，无乃大简乎？"子曰："雍之言然。"

译解

子桑伯子：一说为《庄子·大宗师》中的子桑户，"子桑户、孟子反、子琴张相与友"。子桑户去世，孔子曾派子贡去料理丧事。孟子反，即[6.15]章句中的孟之反。子琴张，琴牢，孔子弟子，字子张。二说为《左传》中所记秦国大夫子桑。已无可考定。但从与孔门弟子来往密切程度看，子桑伯子为子桑户更可信。《说苑·修文》记述了孔子与子桑伯子的一个故事：孔子见子桑伯子，子桑伯子不衣冠而处。门生曰："夫子何为见此人乎?"曰："其质美而无文，吾欲说而文之。"孔子去，子桑伯子门人不说，曰："何为见孔子乎?"曰："其质美而文繁，吾欲说而去其文。"孔子与子桑伯子均肯定对方"质美"，本质不错，但孔子反对子桑伯子不讲礼仪，太简。而子桑伯子则认为孔子讲礼过甚，太繁。所以子桑伯子"不衣冠"接见孔子，是一种行为抗议反讽方式。这一则故事是后人杜撰，还是真有其事，无从确定。

可也，简：孔安国注："以其能简，故曰可也。"注家多从此说，称其为政或处事能简，所以孔子赞其可也。但为政或处事"可与不可"并不是因为"简"这种形式，而是为政或处事是否符合道义和事理，所以，因其"简"就赞其"可"不应是孔子论政的逻辑。此句之意当为：子桑伯子这个人不错，但就是行事太简约了，指子桑伯子有质而无文。

居敬：心中以敬为居，对于民事、政事，总是以谨慎认真的态度对待。"居敬"与"里仁"为同样句式，参见[4.1]章中关于"里仁"含义的分析。《论语集注》："言自处以敬，则中有主而自治严。"意思是自处之时要"敬"，本书不从此说。

临：治理，管理。

大：同"太"，过甚。

然：赞同之意。

仲弓问子桑伯子这个人。孔子说："这个人不错，就是行事太简约了。"

仲弓说："虑事谨慎细致，行事简约明了，以这种方式治理百姓，不也可以吗？虑事粗疏，行事简约，不就太过粗陋了吗？"孔子说："你说得对。"

行政解读

"居敬而行简"是重要的行政方式。居敬，对于事业和政事心中要始终有"如承大祭"的敬慎态度，慎之又慎，思之又思。一条政策确定实施之前，要全面评估政策对社会各个相关群体眼前利益和长远利益的影响，对于事业发展的正面影响和负面影响，对于其他相关行业的影响。比如，油菜种植补贴提高了，对调动农民种植油菜的积极性有多大影响，有些地区油菜生产与小麦生产有争地的情况，油菜补贴提高对这些地区小麦生产有什么影响，这种补贴是否具有可持续性，对于其他国家油菜生产的影响，是否符合 WTO 规则，等等，都要深思熟虑，"居敬"就会思考深一些，所以非常重要。个人的能力、智力和敬业精神总是有限的，所以更需要一个团队的"居敬"。对于国家来说，应有一个"居敬"的议事机构，才能深入全面分析国家大政方针的方向。

行简，为政宜简不宜繁。政策的具体操作方式一定要简便，让百姓一看就明白，让工作人员操作起来很方便。行繁，会增加社会成本，所以为政，能简则一定要简。但是简与繁总是相对的，不应以牺牲核心价值观或重要政策目标来追求简。历史上行繁与行简都有成功的例子。公元前 206 年，刘邦率领大军攻入关中，与当地百姓约法三章："杀人者死，伤人及盗抵罪"，其他严刑苛法一律废除。秦的法律太过严苛繁复，"天下苦秦久矣"。作为政治上的对立面，刘邦废除秦律是一种政治决断，但这里边也有"简"的精神。另一个相反的例子，就是商鞅变法。秦国百姓与士大夫已经习惯了过去的法律，但是商鞅觉得这套法律不是强国之路，所以要变法。变法之后，很多老百姓不适应，经过三年的努力，付出了很大代价，老百姓才习惯新法。这是一个"行繁"的例子。熟悉了也就不繁了。所以对于影响国家和民族的核心利益的政策法律和制度变革，繁一点不要紧，时间长了，民众习惯了，也就显得"简"了。

[6.3]哀公问：“弟子孰为好学？”孔子对曰：“有颜回者好学，不迁怒，不贰过。不幸短命死矣，今也则亡，未闻好学者也。”

译解

不迁怒：将对甲的恼怒转移于乙。

不贰过：不重复犯同样的错误。

鲁哀公问：“你的弟子中谁好学？”孔子说：“颜回好学，从不将怒气发泄到别人身上，从不犯同样的错误。不幸短命早死了，现在没有这样的弟子了，再没有听说过这样好学的人了。”

行政解读

在《先进》篇，季康子也问：“弟子孰为好学？”孔子说：“有颜回者好学，不幸短命死矣！今也则亡。”[11.7]与鲁哀公问的问题相同，孔子答的内容也差不多。

迁怒现象，是工作和生活中的常见现象。受到了上级的批评，心中充满怒火，碍于对上的敬畏，不能或不敢发泄，回到工作单位后找个茬儿把部下批一顿，或者回家后把太太骂一顿，这就是迁怒。最好是不迁怒。做到不迁怒，就得有一颗仁爱和宽容之心。受到无名无理的批评，第一种境界是心中无怒，干嘛要生气呀，既不解决问题，也还影响心情。再说，有时上级迁怒，他事后心中会有歉意，他觉得此人能忍受无名之怒和无理之怒，是他人品和忍耐力好的体现。第二种境界是心中有怒，但不迁怒于别人。想想自己承受无名和无理之怒的心情，不要再将这种怒气转移到下级或别人身上吧，“己所不欲，勿施于人”。可是，如果心中确实无法承受这种无名和无理之怒，怎么办？不要把它憋在肚子里，找一个迁怒的对象去发泄，也是可以的，比如去打球，去摔东西。如果太太同意迁怒，也可以把怒气发泄在太太身上，前提是与太太约定好，怒气发泄只是一种心理治疗方式，而太太不过是治疗师而已，事后要补偿或交费。且夫妻二人的事业都是共同的事业，帮助舒缓心情和压力也是太太的责任。还有一个词叫作“怨天尤人”，也是孔子说的（见[14.35]章），这个词也是表达迁怒的，把失败归之于天或别人，不在自身找原因，这就是迁责或迁怒于天和别人。

不贰过，不重复犯同样的错误，这主要看悟性和自省能力，看自己善于不善于总结经验教训、善于不善于分析问题的原因了，所以不贰过，这是一种能力。老犯同样的错误，这种人就是不好学、不可救药了。

孔子赞颜回不迁怒、不贰过，就是说颜回既有人品，也有能力。

[6.4]子华使于齐，冉子为其母请粟。子曰："与之釜。"请益。曰："与之庾。"冉子与之粟五秉。子曰："赤之适齐也，乘肥马，衣轻裘。吾闻之也，君子周急不继富。"

译解

子华：公西赤，字子华，孔子弟子，少孔子 42 岁。冉子，即冉有。

使于齐：出使到齐国。

粟：《说文解字》："粟，嘉谷实也。"未去壳时称"粟"，去壳后称小米。但也有把米叫作粟的。

釜：音斧，容积为当时的六斗四升。庾，音宇，容积为当时的二斗四升。秉，音丙，十六斛为一秉，一斛十斗。斛，音胡。（杨伯峻《论语译注》）

益：增加。

乘肥马：乘着肥马所驾之车。当时尚无骑马的习惯。赵武灵王胡服骑射之后才有骑马一说。

周急：接济穷困急需者。

继富：《论语集注》："继，续有余。"富上加富之意。

公西子华出使齐国，冉有请求周济他母亲一些小米。孔子说："给她一釜。"冉有请求再增加一些。孔子说："再给她一庾。"冉有却给了她五秉。孔子听到后说："公西赤到齐国去，车前驾着肥马，身上穿着轻裘。我听说君子应当接济穷人，不应使富人富上加富。"

行政解读

孔子对公西赤有意见，一方面他比较富有，不应成为接济的对象，另一方面他对自己母亲也不够孝顺，他自己“乘肥马，衣轻裘”，老娘却没粮吃，所以孔子应该是比较生气的。

“周急不继富”应当成为公共政策的重要原则和目标之一。社会的效率靠市场机制和社会组织内部机制的有效性，在改革的时代，政府要为市场机制的良好运行保驾护航，比如制定和贯彻好《反垄断法》就是这样一件事，但政府还有一项重要任务，就是实现社会公平。社会公平如何实现？周急不继富。

确保穷困阶层的基本医疗服务，比如农村合作医疗和城市的大众化医院，就应得到政府财政的补助，当然这些年来，随着国家财政实力的增长，政府对农村医疗卫生事业投入力度逐步加大，这是正确的财政政策方向。而同时，一些豪华医院就不应得到政府财政的支持，因为其主要就医者都是富人，如果政府财政投入到这些医院，就是继富不周急，这是不适当的财政政策。再比如，养老问题，国家应当及早研究养老制度，建立养老机构，中国很快就进入了老龄社会，中国传统社会实际是家庭养老制度，这是中国礼法制度下的一个制度，子女要把老人放在身边尽孝。现在一对夫妇只有一个孩子，家庭养老将难以为继，大众化的养老机构的建立将是为政的重要内容，着眼于普通大众的养老，而不是富人的养老，这也是周急不继富。

现在社会上还有很多“继富不周急”的做法。比如现在中国很多的大学，奖学金金额和奖学金项目数量都很多，有些学校，一个好学生，同时就可以是一个富学生，这也没错，学校就应当奖励好学生。但是，中国现阶段的学校还有很多生活十分困难的贫困学生，急需要帮助，所以应当拿出一部分财力来搞贫困生助学金，学校也应当重视这部分学生的困难，这也是周急不继富。

“周急不继富”还应成为一个处事原则。中国人有个传统，看望老领导、老朋友、老同学，得带点薄礼，对于地位高、社会影响力大的人，朋友多，看的人也多，收的礼品恐怕也多，带礼品去看望这些友人，所带礼品或许都没什么用，甚至过后人家都不记得你带了什么。可是去看穷朋友，带点礼品，或许对他会有不少用处，带点肉可以改善伙食，带点酒可以给他带来享受。所以看

朋友，给富朋友带去尊重和关心，给穷朋友带去关心和实惠。这是人情交往中的周急不继富。

[6.5]原思为之宰，与之粟九百，辞。子曰：‘毋！以与尔邻里乡党乎！”

译解

原思：名宪，字子思，孔子弟子。

宰：大夫的家臣。其时孔子为鲁司寇，原思为孔子家宰，相当于家政总管。按礼的规定，孔子给原思九百粟是其应得之俸禄。

与之粟九百：孔安国注：“九百，九百斗”。一说九百斛。权从九百斗之说。

邻里乡党：按周制，王城外一百里之内的区域叫作郊，郊的行政区划是五家为比，五比为闾，四闾为族，五族为党，五党为州，五州为乡（《周礼·地官司徒·大司徒》）。郊之外一直到王畿边界叫作野，野的行政区划为五家为邻，五邻为里，四里为酂，五酂为鄙，五鄙为县，五县为遂（《周礼·地官司徒·遂人》）。酂，音赞。后以邻里乡党代指乡亲和故里。

原思做孔子的家宰，孔子给他俸米九百，原思推辞不受。孔子说：“不要推辞了，可以分给你的邻居和乡亲。”

行政解读

原宪这个人是个安贫乐道的典型，对财物和生活条件看得很轻。《庄子·让王》记载他在鲁国居住时的情形：“环堵之室，茨以生草，蓬户不完，桑以为枢而瓮牖二室，褐以为塞，上漏下湿，匡坐而弦。”可见他是一个绝对贫困户，但仍然端端正正地坐在那里弹弦唱歌。《史记》对原宪也有记载，说孔子去世之后，原宪就跑到荒郊野外隐居起来。子贡做了卫国的相国，出门前呼后拥，车马成群结队。他到贫民窟去看原宪，原宪衣衫褴褛出来见他。子贡替原宪感到羞惭，说：“您难道是病了吗，怎么如此落魄？”原宪说：“我听说，没有钱财叫作贫。学了道却不能行道的叫作病。像我这样，是贫，不是病。”

子贡听了很惭愧，怏怏地走了[1]。

从孔子的角度看，原宪是孔子弟子，给孔子当家宰，按理说，“有事弟子服其劳”[2.8]，孔子即使不给原宪俸米，也说得过去。从原宪的角度看，他是一个把财物看得极其淡泊的人，不受俸米并非出于客气和礼貌，而是真心实意。但是孔子坚持付给原宪规定数额的俸米，哪怕拿着这些俸米再分给邻居乡亲都可以。这里边有什么样的行政精神呢？就是在行政实践中，不要因私亲和个人好恶伤害制度的严肃性。在制度面前，私亲和友谊都应放在一边，严格按制度办事，这在目前的中国社会非常重要。社会上许多人往往因为亲情、友情、上下级之情、同学之情，悄悄地伤害制度的严肃性。比如办公事，有人说了话，是一种办法，没有人说话，就是另一种办法，久而久之，让百姓觉得制度没有权威性，只有人情才是真，人们不得不寻找制度和规定以外的解决问题的机制。这何尝不是一种社会成本和资源的浪费呢？何尝不是一种社会公平和正义的损失呢？

[6.6]子谓仲弓曰：“犁牛之子骍且角，虽欲勿用，山川其舍诸？”

译解

犁牛：一说，杂色花纹牛；二说，耕牛，周时不用耕牛祭祀。其时杂色牛除了做耕牛之外，别无用处。总之，犁牛不可用于隆重祭祀活动。犁，音离。

骍且角：骍，音星，赤色。周人以赤色为贵，因而祭祀时用赤色的牲畜。角，角长得周正，合乎祭祀的要求。

用：指用于祭祀。

山川：山川之神。

舍诸：会舍弃它吗？

孔子谈到仲弓时说：“耕牛生下的小牛，通身赤色，牛角周正，即使不想用来祭祀，难道山川之神会舍弃它吗？”

---

① 《史记·仲尼弟子列传》。

行政解读

这一句反映了孔子的用人之道：不论出身贵贱，唯才德是举。耕牛贱处田野，但其子生得高贵，即使人们不想用它祭祀，但山川之神难道会舍弃它吗？同样可以说，出生低贱，但德厚才高，即使人们不想起用他，难道事业的发展离得了他吗？

舜的父亲瞽叟娶了一个后老婆，生了个儿子叫作象，两人几次设计谋害舜，是一个很不肖的人，但舜却是一个有大德大才的人。禹的父亲鲧，也是一个不怎么样的人，但他的儿子禹是一个有大德大才的人。仲弓的父亲，按《史记》记载，是个贱人，但仲弓是个有才德的人，孔子说他“可使南面”[6.1]，这都符合“犁牛之子骍且角，虽欲勿用，山川其舍诸”的用人之道。事实证明，舜和禹的执政之路，确有很多困难，但百姓没有舍弃他们。在政治上，谁是山川之神？群众就是山川之神。有意愿为国家做事，有能力为国家做事，相信总会有机会为国家做事，因为“虽欲勿用，山川其舍诸”，属于个人可做的，就是要不断提高自己的道德修养和能力，这样坚持下去，机会总会有的。

孔子这句话，表明了孔子反对以家庭出身论英雄的观点。

回顾新中国成立后的一段历史，在长达近 30 年的时间里，一切以家庭出身相论，凡是地主富农出身，不能参军、不能上学、不能当干部，在任何单位都低人一等。凡是贫农、工人出身的人，根正苗红，就是理所当然占据社会上一切有权力、有地位、有福利的职位，理所当然地享受最优质的教育资源。人的基本权利得不到保障。当然，一些地主富农子女当时可能对新政权有敌视，但也不是全部的地主富农子弟都这样，一律剥夺他们的权利，是不应该的。

[6.7]子曰：“回也，其心三月不违仁，其余则日月至焉而已矣。”

译解

三月不违仁：可以长时间不背仁德。三月表示长久。

日月至焉：或日或月至仁德。日月表示时间短暂。

孔子说："颜回的心可以长久地不违于仁，其他人不过是偶尔短暂地回到仁上罢了。"

[6.8]季康子问："仲由可使从政也与?"子曰："由也果，于从政乎何有?"曰："赐也可使从政也与?"曰："赐也达，于从政乎何有?"曰："求也可使从政也与?"曰："求也艺，于从政乎何有?"

译解

果：果敢决断。

达：通达事理。

艺：多才多能，礼、乐、射、御、书、数为六艺。

何有：《皇疏》："何有者，有余力也。"有什么不可，有什么困难。

季康子问："仲由可以从政吗?"孔子说："仲由果敢决断，从政有什么不可的?"又问："端木赐可以从政吗?"孔子说："端木赐通达事理，从政有什么不可的?"又问："冉求可以从政吗?"孔子说："冉求多才多能，从政有什么不可的?"

行政解读

这是孔子对三个不同特点，具有不同长处的弟子从政可能性的评价。从孔子的观点可以看出，政治需要不同的人才，不同性格、不同特点的人才都可以在政治上有所作为。

我们喜欢给某个人下结论：这人适合不适合从政，那个人适合不适合当官。这不一定对。事情往往就是这样，觉得人家不行，结果人家在行政上取得了很大成绩，觉得自己挺行，自己却没有取得什么成绩。可以从政的标准是什么？依孔子看，是多样化的标准："果"、"达"、"艺"等，都是可以从政的。所以政治是一个大众化的事业，只要有这个志向的，都可以参与其中，即使自己有些特点不适合行政工作环境，为了理想改变自己又有什么不可以的呢？人的一生不就是学习的一生吗？

季康子与现代人一样，也喜欢问这个问题：谁适合当官？孔子告诉他，都适合当官。

[6.9]季氏使闵子骞为费宰。闵子骞曰：“善为我辞焉。如有复我者，则吾必在汶上矣。”

译解

闵子骞：孔子弟子，姓闵，名损，字子骞。小孔子 15 岁。

费：音必，一说音密，为季氏采邑。在山东费县一带，但现在都将费县读作费的本音。

善为我辞焉：委婉地为我辞掉。

如有复我者：如果再来召我做费宰。

吾必在汶上矣：汶，音问，水名。齐鲁两国以汶水为界，汶北为齐国。山南、水北为阳，汶上就是汶水之北。闵子骞之意，如季氏再使人召他做费宰，他将逃至齐国。

据说，孔子为鲁司寇时，闵子骞曾为费宰，孔子去职后，闵子骞也离开费邑。

季氏使人请闵子骞做费宰。闵子骞说：“委婉地替我回绝吧。如果再来召我的话，我一定已到汶水之北（齐国）了。”

行政解读

闵子骞拒绝当官的办法，是跑到国外去。伯夷、叔齐拒绝做国君的办法也是跑到国外去。也有的跑到深山老林里，介子推不愿接受晋文公的赏赐，跑到山上，文公把山烧了都不出来，最后抱着树死在山上。或许古时君命不可违，不接受这个官，就得逃。现在有选择职业的自由，辞官比较容易。可是，许多人从政都是职业化的，从进入社会起就从事行政工作，辞了官不知道还会干什么。公务人员最好是多能，在多能基础上从政，如果有一天不喜欢行政工作了，还可以回到原来的本行，多了一种选择自由。

[6.10]伯牛有疾，子问之，自牖执其手，曰：“亡之！命矣夫！斯人也而有斯疾也！斯人也而有斯疾也！”

译解

伯牛：孔子弟子冉耕，字伯牛。

子问之：孔子去探问。问，慰问，探问。

自牖执其手：从窗户外握着他的手。伯牛得的病，可能是一种无法见面的恶疾，所以孔子从窗户外把手伸进去握住他的手。牖，音友，窗户。

亡之：一说是“丧”的意思，要死了，活不成了。二说是“无”的意思。意思是说，不会得这种病吧？怎么会得这种病呢？虽是事实，心下还是不敢相信。按第一说，孔子当着病人面说他要死了，不合人情。从第二说。

冉伯牛生病，孔子前去探问，从窗户外握着他的手说：“不会得这种病吧！真是命啊！这样的人竟得这种病！这样的人竟得这种病！”

[6.11]子曰：“贤哉，回也！一箪食，一瓢饮，在陋巷。人不堪其忧，回也不改其乐。贤哉！回也。”

译解

箪：音丹，用以盛饭的圆形竹器。据《韩诗外传》称，颜回家有田九十亩，衣食勉强自给。

陋巷：巷有两个意思，一是指里中的道路，二是指人的居所，多认为此处指的是颜回的居所。

孔子说：“颜回真有贤德呀！一箪饭，一瓢水，住在简陋的房子里，别人很难忍受这种穷困之忧，而颜回还是不改其乐。颜回真有贤德呀！”

行政解读

参见[4.9]章。

[6.12]冉求曰：“非不说子之道，力不足也。”子曰：“力不足者，中道而废。今女画。”

译解

说：同“悦”。

中道而废：《礼记·表记》：子曰：“《诗》之好仁如此。向道而行，中道而废，忘身之老也，不知年数之不足也，俛焉日有孳孳，毙而后已。”《诗》是那样的爱好仁德，向着大道往前行仁，虽到半路上用力竭尽，但还是勉力向前，忘记了自己已老，不计较还有多少年岁，勉力行仁，毫不懈怠，死而后已。本句“中道而废”即是此意。废，本意指房屋坍塌，这里指气力用尽，停滞不前。

今女画：现在你是划地自限，不想前进。画同划。女，即汝。

冉求说：“我不是不赞成先生之道，我是力不足啊。”孔子说：“力不足的，行到半道气力用尽，（但还是勉力向前的），你是划地自限，（不想前进）。”

行政解读

参见[4.6]章。

[6.13]子谓子夏曰：“女为君子儒，无为小人儒。”

译解

孔子对子夏说：“你要做君子儒，不要做小人儒。”

行政解读

按《周礼》，“儒”本是教民道艺，传授知识的。到了孔子手里，“儒”成了孔门学派的称号，“儒”有了新的内涵，成为一个政治思想派别。后世一直在探讨什么叫“君子儒”，什么叫“小人儒”。孔安国说：“君子为儒，将以明道。小人为儒，则矜名矣。”君子为儒，是为了弘扬道，施行道，小人为儒是为了名利。朱熹说：“儒，学者之称。程子曰：‘君子儒为己，小人儒为

人。'”（《论语集注》）有的说“儒”在这里仍指的是教民道艺的职业，所以才有君子、小人之分，如此理解，则本句与“女为君子，无为小人”之含义就没有什么区别，因为社会上所有的君子与小人都有自己的职业，君子和小人本身并不是职业。故不从。

孔子这句话点出了一个深刻的问题。“儒”是一件外衣，君子可以穿，小人也可以穿。穿上“儒”这件外衣，有的干好事，有的则干坏事。学儒者不一定都是君子，打着孔子旗号的不一定都是孔子思想的继承人和践行者。比如说马克思主义，革命战争年代，王明等人学的也是马克思主义，每天说的也是马克思主义，每天做的事也总能找到马克思主义经典作家语录和实践权威的支持，看起来是马克思主义，但实际不是。“文革”期间的当权人物，谁的嘴上不是马克思主义，谁每天学的不是马克思主义，他们干的事不一样可以找到马克思主义理论的“文字”依据吗？但也不是真马克思主义。

孔子睿智先知，在世之时就已知后世有以儒之名行小人之实的问题，所以在这里以教导子夏的方式提出这个问题，以警示后人。数千年以来，实践反复证明孔子的正确性。后世的儒者将孔子思想教条化、绝对化、片面化、神圣化，践行的是孔子的只言片语，而不是孔子思想的精神实质，穿着的是孔子思想的外衣，行的是反孔子思想之实，这难道不是孔子所说的“小人儒”吗？“小人儒”有很大的欺骗性，比直接反对孔子思想有更大的危害性。如“五四”以来，“打倒孔家店”，该不该？现在看来是应该的，因为打倒的是教条主义的孔家店，“小人儒”败坏了孔子思想的声誉，应该打倒。

确实，对于孔子思想，应有一个科学、全面、与时俱进的准确理解，不要拘泥于只言片言或某些形式上的东西，而要掌握孔子思想的精神实质，融会之，贯通之，施行之。

[6.14]子游为武城宰。子曰：“女得人焉耳乎？”曰：“有澹台灭明者，行不由径。非公事，未尝至于偃之室也。”

译解

武城：鲁国城邑，在今山东费县西南。

澹台灭明：《史记·仲尼弟子列传》中亦记为孔子弟子，小孔子 39 岁。恐是此事之后成为孔子弟子。澹，音坛。

径：“径，路之小而捷者。”（《论语集注》）即小路、近道。

偃：子游的名。

子游做武城宰。孔子说：“你在那里遇到什么人才没有？”子游说：“有个叫澹台灭明的，走路从不抄近道，不是公事从不到我的住处来。”

行政解读

子游发现了澹台灭明的两个优点：

第一，不投机。走路抄近道、走捷径反映了一个人的心态。机巧和原则是相对的概念，如果凡事都想通过机巧来达成目的，容易迷失方向和失去原则，没有原则的人是没有骨头的人，也是不可靠的人。平时不好好干工作，遇到提拔机会了就拼命找关系，这都是靠机巧，不走正道。但是也不应走向另一个极端，拒绝一切机巧，拒绝一切权变思想，这样反而也会失去原则，伤害道义。比如军情十万火急，走小道一个小时到，走大道一天才到，抄不抄小道、走不走捷径呢？如果这时候澹台灭明还是“行不由径”，就是迂腐了，这个人就不可用了。

第二，不拉拉扯扯，光明磊落。“非公事，未尝至于偃之室也”。看到这句话，感到人类社会的本质千年来并没有变化。子游为武城宰，就是武城的最高行政长官了，想结交他、想与他建立密切关系、找各种借口想讨好他的人很多，可能晚上给他家送点礼、看看他，托他办点私事的人也很多。但是澹台灭明这个人不搞这一套，除了谈公事，不去子游家。用现在的话说，澹台灭明不搞拉拉扯扯，这个干部比较清正、公道。当然，作为领导，有些人想来搭上关系，或想在自己面前增加出现率，也是人之常情，不应一概反感，这至少是想表达他想干事吧！关键是做到不根据他在自己面前出现的频率及与自己生活、工作关系的远近来评价一个干部，时间长了，想拉拉扯扯的人就会少了，集中精力干工作的人就会多了。

[6.15]子曰：“孟之反不伐，奔而殿。将入门，策其马，曰：‘非敢后也，马不进也。’”

译解

孟之反：鲁国大夫孟之侧。按《庄子·大宗师》，孟之反与子桑户、琴牢是朋友（参见[6.2]）。鲁哀公十一年，齐侵鲁，两军交战，鲁军大败，败退时孟之反殿后，最后一个退入城门。事件在[11.17]章解读中有详述。

不伐：不自夸其功。

奔而殿：军队败逃时殿后。

策其马：鞭打其马。策，马鞭，这里做动词用。

孔子说：“孟之反不自夸其功，（与齐国交战），鲁军败退时，他殿后掩护。快要进城门了，他鞭打车驾，说：‘不是因为我敢于殿后，是因为马不肯快走呀。’”

行政解读

孟之反与子桑伯子这些人私欲不强，社会对自己如何评价，他们看得并不重（见[6.2]章），所以孟之反搞出“马不进”这个幽默故事也不足为怪。孔子说子桑伯子这个人“可也”，孟之反这个人也是“可也”，作战很勇敢，对国家有责任感。

孟之反不自夸，但还是被孔子知道了，这就更显出孟之反品德的高尚了。我们干好事，何必要说出去呢，天知道就可以了。不过事情也不是那么绝对的，现在搞工作总结，总要总结出很多成绩和经验，不这样写就不行，工作是一个团队干出来的，不写成绩是没有肯定大家的辛苦，不宣传也不行，老百姓不知道。像西方社会搞竞选，政治人物就靠一张嘴，孟之反这样的人恐怕很难立足了，但是我们还是把不自夸作为一种美德，这恐怕是两种文化的差异吧。

[6.16]子曰：“不有祝鮀之佞，而有宋朝之美，难乎免于今之世矣!”

译解

佞：善辞令，口才好。

关于此句的意思有不同争论。一说，没有祝鮀（音驼）那样的口才，没有宋朝那样的美貌，在今天这个社会里，恐怕很难避免灾祸的了（参考朱熹和李泽厚译文）。二说，一个人，如果没有祝鮀的口才，而仅有宋朝的美貌，在今天的社会里怕不易避免灾祸了（参考钱穆和杨伯峻译文）。三说，不重视祝鮀的口才，却重视宋朝的美貌，卫国在当前各国争强的形势下，恐怕免不了灾祸了（参考傅佩荣译文）。四说，假使一个人没有像祝鮀那样能言善辩的好口才，即使长得像宋公子朝那么帅，可是在这个社会上还是吃不开、行不通的（参考南怀谨译文）。

哪一种译文更接近孔子的真实意思呢?

第一，角度问题。要弄清楚孔子是站在个人角度还是站在社会角度说这句话的，即“难乎免于今之世矣”，指的是个人难乎免于今之世，还是今之世难乎免于祸害？口才好和美貌本身都不是错，只有口才好用于谋坏事，美貌用于干坏事，口才和美貌才是问题，所以孔子如站在个人角度论一个人有口才、有美貌或皆有之，是否可以免祸于当时社会，是没有意义的。籍此，本句讨论的应是“今之世”出现了祝鮀、宋朝这样的人是福还是祸的问题。

第二，祝鮀和宋朝对于当时卫国社会的影响。祝鮀，字子鱼，卫国大夫，善辞令，以能言善辩得到卫灵公重用。《左传·定公四年》记载了祝鮀维护卫国利益的一段外交辞令，很雄辩。孔子肯定祝鮀对于卫国的作用，《宪问》篇：子言卫灵公之无道也，康子曰：“夫如是，奚而不丧?”孔子曰：“仲叔圉治宾客，祝鮀治宗庙，王孙贾治军旅。夫如是，奚其丧?”[14.19]在孔子看来，卫灵公无道，卫国还没有亡国，祝鮀是有功劳的。

宋朝，宋国公子朝。《左传》昭公二年、定公四年均记有其事，宋朝先是私通于卫襄公夫人宣姜（卫灵公母），后又私通于卫灵公夫人南子。两次私通均引起卫国的政治动荡：与宣姜私通，害怕事情泄露，与齐豹、北宫喜等人作乱；与南子私通，使卫太子蒯聩（音溃）受辱，蒯聩欲杀南子，事败，被迫出

逃到晋国，其后之事可参见[7.15]章。

综上，从当时的卫国情况看，祝鮀和宋朝的作用完全是相反的，祝鮀是治国之臣，宋朝是乱国之臣。因此孔子这句话的意思是卫国如果没有祝鮀这样好口才的人，而只有宋朝这样美貌的人，卫国这个社会就难以避免遭受祸患。

孔子说："如果没有祝鮀的口才，只有宋朝的美貌，卫国就难以避免祸患了。"

行政解读

此句也是论人才对于国家社稷安危的重要性。男女之事，人之欲也，但是如果男女之事向政治领域延伸，往往会成为祸患的诱因。

[6.17]子曰："谁能出不由户？何莫由斯道也？"

译解

户：门。《说文解字》："户，护也。半门曰户。"

莫：不，非。

斯道：孔子所指出的为人之道和为政之道。

孔子说："谁能出屋不经过门户呢？为什么没有人走这条道呢？"

行政解读

孔子认为儒家学派所指出的做人及治政道路，是实现小康社会或大同社会的必走之路，就如同走出房子必须经过门户一般，但是为什么没有人走呢？这是一个值得深思的问题。在一个靠实力说话、靠武力生存的社会，儒家学派的思想就难以满足社会发展的需要。有力才有德。强弱相争，弱者退让，人家不认为你是有德，而认为你是无力，只有强者相让，才会被视为有德。所以儒家思想的运用，必须加之以富国强兵的战略和政策，才会充满魅力。儒家的论述，虽然注意到了科学技术和生产工具的变革对于社会政治的影响[①]，但是并没有把这一个问题作为论述的重点，或者说没有彻底地解决社会发展动力问题，这不能不说是一个遗憾。

[6.18]子曰：“质胜文则野，文胜质则史。文质彬彬，然后君子。”

译解

质：本质，仁、义、知、勇、信、直等品格都可以是质。

文：礼的具体形式，如谈吐的方式，着衣的方式，祭祀的方式，等等。

野：粗野。

史：修饰过度。“史”本为掌法典和记事的官。

文质彬彬：文和质相得益彰的样子。

孔子说：“质过度、文不足显得粗野，文过度、质不足显得造作。文和质相得益彰，才是君子。”

行政解读

人的本质是基础，没有好的本质，言谈再优雅，举止再得体，也不会是一个好人。但是有了好的本质，没有好的表达形式，也让人觉得非常别扭。比如“直率”这个品格，一个人很直率，这是好的本质。但发现某人有缺点，客客气气地作个揖：“我可不可以给您提个建议呢?”然后委婉地提出自己的意见，这就是文质彬彬；而如果没有“文”这个形式，发现某人缺点，立即点着他的鼻子说：“你错了!”是不是显得很粗野呢？这是质胜文。发现某人缺点，客

① 《易经·系辞下》有一段话表明孔子已经洞察到了生产技术变革和发明创造对于政治所产生的巨大影响：“古者包羲氏之王天下也，仰则观象於天，俯则观法於地，观鸟兽之文，与地之宜，近取诸身，远取诸物，於是始作八卦，以通神明之德，以类万物之情。作结绳而为网罟，以佃以渔，盖取诸离。包羲氏没，神农氏作，斲木为耜，揉木为耒，耒耨之利，以教天下，盖取诸益。……上古结绳而治，后世圣人易之以书契，百官以治，万民以察，盖取诸夬。”在这里，孔子明确指出，伏羲氏、神农氏、黄帝、尧、舜等能够“王”天下，都是因为实现了技术创新，引起了生产力的巨大发展，这个思想是非常宝贵的。当然有人认为这是后人假托孔子之名加进去的。但不论论者身份的真伪，说的道理是真的。

客气气地作了十个揖，吞吞吐吐，绕了半天，才旁敲侧击地指出这个缺点，这是文胜质，太过做作。人们批评某人“太直了”，实际上说的是“文”不足；人们说某人“弯弯绕”，实际上说的是“文”过度。

人们不怀疑“质”的重要性，但是对“文”的重要性认识不足。《颜渊》篇中，卫国大夫棘子成就提出了这个问题：棘子成曰：“君子质而已矣，何以文为?”子贡曰：“惜乎，夫子之说君子也，驷不及舌。文犹质也，质犹文也。虎豹之鞟犹犬羊之鞟。”[12.8]子贡说文和质是同等重要的，“文犹质也，质犹文也”，他还比了一个例子，把虎豹和犬羊皮上的毛去掉，他们看起来就很难分别了，虎豹和犬羊皮是“质”，皮上的毛就是“文”。孔子这句话提示我们，既要重视实质上的东西，也要重视形式上的东西，使二者相得益彰才好。

[6.19]子曰：“人之生也直，罔之生也幸而免。”

译解

孔子说：“人在世上生存要正直诚实，虚妄诈巧之人也可在世上生存，但那不过是侥幸免于祸害罢了。”

行政解读

正直诚实是人人都赞成的品格。但当天下无道时，正直之人不得好死，枉曲之人却得善终，这种现象很常见。司马迁在《史记·伯夷列传》中发了一通感叹，他说，有人说天没有偏向，常常帮助善人，但像伯夷、叔齐这样的善人却饿死在首阳山下。颜渊可以说是孔子最好的弟子了，却很不如意，常常连糟糠都吃不上，早早地夭亡了。盗跖（音止，大盗）天天杀害无辜的人，吃人的心肝，残暴凶恶，聚集党徒数千人，横行天下，竟然得以寿终。近代以来，有些人操行不轨，专干坏事，却一生安逸快乐，财产富厚，世代不绝。有的人走路小心谨慎，说话要等到恰当的时候才开口，不走歪门邪道，不干坏事，却屡受灾祸，这样的人多得无法计算。倘若这就是天道，那么它是正确的还是错误的呢?

且不管司马迁的历史总结如何，做一个正直善良的人，心安！所以坚持做

一个正直善良的人，让“天”去说吧。

[6.20]子曰：“知之者不如好之者，好之者不如乐之者。”

译解

孔子说：“知晓它的人不如喜好它的人，喜好它的人不如以它为乐的人。”

行政解读

孔子这句话说的是主观作用于客观可能取得成效的一般规律。学习是这样，大家去学习知识、本领：学会了，但是很厌恶这件事，恐怕就很难继续下去了；学会了，没有感觉，不喜欢也不讨厌，勉强可以继续下去；学会了，感觉很喜欢，能继续下去；学会了，感觉很快乐，则一定能够继续下去。一个学生如果以学为乐，恐怕没有学不好的。喜欢和快乐是两种境界，喜欢是以对象物为主的情感体验，快乐是以自己为主的情感体验。

为政也是如此。毛泽东同志说：“与天斗，其乐无穷；与地斗，其乐无穷；与人斗，其乐无穷。”在斗争过程中，在克服困难过程中，感到无限快乐，革命和事业不可能不成功。从事行政工作也是如此，精力旺盛，把处理各种复杂事情当作快乐，把繁琐应酬当作乐趣，喜欢游走于“士大夫”中间，喜欢与群众在一起，这也是行政工作中的“乐之者”，同样也容易取得比较好的行政工作成绩。

[6.21]子曰：“中人以上，可以语上也；中人以下，不可以语上也。”

译解

孔子说：“中等资质以上的人，可以与其谈论高深的道理和学问；中等资质以下的人，则不可以与其谈论高深的道理和学问。”

行政解读

社会存在不同资质的群体，这是客观实际。高深的理论只有为普通大众掌

握才会转化成为力量，但是普通大众又不能直接接受高深的理论和知识，所以面对普通大众，要用普通人可以接受的语言、可以接受的方式和可以接受的道理去说服他们。毛泽东同志的许多演讲稿，用语很直白，道理很浅显，但是很普通的语言和很浅显的道理背后是对中国社会的深刻认识，是对中国革命规律的科学把握，这个学问就很高深了。所以为政者，要学会用群众语言工作，学会把高深的理论转变为浅显的道理，以武装群众的思想。

[6.22]樊迟问知。子曰："务民之义，敬鬼神而远之，可谓知矣。"问仁。曰："仁者先难而后获，可谓仁矣。"

译解

务民之义：一说，致力于使民走到"义"的道路上。"民之义"即是《礼记·礼运》所说的人伦十义：父慈、子孝、兄良、弟弟、夫义、妇听、长惠、幼顺、君仁、臣忠。二说，致力于民所宜之事，如朱熹所说的"专用力于人道之所宜"（《论语集注》），即要把主要精力放在那些应当给百姓干的事上。从上下文看，这句主要论述的是在为政中如何处理"事人"与"事鬼神"的关系，孔子意见是要把重点放在"人事"上，而对"鬼神之事"，则敬而远之，所以第二说应更接近孔子本意，采第二说。务，"致力"的意思，如"君子务本"。

先难而后获：一说，艰难之事则为先，享成之事则处后，有"吃苦在先、享乐在后"的意思，类似于"先天下之忧而忧，后天下之乐而乐"。二说，先使百姓劳苦，然后使百姓享成。三说，仁者先劳苦，后享成。普通人都应先劳而后获，坐享其成不但不是仁者，连普通人的道德水平都够不上，所以第三说为非。第二说意思是，如果百姓不辛苦劳作，克服艰难，哪里会有收获可享，这只是一个常识，与仁者无关，也不妥当。采第一说。

樊迟问什么是智。孔子说："致力于干好那些该给百姓干的事，对鬼神则敬而远之，这就是智了。"樊迟又问什么是仁。孔子说："仁者艰难之事则为先，享成之事则处后，这就是仁了。"

行政解读

针对当时的政治实践，孔子这里提出了执政理念。

第一，如何处理好事人与事鬼神的问题。在当时社会，如何看待鬼神是一个很大的问题，执政者把精力和资源放在侍奉鬼神上，以求鬼神降福于民，还是放在人民身上，带领老百姓干那些百姓想干、当干的事上呢？孔子告诉樊迟，“务民之义”，把主要力量放在百姓想干而当干的事，而不要放在鬼神之事上，孔子没有说“务”鬼神之事。关于如何处理事人与事鬼神之事，《先进》篇说得更明白：季路问事鬼神。子曰：“未能事人，焉能事鬼？”曰：“敢问死。”曰：“未知生，焉知死？”[11.12]孔子对鬼神的认识是非常清醒的。对待鬼神之事，一是要敬，二是要远。所谓神，实际是对天和地的力量的神秘化，所谓鬼，是逝去先祖的存在形式。敬，是要谢天、谢地、谢祖先，因为一切的获取都离不开天和地，而没有祖先，更没有当前的众生，敬是一种感恩方式，儒家思想很重视感恩，很重视感恩对社会向善的重要作用。敬，同时也是希望天地和祖先能够保佑当前万民，降福于万民，对于敬鬼神的后一种功能，孔子是保持怀疑态度的，例如《述而》篇：子疾病，子路请祷。子曰：“有诸？”子路对曰：“有之。《诔》曰：‘祷尔于上下神祇。’”子曰：“丘之祷久矣。”[7.35]孔子怀疑“子路请祷”是否有用，但是他不明说，恐在当时社会，明确主张祷于鬼神没有什么作用，会有很大的风险，也没有必要，且孔子也利用鬼神之事，塑造民风民德，例如“慎终，追远，民德归厚矣”[1.9]，慎终追远的形式之一就是祭祖，在《八佾》篇等相关篇章中，我们可以看出孔子对种种祭祀活动的高度重视。孔子不说鬼神之事，《述而》篇中说得更明白：“子不语怪、力、乱、神。”[7.21]远鬼神，就是不要把希望寄托在鬼神身上，不要把精力放在鬼神身上，等待鬼神去解决人类社会面临的问题。人类社会面临的问题，主要还是要靠自己解决。单从这一点就可以看出，孔子真的很伟大。

第二，仁者先难而后获。在吃苦和享乐问题上，把自己摆在什么位置上？这是人类社会永恒的话题。孔子提出，一个有仁德的为政者，总是吃苦在先，享受在后。大禹治水，三过家门而不入，腿上的毛都磨掉了，可以说是一个吃

苦在先的典型。宋代的范仲淹提出“先天下之忧而忧，后天下之乐而乐”，是儒家这一思想的准确阐述和发挥者。孟子强调的是“与民同乐”，不是“后乐”了，而是“同乐”了，这是在孔子思想基础上后退了一步。或许，当时社会的现实是统治者不顾人民疾苦，无止境地追求自己的享乐，孟子不得不向现实低头，把道德标准降低。在此基础上，我们提出的问题是，让为政者“先难而后获”靠什么，靠道德诉求？靠道德教育，这很重要。确实，“先难后获”应成为政治道德的组成部分。但是，可不可以从制度设计上促进这一问题的解决呢？一个行政主官，“先难后获”了，谁能知道？在经济领域，我们强调市场信息的充分性、真实性、时效性和广泛可接触性。在政治领域，在政治市场上，同样也需要信息的充分性、真实性、时效性和广泛可接触性，这是张扬好的政治品格的重要条件。

[6.23]子曰：“知者乐水，仁者乐山；知者动，仁者静；知者乐，仁者寿。”

译解

孔子说：“智者喜欢水的性格，仁者喜欢山的性格；智者好动，仁者好静；智者快乐，仁者长寿。”

行政解读

朱熹说：“知者达于事理而周流无滞，有似于水，故乐水；仁者安于义理而厚重不迁，有似于山，故乐山。”（《论语集注》）智者的特点如同水一样，故喜欢水，仁者的特点如同山一样，故喜欢山。即使智者的特点如同水一样，不喜欢水的智者也是有的；即使仁者的特点如同山一般，不喜欢山的仁者也是有的。

水的性格就是动，不动就成了一潭死水，就很危险了；山的性格就是静，山动了就成了山崩地裂，也很危险了。智者也有不喜欢水而喜欢山的，也有好静而不好动的，仁者喜欢水未必不可以，仁者好动也没有什么错，仁者不长寿的、智者不快乐的也很多。智者和仁者的这些实际情况孔子不可能不知道，既知，却又说出这句话，不知夫子想表达的真实想法是什么？再说，同时是智者

且又是仁者，又当如何？

注家解释此句，重点多放在智者和仁者到底喜欢什么，或到底有什么样的性格和特点，为什么有这些性格特点上面，似不应过多探究这一没有通解的问题。通过这句话，孔子给我们展示了一幅画卷：一个社会的道德建设，如同山一样，是一个社会的脊梁，是一个社会的骨架，骨架稳如泰山，社稷国家就会安然屹立；民智的开发，如同水一样，是社会充满活力的关键力量，民智不开，一潭死水，社会没有进取心，这个社会也是没有希望的。所以，为政者，抓社会道德建设，抓民智开发，对国家社稷非常重要。这恐怕是孔子这句话所要表达的意思吧。

[6.24]子曰："齐一变，至于鲁；鲁一变，至于道。"

译解

孔子说："如果齐国改革，就能够达到鲁国的样子；如果鲁国改革，就能够符合先王之道了。"

行政解读

齐国为姜太公封地，鲁国为周公旦封地，两国执政理念不同。据《吕氏春秋·仲冬纪》记载，太公与周公讨论治国方略，太公说："尊贤上功。"周公说："亲亲上恩。"太公说，这样的话鲁国会受到削弱。周公则说，鲁国虽然会削弱，但齐国则会被篡夺。后来，齐国果然日益强大，但二十四世后为田氏所代；鲁国则日益削弱，三十四世后为楚国灭亡。

"尊贤上功"，就是尊贤人、尚功臣。"亲亲上恩"，就是用亲人、尚恩人。在《微子》篇，周公对即将就任鲁国第一任国君的儿子伯禽有一个政治交代，可以看作是对"亲亲上恩"思想的具体阐释。周公谓鲁公曰："君子不施其亲，不使大臣怨乎不以。故旧无大故，则不弃也。无求备于一人。"[18.10]周公告诫他儿子不要疏远亲族，不要让大臣埋怨不被所用，故旧朋友没有大过就不要遗弃，也不要对人求全责备，表达他希望构建一个宽厚、仁和，且充满温情的和谐社会的想法，这个思想孔子是赞成的，参见[8.2]章解读。齐国的为政

特点则是“用强”、“尚贤”，唯才是举，不把天然亲情和故旧之情放在突出位置，选拔人才范围比较宽，鼓励建功立业，以功业论地位，所以日益强大，这样一来也使一些功大者野心膨胀，周公料定齐国必灭于内祸，最后果然乱由内生，发生了“田氏代姜”事件，丢掉了政权。鲁国则是用亲近有恩、信得过的人，其为政特点是“用信”或“尚德”，政权相对稳定一些，但比较弱，结果患得于外，终为楚国所灭。

为国当“用强”还是当“用信”？当然最好是用“既强且信”的人。太公和周公的用人思路和制度设计，从更广泛的角度来看，则依然是一个德和才的问题，太公尚才，周公尚德。周公尚德的执政思路是建立在“家天下”的前提之下，即使有才，但我信不过就不用，保证政权掌握在家里人的手里。如果是“公天下”，大家都是一家人，“亲亲上恩”就没有实际意义，因为大家都是亲人。现在的国际竞争，还是实力原则，没有实力就受欺侮，所以“用强”是必须的，“用信”也是必须的。什么是“信”？忠于祖国、忠于人民就是“信”。过去，中国人既受枪杆子欺负，也受笔杆子欺负，现在中国人站了起来，抗日战争、朝鲜战争打完后，外国人用枪杆子欺负中国人的日子基本结束了，但现在还受笔杆子欺负。那些所谓有言论自由的国际主流媒体，在言论自由和普世价值幌子下，妖魔化中国和中国人，他们就是正义的化身了？一些不争气的中国人自以为站在道德制高点上，甘愿为这些打手当马前卒，可悲可叹。但是，我们相信，外国人用笔杆子欺负中国人的日子也不长了，让我们共同努力吧。

[6.25]子曰：“觚不觚，觚哉！觚哉！”

译解

觚：音孤。酒器，有棱，上圆下方，当时容积为二升。容积三升的叫作觯(音志)，容积四升的叫作角。

孔子说：“觚不像觚，这哪是觚呀！这哪是觚呀！”

行政解读

孔子看到新设计制作出来的觚，触动了心中对时事的感叹：这哪是觚啊！或许，当时社会，君不像君，臣不像臣，国不像国，所以孔子触景生情，慨有此叹。

[6.26]宰我问曰："仁者，虽告之曰：'井有仁焉。'其从之也？"子曰："何为其然也？君子可逝也，不可陷也；可欺也，不可罔也。"

译解

井有仁焉：一说，井里掉下去一个人，仁即人；二说，井里掉下去一个仁人，仁即仁人；三说，井里有仁，仁即仁道或仁德。宰我以言语见长，《史记》说其"利口辩辞"，非常聪明，第三说透出一股灵气，似宰我气派。宰我说，老师你每天让我们去学仁义道德，那么井里有仁义道德，我们是不是也要跳下去呀。

可逝也，不可陷也：逝和陷是一对相对概念，"逝"是主动去，明明白白地去；"陷"是被人算计着跳下去。逝，去、往的意思。

可欺也，不可罔也：欺和罔是一对相对概念。"欺"是被欺骗了，可是心里明明白白，只是不计较；"罔"是被人欺骗了，糊里糊涂，不知道被人欺骗了。

宰我问："一个仁者，如果告诉他井里有仁，他会跳下去吗？"孔子说："怎么会这样呢？君子可以主动跳下去，但不可以被人算计着跳下去；君子可以明明白白被人欺骗，但不可以糊里糊涂上当受骗。"

行政解读

宰我与孔子这段对话提示了仁和智的关系。有个词叫"愚忠"，忠本来是一种好品质，但是无智之忠就走向了反面，会成为被人利用的工具。仁也是这样，宰我说：你不是追求仁义吗，井里有，那你跳吗？孔子回答也很高明：你首先得明白事理，不明事理，怎么能成为君子呢？所以，"仁"这种品质有一个应用范围和应用方式的问题，对敌人仁，就是对自己人不仁，如果不明敌友，这个仁的品格就会出问题，而分清敌友，则是一个智的问题。1925年，对于中国共产党而言，还处于幼年时期，当时虽然也有一些理想和主义的坚持，但是还分不清敌友，所以毛泽东同志写了一篇著名的《中国社会各阶级的分析》，文章开头就说："谁是我们的敌人？谁是我们的朋友？这是革命的首要问题。"可见，"智"对于"行仁"的重要性。

历史上出过很多腐儒，主要问题就是"智"出了问题。

[6.27]子曰："君子博学于文，约之以礼，亦可以弗畔矣夫！"

译解

文：关于礼乐制度的学问和知识，其具体形态是文献典籍和制度。

约：一说，约束；二说，简约。从第一说。

畔：同"叛"，违背。指背离仁道。

孔子说："君子广博地钻研学问和知识，以礼约束自己的言行，就可以不背离仁道了。"

行政解读

也不一定吧。学富五车，言行都合礼，就是仁人了？仁人应有社会责任感，有对社会的巨大关爱作为前提。

[6.28]子见南子，子路不说。夫子矢之曰："予所否者，天厌之！天厌之！"

译解

南子：卫灵公之夫人。南子淫乱，事见[6.16]章和[7.15]章。按《史记·孔子世家》记载，孔子到卫国后，寄居在蘧伯玉家。南子想见孔子，派人对孔子说，四方君子只要欲与卫君交往的，必定要来见我们夫人，我们夫人愿意见你。孔子推辞不得，去见南子。南子站在帷幕里面，孔子进门行跪拜礼，南子答礼，身上佩玉丁当响。事后孔子说，我是不想见她的，但现在既然见了，就得还她以礼。但是子路不高兴，于是孔子就说了这句话："予所否者，天厌之！天厌之！"

矢：誓。

予所否者：关于这一句的意思，杂说纷呈，未有确据。一说，"否"指的是不正当的事；二说，"否"指的是有不合礼、不合道之事；三说，"予所否者"为"我所不赞成的"意思，等等。读者可自辨之，本书采第一说。

孔子见卫灵公夫人南子，子路不高兴。孔子发誓说："我如有不正当的事，让上天厌弃我，让上天厌弃我！"

[6.29]子曰："中庸之为德也，其至矣乎！民鲜久矣。"

译解

中庸：儒家提出的为人为事为政的最高指导原则。

其至矣：是最高境界了吧。至，到了极致。

民鲜久矣：社会缺失已经很长时间了。

孔子说："中庸作为德行指导原则，是最高境界了吧！社会缺失它已经很长时间了。"

行政解读

中，不偏之谓中，即无过无不及；庸，不易之谓庸，是带有普遍性和永恒性的常行之道；中庸即是坚持不偏不倚、无过无不及的做人、处世、为政之道。过与不及都是不好的，子贡问："师与商也孰贤？"子曰："师也过，商也不及。"曰："然则师愈与？"子曰："过犹不及。"[11.16]办事情，做到十分，恰如其分，这就是中庸，办到九分或十一分，就不是中庸。急了不是中庸，慢了不是中庸，不急不慢才是中庸。过去发展经济急于求成，用搞政治运

动的方法搞经济，这不是中庸，按市场规律办事，按经济发展的固有规律办事，这是中庸。处理国与国的关系，把对象国看作永恒的敌国，不是中庸；看作无条件的友邦，也不是中庸。既看到友好的因素，也看到敌对和不协调的因素，这才是中庸。对待一个干部，否定其一切方面，不是中庸，肯定其一切方面，不是中庸，在否定他时看到他所具有的正面因素，在肯定他时看到他所具有的负面因素，这是中庸。分析事物，看到它们相互依存的一面，也看到他们相互对立的一面，还看到相互依存和相互对立之间的相互转化，这是中庸。所以中庸就是最大的辩证法，贯彻辩证法，就是贯彻中庸之道。

贯彻中庸之道，最大的困难是寻找不偏不倚的关键点。我们说过犹不及，既不过也无不及那个点是如何确定的呢？在自然界，这个点就是自然规律，遵循自然规律，就是不偏不倚，就是找到了既不过也无不及的关键点。在社会领域，遵循社会经济政治文化的发展规律，就是中庸之道。比如现在的"三农"问题，各国发展经验表明，人均国民收入达到1000美元时，要考虑反哺农业，这个人均1000美元的水平，就是关键点。没有达到1000美元，社会没有这个能力，硬要大规模反哺农业，这不是中庸；已经达到1000美元以上，社会已初步具有反哺的实力，还不准备反哺农业，这也不是中庸。在政治领域，主流民意是贯彻领导力的关键点，所以坚持照顾主流民意的施政方针就是中庸。但是主流民意不一定就是正确的民意，主流民意并不一定必然符合经济社会发展规律和道义原则，所以政治家在依靠主流民意和领导主流民意的同时，也要采取措施改变主流民意，使主流民意走上正确的道路，把主流民意引向既不过也无不及的正确方向，这也是中庸。

关于中庸，还可参阅[2.16]章、[20.1]章等相关解读。

[6.30]子贡曰："如有博施于民而能济众，何如？可谓仁乎？"子曰："何事于仁，必也圣乎！尧舜其犹病诸！夫仁者，己欲立而立人，己欲达而达人。能近取譬，可谓仁之方也已。"

译解

博施于民而能济众：博施恩惠给百姓，广泛周济大众。

何事于仁，必也圣乎：能为此事，何止于仁，一定是圣了。

尧舜其犹病诸：尧和舜对此都感到为难。病，难。

己欲立而立人，己欲达而达人：此句与“己所不欲，勿施于人”意思一样，为正面论述，二者都是“推己及人”思想的表达形式。

立，应是指思想境界、行为方式上均符合主流价值观要求。《论语》中有关“立”字的使用，如“君子务本，本立而道生”[1.2]、“三十而立”[2.4]、“不患无位，患所以立”[4.14]、“立于礼”[8.8]、“民无信不立”[12.7]、“立之斯立”[19.25]等各句中的“立”均有此意。

达：指的是一个人建立了比较大的社会影响，具有比较大的社会活动能量和份量。暂且将此处的“达”试译为“显达”或“通达”。

能近取譬，可谓仁之方也已：从身边的事情做起，以己喻人，推己及人，这就是行仁的方法了。譬，喻的意思，以己喻人，以人喻己。

子贡说：“能够厚泽百姓，又能周济大众，怎么样？这算是仁了吧？”孔子说：“这何止于仁，一定是圣了！尧和舜对此都感到为难呢！所谓仁者，完善自己时要想到完善别人，追求自己通达时要想到让别人通达。从身边事情做起，以己喻人，推己及人，这就是行仁的方法了。”

行政解读

“博施于民而能济众”，在孔子看来，不仅是仁政，而且是圣政，尧与舜这样有贤德、有本事的圣人都难以做到。博施于民，给予百姓很多，这个“多”可以是物质上的，也可以是自由和权利。朱熹说：“夫博施者，岂非圣人之所欲？然必五十乃衣帛，七十乃食肉。圣人之心，非不欲少者亦衣帛食肉也，顾其养有所不赡尔，此病其施之不博也。”（《论语集注》）孟子讲五十衣帛，七十食肉，并不是圣人不想让年少者也穿绸缎，也吃肉，只不过东西太少顾不过来。“能济众”，朱熹说：“济众者，岂非圣人之所欲？然治不过九州。圣人非不欲四海之外亦兼济也，顾其治有所不及尔，此病其济之不众也。”（《论语集注》）尧舜这些圣人所治范围不过是九州，难道圣人不想接济四海之外的民众吗？治理范围受限制呀。

从2000年起，我国“三农”政策提出了一句口号：“多予，少取，放活。”现在农业税已全免了，不是“少取”，而是基本上“不取”了，当然世界其他国家收取农业税的也不多。“多予”就是补贴农业、补贴农民。“放活”就是给农民自由和自主权利。村民自治虽然存在的问题很多，但也是给农民自己管理自己事务的权利了，这都是“博施”和“济众”的内容。建立覆盖全体国民的社会福利制度，建立医疗保障制度，帮助穷困学生读书，这也是“博施”和“济众”的内容。朱熹还谈到周济四海之外的民众，用现代的话说，就是国际援助了。由于国家财力有限，我们现在的“博施”其实是“薄施”，给得还不多，人民福利水平还很低。特别是民众参与社会管理的权利，虽然从制度层面得到了一定的保障，但现实中落实得还不好，民众意见表达的渠道有时不够畅通。相信随着国家现代化步伐加快，一切都会变得更好，孔子心中的“圣政”理想将会在中华大地上得以实现。

关于“己欲立而立人，己欲达而达人”，这是儒家的核心思想。在《颜渊》篇，仲弓问仁。子曰：“出门如见大宾，使民如承大祭。己所不欲，勿施于人。在邦无怨，在家无怨。”[12.2]在《卫灵公》篇，子贡问曰：“有一言而可以终身行之者乎?”子曰：“其恕乎！己所不欲，勿施于人。”[15.24]这两句中的“己所不欲，勿施于人”与此句表达的是一个意思。“恕”就是“己所不欲，勿施于人”。“己所不欲，勿施于人”就是“恕”。这一思想对当今社会建设具有重要意义。

第一，这是一个人人平等的思想。人人平等是近现代西方社会的主流价值观。而孔子“推己及人”思想的逻辑出发点，就是人人平等。只有有了人人平等这个前提，才可能“己所不欲，勿施于人”，如果没有人人平等这个前提，就应当“己所不欲，要施于人”。人们批判儒家思想的等级制度，实际上应当批判的是没有“己所不欲，勿施于人”精神的等级制度。应该说，中国传统社会的科举制度，是一相对平等的人才选拔制度，不论贫富贵贱，只要在这一制度中胜出，就可以进入上层社会，这样就在下层和上层之间架起了一道桥梁。反观西方传统社会，贫困的社会下层人士有什么道路可以进入上层社会呢？基本上无路可走。

第二，这是一个博爱的思想。“己欲立而立人，己欲达而达人”，在实现

自己欲望的同时，总是时刻关注着他人欲望的实现；在谋求自己生存与发展的同时，总是考虑到他人生存与发展。“己所不欲，勿施于人”，在实现自己的欲望、发展自己事业的同时，总是考虑不要影响到别人欲望的实现和事业发展。这不就是一种关怀和爱吗？为了达成这一目标，孔子还提供了一个方法："近取譬"、“推己及人”，将心比心，换位思考。现在世界这么混乱，就是没有“己所不欲，勿施于人”和“推己及人”的精神。设身处地为别人想一想，体会一下别人的感受，世界就会少些争执，多一些平和。

当然，“己所不欲，勿施于人”不适用于“阶级斗争”，不适用于严重敌对双方，两军对垒，“己所不欲，勿施于人”，谁也不消灭谁，不解决问题。但是要建设和谐社会，就要“己所不欲，勿施于人”，不能靠消灭对方来取得和谐，靠消灭对方取得的状态是“同”的状态，而不是“和”的状态，“和而不同”才是和谐。

同时，孔子这句话也为“谁可以行仁”的问题提出了一个答案。谁可以行仁呢？谁都可以。为政者“博施于民而能济众”，这是行仁至圣。对于普通人来说，“近取譬”，从身边小事做起，“己欲立而立人，己欲达而达人”，一样也是行仁，因此人人可为仁人。

第7篇

《述而》中的行政精神

[7.1]子曰：“述而不作，信而好古，窃比于我老彭。”

译解

述而不作：传述前人留下的知识和经验，而没有创新。《说文解字》：“述，循也”，“作，起也。”

信而好古：相信并喜好学习前人留下的知识和经验。古，前人留下的知识和经验。

老彭：一说，指老子或彭祖；二说，指彭祖。据说彭祖是商朝的贤大夫。

孔子说：“传述前人留下的知识和经验，不做创新，相信并喜好学习前人留下的知识和经验，私下里我自比于老彭。”

行政解读

孔子说自己只是传述了前人的学说和经验，没有进行什么创新，这是一句谦虚的话。如果没有一个系统的具有强烈实践意义的思想体系，如何能在他手里形成学术一派，并对社会产生深远影响？最低限度说，综合古人学说、经验也是一种创新。

“述而不作”没有错，因为“述而不作”没有排斥“述而创作”。现在流行的是“不述而作”——不收集、不研究前人的经验和文献，自己凭空想象，然后每天宣布自己的新创，就像现在满世界都是论语新解、论语新义一般。学习、研究、工作中充满了浮躁之气，实是应该学学孔子的“述而不作”精神。

“信而好古”。应当非常重视学习前人的实践经验和前人留下的宝贵文化遗产。没有丰富的历史经验，很难领导好一个社会。为什么要信古、好古呢？信古和好古就是相信前人的实践、重视并研究前人的实践，将古人的实践，作为今人实践的指引和参考。前人的成败都是付出了人生甚至生命的代价的，我们只需要谦虚一下就可以从他们的实践中获得新启示和新知识，这是一件很划得来的事，何乐而不为呢？“好古”，在孔子眼里其实只是一个学习方法。在本篇，孔子还说：“我非生而知之者，好古，敏以求之者也。”[7.20]讲得也明确，说自己不是生来就知道那么多，是因为重视学习前人留下的知识和经验，所以才成为有学问有知识的人。而后代一些儒者则将“好古”运用到极端，一切以古人所言为准，把自己变成一个博物馆和古董店，丧失了创新能力和创新动力，却以圣贤之言为托词，标榜自己是在尊重圣贤教诲，这实在是后世无能，怪不得先贤。

“信而好古”，其实也是一个方法论问题。我们处理当前事务，首先要吸取前人的经验和教训，懂得事情的历史发展过程，这是一个前提。有人把“信而好古”理解成为照搬照抄古人，一切以“古不古”为标准，抱残守缺、因循守旧。殊不知，所谓“古”，也是一个变化的过程，孔子推崇尧舜禹三代之治，三代本身就有很多变化，比如大禹治水采取疏导的办法，就没有按照鲧所采取堵塞的办法来，所以古人本身也在总结之前的古人的经验，在“好古”的过程中，应看到的是古人因自然和历史条件变化所做出的创新，把“好古”理解为单纯照搬古人的说法和做法，是理解者的问题，而不是孔子的问题。

[7.2]子曰：“默而识之，学而不厌，诲人不倦，何有于我哉?”

译解

识：音志，记住。

厌：满足。

何有于我哉：我不过是做到这些而已，没有别的什么了。这句有不同理解：一说，“何有于我哉”意思是“我做到这些有什么困难呢?”按此说，让孔子自己去说做到“默而识之，学而不厌，诲人不倦”并不困难，似与实情不符。孔子只是说自己做到了，并没有说做到这些没有什么困难，所以不从此说。二说，“默

而识之，学而不厌，诲人不倦”这些事，我做到了哪一点呢？此说也与孔子多次表达的态度不相一致，如在《公冶长》篇，孔子说：“十室之邑，必有忠信如丘者焉，不如丘之好学也。”[5.28]孔子认为自己是好学的，在“好学”这一点上孔子并没有谦虚。又如在本篇，孔子说：“若圣与仁，则吾岂敢?抑为之不厌，诲人不倦，则可谓云尔已矣。”公西华曰：“正唯弟子不能学也。”[7.34]孔子认为自己做到了诲人不倦，所以这里不必再谦虚说“做到了哪一点”，亦不从此说。

孔子说：“默然熟识于心，勤奋学习不知满足，教诲他人不知疲倦，（我不过是做到这些而已），还有别的什么呢?”

[7.3]子曰：“德之不修，学之不讲，闻义不能徙，不善不能改，是吾忧也。”

译解

徙：《说文解字》：“徙，移也。”徙，追从、践行的意思。

讲：讲习，共同研究讨论。

孔子说：“不修德行，不研究学问，听到‘义’不能践行，有了错误不能改正，这是我所担忧的。”

行政解读

倘若人人都能自修其德，都能勤于学、精于业，都能慷慨赴义，都能闻过则改，这样的社会是一个什么样的社会呢?这将是一个充满活力、充满正气、积极上进、勤奋好学、富有创新精神的开放社会。做到修德、讲学、赴义、正己这四件事的人，就是一个有品格、有学问、有理想、有正气、有胸怀的人。

[7.4]子之燕居，申申如也，夭夭如也。

译解

燕居：闲居之意。“燕”即“晏”，“安”的意思。

申申如也，夭夭如也：《论语集注》："申申，其容舒也，夭夭，其色愉也"，一说"申申如也"为衣冠整齐的样子。拟从前说。

孔子闲居时，面容和舒，情绪愉悦。

行政解读

参见[10.24]章。

[7.5]子曰："甚矣，吾衰也！久矣，吾不复梦见周公。"

译解

周公：姓姬，名旦，周文王之子，周武王之弟，周成王之叔，鲁国始祖。成王继位时年尚幼，周公尽心辅佐，周朝礼仪文化制度的开创者。

孔子说："我已衰老得很厉害了吧！我很久没有梦见周公了。"

行政解读

孔子推崇周公，欲行周公之道，对早期周朝多有溢美之词，例如，"周监于二代，郁郁乎文哉！吾从周"[3.14]。鲁国季氏的家臣公山弗扰占据费（音必）邑造反，召孔子去。孔子欲往，子路不高兴，认为公山弗扰这个人德行差，孔子回答说："夫召我者，而岂徒哉？如有用我者，吾其为东周乎！"[17.5]召我去的人，难道只是让我去一趟吗？如果能起用我，我就有机会在东方复兴周公之道了。在孔子心中，想的都是周公之道复兴的事，日思之切，梦中复见，这很正常。但是老年的孔子，年高体衰，行将日暮，也没有看到周公之道复兴的希望，未免有些失望。

的确，为政者，不自限于眼前的盛景，还要布置好将来的发展，为此就得培养一代又一代的接班人。年纪大了，确实在精力、体力和脑力方面都会出现衰败，如果没有值得信赖、负得起责的继任者，人亡政息，甚至人不亡政已息的情况就有可能出现。怎样选择值得信赖、负得起责任的继任者？靠

实践，在实践中观察和培养干部。尧将帝位让于舜之前，考察了他十几年、二十几年，给他位子，让他干事，禹最后拿到舜的位子，可以说也是干出来的，其中就干了一件治水的惊天大事。如果尧和舜不在实践中观察能与不能，不提前观察能与不能，而是到自己已年老昏花、无力视政时，再凭自己的一双眼睛观察谁可以担当重任，未必能选得好接班人，所以及早布局、提前谋划很重要。党的十一届三中全会之后，邓小平同志实际已成为党和国家的最高领导人，如果他就任国家最高职位，可以说是顺其自然，民心所向，但他却让位于更年轻的干部，在实践中观察和培养第三代领导集体，最终实现了第二代领导集体向第三代领导集体的平稳过渡，这是一种智慧。这种智慧具体表现在这位杰出政治家身上，但其根源于我们民族文化精神，来源于我们数千年连绵不绝累积而成的丰富历史经验，这种历史经验已成为一个民族的思维方式。

[7.6]子曰："志于道，据于德，依于仁，游于艺。"

译解

志于道：立志于学道、行道、弘道。

据于德：据守己德，坚持德行修养不动摇。

依于仁：言行不违仁，即一切均以行仁为依归。

游于艺：精通于六艺。游，形容掌握六艺，如同鱼在水中游。

孔子说："要立志于弘道，坚守德行标准，要笃力行仁，游学六艺。"

行政解读

注家多认为此句为儒学精神的总纲，有很多篇幅阐释"道、德、仁、艺"的内涵，也有很大篇幅探讨"志、据、依、游"这几个动词的真实所指，这是哲学家的事了。以现代的通俗语言来说，孔子在这里要求大家做一个有理想、有品德、有爱心、有才能的人。"道"可以理解为有远大志向和理想，有报国之志，有治国理想。"德"可以理解为个人修为，任何情况下，都不能失德，做一个有品味的能管住自己的人。“仁”，可以理解为对社会、对民众的一种爱和责任感。“艺”可以理解为专业才能。能做到这四点，可谓人杰了。我们现在比较重视专才。孔子时代的专才大概主要是六艺和百工。传统中国社会很重视“艺”的学习，现在农村社会仍然存在一种倾向，如果书念不出来，就一定送孩子“学艺”。所谓“学艺”，就是把孩子送出去学习木匠、泥瓦匠、毡匠等技艺，一个孩子不“学艺”，表明这个孩子不上进，家长没有尽到义务，找对象也困难。有人说“游于艺”是“游玩于六艺之间”，把“艺”作为修德的工具，或作为生活的点缀，那是社会上衣食无忧人士的情趣，终不适合普通大众，恐非孔子本意。

[7.7]子曰：“自行束修以上，吾未尝无诲焉。”

译解

束修：一说，束修为十条干肉，其时用作初次见面的薄礼；修，加入姜桂等佐料而制成的干肉叫作修。二说，为年龄十五岁以上能行束带修饰之礼的人。

按第二说，十五岁以上才能收为学生，查《史记·仲尼弟子列传》，七十二贤弟子（《史记》记为七十七人）之一公孙龙，小孔子五十三岁，孔子七十三岁亡，按十五岁以上才能收为弟子，公孙龙应是孔子六十八岁以后才收为弟子，从学孔子最多只有四年或五年，在这样短的时间里即从三千弟子中脱颖而出成为贤者，令人不可信，所以第二说似不可信。南怀谨说“自行束修，就是自行检点约束的意思”（《论语别裁》），似也不通。例如，宰予这个人，白天睡大觉，孔子骂他“朽木不可雕也，粪土之墙不可杇也”[5.10]，他还想改变三年丧礼，也遭孔子的严词批评（语见[17.21]），等等。宰予这样不自行检点约束的人，孔子却一样诲之不倦，并成为七十二贤中的著名人士。

关于束修问题，批评最多的是孔子教书也收钱。有的将这句译为“只要是主动地给我一点见面薄礼，我从没有不教诲的”（杨伯峻《论语译注》），只要给点礼物，孔子就好好地教。大家觉得孔子这种收“礼”才教的行为不太妥当，所以为此提出了辩护，说十条干肉，在当时来说负担并不重，孔子收干肉不是为了干肉，而是为了维护“礼”的严肃性。此说亦站不住脚。

孔子收了很多穷学生，如颜回等，孔子教书不为钱，这是大家同意的。束修之礼，应为当时的通行之礼。向孔子学习，申请收为弟子的，定要符合很多条件，师徒均有义务责任约定，要举行一个拜师入门的仪式以郑重这种约定，“行束修”应是这一仪式的一个环节，孔子这里以“行束修”代表拜师入门仪式，而“行束修”不一定就是十条干肉，或许有一点象征即可，“束修”仅是代指“拜师礼”而已，不必具体解读。当然，束修礼恐怕是最简约的一种拜师仪式了，所以孔子说“自行束修以上”，条件许可时，拜师礼还可以搞得隆重一些，仪式还可以繁复一些。因此将“行束修以上”解为“行拜师礼”，这是本书的看法。后世儒者以这句话作为收受弟子钱财的理由，恐已背圣贤真意。

孔子说：“凡行拜师礼加入我门第的，我从来没有不认真教诲的。”

行政解读

关于孔子的教育思想，可参考[15.39]章之解读。

[7.8]子曰：“不愤不启，不悱不发，举一隅不以三隅反，则不复也。”

译解

愤：心里特别想弄明白却始终弄不明白。“愤，心求通而未得。”(《论语集注》)

悱：音匪，想说却始终说不出来。“悱，口欲言而不能之貌。”(《论语集注》)

举一隅不以三隅反：举一隅则能推知其余三隅。隅，角。如房子有四角，知一角而推知三角，成语“举一反三”即是。反，同“返”。

不复：不再告诉他，让他自省的意思。

孔子说：“不到他百思而不得其解时不去启发他，不到他想说而说不出来时不去引导他，不能举一反三，(触类旁通)，就不再告诉他，(让他自省)。”

行政解读

这是教育方法问题，可参阅[15.39]章解读。

[7.9]子食于有丧者之侧，未尝饱也。

译解

孔子在有丧者旁边吃饭，从来没有吃饱过。

行政解读

关于孔子对待丧者的同情之心和恻隐之心描述，可参考[3.26]章、[9.10]章和[10.25]章之解读。

[7.10]子于是日哭，则不歌。

译解

是日：此日，如吊丧的日子或有其他伤痛的日子。

孔子如在这一天哭过，就不再唱歌了。

[7.11]子谓颜渊曰："用之则行，舍之则藏，唯我与尔有是夫！"子路曰："子行三军，则谁与？"子曰："暴虎冯河，死而无悔者，吾不与也。必也临事而惧，好谋而成者也。"

译解

用之则行，舍之则藏：一说，行与藏均指的是道，有能用我的道（主张），我就推行它，不能用我的道，我就隐藏它。二说，有能用我，我就能用之能行，干出成效，不能用我，我就能够退而归隐。从第二说。

行三军：统率三军。

暴虎冯河：徒手搏虎，徒步涉河。冯，音平，即"凭"。

好谋而成：善于谋划，长于决断。成，一说为成功，二说为决断，从第二说。谋是议事能力，成是决事能力，如唐朝的房玄龄和杜如晦，一个长于谋，一个长于断，世称"房谋杜断"。好谋而成即好谋而能决。

孔子对颜渊说："能被起用，就能干出成绩，实现主张；不被起用，就可退而归隐，只有我和你能够做到这一点吧！"子路说："如果您要统率三军，那让谁跟从呢？"孔子说："徒手搏虎，徒步涉河，至死都不知后悔的人，我是不让他跟从的。一定是遇事谨慎戒惧，善于谋划，长于决断的人，（我才愿意让他跟从）。"

行政解读

孔子这里主要说的是个人进退问题。孔子在个人进退问题上比较超然，但孔子对于理想的坚持，对于仁道的实行是比较执著和坚定的，他的一生四处奔波，目的就是要大行其道，始终没有要"藏其道"的意思，所以"舍之则藏"是个人的进退，而不是"道"的进退。

"用之则行，舍之则藏"，对为政者的进退取舍具有重要启示。"用之则行"是进，"舍之则藏"是退。"用之则行"有两个条件，一个是能够被任用，还有一个是有比较好的工作舞台。有了职位，不一定就有了好的工作舞台。如即使当了市长，班子里人员安排得不协调，"窝里斗"，还是干不成事。用之能行，有本事、有能力干好事情。用之则行，行什么？孔子在《季氏》篇给出了答案："行义以达其道"[16.11]，就是据"义"行政，以实现自己的政治理想和主张。"舍之则藏"，没有展现自己的舞台的时候，就要"藏"起来，这个"藏"字很难。有人没有职位或者没有好的职位，就会觉得不公平、闹意见，就成为新的当政者的破坏因素，这就是没有"藏"。"藏"，用孔子的话说，就是"不在其位，不谋其政"[8.14]，不要议论新的当政者的施政行为，不要参与或干扰人家的工作。"藏"起来干什么，提高自己，完善自己，丰富自己，为下一次可能出现的"用之则行"准备条件。当然"藏"起来还有另一个目标，就是孔子在《季氏》篇所说的"隐居以求其志"[16.11]，即"藏"起来是为了不改变自己的志向，不"降志辱身"[18.8]，这也比较好。可参考[16.11]章解读。

对于权力和职位超然一些比较好，这对自己、别人、社会和国家都有好处，相信人家干得不一定比自己差，这个世界没了谁都可以运行良好。做到超然也很不容易，一个比较好的办法是建立第二个职业兴奋点，比如除了行政工作，有没有条件成为哪一方面的专家，这样在“舍”之时，可以把空余的时间用在第二专业爱好上，使生命获得新的价值。

当然，国家兴亡，匹夫有责。“舍之则藏”并不是要放弃对国家、民族和社会的责任，“藏”本身就是一种责任感，“藏”在那里观察、思考、提高，等待新的服务社会的机会。

[7.12]子曰：“富而可求也，虽执鞭之士，吾亦为之。如不可求，从吾所好。”

译解

据周礼，天子诸侯出入时，有执鞭之士为之趋道，其中王有八人执鞭，公有六人执鞭，侯伯有四人执鞭，子男有二人执鞭。另，市场守门人维持秩序，亦为执鞭之士，均为贱职。

孔子说：“如果富可求得，虽是执鞭之职，我也愿意。如果不可求得，我将依我所好行事。”

行政解读

参见[4.5]章。

[7.13]子之所慎：齐，战，疾。

译解

齐：同“斋”，《说文解字》：“斋，戒洁也。”孔子“齐必有明衣，布。齐必变食，居必迁坐。”[10.7]此处当代指包括斋戒在内有关祭祀的各事项。

孔子慎之又慎的事是：斋戒、战争、疾病。

行政解读

孔子所慎三事，是讲给当政者听的，请他们在这三件事上谨慎行事，这对

于现代社会也有一定的启示。

祭祀在当时社会是天与人之间相沟通的桥梁，在社会普遍认为上天对人类社会有决定性支配作用的情况下，这种沟通显然会成为国家的大事，所以必定要慎重对待，这也是安民的措施。祭祀同时也是敬天孝祖的形式，其时人们对上天普遍有敬畏心，且对先祖则有感恩之心，通过祭祀强化和表现这些情感，无疑会起到凝聚民心、纯净民心的作用，所以不可不慎。就现代社会而言，凡是全体社会成员高度关注的重大活动和仪式，必须慎重对待。比如 2008 年北京奥运会的举办，在西方人充满偏见的眼光的注视下，全体华人内心深处的强烈愿望就是一定办好，不能出现任何差错。如果在这件事情上组委会不慎重对待，出了差错，全体华人都不会原谅，所以不可不慎。民心就是政治，民意就是政治，民欲就是政治。凡是有关民心、民意、民欲的重大活动，必须慎重对待，让人民满意。

关于战争，慎之又慎，不可轻启战端，也不必惧怕战争。尊严有时候是打出来的，但尊严也可能因为战争而输掉。慎战，古今社会是一个道理。

关于疾病，人们或许认为，生病是常事，为什么摆在这里说？孔子所慎之“疾”，应当是公共卫生事件，比如大规模流行性传染病，这时候要有高度的敏感性，因为公共卫生事件事关全体社会成员的身体、生活和工作，对社会生产、生活、秩序有重大影响，所以是一个政治问题，孔子提醒大家要慎重对待。2003 年，中国部分地区发生了“非典”疫情，有的地方领导人一开始觉得只是一种流行病，由卫生部门处理就行了，重视不够。随着疫情蔓延，人们开始恐慌，这时疫情实质就成为政治问题，后来一些地方和部门领导人受到撤职处分，群众的情绪才得到舒缓。不只对公共卫生事件应具有高度的政治敏锐性，对任何公共事件都应保持这种政治上的敏锐，比如水灾、震灾、旱灾和其他特别气象灾害等。这是孔子这句话的深意所在。

[7.14]子在齐闻《韶》，三月不知肉味。曰：“不图为乐之至于斯也！”

译解

孔子在齐国听《韶》乐，三个月不知肉味。他说：“想不到音乐可以美妙

到这种地步。”

行政解读

参见[3.25]章和[15.11]章，历史背景见[18.3]章解读。

[7.15]冉有曰：“夫子为卫君乎？”子贡曰：“诺。吾将问之。”入，曰：“伯夷、叔齐何人也？”曰：“古之贤人也。”曰：“怨乎？”曰：“求仁而得仁，又何怨。”出，曰：“夫子不为也。”

译解

冉有说：“先生会帮助卫君吗？”子贡说：“好。我去问他。”子贡走进孔子的住处，问：“伯夷、叔齐是怎样的人呢？”孔子说：“是古时的贤人。”子贡说：“他们心中有怨悔吗？”孔子说：“他们追求‘仁’，又实现了‘仁’，又有什么可怨悔的呢？”子贡出来后说：“先生不会帮助卫君。”

行政解读

这句有两个背景故事。

一是“父子政争”。卫灵公的夫人南子与宋国公子宋朝通奸，太子蒯聩被宋人嘲笑，因而决意杀掉南子，事败，被迫出逃到晋国（参见[6.16]）。卫灵公死后，卫人立蒯聩的儿子辄（音折）为君，即卫出公，也就是本文所说的卫君。晋国的赵简子想送蒯聩回国，并借此侵卫，卫国则拒绝蒯聩入卫，并派兵抵御晋军，蒯聩未能夺得君位，当时孔子正在卫国。12年后，卫国军政大权落孔悝手里（悝，音亏），孔悝是孔圉和伯姬所生，伯姬是蒯聩的姐姐，她和奴仆浑良夫私通，蒯聩利用这个事情，在伯姬和浑良夫的配合下挟持卫出公宣布国君易人，是为卫庄公。这就是卫君父子政争的大致过程。子路就是在这次政争中被杀死的。子路是孔悝的邑宰，知道事情发生后前去制止，为蒯聩部属石乞所杀。

二是“兄弟让国”。据《史记·伯夷列传》记载，伯夷、叔齐是孤竹国君的两个儿子，其父想让叔齐继位，但在父死之后叔齐却要让位于伯夷，伯夷说这

是父亲之命，不接受，然后逃去，叔齐也不肯继位，随同伯夷一块逃走。二人听说周文王善养老，就想到周文王那里，等到了周，文王已死，武王正准备伐纣。伯夷、叔齐说："父亲死了不下葬，却要动干戈，这是孝吗？以臣弑君（商为君，周为臣），这算得上仁吗？"后来武王平定天下，伯夷、叔齐认为周武王不仁不义，所以不食周粟，饿死在首阳山下。

子贡以"兄弟让国"之事试探孔子对于"父子政争"的态度。在现实生活中，政治事件往往非常复杂，如何选择正确的立场是一件很困难的事。比如卫君"父子政争"一事，蒯聩之子辄立为卫出公，是蒯聩之父卫灵公之命，蒯聩争位则是违抗父命，是为不孝，但卫出公辄拒父入国，也是不孝，当时虽然赵简子送蒯聩入卫有侵略卫国的阴谋，但如果卫出公希望父亲返回卫国的话，蒯聩也必然不会借赵简子的兵力来达成返国目的。后来，蒯聩政变将卫出公赶下台，则是"为父不慈"。卫出公辄和卫庄公蒯聩到底谁站在正义的一边？孔子采取什么态度呢？

伯夷、叔齐让国，叔齐也是违抗了父命，但是孔子认为二人"不念旧恶，怨是用希"[5.23]、"不降其志，不辱其身"[18.8]、"民到于今称之"[16.12]，而且求仁得仁，二人应是无怨无悔。所以在孔子看来，违抗父命，不一定就是不孝，主要看违抗父命出于何种目的。卫庄公与卫出公的"违抗父命"都出于一己之私，二人之争都是不义。子贡看到孔子赞同伯夷叔齐的"让国"，所以他知道孔子不会支持卫君父子的"争国"了。

这件事给我们的启示是，在复杂的政治事件中看清正义与非正义有时是一件很困难的事情，而看清正义与非正义的办法，就是要有一套坚定而符合正义原则的价值观体系，然后权衡事件与国与民之利弊，恰当选择自己的立场和行动。

[7.16]子曰："饭疏食，饮水，曲肱而枕之，乐亦在其中矣。不义而富且贵，于我如浮云。"

译解

疏食：粗食。**水**：冷水，热水为汤。

曲肱：弯着胳膊。

于我如浮云：视不义之富贵，如浮云之无有。

孔子说："吃粗食，饮凉水，弯着胳膊当枕头，乐在其中呀。以不义的方式获得的富贵，对我来说就像天上的浮云。"

行政解读

参见[4.5]章。

[7.17]子曰："加我数年，五、十以学《易》，可以无大过矣。"

译解

此句争论很多。一说，此句应读为"加我数年，五十以学《易》，可以无大过矣"。或说，孔子大约是在四十多岁说此话，再给我几年，到了五十岁可以学习《易》（有的解为学到五十），就可以没有大错了。为什么必须到五十岁才能学《易》或学到五十岁呢？似不通。有人认为"五"字是"七"字之误或是"吾"字之误，都是没有确据的。二说，依《鲁论》，"易"字为"亦"字，即"加我数年，五十以学，亦可以无大过矣"。意思就完全不同了，再给我几年，学到五十，就可以没有大过了（参见钱穆《论语新解》）。三说，句读为"加我数年，五、十以学《易》，可以无大过矣"，"五"和"十"都是"加我数年"的补充语，意即再给我几年，多学五年或十年《易》，就不会有大过了。拟从第三说。

孔子说："再给我几年学《易》，多学五年或十年，就不会有大过错了。"

行政解读

据说孔子晚年好《易》，读到韦编三绝，并作《十翼》。

《易》是讲天下通变之理的。在当时应是揭示社会发展规律的最重要著作。明白了天下运行的规律和趋势，也就明白了个人进退的总体方向，总体方向不

会错，也就不会犯大过了。

所以，为政者当洞察历史潮流，通晓天下大势的发展趋势，这样便可以顺潮流而动，就“可以无大过”了。

[7.18]子所雅言，诗、书、执礼，皆雅言也。

译解

孔子使用标准音的场合，诵读《诗》、《书》，执行礼事，都使用标准音。

行政解读

孔子是鲁国人，鲁国人日常使用鲁语，即鲁国的地方话，如果孔子在日常生活中与鲁人也使用雅言这种标准话进行交流，一定会很别扭，失去对鲁国人的亲和力。但孔子也有使用标准话的时候，比如在诵读诗书、担任礼仪活动的司仪等比较正式的情况下。

说什么话可以显示一个人的情感和忠诚归属。《史记·张仪列传》讲了一个故事，有个越国人叫庄舄（音细），到楚国后做了大官。有一次庄舄生了病，楚王说，庄舄在越国本是一个地位卑贱的人，到楚国后得到了富贵，不知他还想不想越国，我想知道他对楚国是不是真的忠诚。身边的侍从就出了个主意，他说，人在病中的时候最思念故乡，可以派人去听一听病中的庄舄私下里讲的是越语还是楚语，就可以知道他对越国和楚国的态度了。楚王派人去听，听到庄舄讲的是越语，楚王就知道他还是挂念越国了。

《论语》提到雅言问题有其深意。语言的推广是一种文化行为，但也有政治义涵。秦始皇统一中国后实行书同文、车同轨，统一度量衡，对于促进国家统一和民族融合的作用是巨大的。如今推广普通话同样有助于民族融合，有助于地区融合，增强各地区人民彼此的认同感，建立共同的价值观。但推广普通话，不一定要取消地方话，正如孔子所言，在正式场合讲普通话就可以了。

[7.19]叶公问孔子于子路，子路不对。子曰："女奚不曰：其为人也，发愤忘食，乐以忘忧，不知老之将至云尔。"

译解

叶公：楚国大夫沈诸梁，字子高，时为楚国叶地县尹（地方官），自称叶公。叶，旧读涉。

叶公问子路孔子是什么样的人，子路没有回答。孔子说："你为什么不说：他这个人呀，发愤忘食，乐以忘忧，不知自己已快步入老年了，如此而已。"

行政解读

孔子一生没有看到理想的实现，但他坚持不懈地努力，保持乐观的心态。如果行政人员在巨大的工作压力下，能够发愤工作以忘食，快乐工作以忘忧，对工作、对生活、对健康都有好处。像孔子那样，在任何时候，都做一个乐观主义者，做一个乐观的奋斗不息者。

[7.20]子曰："我非生而知之者，好古，敏以求之者也。"

译解

孔子说："我不是生来就知道的人，而是一个喜欢学习前人留下的知识和经验的勤勉求知者。"

行政解读

参见[7.1]章。

[7.21]子不语怪、力、乱、神。

译解

怪：怪异之事。

力：逞勇力之事。

乱：悖逆作乱之事。

神：鬼神之事。

孔子不谈论怪、力、乱、神之事。

行政解读

这里的问题是，孔子为什么不明确阐述对于怪、力、乱、神的态度，而是采取回避不语的态度？

怪和神，其背后是一种神秘性，而这种神秘性还未被探知，所以孔子不语之，说不很清楚所以尽量不说。如对于鬼的问题，他说：“敬鬼神而远之”[6.22]，子路问事鬼神，他说：“未能事人，焉能事鬼？”、“未知生，焉知死？”[11.12]，可参见[6.22]解读。

关于力和乱问题，就比较复杂。孔子不崇尚力，崇尚德。如“骥不称其力，称其德也”[14.33]。又如南宫适（音括）问于孔子说：“羿善射，奡荡舟，俱不得其死然；禹、稷躬稼，而有天下。”孔子因此夸南宫适说：“君子哉若人！尚德哉若人！”[14.5]羿（音翼）和奡（音傲）取得政权，靠的是“力”，而不是“德”，孔子虽然不回答南宫的问题，但他间接地表达了尚德的态度。但是，孔子尚德，并不是就不重视“力”的建设。孔子十分重视军备建设，他也深知“力”的重要性，关于他对军力的态度可参见[12.7]章解读。

孔子既然反对没有任何政治理想，只为个人欲望而夺取政权的为乱行为，那么他为什么不明确表达这种态度呢？恐在春秋时代的政治现实中，要解决某些问题，“力”反而是有效的手段，以“力”制“力”可行，以“乱”制“乱”可行，以“德”反而制不了“力”，也制不了“乱”，因此孔子处在现实与理想的矛盾状态中，难言之，故不语。

一个社会充满怪、力、乱、神，将会影响这个社会正常价值观体系的建立及发挥作用，这是为政者需要清醒认识的。一个社会讲“力”不讲“理”，为乱的有饭吃，守法的没饭吃，活人没养活好，死人神仙倒是有福享，这个社会如何发展、如何安定？

[7.22]子曰：“三人行，必有我师焉。择其善者而从之，其不善者而改之。”

译解

孔子说：“三人同行，其中必有自己可学之师。学习其中好的方面，不好的方面（引以为鉴），加以改正。”

行政解读

参见[8.5]章与[19.21]章。

[7.23]子曰：“天生德于予，桓魋其如予何？”

译解

桓魋：宋国的司马向魋，因为是宋桓公之后，所以又称为桓魋。魋，音颓。《史记·孔子世家》记载：“孔子去曹，适宋，与弟子习礼大树下，宋司马桓魋欲杀孔子，拔其树。孔子去，弟子曰：‘可以速矣。’孔子曰：‘天生德于予，桓魋其如予何。’”《孟子·万章篇》记载：孔子“微服而过宋”，即孔子换了衣服，乔装打扮，然后才得脱。

孔子说：“上天降生大德于我，桓魋他能把我怎么样？”

行政解读

参见[9.5]章。

[7.24]子曰：“二三子以我为隐乎？吾无隐乎尔。吾无行而不与二三子者，是丘也。”

译解

孔子说：“弟子们你们以为我隐瞒了什么吗？我什么也没有隐瞒呀。我没

有什么行为不让你们看到的，这就是我孔丘。”

行政解读

这句亦是孔子的行教方式，解读放在[15.39]章集说。

[7.25]子以四教：文，行，忠，信。

译解

文：这里指前人留下的文献，如诗书典籍等。

行：行为端好之意。《史记·张仪列传》：“仪贫无行，必此盗相君之璧。”又如过去批评“文人无行”，孔子此处教弟子不能“无行”，要行为端好。

孔子重视四个方面的教育：文献典籍、行为端好、忠的品格、信的品格。

行政解读

此句亦是关于教育问题的，解读放在[15.39]章集说。

[7.26]子曰：“圣人，吾不得而见之矣；得见君子者，斯可矣。”子曰：“善人，吾不得而见之矣；得见有恒者，斯可矣。亡而为有，虚而为盈，约而为泰，难乎有恒矣。”

译解

亡而为有：亡，通“无”，以无为有。

约而为泰：贫穷却假装宽裕。约，贫穷；泰，宽裕、大方。

有恒者：有恒心于善道者。如《泰伯》篇中说的“守死善道”[8.13]，这就是一种恒心。能够坚持操守就是有恒者。

孔子说：“圣人，我没有办法见到了，见到君子就可以了。”孔子又说：“善人，我没有办法见到了，见到能够坚持操守的人就可以了。没有却假装有，

空虚却假装充实，贫穷却假装富有，这种人很难坚持操守。”

行政解读

孔子时代，圣人有没有且不说，但是君子和善人还是有一些的，孔子在《论语》就提到过几个，如《公冶长》篇，子谓子贱“君子哉若人！”[5.3]又如《宪问》篇，孔子称赞南宫适“君子哉若人！尚德哉若人！”[14.5]在孔子眼里，宓子贱和南宫适就是君子了。孔子这句话是感叹世风日下，君子和善人越来越少了。君子和善人多不多，也是社会环境的产物、时代的产物、制度的产物。

孔子说：“亡而为有，虚而为盈，约而为泰，难乎有恒矣。”这句话很重要。孔子提醒我们，一个表里不一、不实事求是、不能坦然面对困难、困境甚至耻辱的人，一定是一个不能坚持操守的人。没有学问却装着有学问、不会装着会、没有钱却还要摆阔气的人，是不能担负重任的。所以一个人可不可以依靠，从日常工作生活态度就可以看出，孔子这里给我们提出的是有效的观察角度。姑娘找对象，观察这个男人可不可靠，也可以从这几方面观察，家里贫困，却总是装着富有，自己能力不足，却总是装出无所不能，这样的男人靠不住。

[7.27]子钓而不纲，弋不射宿。

译解

钓而不纲：钓是一竿一钓取鱼，纲是大绳挂着渔网横拦在水中取鱼。

弋不射宿：弋，音义，是用生丝系着的箭来射叫作弋。宿鸟是栖息于巢中的鸟。

孔子猎鱼，只用竿钓，不用大网；孔子也绝不猎射栖息于巢中的鸟。

行政解读

注家多认为此句表现了孔子仁爱之心及于动物，是一个对世界及万物怀有大爱的人。圣人的仁爱之心不必怀疑，但本书认为，此句并不是为了表达孔子

的仁爱思想，而是要表达孔子的可持续发展思想，可以说，可持续发展思想就是两三千年前的科学发展观。

“钓”和“纲”本质都是剥夺鱼的生命权，只不过“钓”一次只剥夺一条鱼的生命权，而“纲”会剥夺很多鱼的生命权，包括很多鱼苗。猎鸟不射鸟巢，因为鸟巢中很可能有幼鸟或鸟卵，破坏鸟巢，会对鸟群的壮大产生影响。如果钓一条鱼不够吃，那就得一条又一条地钓，同样是剥夺很多鱼的生命权，所以“子钓而不纲，弋不射宿”这句话反映了孔子的科学发展观思想，大网网鱼会网到大量的小鱼苗，这是竭泽而渔，会影响鱼群的持续发展，猎取宿鸟也是一个道理，会破坏了鸟群的持续发展，这对人类的利益是一种危害。

现在我们提出树立和落实科学发展观，要求坚持以人为本，坚持全面发展、协调发展和可持续发展，实现人和自然和谐相处。其实，我国古代有着非常朴素的科学发展思想，这种科学发展思想很早就上升到了国家制度层面。

《国语·鲁语》里有一篇叫作《里革断罟匡君》的文章，说的是鲁宣公在夏天鱼类繁殖的时候要用大网到泗水去捕鱼，大臣里革将其渔网扯断，并教训他说：

“古者大寒降，土蛰发，水虞于是乎讲罛罶，取名鱼，登川禽，而尝之寝庙，行诸国，助宣气也。鸟兽孕，水虫成，兽虞于是乎禁罝罗，矠鱼鳖以为夏犒，助生阜也。鸟兽成，水虫孕，水虞于是乎禁罜䍡，设阱鄂，以实庙庖，畜功用也。且夫山不槎蘖，泽不伐夭，鱼禁鲲鲕，兽长麑麌，鸟翼鷇卵，虫舍蚳蝝，蕃庶物也，古之训也。今鱼方别孕，不教鱼长，又行网罟，贪无艺也。”

意思是说，不论捕兽、捕鱼、捕鸟，都要适时适度捕获，保护幼兽、幼鸟、幼鱼，伐树不伐树苗，保护树木，这种可持续发展观念和制度已是当时为政的重要内容，成为君臣政争的主题，可见“蕃庶物”这一古之训（在春秋时代已是古之训）在传统社会之重要性。而里革敢于采取激烈的方式阻止鲁君在这个季节用大网捕鱼，说明这一理念在当时已深入人心，应已成为社会所公认应遵循的制度。

孟子则说：“不违农时，谷不可胜食也。数罟不入洿池，鱼鳖不可胜食也。斧斤以时入山林，材木不可胜用也。谷与鱼鳖不可胜食，材木不可胜用，是使民养生丧死无憾也，养生丧死无憾，王道之始也。”（《孟子·梁惠王上》）

不违农时，粮食就会多得吃不完，不用细密渔网到池沼去捕鱼，鱼鳖就会多得吃不了，不乱砍滥伐，而是到了时节才进山伐木，木材就会多得用不完。粮食和鱼鳖吃不完，木材多得用不完，这就让百姓养生送死都没有什么遗憾了，养生送死没有遗憾，这是王道的开始。可见，孟子认为，人与自然的和谐相处及可持续发展当是“王道”的重要内容。

在这个方面，荀子也持相同的理念，他说：“圣王之制也：草木荣华滋硕之时，则斧斤不入山林，不夭其生，不绝其长也。鼋鼍鱼鳖鳍鳣[①]孕别之时，罔罟毒药不入泽，不夭其生，不绝其长也。春耕、夏耘、秋收、冬藏，四者不失时，故五谷不绝，而百姓有余食也。污池渊沼川泽，谨其时禁，故鱼鳖优多而百姓有余用也。斩伐养长不失其时，故山林不童而百姓有余材也。”山无草木叫作童。这段话的大致意思和里革及孟子所说相近。荀子还说：“修火宪，养山林薮泽草木鱼鳖百索，以时禁发，使国家足用而财物不屈，虞师之事也。”虞师的职责是防火、养护山林沼泽，让草木、鱼鳖等各种动植物茁壮成长，按照时节禁止或允许百姓渔猎或获取，这样国家就会富足，财物就不会匮乏了。修火宪，就是更新发布焚烧山林的禁令。“百索”，有人认为当为“百蔬”，有人认为是“所要的百物”。

不独儒家，当时不同的政治派别在这个问题上具有相当一致的意见。如商鞅就说：“黄帝之世，不麛不卵。”（《商君书·画策》）指出在黄帝时代，人们就不捕猎小鹿，不毁鸟蛋，以促进自然界万物的生长。《管子·八观》中说：“山林虽广，草木虽美，禁发必有时；国虽充盈，金玉虽多，宫室必有度；江海虽广，池泽虽博，鱼鳖虽多，罔罟必有正。”提出尽管各种资源丰富，也必须根据时节和各种动物植物生长情况，合理取用，注意自然的可持续发展能力。《管子·四时》指出要春天“无杀麑麇，毋蹇华绝芋”，夏天则“令禁罝设禽兽，毋杀飞鸟”。与前面各家所说基本上是一个思想。

《晏子春秋·卷三》记载了晏子与齐景公的一段对话，也表达了晏子对人与自然和谐相处、保持可持续发展重要性的认识。晏子说：“婴闻之，古者先君之干福也，政必合乎民，行必顺乎神，节宫室，不敢大斩伐以无逼山林，节饮

①鼋鼍鱼鳖鳍鳣：鼋，音原，大鳖；鼍，音妥，扬子鳄；鳣，音善，鳝鱼。

食，无多畋渔以无逼川泽。祝宗用事，辞罪而不敢有所求也。是以神民具顺，而山川纳禄。今君政反乎民，而行悖乎神，大宫室，多斩伐以逼山林，羡饮食，多畋渔以逼川泽，是以神民俱怨，而山川收禄，司过荐罪，而祝宗祈福，意者逆乎？”不要大造宫殿，以消耗过多的林木，饮食不可奢侈，以消耗过多的鱼鳖，破坏自然生产力的可持续性，将会导致“神民俱怨”。景公听从了晏子的建议，宫室饮食比较节俭，全国按时令砍伐林木，捕鱼有度，结果“邻国忌之，百姓亲之”，可见在当时社会条件下，保持可持续发展，促进人与自然和谐相处在经济上和政治上的重要性。

子产（公孙侨）是春秋时郑国著名政治家（其事见[5.16]章），《左传·昭公十六年》记载了子产处理毁坏山林事件：“九月（鲁昭公十六年），大雩，旱也。郑大旱，使屠击、祝款、竖柎有事于桑山。斩其木，不雨。子产曰：‘有事于山，蓺[①]山林也，而斩其木，其罪大矣，夺之官邑。’”意思是郑国大旱，子产命屠击、祝款、竖柎三位大夫到桑山祭祀求雨，而三人却大肆砍伐山林，结果无雨，子产认为，祭祀山神，要种植林木，却砍伐山林，罪莫大焉，于是将三人官职和食邑一块剥夺治罪。在子产的心中，爱护山林与尊重山神是相互联系在一起的，保护自然生产力，保持人与自然的和谐关系，这在当时已成为神圣的信念。

《周礼》中还提到了许多管理山川林泽的官职，如“山虞”、“泽虞”、“林衡”等等，并明确了这些官员的职责。举“山虞”一职为例加以说明：“山虞掌山林之政令。物为之厉，而为之守禁。仲冬斩阳木，仲夏斩阴木。凡服耜，斩季材。以时入之，令万民时斩材。有期日，凡邦工入山林而抡材，不禁，春秋之斩木不入禁，凡窃木者，有刑罚……”（《周礼·地官司徒·山虞》）管什么、怎么管，什么时候可以伐木，伐什么木，什么时候不可以伐，谁可以伐，都规定得非常清楚。

以上事实说明，在两三千年前或更早之前的我国，促进人与自然和谐相处，保护自然资源，保持自然资源开发与人们需要取用的平衡，坚持可持续发展，已是当时不同政治派别的共识，这一思想已为当时社会广泛接受，深入人

---

①蓺：通“艺”，种植。

心，并形成了有效的管理制度，反过来，如果违反这一制度，将会导致“神民俱怨”，社会治理难以为继。这种科学发展的思想，虽然和我国当前坚持的科学发展观相比，还相当朴素，内涵也不够丰富。但其关于可持续发展的理念之先进、制度之完善、执行之坚决仍给我们强烈的震撼：我们祖先是何等的聪明和睿智！我们不知道什么时候，也不知为什么，就在不知不觉中丢掉了祖先的遗训，许多地区为了取得暂时的经济利益，大量破坏环境，严重危害自然生态，有的已到了难以为继的地步，真是罪莫大焉。

[7.28]子曰：“盖有不知而作之者，我无是也。多闻，择其善者而从之；多见而识之，知之次也。”

译解

知之次：在《季氏》篇，孔子说：“生而知之者上也；学而知之者次也；困而学之，又其次也；困而不学，民斯为下矣。”[16.9]所以“生而知之者”是“知之上”，“学而知之者”是“知之次”，孔子说自己是“学而知之者”。

孔子说：“大概有什么也不懂就妄加创作的人吧，我不是这样。多听，选择好的方面去遵从，多看，然后记在心里，这是仅次于‘生而知之’的了。”

行政解读

不懂自以为懂，不懂假装懂，然后对事情妄加评论，这也是现在比较糟糕的一个风气。有些人耻于说自己不知道，充满了浮躁之气，一些学者，研究国学出了名的，对经济问题也要发表一通见解，研究农业问题的，对股市问题也要以专家身份进行评论，媒体还要追捧。一个人成了一方面的专家，似乎就自然成为全能的专家，无所不懂，无所不说。一个成了名的人，就有权对一切问题发表自己的见解，而社会对此并不提出异议。妄说横行，实际上是剥夺了真正专家的话语权，这是对真正懂行的人的最大不尊敬。社会状态如此，就很难形成有见识的意见，其危害怎么说都不为过。

当前的社会不尊重“不知道”，只尊重“知道”。对于领导的要求是，什么

事都得懂，什么事都得说得很清楚，否则就认为不合格。认为你是专家，你就必须知道一切，如果你说不知道，似乎就不应当给你这个专家称号，于是“不知而作者”就应运而生，因为人们的潜意识总是努力希望自己能够达成社会期望的形象，这也是其中一个原因吧。

孔子或者是感叹当时的世风，或者是回应别人诽谤他“不知而作”的指责，但孔子这句话给我们提出一个重要的课题：我们社会要形成一个求实严谨的风气，是非常重要的，这当成为一个为政的目标。

[7.29]互乡难与言，童子见，门人惑。子曰：“与其进也，不与其退也，唯何甚！人洁己以进，与其洁也，不保其往也。”

译解

互乡：乡名，地在何方已不可考。

难与言：难以与互乡的人讲话沟通。从上下文的意思来看，互乡这个地方的人做事为人不够仁善，为当时君子社会所鄙视，难与言或许是因为价值观不同而很难在一起谈论事情。

童子见：孔子接见了这个小孩。

门人惑：弟子们认为不当见，所以感到诧异。

与：称赞，鼓励。

唯何甚：即为何甚，何必这么过分。

洁己以进：洁净自己追求进步。引申为洗刷掉过去的污秽，反省过去的错误而追求进步。进，有两说，一说是上进，二说是进见。从前说。

不保其往：不要守着人家过去的污点不放。

互乡（这个地方民风不善），难以与他们谈论什么，但当地一个小孩却得以进见孔子，弟子们感到不解。孔子说：“我是鼓励他进步，而不鼓励他退步。何必这么过分呢！人家已经省悟过来想要进步，我是鼓励他省悟过去，不要抓住人家的过去不放。”

行政解读

估计“互乡”之地民风很坏，人们都不愿意与他们说什么话，但是孔子仍然认认真真地接待了这个地方的一个小孩子。从这件事情可以看出，孔子是一个具有政治智慧的人，“互乡”这地方民风不善，但也应进入改造之列，因为仁善之道是一种普世价值，“互乡”的人民也应受到仁善之风的沐浴。那么接下来的问题是：通过接触以改变他们，还是通过遏制以改造他们？孔子选择了前者。社会普遍鄙视“互乡”，已对“互乡”构成了压力，这时候也需要有人去接近他们，并给以正面的改造动力。孔子培养“互乡”的小孩子，是试图在“互乡”这个地方的内部建立一个道德的标杆，弟子们不了解孔子的深意，所以感到诧异。

现在世界上不同价值观念有不少冲突的地方，到底谁改变谁，其实并不十分重要。在过去几千年中，各种文化相互撞击，相互融合，相互改变，大家现在所各自坚持的价值观体系本身就是已经改变过的，如何可以断言这个价值观体系就不需要进一步改变了呢？所以，重要的是达成一致意见的过程不要造成过多的伤害。孔子的办法是接触和关怀的办法，这值得我们思考。一些大国总是以武力和强权将自己的价值观念强加于别人的头上，而置这个民族的传统和意愿于不顾，造成了民族心理的伤害。现在“普世价值”这个词都变了味，说这个东西是“普世价值”，其潜台词就是“大家必须接受”。反过来，我们对美国人说，孔子的价值体系就是普世价值，美国人接受吗？接触中融合，如果确实是好东西，人家自然会学习，要相信自己。

[7.30]子曰：“仁远乎哉？我欲仁，斯仁至矣。”

译解

孔子说：“仁离得很远吗？（不！）我欲得仁，仁就会到来。”

行仁关键在心，在个人意愿，解读见[4.6]章。

[7.31]陈司败问："昭公知礼乎？"孔子曰："知礼。"孔子退，揖巫马期而进之，曰："吾闻君子不党，君子亦党乎？君取于吴，为同姓，谓之吴孟子。君而知礼，孰不知礼？"巫马期以告。子曰："丘也幸，苟有过，人必知之。"

译解

陈司败：一说为人名，二说司败为官名，不可考。

巫马期：孔子学生，姓巫马，名施，字子期。

进之：使之走进之意。让巫马期走到身边。

党：相助匿非曰党。在《卫灵公》篇，孔子说："君子矜而不争，群而不党。"[15.22]

君取于吴为同姓，谓之吴孟子：鲁君为周公之后，周公为文王之子，季历之孙。吴国始祖泰伯，是季历的长兄，因此鲁国和吴国是同姓，均姓姬（事情参见[8.1]章）。按照周礼，同姓不婚，鲁昭公娶吴女乃违礼行为。春秋时代，国君夫人的称号一般是所生之国名加上本姓，所以昭公夫人当称作"吴姬"，但昭公为掩盖同姓而婚的事实，称之为"吴孟子"。

陈司败问："鲁昭公懂礼吗？"孔子说："懂礼。"孔子离去之后，陈司败揖请巫马期走近身旁，说："我听说君子不偏私结党包庇过错，君子也偏私结党吗？鲁君娶吴女，同姓为婚，称作'吴孟子'，如果说鲁君懂礼，还有谁不懂礼呢？"巫马期把这话告诉了孔子。孔子说："我孔丘真是幸运呀，一旦有了过错，人家一定会知道。"

行政解读

孔子是鲁国的公民，为鲁君臣下，孔子到底该不该替鲁君掩盖其违礼的过错，或者说孔子明知鲁君违礼，但说他懂礼，睁着眼睛说了瞎话，应不应该？尊君之礼和同姓不婚礼发生冲突时如何选择立场？这有一点类似于《子路》篇讲的一个故事：叶公语孔子曰："吾党有直躬者，其父攘羊，而子证之。"孔子曰："吾党之直者异于是，父为子隐，子为父隐。直在其中矣。"[13.18]相关评述一并放在[13.18]章句之中，请参阅。

这里想提出的是孔子闻过则喜的品格，因为是名人，他觉得自己犯了错误，别人一定会知道，这是一件很幸运的事。在日常生活中，做到闻过则喜也不难，难的是判断别人所指出的“过”是不是真是“过”。别人给提了意见，这个意见对不对有时很难判断，如果确信人家说得对，下决心改这当是君子之为。闻过则喜运用过头了，就变成道听途说，别人一反对就赶紧改正，反而失去定性和自我，所以最关键的是要坚持价值观体系，“守死善道”，增强自己辨别是非的能力，多听听各方面的意见，如果指出自己同一个错误的人很多，且来自不同的群体，这时候就要反思，认真地考虑一下是不是真的错了。

[7.32]子与人歌而善，必使反之，而后和之。

译解

歌而善：与人一起歌，可能是宴客上和歌，也可能是其他情况下一同唱歌，如果听到美妙的歌，一定让人重复，以便学习。古时宴客，有歌有和，这是礼。

和：音贺，跟着唱。《楚辞·宋玉对楚王问》：“其始曰下里巴人，国中属而和者数千人。”

反：重复。

孔子与人同歌，如果听到好歌，一定要请他再重复一遍，然后跟着唱。

[7.33]子曰：“文莫吾犹人也。躬行君子，则吾未之有得。”

译解

文莫：一说，“莫”为疑词，或许、大约的意思，文献典籍这些知识我或许与别人差不多；二说，“莫”为“不”的意思，文献典籍这些知识我不如别人；三说，“文莫”为一个词，当时燕国齐国称“勉强”为“文莫”，如此则此句意思为勤奋勉力我与别人差不多。今从第一说。

孔子说："学习文献典籍这些知识我或许与别人差不多，身体力行达到君子的标准，我还没有做到。"

行政解读

文献典籍等知识包括诗书礼仪等等有关学问，这都是教人如何做君子的，孔子说自己对于这些知识的掌握和了解，与别人差不多，但是如何把这些知识转化成为自觉的行动，他还没有达到要求。

孔子说出了个真相：能言者未必能行。有的人学富五车，理论水平很高，但是实践起来却荒腔走板，没有什么成效。现在抓出来一些腐败官员，在台上讲起反腐败、讲起腐败的危害来头头是道，但是台下还是照样腐败，能言不能行。再比如学《论语》、讲《论语》，把《论语》背得烂熟，把《论语》的意思搞得明白透彻，比较难，但也不是很难，更难的是自己的一切言行均能体现《论语》精神的要求。

[7.34]子曰："若圣与仁，则吾岂敢？抑为之不厌，诲人不倦，则可谓云尔已矣！"公西华曰："正唯弟子不能学也！"

译解

孔子说："若说圣和仁，我怎么敢当？如果说勤奋好学不知满足，教诲他人不知疲倦，可以说也就是这样吧。"公西华说："这正是弟子们学不了的。"

[7.35]子疾病，子路请祷。子曰："有诸？"子路对曰："有之。《诔》曰：'祷尔于上下神祇。'"子曰："丘之祷久矣。"

译解

疾病：病重。

请祷：向鬼神祷告。

有诸：一说，有这事吗？二说，有这个道理吗？以孔子的学识，不会不知道生病向鬼神祈祷这种民间礼俗，也不会不知其中道理，所以是明知故问，表

达了孔子对有病问鬼神这种事有多大作用是有些怀疑的。

诔：音垒，即“讄”，诔和讄音同义不同。讄是为活人累述功德以求福免灾，诔是累述死者生前的事迹，以确定其谥号，所以此处应为讄。

上下神祇：上下指天地，天神叫作神，地神叫作祇。《说文解字》：“祇，地祇。提出万物者也。”祇，音齐。还有一个字写作“祗，音支，《说文解字》：“祗，敬也”。

孔子病重，子路请求向鬼神祈祷。孔子说：“有这回事吗？”子路回答说：“有啊。《诔》文上说：‘为你向天神地祇祈祷。’”孔子说：“我做祈祷有很长时间了啊。”

行政解读

孔子看待鬼神总的态度是“敬鬼神而远之”、“未能事人，焉能事鬼”、“未知生，焉知死”，一方面对鬼神作用存有怀疑；另一方面他不能确定鬼神没有作用，所以还要敬鬼神，这是在当时历史条件下孔子的认识状态，应该说是一个实事求是的态度。但也必须指出，孔子怀疑鬼神作用与敬天祭祖的虔诚及对其礼仪的坚持并不矛盾，孔子敬天祭祖的主要目的是表达对自然界和先祖的感恩之情，这是“民德归厚”的方式，是在当时条件下的一种有效社会治理方式或说是一种领导方式（参考[6.22]章解读）。

孔子明知故问，表达了孔子对祈祷作用的怀疑态度，但是他接着又说，我祈祷有很长时间了。注家多认为孔子意思是自己平日德行为天所知，平日的行动就是很好的祈祷，这个解释未必就是孔子真意，但其解释本身就有一定的思想深度。确实，凡事，临时抱佛脚是没有用的，工作成绩的取得是长期努力的结果，工作职位的提升通常也是长期成绩和民意积累的结果。看到机会来了才努力工作、努力学习，一定抓不住机会。有的人看到提升职位空出来了，才积极工作，这有什么作用呢？行政升迁固然有因缘际会的因素，但基本上也是一分耕耘一分收获，觉得自己已经很辛苦了，却还得不到提升的人，有时候是因为不知道别人更辛苦。

[7.36]子曰："奢则不孙，俭则固。与其不孙也，宁固。"

译解

孔子说："奢华会有失谦恭，俭朴则会显得粗陋。但与其有失谦恭，不如显得粗陋一些。"

行政解读

在《八佾》篇中，林放问礼之本。子曰："大哉问！礼，与其奢也，宁俭；丧，与其易也，宁戚。"[3.4]此句可以看作是[3.4]章的一个注解。对于"礼"来说，"奢"和"俭"都不是最佳状态，不奢不俭才是最佳状态，但是有时候事情的分寸没有办法掌握得最好，有钱的人讲究排场，礼仪太过奢华，而没有钱的人连"礼"的基本程式都办不下来，怎么办？孔子说，"俭"比"奢"好，这样"礼"就获得普及化、大众化的基础。"礼"是用来约束社会大众的，所以其成本社会大众必须能够承担得起，否则"礼"就成了有钱人的奢侈品，而无法成为约束社会、管理社会的工具。孔子明白这个道理，所以他提出了一个价值导向，就是为"礼"，穷人的"俭"比富人的"奢"要好。在[3.4]章中，孔子进一步说"丧，与其易也，宁戚"，丧礼与其办得很周全，不如对逝者的追思和哀悼得到充分表达来得好。对于更穷的人来说，如果没有财力把丧礼办得那么周到，也没有关系，只要大家的哀思得到充分表达就可以了。"礼"的目的是让大家尽哀以尽孝，孝是仁的基础，仁为礼之本，所以实质内容比形式更重要，只要仁爱之情得以施行，形式的变通又有什么不可以的呢？孔子并不拘于礼。

"奢"为什么会导致"不逊"呢？"奢"是一种财富、地位、权势的体现，"奢"的背后是对别人优越感的发挥，就会对别人构成一种压力，所以会让人感到不谦虚，不够恭敬。其实不单为"礼"奢华会有不逊之感，其他很多场合都遵循这个逻辑。比如开两个小时的会，10 个人参加，都有平等的发言权利和责任，其中一个人讲了一个小时，只给其他人留一个小时时间，别人就会觉得这是对别人不够尊重，讲话之"奢"也会导致"不逊"。再比如正式场合的着装问题，大家如果都穿普通品牌的衣服，其中一个人穿了一套天价名牌，别

人就会觉得他是在显示什么，或与别人对比什么，穿衣之“奢”也会导致“不逊”。“俭”为什么会导致“粗陋”呢？“粗陋”这个词很难全面地展现出“俭则固”的思想，“俭则固”省去了一些不当省的东西，使人觉得比较别扭，比较简陋，比较寒酸，不是那么圆润和舒服。

为什么“与其不孙也，宁固”？因为不逊是对别人不敬，“固”反映的则可能是自己的困境，不一定让别人感到不敬，在坚持以“敬”字统帅人与人之间关系的孔子来看，让别人感到不敬是一个比较大的错误，所以“与其不孙也，宁固”。

[7.37]子曰：“君子坦荡荡，小人长戚戚。”

译解

孔子说：“君子心怀宽广坦荡，小人心中常忧惧不安。”

行政解读

用一两句白话文总是很难表达出孔子语录中精炼深邃的思想。君子心怀坦荡，如辽阔的草原、广袤的天空、无边的大海。君子心中没有不可以让人家知道的东西，非常阳光；君子的心中没有容不下的东西，非常宽广。君子无愧于天、无愧于地、无愧于人，所以君子可以坦然面对一切。君子并不是没有忧和惧，君子之忧，忧的是国家、民族、人民，为公而忧。君子之忧也可以为私为己，但所忧之私利必定是合理的诉求，是可见于人的应得权益，可以面对阳光和大众。小人正好相反，心中想的私利，恐私利之不得，恐私利受损，恐人们发现其自私自利的内心动机，因此小人的心总是不愿让人知道，害怕让人知道，对外界和别人总是处于防范状态，总是试图掩盖自己，所以心里就很不阳光，常常不安，出现莫名的担心和恐惧。

坦荡荡是一种快乐。获得这种快乐的关键是管理好自己的欲望，但完全没有欲望，也不一定会有坦荡荡的感觉。只有那种有追求，但其追求不光是为己，更是为人、为公的人，才会有坦荡荡的感觉。

[7.38]子温而厉，威而不猛，恭而安。

译解

孔子温和而严肃，威严而不凶猛，恭敬而安泰。

行政解读

关于“温而厉”。“温”和“厉”正好是一对涵义相反的词。温和，让人觉得容易接近，而严肃又让人觉得不好接近，孔子让人觉得容易接近，有亲和力，但是又在温和中透出严肃的因素，使人不敢有所放肆和懈怠。做到“温而厉”很难，怎么做到这一点呢？子夏透露了一点信息：在《子张》篇中，子夏说：“君子有三变：望之俨然，即之也温，听其言也厉。”[19.9]“温”是通过容色表现出来的，《季氏》篇中，孔子又说君子有九思，其中包括“色思温”[16.10]。“厉”则是通过语态表达出来，“听其言也厉”，话语中透出威严、气势，同时言辞凿凿，说话很准确，这样，实现“温”和“厉”，不同的感官承担了不同的功能。

关于“威而不猛”。“威”有威严、有吓阻对方之感，“威”把握得不好，很容易成为“猛”，让人感觉受到压迫和侵犯。这里最关键的是把握一个度。本来“威”的目的是让人重视自己，以增强自己言行的信实度，但是“威”过头了就成了“猛”，对别人构成一种意识上的侵犯，反而失去了感召力。关于“威而不猛”，在《尧曰》篇中重复出现：子张曰：“何谓五美？”子曰：“君子惠而不费，劳而不怨，欲而不贪，泰而不骄，威而不猛。”（在[20.2]章“行政解读”中，从政府形象的角度解读了“威而不猛”，可参考。）

关于“恭而安”。恭敬就是屈己奉人，通过表现自己的卑微来达到敬人的目的，在表现自己卑微的过程中就会带有不安的因素，把握不好就会变成瑟瑟缩缩，表现出一副不安的样子，容易失去自我，受到一些人的轻视。所以孔子提出“恭”但要“安”，在“恭”的同时展现一种“神凝气定”的精神，表现出自信来。“安”是消除“恭”可能出现的负面效果的办法。

第8篇

《泰伯》中的行政精神

[8.1]子曰：“泰伯，其可谓至德也已矣！三以天下让，民无得而称焉。”

译解

泰伯：据《史记》记载，周代始祖古公亶父有三个儿子，长子泰伯，次子仲雍，三子季历，季历的儿子就是姬昌，即周文王。按礼制，泰伯是法定的王位继承人。但是古公看到姬昌有圣人之相，就说：“我世当有兴者，其在昌乎！”泰伯、仲雍了解到古公想把王位传给季历，以便再传季历之子姬昌，二人便假借为父采药治病之名，一同逃到吴越荆蛮之地，断发文身，以示不归，将国让于季历。据说，泰伯享年六十六岁，死后葬于无锡梅里（今梅村）鸿山之麓，泰伯无子，传位于仲雍，二人为吴国先祖。

三让：一说为确数，二说为“屡次”之意，已无可考。

至德：德行之极致。

民无得而称焉：人民不知道如何称颂他。

孔子说：“泰伯之德，可谓至德！他三让天下，百姓都不知如何来称颂他。”

行政解读

孔子主张“公天下”，不主张“家天下”。

天下有德才者居之。后世批评孔子是没落奴隶主阶级的代表，维护统治阶级的利益，从《论语》里看得不是很明显。孔子所赞美的尧舜禹时代，按照通行的社会发展阶段划分，属于原始社会末期，孔子所赞美的周公，按照通行的社会发展阶段划分，属于奴隶社会中期，可见孔子只是赞成好的社会，并不特

定赞成原始社会或奴隶社会，而且在孔子的范畴里，也并没有原始社会、奴隶社会、封建社会这些概念。在《礼记·礼运》中，孔子提出了一个理想社会的模式，这就是大同社会和小康社会。

关于大同社会："大道之行也，天下为公，选贤与能，讲信修睦。故人不独亲其亲，不独子其子，使老有所终，壮有所用，幼有所长，矜寡孤独废疾者皆有所养，男有分，女有归。货恶其弃于地也，不必藏于己；力恶其不出于身也，不必为己。是故谋闭而不兴，盗窃乱贼而不作，故外户而不闭。是谓大同。"

大意是说，大同社会是天下为天下人所共有的社会。社会选举有德行的人和有才能的人来治理天下，人们之间讲究信用，和睦相处。每一个人不只把自己的亲人当亲人，不只把自己的儿女当作儿女。老年人能够安享天年，壮年人有贡献才力的地方，年幼的人能得到良好的教育，使鳏寡孤独及残疾者都能得到供养。男子各尽自己的职分，女子各有自己的夫家。对于财货，人们憎恨把它扔到地上的行为，却不一定要自己私藏。人们担心有力使不上，但出力不一定是为了自己。因此，阴谋诡计没有用武之地，偷盗杀人的事不会出现。社会安定，连大门也可以不关。

关于小康社会："今大道既隐，天下为家，各亲其亲，各子其子，货力为己，大人世及以为礼，城郭沟池以为固，礼义以为纪。以正君臣，以笃父子，以睦兄弟，以和夫妇，以设制度，以立田里，以贤勇知，以功为己。故谋用是作，而兵由此起。禹、汤、文、武、成王、周公，由此其选也。此六君子者，未有不谨于礼者也。以著其义，以考其信，著有过，刑仁讲让，示民有常。如有不由此者，在埶者去，众以为殃。是谓小康。"

大意是说，现在大道已经消逝了，天下成为私产。人们只把自己的亲人当作亲人，把自己的儿女当作儿女，财物和劳力都为私人拥有。权力的继承实行世袭制。划分疆界，修建城池，以保护这些财产。制定礼仪制度，以确定君臣关系的名分，以使父子兄弟关系和睦，使夫妻关系和谐。设立各种制度，划分田地和住宅，鼓励人们为了自己的利益建功立业。所以阴谋诡计因此兴起，战争也由此产生了。夏禹、商汤、周文王、周武王、周成王和周公旦，成为三代中的杰出人物。这六位君子，都是谨慎奉行礼制，并根据礼制，决定奖惩刑罚，以规范人们的行为。如果有人不如此实行，有权位者受罢黜，一般民众受

惩罚。这就是小康社会。

[8.2]子曰：“恭而无礼则劳，慎而无礼则葸，勇而无礼则乱，直而无礼则绞。君子笃于亲，则民兴于仁；故旧不遗，则民不偷。”

译解

葸：音喜，畏惧胆怯。

乱：为非作乱，破坏既定秩序。

绞：迫人太急以伤人，尖刻伤人。《说文解字》：“绞，缢也。”总的来说，“绞”使人感到不舒服。

偷：“偷”与“媮”同，《说文解字》：“媮，薄也。”意思是“民风不厚”。

孔子说：“恭敬但不合礼，就会空劳烦人；谨慎但不合礼，就会胆小怯懦；勇敢但不合礼，就会为非作乱；率直但不合礼，就会尖刻伤人。君子厚待亲近的人，民众就会向仁，君子不遗故旧，民风就会淳厚。”

行政解读

可以说，恭、慎、勇、直都是优秀品质，但是不分场合，不分对象，不论事情的性质，没有度，就会走向其反面。礼，其实是一种关于社会秩序和人与人之间关系的社会约定，“礼”在其实践中，要掌握一个“度”。过了这个“度”，就会改变其性质，如“恭”变成了“劳”，人家麻烦，自己也麻烦；“慎”变成了“葸”，胆小怕事，不敢作为，很窝囊；“勇”变成了“乱”，敢作敢当，不怕困难，不畏生死，是多好的品质，但用得不是地方，就成了乱源；“直”变成了“绞”，直率得使人下不了台，伤了人的尊严，加重了解决问题的困难。孔子这句话包含丰富的辨证思想，应作为我们言行的指导原则。不让“恭变成了劳，慎变成了葸，勇变成了乱，直变成了绞”，归根结底，是要加深对事理、道义和人性的理解，这样才会恰当地运用“恭、慎、勇、直”，防止变成“劳、葸、乱、绞”。还可参考[17.8]章解读。

“君子笃于亲，则民兴于仁；故旧不遗，则民不偷。”孔子这句话是对周公

思想的进一步阐释。周公被封于鲁国，因要继续辅助周天子，所以派他的儿子伯禽去鲁国就任国君，临行前周公对鲁公说："君子不施其亲，不使大臣怨乎不以。故旧无大故，则不弃也。无求备于一人"[18.10]，告诫伯禽不要疏远亲族，不让大臣抱怨不被所用，故旧朋友如果没有大过就不要随便遗弃，也不对别人求全责备。"不施其亲"就是要"笃于亲"，"故旧无大故则不弃也"就是"不遗故旧"。从为政角度看，这句话很重要。君子笃于亲，实际是笃于"慈、孝、爱"，对上辈的孝，对下辈的慈，对平辈的爱。孔子认为孝是仁的基础，仁来源于人类最圣洁、最无私的父母之爱及子女对父母之爱，这种"爱"有人性基础，所以就有社会基础，将这种"爱"向社会扩展，就形成仁的核心价值，这是孔子的逻辑。孔子认为"君子德风，小人德草"[12.19]，君子作为社会行为方式的样板，普通民众自会受到感召和教育，"则民兴于仁"矣！"故旧不遗"是将这种爱进一步扩展到朋友、同事、相熟相交的人，如此，则社会充满了爱心和互助，社会有了爱，诈伪奸邪就会减少，这样民德民风归厚是必然的。

要建设一个讲信用、有品味、有道德水准的和谐社会，从哪里做起呢？从爱做起。如果一个社会成员，每天殚精竭虑劳作养家，却得不到一个相对安逸的生活，供不起孩子上学，社会却没有去帮助和关爱他，他对社会将是一个什么样的态度？诈伪奸邪之风必生，甚至于心生仇恨。鳏寡孤独没有人养，社会如不去管，这种伤害是严重的。人们看到社会没有爱，自己对社会的责任感就会下降，自私之心就会加重。

"笃于亲"、"故旧不遗"，在行政工作中也有深意。从实际情况看，"笃于亲"问题不大，但也不是没有问题，有的行政者在"为孝"方面就做得不好。"笃于亲"是好的，但不能为乱、违纪、违法、违德。如果把"笃于亲"理解为照顾亲人一个工作，照顾一桩生意，使用特权给亲人提供一个发展机会，这样的"笃于亲"不但不能使"民兴于仁"，还会使"民兴于不仁"。"笃于亲"是向公众展示一个良好的家庭形象，使人们看到亲情之美，这样可以增加领导在群众心目中的感召力。

"故旧不遗"，一个没有人情味的领导，是没有感召力的领导。现在有些领导不用"故旧"，怕人家说"任人唯亲"，其实不必这样。"故"和"旧"都是

在过去生活和工作中一起奋斗的人，为自己的生活幸福和事业发展提供过帮助和支持的人，是有功劳或苦劳的人，如果在事业发展过程中遗弃掉这样的人，寒心的将不只他一个人，所有想跟着一起干的人都会感到寒心，他们会从被你遗弃的“故旧”的现在，看到自己的将来，岂不心寒？实事求是地说，“故旧”有时无助于现在事业的发展，有的甚至会成为现在事业发展的包袱。但是实在不能用了，也要给他一个好的安排和好的出路。

当然事情不能走向极端和反面。把“故旧不遗”变成小圈子用人，“故旧不遗”的重要功能是“招纳贤士”，小圈子用人，只用旧人、老人，把自己关在一个小圈子，事业必丧失发展的活力。周公说：“故旧无大故，则不弃也”，所以“故旧不遗”也不是对那些恶名昭彰、行为不端、已失去群众信任的“故旧”不遗，如此自己反而就成了恶势恶人的保护伞，这样做，为政的目的又是什么？贤良之士如何肯跟从？每个人都应为自己的行为负责，“故旧”为恶，必须由“故旧”自己付出代价。“故旧不遗”不能堵了人才来归的道路，“故旧不遗”也不能成为保护恶者的托词。

关于“故旧不遗”，有的解为“传统不应遗弃”（如南怀谨《论语别裁》），恐非孔子本意（也有说是曾子的话，似无确据）。当然好的传统不应遗弃，这是另一个话题了。

[8.3]曾子有疾，召门弟子曰：“启予足！启予手！《诗》云‘战战兢兢，如临深渊,如履薄冰。’而今而后，吾知免夫！小子！”

译解

启：《说文解字》解为“开”。

战战兢兢，如临深渊，如履薄冰：语出《诗经·小雅·小旻》，形容小心谨慎的样子。

曾子病重将终，召集弟子们说：“看一看我的手，看一看我的脚，《诗经》上说，‘战战兢兢，如临深渊，如履薄冰’。从今往后.我可以免于使身体受伤了，弟子们！”

行政解读

曾子以孝著称，《孝经》以不敢毁伤身体为尽孝之始，以立身修道为尽孝之终。曾子把保护身体完好，成为一生中整天提心吊胆的大事，又成为临终时的一块心病，还让弟子们来见证，读来好笑。如果社会都以不损自己毫发为要，让谁去“杀身成仁”、“舍生取义”呢？立身修道与让自己毫发不损本身就是矛盾的。为立身、为修道、为行道，可不可以付出身体损伤及生命代价呢？

当然，为了解决曾子这个问题，有的注家对此句进行重新解读，认为“吾知免夫”指的是免于犯错误（南怀谨《论语别裁》），如此，一个小心谨慎、一辈子不犯错的曾子形象便跃然纸上。但如现实社会曾子真是这样一个人，也是非常麻烦的。人的一生甚至人类本身，每天都面临着新的环境和新的事物，换句话说，我们面临的是大量的风险事件。在处理风险事件中，发生错误是十分自然的，人类就是在试错中进步，如曾子一般，不敢犯错，唯一的办法，就是因循于旧事，只干前人干过的事，这样，社会怎么发展？曾子把惜身和怕错搞到极端，事情就走向反面，是不足取的。

[8.4]曾子有疾，孟敬子问之。曾子言曰：“鸟之将死，其鸣也哀；人之将死，其言也善。君子所贵乎道者三：动容貌，斯远暴慢矣；正颜色，斯近信矣；出辞气，斯远鄙倍矣。笾豆之事，则有司存。”

译解

孟敬子：鲁大夫，孟武伯之子，名捷。

动容貌，斯远暴慢矣：仪容合礼，就可避免暴慢不敬。

正颜色，斯近信矣：态度庄重，就会得到诚信相待。

出辞气，斯远鄙倍矣：言谈得体，就可避免粗野无理。气，言谈的语态语调。倍，同“背”，背礼。

笾豆之事：祭祀之事。笾豆，礼器，竹制为笾，木制为豆。笾，音边。

有司：负责官吏。

曾子病急，孟敬子去探问。曾子说：“鸟之将死，其鸣也哀；人之将死，其言也善。君子要重视三件事：仪容合礼，就可避免暴慢不敬；态度庄重，就会得到诚信相待；言谈得体，就可避免粗野无理。至于祭祀等仪礼之事，由主管官吏负责。”

行政解读

我们常说某人有亲和力，为什么有亲和力？所贵乎道者三：动容貌，正颜色，出辞气。在与别人交往之中，注意行为举止合乎礼仪要求，态度要与场合相适应，诚恳庄重。说话语态语气要得体，内容适当，表达清楚，这样就不会招致侮辱和不敬，别人就愿意与我们打交道。

但是做到“动容貌，正颜色，出辞气”不容易。外在优雅表现需要有雄厚的内在修养基础，包括道德修养、学识修养等等。所以最根本的是提高个人内在道德和学识水平，这样“动容貌，正颜色，出辞气”才会有深度、有吸引力。徒有“动容貌，正颜色，出辞气”之表，而无其实，就会成为笑话了。

“鸟之将死，其鸣也哀；人之将死，其言也善”，现在已是成语了。曾子告诉孟敬子这些话，是为了表达其告诫之言的诚恳和重要，希望他注意自身修养合乎礼，至于其他“笾豆之事”等国家重大场合的礼仪安排，自有主管负责者安排，曾子不想多说了。

[8.5]曾子曰：“以能问于不能，以多问于寡；有若无，实若虚，犯而不校，昔者吾友尝从事于斯矣。”

译解

犯而不校：受到侵犯而不计较。校，音较，有的解为“计较”，有的解为“报复”，有的解为“抵抗”。注家多将此句译为“受到侵犯而不计较”或“不报复”或“不抵抗”，以显示其胸怀宽广能容。那么当他在捍卫国家利益过程中受到侵犯，计较不计较、报复不报复、抵抗不抵抗呢？所以“犯而不校”应是在特定环境下的行为取向，不是一般意义上的行为取向，此处的“犯而不校”应指的是在讨论问题或请教问题的过程中，受到诘难，而不计较、不回

击，是虚心求教的态度原则，从这个角度看，解为“不计较”、“不回击”似乎更好一些。

吾友：注家多认为指的是颜渊，也有不同意见，无妨大碍。

曾子说：“有才能却向没有才能的请教，见识多却向见识少的请教。有而自觉如无，实而自觉如虚，（态度诚恳谦虚），受到诘难侵犯也不回击，过去我的朋友就是这样做的。”

行政解读

第一，学习态度是一种民族精神。儒家总是主张以谦虚的态度对待外部世界，坚持好学上进。在《公冶长》篇，子贡问孔子：“孔文子何以谓之文也？”孔子说：“敏而好学，不耻下问，是以谓之文也。”[5.15]在《述而》篇，孔子说：“三人行，必有我师焉。择其善者而从之，其不善者而改之。”[7.22]在《里仁》篇，孔子说：“见贤思齐焉，见不贤而内自省也。”[4.17]在《季氏》篇，孔子说：“见善如不及，见不善如探汤……”[16.11]在《学而》篇，孔子说：“无友不如己者，过则勿惮改。”[1.8]在《子张》篇，子贡说：“夫子焉不学，而亦何常师之有？”[19.22]都表达了这一思想。

“以能问于不能，以多问于寡；有若无，实若虚，犯而不校”是“敏而好学，不耻下问”的具体注解，如何做到不耻下问呢？就是要“以能问于不能，以多问于寡；有若无，实若虚”，而且在请教过程，态度诚恳，“犯而不校”，别人起了态度，甚至侵犯了尊严和人格，不计较，不回击，一切以获得新知、了解新情况、得到新感悟为依归。“三人行，必有我师”、“夫子焉不学，而亦何常师之有”进一步指出了“不耻下问”的范围，所有的人都可以是自己的老师，圣人无常师，因为我们可以“择其善者而从之，择其不善者而改之”，看到其长处，就努力学习，看到其短处就要回头审视一下自己，看我们自己有没有同样的问题。

一个民族的学习态度是民族精神的重要组成部分。《论语》里到处弥漫着谦虚好学、积极上进的学习态度。《论语》要求我们，在任何时候，总是谦虚地对待外部世界，总是谦虚地对待每一个人。回顾一下我们的历史，这种宝贵

的精神我们继承得并不好，当 17 世纪以后西方文明蓬勃发展的时候，我国那些自称是孔子信徒的社会精英集团，先是夜郎自大，自以为是，对外部文明不屑一顾，当受到西方文明的重击以后，又是惊慌失措，进退失据，不知所云，延滞我国现代化进程百年有余。举着孔子的旗帜，却丢掉了孔子的精神。反观近代以来的日本，倒是很好地继承了孔子和儒家所坚持的学习精神，当他们发现西方文明的先进性的时候，立即俯下身子，谦虚学习，使国家在很短的时间内就成为世界强国。

第二，关于犯而不校的精神。在民族和国家利益面前，在公众利益和人民利益面前，不可“犯而不校”，否则就是无勇、无义，“犯而不校”不应成为懦夫的托词，不应成为迂腐书生标榜道德清高的饰语。在个人利益面前，“犯而不校”有时展现了睿智之人的胸怀，通俗地说，有时候，吃点亏，“犯而不校”，不一定是坏事。在学习态度方面，要始终坚持“犯而不校”的精神，被批评了，被斥责了，被羞辱了，没关系，目标是学习知识，增长才干，这个目标达到了，“犯而不校”。

很多部下受不了上级的批评，觉得受到了侮辱、被侵犯了人格。“我错了你批评，我没有错你也批评？”很受不了。我觉得在这个问题上应有“犯而不校”的精神。上级亦是“师”。事情往往很复杂，不是自己觉得对就是对的。有一个领导曾经批评我，当时我心里觉得自己是对的，但从尊重上级的角度考虑，我选择沉默接受。但过了很长时间，结果还是证明人家是对的。所以“犯而不校”也是一种涵养，能够承受委屈、侮辱，而不动声色。有的人“对”了一次，就生怕大家不知道，广泛宣传，不知世界之大，高人之多，是为不智。

[8.6]曾子曰：“可以托六尺之孤，可以寄百里之命，临大节而不可夺也，君子人与？君子人也。”

译解

六尺之孤：失去父母的小孩。目前出土的战国时期的四把尺子的长度分别为 22.3 厘米、22.4 厘米、22.7 厘米和 23.1 厘米，秦统一度量衡后尺子的长度统一为 23.1 厘米，所以六尺应为 1.3 米多一点的个头。

百里之命：当时社会，诸侯受封的国土约方百里，百里之命即一国之政令。

大节：安国家定社稷的关键时节。

曾子说："可托付孤子，可托付国家大政，在面临国家安危的重大关节，其志坚定不可夺，这是不是君子呀？这就是君子。"

行政解读

可托六尺之孤，可寄百里之命，必大德大才之人，不是一般的君子。关键是"托"和"寄"两个字，暂时交给你，却不是你的，在这种情况下，能不能尽力为国，尽力为国之后有没有想法，这是对道德水准的一个考验。在这一方面，历史上最受推崇的是诸葛亮。刘备临终时将刘禅托付给诸葛亮，说了一段话很出名："君才十倍曹丕，嗣子可辅则辅之，不可辅则取而代之。"诸葛亮立即下跪，回答说："臣鞠躬尽瘁，死而后已。"从诸葛亮后来的所作所为看，他兑现了对刘备的承诺。人们赞美的是诸葛亮的精神，但是刘禅这样一个不成器的东西，保他何用？以诸葛亮之明，不是不知道，人有时活着是为了一种价值观，为了一种精神，明知不可为而为之，但是确实人类需要这种精神。

儒家的价值观体系在实践中有时是相互矛盾的，不光儒家思想，其他任何价值观体系都有这个问题。比如刘备托孤这件事，诸葛亮的行为符合"忠"、"孝"、"信"这些儒家看得很重的价值观念。但是另一方面，他所扶助的却又是一个没有任何行政能力的弱智君主，这样一个君主能够心怀百姓、造福黎民吗？这又与儒家民本思想、以德得天下想法相矛盾。孔子所赞颂的尧舜禹时代，都是将天下传之有德有能者，而刘备将天下交给刘禅，孔子知道了想必不一定赞同。

还有一个"临大节"的问题，这是一个观察人德能的重要视角。我们考察干部，要看其在重大问题上和关键时刻的表现如何。到了关键时候，在处理重大问题上，看不清形势，搞不清前进的方向，这是不可"托六尺之孤"、"寄百里之命"的，因而是不可重用的。现在的问题是，我们处于和平发展的年代，在关键时候和重大问题上出现艰难抉择的情况并不多，所以看清一个人的

真实德能也比较难。在这种情况下怎么办？比较好的办法是多靠制度，少靠人。想办法建立更加有效的制度，通过制度解决问题，把“百里之命”寄托于制度和机制上，而不是寄托在一两个人身上。

[8.7]曾子曰：“士不可以不弘毅，任重而道远。仁以为己任，不亦重乎？死而后已，不亦远乎？”

译解

曾子说：“士，必须胸襟宽广，意志坚强，因为责任重大，路途遥远。以宣传仁道、贯彻仁道为己任，难道责任不重吗？为宣传仁道、贯彻仁道而奉献终身，难道不是路途遥远吗？”

行政解读

曾子说得对，有远大政治抱负和政治理想的人，必须有宽广胸襟和坚强意志，无胸襟无以任重，无意志无以致远。可是，有胸襟、有眼光、有气魄、有理想、有毅力、能决断的人比较少，而这些品质，固然有天生的成分，也与后天自身努力和严格要求分不开，与修己分不开。“任重道远”、“死而后已”现在都是成语了，而且是非常有感染力的两个成语，这是曾子的贡献。

[8.8]子曰：“兴于诗，立于礼，成于乐。”

译解

孔子说：“以诗抒情明志，按礼的要求来说话办事，以乐升华道德情怀和思想境界。”

行政解读

参见[2.2]章。

[8.9]子曰："民可使由之，不可使知之。"

译解

由：用或从的意思，引申为"引导"的意思。

孔子说："民众可以引导使之跟从，不可以使之知晓。"

行政解读

孔子这句话，备受争议。许多人认为这是孔子愚民思想的反映，是其思想中的反动成分。一些孔子思想的维护者，采取多种方式从正面解读这句话，其中一种解读办法是改变句读方式，如将此句的句读变为"民可使，由之；不可使，知之"，意思是民众可用，则给民众自由和权力，不可用，则教育之、开化之。再如，将句读变为"民可，使由之；不可，使知之"，民众可以接受了，就交给民众（如民主这件事），不可以接受，就先教育培训之。我们应当以实事求是的态度对待孔子和孔子思想。孔子有错，不必去粉饰他，这是对孔子最好的维护，即使有些瑕疵，也无伤于其日月之光。

理解孔子这句话的关键，是寻找孔子说出此话时的环境，但是现在已无从考证了。那么孔子思想体系中是不是存在愚民思想？还应找出旁证。如果说孔子对于民众的领导是"使由之"，不是"使知之"，但是人民不知其理、不知其义，何以跟从？孔子难道不明白这样简单的道理？通篇《论语》，涉及"民"的地方，主要的论述方式是：君子（或社会管理者）怎么样，民就会怎么样，如哀公问曰："何为则民服？"孔子对曰："举直错诸枉，则民服；举枉错诸直，则民不服"[2.19]，等等，直接讨论民众的性质和特点只此一句，所以在《论语》里无法再找到孔子愚民思想的旁证。反过来，孔子倒是认为，群众的眼睛是雪亮的，例如刚才所举"哀公问曰"的例子，是不是举直错枉，老百姓看得明白。再比如，本篇第1章，子曰："泰伯，其可谓至德也已矣！三以天下让，民无得而称焉。"[8.1]德行如何，人民明白。所以民本思想是孔子的核心思想。在孔子看来，人民对政治人物的评判，才是最终和最有效的评判，在这一问题上，孔子从来不怀疑人民的智慧和人民的眼睛，说孔子轻视人民、有

愚民思想是不可靠的。

那么如何认识“民可使由之，不可使知之”呢？这是圣人之直，是孔子对人类社会状态和民性的客观描述，也是孔子实事求是精神的一种体现。任何时代任何人类社会群体中，有远见的总是少数人，大部分人是普通人。当英明的领导者看到前进的正确方向，但人民却不愿意跟从前进，民意不支持，怎么办？“使知之”还是“使由之”？

二战时期，罗斯福领导美国民意由不支持参战转向支持参战主要就采取了“使由之”的策略。二战爆发之时，美国总统罗斯福就已看到了美国参战的必然性，也看到了美国参战对保卫美国利益的重要性。但当时美国孤立主义十分盛行，主流民意是“同情而不介入”，不支持参战。罗斯福当时并没有直接发表电视讲话，向美国人民说明美国参与反法西斯战争的重大意义，因为他知道这样做是徒劳的。那时人民大众还看不清楚这一点，也无法接受参战可能带来的牺牲。罗斯福引导民意的第一步，是“不参战，但要全力支援”。“不参战”是尊重民意，“全力支援”是表明美国的利益要求。他利用美国民众对欧洲被侵略国家的同情，竭力说服美国人认识到希特勒对美国利益的威胁。美国在没有参战的情况下，先后出台了《中立法修正案》、《租借法》等法令，采取偏袒遭到德国侵略的国家的政策，这实际上采取了敌视德国的态度。

美国对德采取敌对态度，势必引起德国、日本、意大利等国的反对，而德、日、意的反对则进一步激化美国民意对这些国家的敌视态度，罗斯福成功地引导美国民意沿着他所设定的战略方向演进，这是“使由之”。后来日本偷袭珍珠港，罗斯福抓住时机，推动国会在 4 小时内作出对日宣战的决定，最终把美国民意引向参战。现在大家说，如果日本不偷袭珍珠港，美国民意就不会支持参战了。但从当时情势看，即使日本不偷袭珍珠港，其他的冲突事件也会让美国民意走向参战，因为在此之前，美国已采取了动用除军事力量以外的几乎所有与德、日、意为敌的政策，德、日、意这些国家反对美国是必然的，只不过冲突地点选在珍珠港。

再比如当前的中日关系。不论过去发生过什么事，中日两国人民必须相处下去，中日两国为邻这是不可选择的。我们可以选择的是，两国人民是友好相处下去呢，还是在敌对和仇恨中相处下去。当中国的民意不断为日本否定历史

的做法而出现强烈的反日情绪时，我们如何领导这种民意？是“使知之”，还是“使由之”？

“使知之”就是告诉人民，我们反对日本否定历史的立场是坚定不移的，但中日必须友好相处下去，不断掀起的反日情绪虽然表达了中国人的意见，但是过度反日情绪并不利于两国的未来。可以设想，当全国百姓正在义愤填膺、群情激昂之时，领导者如果站出来如此一通理性表白，将不但不能平息人民情绪，还可能从此失去群众的支持，即使群众心里觉得领导者的说法是对的。

“使由之”的办法，就是以顺应民意的方式领导民意。比如，首先可以采取比较激烈的对日抗议办法，使群众的情绪得到疏导，然后适时运用中日友好的事例，比如日本一些友人的友好行动，让人民觉得，日本人民中间也还是有不少对华友好、承认历史的人士，使两国人民之间出现亲近感，从而逐步把民意引向友好的道路上。中日两国关系中的风风雨雨，与日本一些右翼政治家的短视有关，不过政客们也利用日本右翼的想法和情绪，谋取了自己巨大的政治利益。可是，这样能够解决问题吗？

还可以举出很多事例。如广东珠海发展的例子，改革开放的前30年，珠海并不像其他周边城市一样，大力吸引工业企业投资，特别是不接纳有污染的企业投资，发展相对比较慢，老百姓的收入不高，群众有一些怨气，民意的想法是也要像东莞一样，大力吸收工业企业，这样大家很快就富裕起来。但是，珠海领导者并没有被动跟从民意，而是保留了珠海这一块净土。现在珠海大量未开发土地及没有污染的美好环境，给珠海带来了无限的发展潜力，这种潜力是“使由之”并不是“使知之”获得的，如果采取“使知之”的办法，以当时的环境，可能很难说服普通百姓，所以必须感谢当时领导者的远见卓识。

从这些事例，我们可以看出孔子这句“民可使由之，不可使知之”的份量，看到其背后潜藏的政治家智慧。“民可使由之”提醒我们，一个杰出的政治家应当肩负起领导民意的责任，要把民意引导到正确的方向上，把民心凝聚到正确的方向上。而领导民意的唯一正确的方式就是在顺应民意的基础上，以顺应民意的方式领导民意、改变民意。“不可使知之”提醒我们，对人民负责，不是把想法和情况都告诉人民就算完事，一告了之，然后被动适应民意，盲目追随民意，并冠之以“尊重民意”的美名，人民碰到这种领导者，表面看

起来是一件好事情，其实很糟糕，时间越长，越会看到其危害性。

“不可使知之”并不是要执行愚民政策。前面已经提到，孔子并没有愚民思想，他是相信人民的。民不可愚，这是千真万确的。与杰出的领导者高瞻远瞩相比，普通民众看得不够远，这是实情。看得不够远并不是看不见，时间长了就会看明白。二战之前，美国民意不支持参战，但现在美国人都感谢罗斯福的杰出领导。愚民是欺骗人民干不利于人民而有利于自己的事，老百姓一时被愚，但时间会告诉他们真相。

同时也应注意，“民可使由之”并不是说民意可以忤逆，领导者不可以以此罔顾民意，为所欲为，自以为强迫民意是为了群众。有些地方搞所谓的“逼民致富”，强迫农民种植某种农产品，自以为看准了市场，结果收获后卖不出去，最终老百姓吃亏，殊不知自己的想法也并非远见卓识，所以领导民意需要小心。对于大多数行政者来说，了解民意、服务民意应是其主要工作。而领导民意，是政治大智慧，由政治家中杰出者为之。

[8.10]子曰：“好勇疾贫，乱也。人而不仁，疾之已甚，乱也。”

译解

孔子说：“好勇怨贫之人，是乱源。对于不仁之人，厌恶太甚（使之无所容），也会形成乱源。”

行政解读

孔子指出了两种社会不安定因素。

其一，好勇疾贫，是个乱源。君子安于贫，去贫以其道。如果没有办法，不得不处于贫困之中，君子的态度是“贫而乐”。好勇疾贫者不论贫穷是如何形成的，都不安于贫，脱贫的办法就是靠勇，靠破坏社会秩序，靠非正常渠道，所以是乱源。在行政上，不满于现有职级的人很多，有些人能正确对待，安于岗位，“贫而乐”；有些人好争斗，自己升不上去，就闹事，或者威胁上级，或者诬告陷害与其有关的竞争者，这些人确实也是行政工作中的乱源。一个地方如果民风好勇斗狠，却又疾贫如仇，贪图富贵，社会治安一定好不了。

其二，对不仁之人采取不正确态度，也会制造出乱源。道德衰败者、犯过错误的人、坐过监狱的人，这些人容易受到社会的鄙视，生存比较困难，如果社会不能给以必要的关爱，他们易生出对社会的仇恨，成为社会的乱源。对于一个制度完善的社会来说，应该建立关爱这些群体的公益部门，对他们的合法诉求给以更多的帮助，使之得到应有的尊严。一些人不同意帮助那些危害过社会的人，觉得这是以德报怨，是逆向机制，不利于社会良好道德风尚的形成。殊不知，不论自己愿意不愿意，这些人都是社会的一部分，他们要吃饭、要工作，我们所面临的选择是让他改邪归正，还是弃之不顾，使之继续为乱，所以一个社会应有且必须有容“不仁之人”之量。在具体的行政工作中，作为领导，也应有容“不仁之人”之量，行政领域并非都是君子，此时是君子并非彼时是君子，此处是君子并非彼处是君子，不能给这些人适当的工作和适当的位置，也会对行政工作全局造成负面影响。当然，一个正直的行政工作者，懂得如何建立正确的用人导向，并不会因容“不仁之人”而使“仁人”失去发展机会。

[8.11]子曰：“如有周公之才之美，使骄且吝，其余不足观也已。”

译解

孔子说：“即使有周公那样美的才能，如果他既骄横自大又吝啬小气，其他方面也就不值得看了。”

行政解读

周公是孔子心目中的圣人。即使有周公那样高的才能，如果加上骄纵和小气这两个特点，也就没有任何价值了。所以恃才放旷、恃才自傲，以为有了才就可以胡作非为，就可以行为不端，就可以挑战正常社会道德价值观念，这都是危险和错误的。无德便无才，这是孔子在这里想表达的意思。

从另一方面看，有才者容易出现骄吝的问题。因为有才，所以觉得别人不如自己，易骄纵。因为有才，所以看不起别人，不屑于与人交往，在交往中不愿意付出，只愿意得到，易悭吝。

[8.12]子曰："三年学，不至于谷，不易得也。"

译解

谷：禄的意思。在《宪问》篇中，子曰："邦有道，谷；邦无道，谷，耻也。"[14.1]"谷"的译解当与此句相同。

孔子说："求学三年，还没有为官受禄的念头，这是很难得的。"

行政解读

孔子这句话，好像是让大家专心于学问，不要想着当官为政。这似乎与孔子的一贯思想不符。孔子只是说"邦无道，谷，耻也"[14.1]，不要给无道之君做事，有道或想有道的当政者，孔子是鼓励参与其中的。他的一生就是寻找为政机会和政治平台的一生，公山弗扰和佛肸名声不彰，二人分别占据费邑和中牟反叛自己的主子，召孔子议政，孔子都想去一试（事见[17.5]和[17.7]）。子张问干禄之事，孔子说："多闻阙疑，慎言其余，则寡尤；多见阙殆，慎行其余，则寡悔。言寡尤，行寡悔，禄在其中矣。"[2.18]孔子并没有批评子张学干禄，而是认认真真地教给他为官之要。在《微子》篇中，子路又说："不仕无义……君子之仕也，行其义也……"[18.7]不当官，不承担社会责任，是不义的表现。孔子渴望从政，鼓励从政，但从政的目标不是为了"谷"，而是为了行仁政，实现自己的政治主张和政治理想，这恐怕是孔子本意。

"学三年"，在当时的社会状态下，可能已经具备为官的条件了，或者说，学三年，找个官当一当还是不成问题的。但学了三年还是没有当官的想法，说明此人当官的动机不是为了"谷"，因为如果是为了"谷"，学三年是可以实现这个目标的。反过来，如果当官不是为了"谷"，那是为了什么呢？此人必是一个不为个人利益所困、有政治理想和政治抱负的人，所以孔子说他"不易得也"。

[8.13]子曰：“笃信好学，守死善道。危邦不入，乱邦不居。天下有道则见，无道则隐。邦有道，贫且贱焉，耻也。邦无道，富且贵焉，耻也。”

译解

笃信好学：在《子张》篇中，子张说：“执德不弘，信道不笃，焉能为有？焉能为亡？”[19.2]所以“笃信”应是“信道要笃”的意思，即要坚定理想和信念，坚信“善道”。

守死善道：宁为善而死，不为恶而生，以生命坚持理想，坚持正义。

危邦：存在发生祸乱危机的国家。

乱邦：已发生祸乱的国家。

孔子说：“坚定信念，勤奋好学，以生命坚持理想的实现（或坚持仁道的实现）。不进入具有祸乱危险的国家，不在祸乱国家中居住。天下有道，就出来做事，天下无道，就归隐山林。国家清明有道，自己却仍然贫贱，这是可耻的；国家昏乱无道，自己却既富且贵，这也是可耻的。”

行政解读

孔子这段话里，首先强调对理想的坚持，坚持到什么程度呢？守死善道，可以以生命为代价。接着孔子又说了一个保全自身的办法：“危邦不入，乱邦不居。天下有道则见，无道则隐”，并提出了一个道德标准：“邦有道，贫且贱焉，耻也；邦无道，富且贵焉，耻也”。关于后两句的解读可参见[5.2]章。这里的问题是，孔子为什么在提出为“道”应有牺牲精神的同时，却又提出避免“牺牲”的办法和要求呢？

这就是孔子的权变思想。坚持理想是核心，生为“道”，死亦为“道”。但是当时机不成熟时，就应以保全力量为重要目标。但是保全力量的最低道德要求是不能助纣为虐。邦无道，自己却又富又贵，说明自己是在帮助恶势力和反动力量，这是可耻的。但当实现理想的条件成熟了，邦有道，却还是又贫且贱，说明自己并没有在正义事业中作出贡献，这也是一种耻辱。

[8.14]子曰：“不在其位，不谋其政。”

译解

孔子说：“不在其位，不谋其政。”

行政解读

“不在其位，不谋其政”是一种政治道德修养。一是不在其位、不议论其政，例如有已经退休的干部，整天评论继任者的施政优劣，退而不休，对行政工作构成干扰，不利于行政工作的推进，是为无德。既不在其位，就要尊重在其位者的施政权。虽然退休已为民，但由于其特别经历和背景，说话还会很有影响力，不应错误使用这种影响力。二是不在其位、不参与其政。行政者与民众是一种委托代理关系，其核心是向人民负责，在其位者承担全部责任，不在其位而参与其政，负不负责？如果说负责，又没有获得授权，因为没有位就是没有获得人民授权。所以，“不在其位，不谋其政”，无论从政治伦理道德或是从政治行为逻辑上，都是正确的。

当然，不议论、不参与并不是不思考、不观察。天下兴亡，匹夫有责，所以应当关心政治、关心人民疾苦，以适当的方式发挥“不在其位”而能发挥的作用。孔子不在其位的时间很长，但是他对各国、各地的政治就很关心，有很多思考，并试图抓住各种推行“仁政”的机会，这是值得学习的。

[8.15]子曰：“师挚之始，《关雎》之乱，洋洋乎盈耳哉!”

译解

师挚：鲁国掌管音乐的太师，名为挚。

始：乐曲的开始。

乱：乐曲的尾声。

《关雎》：《诗经·周南》第一篇，诗的内容见[17.10]章。

洋洋乎：美妙盛大的样子。

孔子说：“从师挚开始演奏，直到以《关雎》之乐结尾，美妙盛大之音充盈于耳！”

[8.16]子曰：“狂而不直，侗而不愿，悾悾而不信，吾不知之矣。”

译解

狂而不直：志向大，进取心强，却不正直。

侗而不愿：愚钝无知却不谨慎厚道。侗，音同，愚钝无知的意思。愿，谨慎厚道的意思。

悾悾而不信：老实无能却又不讲信用。悾，音空，老实无能的样子。

孔子说：“志向大，进取心强，却不正直，愚钝无知却不谨慎厚道，老实无能却又不讲信用，这种人我就不知该怎么办了。”

行政解读

孔子这句话是对社会上三种类型人的描述，识别这三种人，对推进事业的发展很重要。

第一种人：狂而不直。什么叫狂？所谓狂者，志向比较大，有些自大，进取心强，不拘于小节，比较豪迈，行与言或有不合。“狂”问题不大，但是“狂而不直”就比较麻烦，志向大，进取心强，心里却比较灰暗邪僻，就完全是一个危害因素了，所以孔子不知对这种人该怎么办。

第二种人：侗而不愿。比较笨，却又是一个坏人。这种人客观上智力不足，但他却觉得自己巧于计谋，喜欢算计别人，不厚道，不谨慎。因为他生性愚笨，就无法交给他重任，但这样又会遭其怨恨。而因为他又比较笨，人们容易低估他的坏事能力，所以这种人也是比较危险的。愚而不化，又自以为是，孔子也不知对这种人该怎么办。

第三种人：悾悾而不信。老实无能却又谎话连篇，品德问题严重，如何可用，如何可教，孔子拿他没办法。

“狂”、“侗”、“悾悾”这些特点，对社会不一定是一个负面问题，但是

加上“不直”、“不愿”、“不信”，这就麻烦了，就成为危害因素了，所以必须警惕这三种人，不可低估其破坏力。

[8.17]子曰：“学如不及，犹恐失之。”

译解

孔子说：“学习要像（追赶什么似的），生怕赶不上，（赶上了的），又生怕失去。”

[8.18]子曰：“巍巍乎！舜禹之有天下也，而不与焉。”

译解

巍巍：崇高伟大之貌。

不与：一说，不与求天下而得之，意为舜、禹之得天下，是由禅让而来，并非自己贪求而得；二说，“不与”是指舜、禹能任用贤能，无为而天下治；“与”有“参与”之义；三说：“不与，犹言不相关，言其不以位为乐也”（《论语集注》），“与”有“参与、关联”之意。

第一说，不与求天下而得之，非求而得天下，恐只是语义上的联想。第二说，无为而治，与实际不相符合，孟子说得很明白：“尧舜之治天下，岂无所用其心哉？”（《孟子·滕文公》）用心于用贤能之人，用贤能之人也不是一用了之，而是有任务的，如禹，就是在治水上取得了很大的成就的，所以无为而治说依据不足。从当时“不与”之句式的使用习惯及孟子引用的场合来看[①]，第三说应相对接近本意。言舜和禹不以天下贵己，不以天下利己，不把天下算作自己的东西，反映了舜、禹公天下的思想。故本书采用意译的方法。

孔子说：“伟大啊！舜和禹！拥有天下，却不以为私有。”

---

①关于“不与”句式，《荀子·致士》、《荀子·宥坐》中都有使用，《汉书》亦有使用，有兴趣者可参阅。

在孔子看来，舜和禹的伟大之处在于公天下，不因为拥有天下而觉得自己高于人民、贵于人民，也不以居有大位而尽天下之利以娱己。这与“四海之内，莫非王土，率土之滨，莫非王臣”的观念有所不同。从这一点看，舜、禹确实与后世帝王不一样，其中关键不同之处在于以天下为公，不是以天下为私。后世一些帝王也关心百姓疾苦，但其关心百姓疾苦的出发点是稳定其统治，增加其财富，出发点中“私”的成分相对多一些。对于舜与禹来说，作为国家的最高领导者，在他们心目中最主要的是对人民的责任，这一点受到了孔子的称赞。

[8.19]子曰：**“大哉尧！之为君也。巍巍乎！唯天为大，唯尧则之。荡荡乎！民无能名焉。巍巍乎！其有成功也。焕乎！其有文章。”**

译解

唯尧则之：指尧能效法天道、天德。则，效法。

荡荡：广远无际的样子。

成功：已经成就之功业。《说文解字》：“功，以劳定国也。”

焕乎：光明的样子。

文章：尧所成就的事业的典章，或礼乐法度。用现在的话说，就是尧所创造的文化和制度。

孔子说：“尧真是了不起的国君呀！伟大啊！只有上天才有至高大德，只有尧能效法天之大德。无边啊！人民不知如何称颂他的大德。伟大呀，尧所取得的功业；灿烂啊！尧所创造的文化和制度！”

行政解读

这是孔子对尧的赞美。有两点需要注意：

一是“唯天为大，唯尧则之”。这是行政之道。尧的行政理念是效法上天，

遵循天道，效法天德。天道天德运行有其客观规律，实际上是自然界的规律，人类要遵循这一规律，不得违反这一规律，这是取得社会治理成就的重要条件。天道天德在人类社会的反映，就是民心和民利。天地有好生之德，宽广包容。所以管理社会主要出发点放在顺民心、谋民利，这就是行政上的“则天”之道。

二是“焕乎，其有文章”。文明表现在两个方面，一方面是物质器具，社会的物质财富和技术能力；另一方面，就是民族文化精神和制度，我们特别需要重视民族文化精神和制度，用什么样的价值观教育人民，建立什么样的制度以规范社会，是非常值得大家思考的。中国走向富强看来是一个必然的历史趋势了，物质财富的积聚正在加速进行，但是“焕乎！其有文章！”包括些什么呢，后世能不能用“焕乎！其有文章！”来形容我们这个世代呢？实事求是地说，文化和制度领域的创建还有大量的工作要做。

[8.20]舜有臣五人而天下治。武王曰：“予有乱臣十人。”孔子曰：“才难，不其然乎？唐虞之际，于斯为盛。有妇人焉，九人而已。三分天下有其二，以服事殷。周之德，其可谓至德也已矣。”

译解

舜有臣五人：即禹、稷、契、皋陶、伯益五人。

乱臣十人：《说文解字》：“乱，治也。”乱臣，治世之臣。十人为周公旦、召公奭（音市）、太公望、毕公、荣公、太颠、闳夭（闳，音红）、散宜生、南宫适、文母（武王母太姒，一说武王妻邑姜）。

唐虞之际，于斯为盛：意思是唐虞之际及周朝开国之时为最盛。岳麓书院的题联即是：唯楚有才，于斯为盛。唐，尧帝的号。虞，舜帝的号。斯，指周朝。

有妇人焉：指武王治世之臣十人中，有一位是妇人。

三分天下有其二：其时天下九州中荆、梁、雍、豫、徐、扬六州归周，只有青、兖、冀三州尚属纣王。

舜有贤臣五人而天下治。周武王说："我有治世之臣十人。"孔子说："人才难得，不是这样吗？只有唐虞之际与周朝开国之时，人才较多，其中有一位是女性，男的不过九位。周已拥有天下的三分之二，依然臣服于殷商。周之德，可谓至德了。"

行政解读

第一，人才难得，千古以来都是一理。得人才有两个关键，一是服人才，就是让人才信服，人才愿意跟着干。想要人才跟着干，首先干的事业对人才有吸引力，值得干，有前景，符合道义才行。二是容人才，在与人才共事的过程中，容纳人才不足之处，同时容纳人才过己之处，有的人是完美主义者，见不得别人的缺点，看到缺点就觉得这人不行。另外，是人才，就会有超过自己的地方，有的人看到别人有比自己强的地方就不舒服，有"武大郎开店"的脾性，难以成事。当然，一方面是人才难得，另一方面也是明主难寻，姜太公在渭水河畔钓鱼，等待明君出现，也很不容易。孔子则是一辈子感叹遇不到明君。人才的流向是事业昌盛的标志。抗日战争时期，各地人才都跑到延安去，延安力量的兴起是必然的。过去出去的留学生很少回来，现在大批的留学生回国创业，表明我们国家正在走向强盛。

第二，以大事小，为至德。周文王时期，周朝已拥有天下的三分之二，依然臣服于殷商。大家看到周朝是以德得天下，而不是以力得天下。当然，最后武王也使用了武力。为什么以德得天下比较好？因为德可以服人心。孔子称赞周以大事小，如果周是一个小国，它采取服事殷的态度，孔子就不一定会把这种"服事"赞为至德。从中可以看出，大德必附于大力之上才会有光芒。所以国力强盛是一个基础，没有这样一个基础，其德不彰，反而会落下笑柄。《左传》讲了一则故事：宋国与楚国打仗，两军对峙于泓水（今河南柘城县西）两岸，宋军已布好阵，楚军还未渡河。这时有个军官叫子鱼的建议说楚军人多，现在打吧。宋襄公说不能打。楚军已经上岸还没有布好阵，这人又建议赶紧打。宋襄公说还不能打。直到楚军布好阵才开打，结果宋军大败，宋襄公伤了屁股。大家都埋怨这位国君，他却说："君子不伤害受伤的人，不擒拿有白发的人。不凭借险要取胜。我虽是亡国者（宋是商的后裔）的后代，也不会击鼓进攻没有布好阵的敌人。”宋国国君的迂腐导致了失败[①]。所以说德依于力、依于智才有光芒。

[8.21]子曰：“禹，吾无间然矣。菲饮食，而致孝乎鬼神；恶衣服，而致美乎黻冕；卑宫室，而尽力乎沟洫。禹，吾无间然矣！”

译解

间然：意思是挑不出毛病了。间，《说文解字》：“间，隙也。”

菲饮食：指饮食数量少，质量次。菲，菲薄。

恶衣服：很差的衣服。恶，恶劣。

黻冕：黻，音符，临朝或祭祀之服。冕，临朝或祭祀时所戴的冠。

卑宫室：卑陋的宫室。

沟洫：田间的沟渠。《周礼·冬官考工记》：“匠人为沟洫……九夫为井，井间广四尺、深四尺，谓之沟。方十里为成，成间广八尺、深八尺，谓之洫。”所以洫是大沟，洫，音绪。夫，面积单位，长宽各百步为一夫此处以沟洫表示农田水利事。

孔子说：“禹，我挑不出他的毛病。他自己饮食粗疏，祭祀鬼神却很丰盛；自己衣着简朴，朝衣祭服却很华美；自己家居简陋，却尽全力于农田水利。禹，我挑不出他的毛病。”

行政解读

总的来说，禹在孔子心中的形象是一个公而忘私的形象。禹自己粗于饮食，但敬孝鬼神却很丰盛，敬孝鬼神是为百姓祈福消灾，是一种为公行为，所以非常隆重，非常慎重。自己衣着简朴，但朝衣祭服很讲究，这是一种致敬行为，是礼的要求。自己的房子不去好好修建，而把全部精力放在了农田水利建设，这是厚爱百姓的行为。

---

① 《左传·僖公二十二年》。

如何看待行政人员的消费？禹的时代，家与国恐怕很难分清楚，所以禹所掌握的资源可以用于己，也可以用于民，禹选择了为民。现代社会，行政是一种职业，公职人员按规定的工资制度取得报酬，可以自由支配自己的收入，这也是行政人员的一种权利。现在比较难以管理的是职务消费，这一块界线相对较难掌握。比如见外宾需要穿得体面一些，这些穿戴，应算职务消费还是个人消费？有的公职人员家里负担很重，依他个人的财务能力，他或许就不买这么好的衣服，但是履行岗位责任，却需要穿得像回事，这个消费入公还是入私？职务消费管理比较复杂，是一个系统的工程，必须有详细的规定和配套的措施要求。例如，我们如果明确界定外事着装是私人消费，那么同时就不要对外事场合着装标准问题提出要求，让各人根据各人的家庭经济情况着装，这样才会比较顺。再如公车改革，有个建议方案提出，同一级别的行政官员执行同一补贴标准，然后自行解决公务交通问题。但是同样是处级岗位，一个是内勤，一个是外勤，显然外勤工作的交通补贴很可能不够用，而内勤工作却可能用不了。如果按不同性质岗位补贴，如内勤一个补贴标准，外勤一个补贴标准，却又带来另一个问题，即不同时段的行政工作流量是不同的。比如，2008 年需要外出 50 趟能完成任务，2009 年就可能需要外出 100 趟才行。国外在这方面有不少经验，我们可结合实际情况深入研究，以建立科学实用的职务消费管理办法。

第9篇

《子罕》中的行政精神

[9.1]子罕言利，与命，与仁。

译解

这一句注解争议颇多。朱熹说："罕，少也。程子曰：'计利则害义，命之理微，仁之道大，皆夫子所罕言也'"（《论语集注》），因此按朱熹之意，此句当解为"孔子很少谈论利、命与仁"。后来许多注家多认为《论语》里虽然言"利"的场合相对不多，但是言"命"特别是言"仁"的场合是非常多的，这就形成一个很大的矛盾，从当前注解情况看，解决这一矛盾的方式可分为两类：

其一，坚持朱熹的注解。杨伯峻说："……《论语》中讲'仁'虽多，但一方面多半是和别人问答之词，另一方面，'仁'又是孔门的最高道德标准，正因为少谈，孔子偶一谈到，便有记载。不能以记载得多便推论孔子谈得也多。孔子平生所言，自然千万倍于《论语》所记载的，《论语》出现孔子论'仁'之处若用来和孔子平生之言相比，可能还是少的。诸家之说未免对于《论语》一书过于拘泥，恐怕不与当时事实相符（指上文所述并不罕言'仁'之论——引者），所以不取……"（《论语译注》）杨伯峻的大意是说，《论语》之中论"仁"较多，并不能推翻罕言"仁"的事实，所以将此句解为："孔子很少（主动）谈到功利、命运和仁德。"

李炳南在《论语讲要》中提出，言是"直言"的意思。"发端曰言，答述曰语"，有问有答为"语"，无问而自己直说为"言"。《论语》记载孔子所说的"利、命、仁"，多数是答问语，虽然也有直言，如"仁者安仁，知者利仁"[4.2]等等，但相对而言，直言还是较少的，多数还是答语，所以孔子很少主动谈论利、命、仁的解读是成立的。

其二，不赞成朱熹的注解。康有为说：“考之《论语》，孔子言命、仁至多，……即《论语》言‘仁’已四十二章，若以为罕言，则孔子所多言者为何也?”（《论语注》）近现代注家多有此问。很多学者认为此句当断为“子罕言利，与命与仁”，而不应断为“子罕言利与命与仁”，“与”字当解为“赞许”之意。李泽厚在《论语今读》中将其译为：“孔子很少讲利。许命，许仁。”他说：“《论语》一书极少讲‘利’。但屡次讲‘命’，讲‘仁’最多，超过百次以上。但多数注疏均释作少讲利和命和仁，与原书不合。”钱逊、钱穆均持此观点。钱逊的译解是：“孔子很少谈利而赞成命与仁。”钱穆的译解是：“先生平时少言利，只赞同命与仁。”“与”字确实有“赞成、赞赏、推崇”之意，如《先进》篇中：“……‘莫春者，春服既成，冠者五六人，童子六七人，浴乎沂，风乎舞雩，咏而归。’夫子喟然叹曰：‘吾与点也！’……”“与”字确实也有“随从、随着”之意，如《国语·齐语》：“桓公知天下诸侯多与己也。”

还有注家将这句解为孔子很少言利，言利则必与命与仁并言之，但没有足以说服人的证据。

下面谈一下本书的看法。

第一，确实不能用“利”、“命”和“仁”在孔子语录中出现的次数，特别是在《论语》里出现的次数来证明孔子对这三个核心问题是“罕言”还是“多言”。杨伯峻说得对，《论语》讲“仁”100多次，并不能说明在“仁”的问题上，孔子多言。但是，《论语》里讲“仁”100多次，同样也不能说明在“仁”的问题上，孔子罕言，这是一个无法求证的问题，试图证明在现实生活中孔子到底在利、命、仁的问题上是多言或罕言，我们无法令人信服地做到这一点。另外，在孔子心目中，多言之事不见得就比少言之事重要，同样少言之事不一定就不重要。

第二，《论语》给“子罕言利与命与仁”留出一定的位置，其旨不应在表达孔子多言什么或少言什么本身，而应在展示孔子对于利、命、仁这三个重大问题的态度。那么，孔子在“利”、“命”和“仁”三个问题上的态度是什么呢？这需要从《论语》相关章句中寻找答案。

（一）关于利

在《论语》中，“利”字在9章中出现了11次，综合分析，孔子不是简

单地反对“利”字，他反对的是追求私利、小利和个人之利，但却赞成追求民利、公利和国家之利，“因民之利而利之”，不但重视百姓之利，还要求帮助老百姓追求百姓之利。例如在《尧曰》篇，孔子强调“因民之利而利之”[20.2]，虽然只有一句，却是重若千钧，这是孔子心中所欲。我们不能因为只此一句强调“民利”，而认为孔子罕言“民利”。同样，也不能因为《论语》中只有 4 句明确反对追求“私利”，而认为孔子并不强烈反对“私利”。我们也不能因为反对“私利”的句子多于强调“民利”的句子，而认为在孔子心目中反对“私利”甚过强调民利。

其实，孔子也并不绝对反对追求“私利”，“民利”本身最终都表现为“私利”，表现为一个一个社会成员的实际收益，这是孔子强烈追求的。孔子反对的是君子等对于社会安定和社会发展负有重大责任的这一类群体追求“私利”的行为，他不反对普通老百姓追求“私利”，因为这种“私利”集合起来就是民利。孔子明白，在整个社会中，必须有一个群体以国为家、以民利为己利，这样的社会才会展现出凝聚力和向上的生机，如果全社会一切人员均以“私利”为行为的出发点，国家民族走向灭亡将是必然的。由此可以推断，这里所谓孔子“罕言”利，并不是罕言反对“私利”的追求，也不是罕言“民利”之重要，而是指他自己的行为选择标准很少考虑私利。

（二）关于命

在《论语》中，“命”字在 21 章中出现了 24 次，综合分析，命的含义大体可分为几类，一是天命，不考虑“子罕言利与命与仁”一句，《论语》中共有 7 处为此意；二是命运，包括国家命运或个人命运，《论语》中有 3 处使用此意；三是命令、号令、使命以及由此转意的“外交文书”等相关意思，《论语》中共有 9 处使用此意；四是生命、寿命，《论语》中共有 4 处使用此意。不论“与”字是解为“以及”或是“赞许”，“子罕言利与命与仁”一句中的“命”只能是天命或命运的意思，解作命令、生命、寿命均不通。

对于天命，孔子的态度是“知天命”、“畏天命”，如“五十而知天命”[2.4]、“不知命，无以为君子”[20.3]、“君子有三畏：畏天命”[16.8]，因为孔子懂得“道之将行也与，命也；道之将废也与，命也”[14.36]，天命是一种客观必然性，正确的态度是了解和掌握这种必然性，顺应这种必然性，而不是逆天命，违背历史发展潮流而动，违背自然和社会发展规律。所以也不能说孔子罕言天命，因为其对天命的态度说得很明确，“知”、“畏”两字而已：知，掌握之；畏，顺应之。

对于命运，孔子的态度是无可奈何，如伯牛得了大病，孔子说：“命矣夫！斯人也而有斯疾也！”[6.10]子夏则说：“死生有命，富贵在天”[12.5]，均是无可奈何之态，这也是人生的真实写照，我们常说“改变了命运”、“把命运掌握在自己的手中”，其实“改变了命运”、“把命运掌握在自己的手中”，这本身就是命运。可见，孔子并不多言或罕言命运，只是对命运采取无可奈何的态度而已。

关于天命和命运，孔子的认知状态是“知天命”，但不知命运。这是知之为知之、不知为不知的科学态度。天命为道，是一个总体和宏观概念，有规律可循，认真研究、科学把握，是可以理解天下发展大势的，所以君子应知天命，识时务。命运是个体的际遇，其过程太过复杂，所以难以知，知道了也没有什么意义。但“命运”这个词也是一个很好的发明，如果我们失败了，我们可以归之命运，不必归之于自身，这样可以保护我们的自尊，实现心理平衡，从这个角度看，“命运”这个词是一个很有意义的发明。但是孔子之后，恰恰相反，许多高士，不知天命，但知命运，会算命，前知五百年，后知五百年，我们不知算命的道理在什么地方，故难言也。

对于生命，孔子的态度是“士见危致命”[19.1]、“见危授命”[14.2]，道德原则高于生命。对于君命或其他人之命，孔子则根据道德原则和实际情况采取相应的态度，不一而足。

综上分析，本书认为，“子罕言利与命与仁”中“与命”的涵义与“知天命、畏天命”相近，应是赞许、肯定、顺应天命的意思。

(三) 关于仁

《论语》中“仁”字出现了109次。孔子对于仁的态度是赞美“仁”，倡导“仁”，把“仁”作为修己、为政的最高理想和行为标准。罕言多言则无从知晓，但“仁”是孔子之道的骨架，不用多言。鉴于此，“与仁”，亦应是赞美、倡导仁道之意。

结合上述分析，此句当断为：“子罕言利，与命与仁”。“罕言利”指的

是孔子做事很少考虑私利，“与”字当解为“遵从、赞成、倡导”之意。

孔子做事很少考虑私利，他遵从天命，倡导仁道。

行政解读

几千年来，社会形态发生了很大变化，人类的技术能力突飞猛进，但如何看待和处理“利”、“命”、“仁”这三个重大问题，其对社会安定和发展的意义丝毫没有减少，反而愈加重要。

第一，关于利。尊重每个人维护和追求合法私利的权利，“天下熙熙，皆为利来；天下攘攘，皆为利往”，这是人类的本性，逆本性而动，即使取得一时成功或取得特定条件下成功，但从长期来看，最终会归于失败。例如改革开放之前，我们强调公利或忽略私利的制度设计，最终导致人们生产积极性的全面下降，使国民经济走向崩溃的边缘。市场经济是有效率的，最重要的一条是顺应人之逐利本性，这是“道”或说是“天命”，“道”不可违，“天命”不可违，违之则必遭败。所以制度设计的基础应建立在“道”的基础上。同时，人类社会是一个群体社会，必有共同价值和共同利益，需要有人去照顾共同利益和长远利益，所以社会必须鼓励和提倡促进公利的行为。社会管理者是公利的天然维护者和天然的责任承担者，这个承担更多公共社会责任的群体，就应以公利、民利和国家之利为本，社会应从道德层面和制度层面保护和促进公利和民利，并充分发挥每个人对社会的责任意识、同情心以及为公利的献身精神。

第二，关于“天命”。了解天下发展的大势，顺应时代潮流，识时务，与时俱进，至为重要。

第三，关于“仁”。尊重和保障追求合法私利的同时，应当防止利欲熏心，为社会建立一个不同于“利”的评价维度，“仁”就是这样一个维度。现在一些矿难发生，与管理者利欲熏心、不尊重生命的内心价值观有关，是为不仁；一些腐败者，以手中权力和资源，为私利损害公利，是为不仁。所以“仁”是一个防止逐利走向极端的重要防线。从这个意义上看，孔子提出并深度阐释“仁”这个重要范畴，是一个了不起的成就。当代社会管理者，应当重视“仁”的价值体系的建设，以保持社会健康发展。

[9.2]达巷党人曰：“大哉孔子！博学而无所成名。”子闻之，谓门弟子曰：“吾何执？执御乎？执射乎？吾执御矣。”

译解

达巷：地名；党，古时五百家为一党。

博学而无所成名：博学多闻，却没有成名。

御、射：均六艺之一。礼、乐、射、御、书、数为六艺。

达巷党有个人说：“孔子真了不起呀！博学多闻，但却没有成名。”孔子听到后对弟子们说：“我专攻什么来成名呢？我专攻驾车呢？还是专攻射箭呢？我专攻驾车吧。”

行政解读

既是物理学家，也是化学家，也是文学家，也是经济学家，也是数学家，就不知道他该是什么家了。如果孔子别的方面都不是专家，只精通射箭，就可以叫射箭专家，可惜孔子什么都会，什么都精，就不知道叫他什么“家”了。孔子也很幽默，他说我是专攻驾车呢，还是专攻射箭呢？最后决定说我要不当驾车专家吧。大夫出行都有人驾车，孔子说自己要当驾车能手，驾好车为别人服务，展现了孔子为人谦卑的个性。

有时候一个干部有点特色，反而容易被起用，例如知道他是生产安全管理专家，一旦这方面出现职位空缺，容易被人想到。什么都在行的干部却好像没有什么特点，反而不容易被人想到。

[9.3]子曰：“麻冕，礼也；今也纯，俭，吾从众。拜下，礼也；今拜乎上，泰也。虽违众，吾从下。”

译解

麻冕：一种麻制的礼帽。

今也纯，俭：今人用丝代替麻制冕，这样省工一些。丝本比麻贵，但绩麻

制冕，手工需精细，比较麻烦费工，用丝来做，较简便省工，所以更节俭一些。纯，“丝”的意思。

拜下：臣见君时，先于堂下行拜礼，即“拜下”，如君辞拜，则升堂再拜，当时臣子都是升堂后才拜，省去“拜下”之礼，所以说“今拜乎上”。在这个问题，孔子采取“违众”的态度，他认为这样做是不敬，所以坚持“拜下”。

泰：骄慢。

孔子说：“戴麻制的冠，这是礼的规定，现在改戴丝制的冠，相对俭省一些，我同意大家的做法。臣见君，在堂下行跪拜礼，是为礼的规定，现在改为升堂后才拜，这是不敬，虽然有违众意，但我还是坚持在堂下行跪拜礼。”

行政解读

这一章再次表达了孔子对待礼的态度。

第一，孔子并不是僵化地看待礼的形式，坚持礼的形式是为了坚持礼的内在精神。绩麻为冕是礼的规定，但时代进步了，人们改戴丝冕了，如何看待这种变革？因为这种变革并没有损害礼的精神，所以孔子的态度是与时俱进，“吾从众”。但是关于堂下跪拜礼的改革，孔子是反对的，因为在孔子看来，这损害了礼的核心精神，虽“违众”，“吾从下”。在这个问题上，虽特立独行，但也坚持原则。后世把礼的规定教条化，以为圣贤定的规矩不可变，祖上立的原则不可废，都是对孔子精神的背叛，但恰恰这种背叛，却能给人以最坚持圣贤精神的假象。我们受这种毒害太多了。在中国土地革命战争时期及抗日战争时期，当时的“左”倾教条主义者张口闭口都是马克思、列宁等人的语录，给人形象是最马列主义的，但恰恰这种教条式的马克思主义，是马克思主义最大敌人。礼的精神中最核心部分是“敬”。不论礼的形式是什么，是西方人的握手，还是中国人的打恭，只要传达了“敬”的精神，坚持了“敬”的精神，都是合乎“礼”的，所以不必在形式上太过坚持。后世讨厌“礼”的繁琐，是因为徒有“礼”的形式，而无“礼”的实质，形式是“敬”的形式，但心中却没有“敬”的意思，这样繁琐的礼仪就失去了灵魂。但是，反过来，“敬”的精神总是通过一定形式表达出来的，没有形式也是行不通的。那么在

坚持“礼”的精神条件下，我们怎么选择礼的形式呢，孔子告诉我们的办法是：从俭的原则。

第二，以节约社会成本的方式推进礼的形式的变革。社会成员相互之间应是“敬”的关系，“礼”的重要目标就是保持社会各阶层、不同背景下的社会成员之间相互尊重、礼让的关系。但是，什么是可以相互接受的“敬”意表达呢？不同文化背景和历史传统中的人们有不同的表达方式，如果中国过去对尊者行跪拜礼是一种敬意表达，不如此则不敬，现在如果要行跪拜礼，恐怕很难有人接受。所以“敬”的表达是一种社会约定，只要一个文化圈内共同认定的敬意表达方式，就一定是合理的方式。由此可见，“礼”的变革确实是必要的，也是可能的，只要大家重新约定就可以。当然，也不是说“礼”是可以随便约定的，这其中有文化的因素和价值观的因素，所以“移风易俗”是必要的，但亦当慎重。关于礼的形式，孔子的态度是在不损害礼的核心精神前提下，从俭。如：“林放问礼之本。子曰：‘大哉问！礼，与其奢也，宁俭；丧，与其易也，宁戚。’”[3.4]从俭原则，这也应成为我们为礼和改革礼制的原则。现在有些庆典活动，极为奢华，劳民伤财，这是孔子所厌恶的。“礼”的核心精神需要改变吗？有些是人类的共同价值观和共同渴望，过去几千年没有变，再过几千年也变不了，例如“敬”，再过几千年，人类也还都需要相互尊重，这一点变不了。

[9.4]子绝四：毋意，毋必，毋固，毋我。

译解

孔子坚决避免四种品格缺陷：不主观臆测，不强加于人，不固执不化，不以自我为中心。

行政解读

这一句已成为很多人的座右铭。行政者的决策事关公众利益，更应以“毋意，毋必，毋固，毋我”，严格要求自己言行。“四毋”方针同时也是重要的行政工作方法，须仔细体会。

1941 年，陕甘宁边区经济状况进入极为困难时期，如何解决困难，决策层进行了较长时间的研究，争论也很激烈，如何使争论获得正确的结论，毛泽东同志致信谢觉哉，提出了“毋意，毋必，毋固，毋我”的要求，他说：“你的各信我都转给弼时、王明、高岗、陈正人四同志看，使他们多了解你。他们都愿意多和你及林老谈，都愿意把事情把关系弄得好些。事情确需要多交换意见，多谈多吹，才能周通，否则极易偏于一面。对下情搜集亦然，须故意（强所不愿）收集反面材料。我的经验，用此方法，很多时候，前所认为对的，后觉不对了，改取了新的观点。客观地看问题，即是孔老先生说的‘毋意，毋必，毋固，毋我’，你三日信的精神，与此一致，盼加发挥。此次争论，对边区，对个人，皆有助益。各去所偏，就会归于一是。”“事情只求其‘是’，闲气都是浮云。过去的一些‘气’，许多也是激起来的，实在不相宜。我因听得多了，故愿与闻一番，求达‘和为贵’之目的。现在问题的了解日益接近，事情好办。”毛泽东同志用“毋意，毋必，毋固，毋我”的“四毋”方针指导政策研究和政策争论，最后得出正确的结论，统一了思想。

可以说，“毋意，毋必，毋固，毋我”是解决思想、认识片面性、统一思想的良方，也是探索真理、凝结多方智慧、实现团结一致的良法。

[9.5]子畏于匡。曰：“文王既没，文不在兹乎？天之将丧斯文也，后死者不得与于斯文也；天之未丧斯文也，匡人其如予何？”

译解

子畏于匡：据《史记·孔子世家》记载，孔子诛杀少正卯后，鲁国大治，齐国恐惧，担心鲁国成就霸业，因送鲁君善歌舞美女八十人，以殆其政事，鲁君果然沉湎于此，荒废政事，孔子于是离开鲁国，先到卫国，再到陈国，途经匡城（今河南长桓县西南），弟子颜刻（“刻”亦作“剋”）为其驾车，颜刻当年为阳虎驾车欺虐过匡人，孔子长得与阳虎相似，匡人以为阳虎又来，所以围攻孔子，被困五日，弟子们都很紧张，孔子就说了这段话。后来，孔子派了一个随行弟子到卫国宁武子那里做家臣，才脱险离开。畏，一说被围而生戒惧之

心，一说“畏”是“拘”的意思，拟从后说。

文：朱熹说：“道之显者谓之文，盖礼乐制度之谓”（《论语集注》）。即“文”是“道”的外在表现形式，也就是礼乐制度。这一文化道统是经尧、舜、禹、汤、周文王、武王、周公一路传下来的，孔子认为自己是继周公之后的这一文化道统传承者。文王，指周文王。

孔子一行在匡地被围困，（情况危急，弟子们都很紧张），孔子说：“文王既没，尧舜禹汤文王武王等先王的文化道统不都保存在我们这里吗？如果上天要灭亡它，就不会让我来继承了，如果上天不会灭亡它，匡人又如何奈何得了我呢?”

行政解读

孔子的逻辑是：我是历代贤王的文化道统的传承者，这一文化道统能否传承下去，在天不在人，人力胜不了天道，如果天不灭我，匡人也不能把我怎么样。在《述而》篇中，孔子说：“天生德于予，桓魋其如予何?”[7.23]桓魋想谋害孔子，孔子表现出大义凛然的精神，无所畏惧。在《宪问》篇中，公伯寮说子路坏话，子服景伯想杀掉公伯寮，孔子不同意，他说：“道之将行也与，命也；道之将废也与，命也。公伯寮其如命何！”[14.36]大道能不能行得通，这都是命，不是你公伯寮几句坏话能够改变得了的。

坚持真理的自信来自于何方？来自于对客观必然性的认识和把握。所以孔子提倡“知天命、畏天命”，了解天下大势，了解社会发展趋势，坚信历史将会选择正确发展道路。如果认定自己掌握了真理，代表了正义的力量，人的能量和意志力是无限的。我们说马克思、恩格斯把共产主义由空想变成了科学，是因为马克思、恩格斯论证了共产主义是社会发展的必然趋势。而在此之前，共产主义只是一种道德层次的述求，马克思、恩格斯的一系列著作依据当时的历史条件和现实，从逻辑上展现这种必然性，论证逻辑的优美和当时资本主义社会的现实说服了当时的人们，从而推动形成了 19 世纪下半叶和 20 世纪上半叶社会主义运动的高潮。

但是孔子自信“天不灭己”的同时，并不是一味地坐等上天来救他。例如

前面提到的桓魋之难，孔子虽然说："天生德于予，桓魋其如予何？"但最后还是更换衣服，乔装打扮而逃离。孔子绝非迂腐之士，他一方面自信"天不灭己"，在战略上具有必胜的信念和临阵不乱的凛然气概，但是战术上却又具有极高的权变艺术，利用个人智慧摆脱困境，因为天力往往是通过人力达成目的的。

在行政工作中，当自己的主张遇到了很大的推行阻力，甚至遭到灭身危险，而我们又坚信这一主张的正确性及其对国家的重要意义，不妨可以用这些话激励自己："天之将丧斯文也，后死者不得与于斯文也；天之未丧斯文也，匡人其如予何？"或者说"天生德于予，桓魋其如予何？"但是在建立这样的自信的条件下，也要客观估计困难，采取积极措施消除困难，如孔子摆脱桓魋之难一样，不坐等天助，而将重点放在人力的发挥上面。

[9.6]太宰问于子贡曰："夫子圣者与？何其多能也？"子贡曰："固天纵之将圣，又多能也。"子闻之，曰："太宰知我乎！吾少也贱，故多能鄙事。君子多乎哉？不多也。"

译解

太宰：官名。

天纵之将圣：天使之成圣。纵，尽其能力，不限其量。

鄙事：社会普通民众从事的工作。

君子多乎哉？不多也：君子有这么多技艺吗？没有这么多。

太宰问子贡："孔子是圣人吧？怎么这么多能呀！"子贡说："这是上天有意让他成为圣人，同时使他多能。"孔子听到后说："太宰了解我呀！我少时贫贱，所以学会了很多谋生技能。君子有这么多技艺吗？没有这么多。"

行政解读

孔子承认其"多能"，并说明他"多能"原因是少时贫贱，不得不"多能"以谋生。本篇第 7 章，"牢"这个人引孔子的话说："吾不试，故艺。"[9.7]

这是说，我原来没有机会被任用参与政事，所以学会很多技能，如果孔子很年轻时就当了官，就可能学不到这么多本事了。

但孔子认为，“多能”和成为君子没有什么必然关系，“君子多乎哉？不多也”。那些君子有这么多技能吗，没有这么多不也是君子吗？确实，多能和有德是两回事。有的人多才多艺，可素无道德修养，也不能成为君子。反过来，有的人或许并无多种技能，如能力行仁道，也可成为君子。子贡很会说话，他说孔子大德而多能，这是天意，上天赋予他使命，让他成为圣人。

君子不必多能，当然多能更好。君子的责任是“修己以敬”、“修己以安人”、“修己以安百姓”[14.42]，所以君子承担的是改造社会、富民强国，建设理想社会的责任（参见[13.4]章），这不一定需要“多能”（这本身也是一种“能”）。现在有的行政者同时也是某一领域的专家，如果他行政成效不彰，他专长再好，相信百姓也不会拥护他。当然因为有专长，会首先在百姓心中建立某种信任，觉得他是一个能干事的人，但最终还得看他的执政成效。

[9.7]牢曰：“子云：‘吾不试，故艺’。”

译解

牢：孔子弟子，一说为琴牢，字子开；二说为子牢，均无确证。

试：《说文解字》：“试，用也。”起用，任用，意思是孔子得不到任用。南怀谨在《论语别裁》中将“吾不试，故艺”解为孔子不尝试什么，或做事做学问没有功利目的，所以学到较多技艺，证据似不足。有的将“试”字解为“仕”，亦无确证。

牢说：“孔子说过：‘因为我（少时）没有被任用参与政事，所以学会较多技艺。’”

行政解读

参见[9.6]章和[9.8]章。

[9.8]子曰："吾有知乎哉？无知也。有鄙夫问于我，空空如也；我叩其两端而竭焉。"

译解

鄙：《说文解字》对"鄙"的解释是"五酂为鄙"，即五百家为一鄙。古制：五家为邻，五邻为里，四里为酂，五酂为鄙。鄙夫，代指一般民众，鄙事是一般民众从事的工作。现许多注解不分场合，将"鄙夫"解为"庄稼汉"、"农夫"、"粗鄙之人"、"没受过教育的人"等等，似不够确切。本书倾向于将这里的"鄙夫"解为社会底层中的"普通人"，供酌。当然，在春秋时代，"鄙"除了表示一级行政区划之外，还有"边疆"、"边界"之意，如《左传》中多有"东鄙"、"北鄙"、"西鄙"之说。另，在当时，"鄙"确实有瞧不起的意思，如《左传·宣公十四年》："过我而不假道，鄙我也。"所以，在特定语境下，"鄙夫"可以指的就是没有品行的人，如[17.15]章："鄙夫可与事君也与哉？"

空空如也：一说指的是孔子空空如也；二说指的是鄙夫空空如也；三说"空"通"悾"，诚恳之意，指鄙夫问孔子时之诚恳态度。从上下文意思来看，当从第一说。

我叩其两端而竭焉：朱熹说："两端，犹言两头。言终始、本末、上下、精粗，无所不尽"（《论语集注》），意思是我从问题的各个不同角度去考察，就弄明白了。

孔子说："我是有知之人吗，我无知啊。有个普通百姓问我一个问题，我就一无所知，但我从这个问题的各个不同角度去反复考察研究，就弄明白了。"

行政解读

本篇第 2 章：达巷党人曰："大哉孔子！博学而无所成名。"子闻之，谓门弟子曰："吾何执？执御乎？执射乎？吾执御矣。"本篇第 6 章：太宰问于子贡曰："夫子圣者与？何其多能也！"子贡曰："固天纵之将圣，又多能也。"子闻之，曰："太宰知我乎！吾少也贱，故多能鄙事。君子多乎哉？不

多也。”本篇第7章：牢曰：“子云，‘吾不试，故艺’。”及本章均是对孔子学问的他人评价和自我评价，从这些评价中可以看出孔子的几个观点，值得我们思考。

第一，多能不一定有德。对于属于社会普通阶层的达巷党人和处于社会较高阶层的太宰来看，他们都交口称赞孔子的“博学”和“何其多能”，并把“多能”和“大哉”及“圣者”联系起来。但在孔子看来，这是一个错误的联系，君子贵德，多能不一定成其君子。孔子也解释了他多能的原因是“少也贱”，因此学会了不少社会普通民众的工作技能，并不是每个人都可以学到这么多的技能的，这里有个人历史的原因。从达巷党人和太宰的言论可以看出，两千多年前的社会，也普遍存在对“德能关系”的误解，以为“多能”者必有德。现在许多小孩子追星，一些明星歌唱得好，戏演得好，包装得好，孩子们就以为他们的品德自然也好，模仿其言行做派，这都是错误的联系。“多能”不一定有德，有德不一定“多能”，这也是观察人的一个角度，看到一些本事大的人，不要自然推论其德行就好，本事大德行差的人破坏力更强，反而是需要警惕的事。

第二，无能一定无德。很多人可能不同意这个观点。但是我认为这也是孔子的观点。孔子强调“不知天命，无以为君子”，君子“畏天命”，等等，何以知天命，何以懂得天下大势和社会前进方向，这是一种“能”。何以判断事物的正误，选择正确的立场，这是一种“能”。知可畏而畏，也是一种“能”。见义勇为，明白什么是义，也是一种“能”。孔子讲“小不忍则乱大谋”[15.27]，何以判断其小而当忍，这都是一种“能”。所以无能便无德，无能便无以为君子。“能”是怎么得来的呢？从社会实践中得来，孔子少也贱，多能鄙事，使他深切了解了社会的实际情况，他在学习各种技艺的过程中，理解了事物发展的规律，这从各个角度增进了他的能力，这些能力是形成他的价值观体系的重要基础。孔子之后的儒学书呆子以为坐在书房里，背诵一些圣贤言论，然后教条般地实践于自己的言行，对于任何生产技能都不屑一顾，以为这就是君子，这是对孔子思想的背叛，是打着孔子的旗帜违背了孔子的精神，可叹也可惜。

第三，向实践学习。孔子后期成为国际名人，地位也是相当高的。但是他不回避其“少也贱”的历史，并公开承认之，可见孔子并不以自己出入平民社

会为耻。"有鄙夫问于我"，是他与社会底层频繁接触的一个佐证，现在一个农民问于县长都很难吧，那么多的信访、上访，有能力认真对待吗？"有鄙夫问于我，空空如也"是孔子给我们很大的警示：应向民众学习，向实践学习，问题来源于实践，面对发展中的实践，"空空如也"是常态，圣贤之人的高明之处在于"叩其两端而竭焉"，问题出来以后，有正确的考察和研究方式，然后找到正确的答案，这确实是应当学习的工作方法。

[9.9]子曰："凤鸟不至，河不出图，吾已矣夫！"

译解

凤鸟：凤凰，传说中的灵鸟，天下太平时才会出现。

河不出图：传说伏羲、黄帝、尧、舜、禹、汤等人受命时，黄河中有龟或龙马驮着图书出现，称为"河图"。河不出图，意为世无明君。

孔子说："凤鸟不至，河图不出，（难逢盛世明君），我恐怕要完了！"

行政解读

前边孔子还说："天之将丧斯文也，后死者不得与于斯文也；天之未丧斯文也，匡人其如予何？"[9.5]对其"道"将行充满信心，现在他又说凤鸟不至，河图不出，明君不现，看来这一辈子是干不成什么事了。在长期的等待中，孔子也表现出一种焦急的心情，他也有与常人一样的情感吧。

现在国运昌盛，正是"凤鸟至、河图出"的时代。凤鸟至、河图出，中华民族的优秀文化传统就将得到传承和光大。

[9.10]子见齐衰者、冕衣裳者与瞽者，见之，虽少，必作；过之，必趋。

译解

齐衰者：穿丧服的人。齐，音咨。衰，音催。

冕衣裳：贵者之盛之服。《说文解字》："冕，大夫以上冠也。"

瞽者：瞽，音鼓，目盲之人。

作：起。

趋：《说文解字》：“趋，走也”，快走之意。

孔子见到穿丧服的人、穿盛服的尊者及盲者，即使他们很年轻，也必定起身；从他们身边过，一定是快步通过，（以示同情或尊重）。

行政解读

孔子与人交往，尊重对方的身份，体谅对方的心情。“虽少必作”这句话很重要，我们对待年轻干部是什么样的态度，能够真心实意地给予他们应有的尊重吗？行政领域，总有一些较年轻的干部被提拔上来，这是事业发展的需要，提拔上来的张三一定比没有提拔的李四优秀吗？也不一定，只要张三合格，提拔张三就是可行的。选人是一件很难的事，我们有时很难比较出他们的优劣来，大部分情况是仁者见仁、智者见智，所以不必苛求。年轻干部最需要的是什么？是尊重。所以聪明人给予年轻领导者的尊重甚至要超过给予年长领导者的尊重，是为智。

《乡党》篇还有一章与此类似：见齐衰者，虽狎必变。见冕者与瞽者，虽亵必以貌。凶服者，式（轼）之，式（轼）负版者。有盛馔，必变色而作。迅雷风烈必变[10.25]。可参见相关解读。另外，还可参考[3.26]章之解读。

[9.11]颜渊喟然叹曰：“仰之弥高，钻之弥坚；瞻之在前，忽焉在后。夫子循循然善诱人，博我以文，约我以礼，欲罢不能。既竭吾才。如有所立卓尔，虽欲从之，末由也已。”

译解

喟然：叹息声。喟，音愧。

文：朱熹说：“道之显者谓之文，盖礼乐制度之谓”（《论语集注》，见[9.5]译解分析），“文”即指关于礼乐制度的学问和知识。“博我以文，约我以礼”在《雍也》篇已出现过，参见[6.27]章。

如有所立卓尔：卓尔：《说文解字》："卓，高也。"卓尔，高绝不可攀。言孔子之学问耸立于前，高不可攀。钱逊解为"似乎能够独立工作了"（《论语浅解》），似不确。

末由：无由，不知通过什么途径。

颜渊喟然感叹说："（先生的学问）抬头仰望，愈望愈高，看不到极限。用心钻研，愈钻愈坚，探不到深底。看之似在眼前，忽而又到身后，难以着实抓住。先生教人循循善诱，以学问知识令我学识广博，以礼乐制度约束我。（先生学问的魅力），使我想停止学习都无法做到。我已尽了全力，但它仍然高高耸立于前，我虽然想继续攀登，却找不到攀登的途径。"

[9.12]子疾病，子路使门人为臣。病间，曰："久矣哉，由之行诈也！无臣而为有臣。吾谁欺？欺天乎？且予与其死于臣之手也，无宁死于二三子之手乎！且予纵不得大葬，予死于道路乎？"

译解

子路使门人为臣：孔子病情严重，子路为孔子准备后事，因孔子曾为鲁国大夫，所以准备以大夫之礼为孔子治丧。大夫有家臣，治丧时要行臣礼，子路便让孔门弟子为臣。

久矣哉，由之行诈也：我病了这么久，仲由一直在弄虚作假吧。

病间：病情稍加缓和。

孔子病重，子路让弟子做家臣来准备丧事。孔子病情稍缓，说："我病了这么久，仲由一直在弄假吧！我没有家臣却硬要假装有家臣。我欺谁呢？欺天吗？我与其死在家臣手里，还不如死在弟子们手里！纵使我不能按照大夫之礼隆重下葬，难道我会弃尸路边吗？"

行政解读

孔子是坚持实事求是态度的典范。没有力量的人才需要用虚荣来维护心理

的平衡，没有底气的人才需要用造假来保护脆弱的自尊。

[9.13]子贡曰："有美玉于斯，韫椟而藏诸？求善贾而沽诸？"子曰："沽之哉！沽之哉！我待贾者也。"

译解

韫椟而藏诸：把它放在柜子里藏起来。韫，音运，"藏"的意思；椟，音读，柜子。

善贾：指识货的商人。贾，音谷，商人。沽，"卖"的意思。

子贡说："这里有一块美玉，是把它放在柜子里藏起来，还是寻找识货的商人把它卖掉？"孔子说："卖掉它！卖掉它！我自己也在等待识货的商人。"

行政解读

《论语》有多处反映孔子急于出仕、实现理想抱负的急迫心情，特别是孔子进入五十岁之后，这种愿望越来越强。在《阳货》篇记述了两件事，一件事发生在鲁定公八年（公元前502年），孔子时年五十虚岁。公山弗扰以费畔，召，子欲往。子路不说，曰："末之也已，何必公山氏之之也？"子曰："夫召我者，而岂徒哉？如有用我者，吾其为东周乎！"[17.5]公山弗扰占据费邑反叛季氏，让孔子去，孔子的态度是"欲往"，但子路不高兴了，他说你没有去处了，何必到公山那里去呢？孔子说，召我去的人，难道只是让我去一趟吗？如果能起用我，我就有机会在东方复兴周公之道了。

第二则故事是佛肸邀请孔子出仕，此事发生在鲁定公十四年（公元前496年），孔子时年五十六虚岁。佛肸召，子欲往。子路曰："昔者由也闻诸夫子曰：'亲于其身为不善者，君子不入也。'佛肸以中牟畔，子之往也，如之何？"子曰："然，有是言也。不曰坚乎，磨而不磷；不曰白乎，涅而不缁。吾岂匏瓜也哉？焉能系而不食？"[17.7]佛肸是晋国大臣赵简子的家臣，担任中牟这个地方的行政长官，他造反之后，请孔子前去参政，孔子的态度又是"欲往"。子路用孔子自己说过的话反对孔子，他说："我以前听您说

过：‘躬行不善之人，君子是不去那里的。’佛肸占据中牟之地造反，这是个不义不仁之人，您却想去那里，这是为什么？”孔子则说：“是的，我说过这话。但是，不是说真正坚硬的东西，是磨不薄的吗？不是说真正洁白的东西，是染不黑的吗？我难道就像匏瓜一样，挂在藤上无所用处吗？”意思是说我不能再这样无所作为了，即使到了佛肸那里，我要推行仁政，而不会去助纣为虐。

孔子在周游列国过程中，总是找不到一个实现政治抱负的平台，其急迫心情经常溢于言表。如《子路》篇中：孔子说：“苟有用我者，期月而已可也，三年有成。”[13.10]如果有人能够起用我，一年就可取得初步成效，三年就可以实现大治。据《史记·孔子世家》记载，这是孔子在卫国时发出的感叹，当时卫灵公已老，怠于政事，孔子感叹自己之不见用，这一年大约是鲁哀公二年（公元前 493 年），孔子时年五十九虚岁。

公山弗扰与佛肸都是叛臣，取得政权后邀请孔子前去议政或参政，孔子都很想去，希望把这块地方作为实现其政治理想的实验区。后代儒者为了成就孔子在他们心目中的道德形象，指说孔子只是借此事表达一下忧“道之不行”的迫切心情，实际上并不真的会去。这种解释是否符合实际，未有确据。笔者认为，以上事实说明，在孔子心目中，谁来执政并不重要，重要的是如何执政，以什么样的理念执政，是不是能按孔子推崇的先王之道去执政（或许也未必真的就是先王之道，也可能是孔子假其名而用之，也未可知）。长期以来，我们批判孔子思想是用来维护统治阶级的统治地位，是没落奴隶主阶级的哀鸣，其实孔子并不维护任何不行仁道的统治阶级的统治，他所希望的是仁道施于普天之下，关心的并不是谁的政权稳定不稳定。从以上记述，我们也可以看出孔子对待世界的积极态度，孔子总是努力寻找机会改变世界。虽然空有一腔热血，政途历经坎坷，长期不被起用，但是他始终不放弃自己对社会的责任，这也形成了我们民族的一种精神：身怀利器，当思报国；天下兴忘，匹夫有责。不论个人际遇如何，总有一颗报国之心，不是有句话吗？位卑未敢忘忧国。

关于孔子对待公山弗扰与佛肸之事的态度，[17.5]章给出了另一种解读，可参阅。

[9.14]子欲居九夷。或曰："陋，如之何！"子曰："君子居之，何陋之有？"

译解

九夷：指东方群夷，或未可信，似不必细究。

陋：一说指地处偏僻，条件简陋。二说民俗粗鄙尚未开化。或说兼有以上两义。一些注家将"君子居之，何陋之有"解为"君之所居则化"，意思是君子居住在那里，就可以使其易俗知礼，变成文明开化之地，恐怕是对"君子居之"作用的过度估计。这种过度估计是后世书斋儒学的迂腐认识，并不是孔子这位政治经验丰富的社会实践大师的观点。孔子周游列国，居过很多地方，也并未改变所居之地的社会风貌，孔子是深知这一点的。所以，此处的"陋"字，当是条件艰苦的意思。唐朝刘禹锡的《陋室铭》是对此句一个很好的注解。当然《陋室铭》中散发出怡情于自然、忘怀社会责任的情绪，则与孔子忧"道之不行"的强烈社会责任感所不相容，倒是有一种道家仙人的风气。

孔子想去九夷之地居住。有人说："那里条件艰苦，如何居住！"孔子说："君子居住在那里，条件艰苦不艰苦又有什么呢？"

行政解读

物质条件是成就事业的重要因素，但不是关键因素，关键因素是人心。当年共产党居于延安，延安这个地方不可谓不"陋"，但是"君子居之，何陋之有"，那么多有才学有志气的年轻人放弃了大城市的优厚条件，宁愿到延安来过苦日子，为什么？因为，延安是"君子居之"，是中国救亡图存精神力量的中心，"陋"不成其为"陋"了，"陋"反而成为精神的见证。

现在我们以优厚的待遇吸引人才，这是必要的。但是更重要的是给这些人才创造实现他们理想抱负、成就他们事业的环境和平台。因为"君子"所寻求的是实现理想的环境和条件，而自身待遇的"陋"与不"陋"，不会成为君子关注的核心。

[9.15]子曰：“吾自卫反鲁，然后乐正，《雅》、《颂》各得其所。”

译解

孔子自卫反鲁：孔子六十一岁自卫返鲁。反，即返。

乐正：一说，正乐曲；二说，正乐词。应是兼正乐曲与乐词。

孔子说：“我从卫国返回鲁国后，修订整理了音乐，使《雅》、《颂》各得其所了。”

行政解读

塑造民族精神和民族心理，应当高度重视历史文化的研究和传承。2003 年，笔者去日本，到一农家居住了两天。头天晚上到他家，第二天一早他带我去拜访村里的老师，这大概是村子里的贤人吧。下午带我参观镇上的博物馆，这个博物馆是免费参观的，里边陈列了当地千年来的发展历史，有文字叙述，有物件展示，特别是近现代史展现得非常详细，记述了重大历史事件中镇上和村子里人们的所作所为和出现的英雄人物及感人故事，其中就包括侵华战争中妇女送郎上战场等等这类故事。非常正面的描述，没有私毫反省。看了这个博物馆，我内心受到很大的震撼。小孩子从出生起，都在这种价值观和历史认识的氛围中成长，将会形成怎样的民族心理呢？日本否定侵略战争的声浪从来没有停止过，其中重要根源在于教育，教科书怎么写是一个问题，广泛散布于各个社区组织的这类博物馆所取得的教育成就恐怕也是不容忽视的，这是非常值得我们深思和反思的。台独势力也是千方百计从历史文化的传承上做文章，试图割断两岸历史文化联系，以强化台湾民众的独立意识，这是一个很大的祸害。

孔子正乐、定诗书，正是看到了历史文化传承对于社会改造的重大作用，用什么样的历史文化精神武装民族大众，到现在都是一个重大问题。应当坦率地说，我们做得并不好。我们常说，用身边的事教育身边的人，可是身边的事和身边的人没有多少可以做榜样的，怎么办？那就用历史中的人和事教育身边的人吧。凡是有条件的地方，都应建立当地的博物馆，建到镇一级，甚至村一级，免费向大众开放，这是用历史上身边的人和身边的事教育大众的很好的办

法。当然这也是需要经济实力的，有的地方建个博物馆，连运转费都支付不起，完全成了负担，这样也不行。现在我们讲文化建设，就是宣传说教，唱个戏，搞个展览，对文化建设的真正含义和文化建设的途径及功能研究得不深、不够，这是需要注意的问题。

[9.16]子曰：“出则事公卿，入则事父兄，丧事不敢不勉，不为酒困，何有于我哉！”

译解

孔子说：“出则侍奉公卿，在家则侍奉父兄，办理丧事勤勉尽力，不为酒困，这些对我有什么困难的呢？”

行政解读

又一幅孔子自画像。“出则事公卿”说的是孔子的政治责任；“入则事父兄”说的是孔子的家庭责任，孔子父亲死得早，“事父”恐怕是没有机会的；“丧事不敢不勉”说的是孔子的社会责任；“不为酒困”说的是孔子的生活态度和生活情趣。孔子认为，自己的所有社会角色扮演得都不错，各种责任履行得也不错。

[9.17]子在川上曰：“逝者如斯夫！不舍昼夜。”

译解

孔子站在河岸边说：“逝去的时光就像这河水一样啊！日夜奔腾，一去不回。”

行政解读

岁月如梭，人生苦短。珍惜时间恐怕是一个人唯一能够操之在己、掌握主动的事情，就看自己愿意不愿意了。人的一生，总是有起有伏，如果有发挥才智、贡献力量的机会的时候，就应当勤奋做事，对得起宝贵的机会，如果没有这样的平台，就要退而完善自己，提高自己，绝不浪费生命和时间。个人的天分和际遇会有差别，但有一点所有人都可以做到，这就是珍惜时间。在社会各

个层次里，勤奋的人总是会取得相对较大的成绩。可以肯定，勤快的乞丐也会比懒惰的乞丐过得更好。在行政领域，如有重担可挑时，要努力工作；工作赋闲时，可以做些研究工作，读一读书，扩大自己的眼界，时间是“逝者如斯”、“不舍昼夜”，我们要过出每一分钟的精彩。

[9.18]子曰：“吾未见好德如好色者也。”

译解

孔子说：“我没有见过像好色那样好德的人呀。”

行政解读

据《史记·孔子世家》记载，孔子在卫国时，看到卫灵公与夫人南子招摇过市，说了这句批评的话。

好色，来源于人的动物特性或自然特性。好德，来源于人的社会特性。好色之欲的基础在生理，好德之欲的基础在心理或意识。“好德如好色”，把好德如同饿了要吃饭，渴了要喝水一样，这样的人是君子中君子。孔子虽然用这句话批评卫灵公，但他说的却是事实。

[9.19]子曰：“譬如为山，未成一篑，止，吾止也；譬如平地，虽覆一篑。进，吾往也。”

译解

篑：音溃，土筐。

平：使地平，以土覆平洼地。

关于这句，许多注家对“止，吾止也”、“进，吾往也”的解释是“这时停下来，是我自己要停的”、“这时继续前进，也是我自己要前进的”（如钱逊《论语浅解》），强调“止”与“进”的责任在“自己”，不在别人，以体现孔子为道由己的思想。这里提供另一种解释，将“吾止也”解于“止于通向成功之路”，将“吾往也”解为“走向成功之路”，供参考。

孔子说："譬如以土为山，只差一筐土就完成了，如果停下来，那我就无法取得成功；又譬如以土平地，虽然只覆下一筐土，如果坚持下去，那我就会接近成功。"

[9.20]子曰："语之而不惰者，其回也与！"

译解

语之而不惰者：有两解，一说，指的是孔子与颜回说话不感到疲劳；二说，指的是颜回悟性好，能理解，所以不懈怠（如杨伯峻《论语译注》）。拟从第一说。此章与第21章，是孔子感叹颜渊品格的一个片语。

孔子说："与其讲学说话不感到疲倦的，大概只有颜回吧！"

[9.21]子谓颜渊，曰："惜乎！吾见其进也，未见其止也。"

译解

孔子评论颜渊时说："颜渊真是可惜呀！我只见他一直前进，未见他停止。"

[9.22]子曰："苗而不秀者有矣夫！秀而不实者有矣夫！"

译解

孔子说："种庄稼只出苗而不吐穗开花是有的，吐穗开花却不结谷实也是有的。"

[9.23]子曰："后生可畏，焉知来者之不如今也？四十、五十而无闻焉，斯亦不足畏也已！"

译解

孔子说："年轻人不可轻视，怎么知道他们不如现在这一代呢？但如果四五十岁了，还未取得成就，闻名于世，也就不值得敬畏了！"

行政解读

确实应当重视年轻干部。觉得年轻人官小，想一想人家的官也会越做越大；觉得年轻人年轻，经验不足，想一想人家也会变老，说不定到我们这年龄时比我们强多了。年轻一代超过老一代，时代才会进步，一代不如一代，国家就没有活力了。但是到了四五十岁，人生所剩时间不多了，在个人修养和事业发展上还是一塌糊涂，没有给之后的年轻人做出榜样，没有给社会做出贡献，确实是无足轻重了。在《阳货》篇，孔子再次重申："年四十而见恶焉，其终也已。"[17.26]活到四十岁，已到了不惑之年，还没有什么值得人家尊重的地方，还被人厌恶，这一辈子恐怕没有什么指望了。当然，并不是说没有成就的老人就不值得尊重，尊重老人，保护老人的权益，是一个社会文明成熟的标志。四五十岁无闻，"不足畏"也。为什么会有"畏"，是因为他有无限的潜力，到了四五十岁，人生最好的年华已经逝去，对于一般人来说，该是什么就是什么了，已经没有多少潜力了，所以孔子说"不足畏"。虽然"不足畏"，但他们仍然是社会大家庭的成员，理应受到社会的关爱和尊重，这一点毋庸置疑。另外，孔子这些话只是针对一般人而言的，历史上到了五十岁以后才进入事业辉煌的人多的是。晋文公四十三岁开始流亡，在国外流亡 19 年，到了六十二岁才回到晋国执政，也不影响他七八年内，取得一代霸主地位。姜子牙七十多岁才被周文王起用，也不影响他创造辅助文王、武王开创周朝天下的伟业。所以不必"四十、五十无闻"就泄气，应活到老，学到老，干到老，退休了，公务生涯结束了，还可以自己干，到死才能盖棺定论，"君子疾没世而名不称焉"[15.20]，君子所担心和痛恨的是死后名声不被称颂，要给后世留下点什么才好。

还可参考[15.20]章解读。

[9.24]子曰："法语之言，能无从乎？改之为贵。巽与之言，能无说乎？绎之为贵。说而不绎，从而不改，吾末如之何也已矣。"

译解

法语：符合典则规矩之言，也即经过社会实践反复证明是正确的话、值得

效法的话。通俗地译之为“正确的话”，当然对于“法语”有不同的译法，有的译为符合礼法的正言，有的译为圣人之言，有的译为格言，等等，可参酌。

巽：音逊，恭顺之意。

说：即悦，愉悦。

绎：音译，推究，反省。

孔子说：“正确的话，能不听从吗？听从之后能够改正才最可贵。顺耳的话，听了能不高兴吗？但高兴之余能够分析真意才最可贵。只知高兴，不加分析，只知听从，不加改正，那我就不知拿他该怎么办了。”

行政解读

孔子此处讲的是辨言能力。对于正确的告诫，第一个层次是做到听从，第二个层次是要改正，使之成为自己行为的指导原则。做到第一层次首先需要辨别其正确与否。过去讲要听从圣贤之言、父母之言，现在听进去别人的话不太容易，因为现实中人们往往觉得自己才是对的。在这种情况下，我们迫切需要有较强的判断能力。判断能力是一种经验和历练，但是不论经验和历练如何，多听不同意见，多听不同角度的话是一种正确的选择，对于行政工作来说，这应成为一种工作方法和思维习惯。不要急于下结论，多听听才好。听了之后，不对的要改正，付之行动，这就是第二个层次了。有很多年轻朋友，别人指出他的不足，他都同意，就是不去改正。当然改正是一个痛苦的过程，但是一个驾驭不了自己的人，能够驾驭得了别人吗？对于“巽与之言”，首先的态度是要警觉起来，不一定是警觉别人的真实意图，主要是要警觉自己，不要让自己在“巽与之言”中迷失方向，能够始终清醒地认识和估量自己。

[9.25]子曰：“主忠信，毋友不如己者，过则勿惮改。”

此章与[1.8]章部分内容重复，参见[1.8]章解读。

[9.26]子曰："三军可夺帅也，匹夫不可夺志也。"

译解

孔子说："三军可以夺帅，但匹夫不可夺志。"

行政解读

这句话基本不做翻译，因为我们现在还在这么讲。可夺三军之帅，不可夺匹夫之志，人是应该有点骨头的，志就是骨头，有骨头的人才可以托付重任。如何判断"有志"？有志不是固执己见，也有的人借用"匹夫不可夺志"来坚持自己的错误立场，这是不对的。"有志"主要体现在重大是非原则问题上，在巨大压力面前，甚至在生死考验之前，能不能坚持自己的正义立场，果如此，才算有骨头。

[9.27]子曰："衣敝缊袍，与衣狐貉者立，而不耻者，其由也与！'不忮不求，何用不臧？'"子路终身诵之。子曰："是道也，何足以臧？"

译解

缊：音运，乱絮。

狐貉：狐貉之皮所制之裘衣，贵族所穿。貉，音合。

不忮不求，何用不臧：《诗·邶风·雄雉》中诗句。忮，音志，"害"的意思，指因嫉妒而起伤害之心。求，"贪"的意思。臧，"善"的意思。这句的意思是不嫉妒，不贪求，怎么会不好呢？

何足以臧：怎么就算是好了呢？

孔子说："穿着破絮袍与穿着狐貉皮袍的人站一起，而不感到羞耻的，大概只有仲由了吧！正如《诗经》所说'不嫉妒，不贪求，怎么会不好呢？'"子路于是经常吟诵这两句诗。孔子说："这样做，怎么能算是好呢？"

行政解读

做到不嫉妒、不贪求已是人生很高的境界了，但是这种境界只是不给社会制造麻烦了，对社会的正面贡献是什么呢？所以孔子一方面肯定“怎么会不好呢?”一方面又否定“怎么能算是好呢?”儒家讲究善其身、济天下，善其身是一件很难的事，济天下更难，但是身为民族一分子，确实应当既善其身，也济天下，两件事都是终身行之而不辍的事，就像“子路终身诵之”一样，这是责任。

[9.28]子曰：“岁寒，然后知松柏之后凋也。”

译解

孔子说：“岁暮天寒，然后才知道松柏是最后凋落的。”

行政解读

其实松柏岁寒时节也不凋落，只是有一些凋伤而已。此句现在已成警句格言。《论语集注》说了一段话，放在这里：“小人之在治世，或与君子无异。唯临利害、遇事变，然后君子之所守可见也。”意思是在太平治世，小人看起来与君子也没什么差别，只是到了利害关头，发生重大事变，才分出小人君子来。确实，不到重大关头，有时很难看出松柏品格，这是实情。天地之世间，最难看清的是人，几千年来都是如此，把有君子品格的人放在我们社会的关键位置，是民族之福，国家之幸。

[9.29]子曰：“知者不惑，仁者不忧，勇者不惧。”

译解

孔子说：“智者不惑，仁者不忧，勇者不惧。”

行政解读

智者明白事理，所以没有疑惑。勇敢者因有胆量，所以不畏惧。仁者以天

下为公，不患得患失，所以不忧。这里的仁者不忧，只是说不忧已，但是仁者还是忧天下的。孔子应该说是一位仁者，但是他还是忧“道之不行”。在行政领域的仁者，应该是不忧己之升迁和个人荣辱之人吧。

[9.30]子曰：“可与共学，未可与适道；可与适道，未可与立；可与立，未可与权。”

译解

适道：共同志于道，在一条道上走。适，往的意思。这里将“道”译为“志向”。

与立：共同立于道，坚守道的原则，坚持志向。

与权：懂得因时变通以实现理想。权，本意指的是“秤锤”。权然后知轻重，知通变谓之权。

孔子说：“可与共同研究学习的，不一定有共同的志向；有共同志向的，不一定能共同坚守这一志向；能共同坚守这一志向的，不一定能懂得因时权变以实现这一志向。”

行政解读

孔子这里提出的四种状态即：可与学、可与适道、可与立、可与权，非常重要。有的人是可以在一起共同工作的，但不一定与我们有共同的行政理念；有的人与我们有共同的行政理念，但不一定会与我们一起坚定不移地贯彻这一理念；有的人能够与我们一起坚定不移地贯彻这一行政理念，但不一定能够同意我们根据形势的变化，采取迂回曲折的方式实现这一行政理念。例如我们为了实现长远的目标，暂时采取妥协的办法，他可能就不同意。

有共同的理想，并为理想而奋斗，这是品格层次的问题。但世界很复杂，实现理想有时候必须采取灵活多变的方式，这就需要“权变”。权变是“智”的层次。近世以来，我们就是不懂得权变这个道理，吃了大亏。17 世纪以来，西方发生了工业革命，当时的领导集团坚持自己的道统，不接受西方的文明，不向西方学习，自傲自大，结果越坚持越落后，最后几近国破家灭，正像我们《国歌》所描述的："中华民族到了最危险的时候，每个人被迫发出最后的吼声。"这是因为不懂得天下大势的变化，却用主观的想象代替客观的实际，不懂得根据变化了的形势，改变自己的方式，以图国家民族更加强盛。这主义那主义，这思想那思想，让国家和民族更加强大，这就是我们的主义呀！这才是我们的志向呀！日本则深刻地察觉到世界形势发生的重大变化，积极向西方学习，抓住了走向现代化的时机，在极短的时间内成为当时的世界强国。通过这个例子，我们再次看到，我国当时的社会，虽然高喊着坚持孔子之道，把孔子的话奉为圣典，但他们的所作所为，违背了孔子的思想，并没有真正抓住孔子思想的精髓。事情变坏了，却又把责任推给已逝两千多年的孔子，说是孔子的思想害了我们，准确地说，是自己无能害了自己。

再举一个例子。抗日战争开始，红军改编为国民革命军，加入国民党部队的战斗序列，有很多人就想不通，不愿意穿国民党军的服装，这就是"可与立，未可与权"，虽然理想和志向相同，但不同意因时而权变。国民党和共产党里很多将军都是黄埔军校同学，这是"可与学，未可与适道"，学习在一起，但信仰不同，理想不同。孔子所说"小不忍则乱大谋"[15.27]，也是一种权变。在《微子》篇中，孔子在评论伯夷、叔齐、柳下惠等人之后，谈到自己，说他与这些人不同，他是"无可无不可"[18.8]，这里边也有权变思想。当然，权变也不是乱变，得有一个总的指导原则和目标，在《里仁》篇中，孔子说："君子之于天下也，无适也，无莫也，义之与比。"[4.10]"义之与比"就对权变构成了一个约束条件。变与不变，都不能伤害到大义。如果权变伤害到"大义"和"道"，这种权变就丧失了根本，就不叫"权变"了，该叫"变节"了。

[9.31]"唐棣之华，偏其反而。岂不尔思？室是远而。"子曰："未之思也，夫何远之有？"

译解

唐棣：一种植物，朱熹认为是郁李。棣，音第。

有的注家（何晏）主张此句与上一句合并，认为这句是对权变思想的进一

步解释。由此引起了对“偏其反而”的不同解释：一说，“偏其反而”指的是唐棣之花开放时花瓣先反背，后乃合，以此比喻当知权变；二说，偏即翩，反即翻，指唐棣之花迎风摇动。后一说感觉上有一种诗的意境，拟从后说。权变说认为“何远之有”是指“权变”之道不在远，这种说法恐较牵强，“权变”是一种大智，并不是想“权变”，“权变”就会行得通，“权变”搞不好就会失去自己的基本立场。

“有首诗说：唐棣之花，迎风翩翩摇动。难道是不思念你吗？是因为我们住得太远了。”孔子说：“还是没有思念，如果思念，还有什么远的呢？”

行政解读

确实，孔子说得对，思念与距离无关。

人们多揣测孔子此言所指，有的说“思”指的是“思贤人而不得”，孔子意思是贤人就在身边，是没有真正思贤罢了。有的说“思”指的是“思仁”，孔子此处的意思与“仁远乎哉，我欲仁，斯仁至矣”[7.30]相近，均是一种说法而已。但是这也说明这句话可应用范围的广泛性。比如在行政工作中，我们可以指责行动不到位的人说：“未之行也，夫何难之有？”

第10篇

《乡党》中的行政精神

[10.1]孔子于乡党，恂恂如也，似不能言者。其在宗庙、朝廷，便便言，唯谨尔。

译解

乡党：按周制，12500家为一乡，500家为一党（参见[6.5]章）。乡党即故里，家族和乡亲所在地。

恂恂：音旬，温和恭敬信实的样子。如，语助词。

便便：音骈，善辞令的样子。

宗庙：礼法之所在。

朝廷：政事之所出。

孔子在故里，温和恭敬，好像是不善言辞的人。在宗庙朝廷，言辞流畅而透彻，只不过比较谨慎。

行政解读

现在有些年轻人在长辈和上级面前不会说话，不是把说话的机会让给长辈和上级，而是抢着说，言语咄咄逼人，千方百计表现自己，这样做在表现自己的同时，也把自己没有涵养和不敬尊者的粗俗之态表现出来了。孔子在宗亲面前表现出不善言辞的样子，并不是孔子不会说话，而是因为在此处表达尊敬最为重要。相反，到了宗庙朝廷上，孔子就“便便言”。为什么？因为这是履行职责的需要，必须表达清楚，但要谨慎一些，不要搞错了。同样，对于年轻人而言，上级和长辈要求发言时，就一定要“便便言”，把事情清晰、准确、简洁地表达出来，要表现出谨慎的态度，因为表现谨慎，人家才会觉得说的话是认真的，可信的，才会觉得这是一个负责任的人，才有托付事情的愿望。

现在的家庭教育强调平等，父母和孩子要平等得像朋友一样，我也不反对如此，但不要搞到没大没小，反而害了孩子，因为尊重长辈和尊者，是华人社会的优秀传统，挑战这个传统有可能会付出一些不必要的代价。当然，过去那种僵化的等级森严关系也是不足取的，这样做窒息了孩子的天性，长此以往，可能会削弱社会的创造活力，于国不利。

[10.2]朝，与下大夫言，侃侃如也；与上大夫言，訚訚如也。君在，踧踖如也，与与如也。

译解

侃侃：和乐率直的样子。

訚訚：音银，诚恳恭敬的样子。

踧踖：音促及，恭敬不宁的样子。

与与：步履徐徐，威仪中适。

孔子在朝时，与下大夫交谈时，态度和蔼，言辞率直；与上大夫交谈，态度诚恳，言语流畅。君临之时，表现出恭敬不安的样子，步履轻慢谨慎。

行政解读

这一句表现了孔子事上接下的不同行为方式。到底孔子是如何说话的，如何走路的，《论语》表达言辞简约，后世想象的成分居多。例如，对此句，就有多种不同的解释。

钱穆的译解："孔子在朝廷，当他与下大夫交流时，侃侃然和气而又欢乐。当他和上大夫交谈时，訚訚然中正而有诤辩。君视朝时，孔子恭恭敬敬，但又威仪中适。不紧张，也不弛懈。"（《论语新解》）

杨伯峻的译解："上朝的时候，（君主还没有到来），同下大夫说话，温和而快乐的样子；同上大夫说话，正直而恭敬的样子。君主已经来了，恭敬而心中不安的样子，行步安详的样子。"（《论语译注》）

……

各种译文表现出的孔子形象差别很大。

下面将本书所理解的孔子行为形象描述出来，供参酌。孔子事上接下方式选择的标准是传达一个“敬”字，“敬”意能否传达到位，一方面取决于敬意表达者，另一方面更取决于敬意的接受者，接受者期望的敬意表达方式是什么，这很关键。

孔子与下大夫交谈，交谈对象级别相对低一些，孔子选择的方式是态度和蔼，但言语直截了当，有股威势，这样做，是对下级表达的一种“敬”。态度和蔼使之觉得更亲，言语直截了当，有不容置疑之感，使下级掌握上级精神更准确，更有信心。这也是上级对下级应当采取的行为方式。有的上级对下级说话，弯弯绕，不知所云，让下级去猜测，这恐怕是不好的方式；有的上级对下级说话，颐指气使，稍有闪失，就暴跳如雷，也是不足取的。当然，下级出现了失误，也要严肃批评，这是工作责任所在。

孔子与上大夫交谈，属于同级之间的政务沟通，不存在领导与被领导的关系，采取诚恳的态度，让对方体会到负责任的精神，同时所议入理三分，言语诚恳、流畅而雄辩，以理服人，以真诚之情动人，分寸掌握十分精当。同级之间，切忌以势压人，也不需低眉弯腰，这样做不利于相互深入平等地讨论问题，于工作不利。同级之间贵在“真诚”和“说理”这四个字，宜仔细领悟之。

孔子与国君交谈，可类似于与行政级别相差较远的上级交谈。孔子是怎么做的呢？很有意思，“踧踖如也”，恭敬不安的样子，走起路来，“与与如也”，步履轻慢谨慎，这里边都渗透着畏惧的成分。这正是国君所希望的方式。为君的心里，大约既需要“敬”，也需要“畏”。孔子是真怕吗？不是，其人为道重于为官，视不义之富贵如天上之浮云，他在敬畏的形式里边有根骨头，这就是“仁道”。如果没有这根骨头，只有“踧踖如也，与与如也”这种敬畏的形式，那么这样的臣属只不过是趋炎附势之徒，畏权势不畏真理是国之祸害。现在生活中，我们需不需要肢体和言语上的敬畏表达呢，我觉得是需要的，这也是工作之所需，宜深察之。

[10.3]君召使摈。色勃如也，足躩如也。揖所与立，左右手，衣前后，襜

如也。趋进，翼如也。宾退，必复命曰："宾不顾矣。"

译解

摈：即傧，音鬓。当时两国君相见，宾主各有陪同人员叫副。主人的副就叫"摈"，客人的副叫"介"。各有三人或四人，或五人。摈分上摈、承摈、末摈三等，介也分上介、承介、末介三等。迎宾时，主君到大门外站在东边，面朝南：三位摈人在君前面依次向南排列，均面朝西。客君在大门前九十步下车，站在西边，面朝北；同来的三位介人在本国国君面前依次向北排列，均面朝东。排列结果，末摈与末介在东西两边相对。排列完成后，主君先传话问客君的来意，叫"传辞"。由上摈传承摈，承摈传末摈，末摈传末介，末介传承介，承介传上介，上介传客君。客君再按此路线传话至主君。

色勃：脸色变得严肃庄重。勃，变色貌。躩，音绝，快步走若有戒惧的样子。

揖所与立，左右手，衣前后，襜如也：向一同站立的摈者作揖拱手，传辞时，向左作揖，向右作揖，作揖时前俯后仰，衣服随之摆动，很整齐。襜，音搀，短衣，这里是整齐的样子，形容衣服摆动而不乱的样子。

趋进，翼如也：快步疾走。翼如，如鸟舒翼，形容形态端好的样子。

国君让孔子陪同迎接他国国君，担任摈者。孔子面色庄重，步履索索如有戒惧。传辞时，向一同站立的其他左右摈者拱手施礼，衣服随之摆动而不乱。快步疾走时，如鸟舒翼，形态端好。宾客离去，必向国君复命说："宾客不再回头了。"

行政解读

面色庄重表达了严肃认真的态度，步履快捷如有戒惧制造了一种略带紧张的氛围，既传达了对宾客到来的重视情绪，也表达对国君交予使命的负责态度。衣着得体，走起路来，形态端好，展示了良好的修养和风貌。孔子形容虽然并不俊美，但确实展现一种行政之美。

在重要场合，作为主要人物，步履不应过疾，但决不应过慢，控制速度要与场合氛围相一致。作为陪同人员或工作人员，则要步履稍快，面色严肃认真，衣着要与场合相协调，干净利落。现在，许多人既不会站了，也不会走了。观察我们国人的站姿，百分之七八十都是斜的、歪的，怎么就站不正呢？走起路来左右摇摆，出脚不是向前出，是向两边出。有个机构禁止员工穿短裤、拖鞋上班。其实这应是工作人员的着装常识，我们却得通过禁令来实行。我们批判过去的礼教，过于束缚个性，这是对的，但是难道不应站有站相、坐有坐相、吃有吃相吗？从事行政工作的年轻朋友应该记住，形象是一种工作方式，形象是一种工作需要，形象也是一种工作能力。

[10.4]入公门，鞠躬如也，如不容。立不中门，行不履阈。过位，色勃如也，足躩如也，其言似不足者。摄齐升堂，鞠躬如也，屏气似不息者。出，降一等，逞颜色，怡怡如也。没阶，趋进，翼如也。复其位，踧踖如也。

译解

入公门：进入国君之门。天子五门，诸侯三门。

鞠躬：《论语集注》解为“曲身”，像是要鞠躬的样子。

中门：门的中间。阈，音域，门槛。

过位：走过空着的国君座位。

摄齐升堂：提衣走上堂阶。摄，提起；齐，音咨，衣裳下段的边缘。

屏气似不息：屏收气息，如不呼吸。

出，降一等：出来，下堂阶第一级。等，堂阶之级。

逞颜色：放松表情，舒展面色。

怡怡如也：和悦的样子。

没阶，趋进：走完堂阶，加快脚步。

复其位：又走过空着的国君座位。

孔子走进国君大门，敛着身如鞠躬状，好像门容不下身子。他不会停在门中间，脚不会踏在门槛上。走过空着的国君座位时，面色庄重，步履快捷如有戒惧，说话好像气力不足的样子。提衣走上堂阶时，敛身屏气，好像不呼吸一样。出来走下第一阶堂阶，即舒展面容，露出轻松和悦之色。走完堂阶，下及平地，步履加快，如鸟展翼一般。等到再过空着的国君座位时，则又显出恭敬

不安的样子了。

行政解读

从孔子言行看，用肢体语言上表达敬意的方法是：面色庄重，稍显不安的样子。这种不安可以通过走路表示出来，如“足躩如也”、“踧踖如也”，即步履快捷似有戒惧，或者步履轻慢舒缓，像不敢接地的样子。也可以通过身形表达出来，如“鞠躬如也，屏气似不息者”，敛身屏气，似有畏惧。也可以通过说话表达出来，如“其言似不足者”，说话似不流畅或力气不够。

当然，这种恭敬不安的表现方式是否能够达到预期的效果，还取决于接受者的文化背景和态度，如果接受者并不喜欢如此，也不必如此。这种不安并不是内心真的害怕，而是一种礼，是一种方式。所谓“敬”，本质上是承认对方强过自己，“强”中包含的内容可以是位高，可以是力强，可以是德尊，等等。在强者面前展示一定程度的不安，强者心理状态会比较好，这是一种人性。据说，当年李登辉在蒋经国面前坐座位，只敢坐半个屁股，这种“敬”迷惑了蒋经国，以为其会坚持自己的政治理念，实则不然。

[10.5]执圭，鞠躬如也，如不胜。上如揖，下如授。勃如战色，足蹜蹜如有循。享礼，有容色。私觌，愉愉如也。

译解

圭：音归，一种玉器，上圆形或剑头形，下方，国君使臣出访他国，授圭以为信物。

上如揖，下如授：执圭时，高不过作揖的位置，下不过授物的位置，保持圭的平衡。

勃如战色：面色庄重如临战阵。

足蹜蹜如有循：碎步快走好像循着一条线路。蹜，音缩，小步快走，两脚前后相接，不提脚踵。

享礼：代表国家敬献礼品。

有容色：和悦之色。

私觌：以私礼相见。觌，音笛，相见。

愉愉：轻松愉悦的样子。

（孔子作为使臣出访他国），手里举着圭，敛着身如鞠躬状，好像举不动的样子。举圭，上不过作揖的位置，下不过授物的位置，保持平衡。（在整个过程中）面色庄重如临战阵，碎步快走好像循着线路。向国君敬献国礼时，面色和悦。（享礼完毕）以私礼相见时，则态度轻松愉悦。

行政解读

这是孔子出访他国的状况。基本上充分运用了他的情绪、肢体动作，以适应不同的行政场合，并创造出合适的行政氛围。在这一句中出现了两个场合，一个受君之命，完成外交礼仪程式，严肃慎重，敬献国礼时则和颜悦色，试想，送上国礼时，也黑着个脸，是什么效果。再试想，如果去见对方国君，嬉皮笑脸，左顾右盼，走起路来大摇大摆，对方看了是一个什么感觉？所以孔子是掌握人心理状态的大师。另一个场合是享礼完毕，以私礼相见，谈的一定是公事，当然也不排除谈谈友谊，聊聊天气，所以这也是一个行政场合。在这个场合就比较放松了，自己放松的目的是为了让人家也放松，这样可以自由而深入地讨论问题。我们到外地执行公务，对方接待人员可能是老朋友了，但也要严肃认真按照要求执行完公务，然后和老朋友到驻地以私礼相见，聊聊天，叙叙旧，甚至也可以把工作再谈得深入一些。所以不同场合要展现和运用不同的情绪、表情和肢体动作，这是很重要的。

[10.6]君子不以绀緅饰。红紫不以为亵服。当暑，袗絺绤，必表而出之。缁衣羔裘，素衣麑裘，黄衣狐裘。亵裘长，短右袂。必有寝衣，长一身有半。狐貉之厚以居。去丧，无所不佩。非帷裳，必杀之。羔裘玄冠不以吊。吉月，必朝服而朝。

译解

君子：此处指孔子。

绀緅饰：不用绀緅两色的布做袖领的饰边。绀，音赣，深青而含赤色。緅，音邹，深青而微带黑色。饰，衣服领袖之滚边。绀緅色近黑色，古时，黑色是正式礼服的颜色。

亵服：家居便服。红紫近朱，朱为庄重之色，不可为家居便服。亵，音谢。

袗絺绤：袗，音诊，单衣。絺，音痴，细葛布。绤，音细，粗葛布。都用来做夏服。

必表而出之：夏天在家，着絺络等单衣，出门时则必在絺绤上另加裼衣。表，表衣，即裼（音锡）衣，也即罩衣。

缁衣羔裘，素衣麑裘，黄衣狐裘：古人裘衣毛在外，故须外加裼衣以护之，裼衣和裘衣颜色应相搭配。缁衣，黑色衣服。羔裘，黑色羊皮，二者相搭配。麑裘是小鹿皮，近白色，素衣与之相搭配。狐裘，黄毛狐皮，黄衣与之相搭配。麑，音倪。

亵裘长，短右袂：在家私居所穿，做得较长，便于保暖，但右边袖子做得较短，便于做事。

寝衣：睡衣，古时上衣仅及股，为一身，一身有半，即可到两膝，此为睡衣长度。一说为小卧被，不从此说。

狐貉之厚以居：以狐皮貉皮为坐褥。狐皮貉皮毛厚易保暖。居，坐的意思。

去丧，无所不佩：在服丧期间，不可佩戴玉等饰物，服丧期满后，则应佩之物都可佩戴。

非帷裳，必杀之：帷裳，上朝和祭祀所穿的礼服，以整幅布制成如帷，不加裁剪，多余部分折叠。杀，指缝衣时量体裁，先裁去多余之布，不似"帷裳"以整幅布制成。

羔裘玄冠，不以吊：黑色羊皮裘衣及黑色冠，古为吉礼所戴，不能用于吊丧。

吉月：一说，指的是每月一日；二说，指的是正月初一。从二说。

朝服而朝：穿着朝服去朝见国君。

孔子不用绀緅两色的布做袖领的饰边，（因为绀緅近黑色，黑色是正式礼

服的颜色)，不用红紫两色的布做家居便服，（因为红紫近朱色，朱色是尊贵的颜色)。夏天，穿粗细葛布制成的单衣，外出时必加罩衣。黑色罩衣与黑羊皮裘相配，白色罩衣与小鹿皮裘相配，黄色罩衣与狐裘相配。家居皮裘做得长一些，右边的袖子做得短一些。睡觉时一定穿睡衣，睡衣长度是一身半上衣的长度。用毛厚的狐貉皮做坐褥。丧期结束了，可以佩戴的饰物都可以佩戴。上朝和祭祀所穿礼服制作时不加裁剪，多余的布作褶叠，其他衣裳制作时均要裁剪掉多余的布。吊丧时，不穿黑色的羊皮裘，不戴黑冠。正月初一，要穿上朝服去朝贺。

行政解读

这一段描述了孔子的着装规则。

20 世纪六七十年代，在农村，绝大部分村民都是穿打补丁的衣服，一件衣服补了又补不知要穿多少年。老大穿过老二再穿，老二穿过老三再穿，所谓的“新三年，旧三年，缝缝补补又三年”。许多农民走亲戚，参加婚礼，都需要向家境稍好一点的借一套像点样子的衣服穿，回来再还给人家。现在这些事情三四十岁以下的人没有经历过，四十岁以上的人虽然可能经历过，但时代久远了，也可能忘记了。

孔子关于着装的规则和要求，是以一定的物质条件为基础的，大可不必如此模仿，西装弄几套，便装弄几套，运动装弄几套。但是，着装确有深意，例如有一次国民党荣誉主席连战到内地访问，与胡锦涛同志会谈，当时人们注意到，连先生系的领带是红色的，胡总书记系的领带是蓝色的。蓝色是国民党的代表色，红色是共产党的代表色，表达了相互尊重的意思，所以通过着装表达行政意图，适应行政场合，是行政者应当注意的。

[10.7]齐，必有明衣，布。齐，必变食，居必迁坐。

译解

齐：同“斋”，祭祀前要斋戒沐浴。

明衣：浴衣，以其贴身洁清，故称明衣。

布：意思是明衣以布制成。孔子时代尚无棉，布由丝麻葛之类织成。

变食：改变日常所食，如不饮酒、不吃荤，等等。

迁坐：斋戒时迁居于斋室。古时天子以至于士，寝卧分燕寝与外寝，又称内寝与正寝，正寝为斋戒时所居，内寝为日常夫妻居住之处。

斋戒时，必备布制的浴衣。斋戒时，一定改变日常所食，同时要迁到正寝安歇。

行政解读

斋戒时，穿衣、吃饭、睡觉都改变了。现在不讲究这些了。有时候也没有条件讲究了。有的人房子就一间，卧室兼书房，还兼婴儿房，“居必迁坐”想做都做不到。所以，为“礼”也是需要一定的物质基础的。

[10.8]食不厌精，脍不厌细。食饐而餲，鱼馁而肉败，不食。色恶，不食。臭恶，不食。失饪，不食。不时，不食。割不正，不食。不得其酱，不食。肉虽多，不使胜食气。唯酒无量，不及乱。沽酒市脯，不食。不撤姜食，不多食。

译解

食不厌精，脍不厌细：不厌，有两说：一说，“厌”为饱足的意思，“食不厌精”就是不讲求食物精细的意思；二说，“不厌，言以是为善，非谓必欲如是也”（《论语集注》），则其意为喜好食物之精细。从孔子“士志于道，而耻恶衣恶食者，未足与议也”的精神来看，前说为宜。脍，音快，细切肉的意思。

食饐而餲，鱼馁而肉败：饐，音义，气变。餲，音爱，味变。馁，鱼腐败曰馁，肉腐败曰败。

色恶：食物色泽不好。

臭恶：气味不好。臭，音秀。

失饪：食物未熟不当。饪，音任，熟。

不时：不当进食之时。

割不正：即宰杀动物时分解肢体有一定的方法，不合者谓之不正。如杀得惨无人道，则不忍食之。一说此处指肉切得不合度或切得不方正，不吃，不从此说。

其酱：酱，各种调味品的总称。其酱，指分别与鱼肉相搭配的酱。

肉虽多，不使胜食气：不使肉食之气超过饭食之气，以免伤胃伤身。气，五谷之气。

唯酒无量，不及乱：饮多饮少没有定量，但不能失礼为乱。

沽酒市脯，不食：买来的酒和干肉不吃，因不知来源是否洁净。沽、市，买。脯，音普，干肉。

不撤姜食，不多食：不撤去姜食，但不多吃。姜能去邪味，发正气，所以不撤去，但不可多吃，适可而止。

食不追求精，肉不追求细。食物气味变了，鱼和肉腐败了，都不吃。食物色泽不好，不吃。食物气味不好，不吃。烹饪不当，过熟或未熟，不吃。不当进食之时，不吃。宰杀动物不以其道，不吃。调料搭配不当，不吃。肉虽然多，但吃得不要超过主食。酒可多饮也可少饮，没有定量，但不能失礼为乱。买来的酒和干肉，（如不知来源是否洁净），不吃。（食毕）不撤除姜，但不多吃。

行政解读

这是孔子的饮食规则。这里许多做法符合养生之道，值得借鉴。

首先总括一句："食不厌精，脍不厌细"，食不可追求精美，现在我们发现多吃粗的东西有利于健康，烹饪过程过度精细会损害食物中有益成分，反而于身体不利。现在宴请客人，以精细奢华为尊贵，实在有悖于圣人遗训。我们也不知道什么时候饮食文化发展到这个地步，却被冠之以中华传统，将错误归罪于祖先，真是罪莫大焉。现在请客，浪费严重。宴会结束，吃到肚子里的不多，剩下的都倒掉了。如果菜被吃完了，大家就觉得没面子，好像菜没点好、没点足。这或许与我们的宴会制度有关，不是分餐各点各的，而是由主人为大家统一点餐，主人以展示大方为美，以奢华为阔，客人则以消费金额和餐馆档

次衡量自己在主人心目中的分量和地位，这就形成了浪费机制，形成了盲目追求奢华的机制，实为饮食文化之恶弊。我们这样一个优秀民族，是到采取措施解决这种流弊的时候了。受之者不受其物，是一个关键。别人请吃饭，我们可以采取分餐单点的方式，各人根据各人的口味和食量确定自己的餐单不是很好吗？

其次是几种"不食"。"食饐而餲，鱼馁而肉败，不食。色恶，不食。臭恶，不食。失饪，不食。不时，不食。割不正，不食。不得其酱，不食。……沽酒市脯，不食。"不食的原则实际上是食物安全消费的原则，孔子以"礼"的形式建立了食物消费安全制度。"沽酒市脯"，不知来源，不食。现代食品安全制度强调建立可追溯体系，要求食品生产、加工、运销的流程和责任者具有可追溯性，实际也是解决让消费者知道食物来源的问题，而这一问题两千五百多年前的孔子已经提了出来。

再次是提出饮酒原则：不及乱，即不能失礼，这是饮酒的数量界线。

孔子提出宰杀动物不合"礼"不食，也有一定道理。动物死的方式不同会引起身体机能的不同反应，影响肉品的质量和安全。现在杀牛，强调动物福利，先电晕了，再宰杀。如何杀得科学、人道，这个问题孔子从礼制的角度提了出来，真可谓是先知。

[10.9]祭于公，不宿肉。祭肉不出三日。出三日，不食之矣。

译解

祭于公：助祭于国君。

不宿肉：大夫、士助国君之祭祀，当日清晨宰杀牲口，其肉祭祀一天，次日再祭，然后分赐助祭者，所以祭肉已有两日，不可再留一宿，否则会腐败。

祭肉：此处指除"助祭于公"之外的祭肉。

不出三日：肉经三日可能会腐败，腐败不能食，则是对鬼神的亵渎，故存放不可超过三日。

助祭于国君，所得祭肉不过夜。祭祀用的肉，不超过三天。超过三天，就不吃了。

行政解读

这句话处理了祭礼与饮食安全之间的关系。在孔子眼里，饮食安全还是第一位的，不吃腐败之肉，是其核心。所以，为“礼”者亦应以人为本，“礼”是为人民服务的，“礼”不可伤人。前一段时间，网上报道有个地方搞庆典活动，让小学生列队在主席台下站着，时间太长以至于有的同学晕倒在地上，这就是为“礼”伤人了，不符合“礼”的精神。

[10.10]食不语，寝不言。

译解

吃饭时不言语，睡觉时也不言语。

行政解读

吃饭和睡觉都不是说话的时候，故孔子主张吃饭和睡觉都不说话。小时候，吃饭时说话，会受到父母的批评，弟兄几个睡在一屋，睡下了还说个不停，更会受到父母的责骂，当时不知为什么不容许这样做，后来读了这句话，觉得这个传统可能是从这里来的吧。

现在，吃饭成了解决问题的方法了，怎能不说话？办事办不通，把当事人请出来吃饭，在饭桌上融洽关系，在饭桌上沟通情况，在饭桌上寻找利益共同点，在饭桌上消弭矛盾，不说话如何办？外国人也喜欢边吃边说，和我们一样的毛病。当然，也不应反对通过吃饭来谈事情，但可不可以吃的时候都不说话，集中精神吃饭，吃完饭，盘盏收拾干净了，每人一杯茶，再谈事情，这样做是不是更雅气一些呢？更有利于健康一些呢？

睡觉时不说话，确实有很多好处。如果不当睡，该干什么就干什么，包括说话；如果当睡，已睡下，就不要说话了，这样做有利于精神安定，有利于健康。

[10.11]虽疏食菜羹，瓜祭，必齐如也。

译解

瓜祭：疑为“必”字之误。古有祭食之祀，在临食之前，将每种食物各取少许，放在食器之间，祭祀发明以火熟食之人，表示不忘本。这里是说，即使吃的是疏食菜羹，也要进行食祭。

齐（斋）如：如斋戒一般恭恭敬敬。

虽然吃的是粗食和菜汤，也要进行食祭，而且要如同斋戒一般恭恭敬敬。

行政解读

现在食祭礼已废。美国人有感恩节，感谢上帝赐给的食物。我们是谁也不感谢。一个人，一个民族，应该有感恩的心态，这样比较好。许多祭祀是感恩的表达形式，我们都废掉了，导致许多孩子从小不知感恩，这是很危险的事情。

[10.12]席不正，不坐。

译解

席不正：古无椅，以席铺地，跪坐其上。“席不正”有两说，一说是席摆得不端正，不坐；二说是席摆得不合礼制，不坐。后说虽然较有深意，但从“食不语，寝不言”的上下文来看，恐过度引申，再者后文有：“君赐食，必正席先尝之；君赐腥，必熟而荐之；君赐生，必畜之。侍食于君，君祭，先饭”[10.18]，此处正席，意为摆正席位，因此可从前说。但后说亦不可忽略，依孔子的想法，违礼摆放的席位，肯定是不会去坐的。

坐席铺得不端正，不坐。

行政解读

行政机构是一个科层机构，公务活动的席位摆放次序应尊重其等级特性。

席位的排序是一个礼的问题，席位摆放“不正”关系不会太大，坐者自行摆正即可，但“席不正”说明工作人员的工作较为粗糙。但是“席”的摆放不合“礼”的要求，会产生较大的问题，即使勉强“入坐”，也会产生不好的影响。这里列举几种坐席安排方法，供参酌。

（一）会议主席台座次安排

领导面向会场时，左为上，右为下（左和右均是指当事人的左和右）。

1.当领导人数为奇数时：1 号领导居中，2 号领导排在 1 号领导左手边，3 号领导排右手边，其他依次排列。如下所示：

（主席台）

7 5 3 1 2 4 6

（观众席）

2.当领导同志人数为偶数时：1 号领导，2 号领导同时居中，1 号领导排在居中座位的左边，2 号领导排右边，其他依次排列。如下所示：

（主席台）

6 4 2 1 3 5

（观众席）

3.如多排就座，则前排高于后排，主要领导安排在第一排。后排座位也如第一排排列。

4.如果是报告会，主席台的座次一般是采取报告人和主办单位负责人相间排列或各单位负责人相间排列的方式进行安排。

（二）会见时座次安排

会见通常安排在会客室或办公室。有时宾主各坐一边，有时穿插坐在一起。客人坐在主人的右边，译员、记录员安排在主人和主宾的后面。其他客人按礼宾顺序在主宾一侧就座，主方陪见人在主人一侧就座，座位不够则可在后排加座。

（三）会谈时座次安排

双边会谈通常用长方形、椭圆形桌子。宾主相对而坐，以正门为准，主人居背门一侧，客人面向正门，主谈人居中。我国习惯把译员安排在主谈人右侧，但有的国家则让译员坐在后面，一般应尊重主人的安排。其他人员按礼宾

顺序左右排列。如会谈长桌一端向正门，则以入门的方向为准，右为客方，左为主方。

多边会谈，座位可摆成圆形、方形等。小范围的会谈，也有不用长桌、只设沙发的，双方座位按会见座位安排。

（四）签字仪式座次安排

签字双方主人在左边，客人在主人的右边。双方其他人数一般对等，分主客各一方按礼宾顺序排列于各自的签字人员座位之后。双方助签人分别站立在各自的签字人员的外侧，协助翻揭文本，指明签字处。

（五）合影时座次安排

可事先排好合影图，人员多时应准备架子，合影一般由主人居中，按礼宾次序，以主人右首为上，主客双方间隔排列。如下所示：

（第一排）9 7 5 3 1 主人 2 4 6 8 10

（六）宴席上座次安排

宴会上的座次安排要掌握几个技巧：一是面门为上，就是说，面对房间正门的位置是上座，因为它视野开阔；二是以远为上，就是距离房间正门越远位置越高，离房门越近，位置越低，工作人员、秘书坐在离门近的位置可以方便开、关门，呼唤服务员提供服务等。

一般主陪在面对房门的位置，副主陪在主陪的对面，1 号客人在主陪的右手，2 号客人在主陪的左手，3 号客人在副主陪的右手，4 号客人在副主陪的左手，其他可以随意。以上主陪的位置是按普通宴席安排，如果场景有特殊因素，应视情况而定。

国际上的习惯，桌次高低以离主桌位置远近而定，右高左低。桌数较多时，要摆桌次牌。同一桌上，席位高低以主人的座位远近而定。如果夫人出席，通常把女方排在一起，即主宾坐男主人右上方，主宾夫人坐女主人右上方。两桌以上的宴会，其他各桌第一主人的位置可以与主桌主人位置同向，也可以面对主桌。遇特殊情况，可灵活处理。

如遇主宾身份高于主人，为表示尊重，可以把主宾摆在主人的位置上，而主人则坐在主宾位置上，第二主人坐在主宾的左侧。但也可以按常规安排。主宾偕夫人，而主人的夫人又不出席的，通常可以请其他身份相当的女同志做第

二主人。如无适当身份的妇女出席，也可以把主宾夫妇安排在主人的左右两侧。席位排妥后着手写座位卡，卡片用钢笔或毛笔书写。便宴、家宴一般不放座位卡，但主人对客人的座位也要有大致安排。

（七）乘车时座次安排

1.轿车

（1）小轿车的座位，如有司机驾驶时，1 号座位在司机的右后边，2 号座位在司机的正后边，3 号座位在司机的旁边。

（2）如果由主人亲自驾驶，以驾驶座右侧为首位，后排右侧次之，左侧再次之，而后排中间座为末席。

（3）主人夫妇驾车时，则主人夫妇坐前座，客人夫妇坐后座。

（4）主人亲自驾车，座客只有一人，应坐在主人旁边。若同坐多人，中途坐前座的客人下车后，在后面坐的客人应改坐前座。

2.吉普车

吉普车无论是主人驾驶还是司机驾驶，都应以前排右坐为尊，后排右侧次之，后排左侧为末席。因为吉普车安全性能比较好，一般前排位置也同样比较安全，同时由于吉普车的底盘高、功率大，坐在后排比较颠簸。上车时，后排位低者先上车，前排尊者后上。下车时前排客人先下，后排客人再下车。

3.旅行车

在接待团体客人时，多采用旅行车接送客人。旅行车以司机座后第一排即前排为尊，后排依次为小。其座位的尊卑，依每排右侧往左侧递减。

尽管有这样的规则，但我去延安参观时，发现很多延安时期的中央领导人合影，并没有固定的次序，大家随便一站，也就罢了，这种随便的氛围却也给人以清新、自由、活泼的感觉。所以，如果最为尊贵者不以此秩序为意，则也可不按此规则安排。

[10.13]乡人饮酒，杖者出，斯出矣。

译解

饮酒礼：《札记》有《乡饮酒义》篇，《仪礼》有《乡饮酒礼》篇，对于乡饮酒之礼进行了详细的叙述。在乡饮酒宴会中，以敬老为上，年龄最长者坐上席。

杖者：拄杖的老年人。按礼制，年六十可杖于乡（见《礼记·王制》）。乡人饮酒，可醉，但既醉也要安静，不可失常。杖者退席之后，大家才可放纵欢宴。孔子是等到杖者离席，才敢离去。

在乡人饮酒宴会上，拄杖的年老者离去了，然后才离去。

行政解读

年轻人在年老者面前酒醉失态，下级在上级面前酒醉失态，都是不好的。酒席上，如无特殊原因，下级不应先于上级离席，如确需离席，应先私下征求上级的意见，得到应允后向宾客致意，然后才离席，这样比较好。

[10.14]乡人傩，朝服而立于阼阶。

译解

傩：音挪，驱逐疫鬼之仪式。

朝服而立于阼阶：穿着朝服立于东面台阶。阼阶，东面台阶，主人所立之地阼。音作。

乡人举行驱逐疫鬼的仪式，孔子便身穿朝服立于庙东面台阶上。

行政解读

驱鬼仪式没有孔子什么事，但他依然穿上盛服站在那里。这是关注社会和人民的方式，也是贴近人民，与人民同呼吸、共命运的方式。

[10.15]问人于他邦，再拜而送之。

译解

问：问候。古代问候必随礼物。

再拜：拜两次。

孔子派使者问候他国友人，向使者敬拜两次才送他离去。

行政解读

这句表现了孔子对友人的诚敬态度。孔子敬拜两次，不是向使者敬拜，而是遥拜所问候之人。

[10.16]康子馈药，拜而受之。曰：“丘未达，不敢尝。”

译解

康子：季康子，在位时间见[3.1]章。

丘未达，不敢尝：古人受赠食物，如可尝，则当使者或赠者之面先尝.以示所赠不虚，表达对赠者的敬意。药不是普通食物，孔子不知其性，所以说不敢尝。

季康子送药来，孔子一拜而受，（但没尝）。孔子说：“我不知药性，所以不敢尝。”

行政解读

按礼，受赠入口之物，当尝，但孔子因不识其性，不去尝。孔子对于礼的态度，有时很坚持，参见[3.4]章的解读。但有时孔子又不是特别坚持，如此处。再如：“祭于公，不宿肉。祭肉不出三日。出三日，不食之矣。”[10.9]并没有强调为了对鬼神致敬，而食用出三日之肉。所以，我们可以再次看出，孔子对“礼”的坚持的背后，是坚持以人为本，以有利于社会为依归的。后世把

“礼”发展成为僵化的束缚人的教条，有的甚至发展成了灭杀人类天性的教条，不分青红皂白地把这个责任归罪于孔子，实在是不公平的。“打倒孔家店”应当打倒的是那些冒用孔子名声，塞进自己私货及把孔子言行以己之私利的方式进行解读，并进而发展成为教条的货色。如关于男女情爱，孔子编辑的《诗经》对爱情有非常美好的描写，后世窒息男女情爱，把男女之情当作不道德行为严苛处理，如果把这归罪于孔子，这怎么是公平的呢？

我们确实需要全面、准确地把握孔子的思想，这是一个大问题。读孔子，也应以理解孔子思想精髓为务，不应当作教条来读，更不应以教条去指导实践。

[10.17]厩焚。子退朝，曰：“伤人乎？”不问马。

译解

厩：马房。一说孔子之家厩，二说是鲁国国厩。

马厩失火。孔子退朝回来，问：“伤人了吗？”没有问马。

行政解读

这是孔子的以人为本思想。马和马厩是自己的财产，但并不首先关心，首先关心的还是人的安危。在自然灾害和人为事故出现之时，应首先把人的安危放在第一位。在2008年汶川大地震中，政府不惜一切代价抢救生命，感动了中国，也感动了世界，增强了中华民族的凝聚力，从而也增强了国力。

[10.18]君赐食，必正席先尝之；君赐腥，必熟而荐之；君赐生，必畜之。侍食于君，君祭，先饭。

译解

君赐食，必正席先尝之：国君赐的熟食，一定摆正席位，先尝少许，以示敬受国君之恩赐。

君赐腥，必熟而荐之：国君赐的生肉，一定煮熟，供奉祖宗，以示荣归祖宗，不忘根本。生肉不敢荐祖，是因为生肉从外面来，恐路上有染，不洁净。

君赐生，必畜之：国君赐的活牲畜，一定要先养起来，因为对于动物，不能非时非故杀之。

侍食于君，君祭，先饭：国君请孔子吃饭，在孔子而言是“侍食于君”。君祭，古人饭前要进行食祭，以感谢先代始为饮食的人。先饭，是孔子先吃饭，表示先为君尝食，不敢为客，这是侍君食之礼。

国君赐给的熟食，一定先端正席位尝一尝。国君赐给的生肉，一定煮熟了先供奉给祖宗。国君赐给的牲畜，一定先养起来。侍奉国君进食，在国君举行食祭的时候，孔子先吃饭。

行政解读

国君知道孔子这么做一定很高兴，觉得孔子对自己是真心尊重。上级和朋友送给的东西，即使不贵重，也要珍藏起来，他们知道了也一定高兴，因为这样做是对人家的尊重和重视。特别是孔子，把国君赐给的生肉供奉祖先，可见在孔子心中国君赐予的分量，这也是一种致“敬”的方式。现在吃饭，没有食祭礼了，下级比上级先动筷子，就是不礼貌。但是在宴会上，下级比上级吃得快一些是应该的。不应当上级已经吃完了，还要等着下级吃饭，这样就不礼貌。

[10.19]疾，君视之，东首，加朝服，拖绅。

译解

视：探视。

东首：头朝东。国君坐北面南，臣见君则面北，孔子头朝东，右侧卧，则亦面北。

加朝服，拖绅：病卧不能着衣束带，因此加朝服于身，又引大带于上，以示尊君。拖，垂着。绅，朝服上束腰的大带。

孔子病了，国君来探视，孔子躺在那里，头朝东，把朝服盖在身上，拖着大带。

【10.20】君命召，不俟驾行矣。

译解

君命召见，孔子不待马车备好已步行出发了。

行政解读

孔子对待上级交办事项可为“忠”矣。以这种态度对待上级交给的工作和任务，怎么能干不好工作，怎么能得不到上级的肯定呢？现在工作中的拖沓现象比较严重，交办个事项，不忘记就是好的了。上级指示一出，立即行动，认真行动，这是优秀行政人员应当具备的品质。

[10.21]入太庙，每事问。

见[3.15]章。

[10.22]朋友死，无所归。曰：“于我殡。”

译解

无所归：无亲可归，意即无亲人为其办丧事。

于我殡：大意是由我来办理丧事吧。殡，停柩待葬。

朋友去世了，没有亲人来办理丧事。孔子说：“由我来办理丧事吧。”

行政解读

这一句反映了孔子对待友人的态度。对待亡友及亡友遗孤的态度反映了一个人的人品。朋友在世之时，可能有益于己，这种“有益”有时是以友谊形式表现出来的，但我们看不清楚是“有益”还是“友谊”。朋友去世了，“有益”消失了，友谊也消失了，说明不是友谊，是“有益”。有些人则不然，朋友去

世之后，主动承担起朋友应承担的义务和责任，例如照顾好家属，解决其家庭困难，关心其子女发展等等，周恩来同志就养育了很多烈士的遗孤，所以待友态度也是我们考察、观察和认识干部的一个角度。

[10.23]朋友之馈，虽车马，非祭肉，不拜。

译解

拜：行拜礼以致谢。《论语集注》："朋友有通财之义，故虽车马之重不拜。祭肉则拜者，敬其祖考，同于己亲也。"

朋友馈赠，如果不是祭肉，即使是车马这样贵重的礼物，孔子都不拜谢。

行政解读

古注多认为，朋友有通财之义，所以赠什么都是理所应当，不用致谢。祭肉因是敬祖祭神，所以应该拜以致敬。朋友之情当敬，这是应该的。这里提出的问题是，什么是通财之义？朋友是否应有通财之义？一般认为，通财之义就是有饭同吃、有钱同花，不分彼此。这种通财之义是要不得的，如果这就是通财之义的真谛的话，那么这是把友谊当饭吃，将友谊庸俗化了。友谊是志趣的相投，"志"是理想、事业和责任，"趣"是情趣和性格特性，是这些方面相互吸引才产生了友谊。所以通财之义，应是理想、事业、责任和共同情趣上的通财，不应是一切方面的通财。具体说，帮助朋友实现理想、发展事业提供必要的支持是可以的，把朋友的钱当作自己的钱花，不管花在什么方面，这是不对的。而且对于朋友的任何支持都应当感谢，不应觉得那是理所当然的，我们要以感恩的心来看待朋友的帮助。

[10.24]寝不尸，居不容。

译解

寝不尸："尸，谓偃卧似死人也"（《论语集注》），后注多解为"睡觉不要像尸体那样直挺挺地躺着”。李炳南说：“尸不作尸体讲。古时祭祀，以孙辈穿先祖之衣，端坐如神，代表祖先受祭，是名为尸。寝不尸，是说在寝室行为可以随意，不必端坐如尸。”（《论语讲要》）拟从李炳南之说。

居不容：一说居家之时不重容仪，可以随意一些；二说“容”字为“客”字之误，“居不客”意思是家居安然自适，不以客礼与家人相处。两说本质可通。

在寝室，（应随意一些），不必拘谨如尸；家居的时候，（也应随意一些），不必像做客或待客时那样拘礼。

行政解读

这是对孔子家居之状的描述。《论语》一书满篇都在讲礼、强调礼，但在闲居之时，则将礼放在一边，这样为每个人开辟了一个自由的空间：随意些，不必拘礼。或者说，在私人空间，“礼”的原则就是没有“礼”，足见孔子对人性认识的深刻。关于闲居的状态，《述而》篇中有一句可与此句相参酌：子之燕居，申申如也，夭夭如也[7.4]。孔子闲居之时，容貌舒展，情绪放松，一副很随意的样子。

行政工作的实践基本上都是角色扮演，必须集中于自己言行对外界的影响，并随时调整自己的言行以促进工作目标的实现，身心都是比较累的，所以家庭一定要具有放松的功能。如果先生忙于工作和应酬，回到家里，还不能放松心情，不能安静自在，做妻子的就要小心了，因为这个家庭正在失去其调整情绪、释放情感、安然自在的功能。聪明的太太会把家庭建成先生躲风避雨的港湾，而有些太太一味重视自己的感受和自己受到的关照，不去了解先生的苦恼和放松心情的要求，这样可能会产生不好的后果，看起来是在索取，实际上正在失去。须知，家庭如果不是先生躲风避雨的港湾，也一定不是太太躲风避雨的港湾。对于行政者来说，也应学习孔子，自己把工作和生活分开了，孔子闲居之时，“申申如也，夭夭如也”，不是说孔子没有忧愁，只是没有把忧“道之不行”的愁苦放在生活中而已。工作是工作，生活是生活。

[10.25]见齐衰者，虽狎必变。见冕者与瞽者，虽亵必以貌。凶服者，式（轼）之，式（轼）负版者。有盛馔，必变色而作。迅雷风烈必变。

译解

齐衰：音姿催，丧服的一种。

狎：平时比较亲近随便的人。

变：改变仪容。

亵：指经常相见。

凶服：丧服，送丧之衣物。

式：即轼，车前横木，此处指在车中身体前倾伏于横木之上行礼。

负版者：一说，肩负货物沿街贩卖的人，“负版者”为“负贩者”之误。二说，背负国家图籍的人；版，国家图籍。拟从一说，《礼记·曲礼》：“夫礼者，自卑而尊人，虽负贩者，必有尊也。”“负贩者”为其时社会“下人”，其地位低于农人。当时社会以农为本，商业是社会之末，小商贩自然当属社会不屑之人。

盛馔：丰盛的饮食。馔,音赚。

作：起立。

冕者：代指有身份的尊者。在《子罕》篇：“子见齐衰者、冕衣裳者与瞽者，见之，虽少必作；过之，必趋。”[9.10]冕衣裳指的是贵者之盛服，此处冕者当与冕衣裳者所指相同。

见穿丧服的人，即使是比较亲近随便的人，也一定变容作色（以示同情）。见尊者和盲者，虽然经常相见，也一定变容作色（以示敬尊）。在车上见到穿丧服的人和肩负货物沿街贩卖的人，一定依轼俯身鞠躬行礼。宴会上遇到丰盛的食物，一定变色起身致谢。遇到迅雷疾风，一定变色，（因忧心灾害发生）。

行政解读

这一段描写了孔子对一些人及事的态度。关于见“齐衰者”、“冕者”与“瞽者”的态度，在《子罕》篇也有类似记述：“子见齐衰者、冕衣裳者与瞽

者，见之，虽少必作；过之，必趋。”[9.10]《卫灵公》篇还详细记述了孔子对待盲人乐师的方式：师冕见，及阶，子曰：“阶也。”及席，子曰：“席也。”皆坐，子告之曰：“某在斯，某在斯。”师冕出，子张问曰：“与师言之道与?”子曰：“然，固相师之道也。”[15.42]走到哪里都小心提醒对方，对盲人关怀备至，并且告诉子张这是关心帮助盲人的“道”，这里的“道”固然可以白话解为“方式”，但实际上还包含着一种关怀的精神，就没法翻译出来。孔子敬重“冕者”等有地位的人，但孔子对待服丧者、盲者等弱势群体，对沿街叫卖小贩等社会下层人士，更加关心，并给予同等的尊重，《礼记·曲礼》上说：“夫礼者，自卑而尊人，虽负贩者，必有尊也。”《论语》记述孔子此行，具体展示了孔子尊重当时社会“下人”的态度和方式。所以说孔子瞧不起“老农”、“老圃”（参见[13.4]章），这都是莫须有的罪名。同时，孔子也不因一些人社会地位较高而抵触他，不因为一些人富有而敌视他，用现在的话说，孔子没有“仇贵心理”和“仇富心理”，对任何人总是以礼相待，从这个意义上说，孔子的思想深处坚持着人人平等理念，他的有教无类思想，实际上也是他这一理念的反映。在任何社会里，因每个人对社会的重要性和贡献不同，所以身份地位也会有所不同，这是客观现实。但作为社会一分子，不论他是富者、贵者、贫者、贱者，都应当受到一致的尊重和礼待，这是为政者应当坚持的态度。

孔子遇到迅雷烈风，必变面色，过去解释是孔子敬天，所以变色。在笔者看来，孔子的变色，也可能是担心迅雷烈风形成灾害，给老百姓带来损失，是因忧心所以变色。我们遇到暴雨冰灾，首先想到的是什么呢？首先跃入脑海里的是不是老百姓的生产和生活呢?

还可参考[3.26]章及[9.10]章之解读。

[10.26]升车，必正立，执绥。车中不内顾，不疾言，不亲指。

译解

绥：系于车上的带子，以助人上下车。升车即上车。

不内顾：不回视车内。不疾言：不高声说话或不快速说话。

不亲指："亲"疑为"妄"字之误。不指指点点。

上车时一定正立而站，抓住上车的绳子。在车中，不回头内视，不高声说话，不指指点点。

行政解读

这是孔子乘车之貌。假定在一次公务活动中，我们坐在副驾驶位置上，一会儿回头看看，一会儿高声喧哗，一会儿指指点点，车上的其他乘客感觉会舒服吗？驾驶员会感觉舒服吗？

[10.27]色，斯举矣，翔而后集。曰："山梁雌雉，时哉！时哉！"子路共之，三嗅而作。

译解

这句众说颇多。主要歧义在"色斯举"和"嗅"字之解。关于"色斯举"，《论语集注》解为"鸟见人之颜色不善则飞去"；钱穆解为"言鸟见人之颜色不善，或四围色势有异，即举身飞去"（《论语新解》）；金纲解为"孔子脸色一动，几只野鸡受惊吓飞到半空中"（《论语鼓吹》），等等。关于"嗅"，叹息之意。一说应为"戛"字，鸟叫声，音夹；二说为"狊"字之误。"狊"，音局，张翅而飞状。又说"狊"从目从犬.为犬视意，亦惊顾状。众说纷纭，无从考证。

雉：野鸡。

时哉：得时之宜。

共：拱。

周围情势有变，雌雉群起而飞，在空中盘旋后落于树上。孔子说："山梁雌雉，懂得时宜呀！懂得时宜呀！"子路向雌雉拱了拱手，雌雉惊恐回视，展翅飞去。

行政解读

这一句放在《乡党》篇里，颇有深意。《乡党》是描述孔子日常言行之貌的，这一句说的是野鸡应对环境变化的反应，孔子对野鸡的评价是："时哉时哉！""懂得时宜呀！懂得时宜呀！"如果把这一句同《乡党》篇主旨联系起来，可不可以有这个判断：君子之言行，贵在合乎时宜。所以，孔子与君、与群臣言事的方式，孔子走路的方式、着装的方式、坐席的方式以及在各种场合下所采取的态度，是合乎礼仪的方式，更是合乎时宜的方式。形式的东西，其所以有力量，贵在与内容相合，与时宜相合，否则就会变成可笑的东西。后儒把礼制变成一成不变的东西，而不是与时俱进的完善礼制，不是适应时宜的变化去调整礼制，结果反而窒息了礼制中有益成分的生命力，是非常可悲和遗憾的。坚持一种思想或制度的最好方式是发展这种思想和制度，而不是抱残守缺，一成不变，僵化教条。这应引以为鉴。

由此可见，以这一句总括《乡党》篇各项内容，是极有深意的。孔子重视礼的形式，但不拘于礼的形式，因为有一个更高的指导原则——"合时宜"的原则，可以决定为礼之形式的取舍。尽管本书在行政解读中对言行的各种方式进行了分析，但是最终的对错标准还是合时宜，应根据时宜原则调整我们的言行方式，不应拘泥固定程式。合时宜原则的核心思想就是"与时俱进"。

第11篇

《先进》中的行政精神

[11.1]子曰："先进于礼乐，野人也；后进于礼乐，君子也。如用之，则吾从先进。"

译解

此章的含义众说纷纭，莫衷一是，甚至归纳出几种解法都很困难。现列几种译文供参阅：

(1) 先生说："先进一辈，从礼乐方讲，像是朴野人。后进一辈，从礼乐方面讲，真像君子了。但若用到礼乐的话，吾还是愿从先进的一辈。"（钱穆《论语新解》）

(2) 孔子说："先学习礼乐而后做官的是未曾有过爵禄的一般人；有了官位而后学习礼乐的是卿大夫的子弟。如果我要选用人才，那主张选用先学习礼乐的人。"（杨伯峻《论语译注》）

(3) "先进后进，犹言前辈后辈。野人，谓郊外之民。君子，谓贤士大夫也。程子曰：'先进于礼乐，文质得宜，今反谓之质朴，而以为野人。后进之于礼乐，文过其质，今反谓之彬彬，而以为君子。盖周末文胜，故时人之言如此，不自知其过于文也。'如用之，则吾从先进。用之，谓用礼乐。孔子既述时人之言，又自言其如此，盖欲损过以就中也。"（朱熹《论语集注》），朱熹从文质相宜的角度解释此句，君子文过其质，所以孔子说如用礼乐则从乡野之民。

……

从字面含义来看，朱熹的解释大致可从，如"先进后进"，即先辈后辈之意；野人，指郊野之民；君子，指贤士大夫这些当时社会以为是君子的人。用

之，用礼乐之意。但是，朱熹所谓的城里君子文过其质，恰恰与当时社会实际相反。其时，为社会所观瞻的君子们的行礼作乐之法已大违周制，可用“礼崩乐坏”四个字来形容，程序简化，有形式而无实质，僭用礼乐现象十分普遍，如《八佾》篇所书，所以并非“文过其质”的问题。

以前两种译文为代表的一些解说，多本于《皇疏》、《邢疏》等古注，或加以发挥，塞进了过度引申理解的内容，其内在逻辑及与当时社会实际或不相符合。比如说先学礼乐后做官的是野人，先做官后学礼乐的是君子，这与周代的教育制度不相符合，读者可参《周礼》以及关于周代教育制度的研究文献以证之。

孔子说：“从礼乐的方面看，郊野之民是先辈，城里的君子是后辈。如果要行礼作乐，我将遵从先辈（即郊野之民）的做法。”

行政解读

孔子说：“礼失而求诸野”。[①]城市是文化创新和发展的主要场所，城市本身就是文明发展的标志，那么为什么说“礼”湮没衰亡之后，要到偏僻落后的乡村去寻找呢？孔子这句话提示了文化扩展传播的内在规律。

文化是群众创造的，但文化精英是形成文化具体形态的主要力量。比如周公制礼，周公是基于夏商之礼，根据当时社会实践发展和治理社会的需要创立的，周礼制定完成之后，即借助政权的力量由社会上层向社会底层扩散，由城市向乡村扩散，最后成为百姓日常生活的组成部分。一般地，文化的发展和变化，总是首先从城市开始，首先从文化精英等社会上层开始，然后向外和向下扩散。但是文化的发展和变化，并不总是向好的方向发展，也有可能向坏的方向发展，当文化向坏的方向发展的时候，到哪里去寻找传统的优秀文化呢？从乡村去寻找。因为偏僻的乡野地区已经接受了传统的文化，而最新文化的发展和变化还没有来得及对其产生重要影响，这是“礼失而求诸野”的道理所在。

在孔子看来，春秋时代是一个“礼崩乐坏”的时代，而“礼崩乐坏”表现

① 《汉书·艺文志》：“仲尼有言：‘礼失而求诸野。’方今去圣久远，道术缺废，无所更索，彼九家者，不犹愈于野乎？若能修六艺之术，而观此九家之言，舍短取长，则可以通万方之略矣。”

最突出的地区是城邑，表现最突出的人群是城邑里士大夫等组成的君子们。孔子认为，野人即郊野之民仍然继承着“礼”的传统，而城邑的君子们已经丢掉了或毁坏了“礼”的传统，从这个意义上说，“野人”是先进或先辈，而“君子”则是后进或后辈。孔子赞成周礼，所以他说“如用之”，他要遵循先进们即郊野之民的行礼作乐方法，这就是本句的主旨所在。

我们现在到农村去，听到农民讲的一些方言，有的词汇其实是古时的官方语言。但是，现代的中国农村，由于“文革”搞得比较彻底，传统的东西也没有多少了。那么“礼失”了，我们去哪里寻找呢？恐怕得把目光聚集在儒家文化圈里吧，说不定，儒家文化精神正在其他地区流行着呢！

有人怀疑“礼失而求诸野”这句话出自孔子之口的真实性。我们不能证其伪，姑且信其真。且孔子同样的思想在《左传》里也有体现。据《左传·昭公十七年》记载，当时居于九夷之地的郯国（现山东郯城县附近。郯，音谈），是一个偏远落后地区，它的国君郯子到鲁国访问，应邀向鲁国君臣讲述了古时各种官职设置及其名称的来由。孔子听到后，即前去向郯子请教。孔子拜见郯子后对人们说：“吾闻之：‘天子失官，学在四夷’，犹信。”这是说，我孔丘过去只是听人讲：“官职设置的学问在天子那里已经失传了，但是四夷之人却仍然掌握着。”这次见到郯子，孔子相信了。

“天子失官，学在四夷”。文化发源的中心已经失去文化，而文化影响的边缘却还保留着文化。现在，我们中华民族优秀传统文化精神在哪里呢？在文化建设方面，我们的为政目标是什么呢？

[11.2]子曰：“从我于陈、蔡者，皆不及门也。”

译解

从我于陈、蔡：即孔子出游列国，厄于陈、蔡之间，没有粮食吃，随行弟子都饿病了，其时为鲁哀公六年（公元前 489 年），孔子时年六十三虚岁。据《史记·孔子世家》记载，颜回、子路、子贡等弟子随行。

皆不及门：一说，指跟从我在陈蔡之间的弟子们当时都没有去做官，不及门即不及进仕之门。二说，当年跟从我在陈蔡之间的弟子们都不在门下，表达

了相思之情。困于陈蔡之间，如果弟子舍孔子而去为官，恐怕连普通品质的人都不会去做，所以孔子也不会以舍他而去为官而自豪。当从第二说。

孔子说："当年随同我在陈国和蔡国之间遭难的弟子们，现在都不在身边了。"

孔子想起厄于陈蔡之间的艰难岁月，想到当时陪伴在自己身边的那些弟子们，心中感慨万千，十分思念，表达了圣人的常人情怀。《论语》在不同地方展现出孔子与普通人一样的情感，很有人情味，其中应有深意。一个优秀的行政者，应当同时是一个具有丰富感情和富有同情心的人。

[11.3]德行：颜渊，闵子骞，冉伯牛，仲弓；言语：宰我，子贡；政事：冉有，季路；文学：子游，子夏。

文学：指通晓文献典籍，即学问做得比较好。

德行好的有颜渊、闵子骞、冉伯牛、仲弓。口才好的有宰我、子贡。政事好的有冉有、子路。学问好的有子游、子夏。

[11.4]子曰："回也非助我者也！于吾言无所不说。"

孔子说："颜回对我没有什么帮助，他对于我说的话没有不赞成不高兴的。"

孔子说什么，颜回都"无所不悦"，"不违如愚"[2.9]，孔子已认识到颜回这样做对自己没有什么帮助，但孔子还是最喜欢颜回。当然孔子喜欢颜回也

不只是因为他“不违如愚”、“无所不悦”，而是因为他的聪慧和德行。人们都喜欢聪慧、德行好、有能力的干部，许多人总是把有能力、品质好的干部与性格乖张、不容于群的特性联系起来，其实不必这样。一个聪慧、正直、有能力的干部同时也可以是一个和顺、合群的干部。还可参考[2.9]章之解读。

[11.5]子曰：“孝哉闵子骞！人不间于其父母昆弟之言。”

译解

不间：没有间隙。

昆弟：兄弟。

关于这句话的解读，一说，闵子骞父母兄弟赞他孝顺，别人都相信。二说，人们没有非议其父母兄弟之间关系的话。按第一说，父母亲讲他好，别人都相信，那么既然父母亲讲他好，别人为什么不相信呢？按第二说，人们不讲他家庭不睦的话，本来是个后妈，很容易被人议论孝与不孝，但因为闵子骞的孝行，大家都不去议论，这才值得孔子赞其“孝哉”，当从第二说。据传，闵子骞后母开始对其极刻薄，给两个亲生儿子用棉花做寒衣，给他用芦花做寒衣，他父亲发现后很生气，要把他妻子休掉。闵子骞说：“母在一子单，母去三子寒。”休掉了后母，三个孩子都受寒，后母在，只有他一个人受寒，他后母及弟弟为此深受感动。

孔子说：“闵子骞真是孝子啊！人们从不讲他父母兄弟不睦的话。”

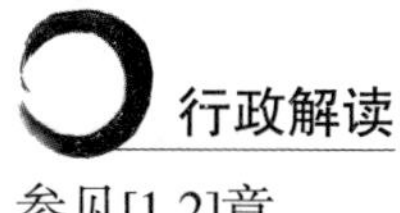

行政解读

参见[1.2]章。

[11.6]南容三复白圭，孔子以其兄之子妻之。

译解

白圭：《诗经·大雅·抑》中之诗句：“白圭之玷，尚可磨也；斯言之玷，

不可为也。”这是说白色的瑞玉上如果有个疵点，可以把它磨掉，但是言语如有缺失，就无法挽救了。南容反复诵读这一诗句，以警示自己出言要慎重，这个品格受到了孔子的称赞。

南容经常诵读白圭诗句，孔子把他兄长的女儿嫁给了他。

行政解读

参见[5.2]章。

[11.7]季康子问：“弟子孰为好学?”孔子对曰：“有颜回者好学，不幸短命死矣！今也则亡。”

译解

季康子：季桓子的儿子，因鲁君和季桓子沉湎于齐国贿赂的女乐，使孔子深感失望，离开鲁国（事见[9.5]章）。季桓子临死时嘱咐季康子，说我死后一定是你执政，你一定要把孔子请回来（事见《史记·孔子世家》）。但据《左传·哀公三年》记载，季桓子死时嘱托的第一继承人是一个还未出生的婴儿，季康子是第二继承人，婴儿出生后被杀。

季康子问：“您的弟子中谁好学?”孔子说：“颜回好学，不幸短命早死了，现在没有这样的弟子了。”

行政解读

参见[6.3]章。

[11.8]颜渊死，颜路请子之车以为之椁。子曰：“才不才，亦各言其子也。鲤也死，有棺而无椁。吾不徒行以为之椁。以吾从大夫之后，不可徒行也。”

译解

颜渊死：颜渊死时孔子七十一虚岁。据《史记·仲尼弟子列传》，颜渊死时

三十二岁。此说不确。孔子周游列国 14 年，颜回跟随在旁，回鲁国第四年颜回去逝，如此则十五六岁即跟孔子周游列国，不可信，所以颜回死时必四十岁以上。颜回，字子渊，也称颜渊。

颜路：颜渊之父，名无繇，字路，亦孔子学生，少孔子 6 岁。

请子之车以为之椁：请求将孔子的车卖掉买一个椁。椁，音果，古时棺有两重，外面的棺叫作椁。

才不才：无论有才无才。

鲤：孔子之子伯鱼，五十岁去世，孔子时年六十九虚岁。

徒行：无车步行。

从大夫之后：跟从于大夫之后，意指仍参与政事。孔子曾为鲁国大夫，此时已在家行教，但作为“国老”仍来往于大夫之间，不时参与政事咨询参考 [14.21] 章译解。一说从大夫之后，意即因曾经做过大夫，所以孔子觉得自己还应像大夫那样，出门有车才合礼，“迂腐”化了孔子，今不从。

颜渊死了，颜路请孔子卖掉车给颜回买一个椁。孔子说：“无论有才无才，对各人来说都是儿子。我儿子孔鲤死时，也是有棺没有椁。我没有卖掉车自己步行给他买椁，是因为我与大夫交往、到朝廷议政，是无法步行的呀。”

行政解读

参见[3.4]章。

[11.9]颜渊死。子曰：“噫！天丧予！天丧予！”

译解

颜渊死了。孔子说：“啊呀！天要亡我呀！天要亡我呀！”

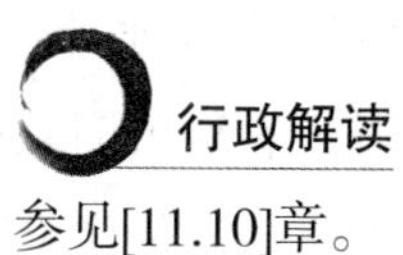

行政解读

参见[11.10]章。

[11.10]颜渊死，子哭之恸。从者曰："子恸矣。"曰："有恸乎？非夫人之为恸而谁为！"

译解

恸：音痛，哀伤过度。

非夫人之为恸而谁为：不为那个人哀痛还为谁哀痛呀！夫人，指颜回。

颜渊死了，孔子痛哭。跟从的人说："先生哀伤过度了。"孔子说："哀伤过度了吗？我不为颜回哀痛还为谁哀痛呀！"

行政解读

在艰难困苦中，甚至遇到生命危险，孔子都坚信天不亡他。宋国的司马桓魋想危害他，孔子大义凛然："天生德于予，桓魋其如予何？"[7.23]天降大德于我，你桓魋能把我怎么样？由卫国到陈国，途经匡地（今河南长桓县西南）受到围攻，孔子自信十足："文王既没，文不在兹乎？天之将丧斯文也，后死者不得与于斯文也；天之未丧斯文也，匡人其如予何？"[9.5]但是，颜回死了，孔子则说"噫！天丧予！天丧予！"[11.9]这是天要灭亡他了。可见颜回之死对孔子的打击何其重也！

孔子儿子孔鲤死时，孔子固然悲痛，但是《论语》未记其事。孔鲤之死是伤亲之痛，但颜回之死既是伤亲之痛（师生之亲），也是对孔子理想和事业的一次沉痛打击。孔子觉得颜回给世人之为人树立了一个榜样，是自己成功育人的典范，但是颜回死了，事业上的打击让孔子痛不欲生。

由孔子的情绪表达想到了为政者情绪表达在行政实践中的作用。为政者作为群众的领导者，总是站在群众的立场上，与群众同喜同乐，这样才能得到群众拥护。在此基础上，为政者还应疏导好群众情绪，引导群众的情感转移，因为对社会总体情绪的控制本身就是政治。2008 年四川大地震死了那么多人，许多行政干部心中哀伤，有所表达，是合理的，也是必需的，否则讲与人民同呼吸、共命运就没有意义。但是在社会情绪空前释放的情况下，领导干部内心必须保持冷静和理性，只有这样才能有条不紊地安排事情，正确引导社会总体

情绪，处理由此带来的各种问题。反过来说，如果面对巨大哀痛，领导干部首先就精神崩溃了，怎么能够履行好责任呢？

[11.11]颜渊死，门人欲厚葬之。子曰："不可。"门人厚葬之。子曰："回也，视予犹父也，予不得视犹子也。非我也，夫二三子也。"

译解

门人：孔门弟子。

不得视犹子：不能视其如子。颜回死时其父尚在，孔子做不了主。

夫二三子：指那些要求厚葬的弟子们。

颜渊死了，弟子们要厚葬他。孔子说："不可。"弟子们仍然厚葬了他。孔子说："颜回视我犹如视父，我却无法视其如子。不是我的缘故，是他们那些人呀！"

行政解读

参见[3.4]章。

[11.12]季路问事鬼神。子曰："未能事人，焉能事鬼？"曰："敢问死。"曰："未知生，焉知死？"

译解

事：侍奉。

子路问侍奉鬼神的事。孔子说："人尚且没有侍奉好，怎么能侍奉鬼呢？"又问："冒昧地问一下死是怎么回事？"孔子说："对生的道理还没有弄清楚，怎么能弄清楚死呢？"

行政解读

参见[6.22]章。

[11.13]闵子侍侧，訚訚如也；子路，行行如也；冉有、子贡，侃侃如也。子乐。“若由也，不得其死然。”

译解

行行：行，音杭，刚强不屈的样子。

不得其死然：不能寿终。

闵子骞陪侍在旁边，态度诚恳恭敬；子路态度刚强不屈；冉有和子贡态度和蔼而率直。孔子很高兴。但他（又担心地）说：“像子路这样的，恐难得寿终啊。”

行政解读

孔子料定子路不能正常寿终，果然，子路最后死于卫国内乱，事见[5.7]章。孔子时年七十二虚岁，第二年孔子亦去世。子路行政能力很强，孔子说他“长于政事”（见[11.3]章），是个军事人才（见[5.8]章）。子路本人的志向则是“愿车马衣轻裘，与朋友共敝之而无憾”[5.26]，把朋友看得很重。这个人突出的性格特点是：重友仗义，果敢刚强，能够见危致命。但是同时也有一个弱点，就是“无所取材（裁）”[5.7]，[11.18]章说他“由也喭”，有点强横粗鲁，也有些急躁，对形势的判断有时把握不住，重义和急躁扼制了他冷静思考的能力，限制了他的忍耐力和长远谋划能力，使他很难做到隐忍负重。管仲为了大孝和大义，可以在战场上三战三走，当逃兵，可以不为自己过去的主子公子纠去送死，这在子路身上绝不会发生。

子路的人生给我们的启示是，忍耐力、冷静思考的能力及对形势发展的把握能力是一个优秀行政者的必备素质，这些品格有些人是与生俱来的，有些人是后天培养出来的。对于后者，要从日常生活一点一滴地训练自己。事情越是紧急，心情越要放松，有时候可以强迫自己不做出判断，放个半天一天的，然后再去考虑。子路死于卫国祸乱之事，当时子羔逃出城外，已告诉他无济于事，他依然冒死进城。此时完全可以冷静一下，考虑一个长远的复国救主计划，但他就是选择“不避其难”，结果送死，不亦悲乎？

[11.14]鲁人为长府。闵子骞曰："仍旧贯，如之何？何必改作？"子曰："夫人不言，言必有中。"

译解

长府：注家多认为是指鲁国储藏财货兵器之所。

仍旧贯：保持旧制或现状。

言必有中：说话定能切中要害。

关于这句，争议也比较多。一说，鲁人负责长府，要改变长府制度，闵子骞建议不要改。体现了他维护旧制的思想。为，"管理负责"的意思。二说，鲁人要修缮长府，闵子骞建议不要修了。为，是"改作"的意思。关于不主张修缮长府背后的真实意图，也有不同说法，有的说，这反映了闵子骞节约民力财力的思想。有的说，鲁人暗指鲁君，鲁君修备武库，意图清除权臣季氏，闵子认为季氏已得民心，鲁君必败，以此委婉建议鲁君不要妄动，如此，则此句即为政治隐语。本章文字简约，已很难了解其中真意，权从第二说。孔子是治《易》大师，懂得变革的道理，人们错误把孔子对礼制某些方面的坚持无限扩展，认为孔子是一切旧制度的维护者，这是不妥当的。

鲁国要改建长府。闵子骞说："保持现状怎么样？何必改建呢？"孔子说："此人不多说话，一说话就切中要害。"

行政解读

从行政角度看，"夫人不言，言必有中"有深意。言多必失，失言多了也就没有威信和动员指挥能力了，所以平时出言当慎重。但是一旦有言，一定言必有中，要讲有用的话，管用的话，能解决问题的话。同样，会议多了，领导讲话多了，文件多了，管用的反而少了。为什么？因为多了大家就不在意了。况且，很多讲话和文件，又做不到"言必有中"，针对性不强，这就更麻烦了。

现在很多场合要求行政者讲话，哪有那么多新话可讲？我们贯彻落实政策措施，还没有更多的新办法，以会议贯彻会议，以文件贯彻文件，以讲话贯彻讲话，这些现象在一些地区还比较普遍。笔者曾经到一个乡里去调研，看到一个乡长的讲话稿，与这个省的省长的讲话稿差不多，就说这不是抄省长讲话吗？他说，我是照着县长的讲话去讲的，可能县长是照着市长的讲话去讲的，市长又是照着省长的讲话去讲的。如果我不照着县长的讲话去讲，我不是传达会议精神不到位吗？再说，你们看我讲话的最后部分，我也结合我乡实际提出了要求。很多年了，这个乡长的回答给我的震动一直没有消散。想改变文山会海的做法，要下决心从行政上层做起，想改变领导讲话的八股风气，也要从行政上层做起。

但是，那么多会议、文件和讲话，也不都是领导想召开的、想下发的和想讲的。如果不召开会议，不下发文件，领导不去讲话，行政者履行岗位职责的方式是什么？比如安全生产问题，年年开会，年年发文，年年讲话，年年出事。可是如果不开会、不讲话、不发文，大家又会觉得行政责任者没有履行岗位职责。

[11.15]子曰："由之瑟，奚为于丘之门！"门人不敬子路。子曰："由也升堂矣，未入于室也。"

译解

奚为于丘之门：一说，仲由鼓瑟，为什么要在我这里鼓呢？"门下"实指孔家。二说，仲由鼓瑟这水平，那像出自我孔门呀。即是说子路鼓瑟，不像我孔丘教出的学生。"门下"指的孔子这个师门。奚，为什么。考虑到"门人不敬之路"的情况，当从第二说。

升堂入室：到居室里去，先得进门，到厅堂，然后才能到居室里去，以此比喻治学修行的几个阶段。我们现在常讲某人学什么学得好，就说他学"到家"了，这个学"到家"就是"入室"了。

孔子说："仲由鼓瑟，哪像拜在我门下的弟子呀！"弟子们因此有些不尊重子路。孔子说："仲由鼓瑟，可以说已经登堂了，但还没有入室。"

行政解读

朱熹在《论语集注》中引《孔子家语》中的话说"子路鼓瑟，有北鄙杀伐之声”，其音气质刚勇，中和不足，故孔子批评子路。似乎，孔子是一个不谈军备和武力，只讲仁义道德的人。固然，孔子反对不论青红皂白，一切都通过武力解决问题，如果能用和平方式，当然要用和平方式，从这个意义上讲孔子是尚德不尚力者（可参[7.21]章）。但孔子同时也十分重视军备建设，只不过他强调使用军力要慎重，后世儒家忽略这一点，是不对的。德和力是相互依存关系，大德必附于大力之上，而没有大德的力就不可能真正有力。毛泽东同志说“帝国主义都是纸老虎”，就是因为大力没有大德支撑，所以不可能真正有力（可参考[12.7]章解读）。因此，不可妄断孔子听到了子路中的杀伐之声即出此言。

孔子听到子路鼓瑟，或者是鼓的水平不高，没有长进，或者是鼓的曲调不符合孔子心意，反正，孔子表达到了对子路鼓瑟的不屑，大家见老师不满意子路，也跟着瞧不起子路了，事情很严重，孔子反过来不得不表态肯定子路，以改善子路的工作生活环境。

在行政实践中，行政者对下属的评论确应极其慎重。因为掌握着工作优劣的裁量权和下属工作能力的鉴定权，随意评论，没有深入考虑其可能产生的影响就加以评论，这是乱用以上两项权力，会对工作和人事产生相当不好的影响。作为下属，也不要随意评论自己的上级，否则同样会产生消极影响。有些人为逞一时痛快，自以为发言的场合和圈子离上级很远，上级不会知道，胡说乱说，这是一个干部不成熟的表现。不成熟的干部，何堪重任？当然，不乱评论也不是要做油滑之徒，对任何事情都置身事外、不置可否，在有责任说清楚的场合也不表达自己的意见，这样的干部是不负责任的干部。最明显的例子，作为分管一个方面的干部，须深入了解分管范围内的下属情况，当上级和组织人事部门要了解其德能勤绩时，应当能够实事求是、客观准确地表达出自己对这些干部的看法。

总之，当言则言，不当言则不言。孔子一句话给子路带来的麻烦，这是孔子的教训，我们应当从中获得教益。

[11.16]子贡问：“师与商也孰贤?”子曰：“师也过，商也不及。”曰：“然则师愈与?”子曰：“过犹不及。”

译解

师：颛孙师，字子张。颛，音专。

商：卜商，字子夏。

子贡问：“颛孙师与卜商哪个更强一些?”孔子说：“颛孙师过了，卜商有些不及。”子贡又问：“那么是颛孙师更强一些了?”孔子说：“过犹不及。”

行政解读

参见[6.29]章。

[11.17]季氏富于周公，而求也为之聚敛而附益之。子曰：“非吾徒也，小子鸣鼓而攻之，可也!”

译解

季氏：此事发生在孔子周游列国返回鲁国之后，其时季康子执政，孔子弟子冉求为季氏家的总管（家宰)。季氏为季康子。

周公：一说，周之开国功臣周公旦。二说，为其时周天子的臣属，所封采邑叫作周，故也称周公。当从第一说，周公封于鲁，但未就国，儿子伯禽代为就国，可以说鲁国即是周公之富。而到了鲁哀公的时候，鲁国政权实际掌握在季氏手里，季氏实有鲁国，并且所享之物多于周公，所以说季氏富于周公。

附益之：为季氏敛财加富。

鸣鼓而攻之：以战场征战方式形容给冉求的严厉批评。攻，攻击，斥责。

季氏富比周公，而冉求却还在为他收敛聚财。孔子说：“他不是我的弟子，你们可以敲着鼓斥责他!”

行政解读

当时鲁国的国政已落在季氏手中，冉求则是季氏家的家宰，即总管。冉求行政能力很强，为孔门弟子政事第一名（见[11.3]章）。“季氏富于周公，而求也为之聚敛而附益之”，孔子说这句话有一个背景，简要介绍一下，给冉求平个反，洗却千年之冤，同时以深化对行政工作复杂性的理解。

据《左传·哀公十一年》记载，孔子于鲁哀公十一年（公元前 484 年）冬季回到鲁国，适逢季康子欲推行赋制改革，要将“丘赋”改为“田赋”[①]。季康子派冉求去征求孔子意见，孔子说我不懂这个，问了三次，最后冉求说：“您是国中有威望的人，我们等着根据您的意见来办事，您为什么不说话？”孔子还是不答。但是他私下里对冉求说：“君子行政，要根据礼来裁度，给予百姓要尽量多一些，做事情要恰到好处，向百姓索取要尽量少一些。根据这个原则，继续实行丘赋就够了，如果不根据礼来裁度，贪得无厌，就是实行田赋，也是不够的。周公的典籍就摆在那里，如果不顾礼随意行事，何必征求我的意见？”最后季氏没有听从孔子意见。从孔子的话可以看出，“田赋”比“丘赋”更重。第二年春天，鲁国开始实行新的田赋制度[②]。于是孔子或有本章之语。田赋制度在整个鲁国推行，为什么只说是为季氏敛财呢？正如前说，其时鲁国实权为季氏所掌握，说季氏之家等同于鲁国，也不为过。

现在的问题是，为什么季氏和冉求既征求孔子意见而又不接受孔子意见呢？我觉得这是季氏试图利用孔子推进赋制改革的政治手法。赋制改革，在季氏看来，是解决鲁国面临的财政和军备困难的必走之路。当一个国家走向衰落时，行政当局总是觉得人不敷出，千方百计想多征多收，百姓则苦不堪言，觉得当局贪得无厌，这几乎是一个普遍现象。当家的季氏和冉求知道“柴米油盐贵”，而孔子则认为收了这么多还不够，根子不在多收，而在于更深层次的制度问题——“礼”的问题，在目前的制度条件下，多收了也不够。但是季氏想的只不过是如何把眼前的日子挺过去。季氏的算盘是“田赋”比“丘赋”重，

---

①关于“丘赋”和“田赋”，相关研究文献很多，但清楚说明“丘赋”和“田赋”内容的确据似乎还不够，读者可查相关文献自证之。

②《左传·哀公十二年》：十二年春，王正月，用田赋。

势必会有一定的阻力，而孔子在诸侯各国和鲁国均有巨大威望，如果能够说服孔子支持改革，必定可以大大减少阻力。但孔子没有上这个当，所以他三问而不答。然而，孔子也并没有公开反对，他知道公开反对只会增加鲁国的混乱，激化矛盾，所以孔子采取的态度比较“智”。

孔子在公开场合不表态，但是在私下里还是把自己的意见告诉冉求，希望冉求能够有所作为，殊不知，冉求并无能力解决这个问题。为了解其中原因，我们必须回顾发生在这一年上半年的事：齐国侵鲁。

这年春天，齐国进攻鲁国，鲁国全国弥漫着惧战情绪，谁都不想去抵抗，冉求说服季氏，说政权掌握在你手里，孟孙、叔孙他们当然不愿去参战，鲁国各大夫家的战车，比齐国攻鲁的战车还要多，即使你一家的战车，足以抗齐，你怕什么？冉求再用激将法，说服孟孙、叔孙参战。于是鲁国组成抗齐军队，冉求率领左军，孟孙、叔孙他们这边的人组成右军，右军不但行动迟缓，而且一触即溃，前边[6.15]章“孟之反不伐，奔而殿。将入门，策其马，曰：‘非敢后也，马不进也。’”的故事就发生在这次溃退中。但是冉求率领的左军作战勇敢，冲入齐军，取得了不小战绩，季氏出于保存实力的目标，不许冉求追击齐军。后来，鲁国在吴国的帮助下击败了齐军。这年秋天，季氏即命令整顿军务，他说：“小胜大，祸也。齐至无日矣。”季氏认为，弱小的鲁国战胜了齐国并不是好事，齐军再次进攻不会太远了①。这是不是“田赋”实行的重要原因呢？应有重要关联。

但是，我们在了解季氏和冉求面临的困难和施政意图的同时，也必须认识到，孔子所言不假，鲁国的根本问题并不是军备问题，而是人心问题，其时鲁君无权，权臣季孙、叔孙、孟孙“三桓”暗战，季氏独大，全国上下民心涣散，已不可战，所以孔子说鲁国的问题，不是“赋”的问题，而是“礼”的问题。但是这个问题季氏因其根本利益所在不可能解决，冉求则无力解决。齐侵鲁，冉求是最坚决的主战派。能够成军迎敌，是冉求的功劳。在第一次战争中，冉求率左军得胜，数度求战，均被季氏阻止。作为季氏家臣，冉求的所作所为，并没有站在季氏的立场上，而是站在鲁国的立场上，这是难能可贵的。

---

①《左传·哀公十一年》。

关于冉求在这次战役中的表现，孔子的评价是："义也"。[①]

如果没有冉求，鲁国恐怕衰亡得更快，其存鲁之功不可没。作为臣下，他也不可能事事能够说服了季氏。以孔子之智之明，不可不知这个情况。所以他说"小子鸣鼓而攻之，可也"，也不过是心中郁闷的发泄，未必心中真怨冉求。这个事，我们应当给冉求平反，洗却千年之冤。我们不也经常遇到这种情况，上级批评的是我们，其实上级心中明白该挨批的不是我们，批评我们，一则是为了表达对事情的态度，一则是为了发泄心中之郁闷，一则是批评我们可能形成的负面影响最小，是最适合承受批评的对象。所以这种批评，是工作需要，属于为事业作贡献，应宽以待之。我们看待孔子，把他看作伟人、圣人。而要把孔子看作伟人、圣人，最关键是要把他当人看，不要当神看。

在今天，行政者仍然面临着大量的批评，有些是不在其位不知其难，有些是既知其难，也要批评，如孔子者。作为行政者，也应坦然看待公众和专家学者的批评，加强沟通，消弭分歧。孔子虽然说大家可"鸣鼓而攻之"，冉求不照样是孔门政事第一名吗？

[11.18]柴也愚，参也鲁，师也辟，由也喭。

译解

柴：高柴，字子羔，孔子弟子，少孔子 30 岁。

参：曾参，字子舆，孔子弟子，少孔子 46 岁。参，音申。

愚：朱熹在《论语集注》的解释是："愚者，知不足而厚有余。"很精辟。

鲁：反应迟钝。《说文解字》："鲁，钝词也。"

辟：音屁。偏执的意思。朱熹认为是"谓习于容止，少诚实也"，不够诚实，有虚妄成分。凡偏执者，执事之一端，见其局部，不见整体，为自圆其说，或有夸大成分，也是正常的。

喭：音彦。一说，粗鲁；二说，刚猛；三说，强横粗鲁。强横往往有粗鲁的效果，均可从。

---

① 《左传·哀公十一年》。

高柴愚慢厚重，曾参反应迟钝，颛孙师偏执虚张，仲由强横粗鲁。

行政解读

这句说孔子弟子的缺点。都是很优秀的弟子，却也把他们的缺点写在这里，公诸后世。孔子评价弟子也很实事求是，没有虚辞。

高柴在卫国祸乱中逃了出来，而子路却死在祸乱中（事见[5.7]章解读）。子路与高柴关系很好，子路还推荐高柴去当官，孔子表示反对（事见[11.25]章）。人们的性格特点有些是众所不容的，还有许多性格特点无所谓好坏，主要看要与什么人相处。比如高柴这样的人，为人很厚道，性格上有些迟慢，思维没有那么犀利，很容易与那些性格刚勇，喜欢独裁，主张欲很强的人搭配工作班子。反过来，这样的人在危急和重大关头，可能难以及时判断并掌握形势，而担负不了关键性责任。

曾参反应迟钝，内秀而已。一个聪慧的人却反应迟钝，唯一的原因就是他长时间、习惯性地专注于内心的思考和体验，而减缓了对外界变化的反应速度。重点在思考自己，而不是思考别人。为政者的重点则是思考别人，当然也要思考自己。

说颛孙师偏执虚张，总感觉用词过度夸张，找不到合适的语言来翻译这个“辟”字。子张太聪明了，又年轻，小孔子 48 岁，新观点容易多一些，人生历练不足，掌握的信息不多，这些新观点可能与实际不相符合，这也是实情。但是随着他年龄增长，这个毛病一定会克服。许多聪明的年轻人都有这个缺点，这个缺点叫过程缺点或成长中的缺点，恰是他聪明的表现，对此我们应当宽容。

关于子路，可参考[11.13]解读。

[11.19]子曰：“回也其庶乎，屡空！赐不受命，而货殖焉，亿则屡中。”

译解

庶：庶几，差不多。

屡空：一说，经常处于穷困之中；二说，空指的是心空，而不是财货之

空，心空即虚中、虚心的意思，言颜回虽然接近圣道，但依然虚心向“道”。第二说解读过分曲折，且此处与子贡对照评价，所以“空”应指财货和生活之困。杨伯峻说，财货的缺少叫作贫，生活无着落叫作穷，“空”则兼具两方面的意思，甚当。

赐不受命：一说，子贡不接受命运安排；二说，子贡不接受禄命，不当官；三说，“赐不受命”指的是子贡的“货殖”活动是没有经过官方的批准，古时商贾均须得到官方批准才可。第二说与史实不符，《史记·仲尼弟子列传》说子贡“常相鲁卫”，不是不当官。第三说也许符合当时的实际，但子贡为什么不像其他商人一样拿一个经商的官方批准书呢？以子贡“利口巧辞”之才及“存鲁，乱齐，破吴，强晋，霸越”之能，解决这个问题算什么呢？当从第一说，指的是子贡不坐等命运安排，体现出一种主动性。赐，端木赐，即子贡。

亿则屡中：在经商活动中屡屡取得成功。亿，猜度，预测。经商活动中的谋划、经营等风险事件分析都需要预测，所以“亿”指的整个经商活动中的“亿”，包括对竞争对手的估计，而不仅指的是对市场的预测（一些注家持此说）。

孔子说：“颜回的修为差不多接近完善了吧，但却屡屡处于穷困之中。端木赐不坐等命运安排，从事商贾活动，预测准确，经营有方，屡屡取得成功。”

行政解读

孔子喜欢比较颜回和子贡，比如《公冶长》篇，子谓子贡曰：“女与回也孰愈？”对曰：“赐也何敢望回。回也闻一以知十，赐也闻一以知二。”子曰：“弗如也！吾与女弗如也。”[5.9]虽然子贡干了很多有益国家的事，赚了很多钱，对社会影响很大（参见[5.4]章解读），但孔子还是明确告诉他，你不如颜回。

颜回不做官、不赚钱，那他干什么呢？修身。最值得称赞的特点是聪慧，穷得要命但乐在其中。颜回是理想中的强者，是现实中的弱者。颜回这个形象的树立对于形成民族精神有着重要作用，他给贫穷的社会底层指出了一条获得尊严的途径。即使无法摆脱贫困，仍然可以通过修身修道，提高自己的道德水

准获得社会的尊重。普通大众的感受是如果贫穷那就没有快乐，但是颜回的例子证明，只要坚持修身，提高道德水准，贫穷着仍然可以快乐着。从这个意义上讲，颜回的形象在我国传统价值观体系形成中起到了重要而独特作用。孔子在各种不同场合大赞没有什么社会影响的颜回，充分说明孔子思虑的厚重深沉和孔子的伟大。

后世儒者不解孔子真意，以为颜回应是一切社会成员的标准。一些人不劳动、不生产、不为官，天天修行，只强调心灵的改造，以为这样就可以成为君子了。殊不知，修己的目标在于贡献社会，如果把修身与贡献社会脱离开来，修身本身也就失去了意义。心灵和思想的改造，是实践中的改造，是在向社会做贡献的同时进行改造，是一生的工作。不劳动、不生产、不贡献社会，当然不会获得财富，自然就处于贫困当中，以颜回“贫而乐”的精神安慰自己，是错误解读孔子思想。正确的方法是，努力工作，积极追求，奉献社会，如此则不论贫富，都要快乐，快乐是一种主观体验，快乐在己不在人。

子贡则不同，子贡积极参与社会政治和经济活动，在参与过程中发挥自己的影响力，成为当时重要的政治家、社会活动家和巨富。他不靠命运解决问题，而靠自己解决问题，“赐不受命”，这是一种主动性入世行为。他为什么能够“亿则屡中”，因为他积极参与社会，而不是脱离社会，因此对社会有着深刻的了解，其“屡中”是必然的。颜回脱离社会，超然于社会，他“屡空”也是必然的了。

[11.20]子张问善人之道。子曰：“不践迹。亦不入于室。”

译解

善人之道：善人处事之道。善人，依朱熹《论语集注》：“善人，质美而未学者也。”有一个美好的内心世界和德性，但是没有经过系统性的学习锻炼和修行。

践迹：因循旧迹。依朱熹关于善人的定义，善人既没有经过学习，所以也并不知前人的经验（旧迹），在他心目中，无旧迹可言。

不入于室：升堂入室之意，学问做事达到最高境界。

子张问善人处事之道。孔子说："善人处事出于善心，不因循旧的模式，但也达不到最高境界。"

行政解读

孔子对善人评价比较高。在《述而》篇中，孔子说："善人，吾不得而见之矣；得见有恒者，斯可矣。"[7.26]孔子对善人的执政能力也很肯定，在《子路》篇，孔子说："'善人为邦百年，亦可以胜残去杀矣。'诚哉是言也！"[13.11]只要让善人管理社会一百年，也可以使社会走向平和与安定。又说："善人教民七年，亦可以即戎矣"[13.29]让善人管理社会七八年，负责教化百姓，就可以使百姓获得战力了。

子张问善人之道，孔子只说了半句话，两个"不"字："不践迹，亦不入于室"，到底"是"什么，没有说。答案在[7.26]章和[13.11]章、[13.29]章。按[7.26]章，善人比"有恒者"好，有恒者是能够坚持操守的人，但坚持操守靠的是约束力，善人之善则是发自内心，是因为心美而自然显现于言行。按[13.11]章和[13.29]章，善人治理社会，虽然实行不了仁政，比如实现小康社会和大同社会（入室），但是善人治政百年也可以实现社会安定和谐，消除残暴和杀戮，而且也会在不太长的时间内，使国家军力变得强大。善人治理社会恐怕没有什么主义和目标模式，既不是社会主义也不是资本主义（践迹），而是根据社会实际出现的问题，从善心出发提出解决办法，一事一办，也能为社会接受和认同，使社会得到治理。

如果实在找不到德能皆备的仁人去继承我们的事业，那就选一位"好人"吧。

[11.21]子曰："论笃是与，君子者乎？色庄者乎？"

译解

论笃是与：听到他言论笃实可信就赞许他。笃，笃实可信；与，赞许。

色庄者：面色庄重的人。

孔子说：“听到他言论笃实可信就赞许他，谁知道他是真君子呢？还是面色庄重的假君子呢？”

这仍然是一个察人的问题。参见[2.10]章。

[11.22]子路问：“闻斯行诸？”子曰：“有父兄在，如之何其闻斯行之？”冉有问：“闻斯行诸？”子曰：“闻斯行之。”公西华曰：“由也问‘闻斯行诸’，子曰‘有父兄在’；求也问‘闻斯行诸’，子曰‘闻斯行之’。赤也惑，敢问。”子曰：“求也退，故进之；由也兼人，故退之。”

译解

求也退：冉求处事谨慎谦让。有注家将“退”解为懦弱，说冉求性懦弱，从历史事实看，冉求并不懦弱，见[11.17]章解读。

由也兼人：仲由处事草率而不让于人。兼人，不让于人，好争先。

子路问：“听到了就去做吗？”孔子说：“父兄还在，怎么能听到了就去做呢？”冉有问：“听到了就去做吗？”孔子说：“听到了就去做。”公西华说：“仲由问听到了就去做吗，您说有父兄在（不能听到了就去做）；冉求问听到了就去做吗？您说听到了就去做。我有些困惑，这是为什么？”孔子说：“冉求处事谦让，所以鼓励他；仲由处事不让人，所以压制他。”

行政解读

在行政事务中，调动干部积极性，也应根据干部的不同特点采取不同的方式，有些干部不好事，遇事不喜欢当先，这时候要鼓励他，培养和发挥他的主动性。有时即使他干得不好，也要肯定他的勇为精神。而有些干部遇事喜欢争先，处处强出头，这时候要培养他的涵养，让他能沉得住气。

这一章同时也充分体现了孔子因材施教的思想。关于这一点可参见[15.39]解读。

[11.23]子畏于匡，颜渊后。子曰："吾以女为死矣。"曰："子在，回何敢死？"

译解

孔子一行在匡地被围困，颜回最后一个跟上来。孔子说："我以为你死了。"颜回说："您还在我怎么敢死呢？"

行政解读

颜回对孔子感情深厚，也非常会说话。《史记·仲尼弟子列传》说子贡"利口巧辩"，前边[11.3]章中列举孔门十杰时把颜回列于以德行见长第一名，而以言语见长的是宰我和子贡。从颜回说这话的水平来看，将颜回列入言语见长者之中也不为过。这句话，孔子听了肯定很高兴。

相比于孔子在陈国绝粮，大家都饿病了，子路就气呼呼地去问孔子："君子亦有穷乎？"孔子承受的压力已很大，子路还去诘问他，向他发牢骚，孔子固深知子路人品之好，但听了恐怕也不会高兴，回了他一句："君子固穷，小人穷斯滥矣。"[15.2]

好好说话，让大家高兴一些，有什么不好呢？

[11.24]季子然问："仲由、冉求，可谓大臣与？"子曰："吾以子为异之问，曾由与求之问。所谓大臣者，以道事君，不可则止。今由与求也，可谓具臣矣。"曰："然则从之者与？"子曰："弑父与君，亦不从也。"

译解

季子然：注家多以季子然为季氏家族子弟，其时仲由、冉求均为季氏家臣。当时的季氏，在鲁国三家权臣中权力最大，如果季氏有意篡夺君位，也是可能的。

异之问：问别的什么事。

曾：犹乃的意思。

以道事君，道：治国之道，尧、舜、禹、汤、文、武、周公一贯所行之仁政之道。

具臣：《论语集注》谓“备臣数而已”，就是说充个数吧；另说，“具”是有才具、有才能之意。从后说。孔子批评他们不能以道事君，但同时也指出他们是能臣，有一定的才干。

季之然问孔子：“仲由、冉求可以说是大臣了吗？”孔子说：“我以为你要问别的事，是问仲由、冉求二人呀。所谓大臣，应以道事君，如其道不能行，就应去职。仲由和冉求，可以说是有才具的能臣了。”季之然又问：“那么他们肯听话顺从吧？”孔子说：“如果是弑君、弑父这种事，他们是不会顺从的。”

行政解读

参见[4.26]章。

[11.25]子路使子羔为费宰。子曰：“贼夫人之子。”子路曰：“有民人焉，有社稷焉，何必读书，然后为学。”子曰：“是故恶夫佞者。”

译解

费：音必，季氏采邑。

贼：贼害。

民人：百姓。

佞：有口才之美，此处为贬义。

子路让子羔担任费邑行政长官。孔子说：“你这是害人子弟。”子路说：“那里有百姓，有社稷，为什么只有读书才是学习呀。”孔子说：“所以我讨厌那些利口狡辩的人。”

行政解读

子路提出了一个重要问题，行政能力是从书本中学来的，还是从实践中学来的？从书本中学习很重要，在书本上可以学到前人的经验，可以培养出理论

思维能力，可以建立起自身的价值观体系，而这都是行政能力的基础。但是只有这些，还不能叫行政能力，行政能力是在行政实践过程中展现出来的处理实际行政事务的能力，是在行政实践中展现出来的从繁纷复杂的事务中识别出正确的前进方向，并带领社会向正确方向前进的能力，这个必须有一定的社会历练才行。总的来说，读书和实践都很重要。

子路让子羔做官拿俸禄，在一般人眼里这是好事，但孔子却说："贼夫人之子。"孔子也提出了一个重要问题：怎样才算真正爱护一个干部？通常看法是，爱护一个干部、欣赏一个干部，就是尽快提拔一个干部。但是如果这个领导岗位责任太大，负担太重，工作太复杂，反而有可能毁了这个干部。正确的办法，是先给他一个与其能力相称的岗位，得到适当锻炼后，才提到更高一点的岗位，小步而快走，使其在较短的时间内既提高了行政能力，又达到了较高位置。反过来，不顾其能力，在极短的时间内给以很大的责任和很重要的岗位，看起来对这个干部不错，但如果他力不胜任，无法驾驭局面，有时候想全身而退都很困难。这是孔子说"贼夫人之子"这句话的原因。

《左传·襄公三十一年》记载了一则关于子产的故事，与孔子"贼夫人之子"思想比较接近。郑国当时的执政大臣叫子皮，他想让尹何担任自己封地的行政长官。子产说："太年轻了吧，不知他行不行。"子皮说："他忠厚老实，我很喜欢他，他不会背叛我的。让他到那里学习学习，他慢慢也就懂得为政之道了。"子产不同意，他说："喜爱一个人，就要做对他有利的事，如今您让他去当官，就好比让一个不懂得操刀的人拿着刀去割肉，那会受到很大伤害。你喜爱一个人的方式却是伤害一个人，以后谁还愿意让您喜爱呢？您是郑国的栋梁，栋梁一折，房屋崩塌，我也会压在里面，所以我必须把心里话全说出来。您有漂亮的绸缎，是不会让人用它来练习裁剪的。重要的职务和封地是您终身的依靠，您却让一个初学政治的人去管理。我听说先学习锻炼然后才能担任重要职务，没有听说拿重要职务去让人去学习锻炼的。如果这样做了，一定身受其害。以打猎为例，射箭驾车都很熟练才会有所收获。如果从未学过驾车射箭，那他光担心翻车出事，哪有心思考虑捕获呢？"子皮很同意子产的意见，并因为这件事，将郑国的大权交给了子产。

[11.26]子路、曾晳、冉有、公西华侍坐。子曰："以吾一日长乎尔，毋吾以也。居则曰：'不吾知也！'如或知尔，则何以哉？"子路率尔而对曰："千乘之国，摄乎大国之间，加之以师旅，因之以饥馑。由也为之，比及三年，可使有勇，且知方也。"夫子哂之。"求！尔何如？"对曰："方六七十，如五六十，求也为之，比及三年，可使足民。如其礼乐，以俟君子。""赤！尔何如？"对曰："非曰能之，愿学焉。宗庙之事，如会同，端章甫，愿为小相焉。""点！尔何如？"鼓瑟希，铿尔，舍瑟而作，对曰："异乎三子者之撰。"子曰："何伤乎？亦各言其志也。"曰："莫春者，春服既成，冠者五六人，童子六七人，浴乎沂，风乎舞雩，咏而归。"夫子喟然叹曰："吾与点也！"三子者出，曾晳后。曾晳曰："夫三子者之言何如？"子曰："亦各言其志也已矣。"曰："夫子何哂由也？"曰："为国以礼，其言不让，是故哂之。""唯求则非邦也与？""安见方六七十如五六十而非邦也者？""唯赤则非邦也与？""宗庙会同，非诸侯而何？赤也为之小，孰能为之大？"

译解

曾晳：名点，曾参之父，孔子弟子。

以吾一日长乎尔：因我比你们年长一些。一日长，年长一日，孔子自谦之语。

毋吾以：一说，不要因为我年长你们，而不敢说话。二说，我已年老，不被见用了。从上下文来看，当从第一说，孔子让弟子放开讲一讲各自志向，不要顾虑。且子路只比孔子小九岁，如孔子说自己已年老无用，那么子路不也用不了多久也年老无用了吗？

居：常居之时。

率尔：不看左右就仓促而言。按《礼记·曲礼》："侍于君子，不顾望而对，非礼也。"现代社会，这个礼节已转化成一种文化习惯，与上级或长者在一起，上级或长者提出问题，略沉思一下，或左右看一下同事再作答，显得比较有礼貌。

摄乎大国之间：夹在大国之间。

加之以师旅，因之以饥馑：受到兵戎威胁，又出现饥荒。师旅，军队。谷不丰叫作饥，菜蔬不熟叫作馑。

可使有勇，且知方：可使百姓有勇知义。方，义，义方。

哂：音审，微微一笑。

方六七十，如五六十：方六七十里或五六十里的地方。如，或的意思。

如会同：参加诸侯相会或盟会。按周礼，诸侯朝见周天子共有六种礼仪：朝、宗、觐、遇、会、同。“春见曰朝，夏见曰宗，秋见曰觐，冬见曰遇，时见曰会，殷见曰同”（《周礼·春官·大宗伯》）。所谓“时见”，是天子有事时即召见诸侯之礼，不分时令，这就叫作会。“殷”是“众”的意思，天子召集众诸侯一同相见之礼，叫作同①。这里“会同”非专指，而是泛指诸侯朝见周天子或诸侯相会等重要礼仪活动。

端章甫：身穿礼服。端，礼服；章甫，礼帽。

愿为小相：愿做祭祀、会同时赞礼小臣。

舍瑟而作：放下瑟站了起来。作，起的意思。

莫春者，春服既成：暮春时节，穿着新做的春衣。莫春，即暮春，季春三月。春服，春衣，指夹衣。

冠者：指成人，古人年二十而行冠礼。

风乎舞雩：在舞雩台上吹吹风。古时求雨之仪式叫作雩，因有乐舞，所以叫作舞雩。雩，音鱼。

子路、曾皙、冉求、公西华在孔子旁边侍坐。孔子说：“因我年纪比你们长一些，不要因此而不敢讲话。你们平常总是说：‘没人了解我呀！’如果有人了解你们，任用你们，你们怎么办？”子路抢先回答：“一个拥有千乘兵车的国家，夹在大国之间，受到兵戎威胁，又出现饥荒，让我来治理，比及三年，可以使百姓有勇知义。”孔子听了微微一笑，又问：“冉求，你呢？”冉求说：“方六七十里或五六十里的地方，由我来治理，比及三年，可使百姓富足。至于礼乐教化，有待君子来推行。”孔子问：“公西赤，你呢？”公西赤说：“不敢说能干什么，我愿意学习。在宗庙祭祀或国君相会等仪式中，我愿意身穿礼服，做个赞礼小臣。”孔子问：“曾点，你呢？”曾皙鼓瑟的声音逐渐

①关于“会”、“同”之礼的具体辨析参见李无未：《周代朝聘制度研究》，吉林人民出版社 2005 年版。

稀落，然后戛然而止，放下瑟站起来说：“我和他们三人所说的不同。”孔子说：“没关系，只不过说一说各自的志向嘛。”曾皙说：“暮春时节，穿着新做的春衣，约上五六个大人、六七个孩子，在沂水里游游泳，在舞雩台上吹吹风，然后唱着歌一路走回家。”孔子长叹一声说：“我赞成曾点的想法。”子路、冉有、公西华三人出去了，曾皙留在后边。曾皙问：“刚才他们三个人说得怎么样？”孔子说：“也就是各自说说志向罢了。”曾皙又问：“先生你为什么笑仲由呢？”孔子说：“治国当以礼，仲由言语中没有谦让之意，所以笑他。”“那么，冉求说的不是治国吗？”“怎么说治理方六七十里或五六十里的地方不是治国呢？”“那么公西赤说的不是治国吗？”“宗庙会同之事，不是诸侯之事是什么？公西赤说要做赞礼小相，谁能做赞礼大相呢？”

行政解读

孔子弟子们都觉得自己没有碰到知遇之人，才能得不到发挥。今天大家也一样感叹没有知遇之人，没有发挥自己才能的机会，看来几千年来人们的想法都是一样的。孔子也在感叹“不吾知也”。在《宪问》篇，孔子说：“莫我知也夫！”“不怨天，不尤人，下学而上达。知我者其天乎！”[14.35]说得更彻底，人间没有了解我的，只有天才了解我孔子。

孔子政治理想和抱负难以实现，难免灰心丧气，想摆脱政治事务获得一些解脱，也属自然和人之常情。曾皙的说法，实际是什么也不想干，只想玩，怡情于大自然之间，孔子说他和曾皙想法一样，恐怕连曾皙也不相信。否则，他为什么让孔子评论子路、冉求、公西赤的话，而不问一问为什么孔子赞成他的志向呢？

行政事务繁重，困难重重，到大自然中放松放松确实是好办法。

第12篇

《颜渊》中的行政精神

[12.1]颜渊问仁。子曰："克己复礼为仁。一日克己复礼，天下归仁焉。为仁由己，而由人乎哉?"颜渊曰："请问其目。"子曰："非礼勿视，非礼勿听，非礼勿言，非礼勿动。"颜渊曰："回虽不敏，请事斯语矣。"

译解

克己复礼：约束自己使之符合礼的要求。克，约束，战胜心里的欲念。复，返回，使自己的言行恢复到礼的要求上来。

天下归仁：仁道就会大行于天下。一说，归是"称许"的意思，"天下归仁"意即"天下均赞之为仁人"。孔子此处讲的是"克己复礼"对于天下大治的作用，说做到"克己复礼"就会得到天下人的称赞，这种说法暗含的前提是天下之人都赞成仁道，仁道是天下共同价值观，这也未必，且一个人做到了"克己复礼"，天下人未必知晓，所以不从此说。

请问其目：请问具体办法和要求是什么？目，纲举目张的"目"，"克己复礼"为纲。落实"克己复礼"具体办法和要求为"目"。

非礼勿动：不符合礼的事不要做。动，一说为"动容貌"，二说指行动，三说指"心动"。从第二说。

颜渊问什么是仁。孔子说："约束自己使之符合礼的要求，就是仁。如果有一天大家都能做到这一点，仁道就会大行天下了。仁与不仁全在自己，难道要靠别人吗?"颜渊说："请问具体的办法和要求是什么?"孔子说："不符合礼的不要看，不符合礼的不要听，不符合礼的不要说，不符合礼的不要做。"颜渊说："我颜回虽然不够聪敏，但请让我按您这些话去做吧。"

行政解读

要想达到天下大治，仁道畅行，孔子提出了一个办法，就是要“克己复礼”。“克己复礼”这句话并非孔子原创。《左传·昭公十二年》记载孔子的话说：“古也有志：‘克己复礼，仁也’。信善哉!”说明“克己复礼”是一句古话。“文革”中批判“克己复礼”，说它是反革命言论，是为了维护统治阶级所建立的社会秩序和统治阶级的利益。但是人类社会要想和平共处，没有“克己”精神确实行不通，要不要“复礼”，这要看“礼”这种制度规定是否合理。什么是合理的“礼”，并不是自己认为合理的“礼”就是合理的，自己认为不合理的就是不合理的，如此就不存在“复礼”的问题。

我们社会缺乏“克己”精神已经很久了。想到自己的多，想到别人的少。这体现在日常生活的一点一滴。笔者曾经到美国去，在一个地方拍照，后退取景时不小心撞到一个老太太，心下大惊，结果这个老人家满脸笑容，一个劲地给我道歉，认为她影响我拍照了，这使我觉得很不好意思。我到日本去，在一个地方拍照，后退取景时不小心撞到一位先生，结果这位先生给我鞠了两次躬，一个劲地说对不起，这也使我很不好意思。我在北京的一个地方，也发生了同样一件事，撞到一个妇女，我赶紧道歉，但人家还是怒目圆睁，送我一句“素质真差”的断语。我想，这是一件件的小事，但确实反映了我们的差距。我们天天说要加强“软力量”建设，什么是“软力量”？说到底就是一国人民的人格力量、文化力量和文明力量。我们国民的言行做派，成为其他国家人民学习的榜样，这就是有了“软力量”。

“克己”精神的发扬，靠的是大众，所以从这个意义上讲，“克己”精神应当从孩童时代抓起，成为国民素质教育的组成部分。一个人有“克己”精神，解决不了问题。当然人民有“克己”精神建立在每个人都有“克己”精神基础上。多年以前，我每天坐公共汽车上班，我想自己不是在倡导礼让精神吗？那就从我做起吧！我认认真真地排队，结果一批又一批比我后到的人总是挤到我的前边。如果我做一个谦谦君子，我就每天上班迟到吧！我开车，我觉得车应当让人，所以我让横过马路的人先走，可是如此一来，一批又一批的人从我车前横穿过去，他们却都没有让道让我走的意思，而排在我后边的车一个

劲地按喇叭，对我表示抗议。如果我做一个谦谦君子，不但我没办法开车，也影响排在我后边的人的行车权利。

现在许多家长教育下一代也出现了困惑。一些家长说，如果把自己的孩子教育成一个谦谦君子吧，别人不这么干，又怕自己孩子吃亏；如果不按照谦谦君子的模样去教育，而是按照“造反派”的模样去教育，让他混身“炸刺”，又担心我们整体国民素质难以提高，很是矛盾。所有这些提醒我们，素质教育必须是国家行为，各种社会组织承担重要责任，我们必须从全体国民抓起，必须从孩童时代抓起。

大家都说民主社会好，我们国家也把实现社会主义民主作为重要目标。民主制度更需要“克己”精神，学会让步和尊重他人意见，是民主素养的重要组织部分，也是建立成熟民主社会的必要前提。我们看到台湾民主社会里的一些乱象，有一些深绿人士，不同意他的意见，就诉诸暴力，就去侵犯别人的权利，就去破坏社会秩序，这些人实在不适合民主社会，因为他没有民主素养。所以民主社会必须以民主素养为基础，没有民主素养的民主社会是畸形的民主社会，是混乱的民主社会，是没有效率的民主社会，有的还会成为暴力的民主社会。

孔子多处表达了“为仁由己”的思想（参考[4.6]章、[15.10]章解读）。确实，“克己”精神的发挥靠的是每一个个体，但“克己”精神的培育却是国家和各种社会组织的责任。

“非礼勿视，非礼勿听，非礼勿言，非礼勿动”，则是“克己复礼”的具体方法了。总的来看，视、听、言、动这四种个人感受外界、影响外界及与外界互动的方式都应以“礼”节之，这是孔子提出的“克己”的方式。有人说“非礼勿动”指的是不符合礼的心念都不要动，这是用圣人的标准来要求普通大众了，也非孔子本意。对于普通大众来说，心中想的是什么，那是他的自由，只要他“懂礼”，遵守“礼”就够了。日本人相见一大套客客气气的“礼”，鞠躬、鞠躬再鞠躬，有人说这是从古代中国学去的，他心中想的是什么，并不重要，但是他通过这个“礼节”，向对方表达到敬意，这就够了。在日本的商场，员工退出服务区回办公室，要向全体在场客人行鞠躬礼，不论顾客看到没看到，在意没在意，难道这不好吗？

我们社会现在最需要的是尊重了。在行政系统，我们很尊重上级，现在上级也很尊重下级。但是我们特别缺少的是陌生人之间的相互尊重。特别是在一些社会场合对一切个人的尊重，太需要了，“尊重”成了一种奢侈品和稀缺品，要增加对“尊重”这种物品的供给，这是国家和各种社会组织的责任。我们似应就此深入研究，提出一个可行的方案来，并作为各级政府的重要行政目标。全体国民也应充分认识到这一点，这是我们国家走向强大的必备条件。

[12.2]仲弓问仁。子曰：“出门如见大宾，使民如承大祭。己所不欲，勿施于人。在邦无怨，在家无怨。”仲弓曰：“雍虽不敏，请事斯语矣。”

译解

在邦无怨，在家无怨：一说，在国中没有人怨恨，在家中也没有人怨恨。二说，在国中不怨恨什么，在家中也不怨恨什么。按第一说，把谁都不怨恨自己作为“为仁”的标准，实际上是一个好人坏人都不得罪的好好先生，这并不是行仁之道，第一说不正确。仁者“不怨天、不尤人”（[14.35]），所以不怨恨什么，第二说比较恰当。

仲弓问什么是仁。孔子说：“出门要像去见重要宾客一样，使用民力要像承办重要祭祀一样。自己不愿意的，不要强加给别人。在家里家外都不怨恨什么。”仲弓说：“我冉雍虽然不够聪敏，请让我按您这些话去做吧！”

行政解读

孔子这句话指出了“为仁”的三个要件，一是要“敬”和“慎”。“出门如见大宾，使民如承大祭”表达了这个思想。二是要有“恕”的精神，己所不欲，勿施于人。三是要“宽”，不怨恨什么，凡事多从自身找原因，即使不是自己的原因，也不怨恨什么。

出门接触人、办事情，要体现出认真和恭敬的态度，像对待客人一样。使用民力，要像搞重大祭祀活动一样，谨慎小心。孔子这些话直接指出了行政要领。布置工作，应当深思熟虑，想到部下能力和精力是不是足够，要考虑工作

的必要性和合理性，预估出工作的困难和工作成效，然后以适当的方式下达指令。使用民力和国家财力更应当深思熟虑，反复论证，广泛听取各方的意见，然后展开充分辩论，弄清这样工作可能取得的成效和可能付出的代价，然后实施之。

现在，在实际工作中，听取各方意见许多时候流于形式，很多政策措施的出台基本上没有什么真正的辩论，没有让社会利益相关群体或其代表进行深入辩论，没有辩论机制。行政系统内部很难开展起有效的辩论来，行政系统的本质是一个贯彻执行体制，科层等级制度严密。我们虽然要求充分发挥民主决策作用，但是要在行政系统内平等辩论也很难，每一个人都有一定级别，上级说了，下级很难公开反对，下级都这么说，上级也很难去反对。如果把社会公共政策的辩论责任放在行政系统内，就像要公鸡去孵蛋，虽然硬让它孵也可能孵得出来，但它天生不是干这个的。美国的国会是一个辩论机构，不同的议员可以代表不同利益群体和地区，充分阐释立场，我们似乎也可让各级人民代表大会常务委员会辩论起来，并且让人民知道他们在辩论什么，各自的立场是什么，各自讲的道理是什么，可不可以设立专门电视频道进行直播呢？我们的社会发展是不是到了可以采取这种方式的阶段呢？

关于“己所不欲，勿施于人”，这是非常重要的思想，已在[6.30]章阐发，可参阅。关于“在邦无怨，在家无怨”，仁者不怨恨什么，问题是怨恨能够解决什么问题呢？实际情形是，怨恨不解决什么问题，只空增加了烦恼，影响自己公正科学决策，所以行政者保持“无怨”心态很重要，这样对事对人可以看得更清、更正，决策可以更科学。

[12.3]司马牛问仁。子曰：“仁者，其言也讱。”曰：“其言也讱，斯谓之仁已乎？”子曰：“为之难，言之得无讱乎？”

译解

司马牛：名耕，字子牛，孔子弟子。《史记·仲尼弟子列传》称其“多言而躁”。

其言也讱：不轻易说话。讱，言语迟缓，话不轻易出口。

斯谓之仁已乎：这样做就是仁了吗？已，停止、足够的意思。

为之难：做起来困难。为，实行、践行。

司马牛问什么是仁。孔子说："仁者语言迟缓，不轻易说话。"司马牛说："语言迟缓、不轻易说话就是仁了吗？"孔子说："做起来困难，能轻易说话吗？"

行政解读

关于"仁"的教育，孔子也是因材施教，有针对性。司马牛话多，性格比较躁，"躁人辞多"，这是一个通病。孔子因此就说作为一个"仁者"，其中一个重要特征是不多言，不多言当然并不就是"仁"，所以司马牛问"其言也讱，斯谓之仁已乎？"孔子则讲了另一番道理，"仁者"言行一致，有言必有行，凡事做起来很困难，说起来能那么容易吗？

雄辩滔滔不是很好吗？为什么还要"其言也讱"？在《里仁》篇，孔子说"君子欲讷于言，而敏于行"[4.24]，在《子路》篇，孔子说"刚、毅、木、讷，近仁"[13.27]，都强调要"讷"，"讷"是语言迟钝、不善于讲话的样子，与"讱"的外在表现比较一致。孔子说君子、仁者要"讷"、要"讱"，主要是为了保证言行一致，保证说话的分量，言多就会有失，言多就会失威，言多也不容易兑现，所以要少言、缓言、慎言。但是对于已经深思熟虑的问题，对于前景已看得很清楚的问题，对于经过努力完全可以实现的理想，为什么要"讷"、要"讱"呢？这时候就要雄辩滔滔，说服群众一道工作，共同努力。所以君子"要讷于言"，同时也要善于言，口才要为正义的事业服务，而不要用于掩恶饰非。群众容易被欺骗，主要是容易被那些口若悬河、心怀叵测的人欺骗，所以对于口才好的一些人，先要有一份警惕，这也是应该的，因为我们容易被这样的人所诱导，走上错误的方向。

[12.4]司马牛问君子。子曰："君子不忧不惧。"曰："不忧不惧，斯谓之君子已乎？"子曰："内省不疚，夫何忧何惧？"

译解

司马牛问什么是君子。孔子说："君子不忧愁，也不畏惧。"司马牛说："不忧愁、不畏惧就算是君子了？"孔子说："自我反省问心无愧，又有什么可忧愁畏惧的呢？"

行政解读

这句话可以作为安定心绪的格言。是呀，内省不疚，问心无愧，一切坦坦荡荡，又有什么可担心害怕的呢？反过来，如果干了坏事，问心有愧，就没法坦坦荡荡，忧惧自然如影随形了。所以凡事，要做到心安，若干年之后回想起来都无愧于心，无愧于天，这样才好。孔子类似的思想在《论语》中多处有表达，如《述而》篇，"君子坦荡荡，小人长戚戚"[7.37]；如《宪问》篇，"仁者不忧，知者不惑，勇者不惧"[14.28]。

司马牛是宋国司马桓魋弟弟，据《左传·哀公十四年》记载，桓魋得宠于宋景公，但他不思图报，却想谋害景公，后事败出逃。司马牛虽然未参与其事，但因是同族兄弟，所以也不得不逃亡，他先后逃到齐、吴等国，最后死在鲁国城门外。据此，他与孔子、子夏的对话当发生在事变之前，恐此时已知他哥哥谋反之事，心生恐惧，孔子则以此安慰他。

[12.5]司马牛忧曰："人皆有兄弟，我独亡！"子夏曰："商闻之矣：死生有命，富贵在天。君子敬而无失，与人恭而有礼，四海之内皆兄弟也，君子何患乎无兄弟也？"

译解

我独亡：唯独我没有。亡，通无。

敬而无失：尽心做事，没有过失。

与人恭而有礼：对人谦恭而有礼貌。

司马牛忧伤地说："别人都有兄弟，唯独我没有！"子夏说："我听说'死生有命，富贵在天'。君子尽心做事而没有过失，对人谦恭而有礼貌。四海之内都是兄弟，君子怎么会担心没有兄弟呢？"

行政解读

这是子夏安慰司马牛的话，当然这些话本身很有道理。

"死生有命，富贵在天"这句话一直受到批判，因为它表达了"宿命论"思想。过去有人以此批评孔子，其实这句话不是孔子说的，而是子夏说的。我们从原文中可以看出，这句话也不是子夏说的，而是当时的一个俗语，子夏引用了这个俗语来安慰司马牛，放在这个语境下理解这句话，就很自然了，不一定要上纲上线。桓魋为乱，最后失败。司马牛既反对其为乱，也痛惜失败后家族所遭遇的惨状，而这都是他无法改变的，子夏告诉他这都是天意，司马牛没能阻止桓魋为乱，这不是他司马牛的错，而是天意；为乱失败，各自逃亡，这也不是他司马牛的错，而是天意，以此解脱司马牛的痛苦，使他获得心理上的安静，这不很正常吗？子夏劝慰司马牛有一套说辞，临到他自己了又做不到。子夏儿子先他而亡，子夏哭到失明，他的"死生有命"说也没有让他摆脱失子之痛。凡是经过努力而没有实现目标，我们都把责任推到"天"那里，相信这是"命"，这是人类的一个发明，有了这个发明，人的心情会变好一点，余下的生活会更安逸一些。当然，这个发明永远代替不了人类自身的努力和奋斗。

四海之内皆兄弟，这是何等气魄的国际观！毛泽东同志说，我们的朋友遍天下。那么怎样才能做到呢？就是要"敬而无失"、"恭而有礼"。第一要采取正确的立场和方式处理事情，做到"无失"；第二要尊重对方，做到"有礼"。"无失而有礼"这可不可以成为处理国际关系的准则之一呢？我看是可以的。

[12.6]子张问明。子曰："浸润之谮，肤受之愬，不行焉，可谓明也已矣。浸润之谮，肤受之愬，不行焉，可谓远也已矣。"

译解

明：看得明白、透彻。

浸润之谮：像滴水润物般不易觉察的谗言。谮，说坏话诬陷别人。

肤受之愬：像有切肤之痛那样的诽谤。愬，通“诉”，诽谤。

子张问什么是明。孔子说：“像滴水润物般不易觉察的谗言，像有切肤之痛那样的诽谤，在他那里行不通，可以说是明了。像滴水润物般不易觉察的谗言，像有切肤之痛那样的诽谤，在他那里行不通，可以说是有远见了。”

行政解读

什么是明？明事理、识贤人叫作明，明的背后是智，没有智慧，不能见微知著，不能以小察大，不能以近谋远，不能从现象中看到本质，这样假话、谎话就会产生作用。所谓谗言、诽谤本质上都是假话和谎话，听信假话和谎话，这怎么是明呢？“明”上升到一定层次就有了“远见”，所谓“远”，实是“明”的深度和“明”的程度。

孔子列举了两种进谗言的方式，一种是“浸润之谮”，这是和风细雨式的、比较隐蔽的进谗言方式；一种是“肤受之愬”，可以说是疾风暴雨式的、比较直接的进谗言方式。从现实生活中看，前者的杀伤力更大。“浸润之谮”是在不知不觉中听信了谗言，为谗言所蒙蔽，有时候对某人某事建立起了错误认识，都不知道是因为什么建立起了错误认识。考察干部，有的人反对某人，就列举一大堆似是而非的事实，把对方描述得十分恶劣，这是“肤受之愬”。而另有一种人反对某人，先是列举他一大堆优点，然后举出他一两个缺点，看起来很公正、很负责，既说了优点，又说了缺点，但仔细一分析，他所列举的优点都是无关紧要的优点，而他所列举的缺点，却是致命的缺点，这就是“浸润之谮”。“明”者既不会为“肤受之想”所蒙蔽，也不会为“浸润之谮”所蒙蔽。怎么办？就是要多听，多看，多比较。多听各方面的意见，多看事实，分析一下进言者所持立场和观点背后的原因。

[12.7]子贡问政。子曰："足食，足兵，民信之矣。"子贡曰："必不得已而去，于斯三者何先?"曰："去兵。"子贡曰："必不得已而去，于斯二者何先?"曰："去食。自古皆有死，民无信不立。"

译解

子贡问为政之道。孔子说："应当是粮食充足，军备充足，取信于民这些事吧。"子贡说："如果不得已要放弃三者中的一项，先放弃哪一项?"孔子说："放弃军备。"子贡说："如果不得已还得放弃一项，先放弃哪一项?"孔子说："放弃粮食。人自古以来都有一死，没有民信，国将不立。"

行政解读

孔子这里讲了一个执政优先序问题，在《子路》篇中也讲了一个执政优先序问题，参见[13.9]章。这里先讨论"足食、足兵、民信"三个执政目标的优先序问题。按照孔子的意见，三个执政目标的优先序是民信、足食、足兵①。

说到底，政治是关于人群和社会治理的学问，国家不过是具有某种共同特征的人群为维护某种共同利益所设定的一种组织形态，核心都是人的问题，而人的问题最主要是一个人心的问题，取信于民所要解决的就是人心问题。取信于人，让人民信任，人民愿意按照我们的意见办，跟着我们的路线走，这就具备了领导力。

当年，晋文公尊王有功，周王把温、原、阳樊、攒茅（攒，音穿）四个地方封给他。文公率军去接受"原"城，带了三天的口粮，文公说如果"原"城的百姓三天还不投降就离去。到了第三天晚间，城里的间谍报告："明天准备投降了。"有军官就说，明天就要投降了，多等一天吧。文公说："信，国之宝也，民之所庇也，得原失信，何以庇之？所亡滋多。"这是说，信用是为国之宝，保护百姓也要靠信用，得到原城而失去信用，用什么保护百姓？所失去的东西会更多。于是退兵，原城的百姓最终归附了文公②。

---

①有的注家将"足食，足兵，民信之矣"解读为"充足粮食，充足军备，百姓对政府就有信心了"(如杨伯峻《论语译注》)，将"足食、足兵"与"民信之"解释为因果关系，与下文孔子关于三个执政目标逐次放弃的议论不相符合，故不从。

②《左传·僖公二十五年》。

足食是一个经济问题，足食是取得民信的手段，是让人民活得有尊严的方式。人民跟着我们走，一时的困难固然可以依靠意志和信念战胜，但是长期过苦日子，人民就会问，大家所承受的一切苦难是为了什么？大家吃不饱、穿不暖是为了什么？“食不足”最终会动摇“民信”，威胁到国立，所以不能把“民信”与“足食”这两件事完全分开。

孔子强调“足兵”，但是把它放在执政目标的第三位。历史经验告诉我们，孔子的意见是对的，穷兵黩武，不顾人民生活，这样的政权必然垮台。武器和装备及兵员，这只是静态的武装力量，而人心向背、资源和经济科技实力，则是潜在的战争能力。短期的战争比的是静态的武装力量，但从长期看，战争比的是人心向背、资源和经济科技实力。所以孔子在“足食”、“足兵”和“民信”三个执政目标中，首先放弃的是“足兵”，这是一种智慧，并不是说孔子不重视武装力量的建设。

相反，孔子相当重视武装力量的建设。在这里，孔子把“足兵”作为重要执政目标。在《子路》篇，孔子说“善人教民七年，亦可以即戎矣”[13.29]，人民能不能作战，有没有战力，是评价执政成效的重要方面。他又说“以不教民战，是谓弃之”[13.30]，不对人民进行教化，不进行军事训练就让他们去作战，这是抛弃他们。孔子的战争思想，类似于人民战争思想，他强调要对人民进行作战训练，强调要加强国防建设。但是孔子强调要慎战，反对不义之战。在《述而》篇中提到：“子之所慎：齐，战，疾。”[7.13]在《卫灵公》篇中，卫灵公向孔子请教陈兵布阵之事，孔子说：“俎豆之事，则尝闻之矣；军旅之事，未之学也。”[15.1]委婉回绝了卫灵公，孔子认为立国以礼，不应以兵立国，由于行政理念不合，他第二天就离开了卫国。另据《左传·哀公十一年》记载，卫国的孔文子因家中丑事要兴兵攻打太叔疾（事见[5.15]章），去征求孔子意见，孔子说：“胡簋（簋，音轨）之事，则尝学之矣。甲兵之事，未之闻也。”以同样的理由拒绝了孔文子。孔子认为这些人动用武装力量，其目标是不义的，因而都不予支持。

[12.8]棘子成曰："君子质而已矣，何以文为？"子贡曰："惜乎！夫子之说君子也。驷不及舌。文犹质也，质犹文也。虎豹之鞟犹犬羊之鞟。"

译解

棘子成：卫国大夫。

惜乎，夫子之说君子也：您这样谈论君子是很可惜的。子贡为棘子成的失言感到很可惜。

驷不及舌：一言既出，驷马难追。

虎豹之鞟犹犬羊之鞟：把毛去掉，虎豹之皮看起来就像犬羊之皮。子贡的意思是君子的"文"就如同虎豹皮上的"毛"一样。鞟，音括，去了毛的皮。

棘子成说："君子有其质就可以了，要文干什么？"子贡说："您这样谈论君子，很可惜呀！一言既出，驷马难追。文和质是一样重要的。把毛去掉，虎豹之皮看起来就像犬羊之皮。"

行政解读

参见[6.18]章。

[12.9]哀公问于有若曰："年饥，用不足，如之何？"有若对曰："盍彻乎？"曰："二，吾犹不足，如之何其彻也？"对曰："百姓足，君孰与不足？百姓不足，君孰与足？"

译解

有若：孔子弟子，少孔子43岁。

盍彻乎：何不实行什一税。盍，音何，"何不"的意思。彻，按十分之一收取田税叫作彻。

鲁哀公问有若："年景不好，用度不足，怎么办？"有若说："何不实行什一税？"鲁哀公说："我按十分之二征税尚且不足，怎么能实行什一税呢？"

有若说："如果百姓富足了，您怎么会用度不足？如果百姓不足，您从哪里去得到足够的用度呢？"

行政解读

我国古代税制思想中，税的轻与重是价值判断的核心问题。凡是重税，则必受批评；凡是轻税，则是好政府的一个标志。所谓轻徭薄赋，与民休养生息，这是仁政的典范。

执政者容易从财政收支平衡的角度去考虑税收轻重，国家开支大了，就想多征一些税，但是有若说出了另一番道理，"百姓足，君孰与不足？百姓不足，君孰与足？"如果百姓不够富足，课税基础小，税率再高，都不够用，所以税制的改变首先要考虑整体经济实力和人民的承受能力，考虑其对经济发展的影响和它带来的收入再分配效应，如果不考虑这些因素，从短期看税收可能增加了，收支状况改善了，但从长期看，可能会制约生产发展，影响民间经济活力，恶化政府与纳税者阶层的关系。既然政府是为人民服务的，那么就要考虑人民愿意花多少钱养这个政府，愿意交出多少钱让政府去支配，所以税制决定权属于人民，在行政实践中，应属于代表人民权利的立法机构，而不应属于行政机构。

有若这番话，对于现代经济管理来说，还有另一层深意。我们的宏观调控政策目标不应仅仅考虑 GDP 增长率、通货膨胀率、就业率等一些宏观经济指标，以为把这些指标控制在合理区间内就高枕无忧了，而应关注民间经济活力的保护和发展，始终重视微观层次老百姓发展经济的能力，规范他们、帮助他们、激励他们。历史证明，如果民间经济活力旺盛，应对经济危机和金融危机的能力就强，即使受到影响，恢复起来也快，民间经济活力强这叫作"下盘稳固"，下盘稳固，"武功"才能高强。2008 年全球金融危机，我国由关注宏观经济指标的调控，转向具体帮助企业发展，这是完全正确的。套用有若的话说：民间经济强，国家才强，民间经济不强，国家怎么会强？

[12.10]子张问崇德、辨惑。子曰："主忠信，徙义，崇德也。爱之欲其生，恶之欲其死。既欲其生，又欲其死，是惑也。'诚不以富，亦祇以异。'"

译解

崇德辨惑：崇高其德行，辨清其迷惑。

徙义：言行合义。徙，迁徙。义，"合宜"的意思。言行不合宜，就要改正，使之合宜，就是"徙义"。

诚不以富，亦祇以异：实在不是因为贫与富，只是因为见异思迁，喜新厌旧，移情别恋。语出《诗经·小雅·我行其野》。祇，仅仅，音只。《论语集注》认为此处所引诗句放在这里难以解释，属于"错简"，意即此处不应有这句诗。但《我行其野》一诗的主要意思是丈夫喜新厌旧，移情别恋，婚姻破裂，破裂不是因为贫与富，而是感情问题。"爱之欲其生，恶之欲其死"恰恰就是感性压倒了理性，感情发生了转移，由爱变成恨，这是"惑"的原因，这与《我行其野》中所描写的情感变化是一致的。孔子把这句诗放在这里，正是为了说明"惑"产生的主要原因是困于"情变"，而不应做"错简"处理。人为什么会有"惑"？惑来源于感性，来源于理性不够，是因为迷于情。

子张问什么叫崇德辨惑。孔子说："坚持以忠信为本，使言行合乎道义，就是崇德。喜爱一个人时，就想让他生；厌恶他时，就想让他死。既想让他生，又想让他死，这就是惑。《诗经》上说'诚不以富，亦祇以异'，说的也是这个道理。"

行政解读

关于崇德辨惑，本篇第 21 章樊迟也有此问：樊迟从游于舞雩之下，曰："敢问崇德，修慝，辨惑。"子曰："善哉问！先事后得，非崇德与？攻其恶，勿攻人之恶，非修慝与？一朝之忿，忘其身，以及其亲，非惑与？"[12.21]樊迟陪孔子在舞雩这个风景区游览，是春游还是秋游就不知道了，他问孔子什么叫"崇德，修慝，辨惑"。樊迟比子张多问了一项：修慝。修慝就是消除心中的恶念。孔子首先说这是一个好问题，接着说，做事情要争先，事成之后要分

享成果了，自己就退到后边，这就是崇德。专挑自己的毛病，找自己的不是，而不挑别人的毛病，找别人的不是，这就是修慝了。一生气就冲昏头脑，忘了自己是谁，也忘了父母亲人，这就是糊涂。综合孔子两次对同一主题的回答，我们可以得到如下启示。第一，如何提高自己的品行修养呢？就是要言而有信，做事争先，尽心尽力，不计得失，所作所为都合乎道义，如有不合道义的地方，立即改正，长期这样做，品行自然就高尚起来。第二，如何消除心中的恶念，使自己成为一个善良之人呢？按孔子的意见，就是多开展自我批评，不要专门批评别人、老挑别人的不是，凡事多从自身找原因。第三，如何防止迷惑呢？就是要用理性管理好自己的情感，包括“爱”、“恶”、“怒”这些情绪。

在现实生活中，做到这三条非常难。做事争先，享成在后，很难。一件事两件事这样做可以，一辈子这样做就很难。搞自我批评，在灵魂深处闹革命，自我否定，很难。而第三条更难，人都会不同程度或在不同的时间里“惑”于“情感”，搞得严重了，就会出现大问题。比如婚外情和包二奶，这是“惑”于“情”走到了极端；比如因为一件小事与妻子生气，一冲动，把家给砸了，这是“惑”于“怒”出了问题。在行政领域，更要防止“爱之欲其生，恶之欲其死”，喜欢一个干部，他的一切都是好的，不喜欢一个干部，他的一切都是坏的，一切跟着自己的情感走，失去了起码的客观性和公正性，这是很可怕的。搞对象也是这样，一个男人陷入了情网，恨不得把心掏出来给她，感情破裂了，就恨不得让人家去死。有人觉得这是爱之深、恨之切，我说这是惑于“情”走到了极端，人没有理性，何称其为人？这种男人嫁不得。

[12.11]齐景公问政于孔子。孔子对曰：“君君、臣臣、父父、子子。”公曰：“善哉！信如君不君、臣不臣、父不父、子不子，虽有粟，吾得而食诸？”

译解

君君：君要像君，就是说君要按君道行事，后一“君”作动词。臣臣、父父、子子与此相同。

齐景公问孔子为政之道。孔子说："君要像君，臣要像臣，父要像父，子要像子。"齐景公说："说得好！若是君不像君，臣不像臣，父不像父，子不像子，即使有粮食，我怎么能吃得到呢？"

行政解读

社会秩序是怎样建立起来的呢？就是"君君、臣臣、父父、子子"。在社会中扮演什么角色，就要把这个角色扮演好，行政领域也是如此。

按照所处的岗位要求，履行好自己的职责，做什么像个什么。当副司长，就要按副司长之道行事，像个副司长；当司长，就要按司长之道行事，像个司长。不要从自己的内心好恶出发，脾气对路就支持他的工作，脾气不对路就不支持他的工作；心情好了就支持，心情不好就不支持。当副手的，非要说了算，企图拿到最终决定权，而这个最终决定权是正职的，这就是"臣不臣"或说"下级不下级"；当正职的，不尊重副手的意见，以为自己是一把手，就可以为所欲为，这是"君不君"或说"上级不上级"。上级不关心下级，这是"君不君"；下级不尊重上级，这是"臣不臣"。下级越权，这是"臣不臣"；上级不尊重下级的权力空间，这是"君不君"。这都会出问题。[1.3]章解读说的也是这个意思，可参阅。

"君君、臣臣、父父、子子"的核心思想就是每个人要扮演好各自的社会角色，这对于社会和谐非常重要。一个酒店的服务人员，他在酒店的社会角色就是服务，但是他不按这个角色定位，客人不给他鞠躬，他就不给客人鞠躬，客人不问他好，他就不问客人好，"服务人员不像个服务人员"，这样做大家会舒服吗？一个教师，不为人师表，在学生面前也不掩盖他的一些恶劣行为习惯，家长会满意吗？过去批判"君君、臣臣、父父、子子"，说它维护了封建统治秩序。其实这句话是中性的，统治阶级固然可以用它来维护统治秩序，但是我们也可以用它的深刻思想内涵来建设和谐社会。这就是：每一个人都要扮演好各自承担的社会角色。在家里，做儿子的要像个儿子，做父亲的要像个父亲，做丈夫的要像个丈夫。在社会上，承担什么工作职责，就要严格按照职责要求，尽心尽力地把工作角色和社会角色扮演好。如果社会和工作角色发生了改变，又能尽快按照新角色的要求去做，这就是"君君、臣臣、父父、子子"。

关于齐景公与孔子此次论政的历史背景，参见[18.3]章解读。

[12.12]子曰："片言可以折狱者，其由也与!"子路无宿诺。

译解

宿诺：把诺言留到第二天去兑现，是一种形象的说法。

孔子说："只言片语就可以解决诉讼纷争，大概只有仲由吧!"子路兑现诺言从不拖延。

行政解读

关于"片言可以折狱"，过去解释为只听诉讼双方一面之词可以断案，"片言"解读为"单辞"。然后分析子路何以有此能力，说他"明决"，说他"忠信"，人们信服他，在他面前都不讲假话，如此似乎连罪犯在他面前都不讲假话，这是说不通的。孔子下面讲到自己"听讼，吾犹人也"[12.13]，子路何以在听讼方面超过孔子能力呢？另外还有一说，因为子路忠信，听讼者听子路一面之词，就可以断案。那么，孔子七十二贤弟子中，何人不忠不信呢？所以这样讲也不通。

"片言可以折狱"就是三言两语就可以解决诉讼纷争，子路性格刚勇，为人信实，事实清楚了，就下断词，断词下得明晰准确，裁决妥当，不考虑那么多潜规则和诉讼背后的人情关系，这恐怕是孔子称赞子路"折狱"能力的根本原因。一些案子久拖不决，判决起来含糊其辞，量刑自由裁量空间很大，或许存在一些客观原因，但是也不排除在"以事实为依据，以法律为准绳"之外，还有一些复杂的干扰因素，使断案者难以明决纷争，这是我们值得深思的地方。有人说断案子要"讲政治"，在法律之外再增加一些考虑因素，比如社会安定等。这个话听起来似乎有道理，但仔细分析却有问题。断案子首先讲的是法律和事实，讲了这两条就是讲了政治，不讲法律和事实，就是最大的不讲政治。司法独立的落实，需要有一个社会环境和良好的制度机制，还要求执业者有良好的职业道德水准，社会应当促进这样的职业道德的形成，让秉持司法独

立精神的法律人士拥有保持独立精神的条件、能力和荣誉。

[12.13]子曰："听讼，吾犹人也。必也使无讼乎！"

译解

孔子说："听讼审案，我与别人一样。一定要使社会没有争执诉讼才好！"

行政解读

孔子在这里提出了一个执政目标：无讼。用现在的话说，就是民众上访的减少了，案件发生率下降了。为什么会发生那么多争执？可以分为两类情况：一是权利界线不清晰或者权利界线规定得不合理，或者对自己权利的内容和意义不清楚导致争执发生。比如笔者曾经遇到一个上访案子，上访者因赌博将耕地的承包权输给别人5年，两人私下签了协议，但家里人坚持不同意，对方则坚持履行协议，并强占了耕地，赌输一方上访要求解决问题。根据耕地承包权流转有关规定，所签协议显然是无效的，从法律层面处理起来也比较简单。但是在农村社会，大部分群众又认为既然输了，按道理就应当让人家耕种。造成这种纷争与国民的素质有很大关系，不清楚什么可以做，什么不可以做。二是与纷争的解决机制和解决效率有关，法院判决难以执行，有时不能公平执法。达到"无讼"或"少讼"需要长期努力，它与社会发展程度、经济发展程度、制度的完善性以及公民的素质和道德水准有很大的关系。但是只要我们的社会变得越来越好，相信纷争和诉讼也会变得越来越少。

[12.14]子张问政。子曰："居之无倦，行之以忠。"

译解

居之无倦：在其位就不要懈怠。

行之以忠：履行职责要尽心尽力。忠，尽己曰忠。

子张问为政之道。孔子说："坚守职责，不要懈怠；履行职责，尽心尽力。"

行政解读

现在我们常说为官要“恪尽职守”、“尽职尽责”，即与此意相近。大家称赞领导，说他工作夜以继日，事无巨细，事必躬亲，也可以说他“居之无倦，行之以忠”。

[12.15]子曰：“博学于文，约之以礼，亦可以弗畔矣夫！”

此条内容与[6.27]章相同，见[6.27]章。

[12.16]子曰：“君子成人之美，不成人之恶。小人反是。”

译解

孔子说：“君子成全别人的好事，不成全别人的坏事。小人则相反。”

行政解读

“君子成人之美，不成人之恶”与“己欲立则立人，己欲达则达人”、“己所不欲，勿施于人”思想相一致。人的一生做到事事皆君子比较难，所以需要常常提醒自己做个君子，这句话就可以作为座右铭，遇事想一想这句话，把自己心中的恶念压制下去。别人遇到了好事，自己应当加把力，把好事变成现实。别人遇到坏事，自己也应加把力，把坏事消除掉，使它不要成为现实。但“成人之美”不是帮助坏人干坏事，帮助坏人干坏事，那不是“成人之美”，那是助纣为虐。

[12.17]季康子问政于孔子。孔子对曰：“政者，正也。子帅以正，孰敢不正？”

译解

子帅以正：您带头行“正”。就是走正道，坚持公正，言行端正等意思，包括“君君、臣臣、父父、子子”，“君不君”就是不正，“臣不臣”也是不

正，等等。

季康子问孔子为政之道。孔子回答说：“政的意思就是‘正’，您带头行‘正’，谁敢不‘正’呢?”

行政解读

参见[12.19]章。

[12.18]季康子患盗，问于孔子。孔子对曰：“苟子之不欲，虽赏之不窃。”

译解

季康子苦于社会上盗贼太多，问策于孔子。孔子回答说：“假如您没有贪欲，即使奖赏他们，他们都不会去盗窃。”

行政解读

参见[12.19]章。

[12.19]季康子问政于孔子曰：“如杀无道，以就有道，何如?”孔子对曰：“子为政，焉用杀？子欲善而民善矣。君子之德，风；小人之德，草。草上之风，必偃。”

译解

如杀无道，以就有道：诛杀恶人，以使人向善。无道，无德之人或不善之人、坏人。有道，有道之人或善人、好人。就，成就，使达到。

草上之风：草上之以风，在草上加之以风。上，动词。

必偃：一定会倒伏。偃，向后倒，倒下。

季康子问孔子为政之道。他说：“诛杀恶人，以使人向善，怎么样?”孔子回答说：“您为政，何必要用杀戮呢？您想为善，百姓就会跟着为善。君子

之德像风一样，小人之德像草一样，风从草上吹过，草一定会随风倒下。”

行政解读

[12.17]章、[12.18]章和本章强调了执政团队道德水准和行为方式对社会治理的影响。孔子首先说行“政”就是行“正”，这是对“政”字含义的哲学层次的解释。行政就是要带领社会、带领群众走正道，沿着正确的方向前进。如果执政团队心术不正，行为不端，贪欲过度，百姓何以观之哉？百姓怎么能信任他们？他们怎么会有感召力？所以“正”是一个基础。

接着孔子又为季康子分析了一个具体问题：社会上盗窃案这么多，社会治安环境这么差，怎么办？对于这种恶行和犯罪行为，孔子没有建议严厉打击，来一个专项治理。他说“苟子之不欲，虽赏之不窃”，社会风气这个样子，根子在上边，权贵阶层贪欲过度，老百姓既看到了财富分配不公，又看到了为政者不仁，所以“不义”就跟着来了，在孔子看来，这是盗窃发生的根本原因。季康子虽然贪欲过度，但确实也想把社会治理好，现在被抓的贪官，贪欲很重，但他们也想把社会管理好，有的还很有工作成效，内心的想法与季康子一样：自己贪得多多的，社会管得好好的，这就是人性的多面性。季康子想改变一下社会风气，他想出了一个办法，就是“杀无道”，用重刑，以促进社会治安和社会风气好转。“杀”可能使社会一时获得安定，但不解决根本问题。孔子让季康子多从自身找原因：“子欲善而民善矣”，你季康子也不善，百姓怎么会善呢，行政者处处只想着为自己，怎么让老百姓想着为别人呢？最后，孔子总括一句：“君子之德，风；小人之德，草。”说明执政者之德与社会风气的关系。

实际上，“子帅以正，孰敢不正?”、“苟子之不欲，虽赏之不窃”、“子欲善而民善矣”仍然是“己欲立而立人，己欲达而达人”、“己所不欲，勿施于人”思想的进一步延伸和反其道应用，同时也是在执政方式上的具体运用。在《子路》篇中，孔子说：“上好礼，则民莫敢不敬；上好义，则民莫敢不服；上好信，则民莫敢不用情。”[13.4]政府尊重人民，人民自会尊重政府；政府主持公道，人民自会服从政府，政府讲究诚信，人民自会相信政府。在《宪问》篇中，孔子说：“上好礼，则民易使也。”[14.41]其内在逻辑依然与此相

同。按照孔子意见，“上好礼”则“民好礼”，“民好礼”显然易于形成秩序、凝聚力和统一意志，这有利于政令贯彻执行；同时“上好礼”，人民得到了尊重，敬人者人恒敬之，人民也很尊重政府，当然也就容易服从政府的指挥和调动。现在有些干部“以身作则”，说在嘴上的多，落在行动上的少，好礼、好义、好信都搁在嘴上，人们自然难以信服。

近些年来，反腐败重点放在处级至部级这一层面的干部，确实，这部分干部是行政系统的中坚，保持反腐败高压十分必要。但是，也不应放松对处以下特别是那些直接面对老百姓的公务人员的监督。春秋时期，所谓“国”、所谓“邦”、所谓“邑”，人口都很少，国君之所为，大臣之所为，百姓都可以看在眼里。而现在的社会，与老百姓直接打交道的是那些最基层的公务人员，他们的形象和行为直接在老百姓心中形成政府形象，所以不可掉以轻心。有个朋友说，在某一个县，办一个出国证件，要想办得顺当，就得给具体工作人员塞个几百块钱；到科技主管部门报个职称，也得给具体工作人员塞个几百块钱，否则虽然也可以办成，但会遇到这样那样的刁难，还不如花点钱，图个顺利。这也许是个别现象。几百块钱，并不多，但是它对社会公正、清正的风气会有很大影响，对社会制度的严肃性会有极大的破坏，它会使人心变坏，使人之间失去信任，失去相互关爱，让社会变得冰冷、诡诈、少信，其害深矣！其害大矣！

[12.20]子张问：“士何如斯可谓之达矣?”子曰：“何哉，尔所谓达者?”子张对曰：“在邦必闻，在家必闻。”子曰：“是闻也，非达也。夫达也者，质直而好义，察言而观色，虑以下人。在邦必达，在家必达。夫闻也者，色取仁而行违，居之不疑。在邦必闻，在家必闻。”

译解

质直而好义：本性正直好义。这是“仁”的表现。

察言而观色：善于察言观色，洞察人情事理。是“智”和“明”的表现。

虑以下人：总是想到要谦让于人。下，动词。

色取仁而行违：表面上有仁义，实际行动却背仁弃义。

居之不疑： 行假仁假义而不自疑。

子张问："士怎样做就可以通达于社会呢？"孔子说："你所谓的通达是什么意思？"子张回答说："为官邦国必有名气，为官卿大夫家也必有名气。"孔子说："那是闻名，不是通达。所谓通达，本性正直好义，善于察言观色，洞察人情事理，遇事总是想到谦让于人。这样做，为官邦国定会通达，为官卿大夫家也定会通达。所谓有名气的一些人，表面上有仁有义，实际行动却背仁弃义，还自以为是仁人义士。这种人，为官邦国定会有名气，为官卿大夫家也定会有名气。"

行政解读

子张问怎样做才能闻名天下，为什么要闻名天下呢？当然是为了增加自己对社会的影响力。一个人具有对社会的影响力，这种影响力用到坏处，就可以骗钱、骗权、骗色，骗他所想要的一切。如果用于好处，则可以利国、利民、利社会，为国家民族做出大贡献。

想"闻"、想"达"是民众的共同心理，千百年来没有变，社会要想变得好，必须让应该出名的出名，让好人出名。不让不该出名的出名，不让骗子假借好人之名出名。从这个意义上说，一个社会建立健康有效的"闻"、"达"机制是一个重要问题。现在许多名人，被揭露在盛名之后干着社会所不齿的事。一些演艺明星成为孩子们的"偶像"，后来发现他干了一些道德所不允许的事。许多人为了出名，故意制造一些"绯闻"，道德良知什么都可以不要，出名就好。

孔子赞成出名，他赞成的是有仁人之实的人出名，对那些假仁假义者博取名声保持了警惕。

[12.21]樊迟从游于舞雩之下，曰："敢问崇德，修慝，辨惑。"子曰："善哉问！先事后得，非崇德与？攻其恶，勿攻人之恶，非修慝与？一朝之忿，忘其身以及其亲，非惑与？"

译解

舞雩之下： 舞雩台下。雩，古时求雨之仪式，因有乐舞，所以叫作舞雩，

是一个风景区。雩，音鱼。

修慝：消除心中的恶念。慝，音特。

先事后得：做事时争先尽力，分享成果时退到后边。其意接近“仁者先难而后获”[6.22]。一说，“先事后得”意为“首先付出劳动，然后收获”（杨伯峻《论语译注》）。这只是一种常识，不是“崇德”的办法。而“事先得后”，干事情时努力争先，分享成果时自己退到后边，这才是“崇德”的办法。所以不从此说。

樊迟随同孔子在舞雩台下游览。樊迟说：“冒昧地问您什么叫崇德、修慝、辨惑。”孔子说：“问得好！做事时争先尽力，分享成果时退到后边，这不是崇德吗？攻击自己的缺点和错误，而不攻击别人缺点和错误，这不就是修慝吗？一生气就忘了自己和自己的亲人，这不就是惑吗？”

行政解读

参见[12.10]章。

[12.22]樊迟问仁。子曰：“爱人。”问知。子曰：“知人。”樊迟未达。子曰：“举直错诸枉，能使枉者直。”樊迟退，见子夏曰：“乡也，吾见于夫子而问知，子曰：‘举直错诸枉，能使枉者直’。何谓也？”子夏曰：“富哉言乎！舜有天下，选于众，举皋陶，不仁者远矣。汤有天下，选于众，举伊尹，不仁者远矣。”

译解

樊迟未达：樊迟没有明白。达，明白。

乡也：不久之前，刚才。

皋陶：音高姚，舜之贤臣。

伊尹：商汤的贤臣。

樊迟问什么是仁。孔子说：“爱人。”问什么是智。孔子说：“知人。”樊

迟不明白。孔子说："举用正直的人，安排在不正直的人之上，可以使不正直的人也正直起来。"樊迟退出来，见到子夏说："刚才我问老师什么是智，老师说：'举用正直的人，安排在不正直的人之上，可以使不正直的人也正直起来'。这是什么意思呢？"子夏说："这句话意义深刻！舜得了天下，在众人中选拔人才，选拔了皋陶，不仁的人就离去了。汤得了天下，在众人中选拔人才，选拔了伊尹，不仁的人就离去了。"

参见[2.19]章。

[12.23]子贡问友。子曰："忠告而善道之，不可则止，毋自辱焉。"

子贡问与朋友相处之道。孔子说："诚心告谏，好好地劝导，如果朋友还不接受，就不要再说了，不要自取其辱。"

参见[4.26]章。

[12.24]曾子曰："君子以文会友，以友辅仁。"

曾子说："君子以文会友，通过朋友来提高自己的仁德修养。"

行政解读

曾子交友的目的是为了提高自己的仁德修养，而交友的方式是通过精神交流，不通过吃喝玩乐，也不通过相互办事。但是，总觉得曾子把孔子思想贵族化了。老百姓无"文"，何以交友？

第13篇

《子路》中的行政精神

[13.1]子路问政。子曰："先之，劳之。"请益，曰："无倦。"

译解

子路问为政之道。孔子说："要以身作则，并要教百姓勤劳。"子路请孔子进一步说明。孔子说："不要懈怠。"

行政解读

为政者要以身作则，身先百姓，孔子多处提到这个要求。比如《雍也》篇讲"仁者先难而后获"[6.22]，要求艰难之事则为先，享成之事则处后。比如《颜渊》篇讲"先事后得"[12.21]，要求做事时争先尽力，分享成果时退到后边。为政者要处于工作第一线，出现在最危险、最艰难的关头和场合，亲自领导参与最困难的工作，处处为百姓做出表率和榜样，这是我们民族的政治传统。"无倦"，则是勤政思想，《颜渊》篇讲"居之无倦"[12.14]，也是这个意思。

在本章，孔子提出了一个重要思想，即勤民思想，我们应从思想观念上和制度设计上让人民变得更加勤劳，把勤劳变成一种民族精神和性格，这是国家和民族强大的重要基础。关于勤民思想，《国语》中有一名篇，叫作《敬姜论劳逸》，对此进行了深刻阐述，为政者不可不读。

鲁国有个大夫叫作公父文伯（名歜，音触），下朝回家看到他母亲在纺织，就不同意，他说你在家里纺织，让季康子知道了会说我不孝。他母亲很生气，说鲁国是不是要灭亡了，让你这样不懂事的小孩子占据官位，然后她说了一段很著名的话："昔圣王之处民也，择瘠土而处之，劳其民而用之，故长王天

下。夫民劳则思，思则善心生；逸则淫，淫则忘善，忘善则恶心生。沃土之民不材，淫也；瘠土之民心莫不向义，劳也。”这是说，从前圣王安置百姓，都是把他们安置在贫瘠的土地上，百姓为了生存就会养成了勤劳的品格，因而可用，所以他们能够长久执政。勤劳才会思考问题，会思考才能懂得道理，也才会因此生出善心；安逸就会淫乱，淫乱就会忘善，邪恶的念头便会因此产生。肥沃土地上的百姓没有什么本事，是因为他们淫逸；贫瘠土地上的百姓没有不尚义的，是因为他们勤劳。

这段话意义何其深远。一个国家如此，一个民族如此，一个人亦如此，培养干部何尝不是如此？准备担当重任的干部应当经受艰苦锻炼和挫折。在《宪问》篇中，孔子又说：“爱之，能勿劳乎？忠焉，能勿诲乎？”[14.7]喜欢一个干部，重视一个干部，就要对他严厉到苛刻，让他经受煎熬，这是真正对他好。回想起来，我非常感谢一位老领导，他对我要求之严，责之之切，给我工作压力之大，也曾屡屡让我食不下咽，夜不成寐，怀疑自己还能不能吃得下行政这碗饭，身心备受煎熬。我虽然天资不敏，这一辈子注定取得不了什么成就，但是老领导对我人格的塑造和能力的培养，将使我终身受益。借这个机会，再次向他表达我深深的敬意和衷心的感谢。当然，作为上级，做到这一点也很难，最大的难处是下级并不理解自己的苦心，相当一部分人会觉得这是与他过不去，这也是常态。现在，让干部体验艰苦比较容易，把准备培养的干部派到艰苦地区和复杂环境中任职就可以了，但让干部经过挫折就很难，因为经过挫折就很难再升上去了，毕竟一帆风顺的、没有出现什么污点的干部还等着要升呢，这也是一个矛盾。

[13.2]仲弓为季氏宰，问政。子曰：“先有司，赦小过，举贤才。”曰：“焉知贤才而举之？”曰：“举尔所知。尔所不知，人其舍诸？”

译解

先有司：一说，先明确职责，让有司各负其责；二说，给各级官员带头；三说，凡事先让有司负责处理。有司，各司其职的官员。从“赦小过，举贤才”这些言语来看，孔子这段讲的是明确职位、选用人才的事，这也是刚任职

时所面临的主要问题，所以第一说比较可信。

赦小过：一说，赦人民之小过；二说，赦属下官员之小过。人民有了错误，不赦怎么办？还能拿人民怎么样？所以第二说比较可信。

仲弓任季氏家总管。问孔子为政之道。孔子说：“明确职责，各司其职，宽容小的失误，选拔任用贤才。”仲弓说：“怎么知道谁是贤才而去任用他呢？”孔子说：“只管任用你知道的贤才，你不知道的，别人也不会舍弃他。”

行政解读

不做事永远不会犯错误，做事就有可能犯错误，所以“赦小过”是鼓励各级行政者大胆工作、创新工作的必要措施。改革开放政策实施以后，邓小平同志提出“大胆试，大胆闯”的同时，提出了“不争论”。按说，“争论”一下，明辨是非，不是很好吗？其实“不争论”的本质就是要“赦小过”。争论起来，就要分个对错，这样就会束缚干部手脚，就不敢试、不敢闯。且“不争论”更深层次含义是嘴皮上争出来的“对错”未必是真正的“对错”，实践才是检验真理的唯一标准，让事实来“争论”嘛！从这一点也可以看出邓小平同志运用实事求是思想的功力之深和他哲学思想的一贯性和彻底性。另外，“赦小过”也是“宽以待下”要求，此处不待多言。

这里边还有一条比较重要的原则是，举贤才要“举尔所知”。除了少数搞“武大郎开店”的人，大部分人都喜欢用有能力、有本事的人。怎么找到这样的人呢？“举尔所知。”我们有时候面临一种心灵上的困惑和自责，自己推荐使用的人都是自己熟悉的人，这是不是不够公正、不够宽广？别人也如此议论，他为什么要用甲，因为甲过去和他是什么什么关系。孔子这句话，让人有所释怀，我们的责任，就是“举尔所知”。自己不了解的，还要去举荐他，这恐怕更是不负责任的态度。相信如果他是贤才，“人其舍诸”？别人也会举荐他。《雍也》篇说到仲弓时，孔子还说“虽欲勿用，山川其舍诸？”[6.6]当然，“举尔所知”不能成为所知不多、所知不深的借口，不去积极了解干部、不去扩大接触范围，满足于左邻右舍和鞍前马后。需知，事业就是人业，人才济济，没有事业也会创造出事业，小事业也会变成大事业。一个人有多伟大，取决于这个人所驾驭的人有多伟大。骑个毛驴，一天几里，骑上骏马，日行千里，才会有驰骋的感觉。

[13.3]子路曰："卫君待子而为政，子将奚先?"子曰："必也正名乎!"子路曰："有是哉，子之迂也！奚其正?"子曰："野哉。由也！君子于其所不知，盖阙如也。名不正，则言不顺；言不顺，则事不成；事不成，则礼乐不兴；礼乐不兴，则刑罚不中；刑罚不中，则民无所错手足。故君子名之必可言也，言之必可行也。君子于其言，无所苟而已矣。"

译解

卫君：据《史记·孔子世家》记载，鲁哀公七年，孔子年六十四虚岁，在卫国与子路发生了这一段对话，此时的卫君是卫出公。

盖阙如也：放在那里不要说。

正名：建立社会秩序，规定社会秩序中各种社会角色的责任、权利和义务及各种社会角色之间的相互关系；同时，各种社会角色认同社会给自己分配的角色，并严格履行所承担角色的责任、权利和义务。比如《颜渊》篇中孔子讲"君君、臣臣、父父、子子"[12.11]，就属于正名。

言不顺：所言不符合人情事理。社会角色之间相互联系和协同行动的主要方式是"言"，社会角色和社会角色之间的关系不当确定或不当认定，沟通联系就会出问题。

事不成：社会组织中和各个部分（各种社会角色）不能相互认同对方及其已确定的相互关系（名不正），不能相互发出对方可以认可的指令系统（言不顺）。社会整体的行动能力就会严重削弱，"事不成"是自然的了。

事不成，则礼乐不兴：正名就包括规定了礼乐制度。但是这套礼乐制度是否受到社会群体的尊崇和拥戴，关键看它是不是在"成事"方面"管用"，不管用，礼乐制度就会成为社会的负担，"不兴"是自然的了。

礼乐不兴，则刑罚不中：社会的思想价值观体系已经混乱，社会秩序已经失控.刑和罚如何服众？例如，一部分人认为盗窃无理，更多的人却认为盗窃有理，即使有法律规定，如何处罚盗窃的人都有个"不中"、"不得当"的问

题，所谓得当，即是符合共同价值观，共同价值观已缺失，何来得当？中，得当之意。

刑罚不中，则民无所错手足：社会思想价值观体系和社会秩序混乱，执法不能服众，不能成为社会行为指导规范，百姓知道怎么说怎么做才有理？才有义？

故君子名之必可言也：所以君子正名时一定要考虑是不是言可顺。

言之必可行也：言顺了则一定要考虑是不是行得通，事可成。

君子于其言，无所苟而已矣：君子说话，一定不能随便乱说。苟，苟且。

子路说："如果卫君让您来执政，您先做什么？"孔子说："一定是正名吧！"子路说："有这样的吗，您太过迂腐了吧！怎么正呢？"孔子说："仲由，你真是粗野！君子对于自己所不知道的，就存而不论。名不正，则言不顺；言不顺，则事不成；事不成，则礼乐不兴；礼乐不兴，则刑罚不中；刑罚不中，百姓就不知该怎么办。所以君子正名时一定要考虑言顺问题，言顺了则一定要考虑是不是可以行得通。君子说话，一定不能随便乱说。"

行政解读

孔子这段重要论述，如采取白话直译的方法很难译出其内在深邃思想。比如，将"正名"译作"纠正名分上的用词不当"（杨伯峻《论语译注》），是不妥当的。宋儒以后诸学者认为，其时卫国出现了父子争国（事见[7.15]章），乱了伦常，孔子"正名"就是要正名分，借此将"正名"译作"正名分"，这属于后世根据当时社会需要所进行的单纯性发挥。事实上，孔子并未介入卫国的父子争国，甚至也没有表达什么意见。"正名"应当作为孔子治国思想的专用术语来对待，所以本书存而不译，直接使用。

何谓"正名"？人群聚在一起，没有长幼、贵贱、高低，没有一套关系规则，这个群体将无法发挥出"集体"的力量，就不能组织起来与自然界斗争或协作，也不能有效组织起来与另一人群进行斗争或协作。"正名"的根本目的是将人群有效地组织起来。"正名"解决的是社会角色和社会关系"应该"是什么的问题。现代社会，我们规定了公民的权利和义务，这属于"正名"范

畴。在行政系统，规定了司长可以领导处长，处长服从司长领导，这也属于正名。周公制礼，就是正名。所以正名是社会秩序的建立和规范，是对社会组织系统各个功能单元的权利、义务、责任的规定。但如果将“正名”的含义解释到这里就停下来，那只说出了它的一半内容。正名，还包括各种社会角色的自我认同和对于这个角色职责的认真履行。规定了司长可以领导处长，但处长虽然处于处长的位置上，却处处以对待下属的方式对待司长，这种自我角色不认同，属于名不正。再如，当时鲁国的权臣季氏僭用天子的仪式和舞乐，这也是一种自我角色的不认同，不尽臣责，都属于名不正。

“文革”革的正是“名”的命。比如下级本来应服从上级，但文革的做法是“造反有理”。公民的权利应得到根本保障，但是如果造反派愿意，人们的权利随时都可以被侵犯和剥夺。“文革”的最大损失之一就是“名”乱了，社会伦常丧失，社会秩序失控，整个社会组织系统被摧垮。结果，果如孔子所言，“名不正，则言不顺；言不顺，则事不成；事不成，则礼乐不兴；礼乐不兴，则刑罚不中；刑罚不中，则民无所错手足”。“名”乱了，各种谎言盛行，真话、实话听不见，有理的说不过没理的。什么是“言不顺”？所言不合人情和事理就是言不顺。人们都用谎言去附会另一种谎言。然后就是“事不成”，经济发展停滞。“文革”十年，西方一些国家正是突飞猛进之时，我们却失掉了宝贵的机会和时间，到了“文革”结束时，国民经济已经到了崩溃的边缘，但我们仍然说“文革”式的社会主义比资本主义优越。社会伦常丧失殆尽，相当于又一次“礼崩乐坏”。至于被批斗、被关押、被判刑、被撤职，这些“刑罚”运用得当的就更少了。“文革”最大的后遗症是乱了人心，人心的淳朴荡然无存，人们之间没有互信，人情变得冷漠，想做善事都不敢做，真是“人民无所措手足”。

这种沉痛的教训确实应该汲取。现在“文革”结束快四十年了，但文革对民族心理的恶劣影响远未消除。我们的上一辈总是以他们经历批斗的坎坷人生教育我们要提高防范意识，不要轻信别人，教育我们“事不关己，高高挂起”。我们则再以这种意识教育下一代，为什么？怕他吃亏。这不要怨人，这要怨社会没有给大家提供安全的权利保障环境。言者无罪，可事实上言者有罪。我们什么时候能够回到人人相互关爱、人人相互信任，人人相互尊重的知礼懂礼的

温情社会呢?

接下来的问题是:怎样正名?其实,从另一个角度看,“文革”也是一场“正名”运动,为“造反”正名,为相互攻击对方和相互斗争正名,为随意侵犯公民权利正名,一切无理之事,只要冠之以“革命”两字,就都取得了合理性和合法性。这种“正名”运动为什么会失败呢?就是孔子所说的“君子名之必可言也,言之必可行也”,“名之”要符合人情事理,讲得清道理。不但要在理论上行得通,在言语上论得清,还要在实践上行得通,“言之必可行也”。“文革”中“狠批私字一闪念”,搞灵魂深处闹革命,结果人们还是忘不了“私”,这种“正名”运动为什么不成功?因为它“不可言”、“不可行”,违反了人情事理。所以“名之”成败要看实践,看“事成”,实践是检验“正名”的唯一标准。今天,判断我们所进行的价值观建设、制度建设、文化建设、发展模式的选择好不好,怎么判断?就看它能不能发展中国、壮大中国,让人民过上好日子,就看它能不能建成一个和谐、温情的社会。

[13.4]樊迟请学稼。子曰:“吾不如老农。”请学为圃。子曰:“吾不如老圃。”樊迟出。子曰:“小人哉,樊须也!上好礼,则民莫敢不敬;上好义,则民莫敢不服;上好信,则民莫敢不用情。夫如是,则四方之民襁负其子而至矣,焉用稼?”

译解

学稼:学种庄稼。

为圃:种菜。

不用情:以真心和实情对待。

樊迟向孔子请教如何种庄稼。孔子说:“我不如种庄稼的老农。”向孔子请如何种菜。孔子说:“我不如种菜的老农。”樊迟出去后。孔子说:“樊迟真是个普通小子,没有远大志向啊!在上位的人好礼,则百姓不敢不敬;在上位的人好义.则百姓不敢不服;在上位的人好信,则百姓不敢不以真心和实情对待。如果能做到这些,四方百姓就会用襁褓背着孩子来归附,如何用得着自

己种庄稼?”

行政解读

孔子这段话饱受争议。曾经有一段时间作为孔子瞧不起劳动人民的证据来批判。但要厘清孔子是不是真的瞧不起劳动人民，就应当把孔子全部思想联系起来看，而不应单独从孔子不同意“樊迟学农”这个事情去看。事实上，孔子具有强烈的民本思想，这可以说是《论语》思想的核心和主线。在《宪问》篇，南宫适问于孔曰：“羿善射，奡荡舟，俱不得其死然；禹、稷躬稼，而有天下。”夫子不答，南宫适出。子曰：“君子哉若人！尚德哉若人！”[14.5]孔子认为大禹、后稷亲自种地，这是大德，没有因此说大禹、后稷的不是，而且因为南宫适有这个心得而感叹他真是个“君子”，如何说孔子瞧不起劳动人民和农业生产呢?

孔子想培养的是治国之才，孔子所办的是政治学校。现在有一位行政人员在国家行政学院学习，如果他向院方申请增加农学课程，人家也一定会说，你要想学农，我们不如农业大学，你去农业大学学吧。社会分工有不同，孔子认为“君子”的责任就是管理社会和国家，其任务是建立美好社会——小康社会或大同社会。关于这种分工的责任，在《子张》篇里，子夏说得更明白：“百工居肆以成其事，君子学以致其道”[19.7]，百工的任务是在工场里完成器具制作，君子的任务则是治学、研究社会管理，实践其政治主张和社会管理之道。在《微子》篇，子路直接说：“不仕无义”、“君子之仕也，行其义也”[18.7]，君子如果不主动承担管理社会的责任，那是“无义”。在《宪问》篇，子路问孔子怎样做才算君子，孔子说：“修己以敬”、“修己以安人”、“修己以安百姓”[14.42]，君子首先要修身，自己成为社会的榜样，这是第一层责任；第二层责任是安定周边的人，让他们安居乐业；第三层责任是安定天下苍生，这是孔子对君子这个社会精英群体的社会责任的直接陈述。

社会分工的发展，出现了一个专门的社会管理阶层，为了提高社会管理水平，孔子培养了一大批治国之才，可是这些人学成了也面临一个谋生和就业的问题，找不到工作，生存都是问题。于是孔子又说：“君子谋道不谋食。耕也，馁在其中矣；学也，禄在其中矣。君子忧道不忧贫”[15.32]，要求“君

子”致力于远大政治理想，而不要成天想着自己的饭碗。他说，种地的不也有挨饿的吗，治学的不是同样可以取得俸禄吗？作为肩负社会责任的“君子”不应考虑自己的贫富，而应考虑其政治理想和主张的能否实现，只要君子们在社会发展中作出贡献，不亲自种地，也会有饭吃。

不独现代人批评孔子这个做法，当时就有人批评。《微子》篇讲到，孔子周游列国时，子路相随走失，碰到一老人，子路问曰：“子见夫子乎？”丈人曰：“四体不勤，五谷不分，孰为夫子？”[18.7]老人家就对孔子不教弟子务农有意见。但是儒家有自己的论述。《孟子·滕文公上》中有个叫许行的，说滕文公倒是个贤君，但还是不够懂理，因为他不同百姓一块耕作。孟子就问，那许行穿的衣服是自己织的吗？用的器具是自己造的吗？许行为什么不亲自织布再去穿衣，为什么不亲自制器然后才使用呢？孟子认为滕文公不劳动，专门从事国家管理是可以的。

另外，孔子批评樊迟“小人哉”，大家觉得批得严重了。其实“小人”一词与“君子”一词相对使用时有“差”、“坏”和“劣”的意思，其他情况下，可以是谦称、可以指普通人，可以指“小子”，并不是说樊迟就不是“君子”了，比如孔子就曾自称“小人”①。这里主要是批评樊迟没有“远大理想”和“抱负”。

关于“上好礼，则民莫敢不敬；上好义，则民莫敢不服；上好信，则民莫敢不用情”，可参考[12.19]章解读。

[13.5]子曰：“诵《诗》三百，授之以政，不达；使于四方，不能专对；虽多。亦奚以为？”

译解

达：办事通达。

专对：出使他国，与对方接谈应对。当时，外交使节受命出使他国，只受

① 《荀子·哀公篇》：鲁哀公问于孔子曰：“寡人生于深宫之中，长于妇人之手，寡人未尝知哀也，未尝知忧也，未尝知劳也，未尝知惧也，未尝知危也。”孔子曰：“君之所问，圣君之问也，丘，小人也，何足以知之？”

命不受辞，使者应独立行事，随机应变，达成使命，这叫作专之。《公羊传·庄公十九年》：“聘礼，大夫受命不受辞，出境，有可以安社稷，利国家者，则专之可也。”

孔子说：“熟读诗经，授以政事，办不通。出使他国，不能机变应对完成使命。诗读得再多，又有何用？”

行政解读

读书是为了有用，为了解决问题。读死书，不能应用，不能为政，不能办外交，读得再熟，读得再多，也没有意义。这是孔子“学以致用”的思想，与后世腐儒绝然不同。

[13.6]子曰：“其身正，不令而行；其身不正，虽令不从。”

译解

孔子说：“当政者本身行得正，百姓不待政令就会自觉施行；如果本身行得不正，即使下达政令，百姓也不会服从。”

行政解读

参见[12.19]章。

[13.7]子曰：“鲁卫之政，兄弟也。”

译解

鲁国为周公之后，卫国为周公之弟康叔之后。孔子时代，两国的社会政治状况相似，所以孔子有此感叹。

孔子说：“鲁国和卫国的政事，真像是兄弟啊！”

[13.8]子谓卫公子荆："善居室。始有，曰：'苟合矣。'少有，曰：'苟完矣。'富有，曰：'苟美矣。'"

译解

卫公子荆：卫国公子。据《左传·襄公二十九年》记载，吴国公子季札认为公子荆是君子，并认为因为有公子荆这样一些君子，卫国不会有患。

善居室：善治家。

始有，少有，富有：开始有一些，稍增加一些，增加比较多了。

苟合：差不多够了。苟，"粗略"的意思。

孔子谈论卫公子荆时说："这个人善治家，刚开始有一些（家财）时，他说：'差不多够了。'稍增加一些，他说：'差不多比较完备了。'增加比较多了，他说：'差不多已经很完美了。'"

行政解读

孔子觉得公子荆是个节俭的典范。他造房子，办家具，有一些时就说差不多够了，多一些他就觉得很完美了，总是很知足的样子，与当时其他一些权贵的贪得无厌、追求奢侈形成了对照。

[13.9]子适卫，冉有仆。子曰："庶矣哉！"冉有曰："既庶矣，又何加焉？"曰："富之。"曰："既富矣，又何加焉？"曰："教之。"

译解

冉有仆：冉有为孔子驾车。

庶矣哉：人口真多呀！庶，众多。

孔子到卫国去，冉有驾车。孔子说："人口真多呀！"冉有说："人口多了，然后怎么办？"孔子说："让他们富裕。"冉有说："富裕了之后再怎么办？"孔子说："再教化他们。"

行政解读

这里孔子提出了一个执政路线图：增加人口、富裕人民、教化人民。《颜渊》篇中孔子列出的执政目标优先序是：民信、足食、足兵[12.7]。而在本篇第3章，孔子针对卫国的政治状况，提出的首要任务是“正名”[13.3]，可见，孔子治政既考虑执政的一般规律，也考虑执政的具体针对性。

春秋战国年代，人少地多，人口增加，就意味着生产能力和经济实力的增加，也意味着军事实力的增加，所以各国都把增加人口作为重要目标。梁惠王问政于孟子，觉得自己于国已经尽心了，人口怎么还是不增加，所以很困惑（《孟子·梁惠王上》）。现在都批评“不孝有三，无后为大”这句话，觉得这是封建礼教，落后反动。当然，这条教律给很多妇女带来了不幸，这确实应当批判。但是如果我们把它放到当时的历史背景下去看，这个教律不过是鼓励增加人口政策在文化和意识形态上的反映，是当时经济社会发展的需要。现在要控制人口，这句话就显得不合时宜了。

孔子将“富民”放在“教民”之先，这是值得重视和深思的。不能让人民富裕起来，就无法对人民实施教化，所以中国共产党在十一届三中全会以后，把发展经济、富裕人民放在极其优先的位置，这是非常正确的，邓小平同志说以经济建设为中心，一百年都不要动摇，我们确实应当看到在中国这个人均资源贫乏的人口大国，富裕人民这个历史任务的艰巨性。但是，在富民的同时，我们不要忘记了还有“教民”的任务，经过改革开放30年，中国虽然还不算富，但正在变得富裕了，“教民”的任务更加突出地提了出来，不能等富得流油了才去“教民”。让人民变得有素养、有尊严、有文化，成为人之为人的榜样，这是一种软实力建设，我们在这方面似乎还没有提出明确具体目标，拿出行之有效的系统性办法，还没有成为行政工作和社会工作的主流，还没有积累和总结出有益的经验。

[13.10]子曰：“苟有用我者，期月而已可也，三年有成。”

译解

期月：一周年。期，音基，“会合”的意思，比如头年一月份会合第二年

一月份就是一年。

三年有成：三年就可以成功，取得大治。古时对官员的考察多以三年为期。《汉书·食货志》："民三年耕则余一年之畜，衣食足而知荣辱，廉让生而争讼息，故三载考绩。孔子曰：'苟有用我者，期月而已可也，三年有成。'成此功也。"

孔子说："如果能够起用我，我一年就可取得初步成效，三年就可以实现大治。"

行政解读

见[9.13]章。

[13.11]子曰："'善人为邦百年，亦可以胜残去杀矣。'诚哉是言也！"

译解

胜残去杀：使残暴之人不为恶，免除杀戮。

孔子说："'善人治国百年，也可以消除残暴，免除杀戮'。这话说得真对！"

关于善人治国的论述，参见[11.20]章解读。

[13.12]子曰："如有王者，必世而后仁。"

译解

王者：假德者王，假力者霸。靠道德力量维持统治叫作"王"，靠军事实力维持统治叫作"霸"。

世：三十年为一世。

孔子说："如有圣王出现，经过三十年治理，必可成仁政。"

行政解读

前边[13.9]章讲到，执政要富民和教民，这两项任务的达成，需要经过一代人的时间。为什么“必世而后仁”？富民可以比这个时间短，也可以比这个时间长，但教民则一定要经过一代人。

成年人的世界观、价值观和文化行为习惯已经形成，教化起来比较困难了，所以教民要从娃娃抓起，以新的价值观教育一代人，使之成长为新国民，这一代新人成长起来之后，就可以自我教育下一代人了，国家教化的任务就会轻许多，所以“必世而后仁”。

孔子这句话提示我们，软力量建设的重点应放在青少年教育上面。

[13.13]子曰：“苟正其身矣，于从政乎何有？不能正其身，如正人何？”

译解

孔子说：“如果自己身正，治理政事又有什么困难呢？如果己身不正，如何正人呢？”

行政解读

参见[12.19]章。

[13.14]冉子退朝。子曰：“何晏也？”对曰：“有政。”子曰：“其事也。如有政，虽不吾以，吾其与闻之。”

译解

晏：迟，晚。再如《墨子·尚贤中》：“蚤朝宴退。”

“政”和“事”：据刘宝楠《论语正义》：“君之教令为政，臣之教令为事。”所以冉有说是“政”，孔子说不过是季氏的“事”而已。其时，季氏专权，季氏所议也当为治国之策和国家之事，冉有说那是“政”，也属实情。

虽不吾以，吾其与闻之：虽然不让我参与，我也会有所耳闻。孔子当时被尊为国老，相当于国政顾问吧，所以能够与闻政事。据《左传·哀公十六年》记载，孔子去世后，鲁哀公致了一篇悼词，其辞曰："旻天不吊，不慭（音印）遗一老。俾屏余一人以在位，茕茕余在疚。呜呼哀哉！尼父。无自律。"大意是：上天不肯见怜留下这位国老，让他辅佐我，却让我孤单一人心受煎熬。呜呼哀哉！尼父啊，我失去了律己的榜样。

冉有退朝回家。孔子说："为什么这么晚？"冉有说："有政务。"孔子说："不过是季氏的家事罢了。如果是国政，虽然不让我参与，我也会有所耳闻。"

[13.15]定公问："一言而可以兴邦，有诸？"孔子对曰："言不可以若是。其几也。人之言曰：'为君难，为臣不易。'如知为君之难也，不几乎一言而兴邦乎？"曰："一言而丧邦，有诸？"孔子对曰："言不可以若是。其几也。人之言曰：'予无乐乎为君，唯其言而莫予违也。'如其善而莫之违也，不亦善乎？如不善而莫之违也，不几乎一言而丧邦乎？"

译解

定公：鲁定公，公元前 509 年至公元前 495 年在位。

有诸：有这样的事吗，意思是这样说对不对。

言不可以若是，其几也：话虽不能这么说，但也差不多。几，差不多。

唯其言而莫予违也：快乐的只是我说的话没有人违抗。莫予违，即莫违予。

鲁定公问："一言可以兴国，对吗？"孔子说："话虽不可以这样说，但也差不多。有人说：'为君的难，为臣的也不容易。'如果知道为君之难，几乎不就是一言可以兴国了吗？"鲁定公又问："一言可以失国，对吗？"孔子回答说："话虽不可以这样说，但也差不多。有人说：'我作国君没有什么快乐的，快乐的只是我说的话没有人违抗。'如果他说的对而别人不违抗，不是很

好吗？如果他说的不对而别人不违抗，几乎不就是一言可以失国吗？”

行政解读

有句话叫作“多难兴邦”，为什么多难兴邦？因为多难使人变得更加小心和谨慎，变得更加勤勉，国兴于勤慎。面对复杂局面，当部下给他的上级拍胸脯说没问题时，这恰恰就是问题。

国失于骄纵和言路闭塞。谁都喜欢别人顺着说，喜欢别人听自己的，但是行政者应当别有一种理性，一切皆顺其言，一定已经潜藏着巨大的风险，因为事情没有那么容易。别人违抗或顺从本身并不重要，重要的是违抗或顺从背后的原因，所以违抗之，必察焉；顺从之，必察焉。

[13.16]叶公问政。子曰：“近者说，远者来。”

译解

说：通“悦”。

近者：本国人民。

远者：外国人民。

叶公问为政之道。孔子说：“使本国人民欢悦，使外国人民归附。”

行政解读

孔子这里又提出了一个执政评价的标准：一个国家治理得好不好，要看对人民有没有吸引力，要看人民高兴不高兴，满意不满意，这个标准的核心也是民本思想。近些年来，一些外国人开始寻求持有中国的绿卡，这是不是“近者悦，远者来”的开始呢？

[13.17]子夏为莒父宰，问政。子曰："无欲速，无见小利。欲速则不达；见小利则大事不成。"

译解

莒父：鲁国城邑。莒，音举。

子夏要去莒父做行政长官，问为政之要。孔子说："不要着急图快，不要看重小利。越是想快越是达不到目的，看重小利就办不成大事。"

行政解读

欲速则不达，这已经是成语了。新到一个单位、一个地方任职，想尽快取得成效，乃人之常情。新到一个单位、一个地方，容易被眼前的一些矛盾和问题挡住视线，为尽快取得人心，也容易陷于小利争执之中，所以孔子提醒子夏注意这两方面的问题。

这两个道理大家都懂，难就难在如何实际应用。怎么干就算快了？就算是急了？快和急都是人们的期望和主观判断，所以"速"还是不"速"，要调查研究一下大家的期望是什么，然后分析一下实现这一目标的现实可能性，以此来决定速度。

不要见小利，难就难在判断是小利还是大利。小和大都是相对的，一个人胸怀远大，可能觉得看到的很多东西都是小的。如果这个人胸怀并不大，可能看到什么都是大的。所以"无见小利"，最关键的是要明确"大事"是什么，明确了"大事"，抓住了主要矛盾，就可以用能否有助于成就大事这个标准来判断是不是"小利"，凡是对成就"大事"有关键性影响的，就是"大利"，要重视。凡是对成就"大事"没有什么关键性影响的，就是"小利"，不可在"小利"上投入过多的时间和精力，这样会影响"大事"的完成。

[13.18]叶公语孔子曰："吾党有直躬者，其父攘羊，而子证之。"孔子曰："吾党之直者异于是，父为子隐，子为父隐，直在其中矣。"

译解

吾党：我们家乡。

直躬：一说，直身而行的人；二说名叫躬的正直的人。叶公说“直躬者”，孔子说“直者”，故拟采用第二说。

攘：偷盗，窃取。

证：告发。

叶公对孔子说：“我们那里有个正直的人，名叫躬，他父亲偷了别人的羊，他去告发。”孔子说：“我们那里正直的人与这人不同，父亲为儿子隐瞒，儿子为父亲隐瞒。正直就体现在相互隐瞒之中。”

行政解读

父亲干了违法的事，儿子知道了该不该告发？或者，儿子干了违法的事，父亲该不该告发？这里存在一个很大的矛盾，如果不告发，作为一个有责任感的社会成员，就没有尽到公民的义务；但是反过来，如果去告发，这就伤害了父子亲情和孝道精神。且亲情是人类社会和谐和人心向善的基石。且仁者之心，首先从亲情开始。

不论我们承认不承认，现实生活中“父为子隐，子为父隐”是一种常态和大多数人所采取的行为方式。一个官员贪与不贪，其子女和妻子恐怕了解得最早、最清楚，但是贪官东窗事发，没有几个是他子女和妻子告发的。有一次，一个女子告发他父亲包二奶，这在网上形成了很大的争论，她该不该告发他父亲？想一想，在本应充满亲情和爱的家庭中都需要相互提防时，家庭成员对家庭的责任就会减少，对亲人的眷恋就会减少，对社会的敌视就会增加，而这都是很可怕的。从这个角度看，子女应该没有告发他父亲的义务，因为这样做会使神圣的亲情受到置疑，使人感到不寒而栗。但是，如果一位父亲正在策划毁灭一个城市和数百万人民的坏事，他的子女知道此情后也不应该告发吗？如果他不告发，人们就会觉得此人极其自私，没有丝毫社会责任感，与他父亲一样冷漠和穷凶极恶，同样使人感到不寒而栗。

所以从建设一个美好社会的角度来看，“告”与“不告”不应绝对化，而应有一个界线，这个界线是由亲情的相对社会价值、人的社会道义和责任共同决定的。如果以亲情的社会价值、人的社会道义和责任为纵轴，以父亲或子女犯罪对社会的危害程度为横轴，我们可以得到下图的曲线：

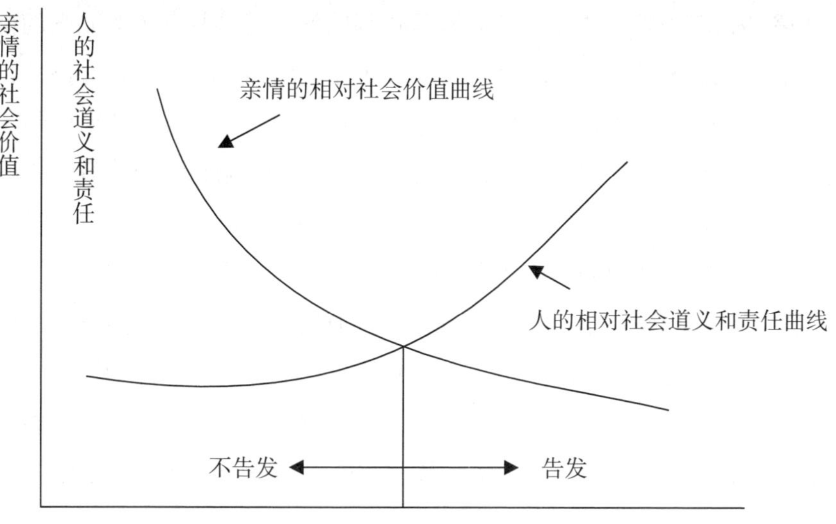

图中，社会对亲情价值的看重程度（亲情的相对社会价值曲线）随着犯罪对社会的危害程度增加而降低，而对人的社会道义和责任的期望（人的社会道义和责任曲线）随着犯罪对社会的危害程度增加而增加，两条曲线形成一个交点 O，在这个交点 O 以里，“父为子隐，子为父隐”对社会有利，在交点 O 以外，“子证其父，父证其子”对社会有利。

我们的价值观教育应当兼顾到亲情和社会道义两个方面，因为这两个因素都是建设美好社会不可或缺的因素。同样，我们的立法精神也应考虑这一点。

那么，“大义灭亲”该不该？包公为了体现执法公平，铡了他侄儿，该不该？该。包公这时有两个社会角色，一个是叔叔的角色，一个是掌握公权力的角色，后一个角色要求他必须客观公正地对待所有社会成员，所以，他铡了他侄儿对社会的意义是正面的，人民不会因为他铡了他侄儿，而怀疑叔叔与侄儿之间亲情的真实性。偷羊这个例子中，儿子的正确做法是：规劝父亲主动归还原主，或者想办法将这只羊弄出来，在不知不觉中送还原主，例如让羊自己走回去，等等。这样做既避免了社会损失，教育了父亲，同时也保护了亲情的神圣和可信。

美国有个电影叫作《闻香识女人》，一群中学生在学校搞恶作剧，被影片主人公查理偶然遇见，并且有同学证明他目睹了这场恶作剧，查理面临艰难选

择，告发还是不告发？告发，意味着他背叛同学，可能从此失去同学的信任；不告发，将面临被学校开除的处罚，因为校长深信他知道内情。这种困境与“攘羊”一例本质相当接近。查理最终选择了沉默，这正是孔子提倡的“隐”的态度。在校长与学校纪律委员会讨论处罚时，查理的朋友、巴顿将军曾经的副官、失明的退伍军人史法兰中校发表了一个雄辩的演说，他说：“难道你们学校的座右铭就是让孩子出卖朋友以求自保吗？否则就将他烧得不见灰？”“你们这样做，就是在扼杀这所学府所坚持的精神，我不知道查理今天的缄默是对是错，我不是法官或陪审团，但我可以告诉你们，他绝不会出卖别人以求前程，而这就叫正直，就叫勇气。”听了史法兰的说辞，学校解除了对查理的处分，因为他们觉得捍卫正直、勇气和信任这些品格，比维护校规更重要。

[13.19]樊迟问仁。子曰：“居处恭，执事敬，与人忠。虽之夷狄，不可弃也。”

译解

居处恭：平时要恭恭敬敬。一说“居处恭”意思是“在家里要恭恭敬敬”，将“居”解释为“在家闲居”，恐与孔子思想不合。《乡党》篇讲“寝不尸，居不容”[10.24]，《述而》篇讲：子之燕居，申申如也，夭夭如也[7.4]，都强调在家要放松一些。此处“居”，似应解释为“坐”的意思，引申为“没有具体事情的时候”，与“执事”相对应。

执事敬：办事情要尽心尽力。

与人忠：待人要忠诚信实。

虽之夷狄，不可弃也：即使到了夷狄之地，也不要放弃这些原则。

樊迟问什么是仁。孔子说：“平时要恭恭敬敬，办事要尽心尽力，待人要忠诚信实。即使到了夷狄之地，也不要放弃这些原则。”

行政解读

平时要恭恭敬敬，办事要尽心尽力，待人要忠诚信实，这些都是“仁”

的具体体现，孔子认为这些待人处事原则属于普世价值，会被人类各种文明所接受，到了化外之地，一样行得通。在《卫灵公》篇，子张问怎样做才行得通，孔子说："言忠信，行笃敬，虽蛮貊之邦行矣。言不忠信，行不笃敬，虽州里行乎哉？"[15.6]说话忠诚信实，做事笃实认真，在蛮貊之邦都能行得通，如果不这样，就是在自己的家乡也行不通。两句话说的基本是一个意思。

那么，在当前世界形势下，"仁"的思想是不是一种普世价值？会不会为世界各民族所认同呢？我看世界各国人民都反对不仁之人，赞同仁人志士。

[13·20]子贡问曰："何如斯可谓之士矣？"子曰："行己有耻，使于四方，不辱君命，可谓士矣。"曰："敢问其次。"曰："宗族称孝焉，乡党称弟焉。"曰："敢问其次。"曰："言必信，行必果，硁硁然小人哉！抑亦可以为次矣。"曰："今之从政者何如？"子曰："噫！斗筲之人。何足算也！"

译解

行己有耻：懂得用羞耻之心来约束和要求自己。

硁硁然小人哉：像坚实的石头那样硁硁响的小人。这种人言而有信，行必有果，但是不能"义之与比"[4.10]，不懂通变。硁，音坑，击石之声。

弟：通"悌"。

斗筲之人：这些器量狭小的人。一斗十升，一筲，一说合一斗二升，一说合五升。筲，音稍。

子贡问："什么样的人可以称作士？"孔子说："行为知耻，出使他国，不辱使命，可以称作士了。"子贡问："那么次一等的呢？"孔子说："同族的人称赞他孝顺长辈，同乡的人称赞他友爱兄弟。"子贡又问："那么再次一等的呢？"孔子说："说话一定守信，做事一定有结果，像坚实的石头那样硁硁响的小人，或许可以说是次一等的士吧。"子贡说："现在当政者如何？"孔子说："唉！那些器量狭窄之徒，怎么算得上士呢？"

行政解读

子贡是一个外交家，孔子针对子贡的情况给出了一个“士”的标准，第一个标准是知耻，也就是知可为与不可为。人不知耻有两种情况，一种是他价值观中不以为耻，比如随地吐痰，有的人脑子里就没有随地吐痰不对的概念。一种是心中知道是可耻的，但为名利所驱动，知耻而为之。比较典型的是抗日战争中出现的“汉奸”，心中明知自己的行为就是叛国行为，但是还要编一套“曲线救国”理论为自己涂脂抹粉，可谓“行己不知耻”之极了。第二个标准就是不辱使命，要完成国家交给的任务。孔子这一层论述的是“士”在国家层面的责任。

“士”如果没有承担国家责任，作为一个普通公民，他在家乡应做孝悌的典范，这是“士”在“齐家”方面的责任。如果再退一步，不能做孝悌的典范，也应做一个言而有信、行必有果的信实之人，但是孔子把这种人叫作“小人”之士，为什么？因为这种人心中没有“义”的概念，没有判断大是大非的价值观标准。忠和信是孔子所强调的必须坚持的重要品格，但其上还有“义”等更高层价值观去总括。在《里仁》篇中，孔子说：“君子之于天下也，无适也，无莫也，义之与比。”[4.10]这是说君子对于天下之事，没有一定要做的，也没有一定不要做的，这主要看是不是符合“义”的标准。孟子进一步说：“言不必信，行不必果，惟义所在。”（《孟子·离娄下》）在《卫灵公》篇，孔子说“君子贞而不谅”[15.37]，君子坚守正道，不拘小信。什么是谅？就是不讲是非，不论正义与否，坚持说过什么办什么，这固然也是一种诚信，但却是没有是非观念的诚信，对“大义”来说，就是一种“小信”，这种“小信”容易被恶势力所利用，危害社会，所以君子要坚守正道，用坚守正道来判断该“信”还是不该“信”。这是关于“小人”之士。至于其时的执政者，孔子则斥责他们为“斗筲”之人，算不上“士”。

在本篇后边[13.28]章，子路也问什么样的人可以称作士，孔子给出的答案则有些不同：“切切偲偲，怡怡如也，可谓士矣。朋友切切偲偲，兄弟怡怡。”[13.28]朋友之间能够相互诚恳切磋勉励，兄弟之间能够和顺相处，就是士了，这是对“士”在友道和悌道方面的要求。子路性格刚勇，所以孔子强调要多听

朋友意见，与人和谐相处，孔子这套说辞对子路有较强的针对性。

[13.21]子曰："不得中行而与之，必也狂狷乎！狂者进取，狷者有所不为也。"

译解

中行者：尊中庸之道而行者。

狂者：志向高远而积极进取者。

狷者：小心谨慎而洁身自好者。狷，音捐。

孔子说："如果不能与坚守中道的人相处共事，那至少也要同狂者和狷者相处共事了，狂者有进取心，狷者能够洁身自好。"

行政解读

在现实生活中，所谓"狂者"，可能接近这一类人，心怀坦白，志向比较远大，自视比较高或有自大之感，工作积极肯干，有进取心，但是行为言语上常不够合礼。所谓"狷者"，可能接近这一类人，处事小心谨慎，洁身自好，不随波逐流，能够坚守清白品格，或许有些另类。按孔子意见，这两类人都属于可与共事、相处、相交之人。

[13.22]子曰："南人有言曰：'人而无恒，不可以作巫医。'善夫！""不恒其德，或承之羞。"子曰："不占而已矣。"

译解

南人：南方之人。

人而无恒，不可以作巫医：一个人如果没有恒心，不可以作巫医。古时，巫医相通，巫人接鬼神之事，无恒心者无信，无信之人鬼神不信。

不恒其德或承之羞：《周易·恒卦》的卦辞，不能恪守德操，就会遭致羞辱。

不占而已：没有恒心恒德的人于事无成，不用占卜就知道了。

孔子说："南方人有句话：'人如果没有恒心，不可以作巫医。'说得好！"《周易》上说："不能恪守德操，就会遭至羞辱。"孔子说："没有恒心恒德的人于事无成，不用占卜就知道了。"

行政解读

没有恒心，一事无成，自不待多言。

没有恒德，就会遭致羞辱，这是生活的真实写照。如有一个人，张市长在位时与张市长走得近、跟得紧，张市长的对头李某当了市长，马上向李市长示好，而向李市长示好的方式是打击张市长，这就是"不恒其德"。如果李市长是明白人，这种人反来反去，没有一个"义"字，怎么可以用？当然，从行政工作角度看，张、李两人虽然政见不合，他作为张培养起来的部下，同样要积极支持李的工作，服从李的领导，但是绝不能减弱对张的尊重，更不能以打击张的方式取悦李，若如此则是无德，或许可获得暂时的政治利益，但不会长久。

永远不要忘记在自己发展中有恩于自己的人，甚至可以与他政见不合，但作为人，感谢、关心、感恩之心应伴随终身。

[13.23]子曰："君子和而不同，小人同而不和。"

译解

孔子说："君子和而不同，小人同而不和。"

行政解读

"和而不同"与"同而不和"应成为现代汉语语汇，如果试图白话直译，很难译出其丰富内涵，而且我们确实需要这样的语汇来直接表达思想。

从大的方面看，"和而不同"是一种民主精神，不同的社会群体和利益集团持有不同的政治主张，但是这些政治主张相互尊重、和平相处，在相互尊重与和平相处之中，通过事实和实践，辨别其对错和真伪，这就是"和而不同"。"不同则战，相同则和"则是反民主精神，只要与我主张不同，就是敌人，不

投降就灭亡，试图用战的方式解决意见不合，这不是君子之道。从小的方面看，“和而不同”应是行政工作所秉承的精神，在坚持自己主张的同时，尊重各种其他主张，在和平共处之中，彰显其正确性和感召力。

“同而不和”主要是因为私欲过度，即使具有共同利益，使其采取了共同的立场和主张，但因为共同利益的分配不可能完全满足各自的欲望，不和就会产生。君子懂得礼让，所以共同利益分配不会导致大的纷争，小人不懂得礼让，所以“同”的结果，可能就是“不和”。

[13.24]子贡问曰：“乡人皆好之，何如?”子曰：“未可也。”“乡人皆恶之，何如?”曰：“未可也。不如乡人之善者好之，其不善者恶之。”

译解

乡人：指当地的人。

子贡问：“当地的人都说他好，怎么样?”孔子说：“未必就好。”“当地的人都说他坏，怎么样?”孔子说：“未必就坏。不如当地的善人都说他好，当地不善的人都说他坏。”

行政解读

以任何方式组织起来的人群，其品德不可能是一致高尚。某一个地区的人民总体素质比较高，在总体素质比较高的大前提下，个体素质仍然存在很大的差异。数千年来，人类总是在坚持不懈地消灭邪恶，但是邪恶仍然不断地生产出来，这是客观实际。基于这一事实，孔子认为一个人如果所有人都说好，一定要详察其中原因，所有人都说坏，也要详察其中原因，“众恶之，必察焉；众好之，必察焉”[15.28]。并且所有人都说好，这个人很可能是个伪君子和好好先生，因为他固然没有触动好人的利益，但他肯定也没有触动坏人的利益，对于这种伪君子、假厚道的好好先生，孔子认为是对道德的最大损害，“乡原，德之贼也”[17.13]。另外，评价一个人，孔子提出要重视有德之人的意见，因为“唯仁者能好人，能恶人”[4.3]，只有仁者厌恶的人，才是真正值得厌恶的人；只有仁者喜好的人，才是真正值得喜好的人。

现在，评价一个干部，往往要看他所在的单位所有同事对他的赞成率，赞成率越高就说他群众基础好，这种评价机制的设计是假定这个单位所有的人都是正直无私的人，这不符合实际。实际上投他赞成票的可能出于多种目的，有的是因为讨厌他，希望他快点提拔调走，所以投他赞成票。许多单位大家公认有能力的人，得票率反而不高，大家都认为比较平庸的人，得票率反而比较高，存在着一种逆反心理。

干部投票选拔方式或许存在一些瑕疵，值得反思。现在，有投票权是他的同事，这些投票者并不是他工作服务的对象。美国总统向全体美国人民负责，所以由全体美国人民投票决定。内阁部长向总统负责，所以由总统任命，任命部长之前，也不需要让拟任部长所在单位同事投一个票，看大家是不是赞成。就像商店卖东西，哪一位店员给顾客提供的服务好，应当由顾客来投票，而不应由店员相互投票。一个人的工作好不好，应当由这个人工作的服务对象决定，工作向谁负责，就由谁决定，这是政治和行政体制设计所应遵循的逻辑。一个司长的工作责任是带领全司人员履行本司职责，他的工作好坏不应由本司人员投票决定，而应由向上负责的部长来决定。任命一个干部的时候，首先要看群众同意不同意，这是应该的，但这个群众的范围指的就是他的工作单位，则不够合理，因为那不是他服务的对象，他的责任恰恰是督促他们给别人提供优质服务，他是他们的工作压力制造者。在这种体制下，为了扩大群众基础（其实也不是群众，都是干部），一些干部倾向于做好好先生，上级固然不能得罪，下级也不得罪，左邻右舍更不得罪。好好先生做到极致，想找他的缺点都找不到，想找反对他的人都找不到，但事业就在你好我好大家好之中失去了宝贵的发展机会。当然，各单位职工给自己的领导投票打分，对他的工作业绩进行评价，这实际上也构成了对领导的一种监督和制约，可以防止一些独断专行的领导粗暴对待下级，给下级制造精神压力和精神恐怖，可以防止他为所欲为，有利于在单位形成和谐空气，这恐怕是这种办法的好处之一吧。这个事到底怎么办更科学、更合理，是一个值得思考的问题。

[13.25]子曰：“君子易事而难说也。说之不以道，不说也；及其使人也，

器之。小人难事而易说也。说之虽不以道，说也；及其使人也。求备焉。”

译解

易事而难说：易于共事而难于取悦。说，通“悦”。

器之：量才使用。

求备：求全责备。

孔子说：“君子易于共事而难于取悦，如果取悦他不走正道，他不会高兴。等到他用人时，则是量才使用。小人难于共事而易于取悦，即使取悦他不走正道，他也会高兴。等到他用人时，则是求全责备。”

行政解读

君子容易共事是因为君子能够宽以待人，很难取悦他，是因为取悦他要走正道。在行政工作中，得到上级的肯定，让领导感到高兴，走正道的方式就是把工作干好，取得成绩，正大光明，而这比较难，需要辛苦和智慧。但是，君子就是这样，不论他高兴不高兴，不论与他相处得远还是近，他总是能够客观地看待别人，能够量才使用，不会搞亲亲疏疏。小人不容易共事，是因为他的出发点多是一己之私，私心重就很难有宽的胸怀，而共事多是共公事，所以比较难。但是很容易取悦他，给他一点利益和方便，他就高兴，而不论这个利益和方便是否合乎道义。小人用人，亲亲疏疏，很难按“五湖四海”的标准用人，对工作的要求则是求全责备。我们遇到很多上级，工作起来非常认真，他的认真是对工作负责的态度，出于责任感和公心，这叫完美主义。求全责备，是没有规则，规则就是他的心境，今天是方的好，明天是圆的好，今天不够方，明天又太方了，使部下不知如何干才好，疲于奔命。

[13.26]子曰：**“君子泰而不骄，小人骄而不泰。”**

译解

孔子说：“君子庄重宽厚而不自傲，小人则相反。”

行政解读

关于“泰而不骄”，孔子在《尧曰》篇有进一步解释，参阅[20.2]章。

[13.27]子曰：“刚、毅、木、讷，近仁。”

译解

刚：刚强。

毅：坚毅。

木：质朴。

讷：言语迟钝，引申为慎言、少言。

孔子说：“刚强、坚毅、质朴、少言，这些品德接近仁。”

行政解读

分析一下如何做到“刚、毅、木、讷”。刚，是因为没有私欲；毅，不屈不挠，坚持不懈，怎么能有这种耐力？有理想才会有耐力。木，是因为心中无私，所以比较坦荡，不需要造作。讷，是因为宽厚而自信，知道解决问题靠的是行，而不是如簧巧舌。综之，有理想、少私欲、坦荡宽厚、行胜于言的人，就比较接近仁人了。

[13.28]子路问曰：“何如斯可谓之士矣？”子曰：“切切偲偲，怡怡如也，可谓士矣。朋友切切偲偲，兄弟怡怡。”

译解

切切偲偲：谏勉恳切和悦的样子。偲，音思。

怡怡如也：和顺的样子。

子路问：“什么人可以称作士？”孔子说：“能够诚恳切磋勉励，能够和顺相处，就可以称作士了。朋友之间能够相互诚恳切磋勉励，兄弟之间能够和顺相处。”

行政解读

参见[13.20]章。

[13.29]子曰：“善人教民七年，亦可以即戎矣。”

译解

教民：对民进行教化。

即戎：从军作战。

孔子说：“让善人负责教化百姓，大约七年就可以从军作战了。”

行政解读

参见[12.7]章、[11.20]章。

[13.30]子曰：“以不教民战，是谓弃之。”

译解

以不教民战：用未教之民去作战。以，用。教，包括军事、道德、技能等方面的教育。

孔子说：“不对民众进行教化和训练就让他们去作战，这可以说是抛弃他们。”

行政解读

参见[12.7]章。

第14篇

《宪问》中的行政精神

[14.1]宪问耻。子曰：“邦有道，谷；邦无道，谷，耻也。”“克、伐、怨、欲不行焉，可以为仁矣?”子曰：“可以为难矣，仁则吾不知也。”

译解

谷：食禄。

克、伐、怨、欲：克，好胜；伐，自夸；怨，忌恨；欲，贪欲。

原宪问什么是可耻。孔子说：“国家清明有道，为官取俸禄；国家昏乱无道，还在为官取俸禄，这就是可耻。”又问：“不好胜、不自夸、不忌恨、无贪欲，可以说是仁了吗?”孔子说：“做到这些可以算是难了，至于是不是仁，我就不知道了。”

行政解读

关于“邦有道，谷；邦无道，谷，耻也”的解读可参见[5.2]章、[8.13]章。

“不好胜、不自夸、不忌恨、无贪欲”，做到这些已经非常不容易了，但孔子只说“难”，不说是“仁”，何者? “仁”不仅要求修己，更重要的是要安天下，对天下苍生怀有爱心，对社会有一种责任感，并通过各种行动对社会向善发挥着重要的影响。而“克、伐、怨、欲不行”只是管好了自己，还没有尽到对社会的责任，没有体现出对社会的爱心和责任心，所以并不是“仁”。当然这些高贵品格也是儒家所赞同的。原宪这个人有隐士的风范，孔子去世后归隐于山林穷巷之中，其所言“克、伐、怨、欲不行焉，可以为仁矣”透露出其内心的思想活动，从孔子的回答来看，如孔子在世，恐不同意他如老子之徒一

般，藏在陋巷之中，自得其乐（事见[6.5]章）。

[14.2]子曰：“士而怀居，不足以为士矣。”

译解

怀居：怀恋所居之地。引申为贪图安逸。

孔子说：“士如果怀恋故土，（贪图安逸），就不配称作士了。”

行政解读

《里仁》篇中，子曰：“君子怀德，小人怀土；君子怀刑，小人怀惠。”[4.11]已经表达了同样意思。这句话的译解中应当加上“贪图安逸”四字，否则难以表达出孔子真意，因为怀恋故土，人之常情，无可指责。

现在，“士而怀居，不足以为士矣”已成为我们民族精神的组成部分，这句话还有一种正面表达方式，即“大丈夫志在四方”。这些思想，激励了多少人放弃安逸，远离故土，为了生活，为了理想而奋斗。我们说自己的民族勤劳勇敢、不屈不挠，其精神支撑点之一就包括“士而怀居，不足以为士”，现在全世界各地有那么多华人，还有更多的华人走出去，当他们离开故土的时候，心中激荡的将是：“士而怀居，不足以为士矣”，假如他们知道这句话的话。

[14.3]子曰：“邦有道，危言危行；邦无道，危行言孙。”

译解

危：《说文解字》：“危，在高而惧也。”此处为正直、端正的意思，如“正襟危坐”。

孙：通“逊”，谦顺的意思。

孔子说：“国家清明有道，说话要正直，行为要端正；国家昏乱无道，行为要端正，说话要谦顺。”

行政解读

参见[5.2]章。

[14.4]子曰："有德者必有言，有言者不必有德；仁者必有勇，勇者不必有仁。"

译解

孔子说："有德之人一定有有德之言，有有德之言的人不一定是有德之人；仁者一定有勇，勇者不一定有仁。"

行政解读

"德"是一个人的内在修为，"德"显于外通过两个途径：一个是行，一个是言。所以一个有德的人，他的品质会在他的言语中透露出来，他的话可以表明他是一个高尚的人。反过来，一个满口仁义道德的人，不一定是一个高尚的有德之人，很可能是一个伪君子。有德之人必有言，因为"言"是"德"的表现形式。一些注家将"有德者必有言"解为"有德之人必有著述或名言留于世"（如南怀谨《论语别裁》、杨伯峻《论语译注》等），恐未合孔子本意。如此则把"仁者"限定在思想家和哲学家、政治家范围之内了。"仁远乎哉？我欲仁，斯仁至矣"[7.30]，并不是那些留下名言和著述的人才是"仁者"和"有德"之人，欲仁者皆可至仁。只不过，历史容易记住那些有名言和著述留于世的"仁者"和"有德"之人。

从另一个角度看，"有德者必有言，有言者不必有德"也提示我们以言识人的方式，可参考[2.10]章。

仁者必有勇。仁者宽厚能容，给人的印象似乎不屑与恶人、恶事、恶制度斗争，孔子这里明确告诉我们，"勇"是仁者的要件。仁者不但要勇于与恶人、恶事、恶制度斗争，在《卫灵公》篇中，孔子还说："志士仁人，无求生以害仁，有杀身以成仁。"[15.9]为了仁，可以不惜生命，这是"仁者"刚烈果敢、以生命维护理想和价值观的另一面写照。勇者不一定有"仁"，这是显而易见的，在大街上聚众斗狠，在乡里横行霸道，以命博取一己之私，这些人可谓"勇"矣，然何"仁"之有？

[14.5]南宫适问于孔子曰：“羿善射，奡荡舟，俱不得其死然；禹、稷躬稼，而有天下。”夫子不答。南宫适出。子曰：“君子哉若人！尚德哉若人！”

译解

羿善射：羿有善射之勇武。羿，音翼。

奡荡舟：奡有荡舟之大力。荡舟，陆地行舟，或说为荡覆行舟。奡，音傲。

南宫适问孔子：“羿有善射之勇武，奡有荡舟之大力，但都不得好死。大禹、后稷亲事农事，却得到了天下。”孔子不答，南宫适出去后，孔子说：“这个人真是君子啊！这个人真是尚德啊！”

行政解读

据《左传·襄公四年》和《左传·哀公元年》记载，在夏朝前期，后羿依其善射，在夏民的支持下逐出夏天子相（太康），取得了政权，但是他不修政事，沉溺于打猎，疏远贤臣，任用寒浞（音浊）这个坏人。寒浞瞒着后羿收买人心，并淫乱后宫，逐渐掌握了政权，终于有一天在后羿打猎时派人将其杀死。后羿死后，寒浞娶了后羿之妻，并生了两个儿子，一个叫浇，一个叫作豷（音忆）。浇力气很大，能在陆地行舟，最后由浇灭掉了夏天子相，但是相的妻子逃跑时已怀孕，后来生下少康，少康卧薪尝胆，积蓄力量，又灭掉浇。少康的儿子灭掉豷，夏朝实现中兴。通常认为，浇即是奡。

羿和奡的共同特点是崇尚武力，耽于征伐，不重民生。大禹、后稷则十分重视民生，亲自从事农事，鼓励人民生产，所以叫作以“德”得天下。从这个意义上说，重视民生就是为政有德。孔子也因此说南宫适“尚德”，是个君子。任何时候都要把百姓的生活放在首位，高度重视民生，这是需要牢记的历史经验。

[14.6]子曰：“君子而不仁者有矣夫，未有小人而仁者也。”

译解

君子而不仁者有矣夫：一说，君子中可能有不仁的人；二说，君子可能有

违仁的时候。不仁之人怎为君子？从第二说。

孔子说：“君子可能有违仁的时候，但没有小人能行仁的。”

行政解读

在《雍也》篇，孔子说：“回也，其心三月不违仁，其余则日月至焉而已矣。”[6.7]可见，一个人长期不违仁是不很容易的，但他仍可以是君子。好人也有犯错误的时候。当一个人犯了错误，分析一下是君子之过，还是小人之过。君子之过，无意为之；小人之过，故意为之。

[14.7]子曰：“爱之，能勿劳乎？忠焉，能勿诲乎？”

译解

爱之能勿劳乎：一说，爱他能不为他操劳吗；二说，爱他能不对他进行勉励吗；三说，爱他能不让他经受劳苦吗。从第三说，参考[13.1]章。

孔子说：“爱他，能不让他经受劳苦吗？忠于他，能不对他进行劝谏吗？”

行政解读

见[13.1]章。

[14.8]子曰：“为命：裨谌草创之，世叔讨论之，行人子羽修饰之，东里子产润色之。”

译解

为命：拟定外交文书。

裨谌：音皮陈，郑国大夫，善于出谋划策。

世叔：即子太叔，郑国大夫，名游吉，通晓典籍。

行人子羽：即公孙挥，字子羽，行人是使官（外交官），有口才，通晓各

国事务。

东里子产：即子产，因住东里，又叫东里子产，郑国名相。

以上四人的情况见[5.16]章。

孔子说："郑国拟定外交文书，由裨谌起草草稿，世叔对内容进行讨论。行人子羽给以修饰，东里子产加以润色。"

行政解读

子产是郑国名相，裨谌、世叔、子羽都是郑国很有才干的大夫，也是子产的得力助手（事见[5.16]章）。孔子描述了郑国政府文件的起草过程，看似平淡，实则有深意，表明了郑国社会治理者对于政务的慎重态度，给为政者树立了一个榜样。当时的郑国是一个小国，但因为有这么一批人，郑国实际上赢得了超过其实力的国际地位。在本篇第 19 章，孔子说卫灵公之无道，季康子说那卫国为什么不亡？孔子说："仲叔圉治宾客，祝鮀治宗庙，王孙贾治军旅。夫如是，奚其丧？"[14.19]因为有仲叔圉、祝鮀、王孙贾这些人，就可以确保卫灵公不失国，说的是一个道理。

现在，政府很大程度上是靠文件工作的，干一件事往往就是开会、讲话、发文。而这个文，是落实工作的主要依据，所以文件起草不可以不慎重。现在起草文件面临一些问题。文件出台了，县市基层领导说国家部委的干部不了解基层情况，文件不适应当地情况。国家部委的干部则说，县市干部不能站在国家层面思考问题，只知道自己一亩三分地的情况。两方面看似都有道理。中国正在高速发展，而各地发展又极不平衡，这就给中央层面指导全局工作提出了挑战。具体反映到文件起草中，就是在许多情况下，文件要求不能太具体了，要原则一些，而原则一些又会失去针对性和约束性，这是一个难处。这个难处的产生，也与我们的行政体制有一定关系。我们的政府系统是垂直一体的，一件事，各级政府都有责任，一个地区出现了环保事件，乡政府、县政府、市政府、省政府直至中央相关部委都有责任。而美国和日本的行政体制则不同，它们的中央政府和地方政府各干各的事，干起来比较容易。当然我们有我们的优势。

关于文稿起草，有位年轻朋友提出了这样一个问题："为什么明明是我起草的报告，怎么最后却署上领导的名字向外提供?"觉得这是上级剽窃了自己的成果，很不开心，有的干脆因此和上级闹意见，形成了不好的后果。我想的恰恰与此相反，我倒是希望我写的报告能以我上级的名义对外提供，可是人家不同意。如果我的上级哪一天让我给他起草一个报告，我觉得那是我的光荣。一些年轻公务员有这些想法，是因为没有领悟到行政工作的本质。行政是一个科层结构的团队，这个团队中的"上级"是他所分管范围的总负责，是对外发言的总代表，每一个人的工作都要向这个总负责和总代表负责，接受他的工作指令。而这些年轻人要求"署名"的本质，是要求自己成为这个团队新的发"言"人，这怎么合适呢?那么，自己发"言"后，是代表个人还是代表这个机构?如果说是代表个人，可自己明明在这个机构工作，明明利用了这个机构所掌握的信息。如果说代表机构，自己获得授权了吗?当然，如果业余从事科研活动，与自己的本职工作相距较远，以个人名义对外发表这样的文章，应该没有什么不合适吧。

[14.9]或问子产。子曰："惠人也。"问子西。曰："彼哉！彼哉！"问管仲。曰："人也。夺伯氏骈邑三百，饭疏食，没齿无怨言。"

译解

惠人：有惠于民的人。

子西：一说，郑国大夫，为子产的同宗兄弟，在子产之前为郑相国；二说，为楚国令尹公子西，曾经阻止楚昭王起用孔子。

人也：一说，这个人呀，了不起；二说，人也，即仁也。虽然"人"与"仁"在许多文献中并用，但《论语》中在表达"仁"的含义用的都是"仁"，而不用"人"，所以从第一说。

夺伯氏骈邑三百：削夺了伯氏在骈邑三百户的封地。伯氏，齐国大夫。骈邑，地名。

有人问子产怎么样。孔子说："是有惠于百姓的人。"问子西怎么样。孔

子说："他呀！他呀！"问管仲怎么样。孔子说："这个人了不起。他削夺了伯氏在骈邑三百户的封地，让他只能吃粗饭，但伯氏直到老死都没有怨言。"

关于子产其人的评价，见[5.16]章。关于管仲其人总的评价，见[19.11]章。

[14.10]子曰：**"贫而无怨难，富而无骄易。"**

译解

孔子说："贫穷却没有怨言难，富有却没有傲气容易。"

行政解读

参见[1.15]章。

[14.11]子曰：**"孟公绰为赵、魏老则优，不可以为滕、薛大夫。"**

译解

孟公绰：鲁国大夫。绰，音辍。

老：卿大夫总称，这里指卿大夫家臣。

孔子说："孟公绰担任晋国赵氏、魏氏的家臣则有余力，不可以担任滕国、薛国的大夫。"

行政解读

据《史记·仲尼弟子列传》："孔子之所严事：于周，则老子；于卫，蘧伯玉；于齐，晏平仲；于楚，老莱子；于郑，子产；于鲁，孟公绰。"可见，孔子对孟公绰比较尊重。在本篇第 12 章，子路问什么是成人，孔子说："若臧武仲之知，公绰之不欲，卞庄子之勇，冉求之艺，文之以礼乐，亦可以为成人矣。"[14.12]对于孟公绰的廉洁和寡欲也大加赞赏。无欲则刚，孟公绰为人正直，可以想见。据《左传·襄公二十五年》记载，齐国崔杼率领军队入侵鲁国北部边境，鲁襄公很害怕，派人求救于晋国。孟公绰说："崔子将有大志，不

在病我，必速归，何患焉！”说崔杼有异志，其目的不在鲁国，而在于齐君，一定很快退去，不必害怕。后来齐军果然退去，接着就发生了“崔杼弑其君”这个著名的历史故事，此事足见孟公绰之才能。不知为何孔子认为他干不了滕、薛这些小国的大夫，给晋国大族赵氏、魏氏做个家臣或顾问倒是可以。当然，也有可能大材不可小用。这是孔子对人才的一个看法。确实有一些人，天生是干大事的料，小事倒干得不好，这在实际工作中也有遇到。但是在目前的行政体制下，行政者必须从最低层级的岗位一个台阶一个台阶地干上来，如果小事干不好，基本上就没有干大事的机会了。不过，对大多数人来说，小事干不好，大事也很少能干得好，所以刚进入行政领域的年轻朋友，必须学会把每一件小事干得漂漂亮亮。

[14.12]子路问成人。子曰：“若臧武仲之知，公绰之不欲，卞庄子之勇，冉求之艺，文之以礼乐，亦可以为成人矣。”曰：“今之成人者何必然？见利思义，见危授命，久要不忘平生之言，亦可以为成人矣。”

译解

成人：完人。

臧武仲：鲁大夫臧孙纥（音何）。

冉求之艺：冉求那样的多才多能。艺，多才多能，有才干。《雍也》篇，季康子问冉求可不可以从政，孔子说：“求也艺，于从政乎何有？”[6.8]

卞庄子：鲁国著名勇士。

久要不忘平生之言：一说，“久要”为“旧约”之意，意即时间很长了都不忘记平生立下的诺言。二说，“久要”为“长久处于穷困之中”，意即虽然长时间处于穷困之中，但仍不忘记平生所立下的诺言。时间长了，还不忘记自己的诺言，这与“见利思义”、“见危授命”相比，容易做到。但是，条件改变了，情况很困难，仍然信守诺言，这相对要难一些，可与“见利思义”、“见危授命”相并列，因此从第二说。

子路问什么是完人。孔子说：“如有臧武仲那样的智慧，孟公绰那样的清廉，卞庄子那样的勇敢，冉求那样的才干，再加上礼乐修养，就可以称作完人了。”接着又说：“现在的完人何必一定如此呢？见到利益时能够考虑是否合乎道义，在危难之时可以不惜生命，长期处于穷困之中而不忘平生所立下的诺言。也可以称作完人了。”

行政解读

臧武仲是臧文仲的孙子。臧氏家族在鲁国政治生活中有着重要影响，关于臧文仲其人，参见[5.18]章，孔子对臧文仲评价比较负面，但是却认为臧武仲有智慧，现列举其事，以了解其人的政治性格。

事例之一：小国自处之道

鲁襄公十九年（公元前554年），鲁国借助晋国、卫国的力量与齐国作战，取得胜利。季武子很高兴，想用从齐国获得的兵器铸成大钟，上面刻上铭文以颂扬鲁国的功勋。臧武仲表达了不同意见。他说，这样做不合礼制。铭文是用来记载天子的美德，诸侯用来记载合乎时宜的功业，大夫用来记载征伐。大国攻打小国，以所获战利品制作宗庙器具，记载其功绩让子孙来看，这是为了宣扬明德而惩罚无礼。现在鲁国借助别人的力量来拯救自己的灭亡，怎么能记载这个呢？小国侥幸战胜大国，反而显示所得的战利品以激怒敌人，这是亡国之道[①]。

评论：小国的短处是没有力量，所以小国一定不能与人比力，而要比德、比礼，在道义上占领制高点。即使依附强权（如这些事件中鲁国依附晋国）取得一时的胜利，也要哀矜勿喜。既没有力量，还要与人耍横，一定会有灾难。现在的世界不也是如此吗？臧武仲这个思想与子产的思想相一致（参见[5.16]章），可谓有智。

事例之二：不能以利废义

鲁襄公二十一年（公元前552年，第二年孔子出生），邾国（邾，音朱）的庶其以“漆”和“闾丘”两个城邑叛逃到鲁国。其时鲁邾两国处于对抗状态。庶其官职不高，到鲁国后受到很大的优待。季武子把襄公的姑母嫁给他，

---

① 《左传·襄公十九年》。

对他的随从都有赏赐。之后鲁国出现了很多盗贼。季武子责问臧武仲作为司寇为什么不禁止。臧武仲说没有能力止盗。他对季武子说，您把外边的盗贼叫来给予礼遇，怎么能禁止国内的盗贼？庶其在邾国偷盗了城邑而来，您把姬氏许给他做妻子，封给他城邑，赏赐他的随从，以此表示尊意，这是赏赐盗窃。我听说，在上位的人要经常反省，保持心灵的干净，始终如一对待别人，遵守法度使百姓相信，然后才能治理人民。在上位的人的所作所为，是百姓的榜样。在上位的人不干的事，百姓做了，因此加以惩罚，人们就会警戒。在上位的人做了的事，百姓照着做了，这是势所必然，如何禁止得了？[①]

评论：鲁国本来想取得邾国的土地，庶其掠地来归，这是大利。但是臧武仲看到了这件事在道义上和社会治理方面的负面效应，看到了在教化人民方面的负面效应。庶其背叛祖国，并且将两块土地带入鲁国版图，如果此为义举，鲁国人可不可以带着鲁国的土地，跑到其他国家呢？至于普通百姓，不义而占有别人的东西，或许也就心安理得了。臧武仲的思考并不是没有道理，这恐怕也是他有智的一个方面吧。

孟公绰这个人在[14.11]章讲过，冉求的才干见[11.17]章。卞庄子是个勇士，他母亲活着的时候，他随军作战，三战三败，朋友指责他，国君辱没他。等他母亲去世三年，鲁国兴师伐齐，他随军作战，一人杀敌七十而死[②]。

孔子说，“完人”就是臧武仲的智慧加上孟公绰的清廉加上卞庄子的勇敢再加上冉求的才干，这还不够，还要再加上良好的礼乐修养，如此一来“完人”这个标准就脱离了现实王国，谁也不可能是“完人”了。为了增强“完人”的实践性，孔子又提出一个标准：见利思义、见危授命、信守诺言。这三条相信许多人可以做到，不义之财不取，危难之时不苟且偷生，以诚信为做人做事的根本，这就是“完人”了。

[14.13]子问公叔文子于公明贾曰：“信乎？夫子不言，不笑，不取乎？”公明贾对曰：“以告者过也。夫子时然后言，人不厌其言；乐然后笑，人不厌

① 《左传·襄公二十一年》。
② 《韩诗外传·卷十》。

其笑；义然后取，人不厌其取。”子曰：“其然？岂其然乎？

译解

公叔文子：卫国大夫公孙拔，谥号为“文”。

公明贾：卫国大夫。

以告者过也：说这话的人言过其实了。一说，说这话的人错了，亦通。

孔子向公明贾询问公叔文子：“先生不言、不笑、不取，是真的吗？”公明贾回答说：“这话言过其实了。先生该说话时才说话，所以人们不讨厌他说话；先生高兴时才笑，所以人们不讨厌他笑；先生合乎道义才去取，所以人们不讨厌他去取。”孔子说：“是这样吗？真是这样吗？”

行政解读

公叔文子如何得到“不言、不笑、不取”这个声名，不得而知。但是这位老先生不苟言笑、清廉少欲恐怕是真实情况。用现代的话说，公叔文子是一位行政者，行政者不言、不笑、不取，如何为政？这是孔子关心的问题。经过向公明贾调查研究，得知这位老先生不是“不言、不笑、不取”，他是“时然后言”，该说话时就会说话，不该说话时当然不会去说话，只是没有那么多废话。“乐然后笑”，真的高兴了就会笑，只是没有那么多假笑，活得非常真实。“义然后取”。不是少取，也不是多取，只取符合道义的那部分所得，拿人们认为他该拿的那部分利益。

做一个像公叔文子那样的行政者也是不错的：真实地做人（乐然后笑），认真地做事（时然后言），然后取该得的收入（义然后取）。“义然后取”是其中最重要的条件，如果做不到“义然后取”，那就不可能有“乐然后笑”，取了不义之财，心中不会那么安然，快乐都是假的，只能用造作出来的笑去对付别人和这个世界了。做不到“义然后取”，“时然后言”也做不到，该言不该言又多了一层顾虑，怎么掩盖自己的不义之财，怎么去保护给自己提供不义之财的那些不义之人？不该说话时也得说话了，张三要拿这个建设项目，得去打个招呼，以便让人给开个绿灯。张三犯了法，出了事，为了保护自己也得去疏通

疏通，活得太累，把人生都扭曲了。所以像公叔文子那样，心安理得，自在人生，算得上一个明白人。

[14.14]子曰："臧武仲以防求为后于鲁，虽曰不要君，吾不信也。"

译解

防：地名。

求为后于鲁：请求鲁君为臧氏立后以继承臧氏的爵位。臧氏是鲁国大族，臧武仲本是臧氏爵位继承人，但遭孟氏陷害出逃，武仲逃到"防"这个地方，派人向鲁君提出这个请求。有注家说，臧武仲要求立他的后代或子弟（如杨伯峻《论语译注》、钱逊《论语浅解》等），其实不是，武仲要求立的是他的异母兄弟臧为。事见《左传·襄公二十三年》。

不要君：不是要挟国君。

孔子说："臧武仲占据'防'这个地方，请求鲁君为臧氏立后以继承臧氏的爵位，虽然有人说这不是要挟国君，但我不相信。"

[14.15]子曰："晋文公谲而不正，齐桓公正而不谲。"

译解

谲：音决，欺诈，诡诈。

孔子说："晋文公诡诈而不正直，齐桓公正直而不诡诈。"

行政解读

晋文公（公元前 697 年至公元前 628 年），晋国国君，春秋五霸之一，晋献公之子，名重耳。因献公宠爱骊姬，杀太子申生，他奔逃在外 19 年。公元前 636 年，秦穆公派兵保护重耳回国即位，时年六十二岁。文公重用有才干的赵衰、狐偃等人，发愤图强，国力日益强盛，晋政权不但巩固，还出现了"政

平民阜，财用不匮”的局面。同年，周王室发生内乱，襄王之弟作乱，周襄王跑到郑国避难。文公利用这一机会兴兵勤王，护送襄王回国，得到周王给予的土地赏赐，提高了晋国在诸侯中的威望，为霸业奠定了基础。这时齐桓公已去世，齐国内乱不已，齐国已没有力量称霸诸侯。楚国则乘虚向中原扩张，中原的一些小国如鲁、卫、陈、蔡、郑等都为楚所控制。

公元前633年冬，楚成王率领楚、郑、陈、蔡多国联军进攻宋国。宋成公派人向晋国求救。晋国大夫先轸认为这是“报施救患，取威定霸”的良机，力劝晋文公出兵。公元前632年春，文公率军攻占卫国，接着攻占曹国，最后在城濮决战中大败楚国，晋国从此称霸中原。晋文公在位只有8年时间，在这么短的时间内创造出那么大的业绩，可谓政治奇迹了。晋文公继位、拥王、称霸这三件事，当时的政治家谁不想干呢？即使自己不想干，手下的一班人甚至老百姓都不愿意。文公这人贪图安逸，在狄国娶了个老婆季隗，一待就是12年，最后为晋惠公追杀才不得不离开。在齐国，齐桓公给他娶了一个老婆齐姜（重耳到齐国第二年齐桓公病死），他又不愿意回国，最后是齐姜和狐偃、赵衰等人设计把他灌醉才弄出齐国。好就好在文公娶的这两位太太都是女中豪杰，比文公本人志向更大、更刚烈。秦穆公帮助他回国，是因为穆公恨透了晋怀公，也不是文公用了什么算计，所以文公继位，是形势使然。当了国君就得好好当，后来发生的尊王称霸，是历史和形势的发展所致。如果晋国称霸不好，那么晋国袖手旁观，让楚国称霸就好？文公固然用了一些权谋，但不用权谋何以克敌制胜？《左传·僖公二十八年》对城濮之战的评价是：“晋于是役也，能以德攻。”认为晋国在这场战役中，主要是运用了“德”这个武器。孔子生于公元前551年，孔子对晋文公做出这个评价时，文公大约已去世100年了。从现存的历史事实来看，看不出文公有什么“不正”之处。

齐桓公，齐国国君，生年不详，春秋五霸之一。公元前686年，齐襄公被公孙无知诛杀，第二年，自立为君的公孙无知又被诛杀。在莒国的公子小白和在鲁国的公子纠争相回国。公子纠派管仲带兵在路上堵截小白，管仲一箭射中公子小白带钩，小白假装倒地而死。公子纠以为小白已死，6天后才回到齐国，这时小白已到齐国立为国君，是为桓公。不久鲁国迫于齐国压力，将公子纠杀死，他的老师召忽自杀，管仲没有自杀，被押往齐国。后经鲍叔牙推荐，

齐桓公任用管仲进行改革，一时间齐国大治。公元前 684 年，桓公进攻郯国。公元前 681 年，桓公进攻鲁国。公元前 679 年，桓公与诸侯会盟，开始称霸。公元前 663 年，山戎攻打燕国，齐桓公救燕。公元前 658 年，卫国被狄人骚扰，向齐求救，齐打败狄人，并为卫国筑楚丘城。公元前 656 年，齐桓公带领鲁、宋、陈、卫、郑、许、曹七国诸侯伐蔡接着又讨伐楚国。最终奠定霸主地位。后来，桓公越来越骄傲，想去泰山封禅，这都是帝王的事，后为管仲劝阻，周王的大臣宰孔也很不满意。公元前 645 年，管仲病死，桓公不听管仲的话，重用易牙、开方、竖刁三个小人。公元前 643 年，齐桓公病死。

从以上史实来看，齐桓公上台与晋文公上台一样带有血腥味，前者杀了他哥哥，后者杀了他侄儿。齐桓公也有“诈”的一面，不是装死瞒过管仲，就不会有齐桓公。在用人方面，桓公有“明”的一面，用了管仲，也有“暗”的一面，晚年用了易牙、开方、竖刁三个小人。易牙把儿子蒸了给桓公吃，开方不孝父母来侍候他，竖刁则把自己阉了来侍候他，管仲说这三个人“非人情”，不要用，但桓公还是要用，结果自己死后两个多月不能下葬，五个公子相互残杀，没有处理好身后事。似乎也看不出桓公之“正而不谲”，孔曰：“桓公九合诸侯，不以兵车”，但是桓公的征伐也不少，伐夷不算，伐郯、伐鲁、伐蔡、伐楚也都动用了部队。当然，桓公的一些军事行动，确实保持了秩序，保护一些弱国不被侵犯，属于义举。

历史上政治人物很复杂，一句话盖棺定论很难，孔子也很难做到这一点。好的一面和坏的一面都要摆出来才好。那个时代天下乱乎乎的，确实需要一个有能力、有实力的国家出面管一管，保持一下秩序，如果这个有实力的国家能讲点礼、主持点正义，那就是仁义霸主了。

[14.16]子路曰：“桓公杀公子纠，召忽死之，管仲不死。”曰：“未仁乎?”子曰：“桓公九合诸侯，不以兵车，管仲之力也。如其仁！如其仁！”

译解

九合诸侯：据统计，桓公与诸侯会盟有十一次之多，所以“九”当为“多次”的意思。

不以兵车：不以武力相胁迫。实际情况是，桓公以武力为后盾，他认为无礼的都要征伐，说得好一点也是“以力辅德”，“不以兵车”恐怕说得过分了。

子路说：“齐桓公杀死公子纠，召忽自杀，管仲却不死。”又说：“管仲不仁吧。”孔子说：“齐桓公多次会盟诸侯，不以武力胁迫，这都是管仲的功劳。这就是仁，这就是仁。”

行政解读

关于这一段话的历史真实，参见[14.15]章。关于对管仲的评价参见[19.11]章和[3.22]章。

在这里，孔子将“仁”与一种政治局面的获得相联系。齐桓公“九合诸侯”，这是建立世界新秩序。“不以兵车”，是不以武力相威胁，所以，以和平的方式建立和保持世界新秩序，就是“仁”了。我们现在强调要建立“和谐世界”，其前提就是不以武力相威胁，不以武力相威胁而达到世界各国的相互和谐，这就是“仁”了。

[14.17]子贡曰：“管仲非仁者与？桓公杀公子纠，不能死，又相之。”子曰：“管仲相桓公，霸诸侯，一匡天下，民到于今受其赐。微管仲。吾其被发左衽矣！岂若匹夫匹妇之为谅也，自经于沟渎而莫之知也。”

译解

一匡天下：匡天下于一。使天下保持统一和秩序。《孟子·梁惠王上》：孟子见梁襄王。出，语人曰：“望之不似人君，就之而不见所畏焉。卒然问曰：‘天下恶乎定?’吾对曰：‘定于一。’”

微管仲，吾其被发左衽矣：如果没有管仲，我们这些人恐怕现在都披散着头发，穿着左开襟的衣服。桓公称霸的一大功绩是“攘夷”，事见[14.15]章，孔子的意思是，没有桓公的保护，中原诸国恐怕已落入夷狄之手，中原文化为夷狄文化所取代。左衽，衣襟交于左。被，即披。衽，音任。

岂若匹夫匹妇之为谅也，自经于沟渎而莫之知也：哪像匹夫匹妇为守小

信，自缢于沟渠而不为人知。谅，小信；经，缢；渎，音读，沟渠。

子贡说："管仲不是仁者吧？齐桓公杀死公子纠，管仲不能为之死，却又辅佐桓公。"孔子说："管仲辅佐桓公，称霸诸侯，保持天下的统一和秩序，人民至今仍然受益。如果没有管仲，我们这些人恐怕现在都披散着头发，穿着左开襟的衣服。哪像匹夫匹妇为守小信，自缢于沟渠而不为人知。"

行政解读

这段话的历史事实见[14.15]章，关于对管仲的评价参见[19.11]章和[3.22]章。

孔子再次评价了管仲的功绩：保持了天下的统一和秩序（统一于周的体系内），保护了先进的中原文化，匡扶了社会价值观体系。这就是人民至今还在受益的地方。什么叫小信、小义？什么叫大信、大义，关键是看为了民族、国家的利益，还是为了个人的利益。为了民族、国家的利益，这是大信、大义，为了个人的利益，这是小信、小义。如果失信于"小"可以守信于"大"，这是大义，就是仁。如果为守小信而失信于"大"，这就是不义，就是不仁。所以信与不信，在"小大"之间。但是如果管仲不为公子纠而死，却没有创造出这样的业绩，孔子对他的评价一定不是这样，所以让别人知道自己的真心真是难啊。

[14.18]公叔文子之臣大夫僎与文子同升诸公。子闻之，曰："可以为'文'矣！"

译解

僎：音寻，人名。

同升诸公：同上于公朝。

大夫僎本是公叔文子的家臣，（由文子推荐做了大夫），两人一同上朝事君。孔子听到这件事说："可以以'文'为谥了。"

行政解读

用现在的话说，公叔文子推荐提拔了一个过去的服务人员或工作人员当领导，而且与自己的级别、权力、地位相当。孔子听到这件事后，就说他可以以“文”为谥号了，谥法是对人的一生功过的总评价。根据谥法，可以谥为“文”的有六种情况：经纬天地，道德博闻，学勤好问，慈惠爱民，愍民惠礼，锡民爵位。在《公冶长》篇，孔子谈到孔圉的谥号为什么是“文”时说：“敏而好学，不耻下问，是以谓之‘文’也。”[5.15]孔文子符合“学勤好问”这一条。

据《礼记·檀弓》记载，公叔文子去世，他的儿子请卫君赐谥，卫君说：“过去卫国饥荒，先生施粥给饥饿的人，这不是惠吗？过去卫国有难，先生以死保卫我，这不是贞吗？先生治政，修订制度，与邻国交往，没有给国家带来侮辱，这不是文吗？所以可以称作贞惠文子。”可见，公叔文子在民生、内政、军事和外交方面都有不少建树，符合“文”谥中的好几条。孔子听到这件事，说可以为“文”了，意思是说单凭这一项就可以为“文”，此事符合“锡民爵位”。

安排好干部的出路，这是组织的责任，也是作为上级的责任。提拔手下干部，这也很普遍，但是把手下干部安排到如此高的地位，特别是春秋年代，往往也要讲究个出身，这很不容易，可见公叔文子的胸怀、气度和智慧。现在调配干部，要考虑资历，把资历浅一些的安排作为资历深一些的上级，有时就会出现不协调。资历深的干部觉得我当什么什么的时候，你才是个什么什么，心中不服。其实，应当将心比心，想想自己过去的下级现在领导自己，他心里也一定已经很别扭了，内心恐怕也是惶恐不安的。不过过去的下级现在做领导，人家责任在身，不得不为而已，此时他最需要的恰恰是尊重和帮助。如果能够放下身段，尽心辅佐资历较浅的干部，相信将会赢得更大的尊敬，尊敬恐怕比权位更有价值吧。权位这东西，如果不用来为自己谋利，它就只是责任和负担而已。不过，人有时候追求自身价值实现和自身价值的证明，有的人有些历史责任感，所以积极追求也是可以理解的。再说了，没有上进心的干部，也很难说是一个好干部。

[14.19]子言卫灵公之无道也，康子曰：“夫如是，奚而不丧？”孔子曰：“仲叔圉治宾客，祝鮀治宗庙，王孙贾治军旅。夫如是，奚其丧？”

译解

卫灵公：公元前 534 年—前 493 年，为卫国国君。

丧：亡国失位。

仲叔圉治宾客：仲叔圉负责外交。仲叔圉，即孔文子，其事见[5.15]章。

祝鮀治宗庙：祝鮀负责宗庙祭祀。祝鮀其人见[6.16]章。

王孙贾治军旅：王孙贾负责军事。《左传》有几次提到此人，为卫灵公重要谋臣，未见展示其军事才能的战例。

孔子谈到卫灵公时说他昏庸无道。季康子说：“既如此，卫国为何不亡？”孔子说：“有仲叔圉负责外交，祝鮀负责宗庙祭祀，王孙贾负责军事，这样安排，卫国怎么会亡呢？”

行政解读

孔子对卫灵公的人事安排还算满意，认为这是各得其所、各尽其才。如此说来，卫灵公虽然昏庸无道，但有时候还有知人用人之明。卫国是个小国，总是处于外部胁迫之下，仲叔圉负责外交，王孙贾负责军事，这是安外，保证卫国不受外部势力的过度威胁。祝鮀负责宗庙祭祀，宗庙祭祀是当时政治生活中的大事，负责礼仪、教化和制度等事，相当于现在主管意识形态的领导吧，这是安内。内外皆安，国家可定。

确实，当领导的，定下了事业发展的方向、目标和路线，如果能有得力干部用于关键岗位上，就可以高枕无忧了。可是怎么能够找到这么多人才呢？千里马常有，而伯乐不常有。

[14.20]子曰：“其言之不怍，则为之也难。”

译解

怍：音作，惭愧。

孔子说：“即使说起来没有愧意，（出于真心），做起来也很困难。”

行政解读

关于这一句，现在通行解释都依朱熹之说，朱熹在《论语集注》中说：“大言不惭，则无必为之志，而不自度其能否矣。欲践其言岂不难哉？”一个人说话大言不惭，那么兑现他的话就很困难。这是实情。但是孔子原话是“其言之不怍”，并没有说他在“大言”，所以“大言”这个意思是解读者自己加进去的。

在现实生活中，有些人说起话来确实出于真心，所做出的承诺也是真心，其所言反映了他的真实想法及对实际情况的把握，他自己觉得没有对不起别人，也没有隐瞒什么，所以说话中间并没有什么愧意，很诚恳。但即使是这样，做起来也会出现很多困难，难以获得如其所言的结果。至于大言不惭者，则是不顾已经摆在面前事实，满口胡言，自我吹嘘，仍无愧意，实是恬不知耻者。对于这种人，听其言当下就可以知其“为之难”，需要注意这种情况，但这不是孔子提醒我们的。孔子提醒我们的是不要上了好心人的无心之骗，即使“其言之不怍”，其“为之也难”。这是“言易行难”的一种表现。

在行政工作中，这种情况有很多。对于一件事，负责的干部真心实意地说，真心实意地做出承诺，真心实意地下力气去干，结果还是达不成他所说的目标。应当相信这些干部的诚意，但是不应完全相信这些干部的分析判断能力和贯彻落实能力。不能听其言即信其行，对于重要事情，要充分听取不同意见，深入调查研究，扎扎实实地掌握情况。如有一个城市搞拆迁，干部给市长拍胸脯，保证妥善安置群众，不出现群体事件。他说这话不是没有根据，他也了解这些拆迁户的心态和情况。结果一拆迁，群众就围攻。他不知道情况已变，有些人已暗中串联，要求提高拆迁补偿标准，造成了很被动的局面。对于这位市长来说，这就是“其言之不怍，则为之也难”。有些事情，干部不得力，

要直接抓到底才好。

[14.21]陈成子弑简公。孔子沐浴而朝，告于哀公曰："陈恒弑其君，请讨之。"公曰："告夫三子。"孔子曰："以吾从大夫之后，不敢不告也。君曰'告夫三子'者。"之三子告，不可。孔子曰："以吾从大夫之后。不敢不告也。"

译解

陈成子：齐国大夫陈恒。

简公：齐简公。

三子：指季孙、叔孙、孟孙三家大夫。三家实际掌握鲁国政权。

以吾从大夫之后：因我现在还参与国家政事。关于此句的意思，有两说：一说，因我曾经做过大夫，现去官居家，就叫从大夫之后；二说，因我位列大夫之后，是孔子的谦辞。孔子于鲁哀公十一年应季康子之邀回到鲁国，"陈恒弑其君"发生在鲁哀公十四年。按《史记·孔子世家》记载，孔子返鲁后，"然鲁终不能用孔子，孔子亦不求仕"，所以孔子没有再去当官。据《左传·哀公十一年》记载，孔子回国当年即遇到季康子想改田赋，征求孔子意见，孔子不说话，季康子让冉有传话："子为国老，待子而行，若之何子之不言也？"（事见[11.17]章）从这些史实看，孔子没有实际做官，但是作为顾问还在参与一些政事，当然既是"顾问"，想"顾"一下就"顾"一下，不"顾"也就拉倒了。孔子认为自己虽不是大夫，也不是一般大众，既为"国老"，还有言责，所以要说话。"从大夫之后"是对其实际状态一个非常妙的表达，而曾经做过大夫的不一定就有资格和责任去谏言，又何以证明"从大夫之后"就是去职大夫呢，所以不从其说。

陈成子杀了齐简公。孔子沐浴后上朝，对鲁哀公说："陈恒弑齐君，请出兵讨伐他。"鲁哀公说："去告诉季孙、叔孙、孟孙三家大夫吧。"孔子说："因我还参与国家政事，所以不敢不报告。鲁君说'去告诉季孙、叔孙、孟孙三家大夫吧'。"孔子到三家大夫去报告，三家说不可出兵。孔子说："因我还参与国家政事，所以不敢不报告。"

行政解读

据《左传·哀公十四年》记载，陈恒和阚止两人是政敌，齐简公重用阚止，这使陈恒很害怕。有人劝简公，这二人只能择一人而用，不能同朝为政，简公不听。此时，阚止已经密谋除掉陈恒，陈恒家族听闻后铤而走险，杀死阚止，囚禁齐简公，并于十多天后将他杀死。可以说，如果陈恒不动手，陈氏家族必遭阚止杀害。齐简公明知阚止和陈恒之间有着你死我活的矛盾，依然不采取措施，最终落下一个被杀的下场，可谓不智。这都是历史教训了。怎么可以把矛盾极其尖锐的两个干部放到一个领导班子里工作呢？

陈恒以下犯上，以臣害君，在孔子眼里这已不是齐简公死与不死的问题了，而是对既有道德观念和社会伦理的挑战。这一年孔子已经七十一岁了，对政治现实早已看得明白，但仍然要出面要求鲁君和当权派派兵干预。实际上鲁国并没有实力做到这一点。据《左传·哀公十四年》记载，哀公当时就说："鲁国为齐国削弱已经很久了，您攻打他们，打算怎么办？"孔子说："陈恒杀了他们的国君，百姓不同意他的有一半。以鲁国的百姓加上齐国不服从陈恒的一半，是可以战胜的。"哀公说："您告诉季氏吧。"鲁君说的是实情。鲁哀公十一年，齐国进攻鲁国，鲁国上下人心惶惶，都不敢接战，季氏家臣冉求力主应战，才勉强成军，最后还是在吴国帮助下，才把齐国人赶回去（事见[11.17]章）。现在凭鲁国的实力，却要主持公道，确实不可行。即使齐国有一半的人不同意陈恒，但是不是就同意鲁国攻打齐国呢？也未必。所以孔子这个建议，带有理想主义色彩，并没有现实可行性。

这件事充分说明，彰"德"必假"力"。当然有"德"也可以聚"力"。美国想主持世界公道，既要有德，也要有力。中国要想帮助一下穷朋友，不但要有德，还需要有力，所以解决好中国国内问题，增强综合国力，这是当前的首要目标。

[14.22]子路问事君。子曰："勿欺也，而犯之。"

译解

犯：犯颜直谏。

子路问事君之道。孔子说：“不要欺骗，而应犯颜直谏。”

行政解读

参见[4.26]章。

[14.23]子曰：“君子上达，小人下达。”

译解

孔子说：“君子追求通达于圣王之道，小人追求通达于名利社会。”

行政解读

“上”和“下”到底指的是什么，孔子没有直接说，历代注家对此进行了探讨。大体有如下几种说法：一说，上达于仁义，下达于财利；二说，上达于道，下达到于器；三说，上达是日进乎高明，下达是日究乎污下。即“上达”是一天比一天向上提升，“下达”是一天比一天向下沉沦。

君子之“达”与小人之“达”是不同的，这应该是孔子本意。在《颜渊》篇，子张问士怎样做就可以叫作“达”，孔子说：“夫达也者，质直而好义，察言而观色，虑以下人。在邦必达，在家必达。”[12.20]所以君子之“达”，应当是通晓义理，信守善道，对建设美好社会之道的一种深入理解和感悟。在本篇第 35 章，孔子说自己“不怨天，不尤人，下学而上达。”[14.35]指出了“下”的概念。孔子学的是什么呢，学的是圣王之道，祖先留下的优秀的制度、礼仪和文化传统。而学这些，孔子是抱着恭敬的态度来学习的，不可谓之“下学”。孔子还有一“学”，即从春秋时代政治现实和社会百态中学习，这就是“下学”（具体可参[14.35]解读）。所以“小人下达”指的是小人追求通达于名利社会。“君子上达”指的是君子追求通达于建设理想社会之道，也就是追求通达于圣王之道。

就当前社会来说，那些忘记名利，不计较个人得失，专注于国家发展和民族进步，掌握了发展国家、强盛民族方略，并付之于实践的人，可谓“上达”之人，这是君子之“达”。而专注于在社会中捞名取利，在社会上很有钻营之道，能吃得开，可谓“下达”之人，这是小人之“达”。

[14.24]子曰：“古之学者为己，今之学者为人。”

译解

孔子说：“古人学习，是为自己而学；今人学习，是为别人而学。”

行政解读

孔子说古人学习是为了充实和提高自己，现在人学习不过是为了提高自己在社会中的品牌和地位，让别人觉得自己了不起，给自己事业成功创造条件。其实还有更多种学习目的，周恩来总理年轻时就说过，学习是为了中华之崛起。

不论出于何种目的，只要学习就好。当初日本普及义务教育，许多农民不愿意让子弟就学，宁愿让他在家劳动，凡不让子女就学的家长都要受到法律制裁，这样，去学习的目的就是为了避免惩罚了。记得我小时候学习努力，有一半目的是为了享受好成绩带来的自豪感，有一半目的是为了让父母高兴，也可以说是“为人”之学。现在我努力学习，学得很庞杂，有时都不知道为了什么，总觉得活着就要学习，不学习不知道干什么好。

虽然说不论为己、为人，学习就好，但是学习目的不一样，学习效果就不一样。学习没有为了名利的压力，这样学习得快乐，快乐学习出于兴趣，所以容易学出成效。为了名利的学习，一旦有点成效可以取名取利了，学习就会止步不前。现在搞经济学的教授，一旦有了名气，就成了全才专家，可以上电视上报纸，以专家身份评论任何问题，看起来也心安理得。时间久了，人们都忘记他的专业到底是什么了。有个朋友说，中国没有经济学家，只有经济学活动家。这个说法有点过了，但并不是一点道理也没有。

[14.25]蘧伯玉使人于孔子。孔子与之坐而问焉，曰：“夫子何为？”对曰：“夫子欲寡其过而未能也。”使者出，子曰：“使乎！使乎！”

译解

蘧伯玉：卫国大夫。

蘧伯玉派使者到孔子家，孔子请他坐下，问道：“先生做什么呢？”使者回答说：“先生一直想少犯错误，却未能如愿。”使者出去后，孔子说：“这使者！这使者！”

行政解读

蘧伯玉是卫国著名贤大夫。在《卫灵公》篇，孔子感叹道：“君子哉蘧伯玉！邦有道，则仕；邦无道，则可卷而怀之。”[15.7]蘧伯玉这个使者也很厉害，一句话抓住了蘧伯玉人格中的本质，“欲寡其过而未能也”。所以孔子对使者也是大加赞赏。

在今天，“欲寡其过”者多矣！谁不想少犯错误，把工作做得漂漂亮亮？但是承认自己“未能也”则很少见。我们强调开展自我批评，压力大一些，有的人就给自己上纲上线，拼命找自己的过失。现在找自己的过失也不容易，因为决策是集体决策，落实是团队落实，对错大家都有份。做事情也很讲程序，又报告又请示，错了也不是自己的错，可能有自己的份吧。“欲寡其过而未能也”也是一种人生和工作态度，知道自己做得不理想，所以做人做事会加倍小心，更加谦虚，这是好事。

[14.26]子曰：“不在其位，不谋其政。”曾子曰：“君子思不出其位。”

译解

孔子说：“不在其位，不谋其政。”曾子说：“君子所思考的不超越他的职位。”

行政解读

此章前半部分“不在其位，不谋其政”在《泰伯》篇出现过，“君子思不出其位”是新内容。“不在其位，不谋其政”要求不在其位者不要议论、干预在位者之政，这是正确的，其道理参阅[8.14]章。但是曾子的要求又进了一步，还要管住自己的思想，不越过职位或权位的界线，这大概不必。每个人都有思想的自由，甚至有胡思乱想的自由。孔子周游列国十多年，大多数时候并没有什么职位，但他对于各国政局的思考从来就没有停止过。“君子思不出其位”

出自《周易·艮卦》的象辞，艮卦说的是“知止”的道理，《周易·序卦》上说：“物不可以终动，止之，故受之以艮。艮者，止也”，但将其无条件地用作对待政务的态度，恐不符合孔子的思想和所为。君子“言”和“行”不可以出位，但“思”可以出位，当然其前提是必须准确地掌握言行的界线。

政务是公共事务，关乎每一个人切身利益。“不在其位，不谋其政”的意思是，既然已将为政之位委托给当政者，就要给他充分的行政权力，使他能够不受干扰地贯彻行政理念，在一定时期之后，再对其为政成效进行评估，看他是否适合继任，所以思考和观察是必要的，君子不必“思不出其位”。并且，作为一个有责任感的干部，也应该思考其职位之外的一些事情，例如当副县长的，也应思考一下县长岗位上的一些事情，一旦工作需要，这一岗位落到头上，有了充分准备才能干得好。

[14.27]子曰：“君子耻其言而过其行。”

译解

孔子说：“君子以言过其行为耻。”

行政解读

参见[2.13]章。

[14.28]子曰：“君子道者三，我无能焉：仁者不忧，知者不惑，勇者不惧。”子贡曰：“夫子自道也。”

译解

孔子说：“君子之道有三，我没有能力做到：仁者不忧，智者不惑，勇者不惧。”子贡说：“先生在说自己呢。”

行政解读

参见[7.37]章、[9.29]章、[12.4]章。

[14.29]子贡方人。子曰：“赐也贤乎哉？夫我则不暇。”

译解

方人：指责人。

子贡指责人。孔子说：“赐呀，你就那么贤明？要是我就没有那个闲工夫。”

行政解读

现在领导越来越不愿意批评下属了，并不是下属没有可批评之处，主要是批评有时不但不能起到纠正工作的作用，而且还容易伤人，谁愿意伤人？孔子不赞成子贡老是指责别人、扬人之恶，这是对的。但是行政领域的批评，当从更深层次去理解。

正确对待批评，既是一个干部品质的体现，也是一个干部能力的体现。经常受到领导的批评是一件好事。领导批评得对与不对并不重要，重要的是他在批评。领导的批评有时可能不是那么准确，有时候可能让人感到委屈，有时候可能让人觉得自己承担了并不应该承担的责任。但是，这样严厉的行政环境对于一个干部成长有好处。当受到领导批评的时候，首先的反应不应是如何为自己辩护，而是凡事“求诸己”[15.21]，多从自身找一找原因，问一问自己：“为什么这件事让领导觉得错误在自己呢？自己的工作有没有可以改进的地方，有没有更好的办法使每一个工作环节的责任更加清晰，使领导一看就知道是哪一个环节的责任呢？”领导的批评与对工作的苛求可以增强一个干部的承压能力，同时也会促进干部自身工作的改进。我们要问自己的问题是，为什么不能把工作干得“无懈可击”呢？

一个优秀的干部应该有承受被冤枉的能力。被冤枉了，能不能挺得住，能不能从大局出发，把这个责任承担下来？现在各地一发生矿难，死了一些人，首先把行政主官撤掉，有的市长、县长到任才几个月，有什么责任？可以说是被冤枉了，但是这是整个行政体制向人民负责的需要，当下的社会有这个期待，所以就有理由如此。将来社会更加成熟了，人民知道问题的关键是什么，那时候就可以不必如此了吧？在行政工作中，有时候领导批评一个人，不见得就是这个人的错误，而是需要有人为错误负责，而由这个人去负责，对整个大局损失最小，所以能不能正确对待批评、理解批评，确实是一种水平和能力。

[14.30]子曰：“不患人之不己知，患其不能也。”

译解

孔子说：“不要担心别人不了解自己，应该担心的是自己的无能。”

行政解读

参见[1.16]章。

[14.31]子曰：“不逆诈，不亿不信。抑亦先觉者，是贤乎！”

译解

不逆诈：不预先怀疑别人欺骗。逆，事未至而迎之。

不亿不信：不凭空臆测别人不诚实。亿，事未见的臆测之。

孔子说：“不预先怀疑别人欺骗，不凭空臆测别人无信，却能及早察觉别人欺骗和无信，这就是贤明吧！”

行政解读

遇到一个陌生人，依孔子之见，不应该事先假定他是坏人，但是即使他是坏人，却能在他没有形成坏的结果之前，看清他的真面貌，孔子说这就是贤明。

确实，遇到一个新人，不能先认为人家是一个坏人，应该先认为人家是好人才对，当然，后来他证明自己是坏人，那他就是坏人。

不论对方是好人还是坏人，处理事情都应坚持原则，只要谋事的程序设计严密，谋事的防范机制设计精细，加上与人交往中公私分明、原则坚定，不论是好人还是坏人，想搞破坏都不容易。好人也可以变成坏人，坏人也可以变成

好人，原则对谁都是一样的，不论他好还是坏。有件事情需要保密，那么不论他是好人坏人就都不能告诉他。例如，不能因为觉得太太最好就告诉她，因为她也可能犯无心错误。

个人的贤明总是有限度的，不可能事事贤明，所以重要的是制度和机制设计得要贤明，让可能发生的任何破坏因素都能被控制和消除。比如 2008 年北京奥运会安保机制的设计，我们无法肯定接近奥运场馆的人是好人还是坏人，所能做的就是从制度和技术上消除一切危险的因素，所以真正的“先觉”者是把“坏事”发生的概率降到零。

[14.32]微生亩谓孔子曰：“丘，何为是栖栖者与？无乃为佞乎？”孔子曰：“非敢为佞也，疾固也。”

译解

微生亩：姓微生，名亩。

栖栖：忙碌不休的样子。

无乃为佞：是为了显示口才吗？

疾固：一说，痛恨固执的人；二说，疾世之固陋，痛恨社会的弊端。“疾固”两字简约，解读者不得不加进自己想象的成分。但是，这样说，很难体现孔子周游列国的意图。孔子周游列国，一方面宣传自己的理念和主张，一方面寻找施展政治抱负的平台。南怀谨在《论语别裁》里说“疾固”是孔子解释自己行为的一个幽默的说法，意思是“这是我一个改不掉的毛病”，这个说法不错。

微生亩对孔子说：“孔丘，你为什么老是忙碌不休到处奔波？是为了显示自己的口才吗？”孔子说：“不敢显示口才，这大概是我改不掉的毛病吧！”

行政解读

行政者经常面临许多责难和批评，有时候是工作做得不好，应该受到指责，有时候则是受了委屈，若是这样，尽量解释清楚吧！如果一句两句

解释不清楚，又没有进一步解释的机会和必要，不妨调侃一下自己：“疾固也。”

[14.33]子曰：“骥不称其力，称其德也。”

译解

骥：千里马，好马。

孔子说：“好马值得称赞的不是它有力，而是它有德。”

行政解读

一匹马能日行千里，有耐力，有速度，但是不为人所用，也没有什么价值。好马重要的是它的德行。小时候在农村，喜欢与同伴一起去骑生产队的马。有的马骑在上面跑得很快很稳，只要跳下来，它也立即停下来，它懂得保护主人，这就是有德；有的马在人跳下来后，它还在跑，得花很大力气去控制它，很危险，这就是无德；有的马驮着人跑着往墙上蹭，弄不好可能挤断人的腿，这是很无德的了。当然，没有耐力和速度的马，德行再好，也没有用，也得淘汰。所以大德必附于大力之上才行。一个贫穷落后的国家，公道正派，总是站在正义者的一边，能解决什么问题呢？一个有力量的国家，如果不讲礼，不讲德，这个国家一定是世界不和谐因素，有什么值得称赞的呢？

千里马的德力关系，与人才的德能关系本质相同。有德无能不管用，有能无德不能用，有德有能才好用。还可参考[7.21]章及[12.7]章解读。

[14.34]或曰：“以德报怨，何如？”子曰：“何以报德？以直报怨，以德报德。”

译解

有人问：“以恩德回报怨恨，怎么样？”孔子说：“那么用什么来回报恩德呢？应该以公正回报怨恨，以恩德回报恩德。”

行政解读

美好的社会应该有一个内在的向善机制。让人尽量少伤害别人，就是这个向善机制的组成部分。一个人采取一项行动，对另一个人的影响可能是使之有益、使之受害、与之无关。使之有益，则有恩；使之受害，则有怨。如何让他多做善事，少做恶事，建立正确的"回报"价值观就很重要。

"以德报怨"是老子的态度，"善者，吾善之；不善者，吾亦善之"（《道德经》）。孔子的态度则是"以德报德"，这样行善的人就会多起来，因为有好的回报。前一段时间报道，说有个老人被车撞了，大街上没一个人去管，大家觉得社会已经没有良心了。可是也有报道，说有人被车撞了，好心人送到医院，事主咬定送他的人就是撞他的人，要不"他为什么送我到医院"？不过是为了让人家承担医疗费。如果社会到处都是"以怨报德"，做好事的人就越来越少，所以"以德报德"，有恩必报，有恩思报，这种价值观一定要重新建立起来。对于"怨"该采取什么态度？对坏事都纵容、宽恕，"以德报怨"，等着坏人良心发现，社会上干坏事的人就会越来越多，因为他没有成本，不用付出代价，所以应该让他付出代价。但是等坏人已经认识到自己的错误，并愿意重新走上正道，应该宽恕他的历史，给他新的机会。这也是一种形式的"以直报怨"。

"以直报怨"要求以客观的态度处理"怨"，这一点在行政工作中非常重要。工作时间长了，工作思路不同，工作脾性不同，难免会生出不同意见，时间久了，就相互有"怨"了。怎么对待与自己有"怨"的同事？就是公正无私地对待他，自己固然讨厌他，但是不要让这种讨厌的情绪进入人和事的处理过程中，坚持客观公正，做到这一点，可以说是一个正直的人了。也有一种干部，谁和他对着干他给谁好处，这是"以德报怨"，结果让对他好的人很寒心。正如孔子所说："何以报德？"有恩于己，对自己事业发展中做出贡献的人，一定要以恩情回报，这是必须坚持的原则。对于有怨于己的人，坚持客观公正，但不存在向他回报什么的问题，否则我们用什么去回报有恩于己的人呢？

[14.35]子曰："莫我知也夫！"子贡曰："何为其莫知子也？"子曰："不怨天，不尤人，下学而上达。知我者其天乎！"

译解

莫我知也夫：没有人理解我呀。

不怨天，不尤人：不怨恨天，不责怪人。"怨天尤人"现在已是成语了。

下学而上达：学自于社会民情和实际，通达于圣王治世之道。

孔子说："没有人理解我呀！"子贡说："为什么没有人理解您呢？"孔子说："我不怨恨天，不责怪人，我学自于社会民情和实际，通达于圣王治世之道。理解我的只有天吧！"

行政解读

"下学而上达"是政治家的标准。毛泽东同志领导中国革命取得成功，很重要的一条是他了解中国农村和农民，对中国社会的本质有着深刻的理解，知道通过什么方式唤醒农民，凝聚民心和力量。这种对社会的深刻理解是如何取得的呢？是通过"下学"取得的。毛泽东同志注重调查研究，注重向群众学习，向实践学习，向基层和社会普通人学习，了解他们的诉求，体会他们的疾苦，这就是"下学"。毛泽东同志还精通文史，懂得马克思主义思想的精髓，了解历史上治国治世和革命的经验和规律，这就是"上达"。这是他可以担当革命领袖重任的两个重要条件。现在对好干部也有两条要求，一是了解实际，二是有解决实际问题的思路和办法。这也是"下学而上达"，不"下学"如何了解实际？不"上达"如何拿出问题的解决办法？当然，这与政治家的"下学而上达"的程度是不同的。

孔子说自己"下学而上达"，看清了社会的本质，知道建设理想社会的方法和途径，就是不见用，人世间没有理解他的了，只有天知道。现在的政党都知道如何掌握自己赖以生存的社会基本力量，这是一个政党有无力量的标志，也是一个政党改造社会的基本推动力量。孔子没有找到这样一种力量，他把希望寄托在当政者自觉之上，寄托在当政者胸怀、大智、大德和对他本人的高度

信赖之上，周游列国，跑了十多年的路，也没有找到这样的人。是自己创造这样的力量，还是依靠别人的力量？还是自己创造力量的好，这是“创业”。孔子想的是如何“就业”，结果是“就”不了“业”。

对于自己的境遇，孔子“不怨天，不尤人”，他没有说怨不怨自己，估计也不怨自己，可能认为“天道运行”，时候还没有到吧。不过，“不怨天，不尤人”是人生应有的态度。

[14.36]公伯寮愬子路于季孙。子服景伯以告，曰：“夫子固有惑志于公伯寮，吾力犹能肆诸市朝。”子曰：“道之将行也与，命也；道之将废也与，命也。公伯寮其如命何！”

译解

公伯寮：有的说是孔子弟子，有的说不是。有的说是鲁国大夫，有的说其时与子路同为季氏家臣，不可考。寮，音辽。

子服景伯：鲁国大夫，《左传》记有其人。

季孙：即季氏，鲁国权臣，实际掌握政权。

愬：音诉。诋毁，说坏话。

夫子固有惑志于公伯寮：季氏即使为公伯寮谗言所迷惑。夫子，指季氏。

吾力犹能肆诸市朝：我也有能力让他陈尸刑场。肆，杀而陈其尸。市朝，根据礼制，杀大夫于朝，杀士于市。

公伯寮在季氏那里诋毁子路。子服景伯将此事告诉孔子，并说：“季氏老先生即使为公伯寮谗言所迷惑，我也有能力让他公伯寮陈尸市朝。”孔子说：“大道能够施行，这是命；大道不能施行，这也是命。公伯寮能把命怎么样！”

行政解读

参见[9.5]章。

[14.37]子曰："贤者辟世，其次辟地，其次辟色，其次辟言。"子曰："作者七人矣。"

译解

辟世：离开社会去隐居。辟，避，离开。

辟地：离开一地去另一地，离开乱国去治邦。

辟色：避开恶劣的态度，避开无礼之态度。色，脸色，引申为态度。

辟言：避开恶言恶语，避开无礼之言论。

孔子说："贤者以避开乱世为上，其次避开乱国，其次避开无礼之态度，其次避开无礼之言。"孔子说："这样做的人已有七个了。"

行政解读

儒家强调对社会的责任，这在《论语》多处都有体现，参读[13.4]、[14.1]等章。"修身、齐家、治国、平天下"是对儒者责任的总概括。这里孔子却说，对于乱世乱国、恶人恶语一概避开，仿佛要回到道家那里，那么孔子为什么不避世呢？孔子弟子避世的好像也不多，原宪算一个吧，最后避于乡野之间。

关于孔子对待避世的态度，《微子》篇中阐述得很明确。鲁哀公五年（公元前490年，孔子时年六十二虚岁），孔子周游列国离开楚国叶邑（楚大夫沈诸梁封邑）到蔡国的途中，碰到了两位隐士——长沮和桀溺，孔子让子路去问一下渡口在什么地方，长沮不告诉他，说既然来人是孔丘，那他理应知道渡口在哪里；桀溺则发了一通议论："滔滔者天下皆是也，而谁以易之？且而与其从辟人之士也，岂若从辟世之士哉！"[18.6]天下到处乱哄哄的，有如滔滔洪水一般，谁能够改变得了这种状况呢？你子路跟着孔丘这个避人之士到处奔波，还不如跟着我们这些避世之士呢。孔子听到这些话，怅然而叹，他说："鸟兽不可与同群，吾非斯人之徒与而谁与？天下有道，丘不与易也。"[18.6]这是说，我们是人，没办法和鸟兽同群，不得不与世上的人同群。既然没有选择同群的权利，就只能想办法改变这个社会了，让人类这个群体变得更公道一些、

更合理一些、更美好一些，所以不能避世。孔子虽然很羡慕、很尊重那些避世之人，他们洞察了世道之乱、社会之浊，保持了自己的清洁和高贵，但孔子坚持自己的入世态度，虽然知道自己的主张很难为其时当政者所接受，但还是“知其不可而为之”[14.38]，这是他的社会责任感所在。劝孔子放弃社会责任的贤者还有很多，如本篇第 39 章讲到在卫国时遇到一个“荷蒉者”，这是一个隐居贤人，就劝孔子“莫己知也，斯己而已矣。‘深则厉，浅则揭’”[14.39]，别人不了解自己就算了，就好比过河，水深了，反正也得弄湿衣服，干脆穿着衣服过；水浅了，可以不让衣服湿了，那就撩起衣服过，适应这个社会，过好自己的日子就可以了。孔子显然不同意这样做，他说：“果哉！末之难矣。”如果这样，确实没有什么可难的，但是确实不能这样，不能放弃对社会的关怀和责任感。后来又遇到“荷蓧丈人”，子路对儒家的社会责任再次进行了论述，见[18.7]章（因涉及较复杂的语义辨析，所以不在这里展开了）。鲁哀公六年（公元前 489 年，孔子时年六十三虚岁），孔子一行到了楚国，没有起用机会，然后离开楚国，准备到卫国去，在路上又遇到一个“楚狂接舆”，也是一个隐居贤人，唱着歌从孔子旁边走过：“凤兮凤兮，何德之衰？往者不可谏，来者犹可追。已而，已而！今之从政者殆而！”[18.5]凤呀，凤呀，现在世道如此衰败，你怎么还不归隐呀，过去的事再劝也没有用，将来的事还来得及改正。算了吧，现在从政者都很危险啊！其意也在劝孔子不要搞那些事了。孔子下车想解释几句，但楚狂接舆“趋而辟之，不得与之言”[18.5]，跑掉了，不想说。确实也说不通，世界观与人生观不同。

桀溺说孔子是避人之士，说得也很对。孔子周游列国，看到不尊重他的态度和不友善的言辞，知道他的主张无法实行，只能离去，“辟色、辟言”，差不多就是避人。从这些情况可以看出，孔子这里所说“贤者辟世，其次辟地，其次辟色，其次辟言”。不过是对那些放下社会责任、独善其身的人的自在生活的一种向往。“作者七人矣”，已经有七个人避世去了，要是我孔丘也去避世多好啊。七个人指的是谁？有人说就是《微子》篇中的“逸民”：伯夷、叔齐、虞仲、夷逸、朱张、柳下惠、少连[18.8]，也不见得，伯夷、叔齐等是周初之人，孔子评说的是历史人物，而这里的“七人”很可能是当世之人，已无法考证。

人们工作太累了，想逃避一下压力，这是一种自然反应。放下社会责任，

自然会有人担负起自己放下的责任，如果实在不愿意过这种生活，可以换一种生活。为人们创造更多的自由，提供更多的选择，这本身就是社会的进步。隐居不一定就是跑到深山老林里去，当个普通百姓就是现代隐居方式。当然，放弃社会责任是因为有更好的人来担负这个责任，多一个“自己”不多，少一个“自己”不少，但如果社会确实需要，显然应当坚持“匹夫有责”的态度，鞠躬尽瘁，死而后已。

[14.38]子路宿于石门。晨门曰：“奚自？”子路曰：“自孔氏。”曰：“是知其不可而为之者与？”

译解

石门：一说，地名；二说，鲁城外城门，拟从后说。

晨门：守门人，负责早晨开门，所以叫晨门。

子路在石门留宿。守门人问：“从哪里来？”子路说：“从孔氏那里来。”守门人说：“是知道做不成却还要去做的那个人吗？”

行政解读

这个“晨门”也是一个隐居高人，可见隐居不一定要跑到深山老林里去，当一个普通老百姓，本身就是隐居了。这个人对孔子一生概括得很准确：“知其不可而为之。”“知其不可而为之”是一种强烈的社会责任感和对理想的坚定信念。参考[14.37]之解读。

[14.39]子击磬于卫。有荷蒉而过孔氏之门者，曰：“有心哉，击磬乎！”既而曰：“鄙哉，硁硁乎！莫己知也，斯己而已矣！‘深则厉，浅则揭。’”子曰：“果哉！末之难矣。”

译解

荷蒉：背着草筐。荷，负的意思。蒉，音愧，草筐。

磬：音庆，一种石质敲击乐器。

鄙哉，硁硁乎：磬声硁硁的，不好听。硁，音坑，磬的声音。

莫己知也，斯己而已矣：别人不了解自己，自己藏在心里就算了。斯"己"是"自己"的"己"，"已矣"是"已经"的"已"，不要看错了。

深则厉，浅则揭：语出《诗经·邶风·匏有苦叶》，水深则穿着衣服过河，水浅则撩起衣服过河。厉，连衣下水而涉；揭，褰衣下水而涉。

果哉！末之难矣：果如此，确实就没有什么难的了。此句有多种解读，如"好坚决，没有办法说服他了。"（杨伯峻《论语译注》），又如，"真果断呀，没有什么可责问他的了。"（钱逊《论语浅解》），等等。均不从以上诸说。孔子意思是，按照荷蒉者的意见，大家都放弃理想和责任，追求自身的自在，水深了一种过河办法，水浅了又一种过河办法，适应环境而不去改变环境，确实也没有什么难的了。

孔子在卫国击磬。有个背着草筐的人路过家门，说："在击磬呀，磬声里有心事！"过了一会儿又说："磬声硁硁的，不好听。别人不了解自己，自己藏在心里就算了。《诗经》上说：'水深则穿着衣服过河，水浅则撩起衣服过河。'"孔子说："果如此，确实就没有什么难的了。"

行政解读

荷蒉者是一个隐居贤人，懂磬声，了解孔子的思想和际遇，对社会有比较深的理解，也有自己的主张。他知道孔子苦于没有被当政者起用，难以实施自己的主张，就劝孔子，别人不理解就算了，这个世界不论变成什么样子，一样可以生活，就好比过河，水深了，反正也得弄湿衣服，干脆穿着衣服过；水浅了，可以不让衣服湿了，那就撩起衣服过。对这个乱乎乎的世界，不用管那么多，过好自己的日子算了，一句话，让孔子放弃社会责任。孔子的回答也很简单，如果这样，确实没有什么可难的。顺其自然，冷眼旁观芸芸众生，放弃对社会的关怀和责任，这很简单，但是显然孔子不同意这样做。参考[14.37]章解读。

[14.40]子张曰："《书》云，'高宗谅阴，三年不言。'何谓也？"子曰："何必高宗？古之人皆然。君薨，百官总己以听于冢宰三年。"

译解

高宗谅阴：高宗居丧守孝。高宗，商王武丁，商朝中兴之王。谅阴，"梁庵"的假借字，孝子居丧守孝时的凶庐，读"梁庵"音。

君薨：按礼制，天子死叫崩，诸侯死叫薨。薨，音烘。

总己：总摄己职。

冢宰：又称太宰，辅佐天子统领百官治理国家，即后世所谓宰相。

子张说："《尚书》上说：'高宗居丧守孝，三年不说话。'这是什么意思？"孔子说："不仅高宗这样，古时人们都是这样。君死了，百官总摄己职听命于太宰达三年。"

行政解读

在《阳货》篇，孔子说："子生三年，然后免于父母之怀。夫三年之丧，天下之通丧也。"[17.21]天子和普通百姓都要为父母守丧三年，这是一种制度。在此期间，国家的实际最高长官是太宰，相当于总理大臣吧。对现在社会而言，三年确实很长了，美国四年一次总统大选，三年几乎就是一届政府。

这么长的时间内，太宰总摄百官，如果太宰心有异志，不就有可能取而代之了吗？这在现代社会或许可以，但是在中国古代社会，孝是一种高贵品格，人家守孝期间发生这种事，定然失去民心，成为千夫所指，所以高宗等君王可以安心守孝，不必操心政事。这就是制度和文化的力量。

[14.41]子曰："上好礼，则民易使也。"

译解

孔子说："在上位的人好礼，百姓就容易听从指挥。"

行政解读

上好礼，民亦好礼，礼是一种秩序和规范，百姓懂得遵守秩序，当然容易听从指挥和调动了。上好礼，人民受到政府的尊重，也会尊重政府的政令，当然也容易听从指挥和调动了。参考[12.19]章解读。

[14.42]子路问君子。子曰："修己以敬。"曰："如斯而已乎?"曰："修己以安人。"曰："如斯而已乎?"曰："修己以安百姓。修己以安百姓，尧舜其犹病诸!"

译解

修己以敬：修己，保持敬慎。礼的本质是敬，敬人敬事。

修己以安人：修己，让别人安定。人，指与自己接触的人，包括亲人、朋友、同事等。

修己以安百姓：修己，让百姓安定。

尧舜其犹病诸：尧帝和舜帝都为此感到困难。

子路问怎样做才是君子。孔子说："修己，保持敬慎。"子路说："只此而已吗?"孔子说："修己，让别人安定。"子路说："只此而已吗?"孔子说："修己，让百姓安定，尧帝和舜帝都为此感到困难!"

行政解读

修己以敬，对人对事保持诚敬态度，敬"敬己之人"，也敬"不敬己之人"，敬"熟悉的人"，也敬"不熟悉的人"。对待事情，认认真真地去做，不要滑头。

修己以安人。有一条总的原则，让所有认识自己的人因认识自己而得到人生收益的增进，多年以后，人家如果想到能够认识这个人真是不白认识，这就好了，这就是"安人"。对待朋友所托之事，在政策法律范围之内，尽力帮助。对亲人、家乡的人也有一颗帮助的心，尽力关照。当然，所有这些都必须不违

反做人的原则和工作的原则。工作原则是什么？公平、公正、公开，为政策法规纪律所许可。修己以安百姓，以天下苍生为己任，这是有大仁、大智、大勇、大义、大信、大忠的君子才可以办得到吧。

修己以敬、修己以安人、修己以安百姓，从另一个角度说明了君子所应承担的社会责任，参考[13.4]章解读。

[14.43]原壤夷俟。子曰："幼而不孙弟，长而无述焉，老而不死，是为贼！"以杖叩其胫。

译解

原壤：鲁国人，孔子老朋友。

夷俟：一说，蹲在那里等孔子；二说，叉着两腿坐在那里等孔子。夷，即踇，一种坐姿，蹲姿或坐在那里两腿自由前伸，所谓"箕踞"。拟从二说。俟，等待。

孙弟：即逊悌，恭敬而孝悌。

长而无述：年岁长了也没有值得称道的地方。述，称述，称道。

叩其胫：敲他的小腿。胫，音静，小腿。

原壤叉着两腿坐在那里等孔子来。孔子说："你小时候不谦逊敬长、友爱兄弟，年岁长了也没有什么可称道的，这么老了还不快死，真是个祸害。"一边说着一边用拐杖敲他的小腿。

行政解读

原壤行为无状，崇尚逍遥自在。据《礼记·檀弓》记载，原壤母亲去世，孔子去帮助料理后事，原壤竟然登木而歌。孔子随从说断绝关系算了，孔子说不离弃亲人这才有亲人，不离弃故人这才有故人，不同意断绝关系。在《泰伯》篇中，孔子说："君子笃于亲，则民兴于仁；故旧不遗，则民不偷。"[8.2]阐述了"亲亲"和"不遗故旧"的意义。

原壤和孔子可谓志不同、道不合，但也不影响孔子和原壤之间的友谊。政

见不同的人、学术观点不同的人、工作思路不同的人，为何不可以成为朋友呢？

[14.44]阙党童子将命。或问之曰："益者与？"子曰："吾见其居于位也，见其与先生并行也。非求益者也，欲速成者也。"

译解

阙党：孔子所居之地，又名阙里。

将命：宾主相见时替宾主传话。将，"传"的意思。

益者与：即益之者与？那是为了让他长进吗？意思是让他担任这么重要角色，是为了让他进步快一些吗？

吾见其居于位也：我看见他坐在长辈们坐的位子上。按礼制，童子无位。

见其与先生并行：看见他与长辈们走在一起。按礼制，童子应当随行。

阙党一个孩子在宾主相见礼中被安排为宾主传话。有人就此问孔子："这是为了让他长进快一些吗？"孔子说："我看见他坐在长辈们坐的位子上，看见他与长辈们走在一起，这不是为了让他长进，这是想让他速成。"

行政解读

关于这一句的含义，众说纷纭。有说"阙党童子将命"说的是让阙党这个孩子去送信，在这一前提下又有两种说法：一说，是别人让他给孔子送信；二说，是孔子让他给别人送信。朱熹还说孔子给他"使令之役"，就是让他"观长少之序，习揖逊之容"（《论语集注》），类似于现代的行为教育，这恐怕都是解读者自己加进去的内容，因其与后边对话内容不合。

在阙党这个地方，有一家在宾主相见礼中给这个孩子安排了一个角色，有人就此问孔子，这样做合适不合适，是不是对孩子进步有帮助。孔子认为这样做并不合适，本来是一个孩子，却去担当大人角色，本来是晚辈，却要与长辈平起平坐，这对孝悌和长幼有序的精神的传承是有害的，所以孔子说，这样做并不会对他有什么帮助，只不过大人想让他速成罢了。

人的一生，在每一个阶段应当干好每一个阶段该干的事，不要超越阶段。没入学之前，就是要让孩子玩，有的家长要培养神童，绝大多数都以失败告终。入学之后就要好好学习，有的家长却想让孩子早早地进入社会，学习社会上的一些处事与办事方法，学习社会上的人情世故，结果学习没搞好，驾驭社会的本事也没提高。进入社会之后，本来应了解社会现实和人情世故，却整天抱着书本读死书，不去融入社会，不去寻找贡献社会的机会，这样做也很难担负起家庭和社会责任。

培养干部也是这样，应大胆提拔年轻人，这是保证事业后继有人的需要，但也应遵从干部培养和人的德能提高的规律，应循序渐进地在各个层级的关键岗位上给以扎扎实实的锻炼，不可为了年轻而年轻，只要看得顺眼，就放在关键岗位上担任领导责任，这样做可能既害了干部，也害了事业。

第15篇

《卫灵公》中的行政精神

[15.1]卫灵公问陈于孔子。孔子对曰：“俎豆之事，则尝闻之矣；军旅之事，未之学也。”明日遂行。

译解

陈：即“阵”字，“陈”为“阵”字的本字，指陈兵布阵之事。

俎豆之事：代指礼仪之事。俎和豆都是礼器。俎，音祖。

卫灵公向孔子询问陈兵布阵的事。孔子回答说：“礼仪方面的事，倒听说过一些；军事方面的事，没有学过。”第二天就离开了卫国。

行政解读

参见[12.7]章。

[15.2]在陈绝粮，从者病，莫能兴。子路愠见曰：“君子亦有穷乎？”子曰：“君子固穷，小人穷斯滥矣。”

译解

从者病，莫能兴：随从者都饿病了，爬不起来。兴，“起立”的意思。

子路愠见：子路很不高兴地来见孔子。愠，生气，恼怒。

君子固穷：一说，君子固然有穷困的时候；二说，君子在穷困之中仍能固守其志。当从二说。

小人穷斯滥矣：小人在穷困时就会失去原则，失守其志，无所不为。

孔子在陈国时断了粮，一行人都饿病了，爬不起来。子路很不高兴，来见孔子说："君子也有穷困的时候吗？"孔子说："君子在穷困的时候仍能坚持原则，固守志向；小人在穷困的时候就会失去原则，放弃志向，无所不为。"

行政解读

这里只介绍一下此事的历史背景，解读见[4.2]章。

鲁哀公六年（公元前489年），孔子当时六十三虚岁。这一年吴国进攻陈国，楚国前来救陈，听说孔子住在陈、蔡边境，就派人来聘请孔子。陈、蔡两国大夫听到这个消息十分害怕，他们认为孔子过去针砭时弊都切中要害，对陈、蔡两国所作所为并不满意。楚国是个大国，孔子到了楚国，一旦被重用，必对陈、蔡两国不利，于是就派人把孔子一行围困在野外，动弹不得，粮食也断绝了。随行弟子饿病了，都打不起精神来。孔子却照样讲学、诵书、弹琴、唱歌。子路很不满意，就去见孔子，问他："君子亦有穷乎？"孔子则回答说："君子固穷，小人穷斯滥矣。"孔子看到大家思想状态不稳定，就开始做思想政治工作。

他问子路，我们为什么会落到这个地步。子路说："意者吾未仁邪？人之不我信也。意者吾未知邪？人之不我行也。"[①]想必是我们仁和智都不够，所以人家不信任我们，不放行我们。孔子回答说："有是乎！由，譬使仁者而必信，安有伯夷、叔齐？使知者而必行，安有王子比干？"如果是仁者就能获得信任，怎么会有伯夷和叔齐呢？如果是智者就能通行无阻，怎么会有比干呢？

他问子贡，我们为什么会落到这个地步。子贡很会说话，他说："夫子之道至大也，故天下莫能容夫子。夫子盖少贬焉？"老师您的"道"太大了，天下谁都容不下，为什么不稍微降低迁就一些呢？孔子说："赐，良农能稼而不能为穑，良工能巧而不能为顺。君子能修其道，纲而纪之，统而理之，而不能为容。今尔不修尔道而求为容。赐，而志不远矣！"庄稼好把式善于播种却不一定能有好的收成，能工巧匠有好手艺却不一定能尽合人意。君子修道就像织网一样，有自己的路数，织成的网未必一定能为当世所接受。端木赐你不修

①以下引文均引自《史记·孔子世家》。

道，只想着如何屈就让人家接受，你的志向不够远大呀！

他问颜回，我们为什么会落到这个地步。颜回更会说话，他说："夫子之道至大，故天下莫能容。虽然，夫子推而行之，不容何病，不容然后见君子！夫道之不修也，是吾丑也。夫道既已大修而不用，是有国者之丑也。不容何病，不容然后见君子！"老师您的"道"太高明了，所以不为天下所容。即便如此，老师您坚持按着"道"去做，不接受又有什么关系，不接受才能看清什么是君子！不修道才是自己的耻辱，既然修得大道而不被接受，那是"有国者"的耻辱，不接受又有什么关系？不接受才能看清什么是君子！颜回说得太漂亮了，孔子一听就笑了，说："有是哉颜氏之子！使尔多财，吾为尔宰。"是吗？颜回呀！假使你能有很多财富的话，我真愿意去你家做个总管。

颜回虽然说得好听，但解决问题还得回到现实。孔子最后还是派子贡而不是颜回到楚国去，说服楚昭王派兵将孔子一行迎接到楚国，才免去这场灾祸。其实，孔子心中清楚什么东西管用，颜回说得比唱得好，就是不管用。从这件事也可看出，孔子喜欢颜回不光是因为颜回德行好，大概还因为颜回一张善于拍马的"利口"吧。

[15.3]子曰："赐也，女以予为多学而识之者与？"对曰："然，非与？"曰："非也，予一以贯之。"

译解

识：音志，记住。

孔子说："赐啊，你以为我是博学又能强记的人吗？"子贡回答说："是呀，难道不是吗？"孔子说："不是的，我只不过是用一条主线把它们贯穿起来。"

行政解读

参见[4.15]章。

[15.4]子曰：“由！知德者鲜矣。”

译解

孔子说：“仲由啊！懂得德的作用和意义的人太少了。”

行政解读

在《子罕》篇，孔子说：“吾未见好德如好色者也”[9.18]；在本篇第13章，孔子又说：“已矣乎！吾未见好德如好色者也”；这里则说：“知德者鲜矣。”在《雍也》篇，孔子比较了人们专注事物的几种状态：“知之者不如好之者，好之者不如乐之者。”[6.20]孔子观察当时社会道德水准的总体状态，不但“好德”者不多，“知德”者也很少，“乐德”者更难期望了。不是不知德，是不为也。都懂得助人为乐是好品德，但是不愿意干。社会管理阶层专注于“利”的创造与分配，有的认识不到“德”的建设在社会发展中的作用，而认识到“德”的建设的重要作用的人有时候又不懂得如何进行“德”的建设。

“德”的建设是大众工程，君子“有德”是基于个人修养、社会责任和理想信念，让社会普通百姓“有德”靠的是制度和示范。一个人碰见“无德”的人多了，自己慢慢也就“无德”了。坐公共汽车，看到人们不给老人让座，这种现象见得多了，让座的人反而成了“另类”。哪一个群体可以成为“德”的建设的示范群体呢？公众人物群体有这个历史责任。

公众人物应当承担起社会道德建设的责任，名人必须有德，这应成为一种文化和制度。演艺界人士、体育界人士、学术界名人、新闻界人士、政界人士，凡公众人物和名人都必须承担道德建设的责任。这些人成名靠的是自己的专长，但不能“恃长乱德”。公众人物失德对社会良心损害非常大，我们必须注意到这个问题。凡失德就要纪律处理，其人所在单位、所在行业应该有这个社会道德建设的责任，这是社会道德建设起步阶段必须走的一步。

[15.5]子曰：“无为而治者，其舜也与？夫何为哉？恭己正南面而已矣。”

译解

孔子说：“真正能够做到无为而治的，大概是舜吧？他做了些什么呢？不过是恭恭敬敬地面南而坐吧。”

行政解读

人们都把“无为而治”当作道家的主张，其实儒家何尝不想如此？不费什么劲，不干什么事就可以使天下大治，何乐而不为？

舜并非无为。据《尚书·舜典》记载，他修订历法，统一度量衡，调整行政区划，整肃刑典，发明了流放的办法。舜每五年到各地巡视一次，让各地长官报告当地施政情况，他还严厉惩治恶人、乱者和政绩不彰者，流放了共工、驩兜，把三苗驱逐到三危，把治水不力的鲧杀掉，天下因此威服于舜。舜的时候，贤人并举，各得其所。他让禹治水，让弃主管农业，让契主管教育，让皋陶主管军事和司法，让倕主管百工，让益主管林业，让夔主管文化建设，让龙做纳言官，管政令发布，听取百姓意见……一共任命了二十二个贤人，可谓有史以来最强精英内阁。在这么一群政治精英的帮助下，舜管理天下事务就显得很轻松，大部分时间没什么事，只是恭恭敬敬地面南而坐，可谓“无为”，实为“无需为”。

现代社会如何“无为而治”？政府部门责任很大。行政者很忙很累，有人说不过是忙于吃喝吧！说实在的，谁都不愿意去吃喝，伤身、伤心、费时，安安静静地自己吃口饭多好，有些饭不得不吃，这是文化习惯和制度使然。都说政府管得太多，现在的问题是群众习惯有事找政府。有的地方群众搞非法集资，被骗了，围攻政府，说是政府的责任。可是，禁止非法集资的法律就在那里放着，大家非法集资的时候都不报告政府，赚钱的时候也不报告政府，被骗了就找政府。笔者曾经接待一个耕地案件的上访者，承包耕地如何流转都有法律规定，他违反有关规定将耕地私自转给别人，还签了协议，后来反悔却又要不回来，就来上访，让政府去给他要。说这些不是要为政府辩护什么，政府有责任治理好社会、教育好人民。但是我们要实事求是地看待中国目前的社会现实。

无为而治。如果政府无为，制度就要有为，公民要有为，这样才行。政府无为，制度也无为，公民素质能力和道德整体水平不提高，社会就会陷入混乱。现在，中国各级政府大概是全世界最累、最忙的政府了。老百姓觉得政府很有权力，假定政府不要这些权力，这些权力交给谁呢？的确，我们应当很好地思考一下社会总权力在社会各责任机构中间的科学合理分配了，要让一些政府之外的社会机构有能力承担一些公共权力。如果能够做到无为而有序，何乐而不为？

[15.6]子张问行。子曰："言忠信，行笃敬，虽蛮貊之邦行矣。言不忠信，行不笃敬，虽州里行乎哉？立，则见其参于前也；在舆，则见其倚于衡也，夫然后行。"子张书诸绅。

译解

行：行得通，办事能办得通。

蛮貊之邦：蛮在南，貊在北，指没有开化的落后地区。貊，音末。

州里：这里代指家乡。

见其参于前：见其耸立于前。参，耸立的样子。

衡：车前横木。

绅：腰间大带。

子张问怎样才能行得通。孔子说："说话忠诚信实，做事笃实认真，在蛮貊之邦都能行得通。说话不忠诚信实，做事不笃实认真，即使在自己的家乡能够行得通吗？站着的时候，仿佛'言忠信，行笃敬'这些字耸立于面前，坐在车上，仿佛这些字靠在衡上，这样做就能够行得通了。"子张把这几个字写在衣服的大带上。

行政解读

按孔子意见，用现代流行语言来说，"言忠信，行笃敬"这些价值观属于普世价值，走遍天下也行得通、吃得开。本句与[13.19]章意思相近，可参[13.19]章解读。

这里要注意的是子张的学习态度，“书诸绅”。这是一种“学而时习之”的方法。对于一种价值观念，懂得它是一种境界，说话时、做事时能够自觉想到它，并用以指导自己的言行，就又是一种境界了。

[15.7]子曰：“直哉史鱼！邦有道，如矢；邦无道，如矢。君子哉蘧伯玉！邦有道，则仕；邦无道，则可卷而怀之。”

译解

史鱼：卫大夫史鳝，字子鱼。

如矢：言行之直如同箭一般。

卷而怀之：收而藏之。卷，“收”的意思；怀，“藏”的意思。

孔子说：“史鱼真是正直呀！国家清明有道，像箭一样直；国家昏乱无道，也像箭一样直。蘧伯玉真是君子呀！国家清明有道，就出来参政；国家昏乱无道，就退而归隐。”

行政解读

蘧伯玉是历史上比较有名的贤人。在《述而》篇，孔子对颜渊说：“用之则行，舍之则藏，唯我与尔有是夫！”[7.11]孔子可谓“用之则行”，但“舍之”则没有“藏”，而是周游列国，试图寻找再度执政的机会。孔子晚年回到鲁国，虽然不再出仕，但仍然关心政治，责任感依旧。颜渊则基本没有见用。与孔子和颜渊比，蘧伯玉是更为典型的“用之则行，舍之则藏”型政治人物。

第一，具有君子品格。据《列女传·仁智传》记载，卫灵公有位夫人有贤德。一天晚上，灵公与夫人闲坐，听得远处轰轰车声越来越近，到了宫门却没有了声音，过了宫门轰轰车声又响了起来。灵公问这是谁，夫人说此人必是蘧伯玉，她说：“路过宫门要停车下马，步行而过，这是礼。真正的忠臣孝子，不因为大家都看得见才守节守信，更不因为大家都看不见就放纵废礼。蘧伯玉是卫国的贤人，他不会因别人看不见就不遵礼节、驾车而过，因此一定是他。”灵公派人察看，果然是蘧伯玉。

第二，用之则行。蘧伯玉在卫国执政威名远播，当时在各国很有名气，受到尊重。蘧伯玉出使到楚国，碰到公子皙正要离开楚国。蘧伯玉知道公子皙是楚国的贤人，但不为楚国所用。蘧办完公事与楚王闲聊，楚王问他哪国人才最多，蘧说楚国人才最多，楚王很高兴。蘧接着说，可惜人才虽多，楚国却没有用起来，都让别国用了。伍子胥是楚国人，结果被迫逃到吴国，率领吴国军队攻打楚国。衅蚡黄也是楚国人，结果跑到晋国，晋国令他治理72县，那里的老百姓安居乐业，路不拾遗。今天我在路上遇到公子皙，也是个人才，如今又要离开楚国，不知要到哪一国去效力。楚王听到这里恍然大悟，赶紧派人追回公子皙，并拜之为相。[①]蘧伯玉等于是为楚国安排了一个宰相。

第三，舍之则藏。据《左传·襄公十四年》记载，卫献公与大臣孙文子之间矛盾激化，孙担心被杀，决定先下手攻击了献公。进入国都后遇到蘧伯玉，孙对蘧伯玉说："国君暴虐，您是知道的，我很担心卫国灭亡，您将怎么办呢?"蘧回答说："邦国由国君来管理，下臣怎能冒犯他？即使冒犯他，立了新君，难道就一定比旧君强一些吗?"接着就逃跑了。结果卫献公被赶出国。12年后，卫献公在一些大臣的帮助下准备回国复位，有个大臣叫宁喜的去联络蘧伯玉，蘧伯玉说："瑗不得闻君之出，敢闻其入?"（瑗：蘧伯玉之名）我没有听说国君出去，现在哪敢听说他回来，接着又逃出了国（《左传·襄公二十六年》）。发生这事时，孔子只有五岁。总的来看，蘧伯玉对卫国国君的君位之争和下臣犯上之事，虽然不同意，不参与，但也不阻止，保护自己要紧。与作为鲁国人的孔子相比，齐国人陈恒杀了齐国的国君，都想让鲁国去干预，可见蘧伯玉与孔子的政治观念和政治性格是很不相同的。

评论："用之则行"，谁也不会对此提出异议。但是"舍之则藏"可能会有不同意见。不被见用，别人干一样干得好，藏起来就藏起来，独善其身，过好自己的日子算了。已经到了国灭家亡的时候，匹夫都有责了，还要"藏"起来，把保护自己放在第一位，这恐怕不太合适。当然，蘧伯玉这种人，遇到政治运动，或许容易过关，遇到天下太平，也能干出成绩，这是一种类型的政治人物。

史鱼是卫国大夫，因忠直而闻名于史，跟蘧伯玉也有关系。史鱼在世的时

---

① 《说苑·善说》。

候，卫国有个奸佞宠臣叫弥子瑕被重用，而蘧伯玉则不能用。史鱼多次进谏无果，临死的时候告诉他儿子，自己生不能进蘧伯玉、退弥子瑕，这是不能正君，所以死后不能成礼，把尸体停在窗下，不出殡。卫灵公来吊唁，看到这种情况，觉得很奇怪，问他儿子，他儿子据实以告，灵公变了脸色，说这是我的错啊，于是起用蘧伯玉，疏远弥子瑕。孔子对此有个评论："古之列谏之者，死则已矣，未有若史鱼死而尸谏，忠感其君者也，不可谓直乎。"[①]说自古以来，臣谏君，死了就算了，而史鱼以"尸谏"，真是忠直啊！

评论：如果活着时进谏太过激烈，说不定会遭弥子瑕迫害也未可知，史鱼可谓"谏而有智"。史鱼"尸谏"出了名，可是春秋时代有一个叫郑瞀（音冒）的女子"死谏"楚成王，比史鱼更智慧、更刚烈，孔子也没有给她只言片语的赞誉[②]。

[15.8]子曰："可与言而不与之言，失人；不可与言而与之言，失言。知者不失人，亦不失言。"

译解

失人：失去信任，失去人心，失去友谊，等等。

孔子说："可以说的话却不去说，就会失人；不可以说的话却说了出去，就是失言，有智慧的人既不失人也不失言。"

行政解读

这句话在社会生活和行政工作中非常重要。该说的话一定要说，不该说的话一定不能说。人们都懂这个道理，但是孔子指出了不这样做的后果，一个是失人，一个是失言，不过有时候失言也会导致失人。

人在社会中有没有力量，取决于得到了多少人的信服，是不是得人心，得人心靠行也靠言。同事遇到了困难，大部分人不明真相，而这时候只要一个人

---

① 《孔子家语·困誓》。

② 《列女传·节义传》和《左传·文公元年》。

说出真相，这位同事就可以得到解脱，而这个人却不说，结果一定是“失人”，失去这位同事的信任和友谊。比如，领导班子一起研究干部，其中有一个被提名人是某某分管的部下，该不该给他说句公道话？如果不说，一定失人，失去的人不光是这个被提名的人（如果他将来可能知道的话），也可能失去领导班子其他成员的心。这个干部既然是某某分管，而某某不说话，别人就更没资格说话。某某有言责却不说话，大家就会觉得他是一个对下属和同事不负责任的人，别人也不会愿意跟着他干了。当然如果他觉得这个干部不好，却非要说他好，这属于失言，说了不该说的话，这也不对。

领导班子研究干部，还没有做出结论，就已经跟亲近的人说了出去，这就是失言。有些保密事项，不该对外人说却说了，这也是失言。失言也会失人。说话没谱，人家就觉得这人不可信，有些话就不和他说了，有些会就不让他参加了，有些岗位就不让他去负责了，所以失言的结果很可能也是失人，还可能是失位，还可能是丢掉事业和前途。

失言和失人之间有时呈现出表面的矛盾。有的领导班子研究干部，跑风漏气，原因比较复杂，一些领导班子成员怕“失人”也是重要原因。老上级、老部下、老朋友、老同事、老同学知道他参加领导班子会，知道他了解实情，希望他讲一点内部情况，他却不讲，大家觉得他不够意思，有“失人”的危险。但是违反保密规定，说了不该说的话，这也要“失人”，失去上级和组织的信任。在两种“失人”中间怎么选择？还是坚持组织原则比较好，不失言。不说保密事项，有人可能当时不高兴，觉得没有得到信任，不够意思，但是时间长了知道他就是这么个人，反而愿意把一些话说给他听，因为知道他有保密负责的品格，不会随便乱说出去。况且，与老上级、老部下、老朋友、老同事、老同学之间的关系并不全部体现在说些不该说的话上面，在原则范围之内关心他们、帮助他们、支持他们，这才是做人交友的正道。拿原则去讨好人，最终还是失去人，这不是正道。如果知道某某是一个没有原则的人，知道某某把个人关系看得比组织原则和职业道德还高，要求就会更多，将来他也一定没有办法满足得了这些要求，最后还是失人。

可与言、不可与言，说与不说，就看原则定在哪里。智者既不失人，也不失言，主要是说与不说的原则确定得比较好。

[15.9]子曰：“志士仁人，无求生以害仁，有杀身以成仁。”

译解

孔子说：“志士仁人，没有因求生而损害仁，只有牺牲生命以成全仁。”

行政解读

现在，“杀身成仁、舍生取义”已成为民族精神的一个组成部分了。“杀身成仁”来源于本句，“舍生取义”是孟子说的：“生，亦我所欲也；义，亦我所欲也，二者不可得兼，舍生而取义者也。”（《孟子·告子上》）

革命战争年代倡导不怕牺牲，为革命和理想而献身，这也是倡导杀身成仁，舍生取义。只不过“仁”和“义”在不同政治集团中有不同的定义。站错了队，有可能为错误的“仁”和“义”献了身。从这个角度看，在阶级斗争的社会里，“仁”和“义”中的一些价值理念确实具有阶级属性。人类社会的发展不应制造阶级，而应消灭阶级。今天，一个阶级取得了统治地位，就压迫另一个阶级；明天，另一个阶级翻过身，取得统治地位，再去压迫过去压迫它的那个阶级，弄来弄去，相互争斗，留下的都是仇恨。人之间的相互关爱越来越少，社会越来越冷漠，这都是有历史教训的。

现在，社会分层发展比较快，比较富裕的阶层应当清醒地认识到自己所应承担的社会责任，不要只顾自己发财。社会应以前所未有的热情去关心和帮助社会弱势群体，解决他们的教育问题、医疗问题、就业问题、养老问题，给他们以体面和有尊严的生活，这是政府的责任，同时也是一切社会组织的责任，特别是企业这种经济组织的责任。民营企业要关注和解决好本企业职工的教育、医疗、养老等问题。须知，大家好，自己才能好。

[15.10]子贡问为仁。子曰：“工欲善其事，必先利其器。居是邦也，事其大夫之贤者，友其士之仁者。”

译解

为仁：如何修养仁的品格。一说，为仁就行仁的意思，即行仁道。从孔子

回答来看，应指如何修养成仁的问题，故不从。

子贡问如何修养仁的品格。孔子说："工匠要想把活儿干好，一定要先磨快他的工具。居住在一个地方，要同大夫中的贤者共事，同士中的仁者交友。"

行政解读

在这里孔子强调了培养"仁"的品格在环境方面的重要性。在[4.6]章、[7.30]章、[12.1]章则强调了培养"仁"的品格的主观意图和个人心意。可参读。

"工欲善其事，必先利其器"现在已经是成语了。"工欲善其事"，这是主观意图，这可近似比拟为"为仁"的主观意图；"必先利其器"，这是客观条件，可近似比拟为"为仁"的客观条件。孔子说"事其大夫之贤者，友其士之仁者"，实际上是要为形成仁的品格创造一个好的环境。比如随地吐痰这件事，如果初到一个地方，看见有人随地吐痰，可能觉得这人真没有教养；时间一长，看到大家都在随地吐痰，自己不随地吐痰也不能对环境和人群产生什么见效的影响，逐步放松了对吐痰者的反感；时间再长一点，发现随地吐痰确实很方便，自己也跟着做了。所以孔子教导子贡在品格和价值观形成过程中，要与"贤者"和"仁者"在一起，这是为了便于学习。"贤者"和"仁者"是促进好品格形成的"利器"，所以小孩子一定要与品学都好的同学在一起。当然，价值观已经形成的成人，特别是行政工作者，肩负着改造社会的责任，则不能把自己关在一个小圈子里，要与社会大众在一起，"尊贤而容众"，"嘉善而矜不能"。参考[19.3]章解读。

另外，"事其大夫之贤者，友其士之仁者"也是一种为政的方法。如此才能弘扬正气、祛除邪气，才能获得正面的言路。如果身边都是一些不贤者和不仁者，一定会形成一团乌七八糟的政治空气，日久必生祸患。

[15.11]颜渊问为邦。子曰："行夏之时，乘殷之辂，服周之冕，乐则《韶》《舞》。放郑声，远佞人。郑声淫，佞人殆。"

译解

为邦：治国之道。

行夏之时：使用夏代的历法。

乘殷之辂：乘用殷代的车。辂，音路，本字为"路"。《说文解字》："辂，车軨前横木也。"

服周之冕：戴周代的礼帽。

乐则《韶》《舞》：演奏《韶》、《舞》这样的音乐。则：以……为榜样。

放郑声，远佞人，郑声淫，佞人殆：废止郑国音乐，疏远巧言佞人。郑国音乐糜烂，巧言佞人危险。放，远离，废止。淫，糜烂，使人意志消弭。殆，危险。

颜渊问治国之道。孔子说："使用夏代的历法，乘用殷代的车子，戴周代的礼帽，演奏《韶》、《舞》这样的音乐。废止郑国音乐，疏远巧言佞人。郑国音乐糜烂，巧言佞人危险。"

行政解读

颜渊问怎么治国，孔子却答以具体事情的做法，戴什么帽子，听什么音乐。没有讲以仁、义、孝、忠、恕等这些观念去治国。这些具体事情体现了一种治国的思路。

第一，重视民生，"行夏之时"体现了这种精神。夏历就是现在的农历或说是阴历。周代以阴历十一月为正月，殷代以阴历十二月为正月，相比较而言，夏历最适合农业生产活动。按夏历安排农业生产符合农作物生长规律，各个节气干什么农活指示得非常明确，所以孔子要求"行夏之时"。行什么时很重要。现在我国的财政预算年度是日历年度，即从每年 1 月 1 日到 12 月 31 日。而每年全国人大开会是 3 月初，闭会是 3 月下旬，按照法律规定，只有经全国人民代表大会批准的预算才具有法律效力，从法律上看国家预算只能在 4

月份以后才可执行，可是预算年度到12月31日止，实际预算执行时间不到八个月。换句话说，一年的钱必须在八个月之内花完，而每年第一季度除了维持机关运转之外，又没钱可花，没钱花意味着不能干事，所以这个预算制度是很不合理的。全世界主要国家没有这样定预算年度的，但我们就是改不了。我们过去行过一段时间的"夏令时"，大家的工作和生活节奏就要随之调整。可以看出，"行什么时的问题"对于国家政治经济生活有很大的影响。

第二，节约建国，"乘殷之辂"体现了这种精神。据说，殷代的车子比较简朴实用，《左传·桓公二年》上说："大辂越席，昭其俭也。"越席是蒲草编的席子，大路就是"殷之辂"，木质的。使用"大辂"和"越席"表明比较俭朴。现在坐车要坐豪华的，修路要修八车道的，县城里建的广场不能比天安门广场小太多，社会上存在一种奢华倾向。一些新富起来的国人，以奢华来展示自己的能力和价值，中国已成为世界第二大奢侈品消费市场，据说潜力还很巨大，这到底该不该高兴和自豪？最大问题是我们有沉重的"三农"问题还没解决，还有那么多贫困人口，上不起学，看不起病。农村老人80%以上死在家里，不是死在医院，这固然有个文化传统问题，但也说明公共医疗服务还没有尽到责任。

第三，重视社会文明建设，"服周之冕"体现了这种精神。周冕是什么样子，现在也难考证。周冕代表周代的礼仪文化，孔子用周冕来提示颜渊在文化建设方面吸取周代的经验。

第四，重视文艺工作。在《八佾》篇，孔子说《韶》"尽美矣，又尽善也"。说《武》"尽美矣，未尽善也"[3.25]。《韶》是舜时的音乐，《舞》即《武》，是周武王时的音乐。《述而》篇上说，孔子在齐国听《韶》乐，三月不知肉味，他说："不图为乐之至于斯也！"[7.14]没想到音乐可以到这种境界。从这些情况可以看出，孔子赞成对文艺工作有个适当的管理，要形成主旋律，但是没有"郑声"怎么知道《韶》《舞》之好呢？如果灭掉"郑声"，也就没有主旋律了。"好"是因为有"坏"。所以要让健康向上的文艺成为主旋律，这是必需的，但是不能用强迫命令的办法，要用市场的办法，提高民众的文艺素养和欣赏水平。

远离巧言惑众、利口狡辩之人，这是为人做事的根本。参考[5.5]章解读。

[15.12]子曰："人无远虑，必有近忧。"

译解

孔子说："一个人如果没有深远的思虑，一定会有眼前的忧患。"

行政解读

"人无远虑，必有近忧"已是人人皆知的常用警语。忧患意识也成为民族精神的组成部分。现在，对于每一个个人来说，大家都懂得"人无远虑，必有近忧"的意义，安排自己的事业和人生在许多情况下能够做到"远虑"。但是政府部门和社会组织往往短期行为比较多，远虑不够，所以近忧频频。

比较明显的是群体性事件和一些突发事件。有的地方，长期纵容恶势力和准恶势力存在，有的甚至利用恶势力达成一些"正道"上做不成的事，一旦恶势力膨胀到一定程度，其向政府向社会必然提出更高的要价，发展到通过群体事件压政府就范的地步，这都是过去"远虑"不够，造成了眼前的祸患。我国的耕地占用也是如此。过去沿海地区快速发展，用地政策比较宽松，大量占用耕地。现在内陆地区发展逐步进入快车道，占用耕地的需求大量增加，但全国总耕地面积已由 1996 年的近 20 亿亩下降至目前的 18 亿亩多一点，逼近国家粮食安全警戒线。为粮食安全计，不得不严格控制耕地占用。但是由此造成了沿海和内地用地供给方面的不公平，形成矛盾。中西部地区说，过去沿海地区发展面对的是宽松的占地政策，轮到我们发展时面对的却是严格的占地政策，不容许我们占自己的地，恰恰是因为沿海地区把自己的地占完了，中西部发展动力来自哪里？这个"近忧"是过去"远虑"不够造成的。

现在新富起来的社会群体也患了远虑不够的毛病。这个毛病就是不懂得关照社会贫困阶层，没有清醒地意识到自己的社会责任，为富不仁。富而仁，不一定就是搞慈善、多捐款，最关键的是要善待自己的工人，关心他们的就业、医疗、子女教育和家庭保障。社会贫富差距加剧最终会恶化我们的社会环境，冲击我们的社会秩序，"富起来"会变得"怕起来"，靠法律保护能不能保护得好？跑到国外去也不是个办法。比较好的办法就是大家赶快行动起来，量力而行，尽力而为，共同建设一个充满关爱的和谐社会。

“人无远虑，必有近忧”还是一个心理学问题，一个人看不到远处的困难和问题，现在就容易忘乎所以了，容易放松对自己的管理和约束，这样就容易生出眼前的祸患来。且人之所以有快乐，是因为有忧愁。当忧愁解决了，快乐就来临了。

[15.13]子曰：“已矣乎！吾未见好德如好色者也。”

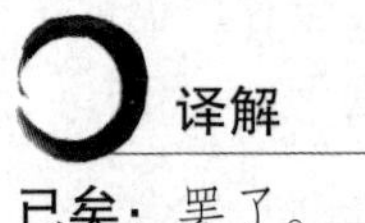

译解

已矣：罢了。

孔子说：“罢了！我没有见过像好色那样好德的人呀。”

此章与[9.18]章重复，只多了“已矣乎！”三个字。

[15.14]子曰：“臧文仲其窃位者与？知柳下惠之贤而不与立也。”

译解

柳下惠：鲁国大夫，姓展名获，字禽，柳下为其食邑，惠是谥号。

而不与立：不帮助柳下惠保住在朝中的职位。立，指立于朝政；与，赞许、帮助的意思。

孔子说：“臧文仲这个人大概是窃位者吧，他知道柳下惠是贤者，却不支持他在朝中任职。”

行政解读

臧氏家族是鲁国的政治世家，亦是周公之后，鲁国贵族。臧家出了不少名臣，臧文仲是其中之一。臧文仲生活的年代比孔子早100多年，孔子对这个历史人物评价比较负面。什么叫“窃位者”？并不是自己偷了个官帽子给自己戴上，而是指他占据重要岗位，却没有履行好岗位职责，其中重要表现就是在柳下惠去留问题上没有发挥好的作用。臧文仲其人其事见[5.18]章解读。下面重点说说柳下惠这个人。

据说，柳下惠活了一百岁，是鲁孝公的儿子公子展的后裔，所以姓展，名获，与臧文仲等人都是同宗。《微子》篇记述：柳下惠为士师，三黜。人曰："子未可以去乎？"曰："直道而事人，焉往而不三黜？枉道而事人，何必去父母之邦？"[18.2]柳下惠多次担任主管司法的官员，多次被罢免，不是三次，据说有四次。有人问他你怎么还待在鲁国呀，怎么不到别国去施展抱负呢？柳下惠回答说，如果坚持公正办案，到哪里都会被免掉；如果不坚持公正办案，与时俯仰，同流合污，干吗要离开父母之邦呢？说明柳下惠这个人很明白保身保位的方法，但是比较清高，不愿意听命于人情和权贵，不愿意徇私枉法，像包公般的人物，所以一次又一次被政治势力所打击。但是既然有"三黜"，必定有"三上"，是谁帮助柳下惠复职的呢？这已无从知晓了。臧文仲在柳下惠下台这件事情上扮演了主要推手的角色，孔子批评臧文仲是"窃位者"，应该指的就是这件事。据《左传·文公二年》记载，孔子认为臧文仲有"三不仁"、"三不智"，其中一个不仁就是"下展禽"，明确指出臧文仲要为解除柳下惠职务负责。《微子》篇还说，逸民：伯夷、叔齐、虞仲、夷逸、朱张、柳下惠、少连。子曰："不降其志，不辱其身，伯夷、叔齐与！"谓"柳下惠、少连，降志辱身矣。言中伦，行中虑，其斯而已矣。"[18.8]可见，柳下惠最终还是离开了行政领域，没有再做官。孔子对他离职的评论是：有些降志辱身了，但是说话做事审慎、有分寸，没有不合伦理的。

司法案件的办理要不要服从政治形势的需要？从柳下惠时代就有这个问题存在。近代以来，西方政治构架设计的主导思想是司法独立。司法脱离党派利益争执和意识形态斗争，成了社会良心的最后防线。如果司法成为政治斗争的工具，法律就会成为政治的附庸，社会利益集团就会热衷本身政治力量的壮大，而轻视法律的作用，法制社会就难以形成。从这个角度看，柳下惠是坚持司法独立的老祖宗，他只听法律的，不听政治的。但是，孔子并不是在司法独立意义上支持柳下惠，而是因他个人品格贤明而支持他，这有点遗憾。司法独立不是一件容易的事，首先，政治体制构架设计中司法是独立的；其次，司法人士利益保障是独立的；再次，社会要形成监督司法独立的能力才行。

关于臧文仲和柳下惠的关系，《国语·鲁语上》记载了两人之间的两件事。一是鲁僖公二十六年（前634年）夏，齐国出兵攻打鲁国，臧文仲请柳下惠出马，柳下惠派人说服齐孝公退了兵。可见，柳下惠确实有本事。但他对文仲也不客气，指责他执政不当，遭致齐国攻击。二是有一只名叫“爰居”的海鸟落在鲁国都城东门外，臧文仲让人们去祭祀它。柳下惠批评说，臧氏这是乱来。圣王只祭祀对人民和国家有功德的人和物，而这只海鸟飞到鲁国，还不知道它为什么飞来，也不知它对国家有什么功德就祭祀它，这是不仁，也是不智。其实，这一年，出现了暖冬天气，海上风很大，这只海鸟不过是避难而来。可见，柳下惠的批评是很有道理的。不过臧文仲听了柳下惠的批评，态度很好，他说：“信吾过矣，季子之言不可不法。”（柳下惠又叫柳下季）意思是说，确实是我错了，柳下惠的话不可不听呀！还让人把这件事记下来。可见，臧文仲也不是一个跋扈飞扬、听不进正确意见的人。

柳下惠有品德、有能力、有本事，但政治上不够圆融，这是他仕途不顺的主要原因。确实如同孔子所言，柳下惠之贤能，臧文仲是知道的，遇到难事，文仲即请教柳下惠；柳下惠直言批评文仲，文仲也能够虚心听取，甚至让人记录下来，以警示自己。因为文仲当政，所以从表面上看是臧文仲不用柳下惠，但实际上恐怕是鲁国当时的政治现实不能容忍柳下惠这样耿直、正直的处世方法。

一个人能不能被起用有时很复杂，看起来只是他直接上级用不用这个人。但上级首先得考虑政治局面的和平，如果反对的人太多，那也没办法起用，如此则不用“贤人”的罪名自然就落到这个直接上级的头上。不用柳下惠，不一定就是臧文仲的内心想法，他或有难言之隐也未可知。

柳下惠还有一个著名的故事，叫“坐怀不乱”。一次柳下惠出远门，晚上住在城外。当时天气严寒，忽然有一女子来投宿，柳下惠怕她冻死，就让她坐在他怀中，用衣服盖住她，一直到第二天天亮也没有发生越礼的事。这女子也是奇女子，愿意坐在柳的怀里，且也如柳下惠一般“坐”而“不乱”，似乎比柳下惠功力还强。现在要求大家“坐怀不乱”有点过，智者的办法是不让“坐怀不乱”的机会出现。

[15.15]子曰：“躬自厚而薄责于人，则远怨矣。”

译解

躬自厚：即躬自厚责，责己厚，责己严。

孔子说：“责己以严，责人以宽，怨恨就少了。”

行政解读

这是建设和谐单位的重要原则之一。出了事，多批评自己，少批评别人，把责任揽过来，别人的怨恨当然就会少了。

对于重大问题，分清责任要实事求是，相关人士该承担什么责任就承担什么责任。问题出来了，大家都争着从自身找原因，责己厚，责人薄，表明大家考虑了别人的感受，这是好现象。但是作为机构负责人，分清责任，才能明辨是非；明辨是非，才能把握住事业发展的正确方向。责人责己都要让人心服。所以不能滥用“躬自厚而薄责于人”这个原则。

责任分清了，思想弄清了，人们也认识到了自己错误的性质和影响。这时候作为机构负责人，要有“躬自厚而薄责于人”的气度，承担必要的领导责任，以让相关责任人可以放下包袱，轻装前进。

[15.16]子曰：“不曰‘如之何，如之何’者，吾末如之何也已矣。”

译解

孔子说：“不说‘怎么办，怎么办’的人，我也不知道该拿他怎么办。”

孔子这句话同时也是关于学习态度的，可参考[15.39]解读。

[15.17]子曰：“群居终日，言不及义，好行小慧，难矣哉！”

译解

言不及义：说话不及要领。义，要义，要领。一说，义为“道义”的意

思，“言不及义”是“言不及道义”的意思。果如此，还不如说“言不及仁”、“言不及道”更好，故不从。当然，言不及要旨，也包括“言不及道义”。

好行小慧：好耍小聪明。小慧，小聪明。

孔子说：“整天聚在一起，说话不及要旨，好耍小聪明，真难办呀！”

行政解读

孔子所描述的两千多年前的这种现象，现在依然存在。开会研究问题，天天讨论，谈不到点子上，耍点小聪明，做点表面文章，不解决实质问题，这就是“群居终日，言不及义，好行小慧，难矣哉！”

[15.18]子曰：**“君子义以为质，礼以行之，孙以出之，信以成之。君子哉！”**

译解

义以为质：做事情要以义为本。

礼以行之：按礼的要求行动，合乎礼制。

孙以出之：以谦逊的态度表达。出之，言语出乎身，所谓“言出乎身，加乎民”（《易经·系辞上》）；孙，即逊。

信以成之：以诚实守信的态度贯穿始终。成之，在完成的过程中都要坚持“有信”。

孔子说：“君子做事要以义为本，按礼的要求行动，以谦逊的态度表达，坚持以诚实守信贯穿始终。这才是君子啊！”

行政解读

这句话的核心是四个字：义、礼、逊、信。

一切为了义。在为了义的过程中，坚持按礼的制度办事，自始至终都要坚持谦虚和信实的态度。这就是君子了。

要有良好的出发点，例如为了国家、民族和公众利益。但有了良好的出发点还不够，还要遵纪守法，不能说是为了国家利益而破坏国家法律。还要谦虚谨慎、诚实守信，不能说是为了国家利益所以傲慢无礼、毫无诚信。果如此，按孔子的标准，这就是现代君子了。

[15.19]子曰：“君子病无能焉，不病人之不己知也。”

译解

孔子说：“君子担心的是自己没有能力，不担心别人不了解自己。”

行政解读

参见[1.16]章。

[15.20]子曰：“君子疾没世而名不称焉。”

译解

孔子说：“君子痛恨的是死后名声不被称颂。”

行政解读

有作为的皇帝很多，能随口说出来的不过“秦皇汉武”；历史上儒学大家很多，人们可以张口就来的不过孔子、孟子。所以，“君子疾没世而名不称焉”对多数人来说，是死后不要成为子女和亲朋好友的负资产，不要一提到那个人就摇头，子女提起来没有什么自豪感，这就是“名不称焉”。同事提起来，说那个人干了不少好事；朋友提起来，说那个人是个可交的朋友；子女提起来，说是一位好父亲、好母亲，这就很好了，可以说是“名已称焉”。

还可参考[9.23]章解读。

[15.21]子曰："君子求诸己，小人求诸人。"

译解

求：找原因。

孔子说："君子从自身找原因，小人从别人身上找原因。"

行政解读

凡事"求诸己"而不"求诸人"，是人生态度和做人做事原则。这个"求"字，含义十分丰富，把"求"字解为"找原因"，只是试图接近它的本意，未必就那么准确。事情不成了，君子首先自责，小人首先责人，这叫作"君子求诸己，小人求诸人"。办事情，君子首先靠自身努力，小人首先想的是别人施舍，这叫"君子求诸己，小人求诸人"。君子懂得内因是事物变化的根据，外因是事物变化的条件，所以总是力图从自身找原因。小人不懂得这个道理，所以总是试图从别人身上找原因。干部追求升迁，君子总是努力从做好本职工作做起，把重点放在工作上；小人则总是从拉关系做起，把重点放在工作之外，这也叫作"君子求诸己，小人求诸人"。

[15.22]子曰："君子矜而不争，群而不党。"

译解

矜：持重，庄重。

党：相助匿非曰党。

孔子说："君子持重而不争，合群而不营私结党。"

行政解读

有些文言文很美，很有韵味，译成白话文既不准确，也失去了美感，"君子矜而不争，群而不党"就是这样。

“矜”是什么？不轻易说话，但不是不说话；不轻易行动，但不是不行动，是比较持重，说什么做什么都深思熟虑、有板有眼，话不多，但有力量。不争，是不争私利，并不是对公众利益也采取冷漠态度。在《论语》中，当“君子”和“小人”作为相对概念出现时，总是同时隐含着“公”与“私”的对立，君子为公，小人为私。我们参加一些会议，有时看到一些人上蹿下跳地争，疾言厉色地争，这就是不“矜”，这样不会有什么好的效果，也争不来什么东西。

“群而不党”，要求君子合群，与群众打成一片，不能搞特立独行。现在一些儒者，整天穿着长袍，见人打躬作揖，行为怪异，以为这就是儒家形象。这套行头、这样做派，就是与群不合、与时不合。儒学的生命力在于它的思想和精神，不在于它的曾经存在过的一些形式。可以肯定，那儒者长袍，孔子都没穿过。当然，有些人喜欢穿长袍，这也无可厚非，应当尊重个人的自由和权利，只是不要把它和儒者挂起钩来就好。“不党”，同气相求，同味相投。人有群聚的喜好，只要密切的关系不用来追求私利和小集团利益，就是“不党”。相互勾结，以私害公，就是结党营私，此君子所不为也。

[15.23]子曰：“君子不以言举人，不以人废言。”

译解

孔子说：“君子不因为他话说得好就举荐他，也不因为他人不好而否定他好的言论。”

行政解读

这是一个察人用人的问题。参见[2.10]章解读。

[15.24]子贡问曰：“有一言而可以终身行之者乎？”子曰：“其‘恕’乎！己所不欲，勿施于人。”

译解

一言：一个字。

子贡问："有一个字可以奉行终身吗？"孔子说："那就是'恕'字吧！自己不愿意的，不要强加给别人。"

"己所不欲，勿施于人"已在[12.2]章出现过，解读可参考[6.30]章。

[15.25]子曰："吾之于人也，谁毁谁誉？如有所誉者，其有所试矣。斯民也，三代之所以直道而行也。"

译解

谁毁谁誉：指责过哪些人？称赞过哪些人？毁，指责。誉，称赞。

如有所誉者，其有所试：如果有指责或称赞过的人，一定是经过事实检验的。指责过哪些人、称赞过哪些人，都是有事实依据的。试，检验，考验。"如有所誉者"当为"如有所毁誉者"。

斯民也，三代之所以直道而行也：夏商周三代百姓，毁人誉人都能以事实为依据，所以直道行事才能在社会上行得通。斯民，指毁人誉人能够坚持实事求是的百姓。

孔子说："我对于人，指责过哪些人？称赞过哪些人？如果有指责或称赞过的人，我一定是依据事实。夏商周三代，正是因为有了毁人誉人能够实事求是这样人民，所以直道行事才能在社会上行得通。

行政解读

社会对人对事评价能够客观公正，对错有个公论，社会正气就会成长，人民做事就可以坦荡正直。事实只有一个，可是观点却有无数个，这是社会的常态。首先，并不是所有的人都能够了解事实的真相；其次，了解了事实的真相，往往也会因为立场、情感和利益的不同而有不同的看法。一个成熟稳定的社会，一个形成内在向上提升机制的社会必须具备两个要件：一是人民能够了解事实真相；二是有一个共同的主流价值观，可以对事实真相进行正确的价值判断。

孔子说他"吾之于人也，谁毁谁誉？如有所誉者，其有所试矣"，强调他

对人评价依据的是事实，同时也强调实事求是地评价人和事对于社会风气形成的极端重要性。但是从他对臧文仲的评价（见[5.18]章、[15.14]章）、对齐桓公和晋文公的评价（见[14.15]章）来看，有时也不一定能够做到全面、客观和公正，在《先进》篇中他对冉有的评价也是如此（见[11.17]章）。孔子尚且如此，对于社会普通大众来说做到客观公正就更难了。

因此，社会必须形成一个能够提示事实真相、同时传播主流价值观念的精英群体。在西方社会，新闻界和学界是这个群体的重要组成部分。接下来的问题是，当社会赋予新闻界自由接触和传播事实真相权力的时候，怎么保证新闻界一定就代表了社会的良心？怎么保证它一定就是社会公平和正义的化身？是不是所有人，只要进了新闻界就是好人？是不是只要是学者，就能科学严谨？就懂得事情应该怎样？就自动站在正义的一边？新闻界和学界应当成为社会的良心，但新闻界和学界要成为社会的良心，必须接受最严格的社会监督和相互监督，并形成制度和机制。我们社会的发展已到了该深入研究和解决这个问题的时候了。

[15.26]子曰："吾犹及史之阙文也，有马者借人乘之。今亡矣夫！"

译解

史之阙文：史书上因存疑而空缺的文字。史官对有疑问的地方就空缺不记，表示慎重认真的态度。阙，即缺。

有马者借人乘之：有马的人借给别人使用。

孔子说："我尚能看到史书上存疑而空缺的文字，有马的人借给别人使用。今天没有这样的了。"

行政解读

"有马者借人乘之"与"史之阙文"有什么关系？看不出有什么关系。有说"有马者借人乘之"就是缺文，有的说过去"有马者借人乘之"，"今亡矣夫"，现在没有人愿意借马给别人了，表明世风日下。无法相信孔子时代有马的人绝对不借给别人使用，所以这样解读并没有意义。"有马者借人乘之"怎

样变成这句话的一部分，不得而知。

孔子这句话提示我们，应当认真慎重、实事求是地对待历史，只有这样，人们才能真正从历史中吸取经验和教训。还历史本来面目很重要。有些历史人物身上同时集中了光荣与可耻，这也没有什么了不起，都是人嘛。正面形象同时有负面因素，负面形象同时有正面因素，这很正常。不应当因为有历史功绩所以不能展示其身上的污点，也不应当因为有历史罪恶而故意忽略其历史贡献。

[15.27]子曰："巧言乱德，小不忍则乱大谋。"

译解

孔子说："巧言可以乱德，小不忍则乱大谋。"

行政解读

孔子一再声明讨厌"利口"和"佞人"、"佞者"，所谓"恶利口之覆邦家者"[17.18]，所谓"远佞人"、"佞人殆"[15.11]，"利口"和"佞人"、"佞者"的本事就是能够"巧言"。巧言可以把坏的说成是好的，把没理的说成是有理的，把卑劣说成是高尚，把无耻说成光荣，说起来还挺有道理，容易让人迷失方向，惑乱公理和正义，所以孔子一针见血地指出它的重大危害，就是"乱德"，让人分不清好坏，失去了公理和正义的真正标准。抗日战争时期，汪精卫这些人明明投降了日本人，背叛了国家和民族，但他却说自己是"曲线救国"，迷惑了不少跟从者，使他们干起坏事来也心安理得，这就是"巧言乱德"。"巧言"一旦和政权、权力相结合，就可能转化成力量，产生更大的破坏力，所以社会必须建立防控"巧言乱德"的机制。这样对任何一种观点，即使是错误观点并暂时已成为主流观点，社会也会形成力量对它进行检视，使错误观点不至于走得太远，这种检视力量就是社会反省能力。

"小不忍则乱大谋"现在已变成了日常用语，这同时也是一种权变思想(参见[9.30]章解读)。"小不忍则乱大谋"这个道理大家都明白，可就是"小大之间"难以判断。从哲学层面上看，"小不忍则乱大谋"就是"局部要服从

全局”思想的另一种体现，只有心中有了全局，才可以判断“局部”对于“全局”的意义，才可以决定“局部”的取舍。所以忍“小”首先要有“大”，知道“大”的是什么。

[15.28]子曰：“众恶之，必察焉；众好之，必察焉。”

译解

孔子说：“大家都厌恶他，一定要考察其中原因；大家都喜欢他，也一定要考察其中原因。”

行政解读

参见[13.24]章。

[15.29]子曰：“人能弘道，非道弘人。”

译解

孔子说：“人能够弘扬道，不要用道来弘扬人。”

行政解读

人可弘扬道，这是真的。但没有人，即使真理存在，谁去认识呢？而且没有人，关于人类社会治理之道就失去了意义。孔子这句话说的是，他虽然发现了建立小康社会或大同世界的治世之道，但这个治世之道要想得到社会的认可并得到推行，靠的是人。为此，每一个儒学精神的赞成者，都应该成为儒学精神的宣传者和践行者，有弘扬此道的义务和责任。

“非道弘人”，不应该用“道”来装点门面，学道、弘道是为了道，不是为了自己的私利。现在国学热了，很多人就给自己贴上国学大师的标签，以便利用国学热把自己捧热。另一些人则反其道而行之，你国学不是热吗？我就给你来一个“冷思考”，他的“冷思考”其实并不是真正的“冷思考”，不过也是想借国学热把自己捧热。这两种“赞成者”和“反对者”都试图“以道弘人”，这是孔子所反对的。

道不能弘人吗？道自然能够弘人。“君子学道则爱人，小人学道则易使也”[17.4]，可见学道可以改变人，可以弘扬人善的一面，抑制人恶的一面。两千多年了，人们还记得孔子，是因为孔子创立了儒家学说；爱因斯坦名扬天下，是因为他的狭义相对论和广义相对论。

行政者宣传和贯彻为群众所认可的执政理念，弘扬他认为正确的治国之道，这是他的责任和义务。当然，行政理念和治国之道推行之后取得了重要成就，人民也不会忘记那些为此做出贡献的人们。没有邓小平，中国的改革开放很难有今天这个局面；反过来，今天人民共同分享30多年来改革开放成果的时候，人民也不会忘记邓小平这个名字。

[15.30]子曰：“过而不改，是谓过矣。”

译解

孔子说：“有过而不改，这本身就是过错。”

行政解读

参见[19.21]章。

[15.31]子曰：“吾尝终日不食，终夜不寝，以思，无益，不如学也。”

译解

无益：没有进步。

孔子说：“我曾经整日不吃，整夜不睡，集中时间思考，但也没有进步，还不如学习。”

行政解读

参见[2.15]章。

[15.32]子曰："君子谋道不谋食。耕也，馁在其中矣；学也，禄在其中矣。君子忧道不忧贫。"

译解

孔子说："君子用心致力于道而不是食。耕田，也常常挨饿；致学，却可以做官得俸禄。君子忧心的是道，不是贫。"

行政解读

参见[4.9]章和[13.4]章。

[15.33]子曰："知及之，仁不能守之，虽得之，必失之。知及之，仁能守之，不庄以莅之，则民不敬。知及之，仁能守之，庄以莅之，动之不以礼，未善也。"

译解

知：智。

庄以莅之：以庄重严肃的态度对待。庄，庄重，严肃。莅，"临"的意思，这里引申为对待、处理、处置。

动之不以礼：动员人民不合礼制。动，号召、动员、使用民力等，又如《子张》篇："动之斯和。"[19.25]

孔子说："才智足以获取，但仁德不足以守护，即使得到了也一定会失去。才智足以获取，仁德足以守护，但不能以庄重严肃的态度对待，百姓也不会敬服。才智足以获取，仁德足以守护，又能以庄重严肃的态度对待，但动员百姓、使用民力不合礼制，也不算完善。"

行政解读

从"民不敬"来看，孔子这里所谓"智及之"、"仁守之"的"之"当指政权而言。那么，这句话就可以看作是对执政者或执政党的某种告诫。

"智及之"，没有智慧，看不清形势，找不准动员群众和获得群众支持的办法和措施，如何取得政权？美国共和党和民主党竞争，首先要拿出一个政策清单来，这个政策清单如何最大限度地吸引选民，这是一个“智”的问题。选举策略的制定，这也是一个智的问题。比如2008年美国大选，民主党的奥巴马竞选主题定为“change”——变革，这样就抓住了大部分美国人的想法；共和党的麦凯恩虽然也知道美国人想有一个“change”，但他也不好再提一个跟奥巴马的一样的口号，这就是奥巴马阵营的“智”，占了先机。

“仁守之”，中国古代社会对人民的职业选择和人身控制与同时代的世界其他国家相比，是相当弱的，换句话说，我们有更多的自由。有句话叫作：“交了粮，自在王”，只要把税赋交了，就可以做“自在王”了。统治集团只要对百姓有仁爱之心，不祸害百姓，让百姓能有活路，坚持为百姓服务，谁当政又有何不同？所以说可以以“仁守之”。但是以“仁守之”只是一种主观愿望，这种主观愿望如何体现？就要“庄以莅之”，即要严肃认真地处理好政务，履行好自己的职责，特别是要公正地处理民事和刑事纠纷，维护好“人间公道”。不公道，官官相护，以权谋私，百姓自然不服，所以“民不敬”。“动之”就是要让老百姓跟着干什么，让老百姓有所付出，要“取于民”，例如征用劳役，要坚持合“礼”。农忙时节，应当让百姓集中精力于农事，这时候若征用民力，就是不合“礼”，就是“动之不以礼”。“礼”是社会秩序的具体规范，保持秩序就是维护社会组成人员和社会组织的既定权利不受侵犯。

执政应当如此，个人奋斗也是一个道理。无才怎会有位？有了位子，整天想着自己的私利，不仁，如何能守得住？心是善的，主观愿望是好的，干事不敬业，“不庄以莅之”，如何能干得好工作？做出决定，制定政策，不合章法和制度，不符合实际情况，既不公平，也不正义，“动之不以礼”，这怎么干得好呢？有赚钱的商业才智，赚了钱为富不仁，如何守得住这些财富？赚了一些钱，骄傲自大，不再“庄以莅之”，且违法乱纪，不能“动之以礼”，赚到的财富也会灰飞烟灭。

[15.34]子曰：“君子不可小知而可大受也；小人不可大受而可小知也。”

译解

小知：从细枝末节等小事去理解和认识，加以考察。一说，“小知”为

“不可以做小事情”，不从此说。

大受：担负重大责任。

孔子说：“君子不可从小事上去观察认识，但可以承担重大责任；小人不可以承担重大责任，但可从小事上去观察认识。”

行政解读

有注家将此句解为“君子不可被人举荐做小事，但可承担重大使命；小人不可以承担重大使命，但可以被举荐做小事。”（如金纲《论语鼓吹》等）将“知”解为“举荐做官”。君子为什么不可以做小事呢？就觉得很奇怪。且何谓小事？对于治理一省来说，治理一县相对是一件小事；对于治理一县来说，治理一村相对是一件小事，似乎君子不能做县长，只能做省长。孔子当年就做过“委吏”（管仓库）、“乘田”（管畜牧），到了五十岁上，才做到中都宰（今山东汶上县），治理面积相当于现在一个县吧，但孔子显然是君子。

这里说的是，不可以从小处来观察和理解君子，小处有时候很难看出他的君子品格。君子和一般人的区别，是所见比较远，所谋比较深，在危难之时，能把别人的利益和社会国家的利益放在前面，为了正义，可以牺牲自己。事情太小，不需要太多的智慧，也检验不出大德来，平平淡淡的，没有机会来展示道德和正义观念，就看不出君子来。但是，却可以从小事中看到小人。在《论语》中，“君子”与“小人”重要区别在于为“利”还是为“义”，为“己”还是为“公”。在日常生活和工作中，小人不一定就是品德败坏的人，应该指的就是一些普通人吧。小人易见小利，今天自己工作比别人多干了一点，就觉得自己受了委屈；自己奖金少分了一点，就觉得是别人在整自己，干一件小事，都要想一想这样做对自己的好处是什么，时时算计，事事算计，这样的人确实不可“大受”，不能托付重任，因为他格局和胸怀不够大。一个人私心太重，想到自己、维护自己的多一些，想到别人、维护大局就会少一些，心胸格局小是必然的。心胸小如何担负更大局面？

日常工作和生活太平淡了，难以发现真君子，怎么办？就用孔子所说的

“小人不可大受而可小知也”，可从小处看“小人”，先把“小人”看明白再说。关于这一点已在[2.10]章解读中谈过，可参阅。

[15.35]子曰：“民之于仁也，甚于水火。水火，吾见蹈而死者矣，未见蹈仁而死者也。”

译解

民之于仁也，甚于水火：民众对于仁的需要，甚至超过了对于水火的需要。《孟子·尽心上》：“民非水火不生活。”

孔子说：“民众对于仁的需要，甚至超过了对于水火的需要。我看见过踏进水火而死去的人，没有见过践行仁而死去的人。”

行政解读

“苛政猛于虎”，为政不仁可以杀人。孔子这句话说了两层意思。第一层意思，强调民众对仁政和仁德社会的需要之迫切，甚至超过了对水火需要的迫切。第二层意思是说给当政者的，指出实行仁政，建立仁德仁风的社会没有什么损害。给老百姓提供水火，不小心陷在水火之中，有可能死掉；但给老百姓提供仁政，没见过有死人的事。

古代中国，横征暴敛是导致政权覆亡的重要原因。征得多是因为开销大，如果是为了百姓而开销，既然百姓不愿意，何必征那么多？政府就是提供公众服务的，有服务就有成本，这个成本最终为社会承担，既然百姓讨厌这项服务的成本，就可以取消这项服务以节约这项成本。政府是大家的政府，政府该怎么干，大家说了算。仁政，在一定程度上就是民心之政，从“民之所欲”。当然，并不是民之所欲都是正确的，所以要提高民族整体素质和水平，这样“民之所欲”正确的概率就会比较高了。

[15.36]子曰：“当仁不让于师。”

译解

师：一说，指师长、老师；二说，是“众”的意思。从第一说。

孔子说：“面对行仁之事，对老师也不必谦让。”

行政解读

孔子崇尚礼制，讲究秩序，反对犯上。有人说正是因为等级制度森严，要求服从秩序、权威、上级、长辈这些理念，禁锢了我们民族的创新力和革新精神，或许这种说法有一定的道理，但是孔子“尚礼”讲的是尊重和致敬，尊重和致敬并不是盲从，在孔子眼里，真理大于权威，“当仁不让于师”。把“尊重”理解成“盲从”，理解为对祖上、师长和权威的绝对服从，放弃独立思考精神，那是对孔子思想的片面理解，是后辈不智的表现，这不要怨孔子，要怨自己。

另外，应当指出的是，“当仁不让于师”并不是说只要老师是错误的，就不要尊重他。相反，只要他是老师，不论他对或错，都要尊重他，只是不尊重他的错误做法和错误观点罢了。

[15.37]子曰：“君子贞而不谅。”

译解

贞：坚守正道。朱熹说：“贞，正而固也。”（《论语集注》）

不谅：不拘泥于不辨是非的小信。谅，不辨是非的诚信。朱熹说：“谅，则不择是非而必于信。”（《论语集注》）

孔子说：“君子坚守正道，不拘泥于不辨是非的小信。”

行政解读

参见[13.20]章。

[15.38]子曰：“事君，敬其事而后其食。”

译解

后其食：把俸禄的事情放在后边考虑。

孔子说：“事君，应忠于职守，勤勉做事，而把俸禄的事情放在后边考虑。”

行政解读

参见[4.26]章。

[15.39]子曰：“有教无类。”

译解

孔子说：“不分类别，对什么人都可以施教。”

行政解读

孔子教人，不分高低贵贱，不分贫穷富贵，这是孔子内心世界“人生而平等”理念的一种展现。在《阳货》篇，孔子说：“性相近也，习相远也。”[17.2]“性相近也”，人生出来，没有什么太多的不同，这是人生而应当平等的基础，只是“习”的主客观条件不同，最后才导致人们之间的差别。这种认识与孔子“有教无类”的主张联系起来，我们足可以看出孔子思想的一贯性。孔子主张尊重社会分层，这没有什么不对。社会必然分层，不考虑客观条件，人的个体差别也会导致分层，重要的是社会应当尽可能地给每一个人平等的人生起点，不能受“生而贫困或富贵”太大的影响。生而贫、生而富是家庭因素，不是他本人因素，他不能为此承担任何责任。同时也不能人为地将社会各阶层之间相互转化的渠道堵死，让那些奋斗不息者有向社会上层发展的通道，让那些懒惰不屑者看到滑向社会下层的危险。

孔子一方面主张“人人可教”、“有教无类”，同时也强调“学”的主观愿望和能动性。在《述而》篇中，孔子说“自行束修以上，吾未尝无诲焉”

[7.7]，学生行过拜师礼，表明了学习的决心之后，他没有不认真教育的。在《季氏》篇中，孔子说：“生而知之者，上也；学而知之者，次也；困而学之，又其次也；困而不学，民斯为下矣。”[16.9]把学习者分为几类，不学而能、生来就会，那是天才，大部分人是学而知之者，也许同时又是“困而学之”者，学了一些基本的东西，进入工作以后，变成了遇到问题才学的人。对于那些遇到问题还不学的人，孔子认为是最下等的人了。孔子这种分类办法，无疑对学习者进行了鞭策，如果谁是“困而不学”的人，那就是最下等的人，无可救药。在本篇第 16 章，孔子说：“不曰‘如之何如之何’者，吾末如之何也已矣。”强调学生必须勤学好问，如果没有这种主动性，做老师的也没有什么办法。在《子张》篇，子夏说：“日知其所亡，月无忘其所能，可谓好学也已矣。”[19.5]对什么叫“好学”给出了明确的定义，那就是每天都要知道自己的差距在什么地方，每个月都不应忘记已经学到的东西。在《雍也》篇，孔子指出了几种学习主动性的境界：“知之者不如好之者，好之者不如乐之者。”[6.20]所以孔子总是想办法开发弟子们学习的主动性，使之变成“乐之者”。孔子在教育弟子过程中，不藏不隐，竭尽所能。在《述而》篇中，孔子说：“二三子以我为隐乎？吾无隐乎尔。吾无行而不与二三子者，是丘也。”[7.24]向弟子们表明自己绝不会隐瞒什么，这在当时师父带徒弟总要留一手的年代，是难能可贵的。在《季氏》篇，陈亢问孔子儿子孔鲤听到什么特别的教诲吗？孔鲤说：“未也。尝独立，鲤趋而过庭，曰：‘学诗乎？’对曰：‘未也。’‘不学诗，无以言。’鲤退而学诗。他日又独立，鲤趋而过庭，曰：‘学礼乎？’对曰：‘不学礼，无以立。’鲤退而学礼。闻斯二者。”[16.13]只是告诉孔鲤要学“诗”、学“礼”，孔子教育弟子没有远近亲疏，对自己的儿子也没有特别的照顾，真是圣人之心，宽广如海。孔子教育的内容是“修身、齐家、治国、平天下”之道，具体内容他特别强调四教：文，行，忠，信[7.25]。“文”可以说是前人的一切文明成果，以文字、制度、行为形态存在的东西；“行”就是办事能力，解决实际问题能力；“忠”和“信”则代指品格的培养。从这四教中我们可以看出孔子教育的重点是“树人”，培养有品德、有文化、有知识、有能力的人才。孔子的教育方法是启发式教育，同时也坚持因人施教，强调教育方式的具体针对性。在《述而》篇，孔子说：“不愤不启，不悱不发，举一隅

不以三隅反，则不复也。”[7.8]到了学生百思而不得其解的时候才去启发他、引导他，要求学生能够举一反三、触类旁通。在《先进》篇，子路问：“闻斯行诸?”孔子说：“有父兄在，如之何其闻斯行之?”冉有问：“闻斯行诸?”孔子就说：“闻斯行之。”[11.22]他就此向公西华解释说：“求也退，故进之；由也兼人，故退之。”[11.22]冉求处事谦让，所以鼓励他；子路处事不让人，所以压制他。这充分体现孔子因材施教的先进教育理念。特别重要的是，孔子强调先生与弟子在真理面前具有平等的权利，他明白告诉弟子们：“当仁不让于师”[15.36]。现在两千五百多年过去了，即使以今天的眼光来看，孔子的上述教育思想依然非常先进。

[15.40]子曰：“道不同，不相为谋。”

译解

孔子说：“道不同，不能共同谋事。”

行政解读

“道不同，不相为谋”现已成为常用习语，成为意见不同的人各持己见、不做相互沟通的依据。不想说服对方，也不想被对方说服，就给自己找个借口：“道不同，不相为谋。”

什么是道?过去日本人要侵略中国，中国人不同意侵略，有你没我，有我没你，这是“道不同”。过去讲阶级斗争，农民要分地主的地，地主不同意分，有你没我，有我没你，这是“道不同”。“道不同”确实没法“相为谋”，我所谋的是消灭你，你所谋的是消灭我，当然只能各“谋”各的，看谁的智力水平高，看谁的力量大了。

但是，在大部分情况下，只要有共同利益，都可以“相为谋”，“谋”一“谋”如何壮大共同利益总是可以的吧。现在大家共同生活在一个社会里，职业不同，贫富不同，层次不同，但是应当相互关照一下，有事总是好商量。在一个部门工作，主张不同不影响沟通，坐在一起商量一下，甚至争吵一下，也比各自坐在办公室里老死不相往来，各干各的，各走各的路要好。况且我们现

在的“道”是相同的，大家都希望国家好、民族好，在这个前提下大家希望各自的日子过得一天比一天好，希望中国人走出去会受到越来越多的尊敬，因此社会各阶层应多商量，相互理解一下对方的诉求。企业家多体谅一下员工的困难，企业员工多体谅一下企业家的难处，全国人民多关心一下农民和城市困难群体。国家和人民团结了，人家才会瞧得起我们。自己家里的事都搞不定、搞不好，我们就不会真正赢得国际社会的尊重，我们的社会现在很需要“善相为谋”。

[15.41]子曰：“辞达而已矣。”

译解

辞达：言辞达其意。辞，指说辞与为文。据钱穆说，春秋时代，“辞”指的是“辞命”，即外交辞令，尚无“文辞”这层意思（钱穆《论语新解》）。但是《左传·僖公十年》记载，晋惠公要杀掉大臣里革，里革就说：“欲加之罪，其无辞乎?”可见钱穆之说不确。“辞”可以解为“言辞”与“为文”，通俗地说，“辞”就是指讲话、写文章，当然当时主要指写公文。

孔子说：“说话为文，意思表达清楚准确就可以了。”

行政解读

孔子认为说话和为文“达而已矣”。但我们现在讲话、写文章则“八股”得厉害。

第一，形式上“八股”。许多讲话基本上是三段式，开场白讲会议的由来，第一部分讲当前形势、取得的成绩、存在的问题、讲抓好这项工作的重大意义；第二部分讲工作安排，抓几件什么样的事，讲具体内容；第三部分讲加强领导，无非是“落实责任制”，“一级抓一级”，“各负其责”，无非是“加强督促检查”，无非是“加强调研，及时发现新问题”，无非是“要严肃查处执行不力者”。有时候中间再加一部分“正确处理好几种关系”。结束语则是喊口号。实际讲话也可能是四部分、五部分，但多出不了这个框框。

第二，时间上“八股”。领导讲话不讲一小时以上就被认为没水平，最好是有了稿子，不念稿子，然后脱稿讲，两三个钟头，如此才好。有些领导确实很会讲，不用稿子讲两三个钟头，很精彩，大家听得也很入神，但会后再仔细想一想，除了热闹以外似乎也没有讲出几点对工作管用的东西，严格来说，这不叫会讲，这叫会“侃”。对于领导来说，召开一次会议不容易，大老远地把这么多干部请来，开半小时就散会，这叫什么会？说什么也得搞半天。领导也只好自己把这个“独角戏”唱下去。为什么会这样？是因为我们现在的会议大部分没有什么争论，大家都同意会议提出的措施和意见，拿回去传达贯彻就行了。会议到底该怎么开？是不是领导只讲十分钟就是没水平？需要大家共同转变观念。

第三，内容上“八股”。形式上“八股”之后，内容上必然“八股”，讲话已经确定为三部分或四部分，说什么也得把这三、四部分的内容凑够了，看起来比较“丰满”才好。但实际上又没有什么可讲的，结果就是东拉西扯、东拼西凑，这样的内容显然不会有什么意义，不会有什么针对性，也不会给人以震撼，不会对工作有帮助，不是“八股”是什么？

第四，语汇上和文法上“八股”。现在已经形成了一套讲话专用语言甚至是专用文法结构。比如言必称“重大意义”、“重大举措”、“战略部署”，比如“……是……的重要基础”、“……是……的根本保障”、“……是……的重要前提”，等等。号召大家修一条路，过去说“这是我县落实‘三个代表’重要思想的具体体现”；过一段时间又说，“这是我县树立和落实科学发展观的现实要求”；过一段时间则说，“这是我县促进科学发展，构建和谐社会的重大举措”；等等。

我们就不能有什么说什么，“辞达而已矣”？经常“八股”式地讲话搞得我们的讲话没有感染力，长期“八股”式的讲话搞得大家都不会讲话了。“与新社会群体说话，说不上去；与困难群众说话，说不下去；与青年学生说话，说不进去；与老同志说话，给顶了回去。很多场合，我们就是处于这样一种失语的状态，怎么能使群众信服呢？”

[15.42]师冕见，及阶，子曰："阶也。"及席，子曰："席也。"皆坐，子告之曰："某在斯，某在斯。"师冕出，子张问曰："与师言之道与?"子曰："然，固相师之道也。"

译解

师冕：名叫冕的盲人乐师。师，乐师。

相师之道：帮助盲人乐师的方法。相，帮助。

师冕来见孔子，走到台阶旁，孔子说："这是台阶。"走到席子边，孔子说："这是席子。"大家都坐下了，孔子告诉他："某人在这里，某人在那里。"师冕走了以后，子张问："这是与盲人乐师说话的方式吗?"孔子说："对，这就是帮助他们的方法。"

行政解读

参见[10.25]章。

第16篇

《季氏》中的行政精神

[16.1]季氏将伐颛臾。冉有、季路见于孔子，曰："季氏将有事于颛臾。"孔子曰："求，无乃尔是过与？夫颛臾，昔者先王以为东蒙主，且在邦域之中矣，是社稷之臣也。何以伐为？"冉有曰："夫子欲之，吾二臣者皆不欲也。"孔子曰："求！周任有言曰：'陈力就列，不能者止。'危而不持，颠而不扶，则将焉用彼相矣？且尔言过矣，虎兕出于柙，龟玉毁于椟中，是谁之过与？"冉有曰："今夫颛臾，固而近于费，今不取，后世必为子孙忧。"孔子曰："求！君子疾夫舍曰欲之而必为之辞。丘也闻，有国有家者，不患贫而患不均，不患寡而患不安。盖均无贫，和无寡，安无倾。夫如是，故远人不服，则修文德以来之。既来之，则安之。今由与求也，相夫子，远人不服，而不能来也；邦分崩离析，而不能守也；而谋动干戈于邦内。吾恐季氏之忧，不在颛臾，而在萧墙之内也。"

译解

颛臾：音专俞，春秋小国，为伏羲之后，负责祭祀伏羲，时为鲁国附庸，臣于鲁国。"附庸"是古时的重要政治制度。孟子说："天子之制，地方千里，公侯皆方百里，伯七十里，子、男五十里，凡四等。不能五十里，不达于天子，附于诸侯，曰附庸。"（《孟子·万章下》）

季氏将有事于颛臾：指季氏将要攻打颛臾。有事，有攻伐之事。

东蒙主：负责主祭蒙山。因为山居鲁东，所以叫作东蒙。

周任：应为古时贤哲或古之良史。《左传·隐公六年》引用过周任的话：周任有言曰："为国家者，见恶如农夫之务去草焉，芟夷蕰崇之，绝其本根，勿使能殖，则善者信矣。"（芟夷，音山姨，除草；蕰，音温）《左传·昭公五

年》记载孔子引周任的话：周任有言曰：“为政者不赏私劳，不罚私怨。”

陈力就列，不能者止：能“陈力”才能“就列”，意思是能负起责任才占据职位，如果做不到就不要占据这个职位。

虎兕出于柙：老虎和犀牛逃出笼子。兕，音四，犀牛。柙，音霞，笼子。

龟玉毁于椟中：龟甲和玉器损毁于木匣中。龟，占卜之器。玉，礼器。椟，音读，木匣。

固而近于费：城池坚固，离费邑很近。费，音必，季氏采邑。

舍曰欲之而必为之辞：不说“想得到它”却又一定要找个借口。辞，托词、借口。

有国有家者：诸侯有国，大夫有家，所以有国有家者指诸侯和大夫。

萧墙之内：萧墙指门内或门外小墙。按礼制，天子外屏，诸侯内屏。孔子说季氏之忧在萧墙之内，有两种解读，一说，指的是鲁哀公二十七年，哀公攻“三桓”，此为季氏之患；二说，季氏伐颛臾，“季氏之忧”忧的不是颛臾，而是哀公。今从第二说。

季氏将要攻打颛臾，冉有和季路（子路）去见孔子说：“季氏将要攻打颛臾。”孔子说：“冉求！这难道不是你们的过错吗？颛臾国，当初先王让他们负责主祭东蒙山，且在鲁国境内，是国家的臣子，为什么要攻打它呢？”冉有说：“季氏想攻打它，我们二人都不想这样做。”孔子说：“冉求！古时贤哲周任说过：‘能负起责任才占据职位，如果做不到就不要占据职位。’看到危险却不去帮助，要倒下了还不去扶起，干吗要用这样的辅佐之臣呢？而且你说的话也不对，老虎和犀牛逃出笼子，龟甲和玉器损毁于匣中，这是谁的过错呢？”冉有说：“颛臾国现在城池坚固，离季氏的费邑很近，如果不攻取它，日后恐怕会成为子孙的祸患。”孔子说：“冉求！君子厌恶嘴上不说想得到它，却又千方百计找借口想得到它。我听说过，不论是治国还是治家，不担心贫穷，只担心分得不均，不担心少，只担心不安定。因为分得平均了，就没有贫穷了；大家和睦了就谁也不觉得势单力孤了；人们安定了，社稷不就会遭到倾覆。正因为如此，远人不服，要通过修文治之德招徕他们；既然他们来了，就要使他们安定下来。现在仲由和冉求你们二人辅佐季氏，远人不服，却不能招

徕他们；国家四分五裂却不能阻止，反而策划在境内大动干戈。恐怕季氏所忧虑的不是颛臾，而是宫室萧墙之内的（鲁君）吧！"

行政解读

孔子与冉有的对话反映了孔子的政治思想，现试析如下：

第一，对内慎用武力，若用武力，必须占据道德制高点，师出有名，为"道义"出师，不为"私利"出师。孔子认为，季氏没有攻伐颛臾国的正当理由。颛臾国存在的合理性有三：其一，承担历史所赋予的祭祀蒙山的责任；其二，继承伏羲的香火，而伏羲是华夏文明的始祖之一；其三，颛臾国按礼制为鲁国的附庸（附庸之制见本章译解），在国境之内，又能尽臣道，没有什么恶行。但是季氏不这么看，季氏攻伐颛臾出于政治利益考虑，而非从道义考虑。冉有道出一些内情，他说颛臾城池坚固，紧邻季氏的采邑，担心对季氏构成威胁。那么，为什么城池坚固、紧邻季氏就必然产生必须通过战争才能解决的矛盾呢？冉有没有明说，但孔子一语道破天机，他说："吾恐季氏之忧，不在颛臾，而在萧墙之内也。"季氏要攻打颛臾，担心的不是颛臾，而是宫中的鲁哀公。当时，鲁国的政治版图，季氏占 1/2，孟孙氏和叔孙氏各占 1/4（朱熹《论语集注》），颛臾作为鲁国的附庸，具有相对独立性，同时与鲁君又有君臣之谊，不为"三桓"（"三桓"指鲁国卿大夫孟氏、叔孙氏和季氏）所控制，季氏担心一旦和鲁君摊牌，颛臾会站在鲁君一边，所以说"后世必为子孙忧"。如此，攻打颛臾不过是季氏"弱鲁自强"的一个步骤。冉求为季氏家臣，为巩固主子利益谋划，也无可厚非，但他又担心挨孔子批，所以说起话来遮遮掩掩。但孔子何等贤明，一眼看破谜底，给冉有和子路以严厉批评。最后季氏到底是否攻打颛臾，历史上没有明确记载。不过从孔子晚年对鲁国政治的影响来看，季氏多半不听孔子意见。例如税赋制度改革就是如此，孔子也反对，也对冉有进行了严厉批评，但最后照样执行（事见[11.17]章解读）。

第二，不患贫而患不均，不患寡而患不安。为什么？因为"均无贫"，贫富总是相对的，大家都一样了，就没有谁显得贫穷了，也没有谁显得富裕了。"和无寡"，大家都和睦相处了，没有利益纷争，相安无事，谁还去拉帮结派？就没有"众"和"寡"的问题，都不觉得自己势力单薄了。"安无倾"，这个

"安"字很重要，大家都安居乐业了，各得其所，社会很安定，大家对业已形成的社会秩序很满意，谁还想着去颠覆政权呢？所以为政之要在于实现三个字，就是"均"、"和"、"安"。但是"均贫富"做得太过分了，就会损害效率，大家都不愿意创造财富了。比如日本过去个人所得税定得很高，结果那些创造财富能力比较强的人纷纷移民国外，政府不得不降低税率以鼓励财富的创造。而我们过去搞人民公社、生产队，搞绝对平均，也吃过不少亏，所以必须正确处理"平均"与"效率"的问题。

第三，远人不服，修文德以来之。这是孔子提出的处理国际关系的重要准则。中国历来秉持"和"的精神处理国与国之间的关系，把天下和谐当作政治理想。例如《尚书·尧典》把"百姓昭明，协和万邦"、《周易》把"首出庶物，万国咸宁"（"乾卦"彖辞）作为重要的政治成就加以赞扬。《礼记·礼运》提出"以中国为一人，以天下为一家"，主张不同的国家或民族的睦邻友好、和平共处，形成和谐天下。"远人不服，修文德以来之"这条原则的现实含义是，领导世界主要不是靠武力和其他强制力，而是靠社会繁荣、经济发展和道德水准至上所带来的吸引力，主要通过搞好自己的事来感召天下。孔子的"泛爱众"思想完全涵盖不同的国度和不同的民族，强调"四海之内皆兄弟也"[12.5]，对不同的国家的人民展现尊重和爱心，所以，《春秋公羊传》上说"王者无外"①。对世界充满爱的关怀和责任，这是我们民族几千年来看待世界的态度，也是当前我国外交思想的重要内容。

[16.2]孔子曰："天下有道，则礼乐征伐自天子出；天下无道，则礼乐征伐自诸侯出。自诸侯出，盖十世希不失矣；自大夫出，五世希不失矣；陪臣执国命，三世希不失矣。天下有道，则政不在大夫。天下有道，则庶人不议。"

译解

十世希不失：很少经十代而不失政的。希，很少。失，指失政、失国、失家、失身。

---

①《春秋公羊传》在隐公元年、桓公八年、僖公二十四年、成公十二年四处提到"王者无外"。

陪臣：大夫家臣。

孔子说："天下有道，制礼作乐和征伐的权力掌握在天子手中；天下无道，制礼作乐和征伐的权力掌握在诸侯手中。如果这些权力掌握在诸侯手中，大概很少经历十代还不失政的。如果这些权力掌握在大夫手中，很少经历五代还不失政的。如果大夫家臣执掌国家政权，很少经历三代还不失政的。天下有道，大夫就不能专政；天下有道，百姓就不议论政治。"

行政解读

中央有权威，法律制度由中央制定，宣战权归中央。如果地方各自为政，分别制定自己的法律制度，想对谁宣战就对谁宣战，"礼乐征伐自诸侯出"，中央政府就形同虚设，天下就是没有秩序可言了。孔子对春秋时代"天下无道"的状况进行了描述：诸侯专了天子的政，大夫专了诸侯的政，家臣专了大夫的政。只要诸侯专了天子的政，只要"下级可夺上级的权"这个伦理价值观念一经建立，大夫专诸侯的政，家臣专大夫的政，就都顺理成章了。所以当诸侯夺天子之政时，实际上已经为大夫夺诸侯之政树立了一个坏的榜样；当大夫夺诸侯之政时，实际也为家臣夺大夫之政树立了一个坏的榜样。

所以主政一方，须保证上级政府政令畅通，要与上级政府保持执政理念的一致性，搞"礼乐征伐自诸侯出"，甚至搞"自大夫出"，再甚至于搞"陪臣执国命"，让身边跟帮的、跑腿的控制政事，这是"无道"，结果会很危险。作为下级，当上级执政理念、治政思路很明确的时候，不要自己再提出一套不一致的口号和理念，而要在落实上级执政理念上下功夫。比如当国家的宏观调控政策是防止通货膨胀，而自己所在地方却坚持扩大投资规模，这就是想搞"礼乐征伐自诸侯出"，这样对抗的结果就是"天下无道"，政令不畅通，百姓手足无措，可能出现社会分裂，所以很危险。

孔子还提出一个发生危险的预言表：诸侯专天子政，不出十代，自己失政；大夫专诸侯政，不出五代，自己失政；家臣专大夫政，不出三代，自己失政。在本篇第 3 章，孔子按自己提出的预言和规律，对鲁国的政局进行了

分析，他说：“禄之去公室五世矣；政逮于大夫四世矣；故夫三桓之子孙微矣。”[16.3]鲁君失政已经五代了，“三桓”专政已经四代了，所以“三桓”的子孙要衰微了。这个推论正是“礼乐征伐”“自大夫出，五世希不失矣”这个预言的具体应用。孔子这个预言有一定的历史事实依据，比如季氏专鲁君的政，经过了季友、季文子、季武子、季悼子、季平子、季桓子五代①，然后季氏家臣阳虎拘季桓子，执鲁国“国命”，季氏经历了短期失政，阳虎叛乱失败后，“三桓”才又恢复力量（见[17.1]章解读）。再如齐桓公称霸诸侯，挟天子而令诸侯，后经过齐孝公、齐昭公、齐懿公、齐惠公、齐顷公、齐灵公、齐庄公、齐景公、齐悼公、齐简公十世，齐简公为大夫田恒所杀（见[14.21]章）。当然这只是在当时政治体制下生成的一个历史事实，政制体制不同，就会有不同的结果，所以孔子预言不一定会应验于后世政治形势的发展。

失政问题的关键在于执政的依据是什么？这是一个政治伦理问题，同时也是一个政治制度问题。比如春秋时代的执政依据是“世袭”和“等级制度”，诸侯要服从天子，只要诸侯不服从天子，就是破坏了执政的政治伦理和当时的政治制度，那么大夫不服从诸侯就是合理的了，所以诸侯给天子挖坟墓的同时，实际上也给自己挖了坟墓。再比如，美国总统靠选举产生，这是美国的政治伦理和政治制度，如果有一个人不靠选举上台，而是靠武力上台，从而打破了传统政治伦理和政治制度，那么将来他的下属靠武力推翻他而上台就很自然了。俄罗斯总统普京连任两届总统后，俄罗斯人特别希望普京继续连任，但俄罗斯宪法规定总统只能连任两届。为此，俄罗斯议会想通过修改宪法以让普京继续连任，普京则坚决不同意修宪。这件事表明，普京确实是一个有远见的政治家，因为他明白，一个国家的基本政治制度，不应因人民暂时的情绪而改变。如果为了普京可以修宪，那么为了别人也可以修宪，国家的政治将可能因此而陷入混乱之中。所以维护政治制度的严肃性和稳定性非常重要。孔子正是看到了这一点，才提出了上述论断，以警示后人。

关于“天下有道，则庶人不议”，如果百姓满意了，议论自然就少，政治

①季悼子在位时间很短，大约五年，可不算一代，见 [3.1] 章解读。

热情自然不高。当然，这不过是在那个时代，在当时政治模式下产生的一个政治优劣的评价标准。现在强调人民的知情权和参与权，人民关心政治、议论政治是好事，不是有“子产不毁乡校”的例子吗？（参见[5.16]章解读）

[16.3]孔子曰：“禄之去公室五世矣，政逮于大夫四世矣，故夫三桓之子孙微矣。”

译解

禄之去公室五世矣：鲁君失去政权已经五代了。禄，任用朝臣的权力。公室，指鲁君。据《史记·鲁周公世家》记载，从鲁宣公开始（公元前 608 年），“公室卑，三桓强”，到孔子晚年鲁哀公时期，中间经历了成公、襄公、昭公、定公四代。或说鲁宣公时期，“三桓”始强，还未能专政，因立鲁宣公的不是“三桓”，而是东门氏的襄仲，如此，“禄之去公室五世矣”或指的是成公、襄公、昭公、定公、哀公五世。鲁昭公于公元前 517 年被“三桓”赶出鲁国（事见[17.1]章解读），鲁哀公则于公元前 468 年，孔子去世 11 年后，被“三桓”赶出鲁国，另立新君。

政逮于大夫四世矣：大夫掌握政权已经四代了。从鲁成公到鲁哀公，鲁国“三桓”中最强大的季氏的执政者分别经历了季文子、季武子、季平子、季桓子、季康子五世（参见[3.1]章解读，季悼子时间很短，这里不计为一代），但是季文子政治声誉很好，《史记·鲁周公世家》记载，季文子死时，“家无衣帛之妾，厩无食粟之马，府无金玉，以相三君”。所以季文子很可能有权但不专权，“四世”指的应是季武子、季平子、季桓子、季康子。

故夫三桓之子孙微矣：所以“三桓”的子孙要衰微了。“三桓”指孟孙氏、叔孙氏和季孙氏（参见[3.1]章解读）。孔子去世时未见到“三桓”子孙衰败，倒是在孔子逝世 11 年后，又一位鲁国国君哀公被“三桓”赶出国（《左传·哀公二十七年》）。

孔子说：“鲁君失去政权已经五代了，大夫专政已经四代了，所以‘三桓’的子孙要衰微了。”

行政解读

参见[16.2]章。

[16.4]孔子曰：“益者三友，损者三友：友直，友谅，友多闻，益矣；友便辟，友善柔，友便佞，损矣。”

译解

谅：诚实守信。

便辟：音骈敝，善于圆融奉承行事。便者，顺人之所欲；辟者，避人之所恶。《尚书·冏命》：“慎简乃僚，无以巧言令色、便辟侧媚，其惟吉士。”意思是要慎重选择部属，不要任用巧言令色、奉承谄媚的人，要任用贤良正士。

善柔：善以和颜悦色骗人，即令色。

便佞：音骈泞，善以花言巧语骗人，即巧言。

孔子说：“有三类朋友是有益的，有三类朋友是有害的。正直的朋友、诚信的朋友、见多识广的朋友，这是有益的朋友。行事圆融奉承的朋友、表面和颜悦色的朋友、善于花言巧语的朋友，这是有害的朋友。”

行政解读

交朋友要交正直的朋友，交诚实守信的朋友，交有本事、见多识广的朋友，对于这一原则人们都很认同。但在现实生活中，交这类朋友不容易。如果一个人很正直，利用公权力影响给朋友办私事就不容易，时间长了，就会觉得他这个朋友不够意思。交诚实守信的朋友，首先要求自己诚实守信，如果自己做不到诚实守信，如何交诚实守信的朋友？容许你骗他，不容许他骗你，时间长了就交不下去了。交见多识广的朋友，待在一起老觉得自己不如人，心理上不一定那么痛快。所以孔子提出“益者三友”，说起来容易，做起来不容易。可是，如果真能克服心理障碍和太多私心倾向，“友直、友谅、友多闻”，对个人、对事业显然是很有好处的，自己就会变成一个正直的人、一个守信的

人、一个见多识广的人。

“友便辟，友善柔，友便佞”，人们愿意与这些人交朋友，但却很有害。便辟之人，做事圆融，总是顺着你的心思去做，避免触及你所厌恶的东西，待在一起觉得比较舒服，所以皇帝喜欢选择一些“便辟”放在身边，可以每天顺心顺意。但真实的世界哪有那么顺心顺意的，这样下去会使人骄纵起来，忘掉了世界的真实情况，很危险。“友善柔”，人们也喜欢与那些和蔼可亲、总是和颜悦色的人交朋友，可是想一想，自己做的那些事，怎么会件件让人和颜悦色呢？所以这里边就有“不诚实”的问题，从这样的朋友身上可以得到心情的愉悦，但得不到真正的帮助。“友便佞”，和一些不讲是非、花言巧语的人交朋友，最大的问题是会失去是非观念，为恶以为善，为黑以为白，所以这是很危险的。孔子提出“益者三友”、“损者三友”的出发点，是指出人们往往愿意与“损者三友”交朋友，而不愿意与“益者三友”交朋友，这是我们需要特别警醒的。

[16.5]孔子曰：“益者三乐，损者三乐：乐节礼乐，乐道人之善，乐多贤友，益矣；乐骄乐，乐佚游，乐宴乐，损矣。”

译解

乐节礼乐：即乐节之以礼乐，喜好按礼乐制度行事。节，调节，指行事按礼乐要求办。在《学而》篇中，有子说：“……知和而和，不以礼节之，亦不可行也。”[1.12]

乐道人之善：一说，喜好称道别人的善行，“道”是称道的意思；二说，喜好帮助别人向善，“道”即“导”的意思。今从二说。

乐骄乐：以骄纵之乐为乐。骄，骄纵。后一个“乐”指来自骄纵的快乐。

乐佚游：以闲逸游荡为乐。佚，即逸。

乐宴乐：以沉迷宴饮为乐。宴，指吃喝排场。

孔子说：“有三种喜好是有益的，有三种喜好是有害的。喜好按礼乐制度行事，喜好帮助别人向善，喜好多交贤德朋友，这是有益的。喜好骄纵之乐，喜好闲逸游荡之乐，喜好沉迷宴饮之乐，这是有害的。”

行政解读

人的嗜好反映人的品质。现在强调干部要培养健康向上的情趣，这个问题实际是一个价值观问题。如果一个干部有孔子所说的“损者三乐”倾向，那么这就非常糟糕了。喜欢耀武扬威、颐指气使，不谦虚、不谨慎，以骄纵之乐为乐，这种人眼睛里实际上没有别人，比的是钱多、权大、位高，而不是人品和干事能力，这就比较容易出事。还有，没有节制地沉迷于游玩之中，不务正业，游手好闲，像有的干部跑到境外去赌博，自己管不住自己，这就是“乐佚游”，也非常危险。喜欢大吃大喝，没有节制，整天醉眼迷离。这是“乐宴乐”，不但有害于身体，有害于公务人员形象，也有害于事业发展。“益者三乐”都是好的修养和嗜好。“乐节礼乐”，以现代的话说，就是以遵纪守法为荣，因遵守社会秩序和法律纪律感到高兴。比如到医院看病，以与大家一起排队挂号感到高兴，而不是以找个后门、插个队感到高兴，这就是“乐节礼乐”；开车，喜欢找关系搞个特别通行证，以逃脱交通规则管制，这就不是“乐节礼乐”；“乐道人之善”有两种解读方式，一种解读方式是以说别人好话为乐，以宣扬别人的善行和优点为乐，这亦是君子之道，君子扬人之善、不扬人之恶。另一种解读方式就是以帮助别人一同做好事为乐，这也是本书采用的解读方式。以帮助成就别人的善行为乐，以帮助人们实现他们的美好愿望为乐，成人之美，不成人之恶，不亦君子乎？“乐多贤友”自然有益，不待多言。谁都想多交有能力、有品德的朋友，但是益友亦难求，所以应珍惜友谊。

[16.6]孔子曰：“侍于君子有三愆：言未及之而言谓之躁，言及之而不言谓之隐，未见颜色而言谓之瞽。”

译解

愆：音千，过失。

躁：急躁。

隐：隐瞒，不尽实情，这是不忠的表现。

孔子说："侍奉君子有三种过失：话还没有到该说的时候就说叫作急躁，话已到该说的时候不说叫作隐瞒，不看脸色一味地自说叫作瞎子。"

行政解读

在《子张》篇，关于如何说话，子夏发表了一个高见："信而后谏，未信则以为谤己也。"[19.10]孔子多次强调君子要慎言，慎言的具体操作要领是什么？就是本章提出的几条原则。

第一，坚持信而后谏。我们给别人提建议，特别是给上级提出建议，该不该提？提什么样的意见？其根本出发点有两个：一是个人的岗位职责。有些话直接关系到岗位责任履行问题，那么不论个人在领导那里有"信"还是无"信"，该说就说，该说不说就是没有履行职责。比如，领导批示一笔支出，而这种支出方式为财务制度所不容许，作为管理财务工作的干部，不论领导心情如何，必须告诉领导不可如此支出，这个话就该说，不论领导是否信任自己。二是不直接关系自己岗位职责。此时给领导提出建议主要是发挥参谋助手作用，要信而后谏。比如说自己是负责财务管理的干部，但是看到领导开会方式存在问题，该不该提出意见和建议？这就要"信而后谏"。如果他信任你，你提出这个意见他觉得是为他好；如果没有取得领导信任，就给他提出意见，"未信则以为谤己也"，他或许会以为你是在批评他，是在冲击他的权威，这样做的后果很可能不但不利于领导改正错误，还会使上级对你的动机产生怀疑。那么，如果获得上级的信任，是不是就可以在同一件事情上反复进谏呢？这样也不行。在《里仁》篇，子游说："事君数，斯辱矣；朋友数，斯疏矣。"[4.26]在一件事情上，如果不是关乎生死存亡的原则问题，进谏一两次就够了，领导不听，可能还有自己所不理解而领导又不能明说的原因，不必喋喋不休，强迫领导就范，干扰领导的决策，看形势发展再说不迟。对上级应如此，对群众也是如此。说服群众要先取得群众的信任，群众还不了解你的动机，不了解你这个人，你就大讲特讲，虽然讲的话、提出的意见对群众有好处，群众也未必接受。所以君子不论对上、对下都要坚持"信而后谏"，同时也应有适可而止的意识，不要强人所难，越俎代庖，自以为是。

第二，不要"言未及之而言"。领导根据自己对形势的判断和既定的工作

步骤，确定思考问题的重点和优先次序。有些问题虽然也是问题，但还没有摆到议事日程上来，这时就不要急于提出来。如果急着提出来，就是“躁”，会影响工作团队集中精力于主要矛盾的解决。例如领导正在集中精神研究发展问题，没有研究人事改革问题，这时候你去大讲人事改革的紧迫性和必要性，或许这确实重要，但这是“言未及之而言”，不但不会取得好的成效，还可能干扰领导的工作。对群众也是如此，如果农民群众眼下最关心的是土地承包权的问题，而为政者却大讲兴修水利的事情，尽管说这些没有错，可这个事并不是群众急需解决的问题，就不会得到群众的响应。所以为政者应当抓住群众最关心的问题，从群众最关心的问题开始推进自己的施政理想，而不是“言未及之而言”。

第三，不要“言及之而不言”。自己所思考的问题，已经成为领导要解决的中心问题，领导广泛听取各方意见，这是时机到了，在这种“言及之”的情况下还“不言”，就是“隐”。“隐”是什么？“隐”的本质是不负责任，对上不忠，做事不尽力，好像置身事外、想看笑话一样。此时，如果领导征求意见，就要诚恳地提出自己的看法，不能“言及之而不言”，这样会让领导觉得对他有意见。对群众也是如此，如果水利问题已成为农民群众最关心的问题，群众已经“言及之”了，这时候就要集中精力解决水利建设问题，拿出办法和措施来，这样施政才能取得实际效果。

第四，不要“未见颜色而言”。社会虽然关心这个问题，但是对解决这个问题的思考有一个过程，所以必须“见颜色而言”，看社会接受程度，逐步提出可行建议。比如我国社会主义市场经济体制目标的提出，如果在十一届三中全会的时候就提出要“建立社会主义市场经济”，肯定为社会所不接受，若是明知社会不接受却硬要提出，结果很可能不但这个目标通不过，还会因此而堵住建立市场经济之路，使那些坚持市场化改革方向的力量在政治上受到挫折，适得其反。而“见颜色而言”的结果，是提出“计划经济为主，市场调节为辅”的目标，这个大家能接受，随着改革开放的进一步发展，又提出“有计划的商品经济”等，直到最后在党的十四大上提出建设“社会主义市场经济”的目标，整个过程就是一个“见颜色而言”的过程，这是政治策略。说服上级和说服下级、说服群众，都要“见颜色而言”，看对方的接受程度，坚持循序渐进，不急不躁。落后于群众的意识领导不了群众，太过超前于群众的意识也领导不了群众，根据群众的意识，超前于群众意识，却又在群众认可的范围之内，并保持大目标和大方向不错，这样就好。如果不见颜色而言，那就是“瞽”，是瞎子了。

以上原则是为政原则，而不是学术原则。对于学术研究，获得了真理就要发言，不存在“言及之”、“言未及之”、“未见颜色”等问题。但是学者对孔子和子夏所讲的这条“为政规律”应有所了解，这样就会理解政策的推进为什么有时候不那么彻底，为什么不在改革开放之初就提出市场经济目标呢？因为政治需要耐心，需要时机，需要看群众、社会和各种政治力量是否“言及之”，要看群众、社会和各种政治力量的“颜色”，所以就有妥协、曲折等情况的出现。

总而言之，“信而后谏”、“言未及之而言谓之躁，言及之而不言谓之隐，未见颜色而言谓之瞽”，实际上是一种领导艺术、行政艺术，或说是一种政治艺术。

还可参考[15.8]章解读。

[16.7]孔子曰：“君子有三戒：少之时，血气未定，戒之在色；及其壮也，血气方刚，戒之在斗；及其老也，血气既衰，戒之在得。”

译解

戒：警戒，小心。

得：贪恋，贪婪。

孔子说：“君子要小心三件事：年少时，血气未定，小心不可纵欲；到了壮年，血气方刚，小心不要好斗；到了老年，血气衰弱，小心不要贪婪。”

行政解读

政治与年龄有没有关系？有关系。《宪法》规定，担任国家元首必须年满四十五岁。而根据公务人员有关规定，副部级干部以下须六十岁退休，正部级

干部则须六十五岁退休。年轻时，身体长成尚未稳定，不可过度纵欲，性的健康和身体健康有关，这是常识了。中年时候，人们有憧憬、有精力、有一定的权位，事业处于上升阶段，不论大成功或小成功，经历的都是成功，是由弱到强，由没有事业到有事业，由办不了什么事到能办一些事这个过程，于是有些人就不知道自己能干多大事，不把别人放在眼里，“好斗”的一面就容易表现出来。所以孔子说“戒之在斗”，不适当的“斗”、不应当的“斗”、过多的“斗”就是“好斗”，“斗”多了，就伤人、伤己、伤事业、伤和谐，无益有害。到了老年，为什么要“戒之在得”？中年以后，随着年龄增长，相当一批人已经看到了自己一生事业可能达到的水平，远大理想逐渐销蚀，逐步把希望寄托在下一代身上；但是也有相当一部人，随着年龄增长，权位愈来愈重，已经精力不济了，会也开不了了，工作时间也坚持不了八小时了，还坚持不退休、不让位，这样对事业、对自己、对别人都会有伤害。《礼记·曲礼》讲：“七十曰老，而传。”“传”指的是交代家事，到了七十岁就不管家事了，交给下一代办理；又说：“大夫七十而致事，若不得谢，则必赐之几杖，行役以妇人，适四方，乘安车。”大夫这类大官到了七十岁就可以退休了，如果国君不同意退休，就要赐几和拐杖（“几”是用来靠着休息的小桌子），还可允许带着夫人等料理生活起居，出外办事，可以乘坐能坐卧的专车。那时候，人口少，能人少，即便如此也是到了七十岁就要退休，把社会责任交给下一代。

[16.8]孔子曰：“君子有三畏：畏天命，畏大人，畏圣人之言。小人不知天命而不畏也，狎大人，侮圣人之言。”

译解

畏：敬畏。

天命：自然或人类社会发展的客观规律（参考[2.4]章解读）。关于“命”的含义的辨析（参见[9.1]章）。

大人：官中之上位者。《仪礼·士相见礼》：“与君言，言使臣；与大人言，言事君……与众言，言忠信慈祥；与居官者言，言忠信。”可见“大人”是官中之上位者，其主要职责是“事君”，所以要与其“言事君”。

狎：轻慢，不尊重。

孔子说："君子当有三种敬畏：敬畏天命，敬畏大人，敬畏圣人的话。小人不懂得天命所以不知敬畏，他们不尊重大人，轻视甚至侮慢圣人的话。"

行政解读

一时找不到一个将"畏"的含义准确地表达出来的双音词，近似地用"敬畏"一词来权充其解，但是"畏"中有多少"敬"的成分呢？这里说"三畏"，其实孔子还有一"畏"，在《子罕》篇中，孔子说"后生可畏"[9.23]，所以君子还"畏"年轻人。

对于天命，对于自然界和人类社会中不以人的意志为转移的规律性的东西，有一种慎、畏、敬的态度比较好。在《尧曰》篇，孔子又说："不知命，无以为君子也。"[20.3]把知"天命"作为"为君子"的必要条件。人类有时候不知尊重规律的重要性，一心想战天斗地，结果受到规律惩罚。现在要求科学发展，最根本的问题是遵循自然和社会规律去发展，科学发展观中最核心的理念是"以人为本"，实际上是求得一个人与自然、人与人之间的一个和谐相处，不"以人为本"，哪来和谐？不重视群众利益，群众心有怨气，哪来和谐？

对"大人"，应当"敬"而不"畏"。孟子说："说大人则藐之，勿视其巍巍然。"（《孟子·尽心下》）当然，这有可能是一种"心理战"，增强自信心的方法。既然要劝说"大人"这些官中之高位者，那就是以不同意见去挑战和说服权威了，没有信心不成，故先"藐之"。但是知道孟子这句话的人容易走到另一个极端：故意轻慢权威者，这也是一种错误态度，对任何人都要坚持以"敬"的态度对待，坚持以"礼"待人，何故以不敬对待"大人"？当然有些人以对"大人"不敬而博取声名，这就像三流女星靠制造与名人绯闻以吸引眼球一样，则另当别论。

圣人之言当"畏"，圣人之言是天道运行规律的反映，用现在的话说，就是自然和人类社会客观规律和实际情况的反映，是一种与实践相统一的认识，教人在尊重规律条件下如何完善自身和建设人类社会，不可不听。当然，也不能把圣人之言推到神主牌和教条化地位，"书不尽言，言不尽意"，圣人之言未必能尽其意，即使尽其意，我们也未必解其确意。且圣人之言立足于其所处时代的实践，而实践是发展的，所以“实事求是”才是最管用的“圣人之言”。

[16.9]孔子曰：“生而知之者，上也；学而知之者，次也；困而学之，又其次也；困而不学，民斯为下矣。”

译解

困：困惑，思虑有所不同。

孔子说：“生来就知道的，是上等；经过学习知道的，是次等；遇到困惑才去学习的，是再次一等；遇到困惑还不学的，这种人是下等了。”

行政解读

在行政工作中，我们常见到有些行政人员在进行工作总结时很谦虚，说自己是“边学边干、边干边学”，这就是“困而学之”。人们总是这样，先学一个基本面，这是“学而知之”，同时又“困而学之”，在实际工作中遇到问题再学，活到老，学到老。最头痛的就是“困而不学”，遇到问题不懂，也不学习，这样的人“不知其可也”[2.22]。还可参考[15.39]解读。

[16.10]孔子曰：“君子有九思：视思明，听思聪，色思温，貌思恭，言思忠，事思敬，疑思问，忿思难，见得思义。”

译解

忿思难：发怒时要考虑到后果。忿，发怒、生气。难，后患，不好的后果。

孔子说：“君子应当思考九件事：看要看得清楚，听要听得明白，脸色要温和，态度要恭敬，说话要诚实，做事要尽心，有疑惑时要询问，发怒时要考虑后果，见到利益时要考虑是否合乎道义。”

行政解读

孔子提出的“九思”，可以分为三组。第一组：“视思明，听思聪，色思温，貌思恭”。听和看是人们接受外界信息的两个主要渠道，对人和事的分析判断的起点是“视”和“听”，不要视而不见，也不要一叶障目，不见森林，不要戴着有色眼镜看，要看得客观，看得全面，看得深刻。听也是这样，不要充耳不闻，也不要选择性耳聋，听想听的，不想听的、不喜欢听的就不听。听得了逆耳忠言，也要听得了阿谀奉承，还要听得了污言秽语。一听阿谀之言就入套，这就是听不得阿谀奉承；一听污言秽语就暴跳如雷，失了方寸，这就正中人家下怀——他就是想把你激怒，结果你果然被激怒。不论听了什么，看了什么，都要“色思温”、“貌思恭”，这也是一种类型的“不动声色”，不动温和之色和恭敬之貌。当然有些行政者运用脸色或容貌来工作，那另当别论。比如有时候不一定内心真的发怒，但他却表现出发怒的样子，这样的发怒是对人和事的“表态”方式，是运用容色来工作。这时对他来说，容色和态度应服从于工作的需要。

第二组是“言思忠”和“事思敬”。人对外部世界的影响，或者说改造客观世界和改造别人的主观世界靠的就是说话和做事。说话要诚实，当然对敌人诚实就是愚蠢。扯谎要考虑成本，一旦谎言被揭穿，就会“失人”。所以智者在做事的过程，在设计整个事件的操作过程时，要尽量避免让自己不得不撒谎这种情况的出现。“事思敬”就是做事要尽心、慎重，不可粗枝大叶，更不能不负责。做事和说话一样，同样不能“失人”，委托一件事，办得不尽心、不尽力，靠“忽悠”，最终人家也会感觉到，结果就是“失人”。有时候找办事的人很多，办不了那么多的事，可以实事求是地讲清楚。重要的是在事情处置权限的设计过程中，不要让权力太集中，权力集中在哪个环节，哪个环节的压力就大。如果财政支出项目给谁不给谁，一个人说了算，那么所有跑项目的人都找这一个人，压力怎会不大？怎会不出事？相反，把财政支出项目的分配分成项目申报、专家评审、综合平衡、过程监督等多个环节，各个环节相互监督、相互制约，这样每一个环节的压力就轻一些，更容易公平、公正一些，所以“敬事”既靠良心，也靠制度。

第三组是“疑思问，忿思难，见得思义”。“疑思问”，是说不要不求甚解，遇到问题，一方面自己应勤于思考，另一方面也应“敏而好学，不耻下问”[5.15]。同时也要“敢于上问”，对于领导交代的任务，意图没有完全领会的，要问，不要怕被批评。“忿思难”，要特别注意，生气发火要注意后果。这个“难”字有不同的解读，有的理解为“困难”，确实，想发火时考虑一下别人难处，这也比较好。还有一种解读为“患难”的“难”，这是本书采用的解读观点，即对别人发火有可能带来灾难和后患，《颜渊》篇讲：“一朝之忿，忘其身，以及其亲，非惑与？”[12.21]由于一时的愤怒，给自己和家人都带来危险，这是“惑”，活得不够明白。当然如果经过思考，把“生气”当作一种工作手段，当另当别论。“见得思义”在《论语》中出现了三次，在《宪问》篇中，孔子说：“见利思义，见危授命，久要不忘平生之言，亦可以为成人矣。”[14.12]在《子张》篇中，子张说：“士见危致命，见得思义。”[19.1]可参考相关解读。

[16.11]孔子曰：“见善如不及，见不善如探汤。吾见其人矣，吾闻其语矣。隐居以求其志，行义以达其道。吾闻其语矣，未见其人也。”

译解

见善如不及： 看到善的努力追赶生怕赶不上。

见不善如探汤： 看到不善的就如同触到热水一样赶紧躲开。汤，热水。

隐居以求其志： 隐居以坚守其志。求其志，以求志向之不改。

行义以达其道： 据义行事以实现其主张。道，指治国主张、理想等。

孔子说：“看到善的努力追赶生怕赶不上，看到不善的就如同触到热水一样赶紧躲开。我见过这样的人，听过这样的话。隐居以坚守其志，据义行事以实现其主张。我听过这样的话，没有见过这样的人。”

行政解读

关于“见善如不及，见不善如探汤”，孔子说见过这样的人，听过这样的话，大概有这种精神的人比较多（参见[8.5]章解读）。关于“隐居以求其志，行义以达其道”，孔子说他听过这样的话，但没见过这样的人，可能做到这一点的人比较少吧。为什么“隐居”才能“求其志”呢？政治环境已经不适合继续干下去，却非要干下去，那就必须“降志辱身”[18.8]。如果不愿意“降志辱身”，还要继续坚持过去的政治主张和政治行为方式，那就下台隐居去吧，“道不同，不相为谋”[15.40]，这样既坚持了自己政治上的一贯性，同时也给当政者以更大的行政空间，两全其美的事。“行义以达其道”，一旦有了良好的政治环境，可以按自己坚持的治国和行政理想行事的时候，就要“行义”，将理想转变为现实，实现自己的主张。“隐居以求其志，行义以达其道”与“舍之则藏，用之则行”意思大体相近。在《述而》篇，孔子对颜渊说：“用之则行，舍之则藏，惟我与尔有是夫！”[7.11]认为除了他和颜渊之外，很少有人可以做到这一点，这和孔子讲“隐居以求其志，行义以达其道”“未见其人也”是相一致的（参见[7.11]章解读）。

[16.12]齐景公有马千驷，死之日，民无德而称焉。伯夷叔齐饿于首阳之下，民到于今称之。其斯之谓与？

译解

千驷：一驷四匹马，千驷为四千匹马。这里非确指，而是指千余驷。

首阳：山名，伯夷、叔齐不食周粟，饿死于首阳山下。

齐景公有马四千多匹，死的时候，百姓认为他没有什么德行可以称赞的。伯夷、叔齐饿死于首阳山之下，百姓至今还在称赞他们。他们不是这样说的吗？

行政解读

鲁襄公二十五年（公元前 548 年），齐国大臣崔杼杀死齐庄公，立庄公异母弟杵臼为齐君，是为齐景公（见[5.19]章解读）。齐景公于鲁哀公五年（公元前 490 年）去世，在位 58 年。孔子生于公元前 551 年，死于公元前 479 年，所以孔子从事政治活动的时候，齐国的主政者就是齐景公。《史记·齐太公世家》说景公“好治宫室，聚狗马，奢侈，厚赋重刑”，与孔子对他的评论相一致。齐景公时期，晏婴为相四十八年，《晏子春秋》主要记载了晏婴谏齐景公之事。关于伯夷、叔齐之事在[7.15]章有详述，二人因为反对周武王以武力夺取政权，不承认周政权的合法性，“义不食周粟”，最后饿死在首阳山下。

人死了到底能留下什么？人死万事空，留下多少财富不重要，重要的是要留下精神和气节，即所谓的精神财富，孔子也是从这一点来称赞伯夷和叔齐的。伯夷和叔齐保全了自己的气节，给后人树立了榜样。不过，对于为政者来说，个人的精神和气节固然重要，但更重要的是他为保持社会稳定和繁荣做出了什么贡献，前者是“修己”的问题，后者是“安邦”的问题，对为政者的评价，既看前者，更看后者。例如，对于有雄才大略的政治家来说，历史评价的重心并不是他在世时有多大权威和政治力量，而是他是否给后代留下了一个良好的社会政治经济制度基础，他所指出的道路，是不是一条能够让人民通向繁荣昌盛的道路，果如此，人民每每分享繁荣时，就会想到他的杰出贡献，这就是“有德而称焉”。比如美国人感谢华盛顿等开国元勋，主要感谢两件事，一是取得美国独立战争胜利，二是留下了一部美国宪法，这是美国通向繁荣的基础。人们并没有关注他们是不是因此而发了财，因为发了财也好，不发财也好，这不重要。

[16.13]陈亢问于伯鱼曰：“子亦有异闻乎？”对曰：“未也。尝独立，鲤趋而过庭，曰：‘学《诗》乎？’对曰：‘未也。’‘不学《诗》，无以言。’鲤退而学诗。他日又独立，鲤趋而过庭，曰：‘学礼乎？’对曰：‘未也。’‘不学礼，无以立。’鲤退而学礼。闻斯二者。”陈亢退而喜曰：“问一得三，闻《诗》、闻礼，又闻君子之远其子也。”

译解

陈亢：其人考证见[1.10]章。

伯鱼：孔子儿子孔鲤。

子亦有异闻乎：您听到特别的教诲吗？异闻，听到与其他弟子不同的学问。

尝独立：曾经独自立于庭中。

远其子：并不特别厚待自己的儿子。

陈亢问伯鱼："您在您父亲那里听到过特别的教诲吗？"孔鲤说："没有。有一天他独自站在庭上，我小步快速从前面走过，他说：'学过《诗》了吗？'我说没有。他说：'不学《诗》，就增长不了说话的才能。'我回去就学《诗》。一天他又独自站在庭上，我小步快速从前面走过，他说：'学礼没有？'我说没有。他说：'不学礼，就不懂立身之道。'我回去就学礼。我就听到这两次。"陈亢回去以后很高兴，他说："问一件事，得到三样收获，听到了学《诗》、学礼的道理，还得知君子并不特别厚待自己的儿子。"

行政解读

参见[2.2]章、[15.39]章。

[16.14]邦君之妻，君称之曰夫人，夫人自称曰小童；邦人称之曰君夫人，称诸异邦曰寡小君；异邦人称之亦曰君夫人。

译解

小童、寡小君：均为谦辞。

国君妻子，国君称她为"夫人"，夫人自称"小童"；本国人称她为"君夫人"，当着别国人面称她为"寡小君"；别国人称她为"君夫人"。

行政解读略。

第17篇

《阳货》中的行政精神

[17.1]阳货欲见孔子，孔子不见，归孔子豚。孔子时其亡也，而往拜之，遇诸涂。谓孔子曰："来！予与尔言。"曰："怀其宝而迷其邦，可谓仁乎？"曰："不可！好从事而亟失时，可谓知乎？"曰："不可！日月逝矣，岁不我与。"孔子曰："诺，吾将仕矣。"

译解

阳货： 即阳虎，季氏家臣。

归孔子豚： 送给孔子一只熟小猪。归，即馈，音溃。豚，音屯，小猪，这里指做熟了的小猪。

时其亡： 伺其不在之时。亡，同无，不在家。

遇诸涂： 遇之于途，在路上碰见了他。

怀其宝而迷其邦： 身怀治国本领而听任国家迷失惑乱。宝，指孔子的治国能力和学问、治国之道。迷，使国家迷失于正确的发展方向。

好从事而亟失时： 热衷于参与政事却屡屡失去机遇。从事，指参与政事。亟，音弃。

阳货想见孔子，孔子不见，于是就给孔子送去一只熟小猪。孔子趁他不在家，前往拜谢回礼，却在路上遇到了阳货。阳货对孔子说："身怀治国本领却听任国家迷失惑乱，这算仁吗？"接着说："不能这样！热衷于参与政事却屡屡失去机遇，这算智吗？"接着又说："不能这样！日月流逝，年岁不等人呀。"孔子说："好吧，我要出来做事了。"

行政解读

鲁昭公七年（公元前535年），季武子去世，孔子时年十七虚岁，这一年孔子母亲亦去世。据《史记·孔子世家》记载，在孔子为母亲服丧期间，季氏（此时为季悼子）在家中宴请“士”，孔子前去参见，被家臣阳虎拒之门外，阳虎说：“季氏飨士，非敢飨子也。”（《史记·孔子世家》）季氏请的是“士”，不是你孔子。实际上，孔子当时在鲁国已经很有名气了。这一年，鲁国“三桓”之一、另一权臣孟僖子病重时对他儿子孟懿子说：“孔丘，圣人之后，……吾闻圣人之后，虽不当世，必有达者。今孔丘年少好礼，其达者与？吾即没，若必师之。”（《史记·孔子世家》），断定孔子将会显达，让他儿子一定要拜孔子为师①。可见，在季武子时期，在孔子年岁尚幼时，阳虎已是季氏家中权力极大的家臣，他对孔子这个新出现的名人采取了不屑态度，这个态度是错误的，“后生可畏，焉知来者之不如今也？”[9.23]不过这也反映出阳虎这个人品位不高。

当时鲁国“三桓”掌权，“三桓”之中，季氏权力最大，政务多从季氏出，百姓知季氏，不知鲁君，季氏一族实际掌握着民心。季武子死，季悼子继位5年后去世，接着季平子继位，季平子这人处事蛮横，喜欢斗狠。他与人玩斗鸡玩输了，报复的手段竟然是抢占人家的院子盖自已的房子。如此作为，在不长时间内得罪了很多大夫，这些人撺掇昭公除掉季氏。鲁昭公二十五年（公元前517年，孔子时年三十五虚岁），昭公率兵攻打季氏，叔孙氏和孟孙氏认为季氏一倒，他们的权力必然丧失，于是与季氏一起对付昭公，昭公最后失败逃到齐国。后来齐国攻下鲁国的郓地给昭公立足，虽然晋国、齐国等诸侯从中斡旋，想送昭公回国，但昭公逃亡7年，至死都没有回到鲁国的都城。《左传·昭公二十七年》记载：“孟懿子、阳虎伐郓。”在昭公逃到郓地的第三年，阳虎曾率兵攻打昭公，可见，阳虎在这次事变前后发挥了重要作用。

鲁定公五年（公元前505年，孔子时年四十七虚岁），季平子去世，季桓子继位，这一年阳虎囚禁桓子，逼迫桓子妥协，专了季氏的权。这时候鲁国的

① 《左传·昭公七年》也记有此事

政治状况是，季氏专了鲁君的权，阳虎又专了季氏的权。鲁定公八年（公元前 502 年，孔子时年五十虚岁），阳虎产生了更大的志向，想除掉“三桓”，于是串通季孙、孟孙、叔孙三家的庶孽（非正统继承人），企图利用祭祀的机会杀掉季桓子，本篇第 5 章所提到的公山弗扰也参与了这次事变。事情失败后，阳虎便逃到自己的领地阳关发动叛乱。鲁定公九年（公元前 501 年，孔子时年五十一虚岁），鲁国讨伐阳虎，阳虎逃往齐国，齐国不接受，又逃至宋国，再由宋国逃至晋国，最后投奔了晋国的赵简子，给赵简子当了家臣。孔子听到后说：“赵氏其世有乱乎！”（赵氏恐怕又要遭受阳虎的祸乱了）。

阳虎赠孔子熟小猪这件事，应当就发生在阳虎专权之时，或为鲁定公五年至鲁定公八年之间，这时候孔子岁数也不小了，四十七至五十虚岁。阳虎可能想把孔子揽在旗下，但孔子采取了敬而远之的态度，孔子答应“吾将仕矣”，不是要在阳虎政权下出仕，而是要在没有阳虎的鲁国政权下出仕。鲁定公九年（公元前 501 年），阳虎叛乱失败之后不久，孔子出任中都宰，时年五十一虚岁。

真是“上天要使一个人灭亡，一定先让他疯狂”，怎样使他疯狂？就是要让他产生无限的欲望，阳虎就是这样。阳虎历事季武子、季悼子、季平子、季桓子，是季氏的四朝元老，这么一个老资格，人品又不好，不出事才是怪事。

[17.2]子曰：“性相近也，习相远也。”

译解

孔子说：“人生之初天性是差不多的，但是由于学习的主观努力和客观条件不同，差别就越来越大了。”

行政解读

在[15.39]章解读中已经指出，孔子为什么要倡导“有教无类”？就是因为他相信“性相近也，习相远也”。人出生时是差不多的，后来学习的主观努力和客观条件不同，才使人的差别越来越大，所以只要愿意学的，他就认真地教，这是孔子的态度。

“性相近也，习相远也”是孔子人生而平等思想的具体体现。孔子对一切人都以礼相待，示以尊重，包括“负版者”这些社会底层人士（见[10.25]章解读），这是因为他相信“性相近也”，只不过“习相远也”。而在当时社会，百姓没有机会接受良好的教育，这是造成“习相远”的主要原因。从这个角度来看，人们不平等的主要责任应当由社会来承担。“性”是什么？“性”是一种与生俱来的东西，包括人的素质、欲望、好恶等，这些都是差不多的，孔子说“相近”，并没有说相同，孔子承认个体之间的差异，但是他更强调后天之“习”给人带来的影响。

[17.3]子曰：“唯上知与下愚不移。”

译解

上知：极聪明的人。“知”通“智”。

下愚：极愚笨的人。

孔子说：“只有极聪明和极愚笨的人难以改变。”

行政解读

在社会上，极聪明和极糊涂的人都是少数，因此不能改变的只是少数人。“性相近也，习相远也”，指的是大多数人“性相近也”，对于大多数人来说，经过学习，经过教育，可以改变。“上智”和“下愚”则是社会和人群中的两头。

什么是“上智”？有“上智”的人首先知道自己的聪明和智慧是有限度的，那种刚愎自用、自以为智谋超群的人算不得“上智”。“上智”的人会正确地估计别人，也会正确地估计自己。“上智”的人能够看清历史发展的趋势，使自己总是站在历史正确的一边。“上智”的人总是能够审时度势，做自己可以做、应该做和能够做的事。“上智”的人懂得“德”的重要性，会让自己做一个有德之人，“上智”之人也懂得“力”的重要性，总是使自己掌握住推动社会发展的力量，不会坐而论道，行而无能。总之，“上智”的人是改变社会的

人，也是改变别人的人。“上智”不可“移”，是因为他已站在正确的路线上，掌握了真理，为什么要“移”呢？

什么是“下愚”？是那些连接受道理和理解道理的能力都没有的人，所以也是不可“移”的。“下愚”既不可能成为社会发展的推动力量，也不可能成为社会发展的阻碍力量，只不过是跟着社会走的人，当然社会也要尊重“下愚”者的人权，善待“下愚”，不可轻视“下愚”。

“唯上知与下愚不移”，所以为政之要，在于“中间”，而不在于“两头”，只要抓住了最多的人群支持，抓住了主流民意，就可以从容施政。也正因为“唯上知与下愚不移”，中间这一块容易改变，所以过去有“民意有如流水”之说，不可不察，不可不慎。我们的态度是既要尊重民意，也要引领民意，引领民意中尊重民意。

[17.4]子之武城，闻弦歌之声。夫子莞尔而笑。曰：“割鸡焉用牛刀?”子游对曰：“昔者偃也闻诸夫子曰：‘君子学道则爱人，小人学道则易使也。’”子曰：“二三子！偃之言是也。前言戏之耳。”

译解

武城：鲁国城邑。

弦歌之声：琴瑟之声和歌唱之声。弦，指琴瑟。

孔子到了武城，听到琴瑟之声和歌唱之声。孔子莞尔一笑说：“杀鸡何用宰牛刀?”子游回答说：“过去我听先生您说：‘君子学道之后就能爱护百姓，普通人学道之后容易服从听命。’”孔子说：“弟子们！言偃说得对，我刚才说的话不过是跟他开个玩笑。”

行政解读

《雍也》篇提到，子游为武城宰。子曰：“女得人焉尔乎?”曰：“有澹台灭明者，行不由径。非公事，未尝至于偃之室也。”[6.14]所以当时子游正在武城这个地方担任行政长官，孔子到这里来，大概是想看看弟子将武城治理得怎么样了。在视察过程中，孔子听了“弦歌之声”这种高雅的乐道展现，不禁一笑，就说教这些普通百姓子弟，何必搞得这么高雅呢？这些东西属于君子们应当学习的东西。子游则从容不迫，以子之矛攻子之盾：老师你过去不是说过，不论是君子还是小人，都应当学习“礼乐之道”。不论是君子还是小人，学了“道”都有好处吗？君子们治理国家，他们学了“道”，就懂得了仁，懂得了善待百姓。普通人学了“道”，就知礼、知义，懂得遵守法律和秩序，现在怎么又说这话？孔子听后马上做检讨：我是开玩笑的，言偃说得对。

《论语》记述孔子视察武城时发生的幽默故事，有其深意。这里边实质是一个教育公平问题。士大夫接受良好的教育固然重要，但是普通老百姓接受同等质量的教育也十分重要，这是孔子的全民教育思想的反映，也是孔子“有教无类”[15.39]思想的进一步延伸。孔子教育和培养的重点是政治家，但是他要求政治家要重视办好全民教育，实行教育公平，让社会上层和社会下层享有同等质量的教育。孔子告诉那些士大夫，即使从最低层次的维护政权和统治的角度看，只有教育好了百姓，才能领导好百姓。现在我们社会的教育问题仍然是一个最为突出的社会公平和正义问题。城市享受的教育质量高，占有的升学机会多；农村享受的教育质量差，占有的升学机会少。孩子受教育机会和能力高度依赖于家庭的财力和能力，这是造成教育不公平的重要原因之一。只有当教育保障来自于公共财政而不是来自于家庭财力，教育才能逐步接近公平。近些年来财政支持教育的力度越来越大，已经免除了学杂费和书本费，对寄宿学生也进行了低水平的补助，事情正在向好的方向发展，但我们要走的路还很长。

[17.5]公山弗扰以费畔，召，子欲往。子路不说，曰：“末之也已，何必公山氏之之也?”子曰：“夫召我者，而岂徒哉？如有用我者，吾其为东周乎！”

译解

公山弗扰以费畔：公山弗扰占据费邑反叛季氏。公山弗扰与阳虎均为季氏家臣。费，音必，鲁国城邑，为季氏采邑。畔，即叛。

末之也已：没有去处了。之，往。

何必公山氏之之也：何必去公山氏那里呀。后一“之”字亦“往”义。

而岂徒哉：难道是只让我白白去一趟吗。徒，白白地。

吾其为东周乎：我将在东方复兴周公之道。以“周道”代表孔子心目中的先王之道和施政理想。

公山弗扰占据费邑反叛季氏，召孔子去，孔子欲往。子路不高兴地说：“没有去处了，何必到公山那里去呢?”孔子说：“召我去的人，难道只是让我去一趟吗？如果能起用我，我就有机会在东方复兴周公之道了。”

行政解读

注家认为公山弗扰即公山不狃（音扭）。据《左传》记载，鲁定公八年，公山不狃因不满季氏，参与了阳虎反叛季氏的活动。《史记·孔子世家》记载，这一年“公山不狃以费畔季氏”。《左传·定公十二年》记载：“公山不狃、叔孙辄帅费人以袭鲁。”鲁定公十二年（公元前 498 年），孔子时年五十四虚岁，此时孔子已为鲁国司寇，在孔子的指挥下，鲁国平息了这次叛乱。从以上典籍记载情况看，阳虎及公山不狃为首组成的反季氏集团，在鲁定公八年叛乱前后，千方百计想将孔子拉入自己的阵营，阳虎赠给孔子煮熟的小猪，劝他出仕（见[17.1]章）；公山不狃占据费邑反叛季氏，召孔子前往，都是此意。对阳虎和公山不狃的召请，孔子表明了想去做官的积极态度，但是最终都没有去。按孔子的价值观，让他加入叛主之臣行列，以武力夺取季氏和鲁国政权，这是不可能的。那么为什么阳虎召他入仕，孔子却没有断然拒绝，也没有严词斥责阳虎的不端行为，却说“诺，吾将仕矣”[17.1]如果说阳虎虽然当时已是司马昭之心路人皆知，但还没有公开反叛季氏，且为季氏重臣，孔子还想给以足够的尊重的话，那么对于公山不狃就不必如此了。公山不狃已经占据费邑反叛，公开召请孔子加入叛乱者行列，结果孔子又是“子欲往”，没有严词拒绝，当然最终也没有参加。孔子在周游列国过程中，又遇到同样一件事。鲁定公十四年，晋国赵简子家臣佛肸占据中牟造反，召孔子去，孔子的态度又是“子欲往”[17.7]，结果也没有去。孔子到底是什么意思呢?

这里不排除孔子的另一种考虑。通过阳虎和公山不狃的召请，表达自己强烈的出仕愿望，通过与阳虎与公山不狃的交往，让鲁国当局意识到起用孔子的必要性：如不用，即可能为鲁国当局的对立面所用，从而既表达了自己想有所作为的愿望，同时也拉抬了自己的政治行情。或者，正是由于孔子在这些事件中采取了正确的策略，直接导致鲁定公九年，在五十一岁上为当局任命为中都宰，实现了自己从政愿望。

孔子对于公山弗扰和佛肸之事的态度，还可有另一种解读，可参考见[9.13]章。

[17.6]子张问仁于孔子。孔子曰："能行五者于天下，为仁矣。"请问之。曰："恭、宽、信、敏、惠。恭则不侮，宽则得众，信则人任焉，敏则有功，惠则足以使人。"

译解

能行五者于天下：不论在任何地方，都能坚持按照五条准则行事。天下，代指不论走到哪里，在什么地方，无论在中国或是蛮貘之邦，都是如此。

信则人任：诚实守信，就会得到别人信任；任，信任，能够有所托付。《尧曰》篇："信则民任焉"[20.1]。

敏则有功：勤敏做事就会取得成功。

子张问孔子怎样才能做到仁。孔子说："不论在任何地方，都能坚持按照五项准则行事，就算做到仁了。"子张问是哪五项准则。孔子说："是恭、宽、信、敏、惠。恭敬有礼，就不会招致侮辱；宽容厚道，拥护的人就多；诚实守信，就会得到别人的信任；勤敏做事，就会取得成功；慈善惠爱，人们就愿意听从指挥。"

行政解读

孔子认为做到"恭、宽、信、敏、惠"这五条就算是达到了"仁"的要求。"恭、宽、信、敏、惠"五条准则可以作为行政者的座右铭。

关于"恭"，《论语》多处有论及。比如在《学而》篇，有子就说"恭近

于礼，远耻辱也”[1.13]。还是在《学而》篇，有人问子贡孔子为什么到了一个地方，总是能够与闻政事，这是自己要求的还是别人请他来听的？子贡则回答“夫子温、良、恭、俭、让以得之”[1.10]，把“恭”以得之，作为从政的重要原则。在《公冶长》篇，孔子评论子产时说他“有君子之道四焉”，其中有一条就是“其行己也恭”[5.16]。在《颜渊》篇，司马牛因为失去兄弟而不高兴，子夏劝他说“君子敬而无失，与人恭而有礼”，如此则“四海之内皆兄弟也”[12.5]。在《子路》篇，樊迟向孔子请教仁，孔子告诉他“居处恭，执事敬，与人忠”，这三条准则“虽之夷狄，不可弃也”[13.19]，与这里所说“能行五者于天下”意思差不多，都强调这些准则的普遍性和普适性。在《卫灵公》篇，孔子谈到舜帝的为政特点时说他就是一个“恭”字：“无为而治者其舜也与？夫何为哉？恭己正南面而已矣”[15.5]。在《季氏》篇，孔子说君子应当有“九思”，其中一思就是“貌思恭”[16.10]。从中可以看出，“恭”是孔子思想的核心价值观之一，也是“为仁”的重要组成内容，可参阅相关解读。

关于“宽”，在《八佾》篇，孔子说：“居上不宽，为礼不敬，临丧不哀，吾何以观之哉？”[3.26]如果在上位的人，鸡肠小肚，不能宽以待人，孔子说这简直就看不下去了，可见“宽”的政治品格在孔子心目中的重要性。“宽则得众”，指出“宽”在政治上的必要性。关于这一句，在《尧曰》篇中重复出现[20.1]，进行了再次强调。在本章，将“宽则得众”译为“宽容厚道，拥护的人就多”；在《尧曰》篇则译为“宽厚为政，人民就会拥护”。两种译法本质一样，只不过在这里“宽则得众”指的是在任何人类组织中应有一种行为准则，在《尧曰》中则直接指的就是为政之要。可参考[3.26]章解读和[20.1]章解读。

关于“信”，更是孔子思想的核心价值观了，在《论语》中论“信”的重要性达几十处。在《学而》篇，曾子说：“吾日三省吾身，为人谋而不忠乎？与朋友交而不信乎？传不习乎？”[1.4]子夏说：“与朋友交，言而有信。”[1.7]在《公冶长》篇，孔子把“朋友信之”[5.26]作为人生的目标；在《季氏》篇，孔子说：“益者三友，损者三友。友直，友谅，友多闻”[16.4]，强调“信”是交友的根本。“信”更是做人的根本，在《为政》篇，孔子说：“人而无信，不知其可也。大车无輗，小车无軏，其何以行之哉？”[2.22]同时把“信”

作为重要的教育内容，子以四教：文，行，忠，信[7.25]，要求弟子们“谨而信”[1.6]。“主忠信”则分别在[1.6]章、[9.25]章、[12.10]章强调了三次。在《卫灵公》篇，子张问如何才行得通，孔子说：“言忠信，行笃敬，虽蛮貊之邦行矣。言不忠信，行不笃敬，虽州里行乎哉？”[15.6]并强调自古以来，“信”是社会所坚持的一个重要价值观，“古者言之不出，耻躬之不逮也”[4.22]。作为君子，“信”更是第一位的，“君子义以为质，礼以行之，孙以出之，信以成之。君子哉！”[15.18]要求君子“笃信好学，守死善道”[8.13]。君子要“先行其言而后从之”[2.13]。在政治上，孔子更是强调“信”的重要作用，他说：“道千乘之国，敬事而信，节用而爱人，使民以时。”[1.5]当子贡问他为政之道时，他列了三个目标：“足食、足兵，民信之矣”，并把“信”放在最重要位置，“民无信不立”[12.7]。在《子路》篇，孔子又说：“上好信，则民莫敢不用情。”[13.4]在本章和《尧曰》篇，则指出“信则人任”、“信则民任焉”[20.1]。当然孔子强调“信”，但是反对不讲大义的“信”。在《学而》篇，有子说：“信近于义，言可复也”[1.13]，只有建立在“义”基础上的“信”才是可以践行的。在《卫灵公篇》，孔子说“君子贞而不谅。”[15.37]公正而不拘泥于小信，唯义所在；在《子路》篇，孔子在回答子贡怎样做才算“士”的时候，把“言必信，行必果，硁硁然小人哉”[13.20]作为最次一等的“士”。在《宪问》篇，当子贡问管仲不为公子纠赴死尽忠，却做了桓公的臣相，这是不是不仁？孔子认为管仲不死其主是大仁，原因是“微管仲，吾其被发左衽矣。岂若匹夫匹妇之为谅也，自经于沟渎而莫之知也”[14.17]，等等，可参相关解读。

关于“敏”，孔子强调要勤敏做事，少说多做，慎言敏行。在《学而》篇，他说：“君子食无求饱，居无求安，敏于事而慎于言，就有道而正焉，可谓好学也已。”[1.14]在《里仁》篇，孔子又说：“君子欲讷于言而敏于行。”[4.24]在《尧曰》篇，再次重复本章的“敏则有功”[20.1]，强调勤奋同样是从政有为的前提和基础，可参考相关解读。

关于“惠”，这个“惠”字应有两方面的含义，一方面是情感和处事方面的宽容、仁慈和爱护；另一方面能够给予实际的好处和利益。“惠则足以使人”，真心实意地对人家好，然后又能给予实际利益，一般而言就愿意听从指

挥，因为听从指挥，按指挥行事，是为了自己的利益。在《公冶长》篇，孔子评论子产时说他有“君子之道四焉”，其中之一就是“其养民也惠”[5.16]，在《尧曰》篇孔子提出了为政的五种美德之一就是“惠而不费”[20.2]，可参考相关解读。

[17.7]佛肸召，子欲往。子路曰：“昔者由也闻诸夫子曰：‘亲于其身为不善者，君子不入也。’佛肸以中牟畔，子之往也，如之何？”子曰：“然，有是言也。不曰坚乎，磨而不磷；不曰白乎，涅而不缁。吾岂匏瓜也哉？焉能系而不食？”

译解

佛肸：音必惜，为晋国大夫赵简子的家臣，时为中牟宰，中牟为赵简子采邑。

亲于其身为不善者，君子不入也：本身行不善的人，君子是不去那里的。

磨而不磷：磨也不会变薄。磷，音吝，“薄”的意思。

涅而不缁：染也不会变黑。涅，黑色矿物染料，此处为“染”的意思。缁，黑色。

匏瓜：匏瓜老熟之后，其皮坚硬，去掉瓤子，可做瓢壶，所以生长过程，系于藤上，不被人摘食。

佛肸召孔子去，孔子欲往。子路说：“我以前听您说过：‘躬行不善之人，君子是不去那里的。’佛肸占据中牟之地反叛，您却想去那里，这是为什么？”孔子说：“对，我说过这话。不是说真正坚硬的东西，是磨不薄的吗？不是说真正洁白的东西，是染不黑的吗？我难道就像匏瓜一样，挂在藤上不可供人采食吗？”

行政解读

参见[9.13]章和[17.5]章。

[17.8]子曰："由也，女闻六言六蔽矣乎？"对曰："未也。""居，吾语女。好仁不好学，其蔽也愚；好知不好学，其蔽也荡；好信不好学，其蔽也贼；好直不好学，其蔽也绞；好勇不好学，其蔽也乱；好刚不好学，其蔽也狂。"

译解

六言六蔽：六个字的品行及其可能导致的六种问题。六言，指六个字的品行。蔽，郁滞不通，指躬行仁、智、信、直、勇、刚这六种品行，如果不能真正弄通它们的本质及规范，就可能走向反面，出现问题，且暂译为"流弊"。

居：坐下。

好仁不好学，其蔽也愚：好"仁"不好学，其流弊是愚蠢。

好知不好学，其蔽也荡：好"智"却不好学，其流弊是放荡不羁。荡，不知节制.自以为是。

好信不好学，其蔽也贼；好"信"却不好学，其流弊是受到伤害。贼，贼害。

好直不好学，其蔽也绞：好"直"不好学，其流弊是尖刻伤人。绞，迫人太急以伤人，参见[8.2]章。

好勇不好学，其蔽也乱：好"勇"不好学，其流弊是为非作乱。

好刚不好学，其蔽也狂：好"刚"不好学，其流弊是狂妄自大。

孔子说："仲由啊，你听说过'六言六蔽'吗？"子路说："没有。"孔子说："坐下，我告诉你。好'仁'不好学，其流弊是愚蠢；好'智'却不好学，其流弊是放荡不羁；好'信'却不好学，其流弊是受到伤害；好'直'不好学，其流弊是尖刻伤人；好'刚'不好学，其流弊是狂妄自大。"

行政解读

在《泰伯》篇，孔子说："恭而无礼则劳，慎而无礼则葸，勇而无礼则乱，直而无礼则绞。"[8.2]这里则说"好仁不好学，其蔽也愚；好知不好学，其蔽也荡；好信不好学，其蔽也贼；好直不好学，其蔽也绞；好勇不好学，其蔽也乱；好刚不好学，其蔽也狂"。在本篇第 23 章，子路问孔子"君子尚勇

乎？”孔子说：“君子义以为上。君子有勇而无义为乱，小人有勇而无义为盗。”君子自然“尚勇”，但是以“义”为更高行为准则，君子如果不晓大义就会为非作乱，小人不晓大义就会成为强盗。所以孔子的态度十分明确，“好仁不好学，其蔽也愚……”学什么？要学的就是“礼”和“义”。如此，[8.2]章和本章结合在一起可以转化为：“仁无礼则愚，智而无礼则荡，信而无礼则贼，勇而无礼则乱，直而无礼则绞，刚而无礼则狂，恭而无礼则劳，慎而无礼则葸。”“六言六蔽”变成了“八言八敝”。当然，八个“无礼”后面还应该有八个“无义”的潜台词，这样就更完整了。关于“恭而无礼则劳，慎而无礼则葸，勇而无礼则乱，直而无礼则绞”四言四敝可参考[8.2]章解读。这里讨论一下“仁无礼则愚，智而无礼则荡，信而无礼则贼，刚而无礼则狂”的问题。

仁者爱人，对一切人都有一份爱心，这是对的。但是对一切人，不分青红皂白，不掌握尺度和分寸，施以同等程度的爱，显然是愚蠢的。仁者之爱，贵在掌握分寸，选择方式，要靠“礼”、靠“义”去调节才不至于走向“愚”。“智而无礼则荡”，喜欢搬弄聪明，却不看场合、对象和事情，一味地要聪明，给人的感觉是“荡”。“荡”就是让人感觉抓不住，自以为是，没有定性和原则性。“智”如同水，水用渠道引领才能灌溉，这个渠道就是“礼”。这人很聪明，但聪明用不到点子上，就是无“礼”之“智”。“信而无礼则贼”，守小信，失大义，最终结果是使自己受到伤害，使事业受到伤害，孔子要求君子“贞而不谅”[15.37]，说的就是这个意思，可参考相关解读。“刚而无礼则狂”，“刚”是什么？不为所动。谁都劝不动，上级也劝不动，从另一个角度看，就是谁都不放在眼里，这不就是“狂”吗？

[17.9]子曰：“小子何莫学夫《诗》？《诗》，可以兴，可以观，可以群，可以怨。迩之事父，远之事君。多识于鸟兽草木之名。”

译解

兴：抒发思想和情感。

观：观察社情民情和政治得失，指诗中包含了民情和社情。

群：交朋聚友，指诗可以成为交流的工具。

怨：谏讽时事，或表达怨气。

迩之事父：从近处说，关系到侍奉父母，指诗中有侍奉父母的道理和榜样。

远之事君：从远处说，关系到侍奉国君，指诗中有侍奉国君的道理和榜样。

孔子说："弟子们为何不学诗呢？诗可以抒发思想感情，可以观察社情民情和政治得失，可以交朋聚友，可以谏讽时事，表达怨气。从近处说，关系到侍奉父母，从远处说，关系到侍奉国君。且又能了解关于鸟兽草木等知识。"

行政解读

参见[2.2]章。

[17.10]子谓伯鱼曰："女为《周南》、《召南》矣乎？人而不为《周南》、《召南》，其犹正墙面而立也与！"

译解

《周南》、《召南》：均为《诗经·国风》篇名，《周南》有11首诗，《召南》有14首诗。

孔子对孔鲤说："你学了《周南》、《召南》吗？人如果不学《周南》和《召南》，就像面对墙壁站着。"

行政解读

《周南》、《召南》中有许多诗十分浪漫，多描写男女之情，如非常著名的《关雎》诗，就是《周南》的第一篇：

"关关雎鸠，在河之洲。窈窕淑女，君子好逑。参差荇菜，左右流之。窈窕淑女，寤寐求之。求之不得，寤寐思服。悠哉悠哉，辗转反侧。参差荇菜，左右采之。窈窕淑女，琴瑟友之。参差荇菜，左右笔之。窈窕淑女，钟鼓乐之。"

孔子对这首诗的评价是："《关雎》，乐而不淫，哀而不伤。"[3.20]什么是

“乐而不淫，哀而不伤”？快乐和哀思都不过分，恰如其分。这是说，孔子认为《关雎》中所描写的男女相思相爱的行为和情感是人类社会最正常、最自然不过的东西，因而是最美的一种情感。从这个角度看，孔子是对人性充满理解、充满浪漫情怀的哲学家和社会实践家。这也说明，圣人并不是不食人间烟火，而恰恰是人类真挚和神圣情感的颂扬者，他所反对的是这些情感畸形发展对人和社会所产生的破坏，“乐而至淫，哀而至伤”就是畸形发展，这是不好的。

不读《周南》、《召南》，为什么就如同面壁而立呢？“面壁而立”是一种什么样的感觉？不能洞察事理人性，不能深刻认识人和社会的本质。儒家把“人”、“家”、“国”和“天下”贯通起来看待社会的治理，所谓修身、齐家、治国、平天下。就像马克思研究资本主义经济关系首先从“商品”这个细胞开始一样，“人性”就是儒家研究社会治理的起点和细胞。人性中最根本的两个方面，一是生存的欲望，二是繁衍的欲望。繁衍的欲望就是情欲和性欲，情欲和性欲导致男女之情，这也是家庭的基础。所以孔子告诉孔鲤，不懂人性，不懂人的本质，就无法理解社会和社会结构，就无法构建出理想社会的蓝图，就无法找到通向这一理想社会的途径。在 1958 年“大跃进”时期，我国农村搞人民公社、公共食堂、公共托儿所等，一切事务公共化、集体化，家庭功能进一步弱化，一个村的农民同吃同住同劳动，农民丧失了劳动的积极性，最后导致生产力受到严重损害。这种做法从政治路线上看，是严重“左”倾路线。从“人性”角度看，这一社会模式的设计和选择违反了人的一些本质属性，忽略了“私欲”的作用。人的责任和追求是多维的，人们既追求自己“欲”的实现，又有照顾亲人朋友的欲望，同时也希望对社会有所贡献，不同的人在这几方面给予的关注度有所不同。只想着社会责任，从来不考虑自己私欲的人是不存在的。同样，只考虑自己的私欲，一点也不考虑亲人朋友的感受和社会责任的人也几乎是没有的。社会制度设计和社会模式的选择必须尊重这些人性的根本特点，逆之则必然失败。所以孔子要求孔鲤必须从理解人性开始，坚持“以人为本”，否则就不能理解、领悟治世之道。

[17.11]子曰："礼云礼云，玉帛云乎哉？乐云乐云，钟鼓云乎哉？"

译解

玉帛：礼物。

钟鼓：乐器。

孔子说："礼啊礼啊，难道说的就是玉帛这些礼物吗？乐啊乐啊，难道说的就是钟鼓这些乐器吗？"

行政解读

参见[3.4]章。

[17.12]子曰："色厉而内荏，譬诸小人，其犹穿窬之盗也与？"

译解

荏：音忍，怯懦，柔弱。

穿：在墙上凿洞而过。

窬：音俞，翻墙而过。

孔子说："面色威严而内心怯懦，就像小人一样，或者像凿墙洞、翻墙头行窃的小偷？"

行政解读

色厉内荏现在是一个成语。为什么色厉？用来唬人的。之所以需要唬人，是因为这样做有利于获得好处。为什么内荏？心里害怕。为什么怕？怕有所失，怕一些不便为人所知的东西让人知道，导致更大的损失。这就像小偷一样，敢于"偷"、敢于冒受法律和社会道义惩罚的风险，但是实际上还是很害怕。所以打个洞过去，翻墙头过去，不敢堂堂正正地搞。

色厉内荏，首先心态就不是亮堂堂的，活得比较累。凡色厉的，大多内

荏。没有力量，却硬要展示力量，就只能做些表面文章，通过辞色来掩盖力量的不足。真正有力量的人物，是“望之俨然，即之也温”[19.9]，对人很和蔼，没有什么架子，因为他心中有力量，不需用假辞假色去撑门面。

[17.13]子曰：“乡原，德之贼也。”

译解

乡原：当地人都说好的好人。好好先生。孟子对“乡原”有深入的说明，参见《孟子·尽心下》。

孔子说：“好好先生，是贼害道德的人。”

行政解读

参见[13.24]章。

[17.14]子曰：“道听而涂说，德之弃也。”

译解

涂：通“途”

孔子说：“道听途说，这是弃德行为。”

行政解读

“道听途说”这个成语发明了好几千年了，人们还在道听途说。道听途说的罪状是不求甚解、不辨真伪、不负责任，所以是“不义”、“不智”、“无信”，因而也是“不仁”。孔子说以这种态度来处理人事和政务，是弃德行为，根本就不想做一个好人，不想当一个仁者，不想做一个对社会负责任的行政者。

孔子这句话表明，一个有德的行政者，一定是一个严肃认真、实事求是的行政者。不是那种听身边一两个人说个什么就信个什么的人，不靠传言工作。现在，有的行政者到一地视察，不做深入了解，汇报一听，就发表重要讲话，对当地工作进行评论，似乎有道听途说之嫌。但是从眼下的行政习惯来看，领导到了下属单位视察，不说几句肯定工作的话，好像就是对下属工作单位不满意。下属单位的领导也期待上级领导说几句肯定工作的话，以巩固自己的领导力。所以到下级单位视察，不说几句好话也不行，不说几句就好像不支持下属单位的工作，虽然有时候还没有深入了解工作，甚至对有些工作根本就不懂，也得说，比较为难。

[17.15]子曰：“鄙夫可与事君也与哉？其未得之也，患得之；既得之，患失之。苟患失之，无所不至矣。”

译解

可与：可以的意思。

患得之：应为“患不得之”。

无所不至：无所不为。

孔子说：“没有品行的人可以为官事君吗？这些人没有得到名位利禄时，唯恐得不到；得到了，又唯恐失去；因为唯恐失去，所以什么事都干得出来。”

行政解读

参见[4.26]章。

[17.16]子曰：“古者民有三疾，今也或是之亡也。古之狂也肆，今之狂也荡；古之矜也廉，今之矜也忿戾；古之愚也直，今之愚也诈而已矣。”

译解

古者民有三疾：古时百姓中有三种有缺点的人，即狂者、矜者、愚者。

古之狂也肆：古时的狂者，不过是不拘小节。狂，志向高远、积极进取。肆，不拘小节（朱熹《论语集注》）。

今之狂也荡：今天的狂者，却放荡不羁、无所据守。《述而》篇讲“志于道，据于德，依于仁，游于艺”[7.6]，“荡者”既不“据于德”，也不“依于仁”。

古之矜也廉：古时矜持的人不过是有些棱角。廉，棱角（朱熹《论语集注》）。

今之矜也忿戾：今天矜持的人却愤怨乖戾。

古之愚也直：古时的愚者心地直率。

今之愚也诈而已矣：今天的愚者却只想着诈伪奸巧罢了。

孔子说：“古时百姓中有狂者、矜者、愚者这三种有缺点的人，今天这些人或许不是这样了（但却有了更大的问题）。古时的狂者，不过是不拘小节；今天的狂者，却放荡不羁、无所据守；古时矜持的人不过是有些棱角，今天矜持的人却愤怨乖戾；古时的愚者心地直率，今天的愚者却只想着诈伪奸巧罢了。”

行政解读

孔子说的是古今狂者、矜者、愚者三种人的变化，不一定就是古今这些人真的发生了变化，只不过表达了他对这三种人的缺点可以容忍的程度。对于狂者，志向大，自视高，不把权威放在眼里，“肆”一点可以，但不能“荡”了，不拘小节，在小的地方违“规”背“礼”可以，但不能“狂”到冲击“德”、“礼”、“仁”中的基本原则；对于矜者，自我感觉良好，比较骄傲的人，“廉”一点可以，但不能“忿戾”了。有点棱角可以，但不能凡事粗暴无礼，以我为中心，争不到就怒气冲天；对于愚者，反应比较慢，不大懂事理，“直”一点可以，但不能“诈”了，因为他不明事理，不很懂事，所以“直”一点也不会伤人，但本来无“智”，却要扯谎行诈，这就不可以了。

[17.17]子曰：“巧言令色，鲜矣仁。”

此句在《学而》篇中已出现，见[1.3]章。

[17.18]子曰：“恶紫之夺朱也，恶郑声之乱雅乐也，恶利口之覆邦家者。”

译解

朱：大红色，为正色。

利口：巧舌如簧。

孔子说："厌恶紫色取代红色，厌恶郑国之乐扰乱雅乐，厌恶如簧巧舌祸害国家。"

行政解读

孔子"恶紫之夺朱"是从"礼"的角度来看的，朱色——大红色代表高贵之色，紫色近大红色，但又不是大红色，"红得发紫"表达了两者之间的联系。郑国音乐是糜糜之音，很好听，但让人消沉。雅乐，像《韶》、《舞》这些音乐，很好听，可以使人向上，大概当时"郑声"正在与"雅乐"争夺文化市场吧，孔子很着急。"利口"颠倒黑白，可娱君之心，但有祸国之害。"紫"、"郑声"、"利口"都有两个共同特点：一是对群众口味，为群众所喜欢；二是形式上接近"朱"、"雅乐"这些代表积极向上的东西，实质上又完全不同，"利口"者说得很有道理，其实不过是祸国殃民。

所以为政之要，在于消除这些"似是而非"的东西。有些行政者以眼前利益为诱饵，调动群众支持，但其政策主张从长远看损害群众根本利益，这就是"恶紫之夺朱也"。例如有的地区发现煤矿，是交给当地落后企业乱采乱挖，还是引进现代化大企业科学采矿、环保采矿呢？两种主张放在一起比较，前者很可能获得当地群众更多的支持，而后者却很可能得不到应有的支持，这就"紫之夺朱"、"郑声之乱雅乐"，几十年过去了，群众已经深受乱采乱挖之害，才清醒过来，已经晚了，可见孔子所"恶"之必要性。

可参考[15.11]章、[5.5]章、[15.27]章解读。

[17.19]子曰："予欲无言。"子贡曰："子如不言，则小子何述焉？"子曰："天何言哉？四时行焉，百物生焉，天何言哉？"

译解

小子何述焉：弟子们传述什么呢？小子，诸弟子在孔子面前自称。述，传述。

孔子说："我不想说话了。"子贡说："您如果不说话，弟子们传述什么呢？"孔子说："天说什么了呢？春夏秋冬四时照样运行，万物照样生生不息，天说什么了呢？"

[17.20]孺悲欲见孔子，孔子辞以疾。将命者出户，取瑟而歌，使之闻之。

译解

孺悲：鲁人。

将命者：传话的人。

孺悲想见孔子，孔子推辞说有病不能见。传话的人刚出门，孔子取出瑟唱起歌，故意让他听到。

行政解读

孺悲这个人在《礼记》中出现过："恤由之丧，哀公使孺悲之孔子，学士丧礼，《士丧礼》于是乎书。"（《礼记·杂记》）为了办好恤由的丧事，鲁哀公派孺悲到孔子那里学习士丧之礼，《士丧礼》于是记录成书。可见孺悲在当时也不是不名一文的人，是鲁哀公派去学礼的，他对礼也有贡献，将士丧礼记录成书。孔子为什么不愿意见他，原因搞不清楚，反正孔子不想见他，又想让孺悲知道他不想见他，却又不直接告诉他不想见他。

真是圣人也有曲有直，曲与直"无可无不可"[18.8]，"义之与比"[4.10]。

[17.21]宰我问："三年之丧，期已久矣。君子三年不为礼，礼必坏；三年不为乐，乐必崩。旧谷既没，新谷既升，钻燧改火，期可已矣。"子曰："食夫稻，衣夫锦，于女安乎？"曰："安！""女安则为之。夫君子之居丧，食旨不甘，闻乐不乐，居处不安，故不为也。今女安，则为之。"宰我出。子曰："予之不仁也！子生三年，然后免于父母之怀。夫三年之丧，天下之通丧也。

予也有三年之爱于其父母乎？”

译解

三年之丧：父母死后，要守丧三年。

期已久矣：一年就已经时间很长了。

旧谷既没，新谷既升：旧谷吃饭，新谷已收获。

钻燧改火：古时钻木取火，所用木头四季不同。春用榆柳，夏用枣杏和桑柘，秋用柞楢，冬用槐檀，一年轮一遍，叫改火。

宰我问：“父母去世，子女守孝三年，时间也太长了。君子若三年不行礼，礼就会败坏，三年不作乐，乐就会生疏。旧谷子吃完，新谷子已收，取火之木都轮了一遍了，守孝一年就可以了。”孔子说：“（父母去世一年后），你就吃稻米，穿锦衣，你心安吗？”宰我说：“心安。”孔子说：“你心安就那么做吧！君子居丧守孝，吃了美味不觉得香甜，听了音乐不觉得快乐，住在家里不觉得舒适，所以不那样做。如今你安心，你就那样做吧！”宰我出去后，孔子说：“宰予真是不仁呀！子女生下三年方才离开父母怀抱。为父母守孝三年，是天下通行丧期。宰予是不是有三年的爱心回报他死去的父母呢？”

行政解读

参见[1.2]章、[3.4]章。

[17.22]子曰：**“饱食终日，无所用心，难矣哉！不有博弈者乎。为之犹贤乎已。”**

译解

博弈者：博，古时一种游戏，不得其详；弈，围棋。

为之犹贤：玩玩博弈也比这样好。贤，胜过。

孔子说：“饱食终日，无所用心，教育这种人真是难呀！不是有玩博弈的

人吗，玩一玩博弈也比这样好。”

行政解读

一天就知道吃饭睡觉，不想干事，不用心干事，整天混日子，这些人学什么也学不成，做什么也做不成，是必然的。孔子建议他们去玩玩围棋这些东西，这样也比整天无所事事好，至少可以开发一些心智吧。

[17.23]子路曰：“君子尚勇乎?”子曰：“君子义以为上。君子有勇而无义为乱，小人有勇而无义为盗。”

译解

子路说：“君子崇尚勇敢吗?”孔子说：“君子以义为更高的行为准则。君子有勇无义就会为非作乱，小人有勇无义就会去做强盗。”

行政解读

“勇”这一人类崇尚的优秀品质，就像一种力量无比的武器，能不能成为事业发展的正面力量，就看掌握在谁手里了，就看是用来服务于“大义”还是服务于“私利”，是用于正义事业还是用于非正义事业，是为敌人所掌握，还是为朋友所掌握。毛泽东同志讲革命要“一不怕苦，二不怕死”，这是要求共产党员和革命队伍要有“勇”的品格。相关解读还可参见[17.8]章。

[17.24]子贡曰：“君子亦有恶乎?”子曰：“有恶：恶称人之恶者，恶居下流而讪上者，恶勇而无礼者，恶果敢而窒者。”曰：“赐也亦有恶乎?”“恶徼以为知者，恶不孙以为勇者，恶讦以为直者。”

译解

恶：音误，憎恶，讨厌，厌恶。

恶称人之恶者：讨厌说别人坏话的人。第二个“恶”，音遏。

恶居下流而讪上者：居下位的人诽谤居上位的人。讪，诽谤。流，疑为衍文。

果敢而窒者：果断勇为而又不明事理的人。窒，郁滞不能，不通事理。

徼以为知者：一说，此句意为抄袭窃取别人却自以为聪明的人，“徼”是抄袭的意思。但是，抄袭别人的人恰恰是认为自己智慧不及别人的人，自以为了不起的人是不会抄袭别人的，所以这类译文虽然广为流传，但却不合情理。二说，“徼”为“绞”，急切迫人以炫耀其能，这句话的意思是自吹自擂却自以为聪明，但“绞”有急切迫人之意，有犯人难人之感，但是不是为了炫耀以显其能，难有确证。

徼：有众多的意思。《说文解字》：“徼，循也”，为循察之意；朱熹将“徼”解为“伺察”（《论语集注》）；“徼”还有“边界”的意思，如“徼民”；“徼”有时还通“侥”，但此时当与“幸”连用为“徼幸”。《左传》中有二十几处使用“徼”字，多为“获得”、“招致”、“承蒙”之意。如《左传·成公十三年》：“欲徼福于先君献、穆，使伯车来。”又如《左传.成公十六年》：“惠徼周公之福，使寡君得事晋君。”从以上“徼”字的用法来看，“徼”是获得某种好处、招致某种结果，但得到这些好处或坏处的原因是上天或先君的照顾，而不是靠自己的努力。汉字在发展过程不断衍生出新的含义，但其本质精神往往是一致的，比如“徼”的本意是“循察”，若循察有所得，恐是机会使然，上天垂青，还进一步引申为“侥幸”，所以这里的“徼”的意思是因为偶然因素取得成功或上天关照取得成功，而有的人不这样看，却认为是自己有“智”的结果。所以本句当译为“侥幸取得成功却自以为高明的人”。

不孙以为勇者：粗暴蛮横无礼却以为是勇敢的人。

讦以为直者：揭发别人短处却以为直率的人。讦，音劫，揭发、攻击别人的短处或隐私。

子贡问：“君子也有厌恶的吗?”孔子说：“有，厌恶宣扬别人坏处的人，厌恶居下位的人诽谤在上位的人，厌恶勇敢却无礼的人，厌恶敢为而又不明事理的人。”孔子说：“赐啊，你有厌恶的吗?”子贡说：“厌恶侥幸取得成功却自以为高明的人，厌恶粗暴蛮横却自以为是勇敢的人，厌恶专揭别人短处却自以为率直的人。”

行政解读

别人做了一些不好的事，整天津津乐道，天天说别人不光彩的一面，以“称人之恶”为乐，这确实令人讨厌。不光被说的人讨厌，听的人恐怕也讨厌。当然“称人之恶”，不是说干了坏事，有了恶行，不让别人说，而是说不要故意宣扬，以扬恶为乐。

“居下而讪上者”在行政领域属于品行不端者。对上级的态度应是尊重和敬重。天天说自己领导的坏话，有什么尊重可言？对领导心怀不满就到处散布谣言，诽谤自己的领导，这是品格问题。在许多人看来，领导对，我才尊重；领导不对，我就不尊重。从表面上看，这句话好像很正确，似乎坚持了对错的真理标准。殊不知，对错的标准和判断是由自己做出的，取决于自己的见识和情感、胸怀，结果这句话往往又转变成为“我想尊重就说你对，我不想尊重就说你错；对我好就尊重你，对我不好就不尊重你”。不会犯错的领导是不存在的，对领导的尊重不应建立在错误或正确的基础上，不应建立在是否与己关系密切上，而是建立在“因为是下级，所以要尊重上级”这个原则上。现在很多人对同事很尊重，但对领导不尊重，觉得尊重领导有拍马屁之嫌。有的觉得虽然他是领导，但我和他是平等的，干吗尊重他？应当指出，尊重领导和人格平等是两码事，尊重领导是一种职业精神。如果我们自己是领导，我们希望别人不尊重我们吗？我们是司长，我们希望人家把我们当作科员吗？我们是上级，我们希望别人把我们看作他的下级吗？这正是“己所不欲，勿施于人”精神的体现。尊重领导与拍领导马屁更是两回事。拍马屁是把小成绩说成大成绩，把白的说成黑的，这不是尊重领导，这是糊弄领导。对领导是否尊重，看起来是自己对领导的态度，实际上展示的是自己的人品和做人原则。在背后议论领导，实际上议论的是自己。当我们听到一个人议论领导的时候，我们在了解这个人对领导的态度的同时，也了解了这个人的品行。当发现领导不好的一面，如果要说，就当面去说，以适当的方式去说；如果决定不当面说，就绝不在背后乱说，这是一个原则。

“勇而无礼”为乱，见[17.8]章解读。孔子“恶果敢而窒者”，不明事理，胆子却不小，结果就是闯祸。不光令人厌恶，更是令人担心。子贡“恶徼以为知者”，这种人在日常生活中也经常碰到。本来是形势使然取得的成绩，却说成是自己努力取得的成绩，归因于自己的高明；本来是大家共同努力的，却总是夸大自己的功劳，宣扬自己才智的作用。子贡又“恶不逊以为勇者”，有些工作人员，以公开顶撞自己领导为“勇”，殊不知，这不过是“无礼”。并不是不可以反对领导，而是应以尊重的态度和适当的方式表达自己的反对意见，坚持某种意见不见得非得以不尊重对方人格为代价。子贡还“恶讦以为直者”，确实，专揭别人伤疤和隐私，把不可直接放在阳光下的东西放在阳光下，好像很直率，其实很阴暗。君子应掩人之恶、扬人之善，不应掩人之善、扬人之恶。当然，也不是不能揭露坏人的恶行，恶行揭露了，坏人露出了真面貌，对工作才有好处。“直”和“讦”的不同之处在于出发点不同、目标不同、行为方式不同。“直者”光明磊落，“讦者”阴暗奸诈。“直者”亦扬人之善，“讦者”专揭别人之恶。“直者”为了成就别人，“讦者”为了破坏别人。

[17.25]子曰：“唯女子与小人为难养也，近之则不孙，远之则怨。”

译解

养：侍养。

近之则不孙：太过亲近了就放肆无礼。孙，即“逊”。

远之则怨：太疏远了就心怀怨恨。

孔子说：“只有女子和小人难以侍养，太亲近了就放肆无礼，太疏远了就心怀怨恨。”

行政解读

春秋年代，有养士之风，但为什么要养女子和小人呢？一开始以为养了个君子，后来发现这个人不是君子，而是小人，这是可能的。但为什么要养女子呢？下面分析一下当时社会中女子的角色。对于一般家庭而言，男耕女织，男女相互养着，不存在男养女的问题。从政治层面看，春秋时代的政治舞台上基本都是男人，能干政的女人首先得嫁个国君或大贵族才行，所以孔子这里所谓

的“养女子”指的是士大夫、君王养的一些专供玩乐的女人，如歌舞伎等。在《微子》篇中提到的“齐人归女乐”[18.4]中的女子，就属于所“养”的女子。

对当时的政治有破坏作用的有两类人，一类是小人，一类是士大夫们所养专供玩乐的女人。有了这些供人玩乐的女人，不争气的士大夫便沉溺其中，怠于政事。齐人归女乐后，季桓子三日不朝，孔子失望之余离开鲁国（见[18.4]章解读）。这些没有家庭、为人所“养”的女人的工作和目标就是取悦主人，“近之则不孙”，因为她想通过“不孙”来获得更近一些的关系；“远之则怨”，本想取悦主人，结果越来越远，心怀不满是必然的。所以撇开当时的历史背景和时空条件，把“唯女子与小人为难养也”这句话解释为孔子要对一切女人采取蔑视态度，这是很不应该的。我们发生错误的原因，是因为我们忽略了“养”字在那个时代所具有的特定含义。孔子是圣人，他不会忽略他母亲也是女子的事实。他坚持强调要为父母守丧三年（见[17.21]章），要求给母亲的尊重一点也不比给父亲的尊重少。且大多数女子都是要做母亲的，这个常识孔子何尝不晓？《诗经》是孔子删定的，从诗经中对待女子的态度来看，孔子深切理解和同情女子所遭受的种种不幸，当然一些坏女人也一定要谴责。据《礼记·檀弓》记载，孔子的儿媳妇和孙媳妇都是再嫁的，他对她们没有从一而终的要求，这都反映了孔子对待妇女的同情态度。

过去批判孔子之时，有人就将这句话列为孔子歧视妇女的罪状。现在许多人又为孔子辩护，帮孔子圆场，于是各种曲解纷至沓来。最有意思的解读是把“女子”解为“汝子”，理由是《论语》中除了此处之外，一共说了 18 个“女”，其中 17 处当“汝”字讲，另一个“女”是“女子”的意思，即“齐人归女乐”[18.4]。而“汝子”则指的是“你们这些小子”，即孔子弟子。孔子对自己的弟子虽多有批评，但还是很满意的，至少在孔子看来，都是君子，即使有缺点，也不是“近之则不孙，远之则怨矣”这么严重的问题。“女”、“子”连用，在春秋战国年代很普遍，《左传》使用“女子”4 次；《礼记》使用“女子”12 次；《仪礼》使用“女子”2 次、“女子子”20 次；《尔雅》使用“女子”7 次、“女子子”1 次；《孟子》使用“女子”2 次；《周礼》使用“女子”1 次；《荀子》使用“女子”1 次；《管子》使用“女子”3 次；《国语》使用“女子”2 次；《战国策》使用“女子”3 次；等等，均指“女子”。

而“女子”为“汝子”之意则没有出现过。在这些文献中，“汝”字应用很普遍，但却没有“汝子”连用的。所以这样的解释难以令人信服。

在这里，孔子把“近之则不孙，远之则怨”两个人性的弱点放在了两个特殊群体上，但实际上，对于每一个人，都应当注意不要出现“近之则不孙，远之则怨”，而应“近之则愈恭，远之则无怨”。任何下属都应如此，不因领导过度垂青，不因与领导关系深厚，而忘记自己作为下属的身份，不因“近”而“不孙”。“远之则无怨”，容许别人疏远自己，被疏远了，是因为自己无助于人家的事业发展，如果能够有所帮助，为什么会被疏远呢？被疏远了，还可能因为自己让人家感到不放心，反过来，自己为什么不能让人家感到放心呢？凡事“求诸己”比较好。当然，作为上级，也应当适当控制距离，防止“近之”可能带来的“不孙”，也要防止“远之”可能带来的怨恨。

[17.26]子曰：“年四十而见恶焉，其终也已。”

译解

年四十：四十为不惑之年。

孔子说：“活到四十岁还被人厌恶，他这一生也算完了吧。”

行政解读

参见[9.23]章。

第18篇

《微子》中的行政精神

[18.1]微子去之，箕子为之奴，比干谏而死。孔子曰："殷有三仁焉。"

译解

微子：一说是商纣王的同父异母兄。《史记·殷本纪》："帝乙长子曰微子启，启母贱，不得嗣。少子辛，辛母正后，辛为嗣。帝乙崩，子辛立，是为帝辛，天下谓之纣。"可见司马迁认为微子是纣王的庶兄。二说为商纣王的叔父。《孟子·告子上》："以纣为兄之子且以为君，而有微子启、王子比干。"

箕子：商纣王的叔父。箕，音基。

比干：商纣王的叔父。

殷有三仁：殷商有三位仁人。

微子离开纣王而去，箕子佯狂为奴，比干因直谏而被杀。孔子说："这三位都是殷商仁人啊。"

行政解读

据《史记·殷本纪》记载，纣王淫乱不止，微子、箕子、比干三位向其反复进谏，但纣王听不进去，于是微子选择离开纣王，比干则继续直谏乃至剖心被杀，箕子装疯为奴，被纣王关起来，武王克殷之后才被释放。孔子认为这三个人都是殷商的仁人。在孔子看来，仁与不仁关键看他的政治立场，如果立场正确，则不论以何种方式反对无德政权都不影响给予"仁人"的称号。微子出走是"仁"，比干"死谏"也是仁，箕子以佯狂这种不合作方式来对抗纣王还是"仁"，当然箕子这么做还有自保的因素。确实，现实生活中人们也是这样看待人事的。抗日战争时期，杨靖宇在东北组织抗日联军，最后英勇就义，日本人剖开他的肚子，看到他肚子里没有一粒粮食，全是草根之类的东西，这种铮铮铁骨、这种民族气节，大家不会吝惜给予他“仁人志士”的称号。北平沦陷后，不论日本人采取什么手段，梅兰芳先生就是不演出，甚至蓄须以明志，对于梅兰芳，大家自然也会把他归于“仁人志士”一类。杨靖宇和梅兰芳反抗日本人侵略的方式不同，但都是“仁”，所以人生在世，明“大义”最重要。

作为商汤子孙，比干、微子、箕子反对纣王，显然并不想把天下交给周武王，而是为了维护殷商大业，纣王也想保住他的统治，目标虽然一致，但就是想法不同。比干觉得只有直谏到死才对得起祖宗，才算尽到责任。微子也曾在“死谏”和“出走”之间犹豫，太师则劝他：“今诚得治国，国治身死不恨。为死，终不得治，不如去。”（《史记·宋微子世家》）意思是说如果以身相死，能够换来国治，这样也行，但现在的情况是死了也是白死，还不如离去。于是，微子出走。《尚书·微子》记录了微子出走过程。武王克殷之后，“微子乃持其祭器造于军门，肉袒面缚，左牵羊，右把茅，膝行而前以告。于是武王乃释微子，复其位如故”（《史记·宋微子世家》），等于投降了周。后来纣王儿子武庚作乱被灭后，周公将微子封于宋国，微子最终承担起了延续殷商香火的责任，也算如愿。

箕子和微子都选择活下去这条路，但又有不同。箕子说：“为人臣谏不听而去，是彰君之恶而自说于民，吾不忍为也。”（《史记·宋微子世家》）认为谏君不听就出走，这是“彰君之恶”，是取悦人民为自己博取声名的不耻行为，所以宁肯装疯为奴被禁。武王克殷，箕子被释放。第二年，周武王去拜访箕子，问殷商为什么灭亡，箕子不说话，他不愿意说自己故国的恶政。于是武王改问安民之道，箕子便告以洪范九畴，《尚书·洪范》篇讲的就是这段对话。后来武王把箕子封到了朝鲜，不把他当臣下看待。几年后，箕子从朝鲜回来朝见周王，经过殷商都城遗址，只见原来的宫室已经残破不堪，有些地方种上了庄稼。箕子亡国之痛涌上心头，但又不能哭，只好以诗当哭，作了《麦秀歌》：“麦秀渐渐兮，禾黍油油。彼狡童兮，不与我好兮！”诗中的“狡童”说的就是纣王，对纣王不听劝告终至亡国非常难过，殷商旧民听到后，都流下了眼泪，

这是三千多年前的亡国恨[1]。

[18.2]柳下惠为士师，三黜。人曰：“子未可以去乎?”曰：“直道而事人，焉往而不三黜?枉道而事人，何必去父母之邦?”

译解

士师：典狱官。

三黜：多次被罢免。三，多次。黜，罢免，废黜。

子未可以去乎：您还不可以离开鲁国吗?

直道而事人，焉往而不三黜：若以正直的方法对待人事，到哪里都会遭到多次罢免的命运。

枉道而事人，何必去父母之邦：如果以枉曲的方法对待人事，何必离开父母所居住的鲁国呢?

柳下惠担任典狱官，多次被罢免。有人说：“您还不离开鲁国吗?”柳下惠说：“若以正直的方式对待人事，到哪里不会被多次罢免呢?若以枉曲的方式对待人事，何必离开父母所居住的鲁国呢?”

行政解读

参见[15.14]章。

[18.3]齐景公待孔子，曰：“若季氏则吾不能，以季、孟之间待之。”曰：“吾老矣，不能用也。”孔子行。

译解

若季氏：像鲁国对待季氏那样对待孔子。

以季孟之间待之：以低于季氏、高于孟氏之位来对待孔子。

① 《史记·宋微子世家》。

齐景公在考虑对待孔子的办法时说："像鲁国对待季氏那样对待孔子，我做不到，以低于季氏、高于孟氏之位来对待他是可以的。"（后来又）说："我老了，不能用他了。"孔子于是离开了齐国。

行政解读

《史记·孔子世家》对此事有详细记述。鲁昭公二十年（公元前522年），孔子时年三十虚岁，齐景公与晏婴到鲁国，景公向孔子请教地处偏僻的小国秦国为什么会逐渐强大，孔子回答说："秦，国虽小，其志大；处虽辟，行中正。身举五羖，爵之大夫，起缧绁之中，与语三日，授之以政。以此取之，虽王可也，其霸小矣。"①秦国虽小，但目标远大；虽然地处偏僻，施政却很得当。重用以五张羊皮赎来的百里奚，把他从拘禁的奴隶中解救出来，让他做大夫，把施政大权交给他。由此来看，就是"王"天下也是可以的，霸诸侯不过是小事。齐景公很赞成孔子的意见，"景公说"（说，通"悦"）。孔子这个分析在三百年后得到验证——公元前221年，秦统一中国。

孔子到齐国给齐国大夫高昭子做家臣。其间，孔子与齐国的乐官讨论音乐，听《韶》乐，三月不知肉味，"不图为乐之至于斯也！"[7.14]孔子又与齐景公论政，提出了"君君、臣臣、父父、子子"的思想：齐景公问政于孔子。孔子对曰："君君、臣臣、父父、子子。"公曰："善哉！信如君不君、臣不臣、父不父、子不子，虽有粟，吾得而食诸？"[12.11]并提出"政在节财"的思想，齐景公对此十分赞同，想给孔子封一块地，晏婴出来反对。齐景公听了晏婴的话，开始逐步疏远孔子，先说"若季氏则吾不能，以季孟之间待之"。此时，齐国一些人策划谋杀孔子，孔子听到了风声，齐景公就说："吾老矣，不能用也。"明确表示不会起用孔子了，于是孔子离开齐国返回鲁国。

后人评说此事，多批评齐景公与晏婴没有眼光与度量接纳孔子，这是站在道德层面的一套说辞，固然没错。但从政治现实来看，晏婴一代名相，很有能力，对自己坚持的治国理念和治国路线何尝不是充满信心？且治理齐国几十

①本节引文除特别注明外，均引自《史记·孔子世家》。

年，即使不能说治理得很好，但齐国已经形成了与其治国理念相贴合的社会结构和既得利益集团，这是事实。孔子凭一张嘴，没有任何现实政治力量做基础，就想取得治理齐国的权柄，实是政治幻想。果然，一听说齐景公想用孔子，齐国一些大夫即生杀机，在这种情况下，齐景公表示“若季氏则吾不能，以季孟之间待之”，接着又表示：“吾老矣，不能用也”，不过是安定齐国政治局面，同时也是保护孔子安全的明智举措。从这个角度来看，齐景公是一位比较现实，也比较明智的政治人物。

孔子推行自己的主张，重视道德层面的力量，不重视现实政治层面的力量(或许也是没办法)，常把理想实现寄托在一两位明君身上。问题是，政治是一种结构，要改变结构，一定有足够的力量才行，一两个人力量大到足以改变结构，只有开国君主或有这个能力吧，所以孔子始终找不到施展抱负的平台，这是政治现实使然。在《公冶长》篇，孔子对晏婴进行了评论，他说：“晏平仲善与人交，久而敬之。”[5.17]似乎对晏婴也没有什么不好的观感。

孔子对齐景公评价不太高，在《季氏》篇，孔子说：“齐景公有马千驷，死之日，民无德而称焉。伯夷叔齐饿于首阳之下，民到于今称之。其斯之谓与？”[16.12]说他给齐国人民并没有留下什么，人民也不怀念他。齐景公之后，齐国政权基本落入田氏手中，直至最后取代姜氏，建立田氏齐国，成为战国七雄。

[18.4]齐人归女乐，季桓子受之，三日不朝。孔子行。

译解

归：即馈，音溃。

齐国人送来一批歌女舞女，季桓子接受了，三日不上朝理政，孔子于是离开了鲁国。

行政解读

此事《史记·孔子世家》亦有详细记述。

鲁定公十四年（公元前 496 年），孔子时年五十六虚岁，任大司寇并行摄相事，参与国政 3 个月，社会秩序迅速好转，商贩不敢哄抬物价，男女行路分途，路不拾遗。齐国人听到这个消息，十分害怕，担心鲁国这样发展下去会成就霸业，使齐国受到威胁，于是就挑选了八十名能歌善舞的美女，穿上华丽的衣裳，另加一百二十匹好马，一起送给鲁君。这些美女和好马先被安置在鲁城南门外。季桓子穿着便装偷偷地去观赏了好几回，又撺掇鲁君一同前去观看，两人最终接受了齐人送来的这些美女，沉迷其间，一连三天不理朝政。加之春祭大典之后鲁定公又违背礼制，没给大夫们分送祭肉，这些都使孔子深感失望，然后决定离开鲁国。这就是事件的大致过程。

孔子该不该因此离开鲁国？大家认为孔子“可行则行，不可行则止”，“用之则行，舍之则藏”，是圣人之行，但似乎也不一定那么着急。孔子走的时候，乐官去送行，说先生你可没有什么罪过呀。孔子说我给你唱个歌吧，于是就唱道：“彼妇之口，可以出走；彼妇之谒，可以死败。盖优哉游哉，维以卒岁！”（《史记·孔子世家》）大意是说，那些妇人的口啊，可以让人出走；那些妇人的话啊，可以叫人身死名败。悠闲自在地离去啊，可以安度岁月。乐官返回后把这些话告诉了季桓子，季桓子喟然长叹说：“夫子罪我以群婢故也夫！”孔子是因为那群女乐怪罪我啊！话里还是很自责。据《史记·孔子世家》记载，鲁哀公三年（公元前 492 年），季桓子病重将死时，对儿子季康子说到孔子：“昔此国几兴矣，以吾获罪于孔子，故不兴也。”“我即死，若必相鲁；相鲁，必召仲尼。”意思是说，鲁国这个国家从前几乎快要强盛起来了，只因为我得罪了孔子，没有好好用他，才没有兴盛，我死后你必然接掌鲁国政权，到时候一定要请孔子回来。可见后悔不用孔子成为季桓子临终憾事和政治遗嘱[①]。可以推定，当时季桓子也知道应该怎么做，不过他不是圣人，控制不住自己生来好色之欲，就好像齐桓公“好内”[②]、齐宣王说“寡人好色”[③]一样。或许过一段时间，定公和季氏看腻了那些女乐，又回到勤政的轨道上也未可知。再说春祭大典不分祭肉给大夫这件事，在孔子看来是“背礼”之行，但在那个礼崩乐

① 《左传·哀公三年》记载季桓子临死时的话，是关于立嗣问题，不是这些话。
② 《左传·僖公十七年》。
③ 《孟子·梁惠王下》。

坏的年代，“背礼”之事又何尝此一件？孔子将复兴礼乐作为自己使命，那么是离开鲁国政界任由礼崩乐坏加速发展，还是待在鲁国政界，最大限度地发挥正面作用呢？孰是孰非，当一目了然。且孔子这一走，正中齐人的诡计，岂不可惜？孔子怎就没有识破齐人的用意呢？

所以，为政者的耐心和隐忍很重要，危机之时固然需要当机立断，但许多事情可以放一放，看一看，容一容，未必没有新的机会。

[18.5]楚狂接舆歌而过孔子曰：“凤兮！凤兮！何德之衰！往者不可谏，来者犹可追。已而！已而！今之从政者殆而！”孔子下，欲与之言。趋而辟之，不得与之言。

译解

楚狂接舆：楚国的狂人名叫接舆。

凤兮凤兮，何德之衰：凤啊，凤啊，世道怎么如此衰败呀！麒麟、凤凰，世有道则现，世无道则隐。楚狂以“凤”比拟孔子，说现在世道如此衰败，你怎么还不归隐呀。

殆：危险。

已而：罢了。

趋而避：快步走开了。

楚国狂人接舆唱着歌从孔子车边走过，他唱道：“凤呀，凤呀，现在世道怎么如此衰败！（你怎么还不归隐呀！）过去的事再劝也没有用，将来的事还来得及改正。罢了，罢了！现在从政者都很危险啊！”孔子下车想同他说话。但接舆快步走开，没有说上话。

行政解读

鲁哀公六年（公元前 489 年），孔子一行厄于陈蔡之间，子贡到楚国搬来救兵，才解了围，然后就到了楚国，这一段历史背景见[15.2]章。

到了楚国后，楚昭王知道孔子之贤，想给他封一块很大的地方，有七百里，楚国的令尹子西不同意，令尹相当于宰相，子西又是楚昭王的哥哥。他问楚王，楚国派到各国的使节有子贡这样的吗？楚王说没有。他又问，楚国的大臣有像颜回这样的吗？楚王说没有。他又问，楚国的将帅有像子路这样的吗？楚王说没有。他又问，楚国各地的官吏有像宰予这样的吗？楚王说没有。子西接着又说，我们楚国的祖先受封时土地才不过五十里，如今孔丘遵循三皇五帝的遗规，继承周公、召公的大业，如果用了他，楚国还能世世代代保有这几千里的地方吗？当初文王在丰邑，武王在镐京，不过都是百里小国，最后却一统天下。现在孔丘占据七百里地方，又有这些弟子辅佐，对楚国来说能是好事吗？楚昭王于是打消了任用孔子的念头。这一年秋天，楚昭王在城父去世。

孔子一看在楚国待下去也没有什么意义，于是离开楚国，准备到卫国去。在路上遇到了楚狂接舆，接舆就说了这么一段话，让他不要再折腾了，不如隐去为好，当然孔子放不下对社会的责任。关于这一点，可参阅[14.37]章解读。

[18.6]长沮、桀溺耦而耕，孔子过之，使子路问津焉。长沮曰："夫执舆者为谁?"子路曰："为孔丘。"曰："是鲁孔丘与?"曰："是也。"曰："是知津矣。"问于桀溺。桀溺曰："子为谁?"曰："为仲由。"曰："是鲁孔丘之徒与?"对曰："然。"曰："滔滔者天下皆是也，而谁以易之？且而与其从辟人之士也，岂若从辟世之士哉！"耰而不辍。子路行以告。夫子怃然曰："鸟兽不可与同群，吾非斯人之徒与而谁与？天下有道，丘不与易也。"

译解

长沮、桀溺耦而耕：长沮、桀溺二人一同耕田。耦而耕，古时一种耕田方法，其具体做法可参《中国农史稿》（农业出版社，1985），这里可理解为一同耕田。耦，音偶。长沮、桀溺，不管真名假名，是两个人名，均为隐者。

津：渡口。

滔滔者天下皆是也，而谁以易之：天下皆乱如洪水滔滔，谁能够改变得了呢？

耰而不辍：继续覆种，不停下来。耰，音优，用土覆种。

怃然：失意的样子。怃，音吾。

吾非斯人之徒与而谁与：我不与世人同群又和谁去同群呢？

天下有道，丘不与易也：如果天下有道，我就不去参与改变了。

长沮、桀溺一同耕田。孔子路过，让子路去打听渡口。长沮说："那手握缰绳的人是谁？"子路说："是孔丘。"长沮说："是鲁国的孔丘吗？"子路说："是的。"长沮说："那他知道渡口。"又问桀溺。桀溺说："您是谁？"子路说："我是仲由。"桀溺说："是鲁国孔丘的门徒吗？"子路说："是的。"桀溺说："天下皆乱如洪水滔滔，谁能够改变得了呢？你跟从避人之士，还不如跟从避世之士呢。"一边说一边继续覆种，子路回来告诉孔子。孔子怅然叹道："人是不可以与鸟兽同群的，我不与世人同群又和谁去同群呢？如果天下有道，我就不去参与改变了。"

此事发生在鲁哀公五年（公元前 490 年，孔子时年六十二虚岁），孔子离开楚国叶邑（楚大夫沈诸梁封邑）到蔡国的途中。

行政解读

参见[14.37]章。

[18.7]子路从而后，遇丈人，以杖荷蓧。子路问曰："子见夫子乎？"丈人曰："四体不勤，五谷不分，孰为夫子？"植其杖而芸。子路拱而立。止子路宿，杀鸡为黍而食之，见其二子焉。明日，子路行，以告。子曰："隐者也。"使子路反见之。至，则行矣。子路曰："不仕无义。长幼之节，不可废也；君臣之义，如之何其废之？欲洁其身而乱大伦。君子之仕也，行其义也。道之不行，已知之矣。"

译解

从而后：随孔子一同赶路，落到了后面。

以杖荷蓧：用木杖挑着除草农具。荷，肩负，挑着。蓧，音掉，竹质除草农具。

四体不勤，五谷不分，孰为夫子：看你四体不勤、五谷不分的样子，谁是你老师呀？责子路四体不勤、五谷不分，责孔子如此教育学生，怎么可以为师。

植其杖而芸：把木杖插在土里，开始除草。植，插在土里，如“植树”。芸，除草。

止子路宿：不让子路走，留宿丈人家中。

至则行矣：到了老人家里，他已出门了。

欲洁其身而乱大伦：想洁身自好却破坏了君臣大伦。大伦，指君臣之义。

君子之仕也，行其义：君子出来从政是为了履行“君臣之义”这种责任。

道之不行，已知之矣：圣王之道无法推行，早已知道了。

子路随孔子一同赶路，落在后面，碰到一位用杖挑着除草农具的老人。子路问：“您见到我的老师没有?”老人说：“看你四体不勤、五谷不分的样子，谁是你老师呀?”说着把杖插在土里，开始除草。子路拱着手站在旁边。（天晚了），老人留子路在家中过夜，杀鸡做饭给他吃，还请出两个儿子与子路相见。第二天，子路赶上孔子，讲了这件事情。孔子说：“这是一位隐者。”让子路再回去拜会，子路赶到他家，老人已出门了。子路说：“不出来从政是不义的。长幼之节都不可废弃，君臣之义怎么可以废弃呢？想洁身自保却乱了君臣大伦。君子出来从政，是为了履行责任，圣王之道无法推行，我们早已知道了。”

行政解读

据《史记·孔子世家》记载，此事发生在鲁哀公五年（公元前 490 年，孔子时年六十二虚岁），孔子离开楚国叶邑（楚大夫沈诸梁封邑）到蔡国的途中。在这条路上，孔子遇到了长沮、桀溺，也遇到“荷蓧丈人”。

关于这一句，争议比较大的是“四体不勤，五谷不分”到底说的是谁。一说，“不”是语气词，“分”应为“粪”字，“四体不勤，五谷不分”就是“四体勤，五谷分”，丈人说自己忙着干农活，施肥种五谷，不知道谁是子路的老师。此说为了说得通意思删字改字太多，令人难以相信。二说，丈人指责孔子“四体不勤，五谷不分”。孔子“少也贱，故多能鄙事”[9.6]，所以孔子应当懂得农活。三说，“四体不勤，五谷不分”是丈人说自己“四体来不及勤劳，五谷来不及分辨”，“不”是“来不及”的意思，恐也牵强。四说，丈人

指责子路“四体不勤，五谷不分”，笔者认为这恐怕是实情。在《子路》篇，樊迟想“学稼”、“学圃”，孔子说“吾不如老农”、“吾不如老圃”，又说：“小人哉，樊须也！上好礼，则民莫敢不敬；上好义，则民莫敢不服；上好信，则民莫敢不用情。夫如是，则四方之民襁负其子而至矣，焉用稼？”[13.4]明确表示不学农活，也不用学农活，所以子路不会农活恐怕是真实情况。从表面上看，丈人指责的是子路，但实际上批评的是孔子。丈人是说，在当前形势下，虽然各路诸侯及当权士大夫知道孔子贤能，但对孔子聚徒论政，坚持以自己的政治立场改变世界的强烈企图十分恐惧，害怕政权为孔子一党所夺，因此必然不能见容于孔子，孔子无法取得成功是必然的，如此还不如放下“为政”企图和所谓的“君臣大义”，让弟子们学一些生存和生活的本领，以安然度过一生。“孰为夫子”，谁是你的老师？潜台词是“怎么这样教你呀”。教什么学什么表现了想干什么，老人家不同意孔子教的那些东西，也不同意孔子现在的所作所为，这是这句话想表达的真实意思。

一些注家不同意将“四体不勤，五谷不分”理解为指责子路，其主要理由是从后边丈人招待子路的盛情来看，丈人是一个彬彬有礼的老人，还请两个儿子出面相见。但是，如果隐者没有怪异之行，撼世之言，如何为“隐者”？如楚狂接舆、长沮、桀溺均是如此。以“四体不勤，五谷不分”批评子路和孔子所为，丈人充分表达了自己与孔子的不同世界观，而后来丈人招待子路的礼数，恰恰证明丈人懂礼、知理，这种前后“无礼——有礼”的反差表现，让孔子认识到这是一个“隐者”。于是命子路返回寻找，以便进一步沟通。但丈人与楚狂接舆想法一样，觉得连讨论的必要都没有，听就听，不听就任之。

子路最后说的一段话，也是为了解决“洁身自保”还是“服务社会”，是“避世”还是“入世”的不同世界观问题，实际上是对丈人的做法进行了批评，为孔子进行了辩护。君子对社会具有不可推卸的责任，这是“大义”之所在，虽然知道大道无法推行，但是也不能因此放弃自己的责任。丈人所为，洁身自保，治家坚持长幼之节（如请二子相见），却不尽君臣之义，顾小家而不顾大家，慕小义而舍大义，君子所不足取也，再次阐述了儒家的立场。总的来说，对于孔子一行来说，像丈人这样生活确实好，但是不能这样做，这是一种责任感。还可参阅[14.37]章和[13.4]章解读。

[18.8]逸民：伯夷、叔齐、虞仲、夷逸、朱张、柳下惠、少连。子曰："不降其志，不辱其身，伯夷、叔齐与?"谓："柳下惠、少连，降志辱身矣。言中伦，行中虑，其斯而已矣。"谓："虞仲、夷逸，隐居放言，身中清，废中权。我则异于是，无可无不可。"

译解

逸民：隐士，放弃爵位，归隐为民的贤者。逸，逃离，放弃。

言中伦，行中虑：言语合乎伦理，做事深思熟虑。中，符合。

身中清，废中权：指他们做到了洁身自清，但放弃权位、退出政治是出于权变考虑，是不得已而为。废，弃而不用，指退出政治。权，权变，权宜。

放弃爵位归隐为民的贤者：伯夷、叔齐、虞仲、夷逸、朱张、柳下惠、少连。孔子说："能够坚守志向，不屈身受辱的，大概是伯夷、叔齐吧?"又说："柳下惠、少连降低了志向，身受其辱，但言语合乎伦理，做事深思熟虑，他们只是做到了这些吧。"又说："虞仲、夷逸避世隐居，放言高论，做到了洁身自清，但他们归隐避世是不得已而为。我则与他们都不同，没有什么可以不可以的。"

行政解读

"逸民"和前边"楚狂接舆"、"长沮、桀溺"、"荷蓧丈人"这些隐者不同，逸民们曾经是政治场上的显贵和要角，不过是因为种种原因，离开了政治，放弃了权位，选择了归隐民间这条路。而"楚狂接舆"、"长沮、桀溺"、"荷蓧丈人"这些隐者本来就不在政治场上活动。

伯夷、叔齐的故事在《述而》篇中有述，参见[7.15]章解读。二人坚持不做孤竹国国君，坚决不承认周朝以武力取得的政权，最后拒食"周粟"而死，这就是"不降其志，不辱其身"。原则高于生命。捍卫原则的方式只是用自己的言行表明自己的态度，不像孔子那样，试图组织力量或操纵一些政治人物，以达成自己的政治目标，所以当权者不害怕伯夷、叔齐这样的人，他不与统治当局争夺群众。

虞仲，大家认为应是仲雍，即吴太伯（泰伯）之弟，季历的哥哥。他们的父亲古公亶父知道姬昌（后来的周文王）贤能，就想把王位传给季历，以再传给姬昌。于是泰伯和虞仲就跑到了吴地，创立了吴国。泰伯光为吴王，泰伯死后，虞仲继为吴王。夷逸不知是什么人。孔子说他们放言高论，避世归隐，洁身自清，不掺和政治斗争，不过是适应形势做出的明智选择，是一种“权”变，虞仲先当了一段“逸民”，后来还是接受吴太伯的王位。这些人都能认清形势，知所进退，确实也与孔子不同。孔子是知不可为而为之，这些人知不可为就退出来，等有机会就干一干，没有机会就算了，概括起来说是“想干不想斗”。这种干部也很多，有机会让干就好好干，不让干就算了，不会为了一个官位争个你死我活。

柳下惠其人其事见[15.14]章。少连，不知其人。在《礼记·杂记》孔子对少连有一条评论，说他：“善居丧，三日不怠，三月不解，期悲哀，三年忧，东夷之子也。”悲悲戚戚整三年。从[15.14]章柳下惠事迹来看，这人有人品、有能力，也想在政治上有所作为，但是最终在政治斗争中失败。孔子说他们：“降志辱身”是因为他们不主动放弃，又斗不过人家，所以就屈身受辱了。如果像虞仲那样，看到人家不想用就主动撤退，也就不会受辱了。好在虽然失败，但“言中伦，行中虑”，不搞歪门邪道，说话做事还是一身正气，有板有眼，保持了良好的个人品行。

朱张，不知其人。

孔子说自己无可无不可，只说了一半，应该是“无可无不可，唯义所在或义之与比”。在孔子看来，个人进退无关紧要，无可无不可。有权无权，有位无位，无关紧要，只要“大道”能行天下就可以了。从这个意义上看，孔子确实与前述 7 人均不相同。“我则异于是”说的也是事实。

[18.9]大师挚适齐，亚饭干适楚，三饭缭适蔡，四饭缺适秦，鼓方叔入于河，播鼗武入于汉，少师阳、击磬襄入于海。

译解

大师挚：大，音泰，大师是乐官之长，挚是人名。

亚饭干、三饭缭、四饭缺：据《白虎通·礼乐》，天子一天四餐，诸侯一天三餐，用餐时都有音乐侑食。亚饭是第二餐乐师，三饭是第三餐乐师，四饭是第四餐乐师，干、缭、缺都是人名。鲁国作为诸侯为什么会有四饭乐师？一说，周天子鉴于周公大德，特准许鲁国享用天子乐仪；二说，此为鲁国僭礼行为。前说更可信。

鼓方叔入于河：鼓师方叔到了黄河河滨。鼓，鼓师。方叔是人名。河，指黄河。

播鼗武入于汉：摇小鼓的乐师武到了汉水之滨。鼗，音淘，类似于扑楞鼓。武，人名。汉，汉水。

少师阳、击磬襄入于海：少师阳和击磬师襄到了海岛。少师，乐官副手。击磬，击磬师。阳、襄都是人名。海，指海岛。

大师挚到了齐国，亚饭乐师干到了楚国，三饭乐师缭到了蔡国，四饭乐师缺到了秦国，鼓师方叔到了黄河之滨，摇小鼓的乐师武到了汉水之滨，少师阳和击磬师襄到了海岛。

行政解读

这些乐师为什么离开鲁国？很可能当时的服务对象提出了不合理的要求，破坏了乐制，乐师们出于对乐制的坚持，为了避开当局施加的压力，离开了鲁国。也可能这些乐师对鲁国政客的所作所为心怀不满而离开鲁国。齐、楚、蔡、秦这些国家是不是就坚持了良好的礼乐传统了呢？也不是。礼崩乐坏是那个时代的普遍现象。人才纷纷离开鲁国，一句话展现了鲁国走向衰败的凄惨景象，读后甚感悲凉。

人才的流向是一国国势上升或下降的标志。国政不彰、国事混乱，人才就会大量流失。苏联解体后就有一大批人才流失出去，其中相当一部分到了美国。我国建国之后，虽然国家一穷二白，人们生活条件艰苦，但是仍有相当一部分人才回到祖国。一个地区也是如此，人才向哪个地方集聚，哪个地方就会欣欣向荣，人才从哪个地方流失，哪个地方就会出现衰败。所以抓住人才最重要。

[18.10]周公谓鲁公曰："君子不施其亲，不使大臣怨乎不以。故旧无大故，则不弃也。无求备于一人。"

译解

鲁公：周公之子伯禽，为鲁国始君。

不施其亲：不疏远他的亲族。施，音迟，即弛，废弃、疏远的意思。

不使大臣怨乎不以：不让大臣抱怨不被所用。以，用的意思。

故旧无大故则不弃：故旧之人如果没有大过不会遭到遗弃。故，过错。

无求备于一人：不对别人求全责备。

周公对他的儿子鲁公伯禽说："君子不疏远他的亲族，不让大臣抱怨不被所用。故旧之人如果没有大过就不会遭到遗弃。不对别人求全责备。"

行政解读

参见[6.24]章和[8.2]章。

[18.11]周有八士：伯达、伯适、仲突、仲忽、叔夜、叔夏、季随、季騧。

译解

适：音括。

騧：音瓜。

周代有八位名士：伯达、伯适、仲突、仲忽、叔夜、叔夏、季随、季騧。以上八人均不可考，多认为是周初之人，为一母所生，四对双胞胎。

第19篇

《子张》中的行政精神

[19.1]子张曰：“士见危致命，见得思义，祭思敬，丧思哀，其可已矣。”

译解

子张说：“作为士，在危难之时可以不惜生命，见到利益时要考虑是否合乎道义，祭祀时所思虑的是诚敬，居丧时所思虑的是哀戚，这样就可以了。”

行政解读

略。

[19.2]子张曰：“执德不弘，信道不笃，焉能为有？焉能为亡？”

译解

执德不弘：有德却不能弘扬光大。德是内在的东西，所以叫执德。

信道不笃：信道却笃定。道是外在的东西，所以叫信道。

焉能为有，焉能为亡：有无此人无足轻重。

子张说：“有德却不能弘扬光大，信道却不笃定，这种人有无都无足轻重。”

行政解读

什么叫“执德不弘”？自己认为某种价值观是正确的，却不去实践它，宣传它，推广它。比如，相信助人为乐是一种好品质，自己却不去助人为乐。如果相信助人为乐是“有德”，而又能够践行助人为乐，通过助人为乐的具体行为，影响别人，推广这种价值观念，这就是一种形式的“弘德”。还有更多的“弘德”方式，比如通过文艺作品“弘德”，通过慈善行动“弘德”，等等。什么叫“信道不笃”？用今天的话说，就是理想信念不坚定。现在党内不断开展各种学习教育活动，其中重要目标就是坚定理想信念，也就是解决“信道不笃”的问题。

确实，“执德不弘，信道不笃”的人，对于社会价值观建设是一个无足轻重的人，因为他对于社会道德建设没有什么作用。

[19.3]子夏之门人问交于子张。子张曰：“子夏云何?”对曰：“子夏曰：‘可者与之，其不可者拒之。’”子张曰：“异乎吾所闻：君子尊贤而容众，嘉善而矜不能。我之大贤与，于人何所不容？我之不贤与，人将拒我，如之何其拒人也?”

译解

交：与人交往之道。注家多认为此处之“交”为交友之道，但从子张回答来看，“君子尊贤而容众”，所交对象为“众”，包括贤者与不贤者，所以“交”不应解释为“交友”，友是志同道合、情趣相投者，显然不包括“不贤者”。孔安国注为“与人交接之道”，这个解释是正确的。

嘉善而矜不能：褒奖善行而同情不能行善的人。嘉，褒奖。矜，可怜、同情。不能，一说指无能或没有能力的人，此说不确。应指与“善”对应的行为，即不能为善者，这包括两种情况，一是没有能力行善的，二是不愿意行善的，重点为后者，因没有能力行善但有心善的也属于“嘉善”的范围。

子夏的学生问子张与人交往之道。子张说：“子夏怎么说?”子夏的学生说：“子夏说：‘可以与他交往的就交往，不可以与他交往的就拒绝。’”子张说：“这与我听到的不同：君子尊重贤德之人而包容普通大众，褒奖善行而同情不能行善的人。如果我是大贤之人，对人还有什么不能够包容的呢？如果我是不贤之人，别人会拒绝与我交往，怎么会轮到我拒绝别人呢?”

行政解读

关于这一句，朱熹也是从交友之道进行解释，但他既不同意子夏的说法，也不同意子张的说法。他认为子夏的交友之道，过于狭窄；而子张的交友之道，又过于宽泛，这都是不好的[①]。但是如从“交往”的角度而不是“交友”的角度看待子夏和子张的话，则子张所言是所有行政者应秉持的精神。

第一，交友要慎重。可以成为朋友的才要成为朋友，不应成为朋友的就不能成为朋友。朋友是志同道合者、情趣相投者。在可以交往的人群中，能够成为朋友的是少数。人的精力是有限的，维持朋友关系也需要时间和精力，所以能够维持的朋友是有限的。在这个方面可以应用子夏所说的原则：可者与之，不可者拒之。

第二，可交往的人群是没有限制的。作为行政者，整个社会群体中的每一个个体成员，如果需要，都可以成为交往对象，不要瞧不起人家。如果自己是有德之人，贤于自己的人要尊重，自然应当交往。普通老百姓，是行政者的服务对象，自然也应当交往。对于在社会上做得好的人，要加以鼓励，应当交往。对于在社会上做得比较差的人，甚至犯了错误的人，心怀同情，也可以有交往。关于“矜不能者”，大禹有个动人的故事。据说，大禹登上帝位后，有一次出外视察，看到一个罪犯，上前查问原因，问完后就伤心地哭了起来。左右问其故，大禹说：尧舜怎么想，百姓就怎么想，到了我这个时候，大家各想各的，所以很心痛[②]。固然，这个故事说的是大禹把社会犯罪行为作为自己治理无方的罪责，但也同时可以看出他对罪犯的同情和宽容之心。当然，这里不是说要宽容罪犯，犯了什么罪，就获什么刑，这是法和制度的问题，一是一，二是二，人情不可干预。但是对于罪犯这个人，心怀同情也无可厚非，同情他没有把人做好，鼓励他以后把人做好。子张说得对，如果我们是有贤德的人，对社会上形形色色的人，包括没有品位的人，就应有包容的雅量，不存在“拒之”的问题。如果我们是没有贤德的人，我们要跟人家交往，人家都会拒绝我

①《论语集注》：子夏之言迫狭，子张讥之是也。但其所言亦有过高之病。盖大贤虽无所不容，然大故亦所当绝；不贤固不可以拒人，然损友亦所当远。学者不可不察。

②《说苑·君道》。

们，恐怕轮不到我们拒绝别人。

总之，作为行政者，应以尊重的态度对待一切愿与交往的人，不分贤与不贤，在交往过程中影响对方，改变对方。如果他是社会发展的正面因素，壮大之；如果他是社会发展的负面因素，改变之。

[19.4]子夏曰："虽小道，必有可观者焉；致远恐泥，是以君子不为也。"

译解

小道：儒家认为自己所坚持的治国之道和建立理想社会的途径和方法是大道，而其他各种主张则属于小道。

必有可观者：一定有它可取之处。

致远恐泥：但从长远看可能行不通。不可能走得太远，走远了就会滞陷不通。泥，滞陷不通。

子夏说："其他各种治世主张，也必定有可取之处，但是从长远看可能行不通，所以君子不赞成这些主张。"

行政解读

子夏这句话，两千年来，负面影响非常大。主要是对"小道"这两个字的误解造成的。有的说，"小道"指的是小技艺，指的是百家众技（如《论语集注》：小道，如农圃医卜之属）。有的说，"小道"指的是异端邪说（如《论语集解》：小道谓异端）。孔子没有对"小道"做出定义，但他描述了"大道"的作用。

孔子说："大道之行也，与三代之英，丘未之逮也，而有志焉。大道之行也，天下为公，选贤与能，讲信修睦。故人不独亲其亲，不独子其子，使老有所终，壮有所用，幼有所长，矜寡孤独废疾者皆有所养，男有分，女有归。货恶其弃于地也，不必藏于己；力恶其不出于身也，不必为己。是故谋闭而不兴，盗窃乱贼而不作，故外户而不闭。是谓大同。"

接着，他又说："今大道既隐，天下为家，各亲其亲，各子其子，货力为己，大人世及以为礼，城郭沟池以为固，礼义以为纪。以正君臣，以笃父子，

以睦兄弟，以和夫妇，以设制度，以立田里，以贤勇知，以功为己。故谋用是作，而兵由此起。禹、汤、文、武、成王、周公，由此其选也。此六君子者，未有不谨于礼者也。以著其义，以考其信，著有过，刑仁讲让，示民有常，如有不由此者，在埶者去，众以为殃。是谓小康。”①

可见，在孔子看来，他所奉行的周公之道，也不是“大道”，而是“大道既隐”之后的治世方略，显然孔子也不会认为这是“小道”，姑且名之为“中道”。

后世将“小道”解释为百工技艺，并且遵子夏嘱，“君子不为也”。所以凡是君子，就不要学这些东西，干这些活。谬种流传，祸害百世，使君子成了不从事实际生产活动阶层的专利。如此，孔子就不应是君子。《子罕》篇明确记载孔子“多能鄙事”[9.6]，是懂得各种“小道”的。况且，孔子掌握了如此多的技艺，也并没有“致远恐泥”的问题。所以，将“小道”解释为“百工技艺”或“异端邪说”是错误的解读。

子夏的话本是一句很有正面意义的话，是关于当时的各种治世主张如墨家、法家等与儒家之间的关系的一个观点。他的意思是，像墨家、法家等的主张一定都有可取之处，但从开万世太平的角度看，行不通，因为这些主张解决不了根本性问题，属于“小道”，走不了太远。所以说像君子这些有远见的人，不要去相信那些主张，而要坚定儒家治国的理念。但是，子夏同时也肯定了“小道”的可取之处，这也给儒家向其他主张学习铺平了道路，子夏欲使儒家思想成为一个开放性体系，但后世在这个问题上发生了严重的曲解和误解，没有贯彻子夏的真意，这是很遗憾的事。

[19.5]子夏曰：“日知其所亡，月无忘其所能，可谓好学也已矣。”

译解

日知其所亡：每天能够知道其所不知道的。亡，同“无”。

子夏说：“每天知道其所不知道的，每月不忘记已经学会的东西，这可以

① 《礼记·礼运》。

说是好学了。”

行政解读

可参见[15.39]章。

[19.6]子夏曰：“博学而笃志，切问而近思，仁在其中矣。”

译解

博学：广博地学习。

笃志：志向坚定。

切问：勤问善问。有问题就要问，问的问题要真切。

近思：思考要集中，不要高远缥缈，不着边际。可以意译为“深入地思考”。《论语集注》：“近思者以类而推。”

子夏说：“广博学习，志向坚定，勤问善问，思考深入，仁就在这里边了。”

行政解读

博学、笃志、切问、近思，均是孔子的思想，子夏在这里进行了归纳，并作为修仁德、学仁道的途径。关于博学，《雍也》篇，“君子博学于文，约之以礼，亦可以弗畔矣夫”[6.27]；《子罕》篇，“大哉孔子，博学而无所成名”[9.2]。关于笃志，《子罕》篇，“三军可夺帅也，匹夫不可夺志也”[9.26]；《微子》篇，“不降其志，不辱其身，伯夷、叔齐与”[18.8]。关于切问，《公冶长》篇，“敏而好学，不耻下问”[5.15]；《季氏》篇，“疑思问”[16.10]。关于近思，《为政》篇，“学而不思则罔，思而不学则殆”[2.15]；《雍也》篇，“能近取譬”[6.30]。可参考相关解读。

一个干部，如果学识渊博，信念坚定，能够发现问题，能够深入思考问题，又能集中大家智慧解决问题，这个干部一定是一个好干部。

[19.7]子夏曰：“百工居肆以成其事，君子学以致其道。”

译解

肆：一说制作器具的场所；二说陈列器物的场所。从一说。

道：指治国之道，成为君子之道，等等。

子夏说：“百工在工场中才能完成他们的工作，君子通过学习才能掌握治国之道。”

行政解读

工匠要成就他们的事业，必须有一个平台，这个平台就是工场，工场提供了各种条件，比如各种装备和工具等，他们的手艺只有凭借这些装备和工具才能发挥出来，才能成就事业。君子的责任是建立理想社会，寻找建设理想社会的道路，这主要通过学习获得。怎么学呢？向前人学习，向实践学习。这个办法也是当前行政者应采取的办法，向前人和同行学习行政管理的经验，在行政实践中探索适合中国社会特点的社会管理规律。没有实践的平台，没有学习的精神，我们就难以获得真正管用的执政理论和执政方法，这一点是确定无疑的。

[19.8]子夏曰：“小人之过也必文。”

译解

子夏说：“小人犯了过错一定会去掩饰。”

行政解读

参见[19.21]章。

[19.9]子夏曰：**“君子有三变：望之俨然，即之也温，听其言也厉。”**

译解

俨然：端庄严肃的样子。《论语集注》：“俨然者，貌之庄。”

即之也温：接近他感觉他很和蔼。即，接近的意思。温，温和、和蔼。《论语集注》：“温者，色之和。”

听其言也厉：听他讲话，言辞严正确切。《论语集注》：“厉者，辞之确。”

子夏说：“君子有三变：远远望去严肃端庄，接近他又觉得温和可亲，听他讲话严正真切。”

行政解读

“君子有三变”，行政者应有多变，在各种不同场合，应有不同的仪态和不同的说话方式。对待上级，“听其言也厉”，恐怕就不合适，有自以为是或不敬之感。对待下级，说起话来，言辞不确，模棱两可，语态不庄重，甚至油腔滑调，如何让下级有信心落实自己的指示？望之俨然，在很多场合下需要这样，但是在很随便的场合，和很随便的朋友在一起，也望之俨然，一副假道学模样，朋友怎么会觉得舒服呢？仪态是用来工作的，应服务于工作需要和工作目标。

《述而》篇中说，“子温而厉，威而不猛，恭而安”[7.38]，可参考其解读。《尧曰篇》有“君子正其衣冠，尊其瞻视，俨然人望而畏之”[20.2]之语，可体会“俨然”二字所表达的意境。

[19.10]子夏曰：**“君子信而后劳其民，未信则以为厉己也；信而后谏。未信则以为谤己也。”**

译解

厉：虐待、贱害、祸害。《论语集注》：“厉，犹病也。”

子夏说："君子取得百姓信任之后才去劳动他们，如果没有取得信任就去劳动他们，他们会觉得这是祸害他们；对上，取得信任之后才去劝谏他们，没有取得信任就去劝谏他们，他们会觉得这是毁谤他们。"

行政解读

"信"很重要，指挥调动百姓，让人们心甘情愿地去干，没有"信"不行。解放战争时期，国民党征兵，打的旗号是为国家、为人民而战，但老百姓不相信，这是"未信"，所以百姓认为是"厉己也"，是在祸害他们，就不愿意，不愿意就征不到兵，搞急了就强迫命令，结果军民关系越来越差，征兵变成了"抓壮丁"。共产党征兵，打的旗号也是为国家、为人民而战，但老百姓分到了田地，摆脱了压迫，看到了实实在在的利益，所以就相信共产党，情愿服从共产党领导，听从共产党指挥，这就是"信而后劳其民"的道理。

关于后半句"信而后谏，未信则以为谤己也"的解读参见[16.6]章。

[19.11]子夏曰："大德不逾闲，小德出入可也。"

译解

大德小德：大节小节。

闲：界线。《论语集注》："闲，阑也，所以止物之出入。"

子夏说："在大节上不越界，在小节上有点出入是可以的。"

行政解读

保大节，是人生的总原则。子夏说在小节上可以有所出入，但也不能完全不拘小节，不过分在意小节就可以了。不过分在意小节的意思是，自己有些小节出入是为了保大节，那是必要的。如果无关大节问题，也不应该完全不拘小节，因为不拘小节固然自己比较舒服，但会让别人感觉不舒服。不过分在意小节还意味着如果别人不拘小节，也不要求全责备。

我们现在评价干部，总要看他在关键时刻和重大问题上的表现如何，这就

是看他大节如何。如果过分地注意一个干部的小节，有可能不能准确地评价这个干部，所以“大德不逾闲，小德出入可也”，可以作为我们评价干部的一个维度。“大德不逾闲，小德出入可也”这句话还意味着我们要善于保护一个干部，一个干部犯了一些错误，但只要这些错误无关大节，就应从爱护干部的角度出发，关心他，帮助他，使他认识到错误，并能轻装前进。但如果一个干部大节不保，在重大问题上犯了错误，那是没有办法的事。

在历史上，管仲是一个“大德不逾闲，小德出入可也”的典型。孔子对管仲的才能十分肯定，在《宪问》篇中，有人问管仲怎么样，孔子说：“人也。夺伯氏骈邑三百，饭疏食，没齿无怨言。”[14.9]说他很了不起，处理伯氏问题，搞到他没饭吃，都没有怨言。同样在《宪问》篇中，孔子与子路、子贡对管仲进行了进一步评论。子路曰：“桓公杀公子纠，召忽死之，管仲不死。”曰：“未仁乎？”子曰：“桓公九合诸侯，不以兵车，管仲之力也。如其仁！如其仁！”[14.16]召忽和管仲都是公子纠的旧属，公子小白（齐桓公）与公子纠争夺君位失败被杀，召忽以死尽忠，管仲却没有以死相报。子路就问管仲这样做是不是不仁，因为“忠”是“仁”的重要内容。孔子不这么看，他说管仲帮助齐桓公多次会盟诸侯，实现霸业，靠的不是武力，这就是仁。子贡也对管仲的人品表示怀疑，子贡曰：“管仲非仁者与？桓公杀公子纠，不能死，又相之。”子曰：“管仲相桓公，霸诸侯，一匡天下，民到于今受其赐。微管仲，吾其被发左衽矣。岂若匹夫匹妇之为谅也，自经于沟渎而莫之知也。”[14.17]子贡说管仲不但不死，还给桓公为相，这是不仁吧。孔子说，管仲帮助桓公实现霸业，匡扶天下正义，保持统一和秩序，人民到现在还在受益，要不是管仲，我们这些中原之国说不定已沦于夷狄之手，丢掉了自己的文化，披散着头发，穿着夷狄的衣服。难道要让管仲像那些普通男女，为小信小义，自绝于沟里渠里别人都不知道吗？可见，孔子坚持用“大德不逾闲，小德出入可也”的标准来评价管仲这一历史人物。当然，孔子对管仲也多有批评，比如在《八佾》篇中，孔子说：“管仲之器小哉！”有人问，管仲节俭吗？孔子说：“管氏有三归，官事不摄，焉得俭？”有人问，管仲懂礼吗？孔子说：“邦君树塞门，管氏亦树塞门；邦君为两君之好，有反坫，管氏亦有反坫。管氏而知礼，孰不知礼？”[3.22]这是孔子对他不满意的地方。当然管仲也不

是在所有事情上都不知礼，事实上，管仲有时候还是很“知礼”的（参见[3.22]章和[14.15]章）。

[19.12]子游曰：“子夏之门人小子，当洒扫、应对、进退，则可矣。抑末也，本之则无。如之何？”子夏闻之曰：“噫！言游过矣！君子之道，孰先传焉？孰后倦焉？譬诸草木，区以别矣。君子之道，焉可诬也？有始有卒者，其惟圣人乎！”

译解

洒扫、应对、进退：指洒水扫地、应对宾客、进退礼仪等日常行为等教育。

抑末也，本之则无：这只是枝叶末节，却没有根本性的东西。抑，只是。

孰先传焉，孰后倦焉：哪些是先传授的？哪些是后传授的？倦：竭力。

有始有卒者，其惟圣人乎：能够按照先后次序，有始有终地传授学生的，大概只有圣人能做到吧。

子游说：“子夏的门徒，做些洒水扫地、应对宾客、进退礼仪等小事是不错的，但这只是枝叶末节，不是根本性的东西，怎么可以呢？”子夏听到后说：“唉，子游错了，君子之道，哪些是先要传授的？哪些是后要传授的？这就像草木一样，各有分类和区别。君子之道，是不可以随便歪曲批评的。能够按照先后次序，有始有终地传授学生的，大概只有圣人能做到吧！”

行政解读

从这句话来看，子夏算得上是一个高明的教育家。子夏的话揭示了价值观教育的规律，或者说揭示了塑造民族精神和民族心理的方法和途径。这就是首先要从“洒扫应对进退”这些日常行为教育开始，渐次上升到观念层次的教育。

价值观教育的主要方法是行为教育。比如说教育小孩子孝顺父母。我们天天告诉他“要孝顺父母”这些话，讲一些孝顺的大道理，不一定有太大作用的。如果我们的德育课采取行为教育方法，在课堂上设置父母与孩子的角色，

教孩子如何与父母说话，面对父母时应有什么样的态度，如何对待父母的教诲，与父母一起吃饭时应如何表现，等等。这样反复训练，慢慢就会在他心里建立了一种孝顺的习惯，形成了孝顺的价值观。甚至他可能不知道“孝顺”这个词，但他的一切言行会体现孝顺的精神。

现在的德育教育课程，偏重说教，说一些很高深的价值观概念，讲一些大道理，学生考试背诵都没有问题，就是成不了个人素质的组成部分，这与不尊重价值观教育规律有关。那些高深和抽象的价值观念只有以一定的行为体验为基础，才能充分理解和贯通，所以德育的教育首先是行为教育，而不是概念教育。在这个方面，真的要好好体会一下子夏的教育思想。这是一个很大的问题，关系到民族素质的提高，关系到国家的强盛和民族的长远发展。

[19.13]子夏曰：“仕而优则学，学而优则仕。”

译解

子夏说：“如想从政做得好就要治学，如想治学做得好就要从政。”

行政解读

子夏这句说的是为官从政与治学做学问的关系，关于这一点未见异议。争议比较大的是本句解释。一说，本句的意思是“做官有余力的就去治学或学习，学习和治学有余力的就去做官”，优为“有余力”的意思（优：《说文解字》：“优，饶也。饶，余也。”），朱熹的意见大致如此，后人多本此说，如杨伯峻《论语译注》、钱逊《论语浅解》、钱穆《论语新解》等。二说，本句的意思是“做官的优秀者应当治学术，学术有成就者应该去做官”（如何新《论语新解——思与行》等）。“文革”中，把子夏这句话的后半句“学而优则仕”抽出来，大加挞伐，说子夏的意思是要“好好学习，然后才好做官”，把学习作为当官的途径。

关于第一说，朱熹做了进一步解释：“仕与学理同而事异，故当其事者，必先有以尽其事，而后可及其余。然仕而学，则所以资其仕者益深；学而仕，

则所以验其学者益广。”这是说“为官”和“治学”虽然所从事的工作不同，但道理是相同的。不论“为官”者或“治学”者都要先做好本职工作，如果还有余力，“为官”的要“治学”，“治学”的要“为官”。“为官”的去“治学”对当好官很有帮助，所谓“资其仕者益深”；“治学”的去当官对其治学也有很大帮助，可以检验其治学的成果，所谓“验其学者益广”。朱熹大体上是从“理论”与“实践”之间的关系来看待“学”与“仕”的关系，这个看法相当深刻。但是，他说“从政”有余力者“治学”，“治学”有余力者“从政”，从表面看没有错，但一结合实际就有了问题。什么叫“有余力”？从政者利用工作闲暇搞点相关的学术研究，比如当市长的，搞点城市管理方面的理论研究，这是可以的。治学者如何利用工作闲暇去从政呢？总不能八小时之内研究城市管理的理论问题，八小时之外当市长吧。有人说“学而优则仕”指的是把学术搞通了，就从学术领域转向行政领域。我们都知道学无止境，什么样子才算把学术搞通了呢？现实中相当多的情况是学术搞不通了，才想办法去行政领域发展，属于“学而不优则仕”。当然，也有学术搞得很好的，又去从政也很成功的。所以从“学有余力者”就去从政的角度解释会出现问题。

后世把科举制度与“学而优则仕”联系起来，这是后来的选拔人才制度问题。科举制度始于隋唐之际，显而易见，子夏说这句话并不针对此事，把子夏这句“学而优则仕”理解为学习好了才可以当官，无足够证据。什么是子夏心目中的“学”呢？在《学而》篇中，子夏说：“贤贤易色；事父母，能竭其力，事君，能致其身；与朋友交，言而有信。虽曰未学，吾必谓之学矣。”[1.7]可见，子夏所谓的“学”指的是事君之道、事父之道、事友之道，把这些“道”概括起来，实际上就是治国安邦之道，我们不能用现代社会“学”的概念，去替代子夏所说的“学”的概念。现在搞物理学研究搞得很好，未必就一定对社会实际有真切的了解，让他去“学而优则仕”，不是社会的损失吗？搞社会学研究搞得很出色的，不一定就具有很强的社会危机处置能力，让他去“学而优则仕”，不也是一种错误的资源配置吗？当然，不排除有的物理学家或社会学家有很强的政治敏锐性和行政能力，但这与他的“学”没有直接关系，而是他个人素质的另一侧面。“书中自有黄金屋，书中自有颜如玉”，把学习

作为升官发财的重要渠道，这是后世对后世社会现实的总结。在春秋时代，学习和升官发财虽然也有重要关系，如“三年学，不至于谷，不易得也”[8.12]，但是这种关系还没有发展到一种确定性和必然性关系。弄清子夏所谓“学”的概念及“学”与“仕”的关系，对于理解本句含义是一个关键。通俗地讲，子夏所谓的“学”，是关于“从政”之道的“学”，所以本句实指从政的理论与从政的实践问题。

但是，搞从政理论搞好了就去实践，从政实践搞好了就去搞从政理论，这是奇奇怪怪的逻辑，什么叫“好”？或者，搞从政理论研究的，有了余力，就去从政；从政者，有了余力，就去搞从政理论研究，这同样是奇奇怪怪的逻辑，什么叫有“余力”？子夏所谓的“仕而优则学”实际指的是，要想为官做得好，就要学习。学习什么呢？学习儒家的治世理论和执政理念，比如关于仁、义、礼、智、信这些价值观念等。“学而优则仕”实际指的是，要想搞好儒家学说研究和创新，就得有从政的实践。儒家学说是关于建立一个什么样社会的学说，这套学说本身是实践的，其意义也在于实践，所以研究不能脱离实践。如果从概念到概念编制一套虚辞，虽然看起来很精美、很高贵，但无法用之于实践，这是不可行的。子夏是说，研究者的实践感性积累对于研究取得成果非常重要。

“仕而优则学，学而优则仕”，在今天看来也有重要意义。行政者，必须坚持学习，必须有理论素养，必须有理论洞察能力。每天处理的是一件件的具体行政事务，但是处理原则是什么？这就要有理论水平。理论水平高了，处理事情就容易把握准方向，就容易看清复杂现象背后的本质问题。我们常说，这个干部既有原则性，也有灵活性，原则性和灵活性结合得非常好。这个评价不得了！原则性和灵活性的界线判定，既是一种经验判断，更是一种理论判断。没有“学”的干部，我们就会觉得这个干部很浅，所见不远，所思不深，会陷入一些具体事务中而失去方向。这个“学”指的不是那些满嘴“学术”用语和满嘴这个理论那个理论的人，而是真正掌握了“学”的精髓，能够融“学”于“行”之中的人。反过来，从事社会治理理论和政治理论研究的人，没有任何的行政实践，没有任何行政感性经历，确实很难搞得出管用的理论。有人说，为什么我们党的理论创新都是党的政治领袖做出，而不

是研究所里的专家学者做出？这里边原因固然有很多，但比较重要的一条就是“实践性问题”。没有实践体验的“专家理论”人们不敢用于实践，从这个角度看，经验非常重要。

[19.14]子游曰：“丧致乎哀而止。”

译解

子游说：“办丧事充分表达出哀痛之情就可以了。”

行政解读

参见[3.4]章。

[19.15]子游曰：“吾友张也，为难能也。然而未仁。”

译解

为难能也：一说才能难及；二说仪容难及；三说难能可贵，难得，不容易。孔子评价子张与子夏，“师也过，商也不及”[11.16]（卜商，字子夏；颛孙师，字子张）；又说：“师也辟”[11.18]，子张这个人非常聪明，思想活跃。据此，释为“才能难及”比“仪容难及”更较符合子张的情况。但是，以上两说均加入了“与子张相比较”的潜在语义，而“难能”本身不见得含有此意，所以从第三说。

子游说：“我的朋友子张，做到他那一步已很不容易了，但他还没有达到仁的境界。”

[19.16]曾子曰：“堂堂乎张也，难与并为仁矣。”

译解

堂堂：容貌之盛的样子，但此处应指子张的才能了不起。

曾子说："子张真是了不起呀，我很难与他一同达到仁的境界。"

[19.17]曾子曰："吾闻诸夫子：人未有自致者也，必也亲丧乎！"

译解

人未有自致者也：人没有尽情至极的时候。

必也亲丧乎：一定是父母之丧吧。父母之丧是悲从心生，自尽情致极。如果遇父母之丧也不心痛致极，则此人很难再有尽情之时。

曾子说："我听先生讲，人如果有尽情至极的时候，一定是遇到父母之丧吧。"

行政解读

参见[1.2]章。

[19.18]曾子曰："吾闻诸夫子：孟庄子之孝也，其他可能也，其不改父之臣与父之政，是难能也。"

译解

孟庄子：鲁国大夫。其父孟献子，有贤德。

其他可能：其他之孝行别人也可以做到。可能，可以做到。

曾子说："我听先生说，孟庄子的孝行，其他方面别人也可以做到，但他继续任用父亲旧臣，继续推行父亲旧政，这是很难做到的。"

行政解读

这里想说的是行政上的继承性问题。

第一，用不用前任留下的旧人、行不行前任留下的旧政确实要慎重。人们总喜欢与自己熟悉的人一同工作，所以掌握行政权力之后，愿意使用与自己熟悉的人，这样用起来比较顺手，沟通起来比较顺畅，这是人之常情，也是为了

工作方便。但是，作为有权用人和决定执政方向的行政者，如果不影响工作大局和工作理念的贯彻执行，尽量任用前任留下的旧人是比较稳妥的做法。新到一地或一单位，工作班底不熟悉，这有点不方便，但是熟悉了以后不就扩大了自己任人选人的范围了吗？继续任用前任留下的旧人还可以给人以保持行政工作连续性之感，使人有一种安全感，这也是对前任工作的一种肯定，这是有利的一面。作为部下，上级新到，对自己不熟悉、不了解，这很正常，要想法让上级对自己的工作感到放心，让上级对自己的贯彻落实能力和意志感到放心，让上级有一种安全感，更不能藏着什么不汇报，以为上级新来不了解情况，就为所欲为，这都是不负责任的做法，是行政上不成熟的表现。

第二，用不用前任留下的旧人、行不行前任留下的旧政要看实际需要。形势已经变了，还不改旧政，这是不智。形势没有变，旧政很有效，却要换人改政，这也是不智。鲧是禹的父亲，鲧的治水方法是筑堤阻挡，失败了；禹改变鲧的做法，采取疏导的办法，谁也没有批评禹这样做是不孝。汉初有个著名的故事叫作“萧规曹随”。萧何和曹参都是西汉开国功臣，萧何先为丞相，萧何死后，曹参继任丞相。曹参上任后，对原有的法令，全部照章执行；对萧何时所任用的官员，一个也不动。曹参任职三年，按照萧何的办法，促进了当时经济发展，取得了比较好的政绩。所以动不动旧人、用不用旧政要看形势，看有无改革的必要，看这些旧人能不能担负新的使命。

还可参[1.11]章解读。

[19.19]孟氏使阳肤为士师，问于曾子。曾子曰：“上失其道，民散久矣。如得其情。则哀矜而勿喜。”

译解

孟氏使阳肤为士师：孟氏，据《皇疏》，孟氏为鲁国下卿。阳肤为曾子弟子。士师是典狱官。

上失其道：执政当局无道无德。

民散久矣：民心离散已经很久了。

如得其情：如果审出了百姓犯法的实情。

哀矜而勿喜：要同情他们，不要因为得到犯法实情而居功自喜。

孟氏让阳肤做典狱官，阳肤去请教曾子。曾子说："执政者无道无德，民心离散已经很久了。如果审出了百姓犯法的实情，要同情他们，不要因为审得了实情而居功自喜。"

行政解读

曾子这句话，主题比较集中，专门阐述了对待罪犯这一特殊社会群体的原则，这个问题是任何社会都无法回避的。

犯罪行为给社会造成破坏，给受害人造成直接危害。同情犯罪，还是同情受害人？两个都要同情。对于犯罪，要严厉打击，严格执法，绝不能心慈手软，更不能以情乱法。打击犯罪行为，制裁罪犯，固然是对罪犯本人的惩罚，但其更重要的意义在于建立和维护社会秩序，保证更多人的安全和利益，严惩本身就是为了防范。对于罪犯而言，只要不能消灭其肉体，他就还是这个社会的成员，我们面临的问题是：让他对社会继续发挥负面作用，还是想办法让他发挥正面作用？所以在严格执法的同时，要对罪犯心怀同情，关心他们，帮助他们，维护他们除了已丧失的权利之外的其他权利。

曾子说，查案子、对待犯人要"哀矜而勿喜"，因为他们犯罪是出于客观原因——"上失其道"，是被社会逼的。所以我们还要反思犯罪的原因，如果犯罪大量来源于某一社会群体，我们就要关注这一群体的生存问题，关注这一社会群体所拥有的权利是否得到了充分尊重，公共政策的目标就要有所指向，以从根本上解决犯罪问题。因此，我们还可以在曾子的话中再加入"深思"两个字，叫作"哀矜勿喜而深思"。

[19.20]子贡曰："纣之不善，不如是之甚也。是以君子恶居下流，天下之恶皆归焉。"

译解

纣：殷商最后一个帝王，名叫辛，字受。纣是谥号，按谥法，"残义损善

曰纣”。

居下流：卑下之处，引申为不善之地。

子贡说：“纣王之恶，并没有传说的那么严重。所以君子讨厌处于卑恶境地，一旦如此，天下之恶都可能附会在他身上。”

行政解读

据《史记》记载，纣王“资辨捷疾，闻见甚敏；材力过人，手格猛兽；知足以距谏，言足以饰非”[①]，这么一个智勇双全的人竟然犯了那么多的错误，成为一个“残义损善”末代君王，最后自焚而死。子贡认为他没有那么多的恶行，恐是别人附会过去的。子贡之说或有一定的合理性，否则纣王何以为智？

子贡所说的是一种社会现象。这种社会现象的背后是社会心理所具有的某种规律性东西。俗话说“墙倒众人推”，这和子贡所谓“天下之恶皆归”是一个道理。行政者应注意到这种现象。对于一些犯了错误的人，应防止“天下之恶皆归”现象的出现。大家都说他不是一个好人，很可能就会把所有的恶行恶言都附会在他身上，并且在附会这些事时还没有什么顾虑。但我们还是要坚持客观评价任何一个人，功是功，过是过。

从另一个角度看，行政者必须小心维护好自己的清白声誉，谨慎从事，不要因事小就放纵自己，防止一旦形成恶名，“天下之恶皆归”，什么坏事都搁在自己头上，澄清起来很困难，很累，成本很高。

[19.21]子贡曰：“君子之过也，如日月之食焉：过也，人皆见之；更也，人皆仰之。”

译解

更：改，改过。

①引自《史记·殷本纪》。

子贡说："君子的过错，就如同日食月食一般：有了过错，人们都看得见；一旦改正了，人们将继续敬仰他。"

行政解读

子贡这句话说得太好了。君子的过错就像日食月食，有了过错，人所尽见，没法遮掩，也不用遮掩；过错改正了，人们依然会敬仰他，追随他。但是，小人对待错误的方式就不同了，子夏曰："小人之过也必文。"[19.8]小人总是文过饰非，试图掩饰过错，千方百计为自己的过错找理由，他怕改过，但不怕自欺。君子和小人对待错误的方式为什么会有不同呢？关键是君子之过为人，犯错误不是因为一己之利，所以敢于承认错误，勇于改正错误。小人则不同，是在追逐私利中犯的错误，为了维护自己的利益、地位和荣耀就必须掩盖错误。

孔子提出"无友不如己者，过则勿惮改。"[1.8]"三人行必有我师焉！择其善者而从之，其不善者而改之。"[7.22]把改过当作一种重要的学习方法。如果知错不改，则问题就更加严重了，"过而不改，是谓过矣"[15.30]。但是他也感叹改过之难，"已矣乎！吾未见能见其过而内自讼者也！"[5.27]孔子说他还没有见过谁能看到自己过错心里感到自责的。当然，这是一句过头话，孔子当时说话的语境已无从知晓，但是常为自己过错自责的人还是不少的，这些人，可以算是君子吧。

相关解读还可参考[1.8]章和[8.5]章。

[19.22]卫公孙朝问于子贡曰："仲尼焉学？"子贡曰："文、武之道，未坠于地，在人。贤者识其大者，不贤者识其小者，莫不有文、武之道焉，夫子焉不学，而亦何常师之有？"

译解

卫公孙朝：卫国的大夫公孙朝。据考证，春秋时鲁、楚、郑、卫都有叫公孙朝的，所以前边用"卫"字加以区别。

文武之道，未坠于地，在人：文王武王之道没有湮没，还在世间流传。

贤者识其大者：贤德的人懂得文武之道中大的方面。识，通“志”，“记得”的意思。

夫子焉不学，而亦何常师之有：先生何处不在学习，怎么会有固定的老师呢？

卫国的公孙朝问子贡：“仲尼的学问是从哪里学来的呢？”子贡说：“文王武王之道没有湮没，还在世间流传。贤德的人懂得其中大的方面，不贤的人懂得其中小的方面，但它们都是文王武王之道。因此先生随处都在学习，怎么会有固定的老师呢？”

行政解读

孔子的学习态度是向一切人学习，在一切地方学习。据记载，孔子曾向老聃学礼，向苌弘学乐，向师襄学琴，向郯子学习官学（见[11.1]章解读）。行政者确应坚持“无常师”精神，向社会各个阶层学习，特别是应有向社会底层学习的精神。一个在大街上捡破烂的人，虽然不一定能够讲出社会管理的经验，但是他对于社会的观察、体验和理解，他所坚持的生存之道，他的理想，他的喜怒哀乐，也会对行政者有所启迪。我们不应忘记还有一个生存群体，理解他们，帮助他们，关照他们，给他们足够的尊严，也是行政者的责任。一个村长虽然谈不到什么执政理念，但是他治理一个村子所面临的问题，他治理一个村子所积累的经验，一定也会增强我们对于社会治理本质的理解。而农村社会的有效治理，恰恰就是通过一个村一个村的有效治理来实现的，所以应注意向一切人学习，在一切地方学习。现在行政者的学习任务很重，工作任务也很重，因为工作需要，一些干部交往的圈子多是社会各界的精英人物，这当然是宝贵的学习机会，但仅与精英交往也有一些弊端，很难全面了解社会，特别是很难了解社会普通大众。现在一些干部，了解群众主要靠群众上访，一年下不了几次乡，下乡也是走马观花。毛泽东同志讲得好，要向工农兵学习，这是必要的。当然向工农兵学习，并不意味着放弃向专家学者学习，而是说在向专家学者学习的同时，还要向工农兵学习，这样的干部才可能有更强的战斗力。

[19.23]叔孙武叔语大夫于朝曰：“子贡贤于仲尼。”子服景伯以告子贡。子贡曰：“譬之宫墙，赐之墙也及肩，窥见室家之好。夫子之墙数仞，不得其门而入，不见宗庙之美、百官之富。得其门者或寡矣。夫子之云，不亦宜乎！”

译解

叔孙武叔：鲁国大夫叔孙州仇，武是谥号。

子服景伯：鲁国大夫。

宫墙：官室之围墙。

仞：一说七尺；二说八尺。

不亦宜乎：不也很自然嘛！宜，相宜，合适。

叔孙武叔在朝中对大夫们说：“子贡贤德学问超过仲尼。”子服景伯把这话告诉了子贡。子贡说：“以官室的围墙做比喻吧，我家的围墙不过及肩，因此可以看见家屋之好。先生家的围墙高数仞，若不从家门入内，就看不到宗庙之关，百官之富。能找得到先生家门的大概太少了吧。叔孙武叔说出那话，不也很自然嘛！”

[19.24]叔孙武叔毁仲尼。子贡曰：“无以为也，仲尼不可毁也。他人之贤者，丘陵也，犹可逾也；仲尼，日月也，无得而踰焉。人虽欲自绝，其何伤于日月乎？多见其不知量也！”

译解

毁：诋毁。

无以为：不要这样做。

自绝：自绝于日月，即诋毁日月是自绝于日月。

叔孙武叔诋毁仲尼。子贡说：“不要这样，仲尼是无法诋毁的。别人的贤德和学问，不过是丘陵，还可以逾越；仲尼的贤德和学问如同日月一样，是无法逾越的。虽然有人想自绝于日月，但这对日月有什么伤害呢？只不过表明他不自量力罢了！”

[19.25]陈子禽谓子贡曰：“子为恭也，仲尼岂贤于子乎？”子贡曰：“君子一言以为知，一言以为不知，言不可不慎也。夫子之不可及也，犹天之不可阶而升也。夫子之得邦家者，所谓立之斯立，道之斯行，绥之斯来，动之斯和。其生也荣，其死也哀，如之何其可及也？”

译解

陈子禽：其人考证见［1.10］章。

子为恭也：您是故意谦恭吧。

一言以为知：一句话就可以表明他睿智。

立之斯立：教人民立身立业之本，人民就能遵从。

道之斯行：给人民指出前进的道路和方向，人民就能前行。道，引导，指出前进的道路和方向。

绥之斯来：安抚人民，人民就来投奔。绥，安抚。

动之斯和：动员和役使人民，人民就能响应。动，动员、号召、役使民力，等等。和，响应的意思，如《宋玉对楚王问》：“国中属而和者数千人”。一些注家认为“和”为“和睦”之意，不从。

其生也荣，其死也哀：孔子之生是人民的光荣，孔子之死是人民的哀痛。

陈子禽对子贡说：“您是故意谦恭吧，仲尼的贤德和学问怎么会超过您呢？”子贡说：“君子一言可以表明他睿智，君子一言也可以表明他不智，所以说话不可不慎重啊！先生的贤德和学问无法企及，就如同上天无法通过阶梯来攀登一样。如果先生来治国，就可以达到这种状态：教人民立身立业之本，人民就能遵从；给人民指出前进的道路和方向，人民就能从行；安抚人民，人民就来投奔；动员和役使人民，人民就能响应。先生之生，是人民的光荣；先生之死，是人民的哀痛。我怎么能赶得上先生呢？”

行政解读

陈子禽这句话表明，孔子去世之后，子贡对当时社会影响是非常大的。子贡是孔子弟子中的现实主义者，他不是一味地谈论一些道德价值符号，也不进行没有意义的说教，而是通过从政、经商等活动，以实际行动诠释孔子思想的核心价值观念，以实际行动弘扬儒家的思想。孔子思想的宝贵在于它的实践性和时代意义，并不在于它年代久远和它曾经的辉煌。人类所创立的各种思想、学说、主义，说到底，是为了解决人类自身的生存和发展问题，我们坚持某种思想、学说、主义，是因为我们坚信它能解决问题，并不是为了坚持而坚持。我们坚持尊重各国人民自行选择发展道路的权利，是因为各国面临和存在的问题，各国人民感受最深，最想解决问题的是他们而不是别人。西方有些政治人物和一些民众总是对别国发展问题很着急，动则说三道四，继则威逼利诱，比对他自己的事情还感兴趣，这种做法实际上是对别国人民智慧的蔑视，虽然嘴上不说，潜意识里还是觉得自己智商很高，是高人一等，有权利教训别人。中国人只要认准了的路，不必顾虑别人说什么，坚持走自己的路。对于我们的发展道路，能够坚持两点就好，一是坚持好的出发点，坚持为百姓利益服务，坚持为国家强盛服务；二是坚持好的方法，就是坚持实践的观点，坚持用实践检验真理，不论什么思想、主义，坚持用实践说话。实践证明不利于人民，不利于国家发展，就坚决革除，当然方式、步骤和策略要得当；反过来，实践证明是好的，就坚持下去，不怕压力。

子贡用“立之斯立，道之斯行，绥之斯来，动之斯和”来说明孔子贤于自己，表明儒家思想的根本目标在于社会治理，在于建立一个什么样的新社会。仁、义、礼、智、信等价值范畴，不过是新社会良好运行所必须遵从的原则，儒家强调修身不过是为了让社会运行的基础单元更加符合新社会总体构造的需要。一部机器，要求每一个细小的部件都制作精良，配合密切，这是整部机器运行良好的重要基础，所以强调每一个人的道德修为是必要的。同时，子贡所引的四句话，也为社会领导阶层提出了一个评判标准。这个标准其实很简单：是否为人民所信赖，是否对人民有号召力。

立之斯立。这个“立”字含义很广泛，我们倡导的价值观体系，如果人民

能够自觉遵从，自我约束，成为日常生活中的不可缺少的一部分，成为民族精神的一部分，这就是“立”。革命战争年代，中国共产党给人民指出的道路是反对封建主义、帝国主义、官僚资本主义，人民跟着共产党走，这就叫“道之斯行”。新中国成立之初，国家号召各阶层团结一致建设国家，许多海外华人放弃优厚待遇，回国参加建设，这叫作“绥之斯来”。“文革”中号召城里青年上山下乡，全国青年立即响应，这叫作“动之斯和”。“立之斯立，道之斯行，绥之斯来，动之斯和”四句话所表达的是社会领导阶层对人民所拥有的巨大而广泛的影响力，这也是儒家对社会领导阶层的期待。

但是如果“立之斯立”，立了不该立的东西；“道之斯行”，走错了方向；“绥之斯来”，来了没有好结果；“动之斯和”，响应错了，就会很危险。比如“文革”中提出“宁要社会主义的草，不要资本主义的苗”、“知识越多越反动”，这就是“立”错了价值观念；坚持在农村搞“一大二公”的人民公社才是社会主义，这就是“道之斯行”“行”错了方向；20 世纪 50 年代很多海外华人回国参加建设，而回国以后面临的是一次又一次的阶级斗争，这是“绥之斯来”“来”了没好结果；毛泽东同志发动“文革”，全国一片响应，这是“动之斯和”“和”了不该“和”的东西。

第20篇

《尧曰》中的行政精神

[20.1]尧曰：“咨！尔舜！天之历数在尔躬，允执其中。四海困穷，天禄永终。”

舜亦以命禹。

曰：“予小子履敢用玄牡，敢昭告于皇皇后帝：有罪不敢赦。帝臣不蔽，简在帝心。朕躬有罪，无以万方；万方有罪，罪在朕躬。”

周有大赉，善人是富。

“虽有周亲，不如仁人。百姓有过，在予一人。”

谨权量，审法度，修废官，四方之政行焉。兴灭国，继绝世，举逸民，天下之民归心焉。

所重：民、食、丧、祭。

宽则得众，信则民任焉，敏则有功，公则说。

译解

咨：感叹词。

尔舜：你这位舜。

历数：帝王相继之次第。

允：信实。

履：商汤的名字。

玄牡：黑色公牛。

帝臣不蔽，简在帝心：我没有掩盖自己的行为，上天是看得见的。帝臣，一说天子为帝臣，这是商汤自称；二说天下贤人皆帝臣，商汤说的是别人。从前说。简，“阅”的意思，一说选择之意，从前说。

周有大赉，善人是富：一说，周朝大封诸侯，赏赐善人，使善人都富了起来。二说，周朝受到上天的赏赐，善人很多。分封诸侯分封的是有功之臣和族亲，善人靠赏赐富了起来，无以为证，所以从二说。赉，音赖，“赏赐”的意思。

虽有周亲，不如仁人：一说，虽有周家最亲的人，但若不善，则被罪黜。虽非周家之亲，如果他是仁人，也要重视他。二说，“周亲”为“至亲”的意思，虽有至亲，不如仁人。从二说。

谨权量，审法度，修废官：谨慎地统一度量衡器，认真审查礼仪法制，该设立的官职要设立起来，不尽职的官员要革除。权，秤；量，斗斛。废官，事必有官，官必有人，人必有职，意即该设立的官职要设立起来，不尽职的官员要更换掉。

逸民：解释参见[18.8]章。

所重：民、食、丧、祭：重视民食，这是养民，重视丧礼与祭祀，这是教民。

宽则得众，信则民任焉，敏则有功，公则说：与[17.6]章部分内容重复，可参阅。

尧帝说：“啊！舜呀！天命已降于你身，谨守中正公允之道吧。如果四海民生穷困，天帝赐给你的福禄就会断绝。”

舜帝也是这样告诫大禹。

(商汤）说：“我小子履，敬用黑色公牛祭告于伟大天帝：如我有罪，不敢请求赦免。我的所作所为没有掩蔽，一切都为帝心明察。我若有罪，不要牵连万方之民，万方之民有罪，由我一人承担。”

周朝受到上天的赏赐，贤德之人很多。

(周武王）说：“有至亲，不如有仁人。百姓有过，由我一人承担。”

谨慎地统一度量衡器，认真审查礼仪法制，该设立的官职要设立起来，不尽职的官员要革除，这样全国的政令就通畅了。

复兴已亡诸国，接续绝灭的世族，选拔遗落民间的贤人，天下民心就会归服。

应当重视：百姓、民食、丧事、祭祀。

宽厚为政，人民就会拥护；诚实守信，人民就会信任；勤敏做事，就会取得成功；公平持正，人民就会悦服。

行政解读

这一段表达了我国传统政治伦理哲学原则，这对于现代社会治理理念也有重要借鉴意义。

（一）执政应走中道路线，不偏不倚

“允执其中”，是尧留给舜的执政忠告，核心是走中正公允之道，不偏不倚。在对外交往方面，我们走独立自主的外交路线，因为只有独立自主，走自己的路，有自己的主张，才谈得到公允和中道。我们强调建设和谐世界，同时强调“和而不同”[13.23]，强调不同价值观和意识形态和谐相处，不同发展程度的国家和民族的和谐相处。“和而不同”是中庸思想的组成部分。美国人的做法是“同了才和”，只有采取了美国的政治和经济模式，才同你“和”，美国的价值观就是普世价值观，这种理念和处理事情的方法与我国传统哲学思想原则有很大不同。我们与所有国家友好相处，但“群而不党”[15.22]，不与任何国家结成没有条件的同盟关系。“允执其中”，必须“群而不党”才行得通。在处理对外关系时，当与一个国家关系中坏的一面有所发展，民众敌对情绪高涨之时，也应看到两国关系中相互依存和相互帮助的一面，这就是“允执其中”。当与一个国家的友好关系发展迅速时，也要看到两国不和谐因素的存在和潜在破坏力，以采取更加客观冷静的措施，这也是“允执其中”。

（二）民本思想是中国传统政治哲学中的核心思想

“四海困穷，天禄永终”，是民本思想的一种体现，受“天”之托治理万民，如果四海困穷，民不聊生，领导不好，天赏赐的禄就会永终，君权就失去了合理性。“帝臣不蔽，简在帝心。朕躬有罪，无以万方；万方有罪，罪在朕躬”，“百姓有过，在予一人”，也都体现了民本思想。如果社会出现了艰难，其罪责由国君来承担，因为解民之艰难是国君的责任。老子说：“受国之垢，是谓社稷主；受国不祥，是为天下王。”（《老子》第七十八章）讲的也是这个道理。“所重：民、食、丧、祭”，其实强调的也是养民、教民的重要性。

关于中国的传统社会，往往称作“专制社会”，但其实中国传统政治伦理

和政治思想却并不具有严格意义上的专制特性。从政治架构来看，是专制的政治架构，君权是世袭的绝对权威，但这种绝对权威是否具有合理性的前提在于“德”，即对于君王来说，“德”和“能”是绝对权威合法性的前提。没有“德”，绝对权威就是非法的。而对于君王来说，有德无德最核心的价值是有民无民，是否是以民为本，把民众的利益置于最重要位置。德，其实还包含了“能”的内容，因为对于君王而言，“能”是“德”的体现方式之一，往往是通过治理好社会来体现“德”。没有“能”，“德”出不了门。

这实际上表明，处理好“君民关系”的关键在君不在民。“君”必须把民放在心上，与民同乐，为民谋利，“君”才为君。所以从政治伦理思想来看，政治和谐的责任是由统治者承担的，这对我国几千年来的政治有着重大而深远影响。人民总是期待政治人物苦民之苦，乐民之乐。受这种文化传统影响，如果是一个好官，其在道德上也必然这样自我要求，以苦民之苦、乐民之乐为自己的政治和道德责任，这一点和西方的传统有很大不同。

中国的传统政治哲学中强调王权天授，把皇帝叫作天子，但却又强调“皇天无亲，惟德是辅”（《尚书·周书·蔡仲之命》）。失德就会失天，“民之所欲，天必从之”，“天视自我民视，天听自我民听”（《尚书·周书·泰誓》）。这就形成了严密的政治逻辑关系，天是关怀下民的，君是天子，天子如不关怀下民，则其不能为天子，这就是民本思想的逻辑，这对“君”的一切行为都构成了约束。到后来，关于君民关系，有了更直接的论述，如“民为贵，社稷次之，君为轻”（《孟子·尽心下》），如“天之生民，非为君也；天之立君，以为民也”（《荀子·大略》），“君，舟也；人，水也。水能载舟，亦能覆舟”（《贞观政要·政体》）。在这种思想指导下，孟子不认为商汤杀夏桀是“臣弑君”，而是杀一“独夫”，夏桀已失德，也就自动失去了专制特权。如果君王不为民谋利，不考虑民众之痛，就是失德，就不配为天子，民众就具有推翻其统治的合理性。

总之，在传统哲学里，政治和谐的关键是以民为本。在今天，民本思想仍应成为我们的重要执政理念。民主思想，是一种由下向上反映民意的方式；而民本思想，从中国的实践来看，是一种从上到下主动反映和实现民意的过程。当然这种从上到下反映和实现民意高度依赖于治理集团的能力和品德。但是，

民主方式难道就不高度依赖于治理集团的能力和品德了吗？

（三）对失势群体和弱势群体给予关怀是为政的重要内容

为什么要强调“兴灭国，继绝世”？国灭家亡有两种情况，一种是为非正义力量剪灭，一种是因为失德，为正义力量所剪灭。周武王灭商之后，寻找大禹的后裔，结果找到了东楼公，便封他到杞地，延续夏的国祚，主管对禹的祭祀。把舜的后人封到陈国，主管对舜的祭祀。把当时沦为奴隶的商朝贵族微子启封于宋，延续商的国祚。这属于“兴灭国，继绝世”。土地革命时期，一开始对于地主富农的政策是“富农分坏田，地主不分田”。对于富农和地主这个在革命过程中失势的群体没有给生存出路，导致地主和富农的激烈反抗，反而对革命不利。后来毛泽东同志经过调查研究，改变了土地政策，给地主富农分一定的土地，让地主富农也有活路，这才扭转了被动局面。这个政策的转变，也暗合了“继绝世”的思想。

人类的斗争和战争不论如何进行，最终的结果是都得生存下去，对于已经失败了的曾经的敌人给予应有的尊严和关怀，让他们像普通人民一样正常而富足地生活，是必要的，甚至也应容许其保持固有的文化和精神传统。这种宽容和大度对社会发展的意义是正面的。孔子推崇周公，周朝的“兴灭国，继绝世”是政治上的需要，但也给社会树立了仁德和仁慈的榜样，有利于去残除虐，助世风民德归厚。当然，对失败了的曾经的敌人的宽容不应超出限度，如果宽容导致敌对势力复活，这就是对正义事业的犯罪。宽容是建立在服从和遵守新秩序的前提之下的，这是界线。

关于“宽则得众”、“信则民任”、“敏则有功”的解读，可参阅[3.26]章和[17.6]章解读。

[20.2]子张问于孔子曰：“何如斯可以从政矣？”子曰：“尊五美，屏四恶，斯可以从政矣。”子张曰：“何谓五美？”子曰：“君子惠而不费，劳而不怨，欲而不贪，泰而不骄，威而不猛。”子张曰：“何谓惠而不费？”子曰：“因民之所利而利之，斯不亦惠而不费乎？择可劳而劳之，又谁怨？欲仁而得仁，又焉贪？君子无众寡，无小大，无敢慢，斯不亦泰而不骄乎？君子正其衣冠，尊其瞻视，俨然人望而畏之，斯不亦威而不猛乎？”子张曰：“何谓四

恶?”子曰:“不教而杀谓之虐;不戒视成谓之暴;慢令致期谓之贼;犹之与人也,出纳之吝谓之有司。”

译解

惠而不费:关于“不费”,许多学者将其解释为“自己不破费”,例如杨伯峻的译解:“君子给人民好处,自己却无所耗费。”(《论语译注》)钱穆的译解:“你看人民在哪方面可以得利,就在哪方面去诱导他们去得利,岂不是施了恩惠给人而不破费自己吗?”(《论语新解》)这类解释离孔子本意甚远。儒家倡导天下为公,作为推行仁政的君子在人民利益与个人利益之间进行选择,不应以自己破费不破费作为可为不可为的界线。李炳南将“惠而不费”解释为“惠民而不耗费财力”(《论语讲要》),应比较接近孔子本意,但仅将“费”解释为“财力的耗费”显得比较狭窄。事实上“费”应是泛指公共资源,其中包括财力。

欲而不贪:以推行公务为欲,不贪图私利。

不戒视成:不事先告诫指导督促,却立即要求完成任务。

慢令致期:先行发布的政令不着急,也不严厉,限期完成却又刻不容缓。朱熹说:“缓于前而急于后,以误其民,而必刑之,是贼害之也。”(《论语集注》)抓住了此句的核心思想。

子张问孔子说:“从政应当怎样做?”孔子说:“实行五种美德,杜绝四种恶行,这样就可以从政了。”子张问:“五种美德指的是什么?”孔子说:“君子为政,惠而不费(惠泽民众却不耗费太多的公共资源),劳而不怨(使用民力却不会招致人民的怨恨),欲而不贪(行仁政意志强烈,不贪图私利),泰而不骄(行事待人庄重宽厚而不自傲),威而不猛(形容威严而不凶狠)。”子张问:“什么叫惠而不费呢?”孔子说:“百姓想做的事,对百姓有利的事,允许并帮助百姓去做,这不就是惠而不费吗?顺应民意,在允许使用民力的情况下使用民力,怎么会有民怨呢?君子的理想是推进仁政,仁政已经实行,还有什么可贪的呢?不论众寡大小,都恭敬以待,这不是安泰而不自傲吗?君子衣冠整肃,目光凝重,使人望之俨然心生敬畏,这不就是威严而不凶狠吗?”

子张问："什么是四种恶行呢？"孔子说："事先不加教育，（犯了罪）就杀，这就是虐。事先不去督促检视，却又要求立即取得成效，这就是暴。政令发布时不重视，不着急，到期又刻不容缓，（像有意害人），这就是贼。应当给予的却吝于付出，（像小气的库吏那样），这就是有司。"

行政解读

孔子关于为政之"五美四恶论"具有重要现实意义。"五美四恶"，一般解为五种美德四种恶行或恶政，其实"惠而不费"、"劳而不怨"不仅是一种德，更是一种科学的社会治理方式。"欲而不贪"、"泰而不骄"、"威而不猛"既是对君子从政的要求，同时也是行政工作应遵循的原则，而四恶则是行政工作尤其要注意避免出现的问题。

（一）惠而不费

行政的理想状态就是"惠而不费"。从事行政工作，首先要考虑哪些事可以做，哪些事不可以做，而可以做的事中哪些事是"惠而不费"的事，推进政务可以把那些"惠而不费"的事列入施政的优先位置。回顾我国各个时期的政策推行，改革开放初期推行的土地家庭承包经营责任制是一个比较典型的"惠而不费"改革举措。当时，农民不愿意再走生产队的路子，不愿意再吃大锅饭，希望把土地承包到户，但那个时候，在大多数人的心目中，社会主义的农业就应当是公社和生产队模式，分田单干就是非社会主义生产方式，这就出现了很大的障碍，要不要搞家庭承包经营责任制呢？从孔子的理论来看，就要看一看"民之所利"在哪里？显然，土地承包给农户是"民之所利"，这样做，农民积极性调动起来了，土地产出增加了，农民能够吃饱肚子，国家有了余粮，可以说是民之大利所在。而推进这一项政策的费用和成本是什么呢？其实就是两个字"允许"。不需要社会支付成本，不需要财政给予补助，不需要耗费公共资源。当然行政成本还是有一些的，例如需要开会布置一下，需要必要的组织工作，等等。但从总体上看，是"不费"的。所以这种事就应当"因民之所利"而"利之"，同意并帮助农民实现他们的愿望，我们也确实是这样做了，受到了农民的欢迎。2008 年 7 月，台湾与内地开始实行包机直航，包机

直航其实是一个典型的“惠而不费”的政策，直航有利于两岸眼前利益和长远利益。直航所费是什么，不过是“允许”两个字而已。

在现实生活中，如何鉴别是否是“惠而不费”的政策主张呢？可以有几条标准：第一，推进这项政策是否具有坚实的民意基础，是不是大多数群众的愿望。第二，推进这项政策会引起多大的社会成本，社会成本包括：①政府财政的耗费；②因这项政策实施而造成部分社会利益集团的损失；③因这项政策的实施而造成的社会价值观（如公平和正义）的损失；等等。第三，长期政策效益和成本分析。推行这项政策的利益和好处是否具有可持续性，是否有利于群众和国家的长远利益，这项政策的长期成本如何，是不是相对较低。如果确实如此，则可推而行之。必须指出，关于某项政策，有时候大多数群众的愿望虽然强烈，但很可能并不是“惠而不费”的政策。苏联解体后，俄罗斯根据群众的意愿将国有资产股份化，每个公民都以股份的形式持有一定的国有资产。但是后来的事实证明，大多数群众都无法看护好自己所拥有的资产，这些资产很快通过各种方式集中到了一些寡头手中，群众所同意的方式最终没能维护好群众的利益。在任何社会，眼光远大的毕竟是少数人，如果这少数人不为人民只为自己，那么群众利益受到损害就是必然的了。所以对于一个社会来说，设计出一种制度，把眼光远大的人放在群众利益看护者的位置，是非常重要的，这是民族和国家之幸。

从小处说，“惠而不费”对于为人处世也是非常重要的。与朋友交、与同事交，有利于别人的事，不费什么麻烦，举手之劳，何乐而不为呢？领导一个单位，有利于全体同事的利益的事，无损于单位事业的发展，“惠而不费”，为什么不立即去实行呢？

（二）劳而不怨

过去，使用民力的情况很多，公共工程或皇家工程都靠征用劳役完成。现在使用民力的情况很少了，公共工程都采用市场化的运作方式。古时特别强调“不夺农时”，农忙时节是“不可劳”的时节，不要在这个时候动用民力，否则会造成天下大饥的危局。所以“择可劳而劳之”，就是要根据群众意愿、可能与条件使用民力。群众意愿是关键，河南林县的红旗渠建设，完全依靠农民自己的力量，使用了大量民力，付出艰苦的努力，创造了农村建设史上的伟大奇

迹，但是林县的人民“劳而不怨”，何者？第一，民气可用，人民有积极性和热情；第二，民力的使用是为了民众，修红旗渠是为了解决祖祖辈辈严重缺水的局面，是群众之所想和群众之所急的事。

“劳而不怨”，也是行政者应当追求的一种工作状态。领导一个单位，带领一支队伍，团队工作很辛苦，要让大家“劳而不怨”才比较好，这应作为检视行政工作成效的一个角度。“劳而不怨”的关键仍然是“择可劳而劳之”。“择可劳而劳之”，并不是谁能干就多干，谁不能干就少干。“择可劳而劳之”，首先要合理分工，用其所长。如果一个人善于做饭，却让他去扫地，不是他的长处，他很难干得好，是“择其不可劳”之处。这样用人就会“不劳而生怨”，他不但不好好工作，还会有怨气。其次，要树立事业感和成就感。尽量使每一个人的工作付出与工作成效形成比较直接的因果关系。一个人工作很努力，但其工作成效看得不明显或只是曲折地体现在别人成果中，就不太容易有成就感。再次，应与适当的利益挂钩。工作比较辛苦的员工，应当给予更多的物质回报和机会回报，这也是“劳而不怨”的重要方面，否则就会“劳而生怨”，最后转化成为“不劳也怨”。最后，要坚持公平和正义的价值观导向。大多数人与生俱来就有正义感因素，有时候所劳甚多，所获甚少，但只要相信是为了社会公平和正义工作，也会“劳而不怨”了，所以行政工作要充分体现公平和正义的精神。

（三）欲而不贪

很多人对这句话有误解，以为孔子是让大家有欲望却不要贪婪，其实，“贪”的前提条件是“欲”，但“欲”不必然导致“贪”。孔子对“欲”的问题是有很深刻认识的，例如在《公冶长》篇，孔子说：“吾未见刚者。”或对曰：“申枨。”子曰：“枨也欲，焉得刚。”[5.11]所以无欲则刚，有欲就无刚，这是孔子的观察。欲而不贪，孔子在其后给出了解释：欲仁而得仁，又焉贪？可见这里的“欲”是欲在仁、欲在公、欲在天下和社稷。“天下兴亡，匹夫有责”，连匹夫都有责，何况君子呢？

过分的私欲就是贪，私欲也分合理的私欲和不合理的私欲。孔子是承认合理的私欲的，并指出了实现途径。如在《里仁》篇中，孔子说：“富与贵，是人之所欲也；不以其道得之，不处也。贫与贱，是人之所恶也；不以其道得

之，不去也。君子去仁，恶乎成名？君子无终食之间违仁，造次必于是，颠沛必于是。”[4.5]在《述而》篇中，孔子说：“富而可求也，虽执鞭之士，吾亦为之。如不可求，从吾所好。”[7.12]“饭疏食，饮水，曲肱而枕之，乐亦在其中矣。不义而富且贵，于我如浮云。”[7.16]在《泰伯》篇中，孔子说：“笃信好学，守死善道。危邦不入，乱邦不居。天下有道则见，无道则隐。邦有道，贫且贱焉，耻也；邦无道，富且贵焉，耻也。”[8.13]等等。可参见相关部分解读。

（四）泰而不骄

孔子对泰而不骄的注解是：“君子无众寡，无小大，无敢慢，斯不亦泰而不骄乎？”作为政府，是服务人民的，不论社会集团人多人少，力量强弱，不论百姓年长年幼，社会影响大小，诚心以待，恭敬以待，认真理解他们的述求，解决他们的问题，不以权自傲，这是为政者需要谨记在心的座右铭。掌握了权力，就依权自傲，拒民于千里之外，这就不是“泰而不骄”，是很危险的。走群众路线，密切联系群众，其中重要前提就是必须做到“泰而不骄”，能容众爱人，常心怀天下和百姓苍生，否则行政道路就走得比较危险。

（五）威而不猛

孔子讲君子从政形象，应当是“威而不猛”，其实政府的形象也应当是“威而不猛”。政府应成为理解民意的权威，能够真正了解百姓的想法；应成为寻找民利的权威，能够看清民利之所在和实现民利之途径；应成为解决问题的权威，有办法有能力解决群众关心的问题。罔顾民意，与民争利，虽然有公检法做后盾，但那不是“威而不猛”，而是“猛而不威”。

（六）不教而杀

孔子认为是这是虐政。政策法律法规应当周知百姓，让百姓了解违反后的严重后果，这就是“教”。一项法规出台了，相应的罚则也实行了，不做广泛宣传，反正只要违反了就处罚，知道不知道是各人自己的事，这就是“不教而杀”。严肃政纪，重在教而不在杀，当然必要的杀也是教的一种形式。反腐败，首先要预防腐败。现在许多官员落马，与这些官员贪欲过重有关，但有时也与这些官员涉世不深，反腐意识不强有关，他们往往是通过一件件小事，一步步地被拉入腐败深渊。一开始碍于朋友之面吃顿饭，吃饭次数多了，成了朋友

了；小孩子过生日，人家送点小礼，觉得是人情往来，收下来；慢慢地，相互为对方办事情，不知不觉就利用手中的权力给对方提供了特殊关照，结果一步步走向腐败。所以应当让公务人员了解走向腐败的种种情况和血的教训，提高防范意识，这就是“教”了。平时不严格要求，反正出了事有党纪国法，这也是“不教而杀”。

在行政工作中，类似“不教而杀”的例子有很多。如平时不注意提高下属工作人员的能力，不指导，不帮助，不培训，工作完不成任务，就采取组织措施，撤职了事，这也是一种形式的“不教而杀”，这是要避免的。

（七）不戒视成

孔子认为这是暴政。在行政工作中这样的例子也很多。给下属布置工作，提出目标任务，不去了解工作推进过程中有什么困难，不去帮助，不去指导，不关注工作进展，不考察工作发展方向是否正确，只是简单要求完成，要求取得成效，靠权势压人，这就是暴政了。

（八）慢令致期

孔子认为这是贼政，害人之政。“慢令致期”情况在日常行政工作中也有很多表现。给下属布置工作，只是简单交代，不指明其重要性、紧迫性，不提出时限要求，不关注工作力量的配置，却突然在某个时候指责下属，为何还没有完成任务，搞得整个行政团队很被动、很苦恼，这就属于“慢令致期”的情况。在行政工作中，“慢令致期”的情况有时比较复杂。例如，有时候很可能自己的上级只是按照他的上级的要求给其下属布置工作，一开始他对这项工作的重要性和紧迫性了解得也不深，结果只是简单布置了事。过了一段时间，上级的上级督办此事，上级才着急，结果只能以同样的方法要求下属，这也在客观上给下属造成了“慢令致期”的被动局面，打乱了工作节奏和工作布局，导致工作成效损失。

（九）出纳之吝

应该给予的利益就要大大方方地给，不要像司库小吏那样小气。给予是一种重要的行政方法。从收支角度看，全部的行政工作都可以概括为收入和支出活动。例如派员出差督办某事，支出是差旅费、工作人员精力付出、对方的接待等，这些构成了行政成本。收入就是督办的成效，也可以叫作行政收益。收入是通过支出取得的，没有给予就没有索取，给得不痛快，取得也不会很痛快。在实际工作中，该奖的，就要大大方方奖。奖励员工，实施奖励之前做出很多承诺，而实际进行奖励的时候，又只拿出一点点奖金应付了事，这是典型的“出纳之吝”。从政府层面看，给予群众的利益，就要大大方方兑现，例如补贴农民，做出承诺就要根据承诺的内容尽速兑现给农民，不应拖延，也不应七扣八扣，像司库之吏一样小气。

[20.3]子曰：“不知命，无以为君子也；不知礼，无以立也；不知言，无以知人也。”

译解

命：自然和社会发展的客观规律，时代的发展趋势，是不以人意志为转移的一类东西。关于“命”字的意义辨析，参见[9.1]章。

不知礼，无以立：不懂得礼，就无法立身立事。

不知言，无以知人：不知其言，就无法知其人。言行是人之表，我们只能通过一个人的“言”和“行”了解这个人。

孔子说：“不懂得天道运行的规律和趋势，就不能成为君子；不懂得礼，就无法立身立事；不会分辨别人的话，就无法了解认识这个人。

行政解读

孔子这句话提示我们，为政者应当懂得社会的发展趋势和规律，这样才能选择站在历史发展的正确方向上，才能顺应历史潮流，不做阻碍历史发展的事。从小处讲，为政者也应洞悉自己所负责事业的发展趋势和发展规律，这样工作才能有预见性，领导起来才会得心应手。关于立身以礼，可参考[2.4]章、[8.8]章、[16.13]章解读。关于知人以言、知人以行，可参考[5.10]章、[14.27]章解读。